2021 中国 500 强企业发展报告

主　编：王忠禹

副主编：朱宏任　王基铭　李建明

2021
中国500强企业发展报告

中国企业联合会
中国企业家协会
编

图书在版编目（CIP）数据

2021中国500强企业发展报告／中国企业联合会，中国企业家协会编．
-- 北京：企业管理出版社，2021.9

ISBN 978-7-5164-2471-1

Ⅰ．①2… Ⅱ．①中… ②中… Ⅲ．①企业发展－研究报告－中国－2021 Ⅳ．①F279.2

中国版本图书馆CIP数据核字（2021）第175345号

书　　名：2021中国500强企业发展报告
作　　者：中国企业联合会　中国企业家协会
责任编辑：郑　亮　　田　天
书　　号：ISBN 978-7-5164-2471-1
出版发行：企业管理出版社
地　　址：北京市海淀区紫竹院南路17号　　邮编：100048
网　　址：http：//www.emph.cn
电　　话：编辑部（010）68701638　发行部（010）68701816
电子信箱：emph001@163.com
印　　刷：北京联兴盛业印刷股份有限公司
经　　销：新华书店
规　　格：880毫米×1230毫米　16开　38.25印张　922千字
版　　次：2021年9月第1版　　2021年9月第1次印刷
定　　价：300.00元

贯彻落实“十四五”规划 开启企业管理新征程

中国企业联合会党委书记、常务副会长兼理事长　朱宏任

“十四五”规划和2035年远景目标纲要描绘了我国开启全面建设社会主义现代化国家新征程的宏伟蓝图，提出了一系列重大战略、重大举措。今年是“十四五”规划的开局之年。深入学习把握“十四五”规划战略部署，对于我们认真贯彻落实规划纲要、明确企业管理创新方向、加快实现高质量发展具有重要意义。

一、准确把握“十四五”规划主线，引领企业管理创新方向

“十四五”规划以推动高质量发展为主题，立足新发展阶段、贯彻新发展理念、构建新发展格局。新发展阶段是现实依据，新发展理念是行动指南，新发展格局是战略选择，为我们新时期开展企业管理创新、推进企业高质量发展提供了根本遵循，指明了发展方向。

一是以新发展阶段定位企业管理新使命。新发展阶段是我国从站起来、富起来到强起来，实现历史性跨越的阶段，是我国发展新的历史方位，也是企业管理创新新的历史方位。我们要准确把握新发展阶段的时代特征，在企业战略层面重新聚焦，在企业管理创新新方向重新定位，与时代潮流同频，与国家发展共振，将管理创新主动融入国家发展大局，找准定位、抓住关键、精准发力。比如，科技自立自强成为决定我国生存和发展的基础能力，存在诸多“卡脖子”问题。又如，加快推动经济社会发展全面绿色转型已经形成高度共识，实现2030年前碳排放达峰、2060年前碳中和的目标任务极其艰巨。再如，随着经济全球化出现逆流，外部环境越来越复杂多变，如何处理好自立自强和开放合作的关系，加快构建新发展格局等。这些制约新阶段高质量发展的重大问题和关键领域，就是我们开展管理创新实践的主战场和着力点。

二是以新发展理念系统推进企业管理创新。坚持系统观念是党的十九届五中全会上首次提出的一个重要原则，也是“十四五”规划的基本原则。贯彻新发展理念必须坚持系统观念。新发展理念的五个方面既相互贯通又相互促进，是具有内在联系的集合体，其中创新是第一动力、协调是内生特点、绿色是普遍形态、开放是必由之路、共享是根本目的。我们既要从战略和全局高度把握新发展理念，树立系统全面的发展观，引领企业发展方向，又要不折不扣贯彻落实到企业的日常经营管理活动中，全面创新、协同推进。既要重视技术创新，充分发挥科学技术是第一生产力的重要引擎作用，又要重视管理创新，使生产关系适应新的生产力，还要重视体制机制创新，抓住国资国企改革的政策机遇，真正破解制约企业创新的体制机制障碍，有效激发企业创造力和活力。

三是以新发展格局开拓企业管理新空间。构建新发展格局是我国与时俱进提升经济发展水平的战略抉择，也是塑造我国国际经济合作和竞争新优势的战略抉择。新发展格局将改变国际和国内循环的主次关系，强调以国内大循环为主，强化国内外产业链的关联和互动，最本质的特征是实现高水平的自立自强，这为我们重新认识国内和国际两个市场、两种资源提出了新思路。企业要发挥国内市场规模大、韧性强、活力足的优势，加快从“两头在外”的传统发展模式转向主要基于内需市场升级实现高端供给的新型道路。在融入新发展格局过程中瞄准世界一流水平，培育一批掌控价值链高端、具有品牌效应和强大国际竞争力的本土跨国企业，并引导和鼓励这些企业构建以品牌和核心关键技术为主导的全球价值链，主动融入国际大循环，实现在全球范围内整合和配置资源，促进我国企业形成以技术、品牌、质量、服务为核心的全球竞争新优势。

二、抓住“十四五”发展机遇，全面提升企业管理创新能力和水平

当前，我国社会主要矛盾已转化为人民日益增长的美好生活需要和不平衡不充分的发展之间的矛盾，这是关系全局的历史性变化。为此，“十四五”规划做了全面部署，这些部署蕴含了巨大的发展机会和潜力。企业要认真研究，主动将企业战略布局和国家的大战略相契合，在积极落实国家战略部署过程中，拓展企业发展空间，提升企业管理能力和水平，实现新的更高质量的发展。

一是抓住国内需求升级的市场机遇，全面塑造企业竞争新优势。我们知道，市场需求是驱动企业创新最本质的力量，在创新的孕育和成长中发挥重要作用。长期以来，国内市场滞后于发达国家市场，难以支持新产品和新服务的率先采用，因此许多新技术都来源于国外发达市场。今天，国内市场在支撑企业进行技术发展前沿工作的作用正在逐渐增强，国内市场和国外市场正在逐渐同步，甚至某些产品和领域超前于国外市场需求，成为全球市场的示范和先导，这将为我国企业创新带来新的机遇。我们要充分把握这些机遇，依托强大国内市场优势，不断升级技术、产品、服务和品牌，推动企业向产业价值链高端转移，提升企业整体国际竞争力。

二是抓住产业高级化、现代化发展机遇，加快培育形成梯次分明、协同联动的优质企业群体。产业是立国之本，是一国经济发展的根基和核心所在。“十四五”规划将发展现代产业体系、巩固壮大实体经济根基、打造“制造强国”放到了更加重要的地位，首次提出“坚持自主可控、安全高效，推进产业基础高级化、产业链现代化”。而企业是提升产业基础能力和产业链现代化水平的重要载体。国家现代化需要产业现代化，产业现代化需要企业现代化。我们要抓住政策机会和市场机遇，加快培育形成梯次分明、联合协同、融合共生的优质企业群体，有力支撑现代产业体系建设。500 强企业、龙头企业要充分发挥行业带动作用和产业优势，积极构建产业协同创新平台，带动上下游企业加强核心技术、关键技术和“卡脖子”技术合作攻关，努力在事关国家安全和未来产业竞争制高点的领域实现自主可控。国际经验表明，产业基础能力大多掌握在专精特新中小企业手中。相比发达国家而言，我国这类企业数量并不多。广大中小企业要发挥专业化优势，主动融入产业创新生态，在细分市场、高精尖专业领域形成自己的核心技术和产品，加快成长为专精特新“小巨人”企业和制造业单项冠军企业。

三是抓住数字化发展的时代机遇，构建数字经济管理新模式。“十四五”规划以专篇形式部署

“加快数字化发展，建设数字中国”重点任务，描绘了我国未来五年乃至更长时间数字化发展的蓝图。这在国家五年规划中尚属首次，充分表明当前数字化发展已经成为企业未来赢得竞争优势、获得新发展的重要战略机遇。尤其是新冠肺炎疫情的全球暴发，使得数字化转型成为经济界、企业界的广泛共识，成为企业生存发展的必答题。这一轮数字化浪潮与传统信息化建设有本质不同，是一次系统性的变革创新和范式转型。传统管理模式的局部调整已经难以应对新变化，只有进行战略性的、贯穿整个价值链的深度变革，才能使企业在新的时代获得制胜的先机。我们要勇于否定一度被认为成功而在数字化时代难以维系的传统思维方式和成长经验，面向未来，大胆尝试创新。要找准创新应用场景，积极开展业务模式和管理方式创新，以数字化转型培育差异化竞争优势。要改变狭隘的“机器换人”观念，重视提升员工在转型中的获得感、幸福感，让员工享受到新技术发展来的红利，激发员工主动性和创造力。

三、搭建“政产学”协同推进平台，开创企业管理创新新局面

全国企业管理现代化创新成果审定活动自1990年开展以来，经过30多年的发展，目前已基本形成具有广泛性、权威性的管理创新经验总结、推荐、审定和宣传推广体系，构建了一个全国性的政产学交流平台。这种工作方式顺应了中国经济体制改革的大趋势，遵循了市场经济条件下推动企业管理创新工作的客观规律，获得了政府部门的肯定，得到了全国企业的广泛参与。今年是“十四五”开局之年，我们要按照“十四五”规划部署，进一步健全企业管理创新工作体系，发挥成果审定活动的平台作用，百尺竿头更进一步，全面开创企业管理创新的新局面。

一是进一步强化对政府部门的支撑作用，加强对企业管理创新的宏观指导和政策支持。“十三五”以来，我们有效支撑国家发改委、工信部、国务院国资委等部门关于企业管理和管理创新的政策研究和工作推动。国家及有关部门先后出台《中共中央、国务院关于营造企业家健康成长环境，弘扬优秀企业家精神，更好发挥企业家作用的意见》《关于引导企业创新管理提质增效的指导意见》和《关于开展对标世界一流管理提升行动的通知》等重要政策文件，为全国企业管理创新实践提供了宏观指导和政策支持。中国企联配合工信部等相关部门组织开展了新一代企业管理模式研究、中国企业管理创新年度报告撰写发布、全国企业管理创新现场交流会等活动，持续推动中国企业管理创新，取得了较好成效。面向“十四五”，我们将进一步强化支撑作用，围绕“十四五”企业改革发展和管理创新面临的新形势、新任务，积极配合政府部门开展相关政策研究、课题研究、管理创新成果的提炼、总结、宣传和推广等相关工作，有效引导和推动全国企业加强管理和管理创新。

二是进一步完善优化制度流程，全面提升管理创新成果审定活动的权威性和影响力。30多年的实践证明，通过群众性的管理创新成果审定活动，可以及时发现一批在企业改革和企业管理方面的新经验、好苗子，经过专家学者的提炼总结，形成具有一定理论高度的科学成果，以国家级成果的名义给予肯定和鼓励；同时，将这些成果推荐给企业主管部门、大专院校和社会各界借鉴参考。政府主管部门以文件、现场会、培训班等形式向广大企业推广，从而带动全国企业的管理创新，是现实条件下提高企业管理水平的有效途径。我们要珍视这项活动发挥的重要作用，在新的历史起点上，主动聚焦国家现代化建设新使命、新战略、新任务，扩大申报企业的行业、所有制、规模等覆盖面，

及时总结推广 500 强企业、领航企业、单项冠军和专精特新小巨人企业等不同梯次企业的管理创新经验，进一步完善成果审定的制度和流程，建设高水平的审定专家队伍，提升审定活动的权威性和影响力，使其在新时代更高起点上展现更多光彩。

三是进一步凝聚高端资源，搭建企业管理创新交流合作高端平台。依托全国企业管理创新成果审定活动，我们将进一步整合企联组织资源和业务资源，加强与国内一流高等院校、国家智库合作，打通政府与企业、高校研究机构与企业、管理咨询公司与管理实践企业的联系渠道，搭建一个围绕企业管理创新、涵盖政产学研用的高端合作交流平台，共同围绕新时代我国企业管理创新的新任务、新方向和新问题开展各种活动，从而带动全国企业加强管理和管理创新，为构建中国特色企业管理模式和促进我国经济高质量发展做出贡献。

（本文摘自作者 2021 年 5 月 27 日在全国企业管理创新大会上的讲话）

目　录

The Development Report on 2021 China Top 500 Enterprises
Contents

第一章
2021 中国企业 500 强分析报告

中国企业联合会、中国企业家协会从 2002 年开始向社会发布“中国企业 500 强”排行榜，2021 年是第 20 个年头。“2021 中国企业 500 强”记录和反映了 2020 年中国 500 强企业的发展状况。2020 年是极不平凡的一年，面对严峻复杂的国际形势特别是新冠肺炎疫情的严重冲击，我国统筹疫情防控和经济社会发展取得显著成效，经济运行逐季改善、逐步恢复常态，全年国内生产总值同比增长 2.3%，是全球唯一实现正增长的主要经济体。经济总量强势突破百万亿元大关，达到 101.6 万亿元；按全年平均汇率折算，达到 14.7 万亿美元，占世界经济的比重由 2019 年的 16.3% 升至 17% 左右，创下历史新高。中国大企业也交出了一份令人满意的答卷，表现出很强的发展韧性。2021 年是“十四五”开局之年，我国开启了全面建设社会主义现代化国家的新征程，经济继续呈现稳定恢复、稳中向好的态势。同时需要看到，新冠肺炎疫情影响深远，国际环境不稳定、不确定因素明显增多，世界进入动荡变革期，面临的困难与挑战不容忽视。作为我国大企业典型代表的中国 500 强企业，应增强自信、保持定力、科学谋划、积极应对、迎难而上，坚持高质量发展方向不动摇，在服务构建新发展格局中发挥引领带动作用，在错综复杂的新变局中寻找新机遇，在深化开放的新竞争中实现新发展，为全面落实“十四五”规划、实现“十四五”发展目标打下扎实基础。

一、2021 中国企业 500 强的规模特征

2021 中国企业 500 强营业收入继续保持增长态势，合计接近 90 万亿元大关；相对于 GDP 的比例稳中有升，彰显其在国民经济中的重要地位和作用。入围门槛继续明显提高，超过 390 亿元。资产总额较快增长，净资产与归属母公司净资产增速均快于总资产。千亿企业俱乐部稳中有增，占全部 500 强营业收入的比重小幅提高，但平均营业收入增速整体慢于 500 强。员工总数反弹增加，但对社会就业贡献有所下降。

1. 入围门槛有较高提升，“十三五”门槛提升超百亿元

中国企业 500 强的入围门槛在逆势之中创下 19 连升。2021 中国企业 500 强排名第 500 位的企业，其营业收入为 392.36 亿元，这一数值与上年 500 强入围门槛值相比，提高了 32.75 亿元，中国企业

500 强的入围门槛值继续保持较强的提升态势。从入围门槛增幅看，2021 中国企业 500 强门槛提高 9.11%，较上年有所回落，如图 1－1 所示。从五年规划的角度看，“十三五”末中国企业 500 强的入围门槛比“十二五”末提高了 148.90 亿元。

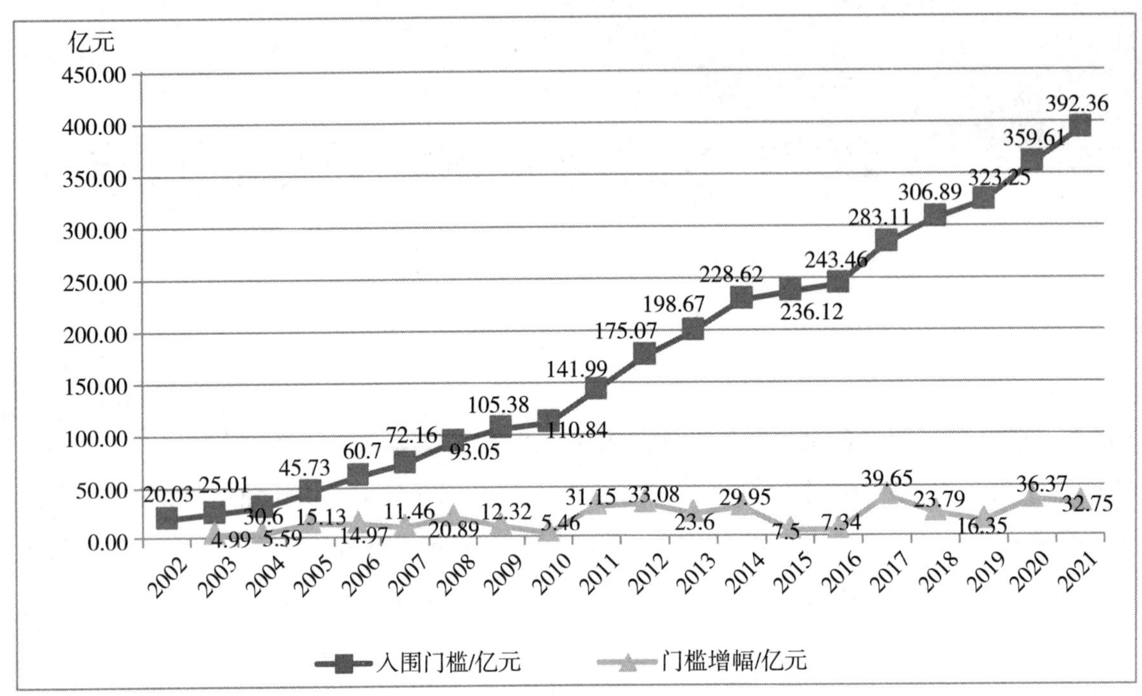

图 1－1 中国企业 500 强入围门槛及其变动趋势

2. 营业收入持续增长，营业收入与 GDP 相对比稳中有升

尽管遭受突发新冠肺炎疫情冲击，中国企业 500 强营业收入总额继续保持一定增长。2021 中国企业 500 强共实现营业收入 89.83 万亿元，与上年 500 强相比，增加了 3.81 万亿元，增长了 4.43%。这一增速，既快于 2020 年全国 GDP3.0% 的名义增速，也高于 2020 年全国国有企业营业总收入 2.1% 的增速。虽然营业收入总额保持了持续增长态势，不过营业收入总额的增速，与上年 500 强相比大幅下降了 4.32 个百分点。中国企业 500 强营业收入增速连续三年回落，增速值为 20 年来第二低值，也是“十三五”期间的最低增速，如图 1－2 所示。

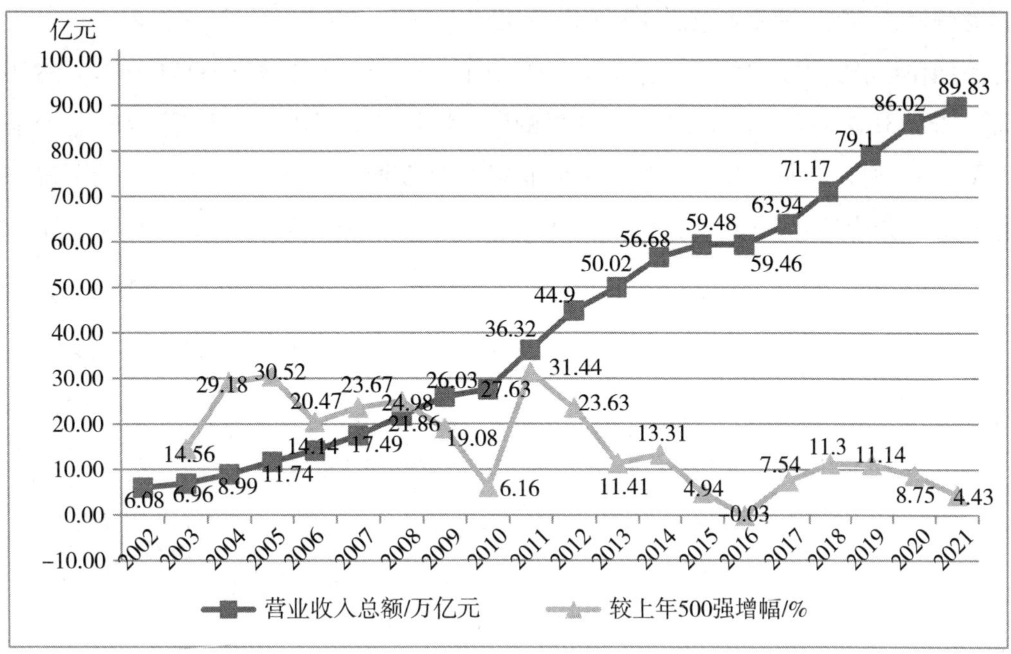

图 1-2 中国企业 500 强营业收入总额与增速变化趋势

中国企业 500 强营业收入与全国 GDP 的相对比有所回升。2002 年以来，中国企业 500 强营业收入总额相对于全国 GDP 总额的比例，经历了一个冲高回落过程。2002 中国企业 500 强营业收入总额仅相当于 2001 年全国 GDP 的 55.44%，而 2014 中国企业 500 强营业收入总额则已经相当于 2013 年全国 GDP 的 99.68%。但自此以后，中国企业 500 强营业收入总额与当年 GDP 的相对比快速回落，最近 6 年来，这一相对比都在 87% 上下波动。2021 中国企业 500 强营业收入总额相当于 2020 年 GDP 的 88.42%，与上年 500 强相比提升了 1.22 个百分点，如图 1-3 所示。

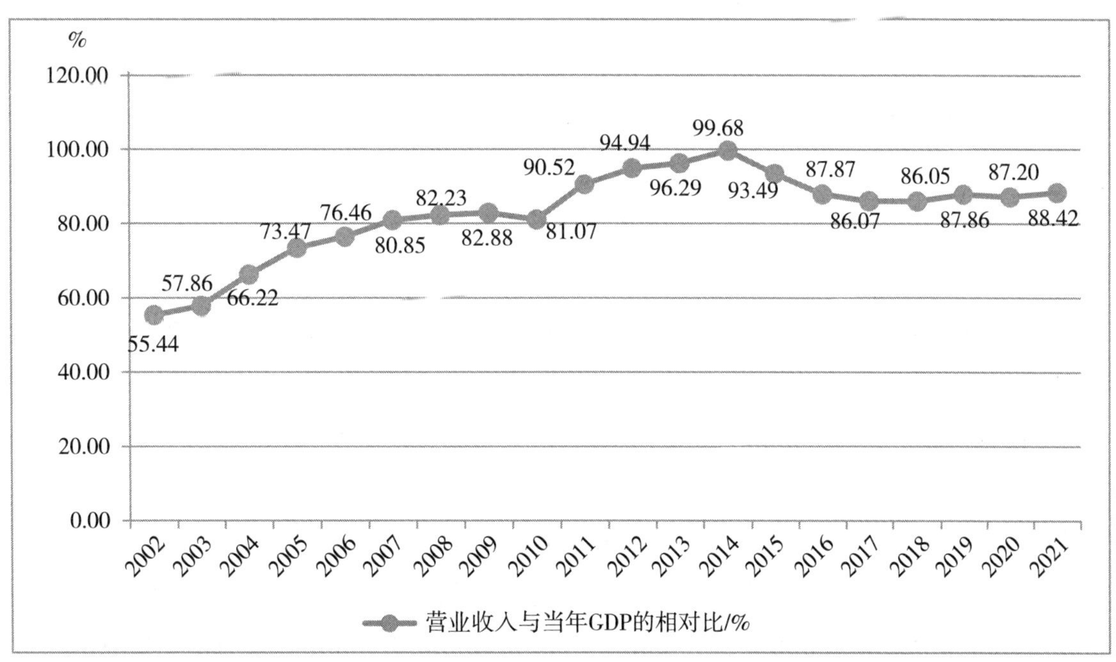

图 1-3 中国企业 500 强营业收入与当年 GDP 的相对比

3. **资产总额增速加快，净资产增速快于资产增速**

资产总额加快增长，增速为4年来新高。2021中国企业500强的资产总额为343.58万亿元，比上年500强增加了31.23万亿元，较上年500强的资产增长了10.00%，资产增速较上年提高5.59个百分点，如图1－4所示。总体上看，500强企业资产总额增速近年来呈现出波动下降态势，但在2021中国企业500强中却迎来逆势回升。这也是近4年来，中国企业500强的资产增速首次超过营业收入增速。

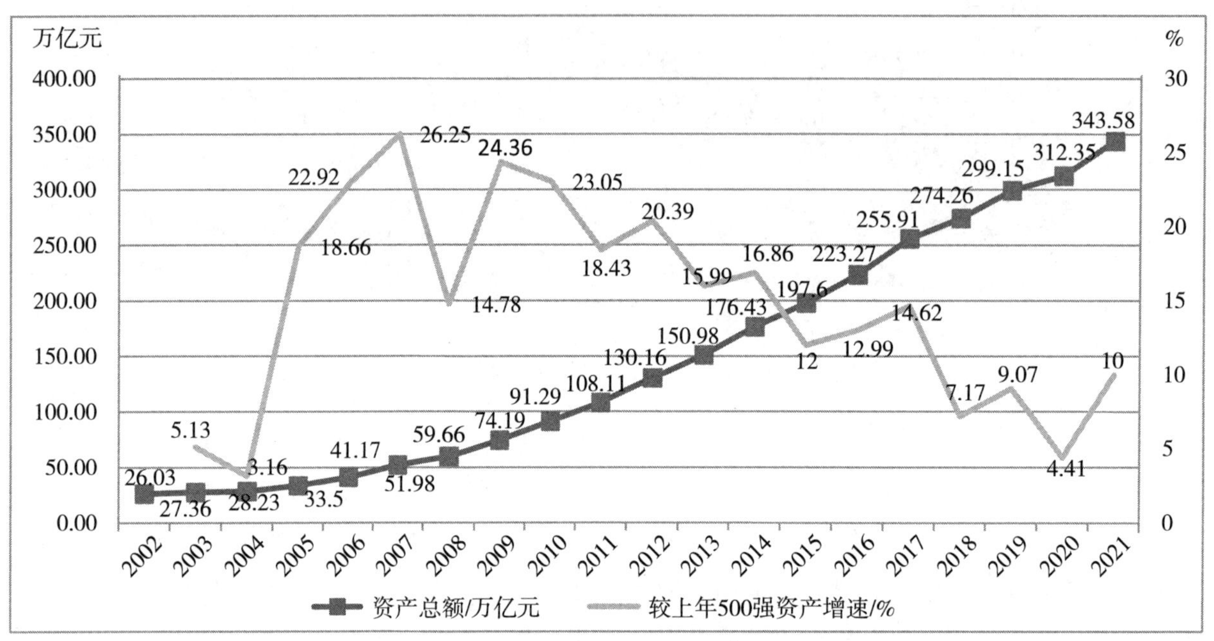

图1－4　中国企业500强资产总额及其增速变化趋势

无论是净资产，还是归属母公司净资产，增速均快于资产总额增速。2021中国企业500强的净资产总额为55.26万亿元，比上年500强的净资产总额增加了5.07万亿元，增速为10.09%，比资产总额增速快0.09个百分点；其中归属母公司的净资产总额为45.40万亿元，比上年500强增加了4.52万亿元，增速为11.06%，比资产总额增速快1.06个百分点。

4. **千亿俱乐部数量稳中有升，千亿级企业收入小幅增加**

千亿俱乐部企业数量增加5家。2021中国企业500强中，营业收入超过1000亿元的企业有222家，比上年500强的217家增加了5家，在数量上继续呈现出稳中有升趋势。2020中国企业500强的217家千亿俱乐部企业中，有23家企业没能进入2021中国企业500强千亿俱乐部；而2021中国企业500强222家千亿俱乐部企业中，有194家为上年500强千亿俱乐部企业，28家为新进企业。

万亿级企业维持稳定。有8家企业的营业收入超过了万亿元门槛，分别是国家电网、中国石油、中国石化、中国建筑、中国工商银行、中国平安、中国建设银行、中国农业银行。除中国平安之外，其他7家万亿级企业都是中央企业。预计2022年榜单中万亿级的企业有可能首次突破10家。

千亿俱乐部营业收入占比小幅提高，平均营业收入稳定增长，但增速慢于500强的整体增速。

2021 中国企业 500 强千亿俱乐部 222 家企业的营业收入为 73.23 万亿元，占全部 500 强营业收入的 81.51%；千亿俱乐部在 500 强营业收入中的占比，继续保持提升态势，比上年提升了 0.39 个百分点。222 家千亿企业的平均营业收入为 3298.72 亿元，比上年 500 强千亿企业的平均营业收入增加了 83 亿元，增幅为 2.58%；千亿俱乐部营业收入的平均增速，慢于中国企业 500 强的整体增速，这表明头部大企业的增速有所放缓，如表 1-1 所示。

表 1-1 千亿俱乐部企业主要指标比较

	千亿企业数量/家	千亿俱乐部营收/万亿元	500 强营收/万亿元	千亿俱乐部占比/%	千亿俱乐部企均营收/亿元
2018	172	53.85	71.17	75.67	3149.14
2019	194	62.11	79.10	78.52	3201.43
2020	217	69.78	86.02	81.12	3215.72
2021	222	73.23	89.85	81.51	3298.72

5. 员工总数实现增长，社会就业贡献度小幅下降

中国企业 500 强的员工数量实现增长。2021 中国企业 500 强的员工总数为 3339.60 万人，比上年 500 强的员工数量增加了 26.71 万人，增幅为 0.81%；500 强企业员工数量在经历了上年的下降后，再次实现了反弹增长。2021 中国企业 500 强的员工总量，占全国城镇就业人口 45433 万人的 7.35%，就业贡献较上年 500 强下降了 0.14 个百分点，如图 1-5 所示。从同口径看，2021 中国企业 500 强的员工总数比上一年增加了 59.72 万人，增幅为 1.82%。

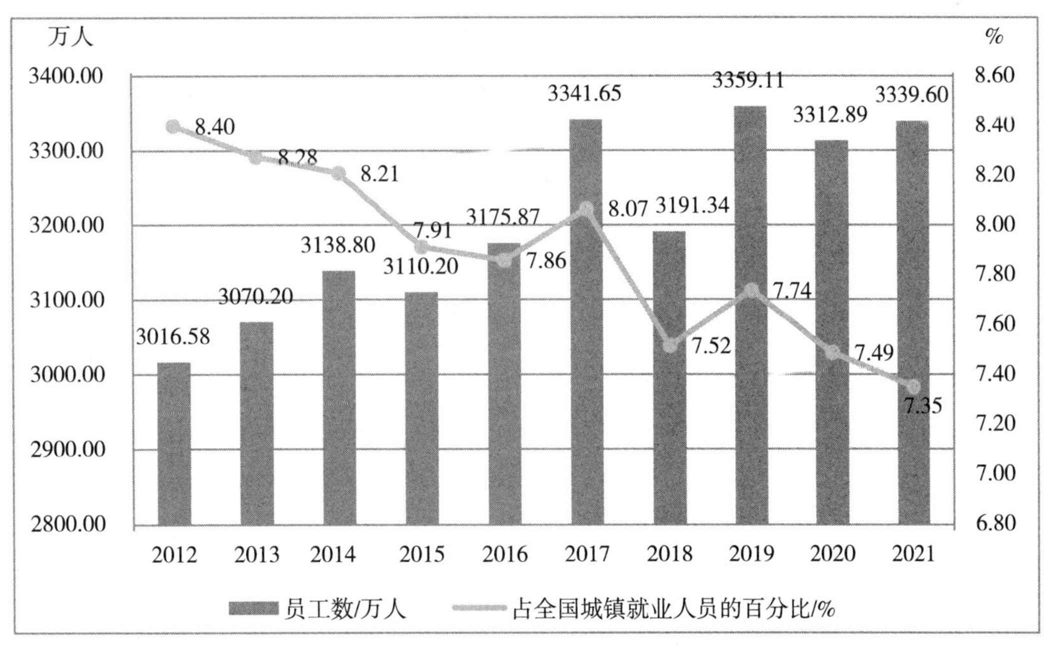

图 1-5 中国企业 500 强员工总数及其变化趋势

二、2021 中国企业 500 强的效益特征

2021 中国企业 500 强利润总额、归属母公司的净利润（以下简称净利润）持续增长，但净利润增速快速下滑。2021 中国企业 500 强收入利润率与上年持平，由于资产周转率的下降，净资产利润率、资产利润率不同程度下降。亏损面扩大，亏损企业亏损额明显增加。企业利润变化幅度存在显著差异，利润下滑企业增至 183 家。服务业、制造业盈利指标各有优劣；非银企业的盈利水平显著低于商业银行，但二者之间的差距逐步改善。

1. 利润与净利润持续增长，净利润增速快速回落

中国企业 500 强利润总额与净利润保持持续增长，净利润增速快速回落。2021 中国企业 500 强共实现利润总额 60023. 43 亿元，比上年 500 强增长了 7. 75%；实现净利润 40712. 58 亿元，比上年增长了 4. 59%，增速比上年快速回落了 5. 61 个百分点，这已经是中国企业 500 强净利润增速连续第三年回落，如图 1 – 6 所示。

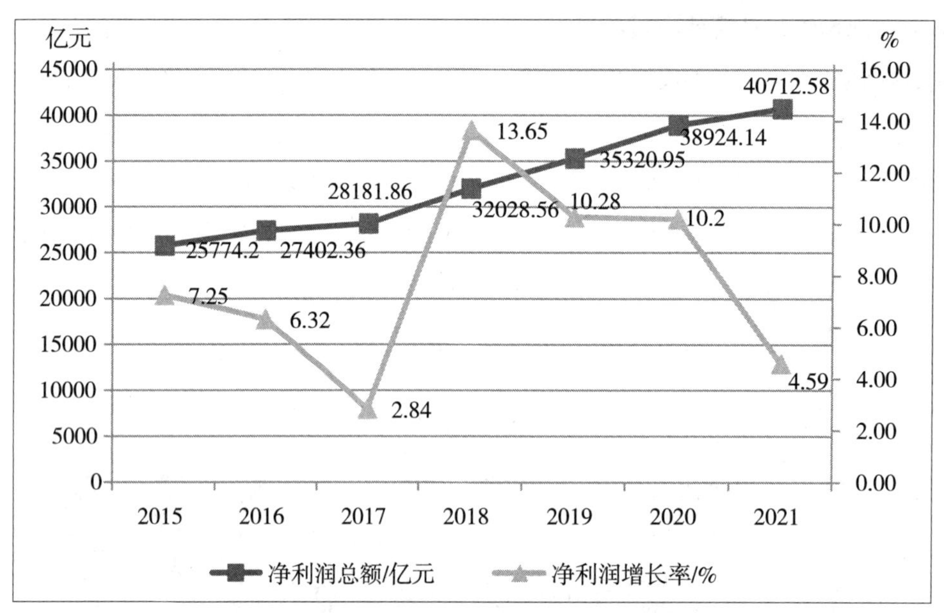

图 1 – 6　中国企业 500 强净利润总额及增长率变化趋势

2. 收入利润率保持稳定，资产与净资产利润率均下降

2021 中国企业 500 强收入利润率保持稳定，但资产利润率、净资产利润率不同程度下降。2021 中国企业 500 强收入利润率为 4. 53%，与上年 500 强收入利润率持平；资产利润率为 1. 18%，比上年 500 强资产利润率下降了 0. 07 个百分点；净资产利润率为 8. 99%，比上年 500 强净资产利润率下降了 0. 53 个百分点，如图 1 – 7 所示。

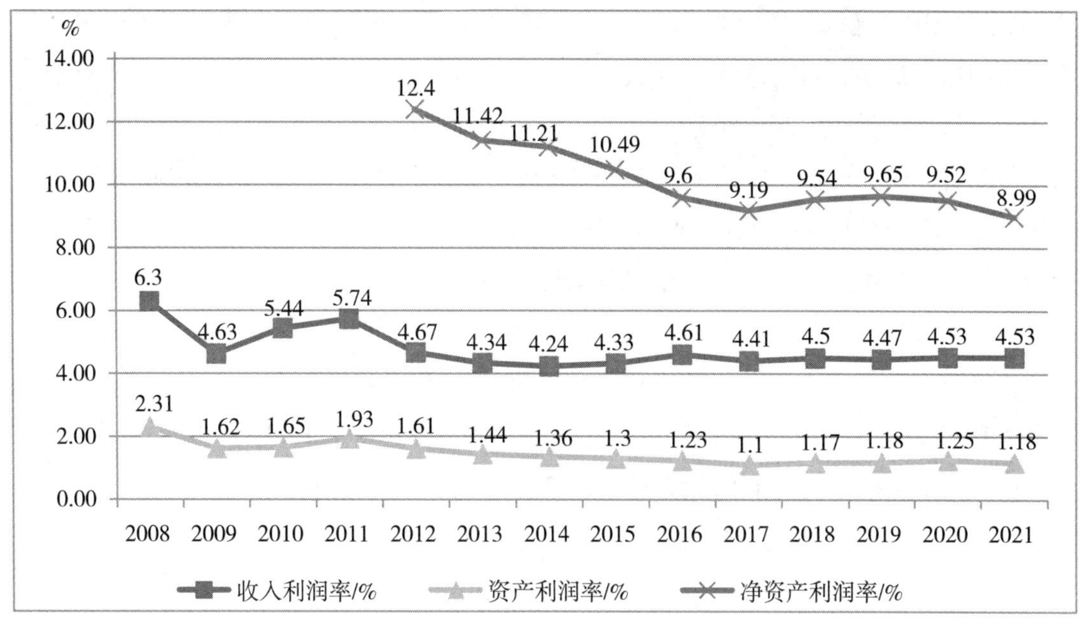

图 1－7 中国企业 500 强收入利润率、资产利润率与净资产利润率变化趋势

3. 企业亏损面略有扩大，煤炭、化学原料、航空运输是亏损多发领域

2021 中国企业 500 强的亏损面略有扩大，企业亏损总额大幅增加，亏损额与净利润的相对比同样快速提高。2021 中国企业 500 强中，有 28 家企业发生亏损，比上年 500 强多了 1 家，亏损面为 5. 60%；亏损面在下降后，再次回升。28 家亏损企业合计发生 560. 56 亿元亏损，与上年 500 强 27 家企业的 243. 19 亿元亏损相比，明显增加；平均亏损额从 9. 01 亿元，大幅增加至 20. 02 亿元。企业亏损额大致相当于 2021 中国企业 500 强净利润总额的 1. 38%，高于上年 500 强的 0. 62%，如图1－8所示。

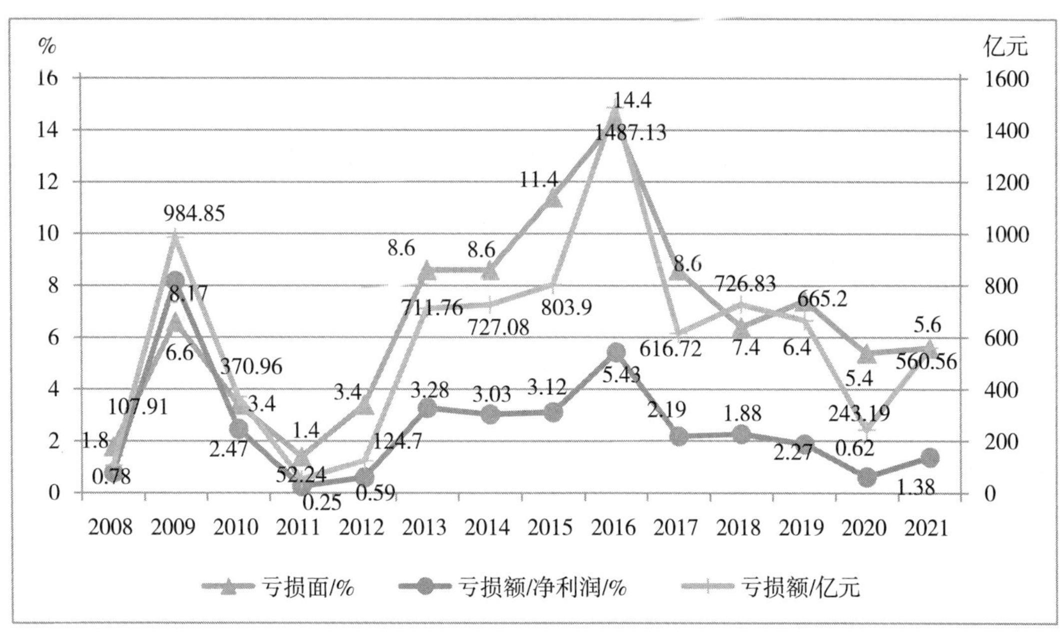

图 1－8 中国企业 500 强亏损面与亏损额变化趋势

28 家亏损企业中，连续亏损企业 10 家，由盈转亏 18 家。分行业看，煤炭采掘及采选业、化学原料及化学品制造业最多，各有 4 家；其次是航空运输业，有 3 家。从所有制看，国有企业 19 家，民营企业 9 家。从地区看，山东、江苏、重庆、北京各有 3 家，山西、河南、上海、广东各有 2 家。从行业总体角度看，航空运输、摩托车及零配件制造 2 个行业发生行业整体性亏损；其中航空运输业亏损 66.90 亿元，摩托车及零配件制造业亏损 10.76 亿元。

4. 企业利润增速差异巨大，盈利下滑企业明显增加

2021 中国企业 500 强的利润增速差异巨大，盈利下滑企业的数量较上年 500 强明显增加。在 2021 中国企业 500 强中，有 2 家企业的净利润增长超过 10 倍，最高达到了 13.45 倍；净利润增长 1 倍以上的企业有 45 家。与此同时，也有 17 家企业的利润下滑超过了 100%。2021 中国企业 500 强中盈利减少的企业为 183 家，比上年 500 强增加了 12 家，如图 1－9 所示。

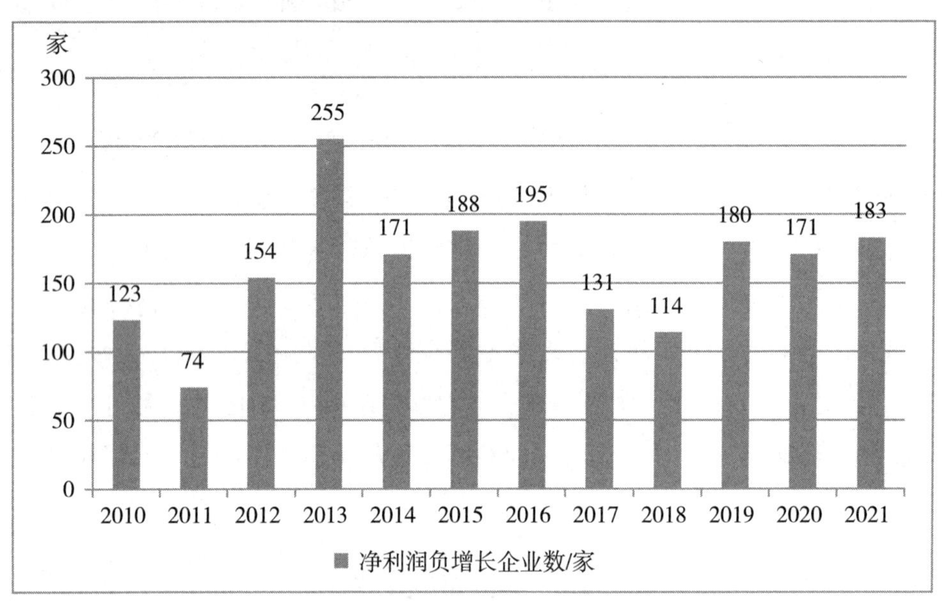

图 1－9　中国企业 500 强净利润负增长企业数波动态势

5. 服务业、制造业利润率指标互有高低，非银企业的盈利显著低于商业银行

服务业企业收入利润率好于制造业，更好于其他行业；但净资产利润率低于制造业。2021 中国企业 500 强中 176 家服务业企业的收入利润率为 7.32%，高于制造业企业的 2.69% 和其他行业企业的 1.94%；净资产利润率为 9.59%，低于制造业企业的 9.79%，显著高于其他行业企业的 5.05%，如图 1－10 所示。与上年 500 强相比，服务业的收入利润率、净资产利润率为分别下降了 0.23 个百分点、0.71 百分点。制造业企业虽然净资产利润率下降了 0.21 个百分点，但收入利润率却提升了 0.19 个百分点。

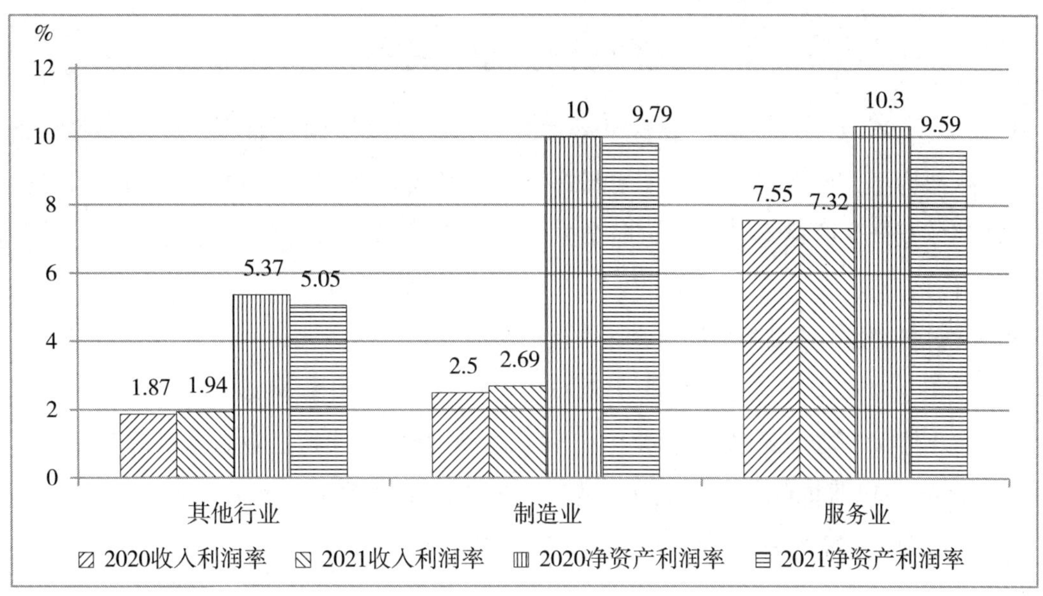

图1－10 中国企业500强三大行业收入利润率、净资产利润率变化

非银企业盈利水平仍显著低于商业银行。2021中国企业500强中，481家非银企业的收入利润率、净资产利润率分别为3.17%、8.43%，与上年相比，收入利润率提高了0.07个百分点，净资产利润率则降低了0.31个百分点。与商业银行相比，非银企业的盈利水平显著偏低。2021中国企业500强中非银企业的收入利润率、净资产利润率分别比商业银行低17.22个百分点和1.79个百分点，差距十分显著。不过从趋势看，近年来，非银企业收入利润率、净资产利润率整体上波动提升，而商业银行的收入利润率、净资产利润率则连续下降，非银企业与商业银行之间的盈利水平差距有所缩小，如图1－11所示。

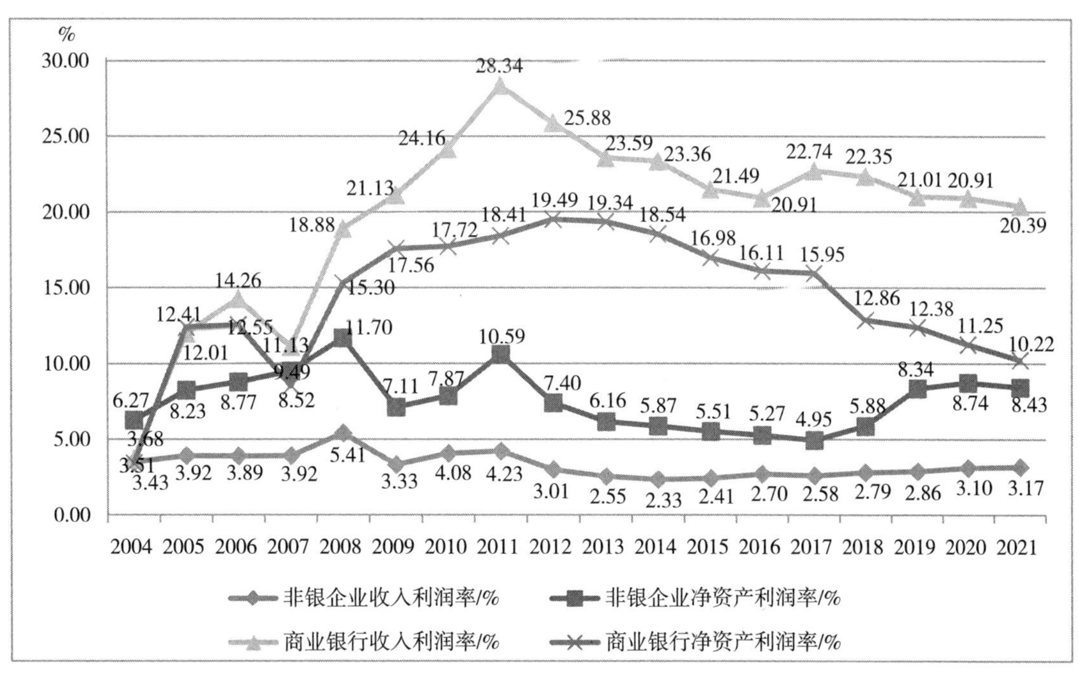

图1－11 中国企业500强商业银行与非银企业盈利指标变化趋势

三、2021 中国企业 500 强的所有制格局和发展特征

2021 中国企业 500 强中，民营企业数量增加较多，但仍少于国有企业；在主要指标的占比上，依然是以国有企业为主，国有企业在各主要指标上的占比都超过了其数量上的占比。新冠肺炎疫情对国有企业效率效益产生明显不利影响，非金融央企效率效益表现欠佳，地方国企和金融央企效率改善、效益下滑。

1. 民营企业数量增加，主要指标国有企业占比仍然突出

中国企业 500 强中民营企业的数量显著增加。长期以来，中国企业 500 强中民营企业的数量都少于国有企业，但总体保持着增长趋势。2021 中国企业 500 强中，民营企业数量为 249 家，比上年 500 强快速增加了 13 家，民营企业与国有企业在数量上的差距显著缩小。国有企业为 251 家，仅比民营企业多了 2 家，如图 1 – 12 所示。

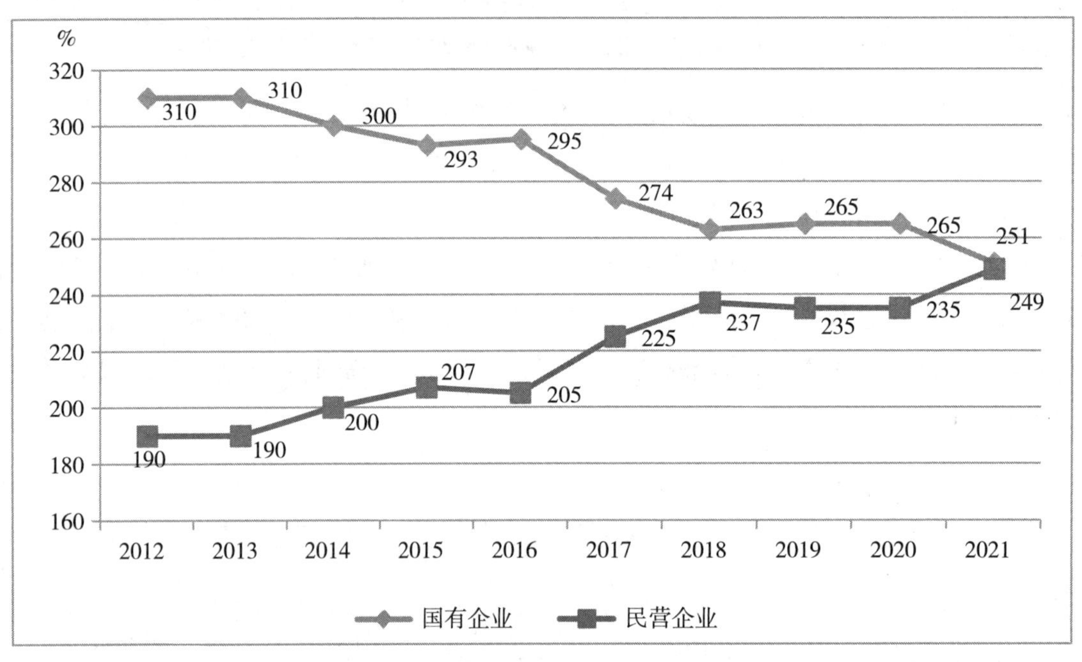

图 1 – 12　中国企业 500 强入围企业所有制结构变化趋势

国有企业在收入、资产等主要指标上，仍占突出地位。2021 中国企业 500 强中，251 家国有企业营业收入为 59.94 万亿元，占全部 500 强营业收入的 66.72%；净利润为 25457.30 亿元，占全部 500 强的 62.53%；资产、归母净资产（归属母公司净资产，下同）分别为 283.69 万亿元、34.35 万亿元，分别占全部 500 强的 82.57%、75.85%；员工总数 2424.33 万人，占全部 500 强的 72.59%，如图 1 – 13 所示。国有企业在上述指标中的占比，明显都高于其数量占比，表明国有企业在规模体量上，总体上大于民营企业。

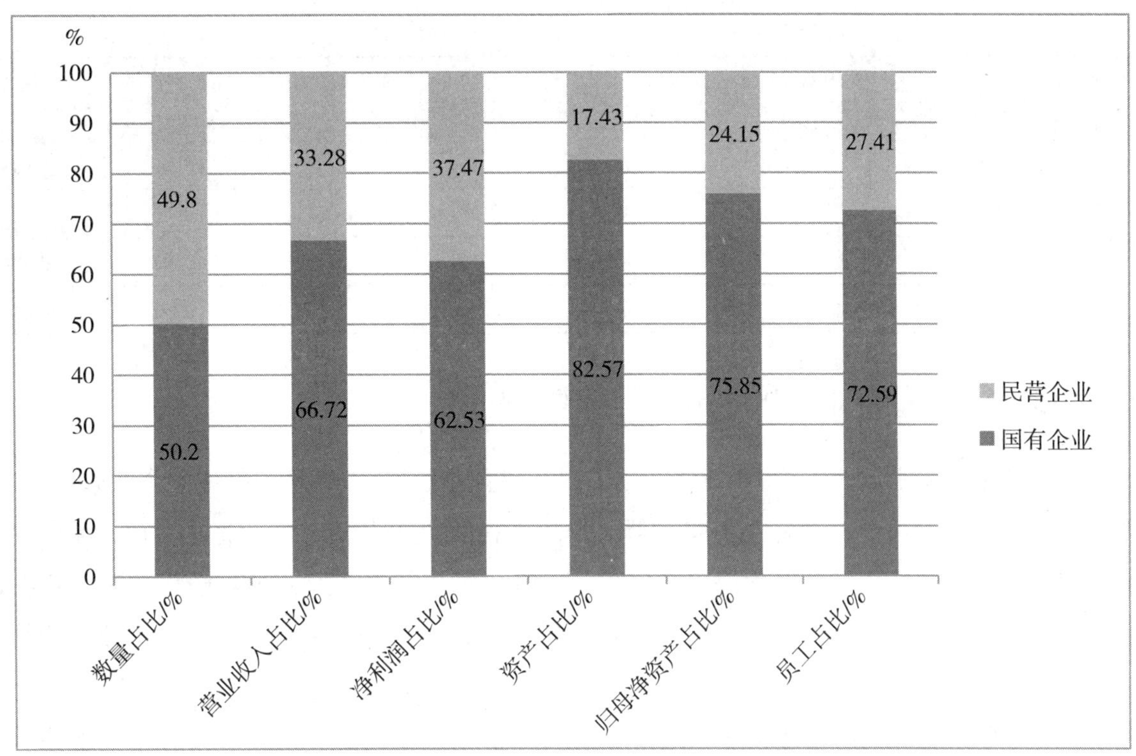

图 1-13 2021 中国企业 500 强国企、民企主要指标分布占比

2. 非金融央企效率效益表现欠佳，地方国企和金融央企效率改善、效益下滑

非金融央企的效率指标、效益指标整体下降。2021 中国企业 500 强中，非金融央企为 68 家，其人均营业收入、人均净利润分别为 225.10 万元、5.46 万元，分别比上年下降 5.91 万元、0.16 万元，两项效率指标均下滑；其收入利润率、净资产利润率分别为 2.43%、5.11%，分别比上年下降 0.01 个百分点、0.46 个百分点，资产利润率为 1.07%，上升 0.06 个百分点，三项效益指标中，两降一升。地方国企和金融央企则呈效率提升效益下滑态势。168 家地方国企的人均营业收入、人均净利润分别比上年 500 强提升了 10.45 万元、0.26 万元，而收入利润率、资产利润率、净资产利润率则分别比上年降低了 0.01 个百分点、0.10 个百分点、0.33 个百分点；15 家金融央企的人均营业收入、人均净利润分别比上年 500 强提升了 24.29 万元、0.08 万元，而收入利润率、资产利润率、净资产利润率则分别比上年降低了 1.52 个百分点、0.11 个百分点、0.82 个百分点，如表 1-2 所示。

表 1-2 国有企业主要指标变化

		人均营业收入/万元	人均净利润/万元	收入利润率/%	资产利润率/%	净资产利润率/%	资产周转率/（次/年）
2021 中国企业 500 强	地方国企	283.98	7.65	2.69	0.91	7.17	0.34
	非金融央企	225.10	5.46	2.43	1.07	5.11	0.44
	金融央企	251.31	36.39	14.48	0.82	10.25	0.06
	国有企业	247.25	10.50	4.25	0.90	7.41	0.21

续表

		人均营业收入/万元	人均净利润/万元	收入利润率/%	资产利润率/%	净资产利润率/%	资产周转率/（次/年）
相对2020中国企业500强的变化	地方国企	10.45	0.26	-0.01	-0.10	-0.33	-0.04
	非金融央企	-5.91	-0.16	-0.01	0.06	-0.46	0.03
	金融央企	24.29	0.08	-1.52	-0.11	-0.92	0.00
	国有企业	3.25	0.16	0.01	-0.07	-0.52	-0.02

四、2021中国企业500强的行业特征

2021中国企业500强共涉及75个行业。其中制造业企业增加了11家，服务业企业减少了5家。在主要指标占比上，服务业、制造业各有高低。生产资料商贸业表现突出，商业银行、证券业利润率指标占优。二级细分行业金融业优势最为突出，计算机、通信设备及其他电子设备制造业在创新指标上领先。新冠肺炎疫情对不同行业的影响存在较大差异，战略新兴产业领域入围数量增加，传统产业领域入围数量减少，行业营收、净利润明显两极分化。金融企业盈利水平明显高于非金融企业，非金融企业收入与净利润增速领先。汽车行业入围企业数量减少，利润率指标总体下降。房地产收入、利润贡献同步下降，利润率指标有升有降。

1. 制造业企业数量增加，主要指标占比各有高低

中国企业500强中，制造业企业数量明显增加。从长期趋势看，中国企业500强中的制造业企业数量总体呈下降态势，但也在部分年份出现增加现象。2021中国企业500强中制造业企业数量较快增加，增加量达到了11家，逆转了前两年制造业企业数量减少的态势。与此同时，服务业企业减少了5家，其他行业企业减少了6家，如图1-14所示。

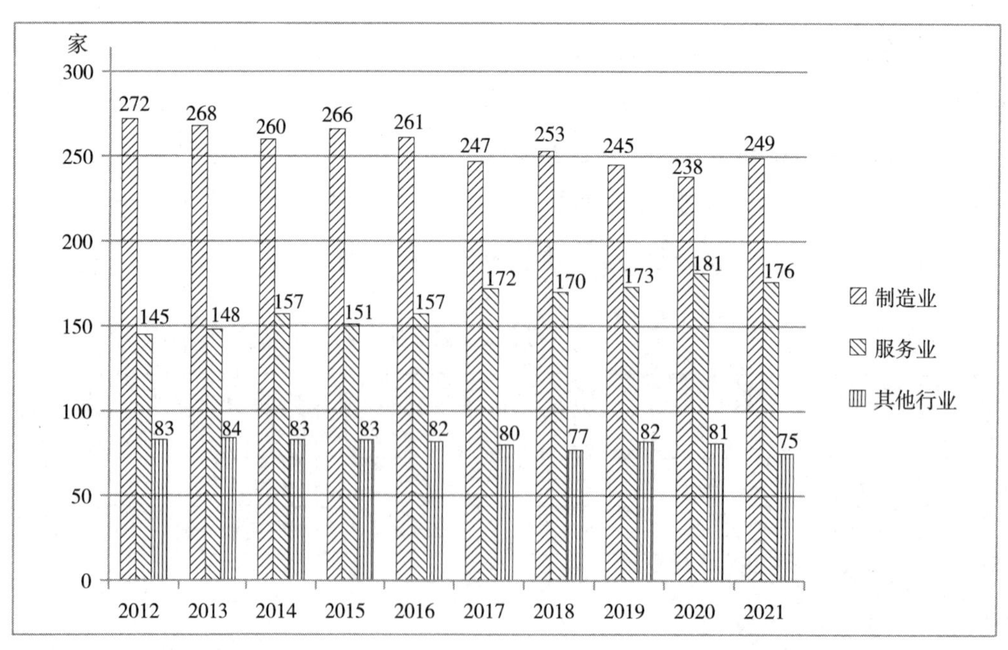

图1-14 中国企业500强三大类行业数量结构变动情况

在主要指标上，制造业、服务业占比各有高低。2021 中国企业 500 强中，服务业在营业收入、归母净利润、资产总额、归母净资产、员工人数、并购或重组企业数、分公司数等指标上占比居于首位；尤其是在资产总额指标上，服务业占到全部500强资产总额的79.26%；此外，服务业分别占归母净利润、归母净资产的69.09%、64.76%，服务业明显处于支配地位。制造业则在国际标准数、研发费用、拥有专利项数、发明专利项数、总标准数、国内标准数等指标上占比居于首位；特别是在国际标准数、拥有专利项数、发明专利项数上处于绝对优势，分别占全部500强的81.51%、67.18%、75.92%；同时，制造业的研发投入占全部500强研发费用的58.49%，如表1-3所示。

表1-3 2021中国企业500强三大类企业主要指标占比

	营业收入/%	归母净利润/%	资产总额/%	归母净资产/%	员工人数/%
制造业	38.68	22.96	11.25	21.08	33.70
服务业	42.75	69.09	79.26	64.76	41.45
其他行业	18.56	7.95	9.49	14.15	24.85
	并购或重组企业数/%	分公司数/%	国际标准数/%	研发费用/%	参股公司数/%
制造业	31.75	12.67	81.51	58.49	35.55
服务业	52.15	70.18	16.79	22.09	42.37
其他行业	16.10	17.15	1.69	19.41	22.08
	全资和控股子公司数/%	拥有专利项数/%	发明专利项数/%	总标准数/%	国内标准数/%
制造业	35.23	67.18	75.92	51.14	47.19
服务业	43.89	16.66	15.71	32.65	34.75
其他行业	20.88	16.16	8.36	16.21	18.06

2. 生产资料商贸业表现突出，商业银行、证券业利润率指标占优

生产资料商贸业在效率效益指标上表现突出。净资产利润率方面，生产资料商贸业为27.95%，居行业首位；人均营业收入为4964.57万元，同样高居行业首位；人均净利润为68.78万元，居行业第三；资产周转率为3.37次/年，居行业第四位。商业银行业绩表现突出，证券业盈利表现较好。2021中国企业500强中，商业银行收入利润率为20.39%，高居行业首位；人均净利润为69.72万元，居行业第二位。证券业资产利润率为12.54%，居行业首位；净资产利润率为19.26%，进入行业前五。资产周转率方面，服务业明显具有优势，前五行业都是服务业，其中人力资源服务业居于榜首，资产周转率为7.61次/年，如表1-4所示。

表1-4 2021中国企业500强主要经营绩效指标前五行业

三级行业	收入利润率/%	三级行业	资产利润率/%	三级行业	净资产利润率/%
商业银行	20.39	证券业	12.54	生产资料商贸	27.95
互联网服务	17.08	饮料	9.95	酒类	25.56
酒类	16.77	互联网服务	9.71	饮料	23.30

续表

三级行业	收入利润率/%	三级行业	资产利润率/%	三级行业	净资产利润率/%
多元化金融	8.33	酒类	8.41	证券业	19.26
工业机械及设备制造	7.74	金属制品加工	5.62	家用电器制造	18.32
三级行业	资产周转率/（次/年）	三级行业	人均营业收入/万元	三级行业	人均净利润/万元
人力资源服务	7.61	生产资料商贸	4964.57	铁路运输	143.60
金属品商贸	4.51	铁路运输	4568.16	商业银行	69.72
信息技术服务	3.46	金属品商贸	3347.00	生产资料商贸	68.78
生产资料商贸	3.37	人力资源服务	2126.75	酒类	57.25
综合商贸	2.54	信息技术服务	1786.97	互联网服务	51.00

3. 二级细分行业金融业优势最为突出，计算机、通信设备及其他电子设备制造业在创新指标上领先

金融业在二级细分行业中占据突出地位，在 6 个主要指标中排名位居二级行业之首。2021 中国企业 500 强共涉及 27 个二级行业，金属产品类企业最多，有 83 家；其次分别是化学品制造、金融业、房屋建筑、机械设备，分别有企业 38 家、36 家、31 家、27 家。尽管金融业企业只有 36 家，仅占全部 500 强数量的 7.20%，但却在营业收入、归母净利润、资产总额、归母净资产、缴纳税款、员工人数共六个指标的绝对贡献中排名第一；尤其是在资产总额上，金融业占 61.34%；在归母净利润上，金融业也占据了 44.70%，如表 1－5 所示。不过上年 500 强相比，金融业在归母净利润中的占比下降了 1.81 个百分点。

计算机、通信设备及其他电子设备制造业同样在多个指标上领先；在研发费用投入总额的贡献中占据行业榜首，贡献了 2021 中国企业 500 强研发费用的 17.29%；在专利贡献上最为突出，贡献了 2021 中国企业 500 强有效专利总量的 19.61%，贡献了 2021 中国企业 500 强有效发明专利的 32.09%；在国际标准制定上同样贡献突出，共贡献了 2021 中国企业 500 强参与国际标准制定总量的 71.98%，高居行业榜首。综合服务业在总标准数、国内标准数上占据行业排行榜首位，分别贡献了 2021 中国企业 500 强标准总数、国内标准数的 15.70%、17.69%，如表 1－5 所示。

表 1－5　2021 中国企业 500 强主要指标行业贡献排名前三行业

营业收入/%		归母净利润/%		资产总额/%		归母净资产/%	
金融业	14.64	金融业	44.70	金融业	61.34	金融业	37.96
金属产品	11.25	电信及互联网信息服务	12.43	房地产	4.27	电信及互联网信息服务	8.54
采矿业	6.84	房地产	5.35	邮政和物流	3.79	采矿业	8.19
缴纳税款/%		研发费用/%		员工人数/%		并购或重组企业数/%	
金融业	21.07	计算机、通信设备及其他电子设备制造	17.29	金融业	14.12	公用事业服务	11.71

续表

缴纳税款/%		研发费用/%		员工人数/%		并购或重组企业数/%	
采矿业	13.33	电信及互联网信息服务	14.28	采矿业	10.80	金属产品	10.16
化学品制造	8.95	交通运输设备及零部件制造	9.90	金属产品	6.78	房地产	10.06
全资和控股子公司数/%		**参股公司数/%**		**分公司数/%**		**拥有专利项数/%**	
房地产	13.23	房地产	13.55	零售业	35.25	计算机、通信设备及其他电子设备制造	19.61
金属产品	8.38	金属产品	9.08	土木工程建筑	11.46	消费品生产	15.86
土木工程建筑	7.76	土木工程建筑	7.18	电信及互联网信息服务	11.14	公用事业服务	9.69
发明专利项数/%		**总标准数/%**		**国内标准数/%**		**国际标准数/%**	
计算机、通信设备及其他电子设备制造	32.09	综合服务业	15.70	综合服务业	17.69	计算机、通信设备及其他电子设备制造	71.98
消费品生产	15.59	计算机、通信设备及其他电子设备制造	14.72	金属产品	10.88	电信及互联网信息服务	10.27
公用事业服务	8.02	金属产品	9.85	公用事业服务	7.96	公用事业服务	5.17

4. 新冠肺炎疫情推动行业结构加快调整，营收与净利润增速明显分化

行业结构不断调整，战略新兴产业领域入围数量持续增加。在全部75个行业中，有55个行业入围企业数量发生了变化，其中28个行业入围数增加，27个行业入围数减少。入围企业增加最多的土木工程建筑业，新增入围企业10家；其次是黑色冶金业、物流及供应链业，各新增5家；通信设备制造业、石化及炼焦业各新增4家；农副食品业，风能、太阳能设备制造，汽车摩托车零售业分别增加了3家。房屋建筑业减少企业数最多，入围企业减少了10家；煤炭采掘及采选业减少了6家，化学纤维制造业减少了4家，连锁超市及百货业、能源矿产商贸业、互联网服务业、综合制造业、商业地产业、工程机械及零部件业、轮胎及橡胶制品业均减少了3家，如表1－6所示。总体上看，战略新兴产业领域入围数量增加，传统产业领域入围数量减少。

表1－6 2021中国企业500强三级行业入围企业数量变化

三级行业	变化量/家	三级行业	变化量/家
土木工程建筑	10	房屋建筑	－10
黑色冶金	5	煤炭采掘及采选业	－6
物流及供应链	5	化学纤维制造	－4
通信设备制造	4	工程机械及零部件	－3

续表

三级行业	变化量/家	三级行业	变化量/家
石化及炼焦	4	连锁超市及百货	-3
汽车摩托车零售	3	能源矿产商贸	-3
风能、太阳能设备制造	3	轮胎及橡胶制品	-3
农副食品	3	综合制造业	-3
一般有色	2	互联网服务	-3
住宅地产	2	商业地产	-3
工业机械及设备制造	2	综合商贸	2
化学原料及化学品制造	2	电线电缆制造	2

不同行业之间在收入增速、利润增速之间存在显著差异，新冠肺炎疫情导致两极分化。在75个行业中，有13个行业的营业收入同比下降，其他62个行业收入同比增加。其中工业机械及设备制造业收入增长最快，增加了45.49%；水务业收入增长了36.55%；生产资料商贸业收入增长了35.62%；风能、太阳能设备制造业收入增长了35.31%；农副食品业收入增长了25.93%；互联网服务业收入增长了23.70%。疫情影响在收入增长方面的表现不是很直接，很难将上述收入增长较快行业的影响因素归结为疫情；但在收入下降行业，疫情冲击的表现更突出、更直接。航空运输业收入大幅下滑43.83%，旅游和餐饮业收入减少了13.72%。在利润增长方面，52个行业净利润有不同程度增加，23个行业净利润不同程度减少。净利润增加的行业中，轻工百货生产业净利润增长最快，大幅增长了3.3倍；农产品及食品批发业净利润增长了2.3倍；生产资料商贸业增长了1.9倍。与医疗有关的领域中，医疗卫生健康服务业净利润增长了78.10%；化工医药商贸业净利润增长了63.35%；医药及医疗器材零售业净利润增长了35.01%。如表1-7所示。部分受疫情冲击较大的行业，净利润大幅下滑。其中，航空运输业净利润下滑240.68%，公路运输业净利润下滑95.14%，港口服务业净利润下滑72.83%，旅游和餐饮业净利润下滑16.57%，文化娱乐业净利润下滑14.27%。

表1-7　2021中国企业500强行业收入、利润增长前十排名

三级行业	收入增速/%	三级行业	净利润增速/%
工业机械及设备制造	45.49	轻工百货生产	333.06
水务	36.55	农产品及食品批发	229.56
生产资料商贸	35.62	生产资料商贸	188.38
风能、太阳能设备制造	35.31	电线电缆制造	79.68
农副食品	25.93	医疗卫生健康服务	78.10
互联网服务	23.70	贵金属	74.32
港口服务	23.67	工业机械及设备制造	71.72
农林牧渔业	22.55	综合商贸	66.80
铁路运输	20.65	化工医药商贸	63.35
物流及供应链	19.95	金属制品加工	49.76

5. **金融企业盈利水平明显高于非金融企业，非金融企业收入与净利润增速领先**

2021中国企业500强中金融企业的盈利水平明显高于非金融企业，但受非金融企业净利润快速增长影响，二者之间盈利水平差距有所缩小。2021中国企业500强中，有36家金融企业，其中商业银行为19家。金融企业的收入利润率、净资产利润率分别为13.84%、10.59%，均明显高于464家非金融企业的2.94%、7.98%。尤其是其中的19家商业银行，其收入利润率、净资产利润率分别为20.39%、10.22%，更是显著高于非金融企业。在人均净利润方面，非金融企业的人均净利润仅有7.85万元，金融企业的人均净利润为38.60万元，商业银行的人均净利润更是高达69.72万元，如图1-15所示。显然，金融企业的盈利水平明显高于非金融企业。不过近年来中国企业500强中，非金融企业的净利润增速都明显快于金融企业，2021中国企业500强中金融企业净利润增速为0.01%，显著慢于非金融企业的8.44%。受增速变化影响，金融企业与非金融企业盈利水平差距近年来持续缩小，这意味着中国企业500强的净利润分配，正在朝着积极的方向调整。

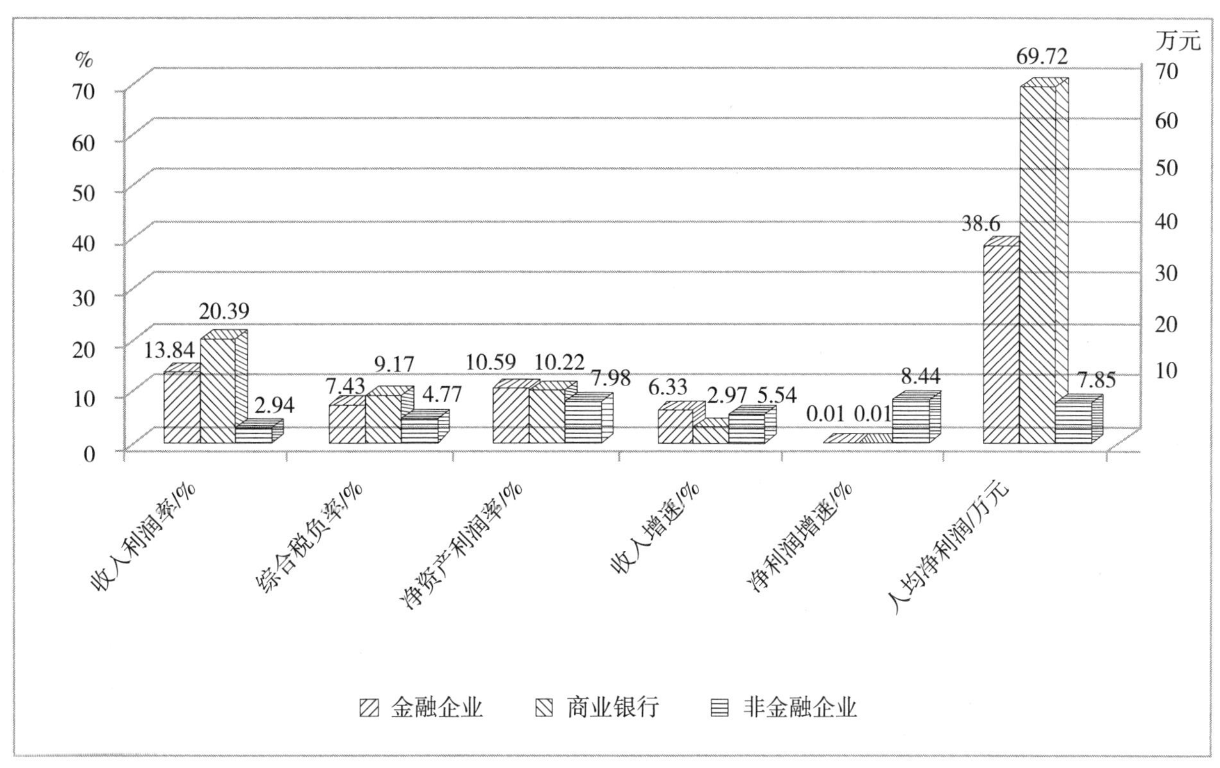

图1-15 2021中国企业500强金融与非金融企业盈利水平比较

6. **汽车行业入围企业数量减少，利润率指标总体下降**

汽车行业入围企业数量减少，对营业收入、净利润的贡献均有所下降。2021中国企业500强中，有17家汽车企业入围，比上年500强减少2家。从汽车企业对全部500强的贡献看，17家汽车企业贡献了2021中国企业500强营业收入的5.12%，贡献度比上年500强小幅下降了0.02个百分点；贡献了全部500强净利润的2.06%，比上年500强下降了0.20个百分点；汽车行业对收入与利润的贡献连续下降，如图1-16所示。

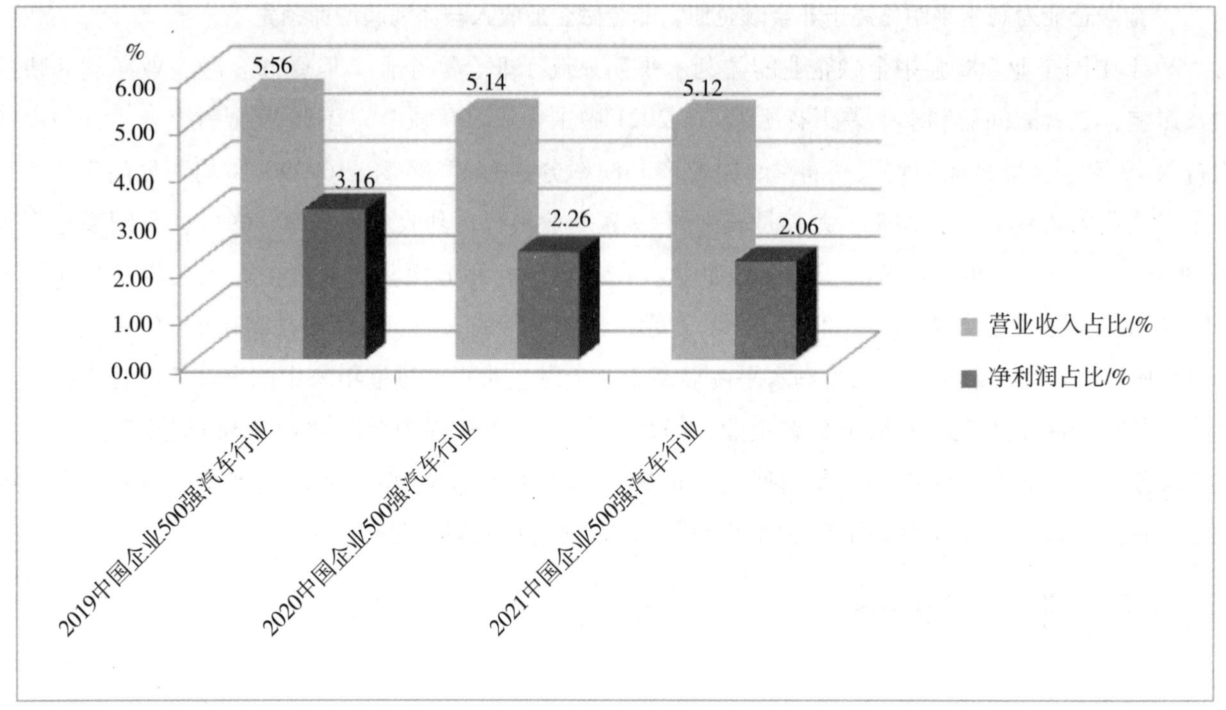

图 1－16　2019—2021 中国企业 500 强中汽车行业营业收入与净利润占比变化

汽车行业盈利指标都呈下降态势，人均指标有所改善。2021 中国企业 500 强中，17 家汽车企业的净资产利润率为 8.24%，比上年 500 强汽车企业下降了 1.06 个百分点；收入利润率为 1.82%，下降了 0.17 个百分点；资产利润率为 1.77%，下降了 0.24 个百分点；总体上看，三项利润率指标自 2017 中国企业 500 强以来都呈持续下降态势。2021 中国企业 500 强中，汽车企业的人均营业收入为 324.86 万元，比上年 500 强提高了 24.44 万元；人均净利润为 5.92 万元，比上年 500 强下降了 0.06 万元。汽车企业的收入增速从上年 500 强中的 0.54% 提升至 3.87%，扭转了 4 年来收入增速连续下降的态势；净利润增长率为 -2.85%，净利润连续三年负增长。从综合税负率看，2021 中国企业 500 强中汽车企业综合税负率为 6.69%，实现了 4 连降，行业整体税负压力有所减轻，但减税效应并没有带来汽车企业盈利的增长，全行业企业净利润不增反减，如表 1－8 所示。

表 1－8　中国企业 500 强中汽车行业主要利润率指标及其他指标变化趋势

汽车行业主要指标	收入利润率/%	资产利润率/%	净资产利润率/%	人均营收/万元	人均净利润/万元	综合税负率/%	营收增长率/%	净利润增长率/%
2017	2.88	3.3	13.62	332.14	9.57	10.21	13.67	16.28
2018	2.78	3.03	13.11	359.26	9.99	9.92	13.51	9.96
2019	2.54	2.76	12.33	288.88	7.34	9.08	7.93	-1.35
2020	1.99	2.01	9.3	300.42	5.98	7.06	0.54	-17.81
2021	1.82	1.77	8.24	324.86	5.92	6.69	3.87	-2.85

7. 房地产收入、利润贡献同步下降，利润率指标有升有降

与上年 500 强相比，房地产业对中国企业 500 强的收入贡献、净利润贡献都有所下降。2021 中

国企业 500 强中，房地产业共有 56 家企业入围，数量上比上年减少 11 家。56 家房地产企业的营业收入占全部 500 强营业收入的 7.72%，这一比例比上年下降了 3.14 个百分点。房地产企业净利润占全部 500 强净利润的 7.39%，比上年降低了 2.27 个百分点，如图 1－17 所示。

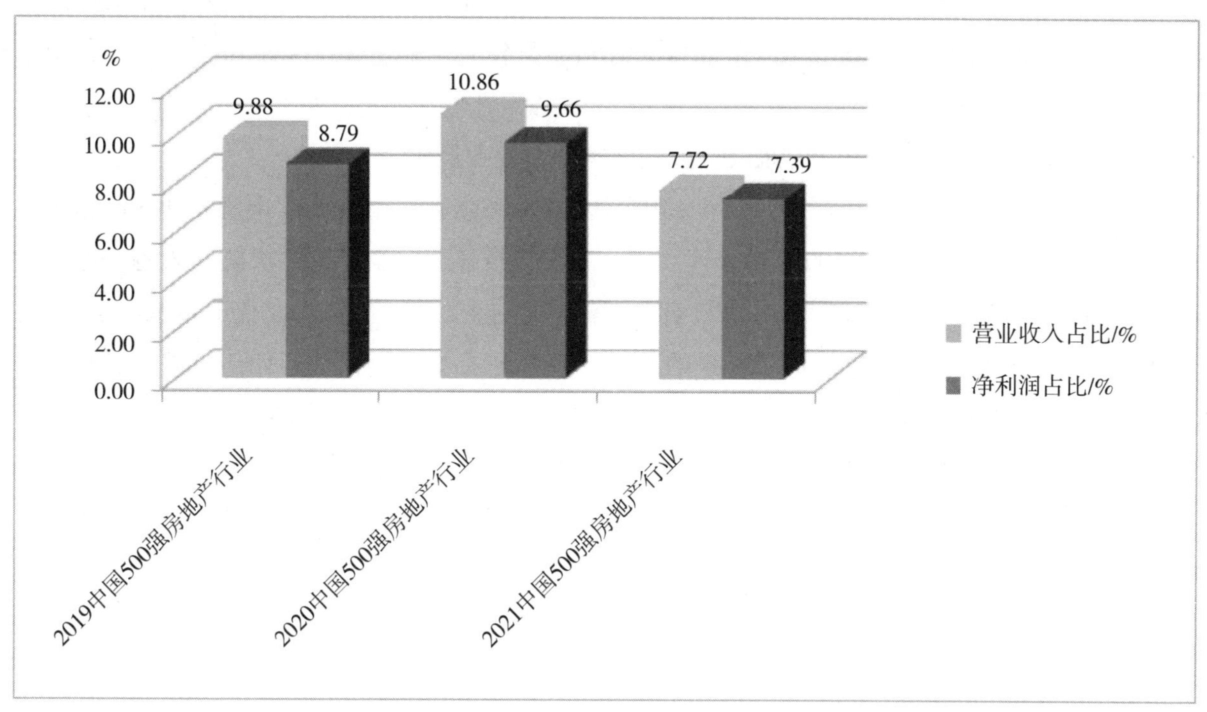

图 1－17 2019—2021 中国企业 500 强中房地产行业营业收入与净利润占比变化

房地产业收入利润率提升，资产利润率、净资产利润率下降，人均指标恶化。2021 中国企业 500 强中，房地产业的收入利润率为 4.34%，比上年 500 强提高了 0.31 个百分点；资产利润率为 1.63%，下降了 0.17 个百分点；净资产利润率为 13.00%，下降了 0.61 个百分点，如表 1－9 所示。房地产企业的人均营业收入、人均净利润分别为 255.09 万元、11.06 万元，分别比上年减少了 20.81 万元、0.05 万元；营业收入增长率、净利润增长率分别为 5.93%、－0.16%，分别上年下降了 13.26 个百分点、10.58 个百分点。净利润增速显著低于营业收入同比增速，房地产企业的发展质量有所下滑。

表 1－9 中国 500 强中房地产行业主要利润率指标及其他指标变化趋势

房地产	收入利润率/%	资产利润率/%	净资产利润率/%	人均营收/万元	人均净利润/万元	综合税负率/%	营收增长率/%	净利润增长率/%
2017	3.18	1.68	12.34	179.3	5.7	6.45	11.07	1.19
2018	4.56	2.18	14.94	201.71	9.2	6.11	15.54	37.17
2019	3.97	1.84	14.84	233.46	9.28	6.11	18.13	23.53
2020	4.03	1.80	13.61	275.90	11.11	5.77	19.19	10.42
2021	4.34	1.63	13.00	255.09	11.06	6.78	5.93	－0.16

五、2021 中国企业 500 强的总部地区分布特征

2021 中国企业 500 强中，海南、西藏继续没有企业入围，其他 29 个省（区市）都有企业入围。总体上看，头部区域与尾部区域入围企业数量均减少，四梯队橄榄型结构日益凸显。东部地区企业数量再次增加，中西部地区数量减少。东部地区盈利能力领先，东北地区税负压力突出。央企总部扎堆北京，东部沿海民企为主。

1. 第一、第四梯队减少，中间增加，上海、山东净增加企业最多

头部区域、尾部区域入围企业数量减少，中间区域入围数量增加。2021 中国企业 500 强中，北京地区的企业有 93 家，比上年 500 强减少了 4 家，入围数量显著减少；第二梯队（入围企业数量在 40 家以上的省级区域）包括广东、山东、江苏和浙江，共有 196 家企业入围，比上年 500 强增加了 4 家；第三梯队（入围企业数量在 10 ~ 39 家的省级区域）包括上海、河北、四川、重庆、福建、安徽、河北，共有 124 家企业入围，比上年 500 强增加了 3 家；第四梯队（入围企业数量在 9 家及以下的省级区域）包括河南等 17 个省级区域，共有 87 家企业入围，比上年 500 强减少了 3 家，如图 1 – 18所示。这一分布表明，随着头部、尾部区域入围企业数量的减少，中国企业 500 强四级梯队分布的橄榄型结构日益凸显。

多个省（区市）入围企业数量均有不同程度变化，上海、山东入围企业数量增加最多，北京减少最多。2021 中国企业 500 强分布在 29 个省（区市），海南、西藏依然没有企业入围中国企业 500 强。上海共有 33 家企业入围 2021 中国企业 500 强，比上年 500 强净增加 3 家，是入围企业增加最多的省级区域；山东有 50 家企业入围，同样新增了 3 家；再次是浙江、河南、新疆，各增加了 2 家。北京入围企业减少最多，净减少了 4 家；其次是湖北和山西，均减少了 3 家；再次是江苏与重庆，各减少了 2 家。从两年变动趋势看，北京、江苏、安徽入围企业数量连续两年减少，福建、河南、陕西等连续两年入围企业数量增加。

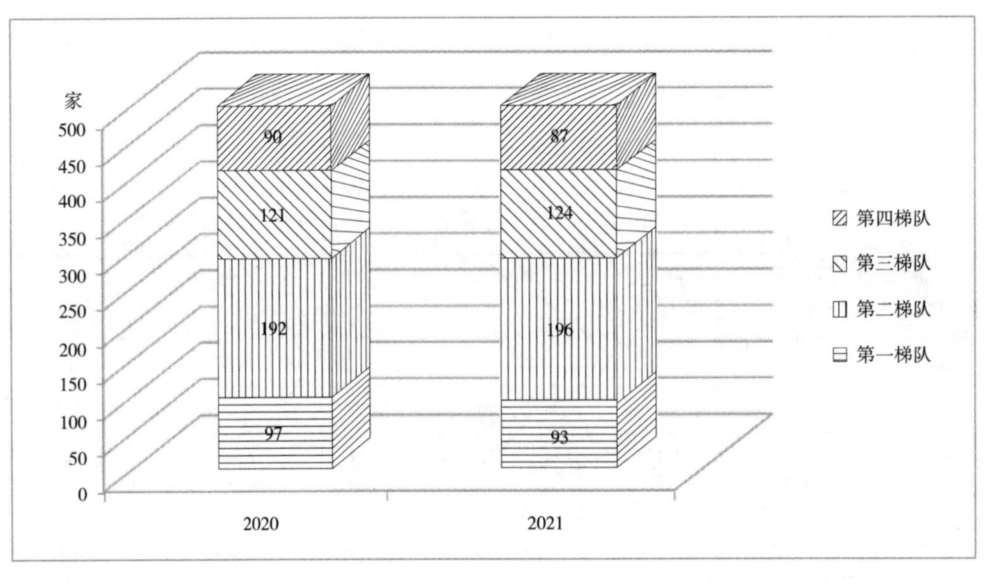

图 1 – 18　中国企业 500 强各梯队入围企业数量分布

2. **东部地区再次增加，中西部地区数量减少**

中国企业 500 强在东中西及东北地区的分布中，总体上一直都是东多西少的局面，尽管各年度的具体数量有所波动，但东多西少的大格局并没有发生根本性变化。2021 中国企业 500 强中，东部地区企业数量为 371 家，比上年 500 强增加了 6 家，重回增长轨道；中部地区企业 49 家，比上年 500 强减少 4 家；西部地区企业 70 家，比上年 500 强减少 2 家；东北地区企业为 10 家，与上年 500 强持平，如图 1－19 所示。

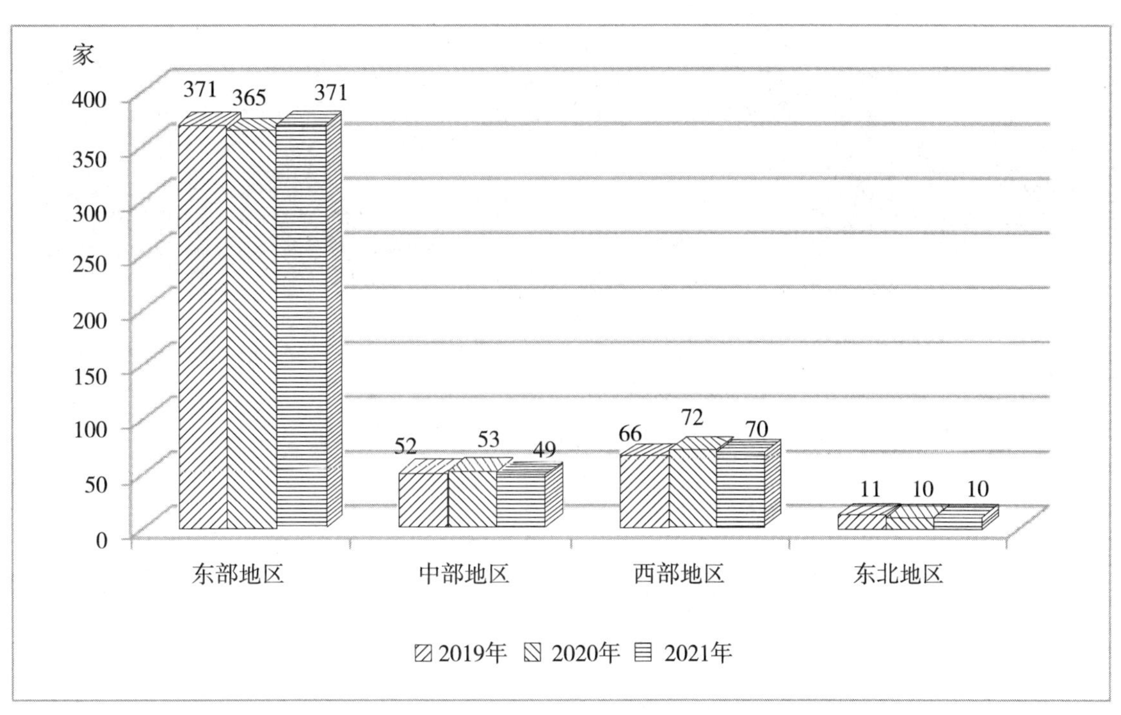

图 1－19 中国企业 500 强四大区域入围企业数量变化

3. **东部地区盈利能力领先，东北地区税负压力突出**

东部地区的收入利润率、净资产利润率都明显高于其他地区。2021 中国企业 500 强中东部地区企业的收入利润率为 3. 61%，远高于中部地区的 1. 57%、西部地区的 2. 62% 和东北地区的 2. 51%；东部地区企业的净资产利润率为 8. 44%，远高于中部地区的 7. 44%、西部地区的 7. 29% 和东北地区的 7. 24%。但从净利润同比增速看，中部地区企业净利润同比快速增长了 13. 86%，居四大区域之首；东北地区企业净利润同比增速为 13. 71%，也明显高于东部地区企业的 6. 78%；西部地区企业净利润同比增速为 8. 85%，也高于东部地区的 6. 78%，这表明中西部地区企业与东部地区企业之间盈利能力差距在缩小，如图 1－20 所示。

东北地区企业综合税负率最高，但整体税负水平有所下降。2021 中国企业 500 强中，东北地区 10 家企业的综合税负率为 6. 15%，这一税负水平，高于东部地区企业的 5. 41%，也高于西部地区企业的 4. 69% 和中部地区的 3. 93%。显然，在不同地区之间，企业存在税负压力差异，尤其是东北地区企业，税负压力较大。从变化趋势看，西部地区企业纳税额同比增长了 3. 64%，同比税负水平有所提高；东部地区企业纳税额同比减少 3. 10%，中部地区企业纳税额同比减少 6. 86%，东北地区企业纳税额同比减少了 3.22%，东部地区、中部地区及东北地区的税负压力均有所减轻，如图1－20所示。

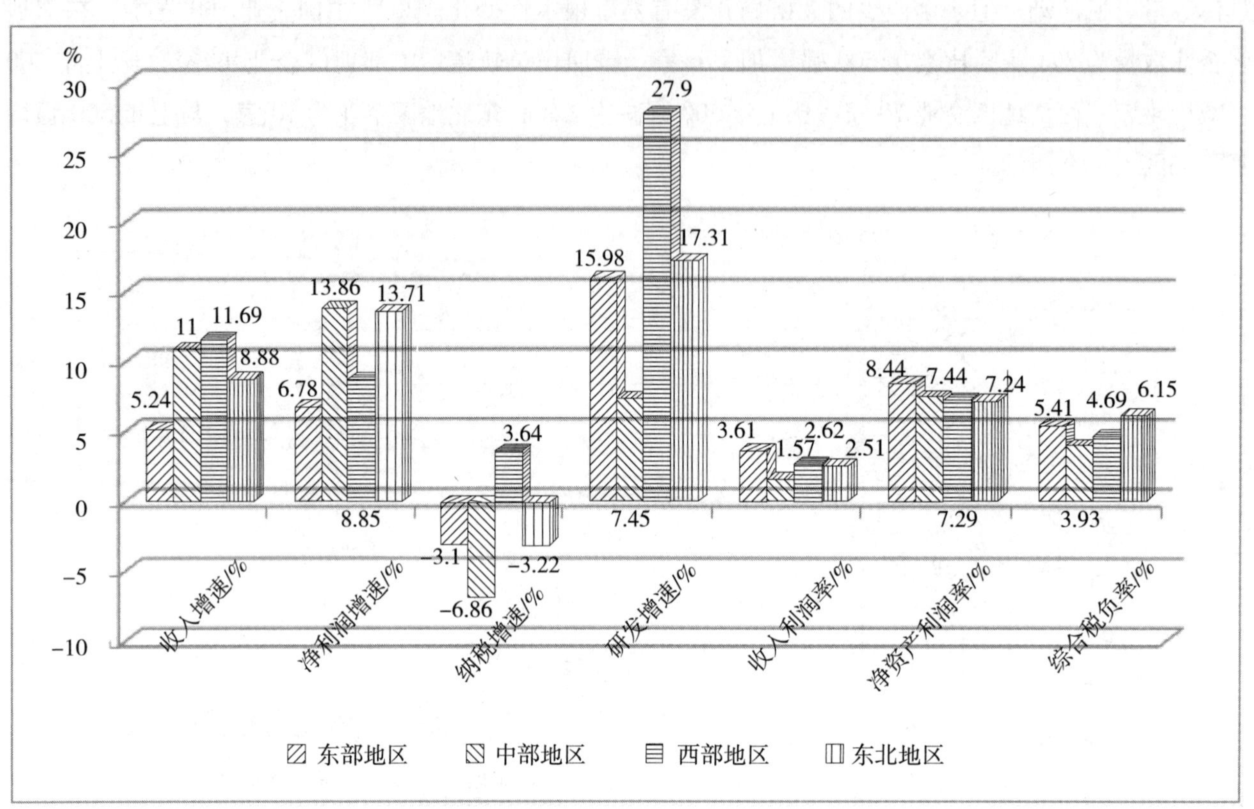

图1－20　四大区域入围企业主要指标比较

4. 央企总部扎堆北京，东部沿海民企为主

北京是央企总部最为集中的地方，而东部沿海地区入围企业则以民营企业为主。2021 中国企业 500 强中，北京入围的93 家企业中，国有企业有79 家，占北京入围2021 中国企业500 强的84.95%；在这79 家国有企业中，绝大多数是中央企业，只有少数是北京市属的地方国有企业。而在河北、山东、江苏、浙江、广东这些东部沿海经济发达地区，民营经济高度繁荣，民营企业得到很好发展，所以其当地入围中国企业500 强的企业中，多数是民营企业。如江苏的43 家企业中，有36 家是民营企业；山东的50 家企业中，也有36 家是民营企业。此外，东北地区的辽宁，在8 家入围企业中，也有6 家是民营企业，占了全部入围企业的3/4，如图 1－21 所示。

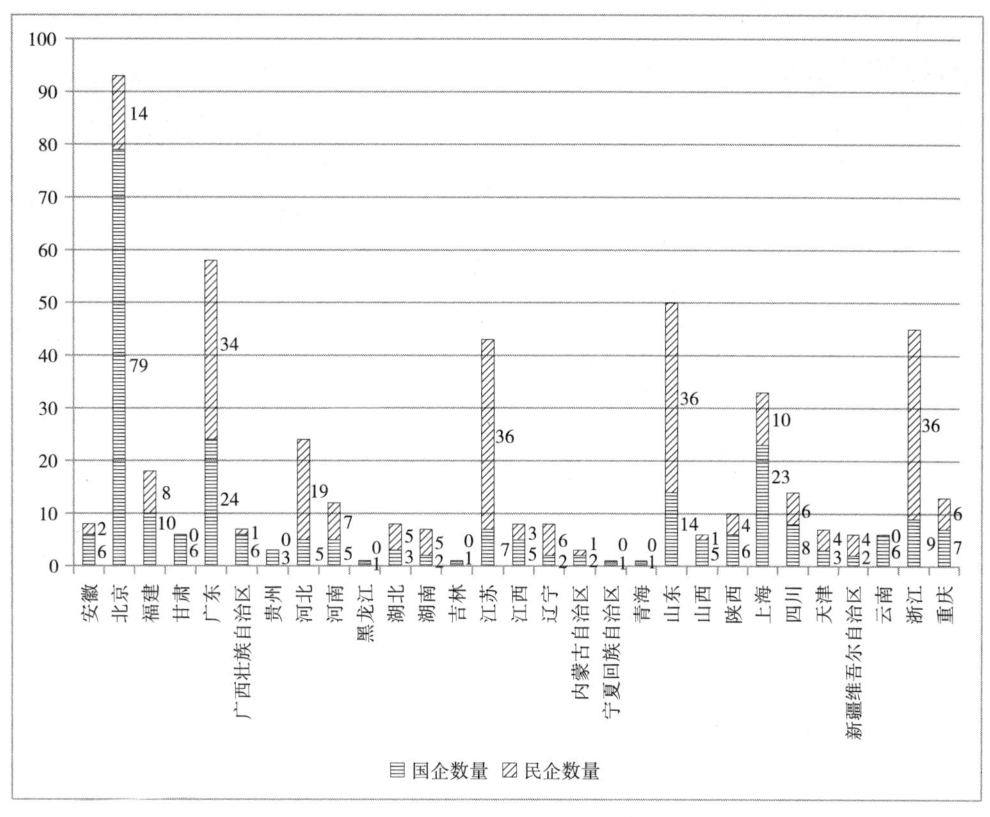

图 1－21　2021 中国企业 500 强各省级区域入围企业所有制分布

六、2021 中国企业 500 强的创新特征

中国企业 500 强研发投入保持持续增加态势，研发强度也相应提高至 1.77%，创下历史新高。研发投入强度在 5% 以上的企业数量增加 1 家，超过半数企业的研发强度同比都有所提升。制造业企业研发强度持续高于服务业，并且保持上升态势。非金融类中央企业的平均研发投入金额明显高于其他企业，且保持逐年增长态势。高端装备制造业研发投入力度较大，航空航天业在企业平均研发费用的行业排名中居首位，通信设备制造业在研发强度、人均研发费用的行业排名中高居首位。广东省企业在区域研发强度排名中持续位居榜首，明显领先于其他地区。中国企业 500 强的专利与发明专利数量持续增加，发明专利占比继续提升。

1. 研发投入持续增加，研发强度快速提升

中国企业 500 强研发投入保持持续增加态势。2021 中国企业 500 强共投入研发费用 13066.47 亿元，比上年 500 强增加了 2312.41 亿元，增幅为 21.50%；与自身同口径比，企业研发投入同比增长了 15.57%。企均研发投入为 29.43 亿元，比上年 500 强企均研发投入 24.95 亿元增长了 17.95%，如图 1－22 所示。

中国企业 500 强的平均研发强度明显提升。2021 中国企业 500 强中企业研发投入总额占其营业收入总额的 1.77%，快速提高了 0.16 个百分点，也是研发强度 20 年来提高最快的一年，创下了中国企业 500 强平均研发强度新高，如图 1－22 所示。

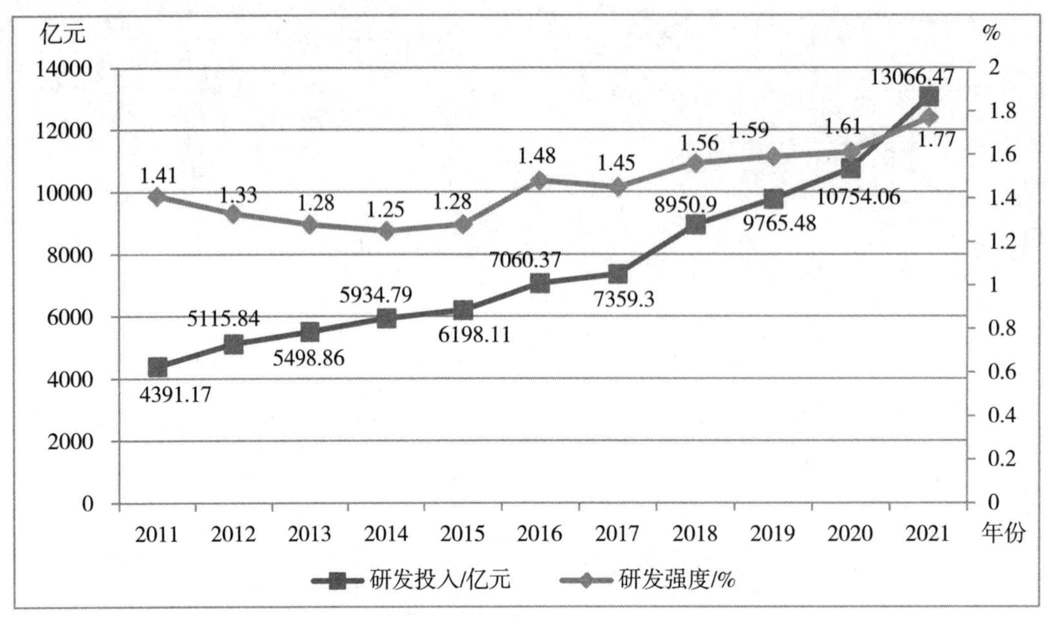

图 1-22　中国企业 500 强研发投入与研发强度变化趋势

2. 企业研发投入意愿总体有所加强，多数企业研发强度提升

研发投入强度在 5% 以上的企业数量及其研发投入金额占比都呈上升趋势，企业研发投入意愿有所增强。2021 中国企业 500 强中，有 6 家企业的研发强度超过了 10%，比上年 500 强多了 1 家；合计投入研发费用 2279.96 亿元，研发强度 10% 以上企业的研发费用合计占了全部企业研发投入总额的 17.45%。研发强度在 5% ~10% 的企业有 17 家，与上年 500 强持平；合计投入研发费用 2199.67 亿元，占所有企业研发投入的 16.83%。研发强度在 5% 以上的企业合计比上年 500 强增加了 1 家，高投入强度的企业数量有所增加，如表 1-10 所示。

表 1-10　2021 中国 500 强企业研发投入强度区间分布

	企业数量	研发投入/亿元	研发投入占比/%
10% 以上	6	2279.96	17.45
5% ~10%	17	2199.67	16.83
2% ~5%	95	4931.81	37.74
2% 以下	324	3655.03	27.97
合计	442	13066.47	100.00

超过半数企业的研发强度同比都有所提升。2021 中国企业 500 强研发强度与上年同口径相比，其中 242 家企业的研发强度有不同程度的提升，占全部有研发投入企业的 54.75%，表明多数企业的研发投入意愿都比上一年有所提高，愿意投入更多资金进行研发；有 13 家企业的研发投入强度提升值超过了 1 个百分点，有 30 家企业的研发强度提升的幅度大于或等于 0.5 个百分点。有 172 家企业研发投入强度有所下降，其中有 3 家企业下降超过 1 个百分点。另外有 28 家企业的研发强度总体上维持稳定，如图 1-23 所示。

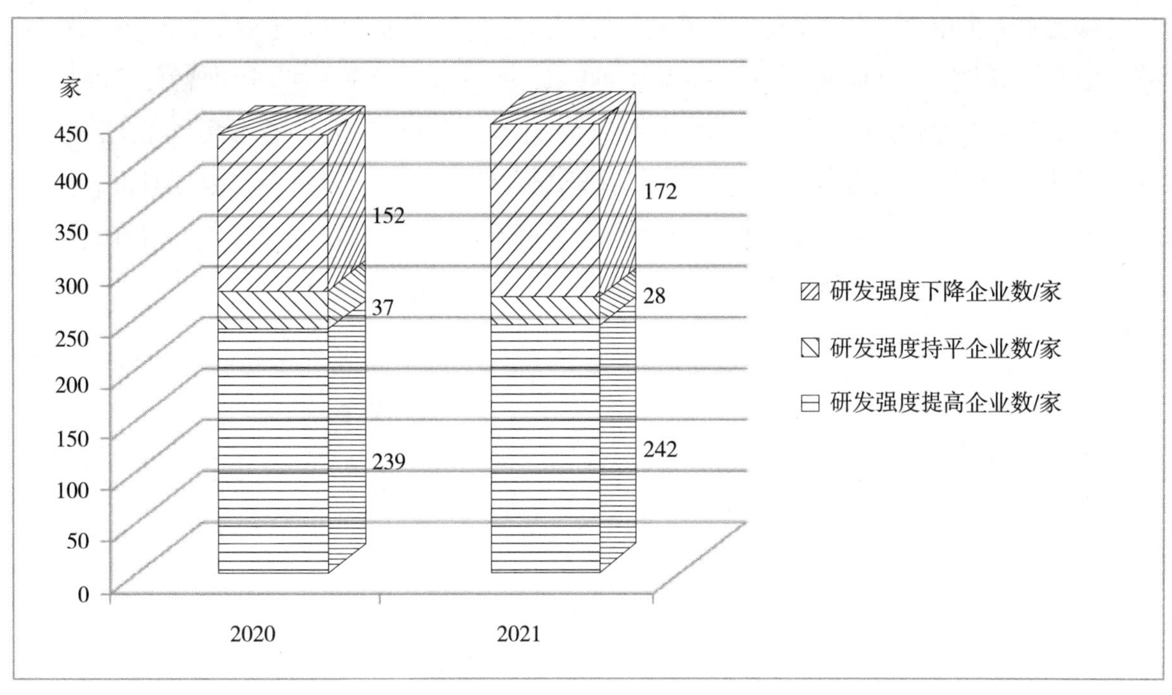

图 1－23 中国企业 500 强研发强度升降情况

3. 制造业、服务业研发强度均上升，非金融央企平均研发投入金额远超其他企业

制造业企业研发强度高于服务业，并且二者都保持上升态势。2021 中国企业 500 强有研发数据的企业中，包括制造业企业 270 家，服务业企业 145 家。270 家制造业企业的平均研发强度为 2. 30%，比上年 500 强提高了 0. 12 个百分点；145 家服务业企业平均研发强度为 1. 18%，比上年 500 强提高了 0. 17 个百分点。制造业企业平均研发强度显著高于服务业企业，但这一差距在 2021 中国企业 500 强中有所缩小，如图 1－24 所示。

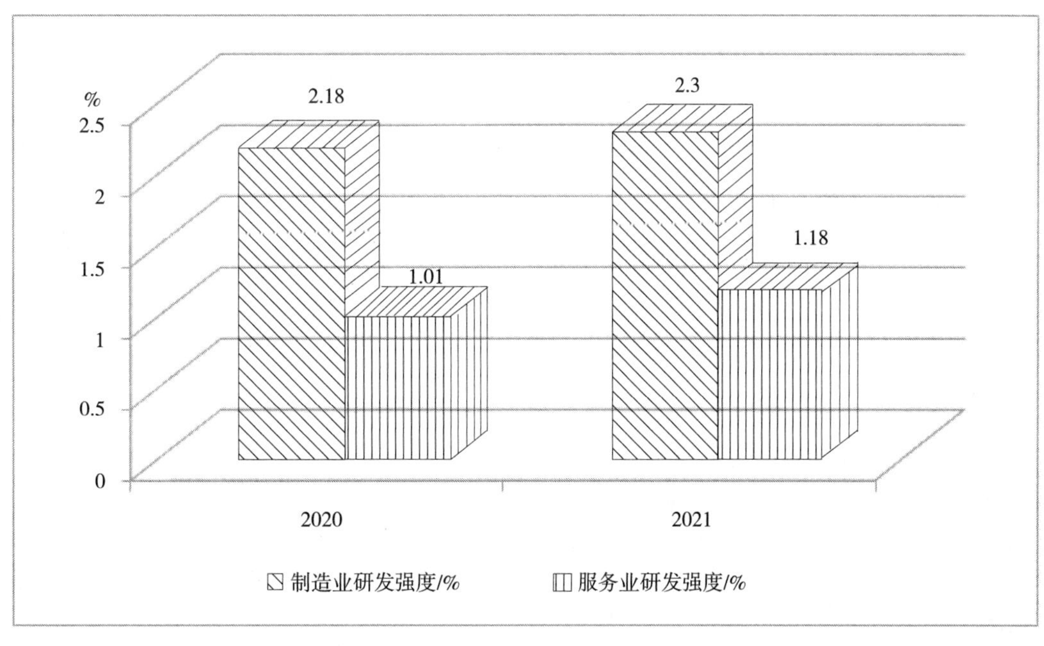

图 1－24 中国企业 500 强制造业、服务业研发强度变化

非金融类中央企业的平均研发投入金额明显高于其他企业，且保持逐年增长态势。2021 中国企业 500 强中，有研发投入的非金融类中央企业有 60 家，共投入研发费用 4889. 75 亿元，占全部研发投入的 37. 42%；非金融类中央企业平均研发投入为 81. 50 亿元，比上年平均值 68. 37 亿元提高了 19. 21%。从横向比较看，非金融类中央企业平均研发投入明显高于金融央企与地方国企，也显著高于民营企业，如图 1 – 25 所示。但从研发强度看，219 家国有企业平均研发强度为 1. 49%，其中非金融类中央企业为 1. 81%，地方国企为 1. 14%，都明显低于民营企业的 2. 33%。

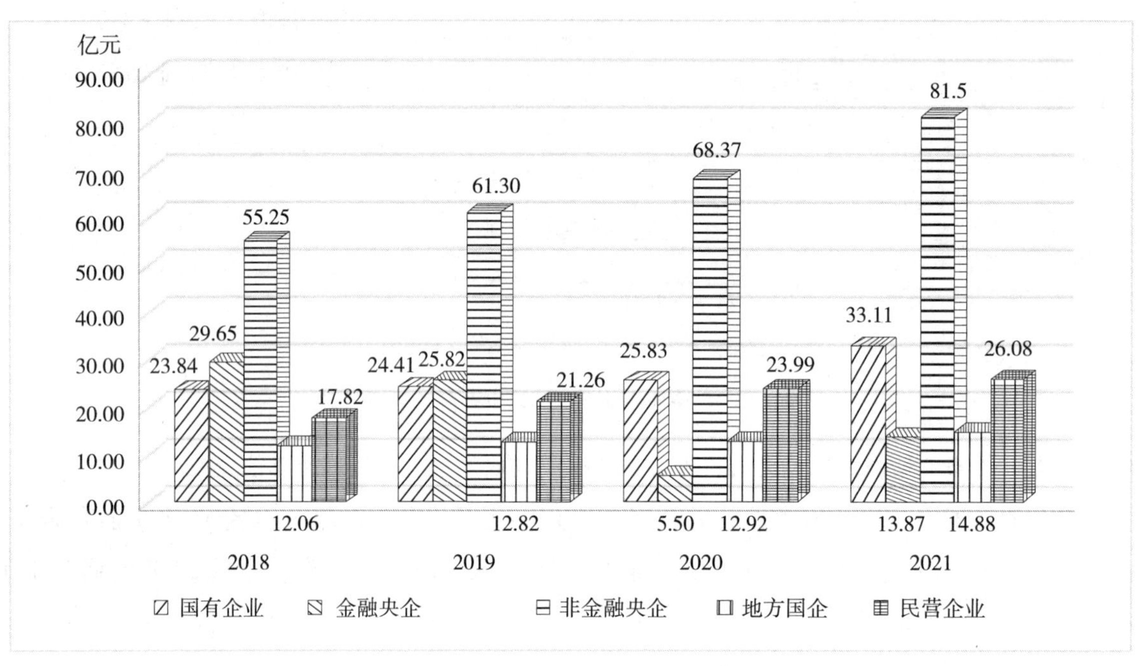

图 1 – 25　中国企业 500 强企均研发投入金额变化

4. 高端装备制造业研发力度持续领先，广东企业研发强度整体领先

高端装备制造业在研发上持续保持领先。航空航天在研发强度、平均研发费用的行业排名上居于首位；通信设备制造业在人均研发费用的行业排名中居于首位。2021 中国企业 500 强中，通信设备制造业的平均研发强度为 11. 99%，行业排名领先；其次是互联网服务业，平均研发强度为 8. 61%；再次是航空航天业，平均研发强度为 6. 60%。人均研发费用行业排名中，通信设备制造业居首位，为 35. 58 万元；其次是互联网服务业，为 28. 97 万元；再次是工业机械及设备制造业，为 15. 73 万元。企业平均研发费用排名中，航空航天业居首位，平均研发费用为 240. 59 亿元；其次是通信设备制造业，平均研发费用为 209. 66 亿元；再次是互联网服务业，平均研发费用为 196. 78 亿元。显然，从研发强度、人均研发费用、平均研发费用排名前五的行业看，主要是高端设备制造行业，以及现代服务业，如表 1 – 11 所示。

表 1－11　2021 中国企业 500 强中行业研发排序前五

三级行业	研发强度/%	三级行业	人均研发费用/万元	三级行业	平均研发费用/亿元
通信设备制造	11.99	通信设备制造	35.58	航空航天	240.59
互联网服务	8.61	互联网服务	28.97	通信设备制造	209.66
航空航天	6.60	工业机械及设备制造	15.73	互联网服务	196.78
轨道交通设备及零部件制造	5.77	电线电缆制造	14.00	电信服务	163.29
半导体、集成电路及面板制造	5.32	计算机及办公设备	12.56	轨道交通设备及零部件制造	138.36

广东省企业在区域研发强度排名中位居榜首，明显领先于其他地区。与前几年 500 强地区研发强度排序一样，广东依然高居地区平均研发强度排序的首位。2021 中国企业 500 强中，广东企业有 58 家，其中 53 家企业提供了研发数据；这 53 家企业的平均研发强度为 3.23%，明显高于其他地区企业的平均研发强度。但在人均研发费用、平均研发费用上，吉林依旧占据了榜首。不过这一地位并不可靠，因为吉林仅有 1 家企业入围，单一企业的研发数据，并不具备典型的代表性，如表 1－12 所示。但与前几年 500 强比较，广东企业的平均研发强度呈连续下降趋势。

表 1－12　2021 中国企业 500 强中地区研发排序前五

地区	研发强度/%	地区	人均研发费用/万元	地区	平均研发费用/亿元
广东	3.23	吉林	16.55	吉林	206.10
湖南	3.00	湖南	10.95	北京	72.00
吉林	2.96	浙江	8.52	广东	55.22
浙江	2.18	广东	8.31	浙江	27.91
辽宁	2.03	湖北	6.93	上海	27.63

5. 专利数量与质量持续提升，国际标准制定参与度保持活跃

中国企业 500 强拥有的专利与发明专利数量持续增加，发明专利占比连续提高。2021 中国企业 500 强共拥有专利总数 144.86 万件，专利拥有量比上年 500 强增加了 22.43 万件，增长了 16.89%。其中拥有发明专利 59.46 万件，比上年 500 强增长了 22.78%，发明专利数量连续增长。2021 中国企业 500 强中发明专利占全部专利的 41.05%，占比比上年 500 强提高了 1.97 个百分点，发明专利占比逐年提高，专利质量稳步提升，如图 1－26 所示。

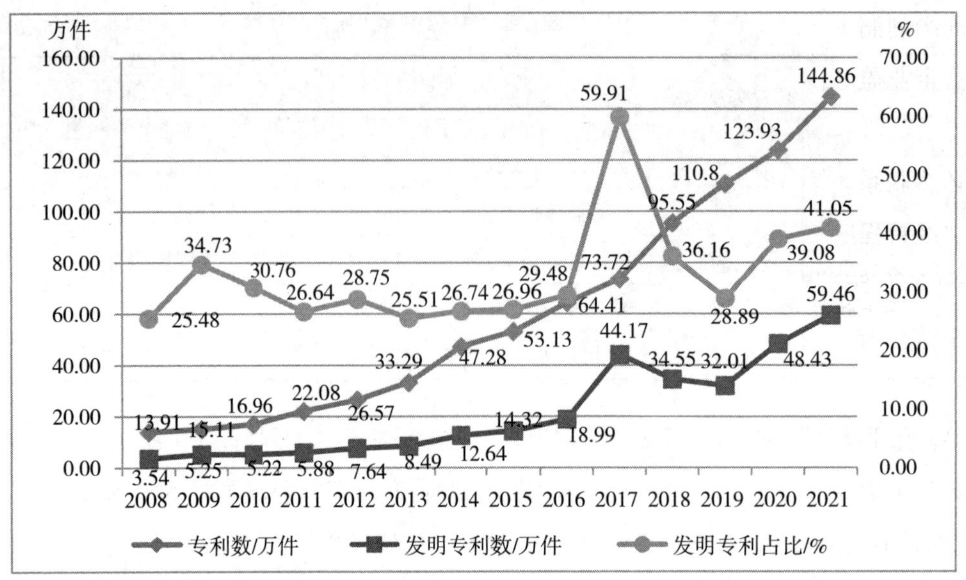

图 1－26　中国企业 500 强专利与发明专利、发明专利占比变动态势

企业参与各类标准制定的活跃度持续提升。2021 中国企业 500 强累计参与标准制定 68950 项，较上年 500 强增加 8.46%，参与标准制定实现二连增。在参与国际标准制定上，共参与了 7616 项国际标准制定，这一数据比上年 500 强增加了 45 项，连续两年实现增长，如图 1－27 所示。这在一定程度上表明，我国企业积极参与国际标准制定，活跃度提升，话语权进一步增强。

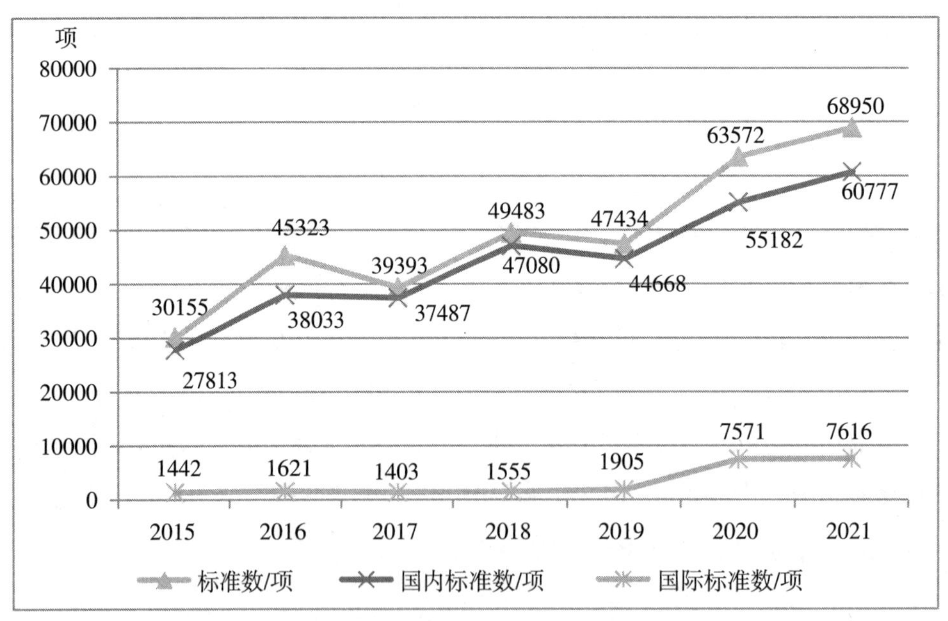

图 1－27　中国企业 500 强企业参与标准制定情况变动趋势

七、2021 中国企业 500 强的国际化特征

2021 中国企业 500 强有 245 家企业申报了完整的国际化经营数据，比上年 500 强减少了 4 家，平均跨国指数也比上年 500 强有所下降。中国大企业国际化经营能力有待提升，国际化经营企业的收入

利润率、净资产利润率均低于非国际化经营企业，但企业体量规模大于非国际化经营企业。从分类比较看，民营企业盈利能力好于国有企业，制造业企业、服务业企业盈利指标互有高低。在 75 个行业中，有 42 个行业的企业国际化比率高于或等于 50%。在地区层面，区域企业国际化比率与经济发展水平并无必然联系。

1. 国际化经营程度与上年 500 强相比回落

2021 中国企业 500 强中国际化经营企业的国际化程度有所回落，但三项具体指标有涨有跌。2021 中国企业 500 强中，有 245 家企业的海外收入、海外资产、海外人员数据齐全。这 245 家企业的海外收入占企业全部收入的 13.73%，海外资产占全部资产的 12.52%，海外人员占全部人员的 6.50%；其中，海外资产占比、海外人员占比分别提高了 0.22 个百分点、0.07 个百分点，但海外收入占比则下降了 1.15 个百分点。按照联合国贸发组织计算跨国指数的方式，得到 245 家企业的跨国指数为 10.92%。这一跨国指数与上年 500 强中跨国经营企业相比，下降了 0.28 个百分点，如表 1－13所示。

表 1－13　2021 中国企业 500 强国际化经营情况

	2020 年指标值/%	2021 年指标值/%
跨国指数	11.20	10.92
其中：海外资产占比	12.30	12.52
海外收入占比	14.88	13.73
海外人员占比	6.43	6.50

2. 国际化经营企业的盈利能力不如非国际化经营企业，但企业规模大于非国际化经营企业

多年数据都证明，国际化经营企业的盈利能力持续低于非国际化经营企业。2021 中国企业 500 强中的国际化经营企业，其收入利润率、净资产利润率均低于非国际化经营企业，人均净利润、企均净利润也低于非国际化经营企业。2021 中国企业 500 强中，245 家国际化经营企业的收入利润率为 3.17%，低于非国际化经营企业 3.39 个百分点；净资产利润率为 7.36%，低于非国际化经营企业 3.27 个百分点；人均净利润为 8.59 万元，比非国际化经营企业低 8.86 万元；企均净利润为 69.53 亿元，比非国际化经营企业低 23.32 亿元，如图 1－28 所示。

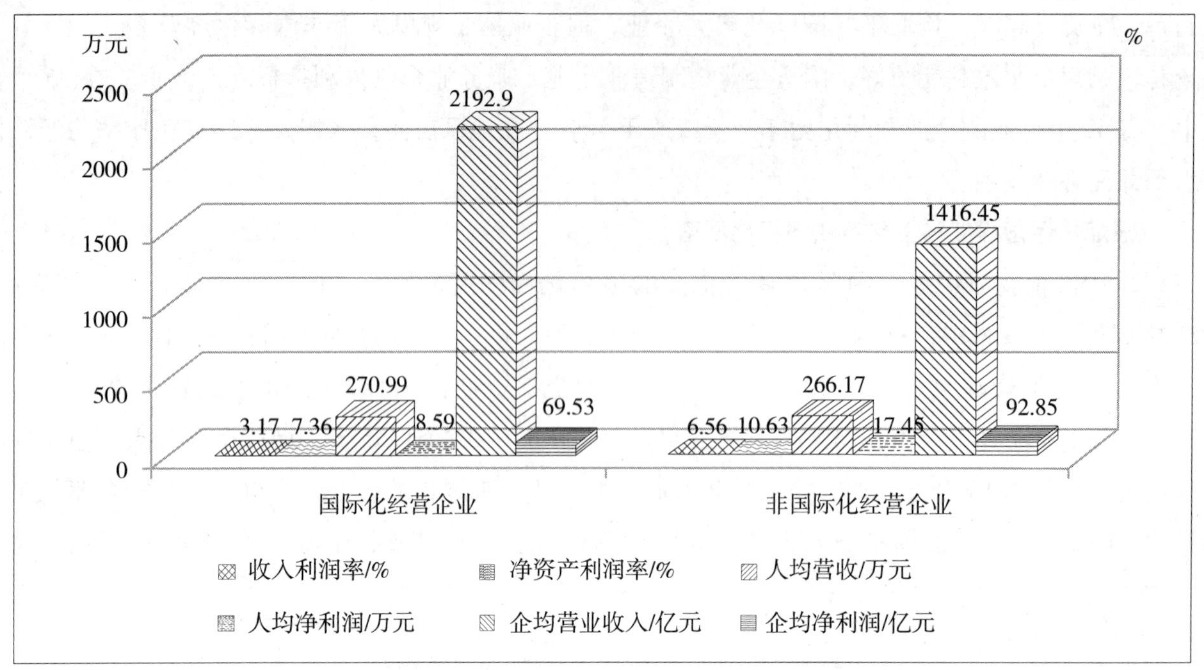

图 1-28 2021 中国企业 500 强国际化经营企业与非国际化经营企业比较

规模越大的企业，越倾向于国际化。2021 中国企业 500 强中，245 家国际化经营企业的平均营业收入为 2192.9 亿元，远高于非国际化经营企业的 1416.45 亿元。表 1-14 的区间分布显示，在五等分区间中，各区间国际化企业数量逐次减少，排名越靠前的企业参与国际化经营的比例越高，前 100 强企业中有 63 家企业参与了国际化经营，占全部国际化经营企业的 25.71%。

表 1-14 2021 中国企业 500 强中国际化经营企业排名区间分布

区间分布	国际化经营企业数/家	分布比率/%	累计占比/%
1~100	63	25.71	25.71
101~200	62	25.31	51.02
201~300	51	20.82	71.84
301~400	42	17.14	88.98
401~500	27	11.02	100.00

3. 开展国际化的民营企业经营能力较好，行业互有优劣

民营企业的国际化经营业绩表现，整体好于国有企业。2021 中国企业 500 强中，参与国际化经营的民营企业，无论是收入利润率，还是净资产利润率，都高于参与国际化经营的国有企业。2021 中国企业 500 强有 245 家企业参与了国际化经营，其中国有企业 156 家，其平均营业收入利润率为 2.73%，低于 89 家民营企业的 4.57%；其平均净资产利润率为 5.87%，远低于民营企业的 14.29%。但在非国际化企业方面，国有企业的收入利润率高于民营企业，而净资产利润率则低于民营企业，如表 1-15 所示。

表 1－15 2021 中国企业 500 强国际化经营与非国际化经营企业的所有制差异比较

	净资产利润率/%		收入利润率/%	
	非国际化经营企业	国际化经营企业	非国际化经营企业	国际化经营企业
国有企业	7.50	2.73	9.33	5.87
民营企业	5.50	4.57	13.51	14.29

国际化经营企业中的服务业收入利润率高于制造业，但制造业净资产利润率高于服务业。2021 中国企业 500 强的 245 家国际化经营企业中，有制造业企业 144 家，服务业企业 85 家，其他行业企业 16 家。144 家制造业企业的平均收入利润率为 2.42%，低于 85 家服务业企业的 5.17%；但在净资产利润率方面，制造业企业平均值为 9.29%，高于服务业企业的 7.59%，如表 1－16 所示。

表 1－16 2021 中国企业 500 强国际化经营与非国际化经营企业行业差异比较

	收入利润率/%		净资产利润率/%	
	非国际化经营企业	国际化经营企业	非国际化经营企业	国际化经营企业
制造业	3.17	2.42	10.56	9.29
服务业	9.24	5.17	10.96	7.59

4. 多数行业企业积极参与国际化经营，部分行业依旧固守本土市场

多数行业的企业都在积极参与国际化经营。2021 中国企业 500 强的 75 个行业中，有 42 个行业的国际化比率（行业入围企业中参与国际化经营企业的占比）高于或等于 50%；其中有 13 个行业的国际化比率为 100%，不过这 13 个行业中有 8 个行业的入围企业都只有 6 家，其他 7 个行业入围企业数量在 2～8 家不等。在 16 个入围企业数量大于等于 10 家的行业中，国际化经营比率最高为汽车及零配件制造业和土木工程建筑业，分别都有 17 家入围企业，其中均有 13 家参与了国际化经营，两行业的国际化比率为 76.47%；其次是多元化投资业，11 家入围企业中有 8 家积极参与国际化经营，国际化比率为 72.73%；此外，房屋建筑业、一般有色业、化学原料及化学品制造业的行业国际化比率也都超过了 50%，如表 1－17 所示。

部分行业主要固守本土经营。2021 中国企业 500 强中，共有 20 个行业入围企业的国际化比率低于 30%，行业企业整体上仍更倾向于固守本土进行经营，参与国际化经营的意愿比较弱。19 家入围的商业银行中，只有 3 家银行报告了海外收入、海外资产与海外人员；中国银行业的整体实力虽然很强，规模很大，在全球都排在前列，但终归还只是在国内强，在国外开展业务较少。10 家金属制品加工企业中，也只有 2 家参与了国际化经营，如表 1－17 所示。

表 1－17 2021 中国企业 500 强主要行业国际化参与程度

所属行业	入围企业数/家	国际化经营企业数/家	行业国际化比率/%
黑色冶金	44	16	36.36
房屋建筑	31	20	64.52
住宅地产	25	8	32.00

续表

所属行业	入围企业数/家	国际化经营企业数/家	行业国际化比率/%
一般有色	23	15	65.22
石化及炼焦	19	6	31.58
商业银行	19	3	15.79
汽车及零配件制造	17	13	76.47
土木工程建筑	17	13	76.47
煤炭采掘及采选业	15	7	46.67
化学原料及化学品制造	14	9	64.29
电力电气设备制造	13	4	30.77
物流及供应链	12	4	33.33
多元化投资	11	8	72.73
农副食品	10	4	40.00
保险业	10	3	30.00
金属制品加工	10	2	20.00

5. **企业国际化经营与区域经济发展水平并无必然联系**

企业是否参与国际化经营，与其总部所在地所属区域的经济发展水平之间并无必然联系，但从总体上看，中西部地区与东北地区企业的国际化参与程度更低一些。2021 中国企业 500 强地区企业国际化比率 70% 以上的区域有吉林、宁夏、甘肃、云南、陕西，都来自西部与东北地区；不过，由于这些地区入围企业数量均不多，其高百分比并不具有可靠性与代表性。入围企业数量比较多的东部地区，如北京、浙江、江苏、上海，入围企业数量都在 30 家以上，企业参与国际化经营的比例也都在 50% 以上。而黑龙江、内蒙古、青海，入围企业中都没有企业参与国际化经营，如图 1 - 29 所示。

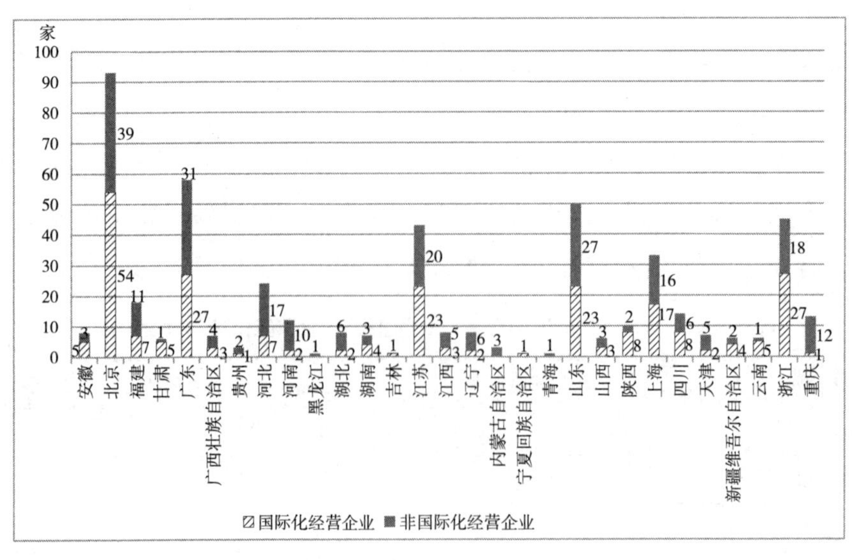

图 1 - 29　2021 中国企业 500 强区域企业国际化经营情况

八、2021 中国企业 500 强的并购重组活动

2021 中国企业 500 强的并购重组持续活跃，共有 158 家企业参与了并购重组，比上年 500 强减少了 9 家，但共实施了 1093 次并购重组，比上年 500 强增加了 21 次。国有企业是并购重组的关键力量，99 家国有企业完成了 866 次并购重组；服务业并购重组最为积极，57 家服务业企业共完成了 570 次并购重组，远多于制造业企业和其他行业企业。中西部部分地区企业并购重组较为活跃。参与并购的企业，其盈利水平整体上都明显低于未参与并购重组的企业，其综合税负水平也低于非并购企业。

1. 并购重组活跃度总体平稳，国企是并购参与的关键力量

中国企业 500 强的并购重组活跃度总体保持平稳。2021 中国企业 500 强中，有 158 家企业参与了并购重组，共完成对 1093 家企业的并购重组；被并购企业的数量比上年 500 强增加了 21 家，但参与并购的企业，比上年 500 强减少了 9 家。从企业平均并购次数看，2021 中国企业 500 强中 158 家并购主体的平均并购次数为 6.92 次，比上年 500 强的企业平均并购次数多了 0.50 次，企业并购频次有所增加，如图 1－30 所示。

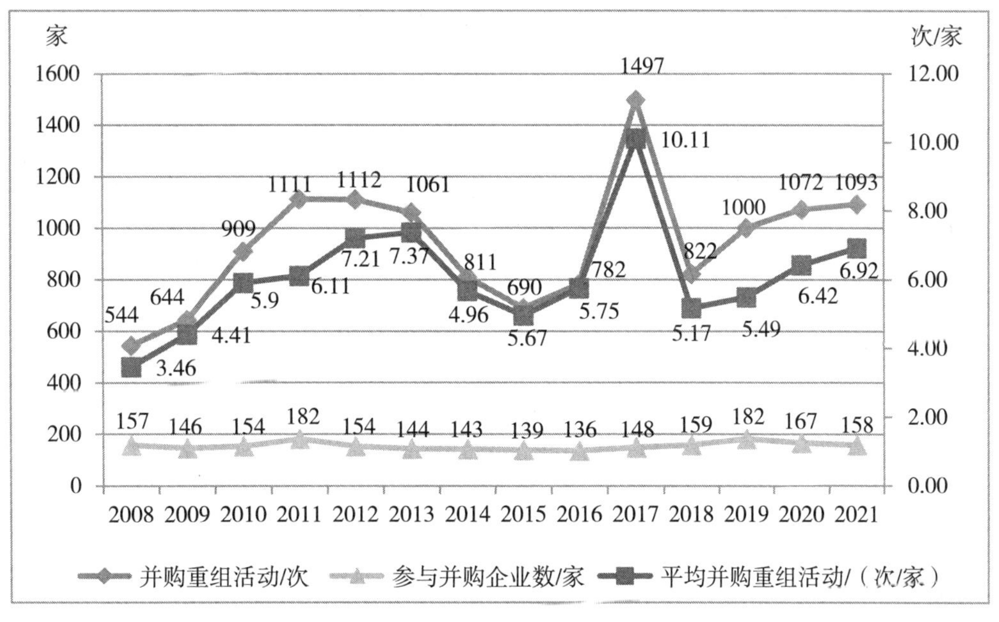

图 1－30 中国企业 500 强并购重组变化趋势

国有企业是实施并购重组的关键力量。2021 中国企业 500 强中，有 99 家国有企业参与了并购重组，占全部国有企业的 39.44%，国有参与并购重组的比例高于民营企业 15.75 个百分点；尤其是地方国企，并购参与率达到了 45.24%，高出民营企业 21.55 个百分点。从实施并购次数看，国有企业共实施了 866 次并购重组，占全部并购重组次数的 79.23%，也明显高于国有企业在 2021 中国企业 500 强中的数量占比。从企业平均并购次数看，国有企业为 8.75 次，高于民营企业的 3.85 次，其中非金融央企的平均并购次数更是多达 15.57 次，如表 1－18 所示。

表 1－18　2021 中国企业 500 强不同所有制企业并购参与情况

	并购参与企业数/家	并购次数/次	平均并购次数/次	并购参与率/%
国有企业	99	866	8.75	39.44
其中：非金融央企	23	358	15.57	33.82
地方国企	76	508	6.68	45.24
民营企业	59	227	3.85	23.69

2. 服务业并购重组最为积极，中西部部分地区企业并购重组较为活跃

服务业企业更倾向于实施并购重组。2021 中国企业 500 强中，176 家服务业企业中有 57 家企业参与了并购重组，并购参与度为 32.39%，高于制造业的 28.51%。57 家服务业企业共完成了 570 次并购重组，远多于 71 家制造业企业的 347 次和 30 家其他行业企业的 176 次，如图 1－31 所示。57 家服务业企业的平均并购次数为 10 次，远高于其他行业企业的 4.89 次和制造业企业的 5.87 次。从三级行业看，有 25 个行业的并购参与度高于或等于 50%，但其中多数行业的实际入围企业数只有 1～2 家，缺乏代表性；其中入围企业数量较多的行业有多元化投资业、煤炭采掘及采选业、土木工程建筑业。从并购重组实施次数看，住宅地产业完成了 110 次并购重组，居于行业首位；其次是机电商贸业，完成并购重组 87 次；水务业完成并购重组 86 次，旅游和餐饮业完成 78 次；上述行业都是服务业。旅游和餐饮业并购重组数量的居前，和新冠肺炎疫情的冲击有直接关联。

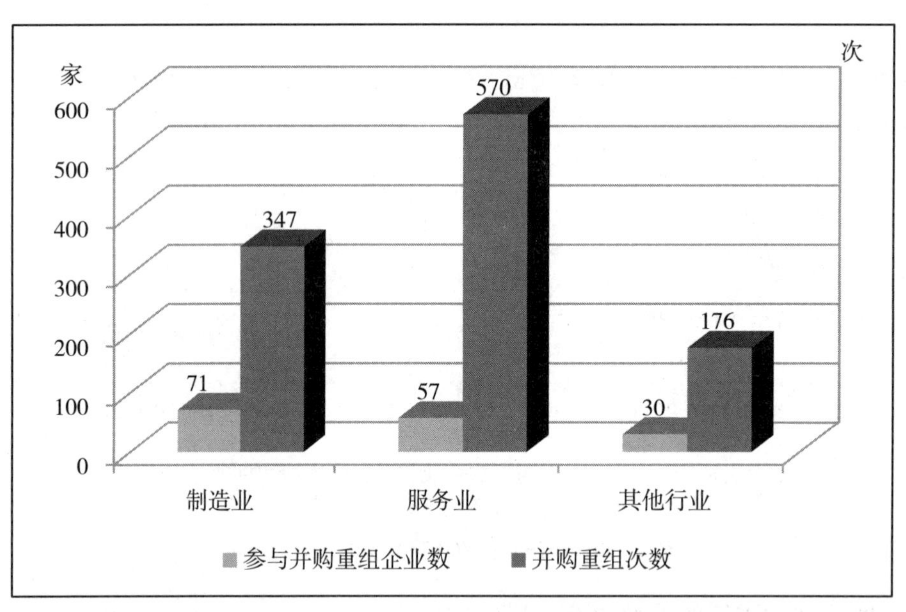

图 1－31　2021 中国企业 500 强制造业、服务业并购重组比较

中西部部分地区的企业，在并购重组上相对较为活跃。2021 中国企业 500 强中，并购参与度地区排名如表 1－19 所示。在表中，排名居前的地区是山西、江西、广西，但由于三地实际入围企业数量有限，同样缺乏代表性。在入围企业数量较多的地区中，重庆、河南、陕西排在并购参与度地区排行榜前列，并购重组相对较为活跃。东部地区的福建、河北，企业并购重组也较活跃；尤其是福建，18 家入围企业中有 9 家企业实施了并购重组；河北的 24 家入围企业中，也有 9 家企业参与了并购重组。

表 1－19 2021 中国企业 500 强并购重组活跃地区

地区	参与并购数/家	并购企业数/家	入围企业数/家	并购参与度/%
山西	4	6	5	80.00
江西	3	22	4	75.00
广西壮族自治区	5	10	7	71.43
天津	2	2	3	66.67
上海	9	49	14	64.29
福建	9	61	15	60.00
云南	3	10	5	60.00
广东	18	114	31	58.06
北京	27	397	48	56.25
河南	5	6	9	55.56

3. 并购参与企业的盈利能力并没有显示出优势，税负率相对也低于非并购企业

参与并购的企业，其收入利润率与非并购企业持平，但净资产利润率明显低于非并购企业。2021 中国企业 500 强中，158 家参与并购重组的企业，其净利润增速为 1.37%，虽然增速高于 342 家非并购企业的－3.85%；但收入利润率为 2.10%，仅与非并购企业持平；并购企业的净资产利润率为 6.10%，明显低于非并购重组企业的 7.25%。从人均净利润看，并购企业为 6.30 万元/人，稍高于非并购企业的 6.21 万元/人，如图 1－32 所示。

并购企业的税负水平整体上稍低于非并购企业。2021 中国企业 500 强 158 家参与并购重组企业的综合税负率为 4.27%，比未参与并购重组的 342 家企业的综合税负率低了 0.64 个百分点，如图 1－32所示。这意味着，企业在并购重组活动中，可能享受到了政府的税收减免。

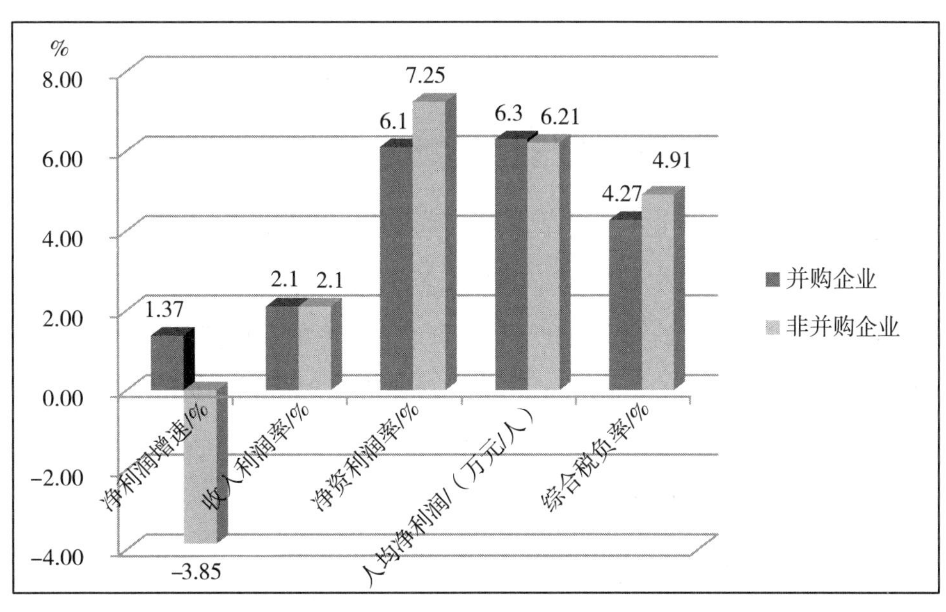

图 1－32 2021 中国企业 500 强并购企业与非并购企业盈利与税负比较

九、2021中国企业500强的其他相关分析

2021中国企业500强的资产负债率有所回升，中国企业500强的总体资产周转率以及非银企业、国有企业与民营企业的资产周转率均有所下降。企业资本劳动比持续提高，人均产出水平保持增长。受疫情影响，中国企业500强的换榜率反弹回升，新进企业营业收入与利润均高速增长，但盈利率指标均差于连续上榜企业。新进上榜企业主要来自东部沿海地区；连续上榜企业的排名变化明显，部分企业的排名变动较大。

1. 资产负债率有所回升，资产周转率不同程度下降

企业资产负债率有所上升。2021中国企业500强的资产负债率为80.32%，与上年500强相比，有所回升。国有企业资产负债率高于民营企业，二者均呈反弹回升态势；其中国有企业资产负债率为84.76%，提高了1.09个百分点；民营企业资产负债率为79.94%，提高了1.14个百分点，如图1－33所示。

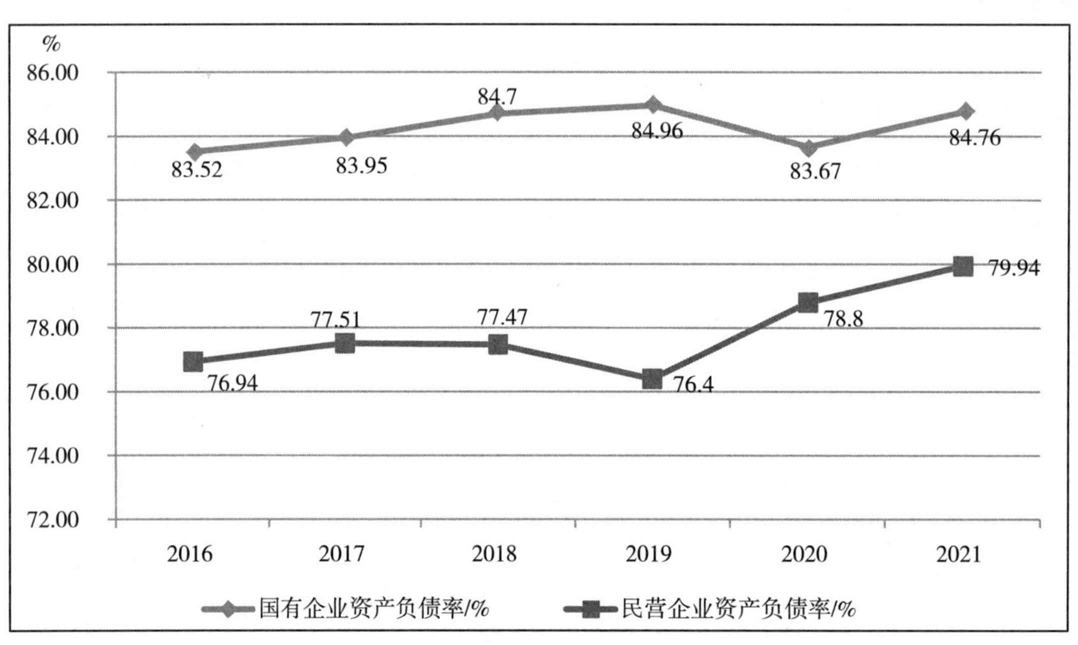

图1－33 中国企业500强总体与非银企业资产负债率变动趋势

企业资产周转率有所下降。2021中国企业500强综合资产周转率为0.26次/年，与上年500强相比下降了0.02次/年；这一数值，是历年500强企业资产周转率的最低值。其中非银企业的资产周转率为0.48次/年，明显高于总体水平，但与上年500强非银企业相比，资产周转率下降了0.02次。其中国有企业资产周转率为0.21次/年，比上年500强国有企业下降了0.02次；民营企业资产周转率为0.50次/年，与上年500强民营企业持平，如表1－20所示。

表 1-20 中国企业 500 强资产周转率变化

	总体资产周转率/（次/年）	非银企业资产周转率/（次/年）	国有企业资产周转率/（次/年）	民营企业资产周转率/（次/年）
2005	0.35	0.35	0.33	0.34
2006	0.34	0.34	0.31	0.43
2007	0.34	0.34	0.31	0.28
2008	0.37	0.37	0.32	1.46
2009	0.35	0.35	0.32	0.34
2010	0.30	0.30	0.28	0.59
2011	0.34	0.34	0.31	0.61
2012	0.34	0.34	0.31	0.61
2013	0.33	0.33	0.30	0.68
2014	0.32	0.32	0.28	0.73
2015	0.30	0.30	0.26	0.66
2016	0.27	0.27	0.23	0.62
2017	0.25	0.51	0.21	0.51
2018	0.26	0.52	0.21	0.59
2019	0.26	0.51	0.22	0.58
2020	0.28	0.50	0.23	0.50
2021	0.26	0.48	0.21	0.50

2. 资本劳动比连续提升，人均产出水平保持增长

企业资本与劳动的比率持续提高，技术水平的提升推动劳动密集的整体特征有所改变。2021 中国企业 500 强的人均资本投入（资产/员工数）为 1028.82 万元/人，比上年 500 强提高了 85.99 万元/人；其中非银企业的人均资本投入为 549.45 万元/人，比上年 500 强提高了 42.93 万元/人，如图1-34所示。无论是总体资本劳动比，还是非银企业的资本劳动比，近 15 年来，都呈稳定提升态势。

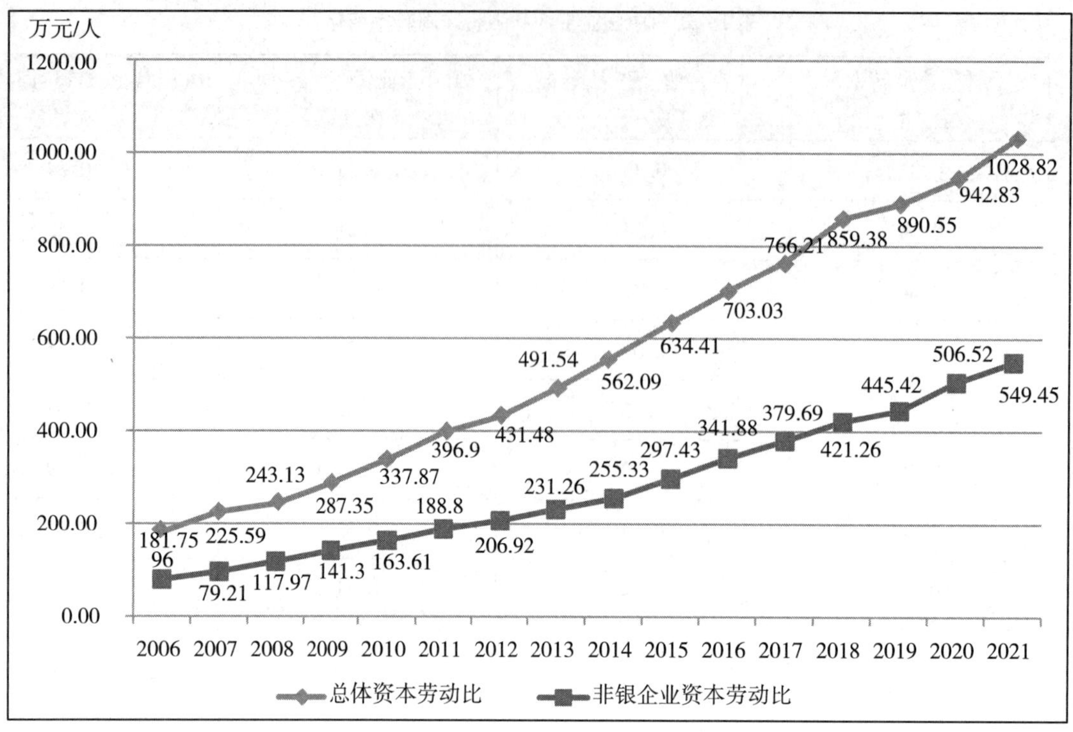

图 1－34　中国企业 500 强总体与非银企业资本劳动比变动趋势

中国企业 500 强人均产出水平持续提高。2021 中国企业 500 强的人均营业收入为 269. 03 万元，比上年 500 强增加了 9. 38 万元；人均净利润为 12. 19 万元，比上年 500 强增加了 0. 44 万元；中国企业 500 强人均营业收入、人均净利润双双持续走高，如图 1－35 所示。

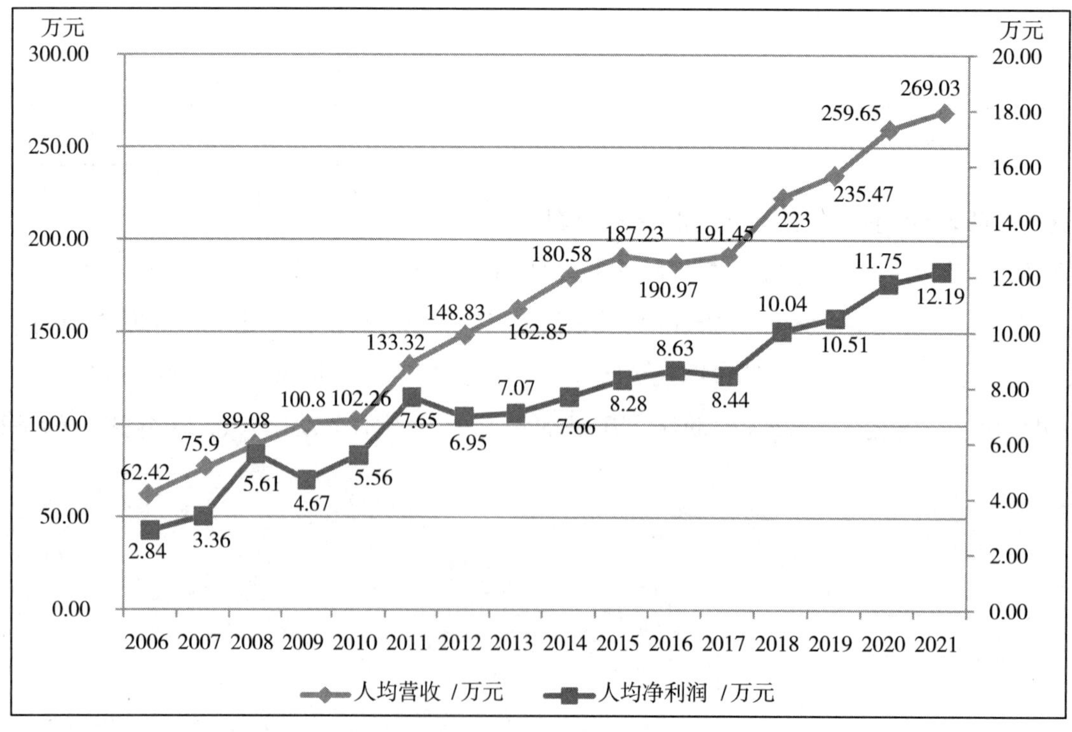

图 1－35　中国企业 500 强人均营业收入、人均净利润变动趋势

3. 换榜率反弹上升，新进企业效益差于连续上榜企业

中国企业500强换榜率反弹攀升。2021中国企业500强有56家企业进出，换榜企业数比上年500强增加了9家，为近年来最多的一年。企业换榜率为11.20%，比上年500强提升了1.8个百分点，如图1-36所示。

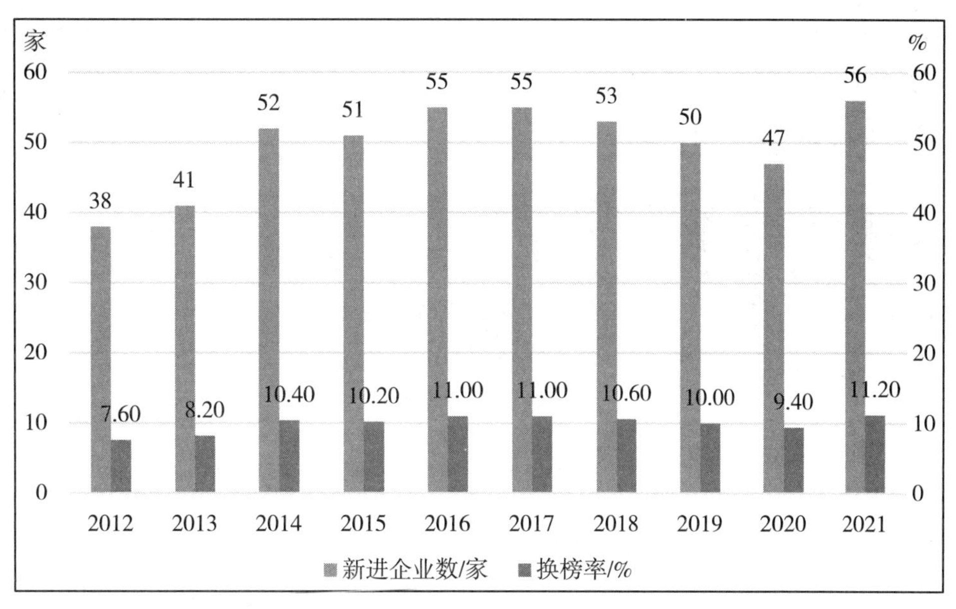

图1-36 中国企业500强换榜率变化趋势

新进企业营业收入、净利润增速快于连续上榜企业，但盈利表现不如连续上榜企业。2021中国企业500强56家新进企业的收入利润率为3.45%，净资产利润率为7.33%，分别比444家连续上榜企业的收入利润率、净资产利润率低1.13个百分点、1.71个百分点，新进企业盈利能力明显低于连续上榜企业。从收入与利润增速看，新进企业收入增速为14.74%，明显高于连续上榜企业；但新进企业净利润增速只有9.77%，低于连续上榜企业的10.75%，如表1-21所示。

表1-21 2021中国企业500强新进企业与连续上榜企业比较

		收入利润率/%	净资产利润率/%	收入增速/%	净利润增速/%
新进企业	2020年	3.94	12.14	28.04	15.62
	2021年	3.45	7.33	14.74	9.77
连续上榜企业	2020年	4.55	9.45	10.17	12.90
	2021年	4.58	9.04	5.25	10.75

4. 新进企业主要来自东部沿海地区，部分企业排名变化较大

新进上榜企业主要来自东部沿海地区。2021中国企业500强的56家新进企业，主要来自东部沿海地区。其中山东贡献了9家新进企业，占2021中国企业500强全部新进企业的16.07%；浙江、北京均有新进企业7家，江苏有5家，广东、河北各有4家，上海有3家。上述7个东部沿海地区新进企业数合计为39家，占全部56家新进企业的69.64%，如图1-37所示。

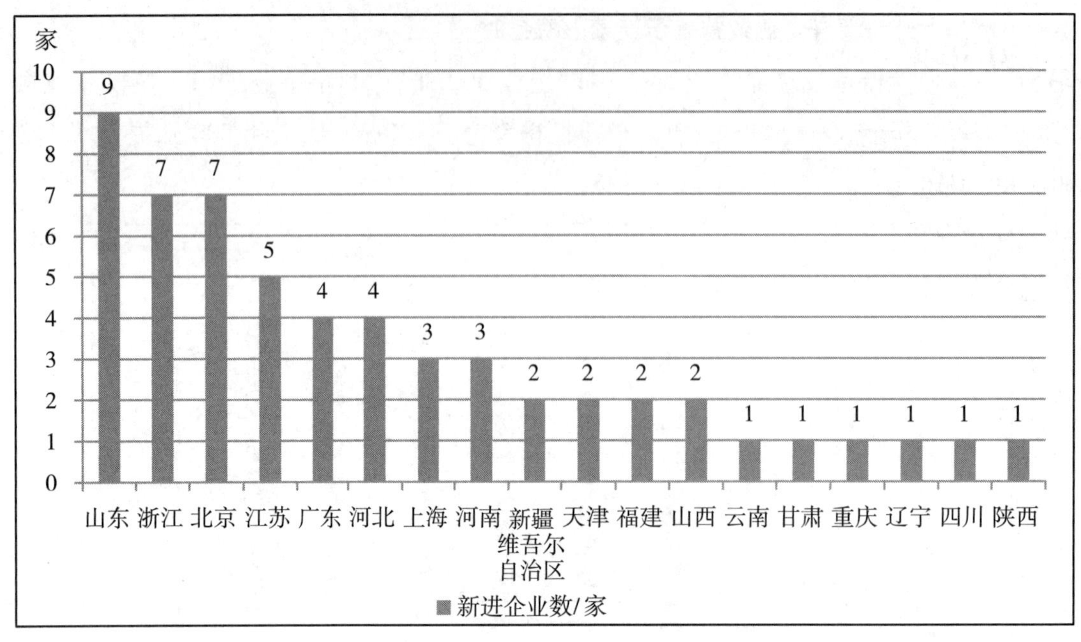

图 1－37　2021 中国企业 500 强新进企业来源地区分布

连续上榜企业的排名变化明显，部分企业的排名变动较大。2021 中国企业 500 强的 444 家连续上榜企业中，只有 14 家企业的排名维持不变，224 家企业排名上升，206 家企业排名下降；排名上升超过 50 位的有 29 家，排名下降超过 50 位的有 27 家。其中，天津泰达投资控股有限公司排名上升最快，上升了 182 位，从上年 500 强的 434 位，升至 2021 中国企业 500 强的 252 位；上海钢联电子商务股份有限公司排名下降最快，下降了 170 位，从上年 500 强的 176 位，跌至 2021 中国企业 500 强的 346 位。排名上升前十与排名下降前十的企业，如表 1－22 所示。

表 1－22　2021 中国企业 500 强排名变化较大的企业

2021 中国企业 500 强排名	排名变化/位	企业名称	2021 中国企业 500 强排名	排名变化/位	企业名称
252	182	天津泰达投资控股有限公司	411	－95	宁波均胜电子股份有限公司
44	160	晋能控股集团有限公司	459	－97	重庆市能源投资集团有限公司
348	151	广西盛隆冶金有限公司	234	－98	中国南方航空集团有限公司
354	143	建业控股有限公司	475	－99	广东省交通集团有限公司
245	136	奥园集团有限公司	456	－110	上海华谊（集团）公司
353	126	厦门路桥工程物资有限公司	464	－114	上海新增鼎资产管理有限公司
359	116	新疆金风科技股份有限公司	282	－129	中国东方航空集团有限公司
273	116	玖龙纸业（控股）有限公司	283	－137	中国国际航空股份有限公司
320	99	中联重科股份有限公司	399	－159	江西正邦科技股份有限公司
261	93	振烨国际产业控股集团（深圳）有限公司	346	－170	上海钢联电子商务股份有限公司

十、20 年来中国企业 500 强榜单的巨大变化

20 年来，中国企业 500 强榜单发生了巨大变化，总体的体量规模实现了高速扩张，见证了中国大企业的成长，诞生了一批具有全球影响力的国际性大企业。中国企业 500 强的创新贡献突出，研发投入占全国企业研发投入的 64% 左右，拥有 1/4 以上的全国有效发明专利。20 年来，中国企业 500 强的所有制结构不断调整优化，产业持续升级，资源配置更趋合理，总部区域分布和营业收入来源的国际国内市场分布也不断调整优化。

1. 体量规模高速扩张，在持续做大上取得突出成就

中国企业 500 强的营业收入、资产、净利润，20 年来都实现了高速扩张。2002 中国企业 500 强的营业收入、资产、净利润分别为 60792.44 亿元、260282.42 亿元、3061.06 亿元，2021 中国企业 500 强的营业收入、资产、净利润分别为 898453.71 亿元、3435837.36 亿元、40712.58 亿元，20 年来，分别增长了 13.78 倍、12.20 倍、12.30 倍；2021 中国企业 500 强的员工总数为 3339.60 万人，比 20 年前增加了 71.79%，如图 1－38 所示。

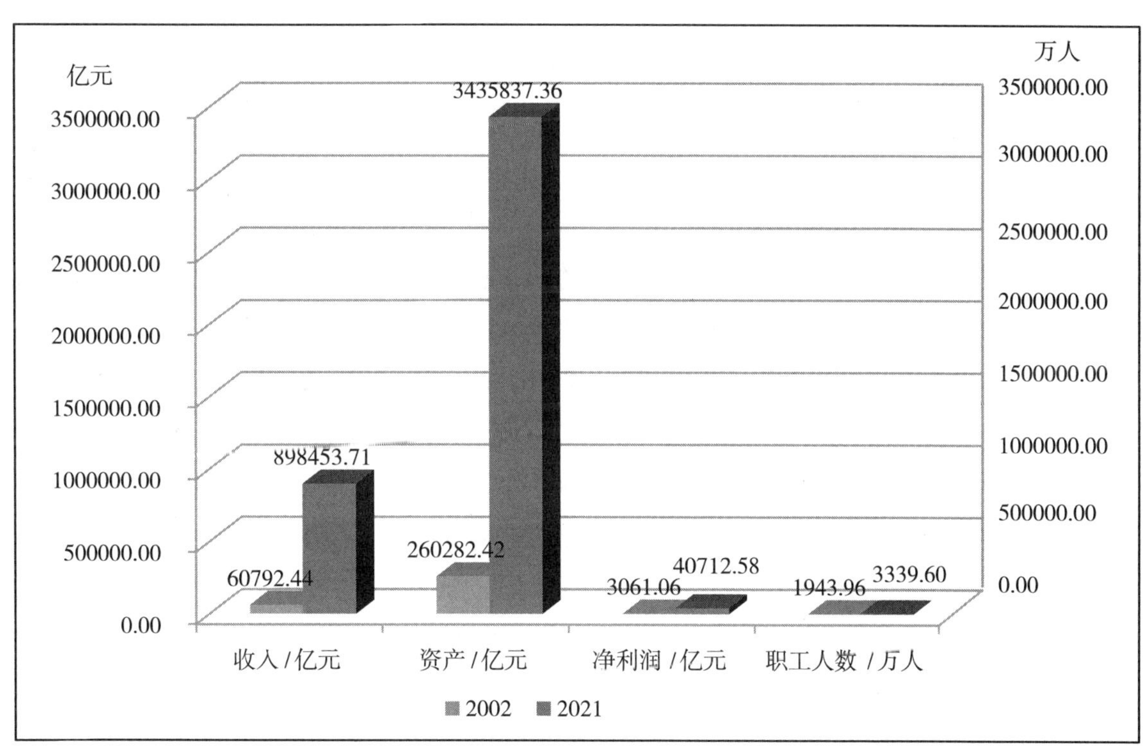

图 1－38　中国企业 500 强 20 年规模变化

在中国企业 500 强总量规模扩张的同时，一大批中国优秀大企业茁壮成长，诞生了一批全球领先的中国大企业。2002 世界 500 强中，只有 13 家中国企业，其中内地企业 11 家；2021 世界 500 强中，来自中国的大企业已经增加到 143 家，其中中国内地企业 132 家。中国大企业已经取代美国企业，连续三年位居世界 500 强国别榜榜首，如图 1－39 所示。在这 132 家中国内地企业中，有 15 家位居全球行业首位，分别有 12 家位居全球行业第二、第三，进入全球行业前三的企业合计有 39 家，而进入

全球行业前五的中国企业更是达到了54家。

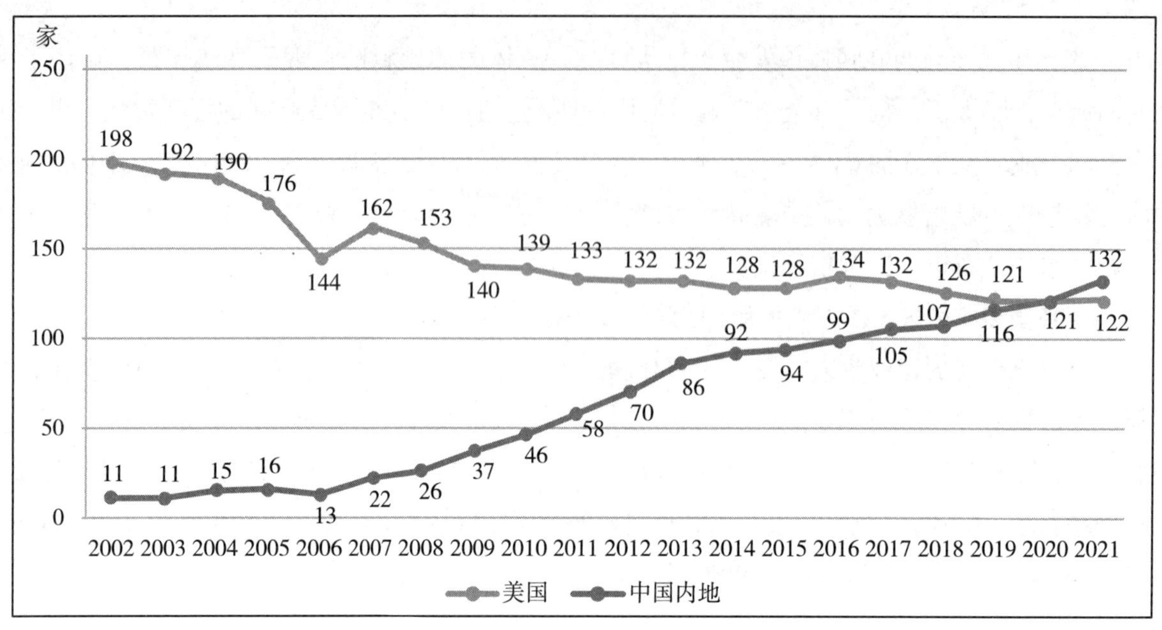

图1－39　世界500强中国内地企业数量变化

2. **创新投入关键力量，创新贡献更加突出**

500强企业已经成为全国企业创新投入的关键力量。2021中国企业500强中442家企业合计完成研发投入13066.47亿元，与上年同口径增长了15.57%。该442家企业的研发投入，占2020年全国企业研发投入经费总额64%左右，占全国研发投入的53.49%。显然，中国企业500强已经成为全国企业科技创新投入的绝对主体，也是全社会科技创新投入的关键力量。

中国企业500强为创新发展做出了突出贡献。20年来，中国企业500强拥有的专利与发明专利实现快速增长。2021中国企业500强的有效专利数、有效发明专利数分别为144.86万件、59.46万件，分别比2006中国企业500强增长了22.43倍、44.72倍，如图1－40所示。中国企业500强所拥有的有效发明专利，占全国有效发明专利221.3万件的26.66%，是全国有效发明专利的重要持有者。500强企业的部分创新成果，已经在全球具有技术领先优势和核心竞争力。国家电网的特高压技术是全球最先进的输电技术，其特高压输电标准也是全球行业标准。中国中车拥有全球先进的高铁核心技术，生产全球最先进的高铁产品，占全球轨道交通市场的50%以上，在高铁领域的全球市场份额更是接近70%。华为已经是全球领先的ICT基础设施和智能终端提供商，5G综合实力居全球首位，拥有全球最多的5G标准必要专利。

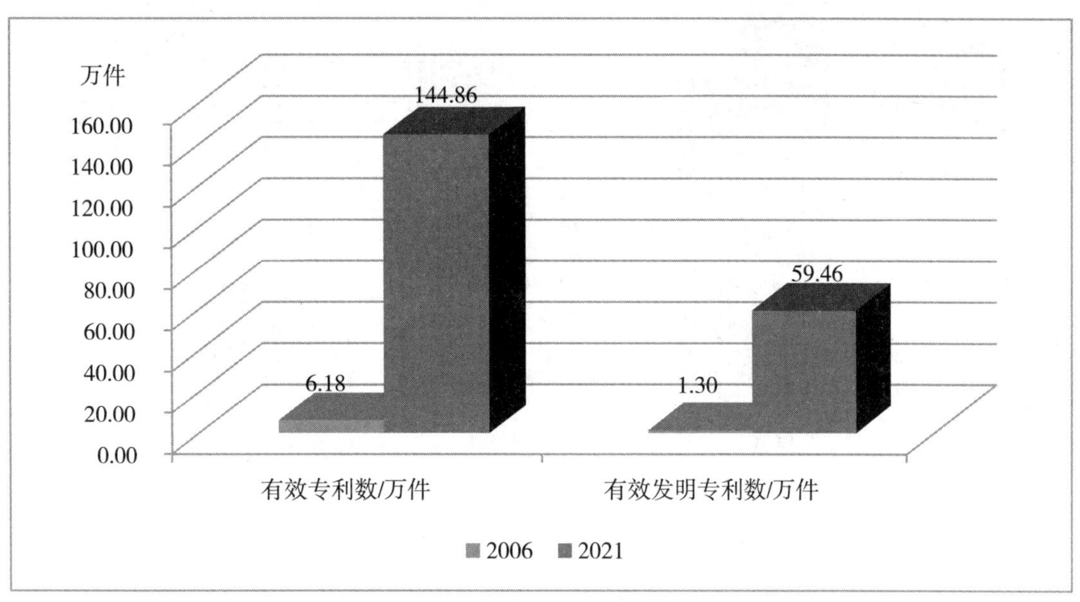

图 1-40 中国企业 500 强有效专利、有效发明专利的增长趋势

3. 结构持续优化，为经济稳定增长提供强大动力

所有制结构优化。在 2002 中国企业 500 强中，国有企业有 357 家，占全部 500 家企业的 71.40%；榜单前 50 位仅有 2 家非国有企业，前 100 位也只有 11 家非国有企业。2021 中国企业 500 强榜单中，国有企业数量减少到了 251 家，民营企业增加到了 249 家，民营企业数量已经非常接近国有企业。与之相对应，民营企业在各指标上的占比，也有不同程度的提升，中国企业 500 强的所有制结构更进一步合理化。

产业结构优化。产业结构的优化表现在两个方面：首先，是三次产业结构的调整优化；中国企业 500 强中，服务业企业的数量整体上在增长，制造业企业数量相应有所减少；2021 中国企业 500 强中服务业企业数量为 176 家，比 2002 中国企业 500 强的 137 家增加了 39 家；制造业企业数量为 249 家，比 2002 中国企业 500 强的 299 家减少了 50 家，如图 1-41 所示。其次，是从传统制造业、服务业向现代制造业、服务业的调整优化；黑色冶金、建筑业等行业入围企业数量持续减少，现代先进制造业、金融服务业、互联网与信息技术服务业入围企业数量不断增加。

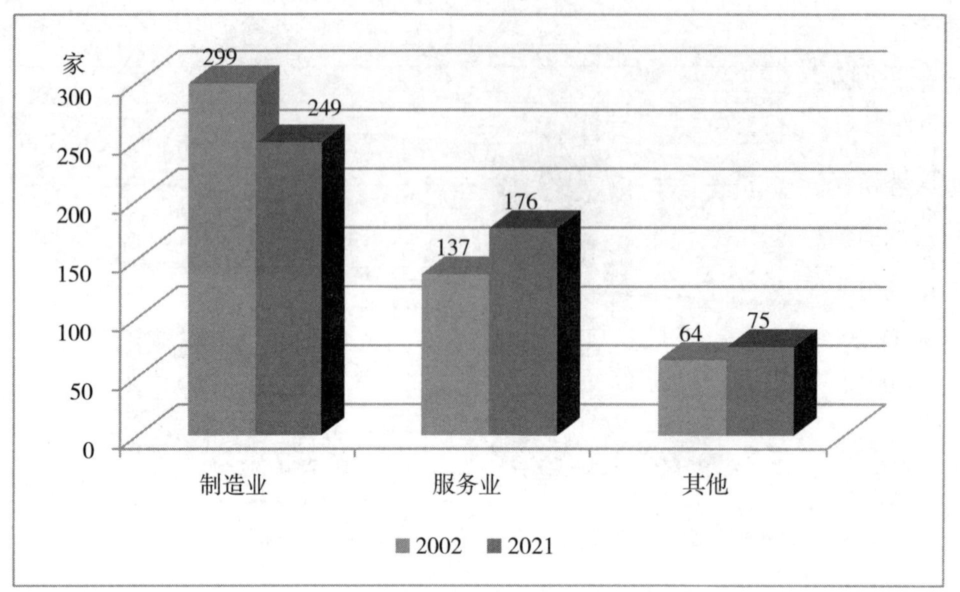

图 1－41　中国企业 500 强三次产业结构变化

资源配置结构优化。借助于并购重组，中国企业 500 强的资源配置结构持续优化。尽管自 2007 中国企业 500 强以来，并购重组的活跃程度有过两次较大的波动，但总体上看，500 强企业的并购重组的活跃度保持着提升态势。参与并购重组的企业从 131 家增至 158 家，被并购企业数量从 331 家增至 1093 家，单一主体的平均并购次数从 2.53 次提高至 6.92 次，如图 1－42 所示。通过持续的并购重组，500 强企业完成了企业内部产业布局结构的优化，也实现了企业内部资源配置的优化，劣质资产被及时处置，优质资产被持续并入，500 强企业的资产质量得到有效提升，资源配置的有效性得到显著改善。

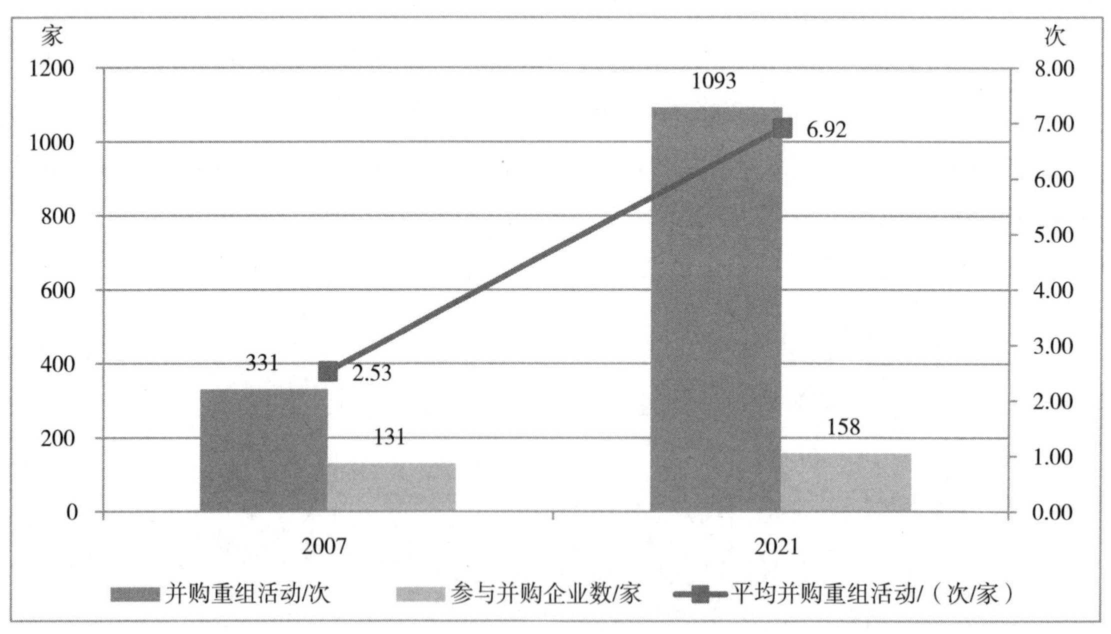

图 1－42　中国企业 500 强并购重组活跃度变化

区域结构优化。区域结构的优化同样体现在两个方面：首先，是企业总部在东中西部地区之间分布结构的优化。2002 中国企业 500 强中，东部地区企业为 372 家，中部地区为 48 家，西部地区也是 48 家；2021 中国企业 500 强中，东部地区企业为 371 家，中部地区为 49 家，西部地区位 70 家。随着中西部地区经济的发展，20 年来中国企业 500 强中东部地区企业数量有所减少，中部地区、西部地区企业数量均有所增加，特别是西部地区，增加了 22 家，如图 1－43 所示。其次，是企业营业收入在国内外市场分布结构的优化。2011 中国跨国公司 100 大的平均跨国指数为 12.24%，其中海外收入占比均值为 17.34%；2021 中国跨国公司 100 大的平均跨国指数虽然因全球疫情冲击而有所下降，但仍比 2011 中国跨国公司 100 大平均跨国指数高 2.83 个百分点，海外收入占比均值也比 2011 中国跨国公司 100 大高 1.76 个百分点。

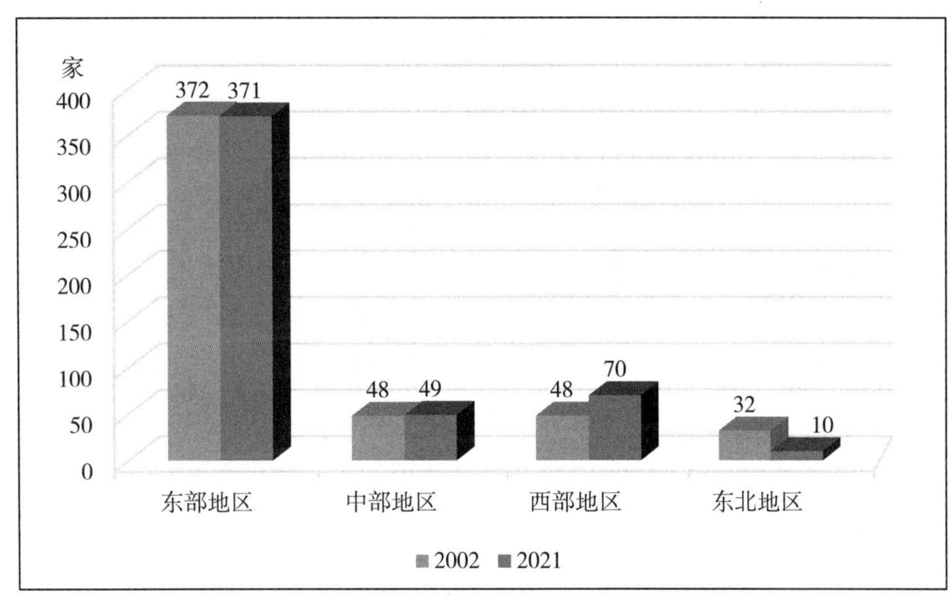

图 1－43 中国企业 500 强在东中西部地区分布数量变化

十一、当前大企业发展面临的主要问题与挑战

2021 年，是“十四五”开局之年，也是新冠肺炎疫情后恢复发展的第一年。重大项目有序推进，各项投资将加快落地，开好局、起好头、迈好步，是对企业发展的基本要求。2020 年以来宏观环境持续改善，各项经济指标稳中向好，更是增强了企业 2021 年发展信心。但在充满信心的同时，也不能忽视风险，企业家们必须保持清醒头脑，提前预判企业可能遭遇的发展威胁与挑战，并做出科学应对安排。

1. 国际环境风云变幻，不利因素有增无减

中美关系未见好转，中欧关系突生变数。拜登就任美国总统以来，虽然在很多方面都采取了与特朗普时期美国政府所不同的执政策略，尤其是在外交政策上做出了重大调整，但对中美关系的定位，却没有发生实质性的变化，也没有在改善修复中美关系上采取任何有意义的实质性措施。中美贸易摩擦没有得到缓解，加征的关税仍在继续实施；鼓动中美科技脱钩的言论，仍在美国频繁出现；对中国资本的敌意尤其是国有资本的敌意，未见消除；中美之间的科技文化交流，依旧处于停滞或半停滞状态；《无尽前沿法案》禁止参与外国人才招聘项目的科学家获取联邦资助；《2021 年战略竞争法案》，维持了将中国视为最强战略竞争对手的定位，美国国内的民意调查也将中国指向为美国的“竞争对手”；《2021 美国创新和竞争法案》，把中国定义为“最大的地缘政治和经济挑战”。在国际上，美国政客依旧在试图游说盟国，意图拉上更多国家来共同遏制中国的全面复兴与崛起，特别是试图打断中国科技进步的进程。《中欧投资协定》的签订，曾经给中欧关系的良性发展提供了机会，呈现了曙光。但欧洲议会在美国的鼓吹下取消了原定审议《中欧投资协议》的会议，无限期冻结对协议的审议，这显然给中欧关系的改善、中欧经贸关系的发展泼了一盆冷水。极个别国家，也在趁机兴风作浪。6 月中旬召开的 G7 峰会，其公报中几乎提及了近年来美国所攻击中国的各个议题。

美联储宽松政策或转向退出，牵动全球金融市场敏感神经。全球金融市场，也是暗流涌动。耶伦出任美国财长，曾经让人以为短期内美联储将难以退出超宽松货币政策，但 3 月美国银行杠杆率政策的回归正常，似乎开启了美联储退出超宽松货币政策的第一步。4 月，圣路易斯联储主席布拉德表示疫苗接种率达 75% 时，将考虑缩减购债规模。耶伦 5 月 3 日在接受《大西洋月刊》采访时表示，“为了保证经济不会过热，利率可能不得不一定程度上升”，被解读为对市场的试探和对预期的引导。4 月份 4. 2% 的 CPI，创下了 13 年的新高，更是推升了关于通胀倒逼美联储提前加息的预期。美联储 6 月议息会议虽然继续维持基准利率不变，但发布的点阵图暗示加息或将提前；而且 6 月议息会议后，美联储官员卡普兰、布拉德和博斯蒂克三人均表示需要在 2022 年开始加息。7 月美国核心通胀率略有下降，有可能会暂时缓解加息压力，但市场对提前加息的担忧未见明显好转。美联储每一轮宽松政策的实施与退出，都是对其他国家财富的掠夺。一方面，这会引起全球金融市场的剧烈波动，甚至诱发某些国家货币体系的崩溃，美国加息以及缩表往往是全球性或区域性金融危机爆发的根源，不少国家或陷入破产或经济衰退，影响深远；另一方面，这将完成全球财富的一次再分配，其他国家尤其是新兴发展中国家的经济发展成果将被美元所收割。对深度卷入全球经济体系的其他任何一个国家来说，美元政策的变动，都将带来不可忽视的重大影响，需要高度关注、时刻警惕、有效应对。目前看，市场最悲观的预测是，美联储或提前到四季度加息。而在美联储加息靴子落地之前的某个时间点，市场负面情绪可能会提前集中释放。

东南亚疫情形势短期内难以有效控制，全球产业链承受较大压力。欧美发达国家的疫苗注射在稳步推进，疫情有望得到控制；但广大发展中国家中，还难以看到新冠肺炎疫情在短期内得到全面控制的希望。这既有疫苗供应不足的问题，也有各国自身疫情管控措施不力的问题。2021 年 5 月以来，印度、泰国、马来西亚、越南、印度尼西亚等国的疫情持续蔓延，德尔塔变异毒株在东南亚地区大范围传播。中国台湾地区的疫情形势，同样十分紧张。东南亚国家和地区在全球产业链中占有十分重要的地位，全球不少产业链的上游环节都布局在这一地区，这些产业链的畅通无疑承受了较大压力。特别是本已十分脆弱的芯片产业，更是再度加剧了其产业链供应链的脆弱性，下游供应更加吃紧，部分受影响较大的下游厂家不得不调整生产计划，部分削减产量或停产。

显然，无论是中美关系、中欧关系的紧张，还是美联储超宽松货币政策的退出，以及东南亚新

冠肺炎疫情的持续蔓延，都将恶化中国大企业发展的国际环境，加大中国大企业发展的市场压力，拖累中国大企业高质量发展的步伐。此外，对人民币汇率的施压，地缘政治的紧张，国际非政治关系的泛政治化等因素，也会对中国大企业的发展构成不利影响。

2. 技术自主自立压力加大，关键技术突破困难重重

科技的自立自强、创新的自主可控，是国家发展的战略支撑所在，也是企业持续发展的根本基石所在。新中国建立之初，物质技术基础差，测绘仿制、引进消化再吸收，是中国企业普遍采用的发展策略，也是中国企业缩小与发达国家企业技术差距的主要路径。通过70多年来的持续积累，以及聚焦重点领域的集中攻关突破，中国已经在部分技术领域实现了从技术追赶到技术并跑甚至是超越的转变，但从整体上看，中国企业与产业的技术基础仍明显落后于欧美先进国家。尤其是在产业核心技术、关键技术领域，中国企业普遍严重依赖并受制于欧美国家。一旦欧美国家对中国采取技术压制策略，收紧对先进技术出口的管制，中国相关产业与企业的发展必将遭受较大冲击，甚至可能面临被迫停产的巨大风险。

摆脱对欧美国家的技术依赖，加快实现中国企业技术自主自立，已经成为新时代企业发展的关键目标之一。党的十九届五中全会公报指出，“坚持创新在我国现代化建设全局中的核心地位，把科技自立自强作为国家发展的战略支撑”，将科技自立自强的重要性提上历史新高度；全会公报还提出，要在关键核心技术上实现重大突破，要强化国家战略科技力量和提升企业技术创新能力。在“十四五”规划纲要中明确提出，要打好关键核心技术攻坚战，提高创新链整体效能；要完善创新体制机制，激发人才创新活力，提升企业技术创新能力。“十四五”时期企业创新发展的任务已经明确，但这一任务的完成，面临着巨大的压力与挑战。对中国大企业来说，一方面必须加快落实创新驱动发展的战略部署，尽快实现技术自主自立；另一方面，又不得不直面来自技术强国的技术压制，在极端困境中顽强推进自主创新。

中国仍然整体受制于人的关键技术不在少数。近年来，各领域已经梳理出来一大批受制于欧美强国的关键技术、核心技术。通用与高端芯片、智能传感器、数控装备、工业机器人与生物制药等制造业领域，关键系统软件、核心工业软件、算法软件等软件领域，甚至是在一些传统产业领域，都存在关键技术、核心技术“卡脖子”的问题，譬如汽车产业的发动机技术、各类大型电机的轴承技术等。应该说，所有企业都清醒认知到了问题所在，也在“卡脖子”技术突破方面采取了诸多举措，付出了巨大努力，但实际取得的成效并不尽如人意。全面攻克“卡脖子”技术难关，绝非一朝一夕之事，这需要多方面长期持续协同推进。不仅需要解决巨额资金投入问题，也需要改善创新政策环境、优化创新机制为之提供支持；不仅需要整合创新资源、汇聚创新人才，也需要完善创新激励、分担创新风险；不仅需要创新决心与创新魄力，更需要创新平台与创新积累。

3. 碳达峰、碳中和既是长期目标，也是短期挑战

碳达峰、碳中和无疑是当前最热的词汇之一。2020年9月22日，习近平主席在第75届联合国大会一般性辩论上郑重宣布，中国“二氧化碳排放力争2030年前达到峰值，努力争取2060年前实现碳中和”。此后，2020年中央经济工作会议将“做好碳达峰、碳中和工作”列为2021年重点任务之一。在2021年的两会上，碳达峰、碳中和被首次写入政府工作报告。2021年3月15日，习近平在中央财经委员会第九次会议上发表重要讲话，提到要把碳达峰、碳中和纳入生态文明建设整体布局，拿出抓铁有痕的劲头，如期实现2030年前碳达峰、2060年前碳中和的目标；要求领导干部要加强碳排放相关知识的学习，增强抓好绿色低碳发展的本领。2021年4月30日，习近平指出，“十四五”时期，我国生态文明建设进入了以降碳为重点战略方向、推动减污降碳协同增效、促进经济社会发展全面绿色转型、实现生态环境质量改善由量变到质变的关键时期，要把实现减污降碳协同增效作为促进经济社会发展全面绿色转型的总抓手；要求各级党委、各级政府拿出抓铁有痕、踏石留印的劲头，明确时间表、路线图和施工图。显然，碳达峰、碳中和已经成为我国经济社会发展的重要长期目标之一；它既决定了我国经济社会长期发展的手段、路径与模式，也决定了我国未来政策调整的战略方向。

尽管离目标达成之日为时尚早，但目标的实现绝非一日之事，必须从战略高度长远谋划并分阶段有序推进。虽然将碳达峰的目标定在了2030年、碳中和的目标定在了2060年，离现在还有10年或40年，但要确保到时候可以顺利实现碳达峰、碳中和的目标，必须从现在开始就按更高要求付诸行动。国务院各部委、各级地方政府，都在积极响应中央号召，落实中央部署，加快研究推出部门、行业或地区实现碳达峰、碳中和的路线图，或是在“十四五”规划中提出了“碳达峰行动方案”。上海、北京两个直辖市所提出的碳达峰时间，都比全国提前了五年。广州、福州、苏州和济南等地，也均提出要在2025年实现碳达峰。苏州市的“十四五”规划纲要提出，要争取比国家提前5年兑现碳达峰、碳中和的国际承诺；济南则提出力争“十四五”末率先实现碳排放达峰，率先建设全国“碳中和”现代绿色智慧城市。四川省国资委发布了《关于省属企业碳达峰碳中和的指导意见》，明确提出省属企业要充分发挥引领示范作用率先实现碳达峰。显然，对各级政府部门来说，要实现碳达峰、碳中和的目标，必须从现在开始一方面约束区域内现有企业控制并逐年减少碳排放，另一方面严格审批新建项目碳排放指标。这必然会对大企业目前的生产经营产生直接影响，将倒逼企业严格按照地区政府的减碳路线图调整生产计划，或是加快低碳转型步伐。总体上看，发电企业、汽车企业面临的减碳压力最为显著。此外，部分地区在“减碳”问题上搞“一刀切”、做“过头事”，更有可能对企业发展带来冲击与挑战。

4. 出口与内需增长或难持续，增速回落或触发新一轮产能过剩

2020年年初以来，新冠肺炎疫情在全球持续蔓延，给全球经济增长造成剧烈扰动，全球供应链的畅通面临巨大挑战。由于中国政府采取了强有力的有效应对举措，中国经济率先走出了困境，并且在全球各地供应链遭受强烈冲击的情况下，敏捷把握住了区域供应链调整的机会，化危为机，实现了较好发展。2020年，中国经济增长了2.3%，是全球唯一实现正增长的主要经济体。在全球供应链补缺效应推动下，包括防疫物资在内的我国多类商品的出口快速增长，全年进出口创历史新高，国际市场份额也创历史最好纪录，2020年WTO口径下中国全年商品出口贸易占全球的14.7%。显然，出口的快速增长，成为2020年中国经济正增长的重要促动力量。2021年以来，我国出口继续保持良好增长态势。货物贸易方面，2021年1－7月，我国累计出口额为11.66万亿元，同比增长24.5%，两年平均增速为10.9%。服务贸易方面，2021年1－6月，我国服务出口额为11284.9亿元，增长23.6%，两年平均增长10%；在出口大幅增长拉动下，我国服务贸易逆差大幅下降70%，

逆差缩窄至1204.6亿元。受国内疫情有效管控、货物与服务出口持续快速增长等利好因素支撑，经合组织日前发布的最新一期全球经济展望报告预计，中国经济将保持平稳复苏步伐，2021年经济增速预计可达8.5%。但预计利好因素将难以持久，中国经济增长将回归常态，2022年的增速预计将回落到5.8%。国际货币基金组织在2021年5月的报告中，上调2021年中国经济增速至8.4%，但2022年的增速预测值则是5.6%。国内机构与学者，基本上也认为中国经济在2021年实现较快速度的恢复性增长后，2022年将会回落至6%甚至更低的水平。

无论是出口，还是内需，可能都难以较长时间保持较高增速。就内需而言，恢复性增长必定是短期效应；很可能从2021年的下半年开始，恢复性增长效应就将逐步衰减。出口市场方面，随着疫苗接种率的提升，国际新冠肺炎疫情或得到较好控制，前期受疫情冲击而中断或梗阻的区域供应链，将会得到恢复，国际供应链将在疫情控制后迎来新一轮大调整，部分新转移到中国的供应链，或将回复到疫情前状态。既然出口与内需的回落是大概率事件，中国经济增速的下降，可能难以避免，政策调整的目标，应是尽可能收窄增速下滑的空间。从历史经验看，每一次经济从快速增长转向回落后，产能过剩的压力将显著加大，去产能将成为政府与企业共同面临的难题。因此，一个当前不得不提前思考的问题是：一方面受内需与出口形势明显好转拉动，另一方面是受政府刺激投资政策驱动，企业必定加大了当期投资力度，这无疑将会在不久的将来，形成大量新增产能；而这些新增产能形成伊始，也许将面临的，就是宏观经济增速下滑所触发的新一轮的产能过剩。与之相对应的，另一个需要思考的问题是：当前显然需要鼓励新增投资，但究竟需要什么样的新增投资？创新投资是需要的，转型升级的投资也是需要的，但简单的低水平扩产投资可能并不是当前所应鼓励的。

5. 大宗商品价格持续大涨，成本压力进一步加大

2021年二季度以来，大宗商品价格出现加速上涨态势。2018年以来，大宗商品价格经历了一个持续下跌然后反转快速回升的过程。2020年年初，在新冠肺炎疫情冲击下，大宗商品价格加速探底，在3月创出近期最低点后，跟随经济形势的持续好转而加快回升。2021年4月，大宗商品价格更是跳跃式加快上涨。这一轮大宗商品价格上涨，既有经济基本面方面的推动力，如全球经济复苏、供需关系短期调整、流动性宽裕、美元贬值，也有金融市场投机炒作因素的借机推动。从具体品类看，涨幅最引人注目的大宗商品是铁矿石；铁矿石期货价格指数从2020年最低时的565元/吨，最高上涨到2021年的1310元/吨，区间最大涨幅高达132%。与此同时，螺纹钢价格指数涨幅高达98%，铜期货价格指数涨幅达到122%，PVC期货价格指数涨幅也达到90%，价格均接近或实现了翻番。由于大宗商品价格过快上涨，5月中下旬，14天内连续三次国务院常务会议，都谈到了大宗商品涨价问题，要求采取措施稳定大宗商品价格。国家发展改革委、工业和信息化部、国资委、市场监管总局、证监会五个部门5月23日召开会议，联合约谈了铁矿石、钢材、铜、铝等行业具有较强市场影响力的重点企业，以及相关行业协会，要求重点企业、行业协会从大局意识、法律意识、加强监管和发挥行业协会作用等多个层面共同维护好行业正常市场秩序。政府的及时干预显然是有效的，大宗商品价格应声下跌，但很快就止跌回升，呈继续攀升态势，如图1-44所示。

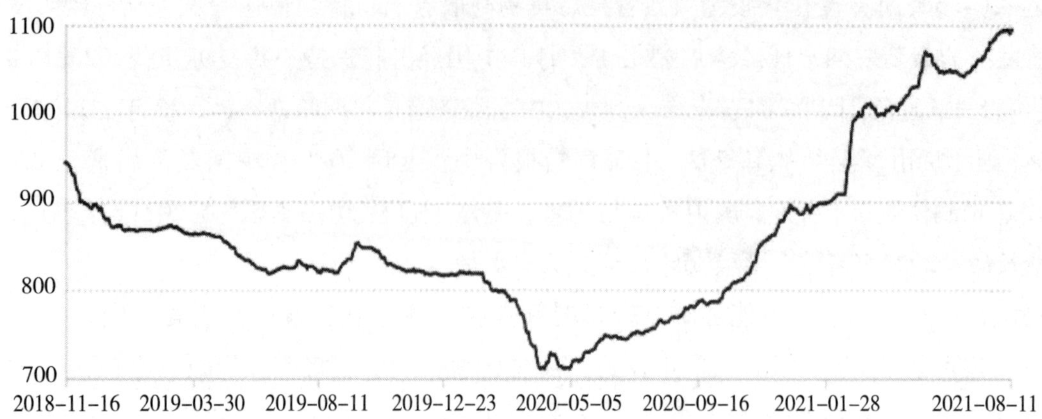

图 1-44　近年来中国大宗商品价格指数走势

应该说，中国可以在大宗商品价格稳定方面发挥突出作用，中国每年消费的大宗商品占全球的近 40%，其中铜和铝更是超过了 50%。但实际上，比如铁矿石，由于国际卖方高度集中在三大跨国公司手中，而中国的买方力量十分分散且没有形成集合竞买机制，对全球铁矿石价格走势的影响较为有限。特别是在当前新冠肺炎疫情持续蔓延情况下，因为多数大宗原材料的生产国属于第三世界国家，比如智利、巴西等南美国家，这些国家由于管理问题和疫苗不足，使得疫情仍在肆虐，原材料的产出与供应受到限制，国际供求紧张关系短期内难以改变，即使是在中国政府与行业协会的强力干预下，有效消除了人为炒作因素的干扰，大宗商品价格上涨的动力或在较长时间内继续存在。商务部综合司和国际贸易经济合作研究院联合发布的《中国对外贸易形势报告（2021 年春季）》也指出，展望 2021 年全年，在疫苗普及、防疫限制措施放松、全球经济持续复苏带动下，预计 2021 年大宗商品价格将保持坚挺。市场普遍预测，煤炭、钢铁等黑色系大宗商品价格整体可能维持稍弱于上半年的上涨态势；铜、铝等有色系大宗商品价格也将有一定程度的上涨；石油价格或还有上涨空间。因此，可能难以在 2021 年下半年看到大宗商品价格的深幅回调。

受大宗商品价格持续大幅上涨推动，PPI 加快上扬，但涨速慢于大宗商品价格，企业成本压力明显加大，盈利空间受到挤压。通常来说，企业可以在一定程度上将原材料价格的上涨往下游环节转嫁，但转嫁的程度往往是有限的，而且可能还要受到政府 CPI 调控政策的影响，实际上成本上涨的压力，更多还得靠企业自己消化。截至 2021 年 8 月初，全国大宗商品价格同比涨幅约为 40%，同期的 PPI 则同比上涨 9.0%，虽创 2008 年以来新高，但显然涨幅小于大宗商品价格涨幅。从具体行业看，2021 年 7 月，铁矿石价格同比涨幅超过 1 倍，但黑色金属冶炼和压延加工业价格同比上涨幅度仅为 33%，铁矿石价格的上涨预计也未能充分往下游转嫁。从多次企业座谈与调研情况看，企业也都反映由于受大宗商品价格上涨过快影响，企业难以转嫁原材料成本上涨影响，成本压力很大，盈利可能下滑。从规模以上工业企业百元营业收入成本看，2021 年以来，呈现出逐月上升态势，这直观反映了大宗商品价格上涨对企业成本的影响。由于原材料价格上涨对成本的影响存在一定时间的滞后，预计即使后期大宗商品价格高位企稳或有所回落，企业百元营业收入成本还将在短期内继续呈现出增长态势。

6. 惠企政策逐步退出，企业脆弱性或出现反弹上升

为应对突发新冠肺炎疫情冲击，扶助企业纾困发展，各级政府部门出台了一系列惠企政策。2020 年的惠企政策主要有两个特点，一是力度大，二是范围广。政府从各个方面都出台了力度空前的扶持政策，旨在帮助企业尤其是小微企业应对疫情，尽快实现振兴发展。这些惠企政策，涉及到税费、资金奖补、金融、生产要素、人才服务、营商服务、审批服务等各个方面。困难企业的所得税、社保费用，都在一定程度上得到减免，或是允许暂缓缴纳；国有房产的租金实施了阶段性减免；为企业应对疫情转型升级发展提供资金奖补；发行疫情特别国债，建立财政资金直达机制；3 次降准，出台小微企业信用贷款支持计划，实施中小微企业贷款阶段性延期还本付息；深化要素市场改革，降低电价、网络使用费用；《优化营商环境条例》正式实施，推动营商环境改善；精简审批项目，减少审批环节与材料要求，缩减审批周期。国家发展改革委、工业和信息化部、财政部、人民银行四部门联合印发《关于做好 2020 年降成本重点工作的通知》，提出了全年降成本的 23 项重点任务。上述措施的落地实施，帮助企业克服困难实现了平稳发展，支撑中国经济实现了来之不易的正增长。从成本角度看，2020 年 4 月至 12 月，规模以上工业企业百元营业收入成本呈下降态势；企业贷款加权平均利率为 4.61%，同比下降 0.51 个百分点，创有统计以来新低。

2021 年，部分惠企纾困政策正在或已经有序退出，企业将面临考验，脆弱性或迎来反弹上升。应对新冠肺炎疫情的惠企政策，不少都是临时性或阶段性的措施，随着疫情不利影响的逐渐消除，部分政策或将逐渐退出。尤其是有明确执行期限的税费减免政策、贷款本息延迟支付政策、疫情特别国债和信贷支持措施，都已到期退出。尽管中央在惠企政策退出上有相应部署，要求保持政策连续性、平稳性，不急停急转，一方面适当延长了部分惠企政策执行日期，另一方面则在原有政策退出之际，考虑到当前企业依然面临较大发展压力，各级政府又推出了一些新的惠企政策。但很显然，从当前政策优惠力度上看，显然不及 2020 年推出的帮扶政策。随着宏观环境的变化，惠企政策有序退出是正常现象，也是可预期的必然结果。但对在政策红利支撑下艰难渡过疫情难关的企业来说，当前自我独立发展的基础并不牢固，面对来自国内国际市场的诸多不确定性因素的挑战，失去了大力度惠企政策的扶持，部分企业很有可能再次变得脆弱不堪。尽管 2020 年二季度以来内需和出口需求都表现出较为强劲的增长，整体形势似乎较为良好，但无论是国内还是国外，都存在新冠肺炎疫情再次突袭的风险，如前所述的其他方面的因素，也有可能会突然打断或扰乱中国经济的增长。这是一个大变革的时代，也是一个高度不确定的时代。企业可能需要更长时间的惠企政策的帮扶，以巩固增长基础，强化自我发展能力，真正降低生存与发展的脆弱性。

十二、促进大企业“十四五”持续高质量发展的建议

深入分析风险，准确辨识威胁与挑战，采取科学发展举措，是大企业在“十四五”开局之年进一步提高发展质量的根本保障。以中国 500 强为代表的中国大企业，应审时度势，准确辨识与把握威胁和挑战，科学制定发展战略与具体发展举措，最大化利用发展机会，助力企业在“十四五”开局之年创下持续高质量发展佳绩。

1. 新时代要有新担当新作为，奋力构建新发展格局

新时代中国经济发展的关键任务之一，就是立足新发展阶段，践行新发展理念，构建新发展格局。2020 年 4 月 10 日，在中央财经委员会第七次会议上，习近平总书记提出“构建以国内大循环为主体、国内国际双循环相互促进的新发展格局”。“十四五”规划纲要的第四篇就是“形成强大国内市场构建新发展格局”，明确提出要加快构建以国内大循环为主体、国内国际双循环相互促进的新发展格局。全篇分别从“畅通国内大循环”“促进国内国际双循环”“加快培育完整内需体系”进行了部署。2020 年 12 月召开的中央经济工作会议强调，“构建新发展格局 2021 年要迈好第一步，见到新气象”，要“加快构建以国内大循环为主体、国内国际双循环相互促进的新发展格局”。2021 年的政府工作报告，也在 2021 年的重点任务中强调了，要“立足新发展阶段，贯彻新发展理念，构建新发展格局”。显然，加快构建新发展格局，既是新时代党中央对经济发展的根本要求和战略部署，也是政府推动经济社会发展的关键任务与重点工作，是当前时期党和国家经济工作的重中之重。

大企业要勇于担当，积极作为，投身于新发展格局建设。企业是承担与落实国家经济发展任务的关键主体，尤其是大企业，更是推动经济发展的核心力量。在 2021 年加快建设新发展格局的具体工作之中，大企业要责无旁贷地起到引领与示范作用，要充当新发展格局建设的主力军与先锋队。大企业负责人应充分弘扬企业家精神，坚持党的领导，落实党和国家的战略部署，以服务于构建新发展格局为基本遵循，来谋划企业发展的具体工作。一方面，要始终坚持以服务于国内大循环为主，充分发挥超大规模国内市场优势，致力于为国内超大规模市场提供用户所需要的优质产品或服务；要加强对国内用户需求的跟踪研究，敏捷把握消费需求升级的变化趋势，落实供给端结构性改革，完成供给端的升级；要针对国内市场空白发展供给能力，加快实现进口替代，降低对国际供给的依赖；要以中国国防、经济、产业与技术等各方面的安全为前提，积极开展企业间的国际合作，巧借外力加快国内市场发展。另一方面，也要积极进行国际市场布局，不断整合利用国际资源；在为国际市场提供产品与服务的同时，通过整合利用各类国际资源更好地畅通国内经济大循环。因此，“十四五”大企业的发展，既不能闭关锁国自绝于国际市场，更不能脱离或放弃国内主战场，而是国内国际市场都要有所发展，但也要有所侧重，不应当脱离国内市场盲目推进国际化。一个对国内市场发展没有任何积极贡献的国际化，至少是在当前阶段来说不是值得鼓励的国际化。

2. 全力落实创新驱动，彰显创新在企业发展中的核心地位

创新是驱动大企业发展的第一动力。国家之间的竞争，关键在于技术；企业核心竞争优势的构建，同样也在于技术。而持续推动企业技术进步的最佳路径，就是创新。购买或许在某一阶段可以对技术进步做出重要贡献，但在两种情形之下，购买策略将无从实施。一是关键核心技术买不来；二是真正最为前沿的先进技术不会卖。作为技术卖方来说，他们往往只愿意将相对落后的甚至是母国需要淘汰的技术，转让给技术落后的买方；而当技术买方与他们的技术差距缩小到足以威胁他们领先优势的时候，技术贸易、技术合作则将被技术压制所取代。我国大企业的技术水平，总体上已经有了较大幅度提升，和先进跨国公司之间的技术差距大大缩小，技术追赶带给先进跨国公司的压力明显加大。事实上，近年来欧美国家及其企业已经在压制中国企业技术进步上达成了共识，不少

国家都对中国加强了技术出口管制或是直接实施了技术压制政策，“卡脖子”问题显得尤为突出。与此同时，国内发展环境的变化以及政策的调整，也在倒逼中国大企业走创新驱动发展道路。譬如碳达峰、碳中和目标的分解落实，将迫使企业加快低碳发展技术的突破。党和国家充分认知到自主创新对企业发展的重要性，将创新驱动作为国家重大战略，强调要坚持创新在现代化建设中的核心地位，要突出发挥科技创新新型举国体制作用，着力完善创新体系与创新治理，出台了一系列鼓励企业开展创新的政策举措。中国企业，应在外部压力与政策推力的共同作用下，在自主创新意识觉醒的拉动下，真正走上创新驱动发展的道路，将自主创新奉为推动企业发展的第一动力。

大企业应持续加大创新投入力度，夺取更多重大创新成果。中国大企业不仅要有创新的想法，更要采取创新的实际行动，将创新驱动战略真正落到实处。大企业要根据全球科技发展方向、产业技术进步路线和企业自身技术积累、产业发展选择，制定技术创新战略，落实技术创新部署。要主动围绕产业“卡脖子”的核心技术、关键技术实施重大技术攻关工程，围绕碳达峰、碳中和目标的实现，汇聚创新人才，聚焦创新投入，创新创新方式，尽快取得重大突破。中国大企业现有研发强度总体上还比较低，中国企业 500 强的平均研发强度只有 1.77%，中央工业企业的平均研发强度也只有 3% 左右；全球研发投入 2500 强中的中国企业，其平均研发强度也不到 3%。显然，这一研发强度远低于具有竞争力的研发投入水平，更是低于全球研发投入 2500 强中美国企业高达 6% 以上的平均研发强度。对尚处于技术追赶阶段的中国大企业来说，目前的研发投入强度难以支撑技术追赶与超越目标的实现。要想在“卡脖子”核心技术、关键技术领域取得实质性突破，持续加大创新投入是必要的前提。尤其是制造业大企业，应尽快将研发强度提高到 5% 左右；高端装备制造业、其他现代先进制造业等对技术创新有更高要求的企业，更应争取将研发强度提升到 10% 以上。诚然，加大创新投入，提升研发强度，只是为解决“卡脖子”问题提供了可能、创造了条件，要真正取得重大技术突破，增强企业技术自主自立能力，还需要在更多方面进行改革。一是需要更加完善的技术创新环境，以形成鼓励创新、推动创新的良好氛围；二是要在企业内部深化创新体制机制改革，包括优化创新激励机制、完善创新投入管理、积极开展创新合作、畅通创新成果商业化应用渠道等。

3. 加快数字技术应用，推进全产业链数字化转型

数字技术正在越来越广泛而深远地影响着企业的发展。数字技术是指利用现代计算机技术，将各种信息转化为计算机可以识别的二进制编码数字，以进行加工、储存、分析以及传递的技术，主要包含大数据、云计算、人工智能、物联网、区块链和 5G 技术等。数字技术出现的时间并不长，但其进步与普及的速度前所未有。在政府鼓励政策、外部竞争压力和内部积极应用动力的综合推动下，数字技术在我国企业中的应用进展迅速。从广度看，各类企业都在积极接入数字技术。《国民经济行业分类》中的 91 个大类、431 个中类、1256 个小类都具备数字技术应用场景，2020 年我国一二三产业的数字经济渗透率分别达到了 8.9%、21.0% 和 40.7%，较 2019 年分别提高了 0.7、1.5 和 2.9 个百分点；从深度看，数字技术可以与企业的各个方面进行深度融合，推动企业进行生产方式、商业模式、管理范式、产品与服务形式的创新与转变，进而促进企业产出增加和效率提升。智能制造、云组织、智慧企业，都是数字技术与企业深度融合的具体表现。“十四五”规划纲要从“打造数字经济新优势、加快数字社会建设步伐、提高数字政府建设水平、营造良好数字生态”等四个方面对未来 5 ~ 15 年数字中国建设做出了顶层设计，预计数字经济核心产业增加值占 GDP 比重将从 2020 年的 7.8% 上升到 2025 年的 10%，广义数字经济增加值将达到 60 万亿元，约占 GDP 的 50% 左右。显然，未来将会有更多企业完成与数字技术的融合，实现数字化转型。而且随着产业链上越来越多企业推进数字化转型，全产业链数字化转型将成为可能；产业链组织形式或将发生重大改变，全产业链运转效率必将迎来显著提升。

大企业应当成为数字技术应用的典范。数字化与企业规模无关，所有企业都应当主动与数字技术进行融合。与中小微企业相比，大企业显然更具应用数字技术的条件、能力与空间，应当在数字技术应用上走得更早、更快，做得更多、更好。首先，大企业应积极响应与落实党中央、国务院“数字中国”建设部署，加快推进数字技术与企业各项业务与管理的深度融合，借力数字技术改造生产流程、优化运营管理、创新商业模式、加快技术突破、提升服务品质。其次，大企业要勇担责任，为广大中小微企业应用数字技术创造条件。大企业要瞄准当前数字技术应用的关键难点与痛点，大力进行技术攻关，尽快解决数字技术应用的“卡脖子”问题；要积极配合推进 5G 等新型基础设施建设，完善数字技术应用基础平台。最后，大企业应当主动走在探索数字技术应用场景、应用模式和积累数字技术应用组织与管理经验的前列，为广大中小微企业树立数字技术应用学习与借鉴的典范。

4. 持续深化结构调整，聚焦发展战略新兴产业与未来产业

调整结构，优化布局，是企业发展永恒不变的主题。企业的产品结构、资本布局，是企业发展战略的具体体现。一个成功发展的企业，绝不会固守一成不变的战略。随着外部发展环境的变化，以及企业发展能力的改变，企业决策者必定会对发展战略做出相应调整。而发展战略的调整，最终会反映为企业产品或服务结构调整与资本布局的变动。动态战略推动下的持续调整，是除了创新之外，支撑企业发展的另一关键力量。面对当前百年未有之大变局，面对“十四五”开局之年发展新环境新形势，面对全面开启建设社会主义现代化国家建设新征程的新要求，面对全力构建双循环新发展格局的新部署，企业发展战略需要做出重大调整，需要以升级的产品或服务结构、优化的资本布局，来护航与助推企业发展。事实上，国资监管机构一直都在按照中央国资国企改革要求和战略部署，持续推动国资国企深化结构调整、优化资本布局，这也将是“十四五”国资国企改革发展的关键任务之一。民营企业也一样，需要根据新时代发展环境与条件的变化，适时制定新的发展战略，并以此指导产品或服务结构的调整和资本布局的优化。资产剥离、并购重组、转型升级，是企业完成结构调整与布局优化的常用手段。归根结底，就是要不断清理处置企业低效无效资产，退出不具竞争优势与持续经营能力的业务，持续提升企业资产质量，培育形成新的增长点，增强长期生存与发展能力；同时持续优化行业产能配置，提升行业市场集中度，释放规模经济红利。

大企业是持续深化结构调整的关键主体。一方面，大企业占有更多的资本，具有更强的投资能力，拥有更大的资本布局腾挪空间，更有可能也更需要通过资本布局的优化来提升投资效率，或是开辟新市场捕捉新机会。另一方面，大企业往往涉足诸多业务领域，提供多种产品或服务，在产品与服务市场快速变化的情形下，有必要借助产品或服务结构的调整，来更好地满足消费需求的变化。

所以，大企业应当在深化结构调整方面发挥更大作用，担当关键责任。首先，大企业应主动深化供给侧结构性改革，不断淘汰低端过剩产能，增加优质产品与服务、新产品与新服务供给，引领产品、服务提档升级。其次，大企业应遵循中央产业政策要求，推进现有产业存量投资调整，优化增量资本投向，加快退出“三高一低”产业，聚焦投资战略新兴产业，积极培育未来产业；特别是在未来产业培育方面，大企业更要充分发挥其技术、人才、资金、风险承担等方面的优势，加快未来技术突破，做好未来产业的市场培育。再次，大企业应积极探索调结构、优布局的路径、方式方法，有序推动实施市场化并购重组，推动优化产业资源配置，完善产业组织结构，形成大中小企业协同发展、产业集中度适宜的产业生态；要借助结构调整，持续优化产业链供应链，不断补链强链，积极推动先进产业与产业链集群建设。最后，大企业尤其是要抓好“十四五”开局之年重大项目投资管理，确保重大项目与结构调整、产业升级的趋势保持一致。

5. 坚持稳健经营、和谐发展，以企业韧性护航企业持续稳健发展

要将稳健与和谐作为新时代企业发展的主基调。我国经济已经从追求高速增长转向追求高质量发展的新阶段，增长速度的重要性明显下降，发展质量成为对发展的更高要求。企业的发展，同样也从追求速度转向关注质量。一方面，企业发展需要追求更高的盈利回报，追求更好的财务表现，要放弃对短期利益的追逐，转而关注持续稳健经营，实现长期赢利的最大化；另一方面，企业发展要更加关注与人和环境的关系，要实现企业与人、自然环境的和谐发展，这也是新发展理念对企业发展提出的根本要求之一，是实现碳达峰、碳中和目的的要义所在。企业家不应再满足于短期投机赚快钱，而是要胸怀大志着眼于基业长青，发力于长期持续稳健发展。稳健与和谐，是新时代企业发展的主基调。一切企业发展策略的选择与行为的实施，都应以是否有助于持续稳健经营为出发点，以是否可以与人和环境和谐发展为出发点。所有不利于稳健与和谐的方案都应该被拒绝，所有不利于稳健与和谐的投资都应当被禁止，所有不利于稳健与和谐的业务都应当被放弃。诚然，达成这一目标，既离不开企业自身内部发展观念转变的有力支持，也需要在融资审批、环保监督上采取有效举措，避免企业因为过度融资而陷入债务危机，遏制企业为片面追求产出而肆意破坏环境。

大企业要以做好风险防控为前提来谋划发展，以企业韧性护航持续发展。无论是对国民生产总值，还是对财政收入与就业，大企业都具有十分重要的即时性影响，任何一个大企业的破灭，都会对当地经济与就业带来较大冲击。已经在持续做大上取得突出成就的中国大企业，应当在新时代为企业树立发展新目标，确定发展新基调，更应凸显发展的持续性，追求发展的稳健与和谐。领导大企业的企业家，要具有战略远见能力，要有将企业持续做强做优做久的意识，要着眼于长远发展来确定企业发展目标、绘制企业发展蓝图、制定企业发展规划。要建立完善企业风控体系，做好风险研判和预警，提前制定风险应对预案。要扎实做好各方面工作，适当储备应急冗余资源，提升企业风险韧性；同时要加强企业韧性管理，以强大韧性夯实企业持续稳健发展的基础。首先，大企业要有长期创新安排，要确保企业能够持续推出更新换代产品，能紧跟消费需求的变化而适时完成产品升级换代。其次，大企业的发展要以财务稳健性为基础，企业要适度借力资本市场，要运用财务杠杆来加快发展，但要确保财务风险处于可控水平，并要做好各业务板块、子分公司之间财务风险的隔离；要严控融资成本，禁止通过高成本融资实施扩张。再次，大企业发展要体现环境的和谐性，要秉承绿色低碳发展的根本理念，严守环保法律法规，严格执行环保标准；要加强环保技术研发，保障环保设施运行，做好环保设施维护。最后，大企业要高度重视合规管理，既要抓好国内合规，更要抓好国际化经营的合规；要严格遵守东道国的法律法规及其他监管要求，要尊重当地风俗习惯、道德规范，要遵从当地市场竞争自律准则。

第二章 2021 中国制造业企业 500 强分析报告

2021 中国制造业企业 500 强是中国企业联合会、中国企业家协会连续第 17 次向社会发布的中国制造业最大 500 家企业年度排行榜。总体上看，2020 年，我国制造业大企业在党和国家高质量发展战略的引导下，尽管面临着市场环境变化、国际竞争加剧以及全球新冠肺炎疫情蔓延等多重危机，各项指标仍大体呈现出持续向好的态势。中国制造业企业 500 强营业收入、资产规模进一步扩大，资产负债率稳中向好，净利润增速出现大幅反弹增长，企业创新能力有所提升，但由于受到国际局势变化、全球新冠肺炎疫情暴发蔓延以及新一轮科技竞争加剧等多重因素影响，海外市场开拓受阻，海外营业收入规模缩小。综合来看，由于产业结构优化转型加速、跨领域跨行业融合步伐加快、国内营商环境优化工作进一步深化等举措成果初现，制造业综合发展情况好于预期。面向“十四五”，中国制造业企业需要进一步响应国家重大战略部署，立足国内经济发展格局，积极拓展国内国际市场，坚持创新引领发展，加速培育新技术、新产业、新业态，发掘行业发展新动能；加快培育优质企业，以点带面，增强联动，补足和强化产业链供应链，构建产业发展生态体系；全方位培养各类人才，蓄积产业发展后备力量；加快推进企业绿色转型，先立后破，实现“绿色”和“发展”同步推进，把握机遇，应对风险，抓住重点，切实助力制造业高质量发展和中国经济结构转型升级。

一、2021 中国制造业企业 500 强规模特征分析

2021 中国制造业企业 500 强总体营业收入规模和营业收入增速仍保持增长态势，入围企业资产规模出现了较大幅度的增长，资产负债率也相对降低，尽管人均营业收入增速有所下滑，但仍保持正向增长，展现了制造业大企业在全球新冠肺炎疫情蔓延、国际格局变革和逆全球化浪潮迭起之下的强大经济韧性。此外，企业并购重组增多，尽管参与并购重组的企业数量较上半年减少，但是并购重组次数却有较大幅度的增加，并购重组发生相对集中。

1. 营业收入增速小幅回升

总营业收入增速小幅增长，营业收入规模突破 40 万亿大关。“十三五”以来，中国制造业 500 强营业收入呈现持续增长态势，总体营业收入由 2016 年（指发布 500 强年份，下同）的 26.52 万亿

元上升至2021年的40.24万亿元，突破40万亿大关，总增幅达51.73%。总体来看，自2017年开始，我国制造业500强营业收入增速一直保持正向增长，在2018年达到近年最高值，为12.71%。2019—2020年，受中美贸易摩擦、企业运行成本提高等因素的影响，中国制造业企业500强营业收入增速有所减缓，如图2－1所示。

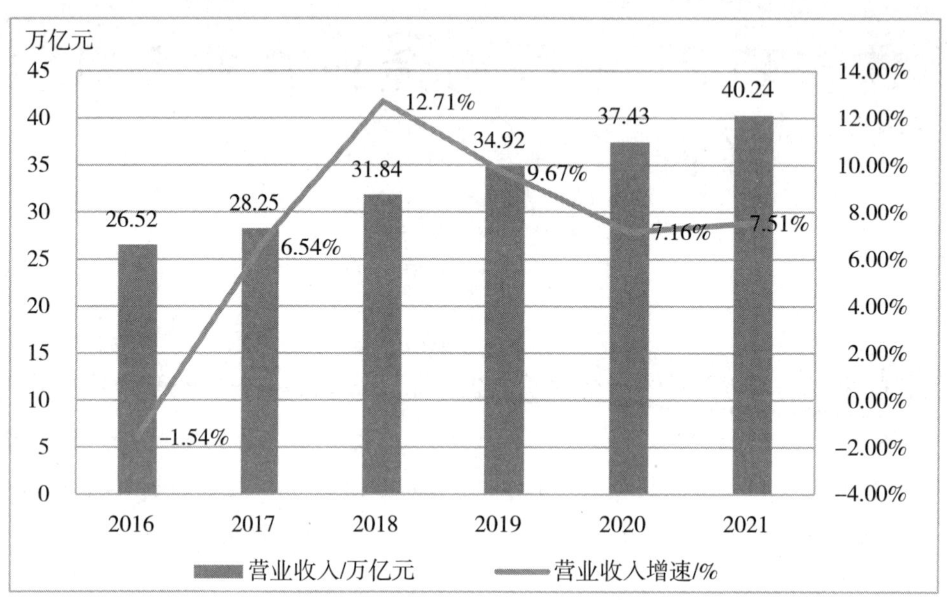

图2－1　2016—2021中国制造业企业500强营业收入及增速变化

入围门槛再上新台阶。“十三五”以来，中国制造业企业500强入围门槛不断提高。2016年，入围门槛为65.4亿元，此后不断增长，于2020年突破百亿元大关，2021年再上新台阶，增长至110.9

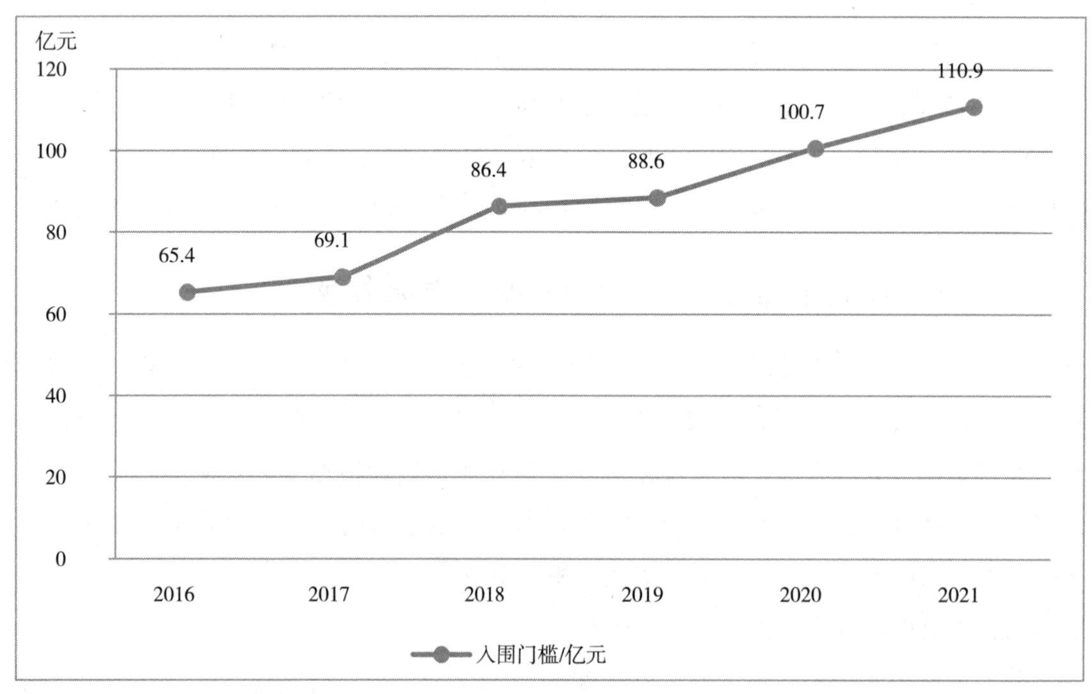

图2－2　2016—2021中国制造业企业500强入围门槛变化

亿元，较 2020 年增长 10.2 亿元，增长幅度达 10.13%，较 2016 年增长 45.5 亿元，增长幅度达 69.57%。中国制造业企业 500 强入围门槛的连年上升，一定程度上表明我国制造业 500 强规模仍在持续扩大，在国际局势变化和全球疫情冲击中展现了制造业大企业的稳定性，如图 2－2 所示。

人均营业收入增速有所回落。自 2016 年以来，中国制造业 500 强人均营业收入总体保持持续向好态势，但是增速方面频繁波动。2016 中国制造业企业 500 强人均营业收入增速为负，2017 年则转负为正，此后几年一直保持增长，2018 年增速达到“十三五”峰值。2019 年出现大幅下降，至 2020 年又出现较大幅度的回升，较 2019 年人均营业收入增长 24.2 万元，上升了 9.24%。受 2020 年新冠肺炎疫情冲击，国际市场出现剧烈震荡，原本的上升趋势中断，2021 中国制造业企业 500 强人均营业收入增速小幅回落，为 2.72%，如图 2－3 所示。

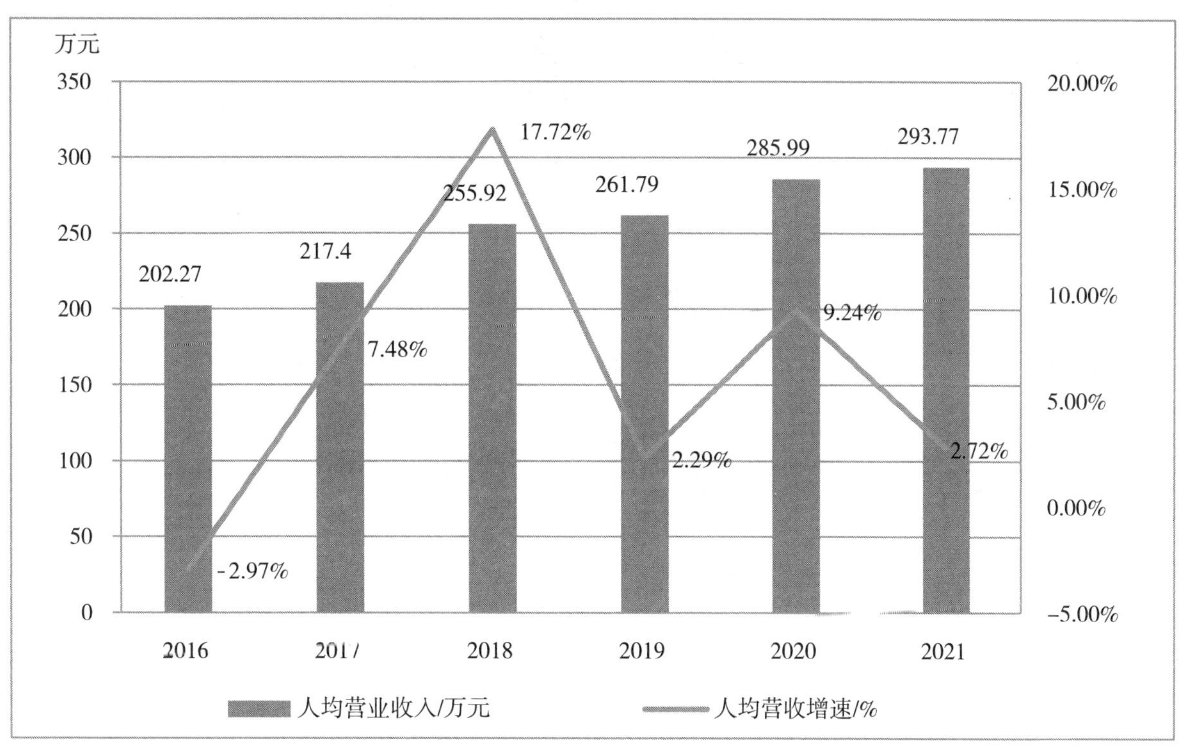

图 2－3　2016—2021 中国制造业企业 500 强人均营业收入及增速变化

2. 资产状况稳中向好

资产规模小幅增长，增速加快。2016 年以来，中国制造业企业 500 强总资产规模绝对数量稳步增长，由 2016 年的 29.14 万亿元扩大至 2021 年的 44.33 万亿元，总体上升 52.13 个百分点。在资产增速方面，即便受到全球疫情冲击以及制造业企业结构转型等因素的影响，2021 中国制造业企业 500 强资产增速仍保持正向快速增长，达到了 13.12%，于变局之中经受住了考验，如图 2－4 所示。

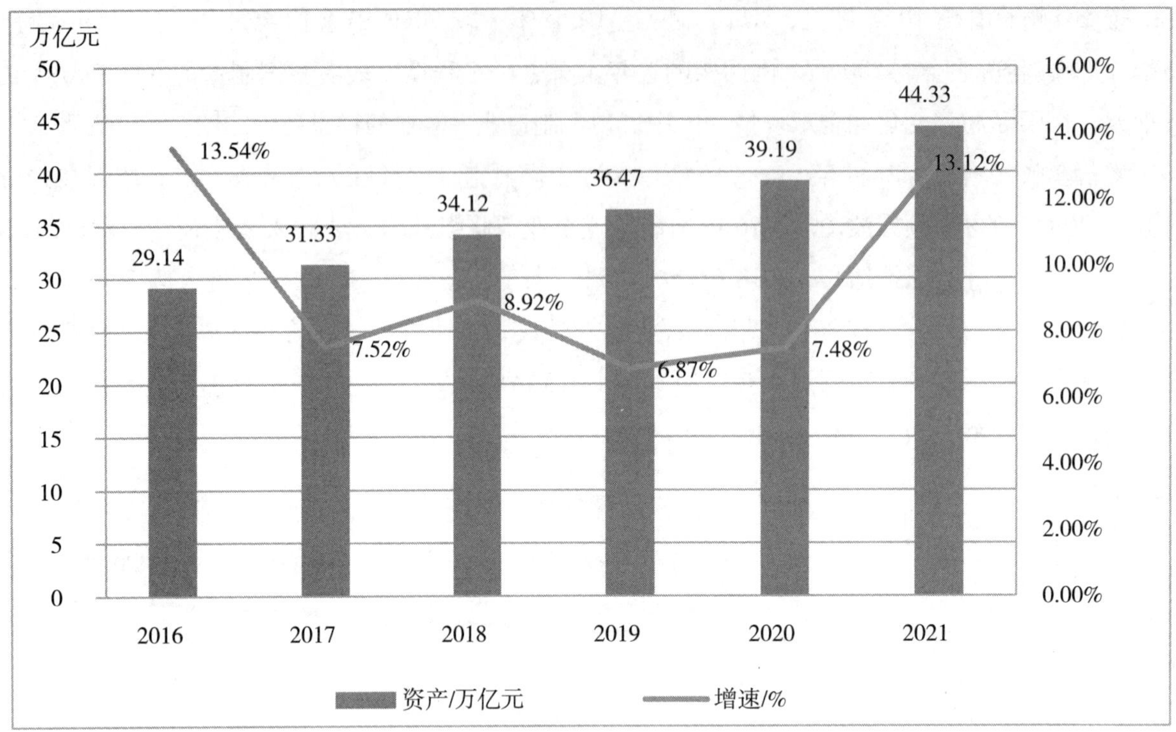

图 2－4 2016—2021 中国制造业企业 500 强资产及资产增速变化情况

资产负债率持续下降。“十三五”以来，中国制造业企业 500 强资产负债率始终在 62%～66% 区间内波动，且自 2017 年以来，一直保持稳步下降。2021 年，资产负债率再次小幅下降，为 60.88%，较 2020 年下降了 0.69 个百分点，达到“十三五”以来的最低点，如图 2－5 所示。

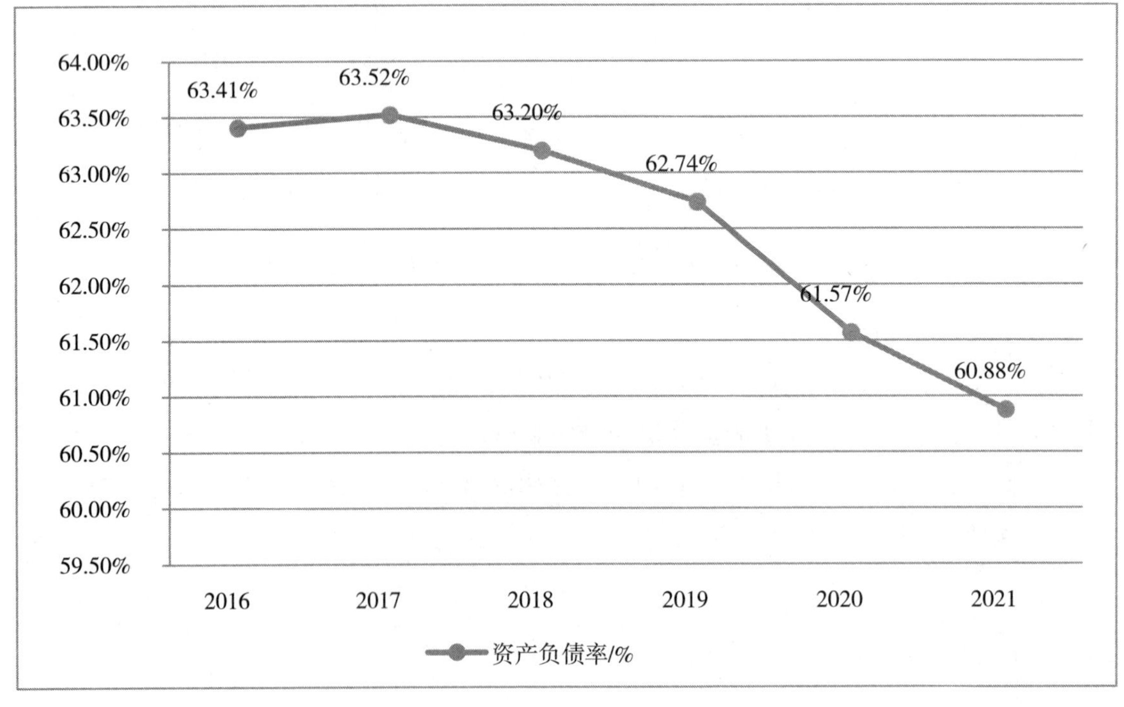

图 2－5 2016—2021 中国制造业企业 500 强资产负债率变化情况

3. **企业并购重组相对集中**

参与并购重组企业数量有所减少，并购重组次数有所反弹。2021 中国制造业企业 500 强共有 112 家企业参与并购重组，较上年减少了 10 家，参与占比再次下降。但是并购重组次数却有所增长，达到 440 次，较 2020 年增长了 78 次，增长率为 21.55%。其中，并购重组达到 5 次及以上的有 22 家，达到 10 次及以上的有 10 家，最多达到 45 次，并购重组企业相对集中，如图 2-6 所示。

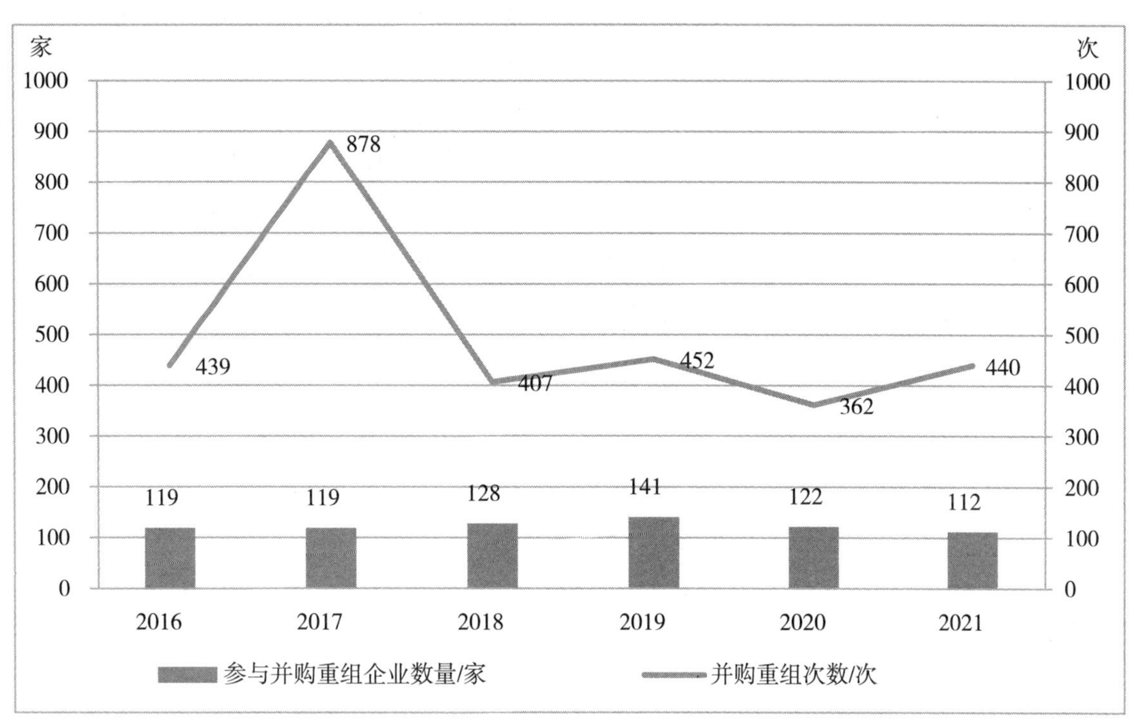

图 2-6 2016—2021 中国制造业企业 500 强并购重组情况

二、2021 中国制造业企业 500 强利税状况分析

2021 中国制造业企业 500 强利税状况全面好转。在净利润规模、增速、净资产利润率、营业收入利润率等方面都出现了不同程度的增长提升，但受新冠肺炎疫情持续冲击、全球经济下行等因素的影响，资产周转速度放慢。尽管仍然存在一定数量的亏损企业，但是亏损面和亏损深度都没有出现进一步的扩大和加深，亏损企业仍主要集中在产能过剩行业。在企业综合税负方面，2021 中国制造业 500 强企业纳税总额呈持续下降态势，所占营业收入比重也不断降低，反映了"十三五"以来政府持续为企业"松绑减负"的措施初见成效，一系列减税降费政策的出台和政务服务流程的优化，为企业的持续发展创造了更为良好的营商环境，金融系统向实体经济合理让利的成果初步显现。

1. **净利润增速出现大幅反弹增长**

2021 中国制造业企业 500 强净利润规模较 2020 年出现大幅度增长，增速由原本的 -0.16% 上升至 20.98%。2021 中国制造业企业 500 强共实现归属母公司股东净利润 11796.62 亿元，利润较上一年增长 2045.46 亿元，增速大幅上涨。"十三五"以来，2017—2019 年归属母公司净利润增速均保持在 20% 左右，2020 年跌破零点，出现负增速。2021 中国制造业企业 500 强归属母公司净利润总额大幅上升，增速出现了较大程度的反弹，这一方面与企业并购重组密切相关，另一方面与国家减税降费支持政策以及企业转型成果初现也不无关系，如图 2-7 所示。

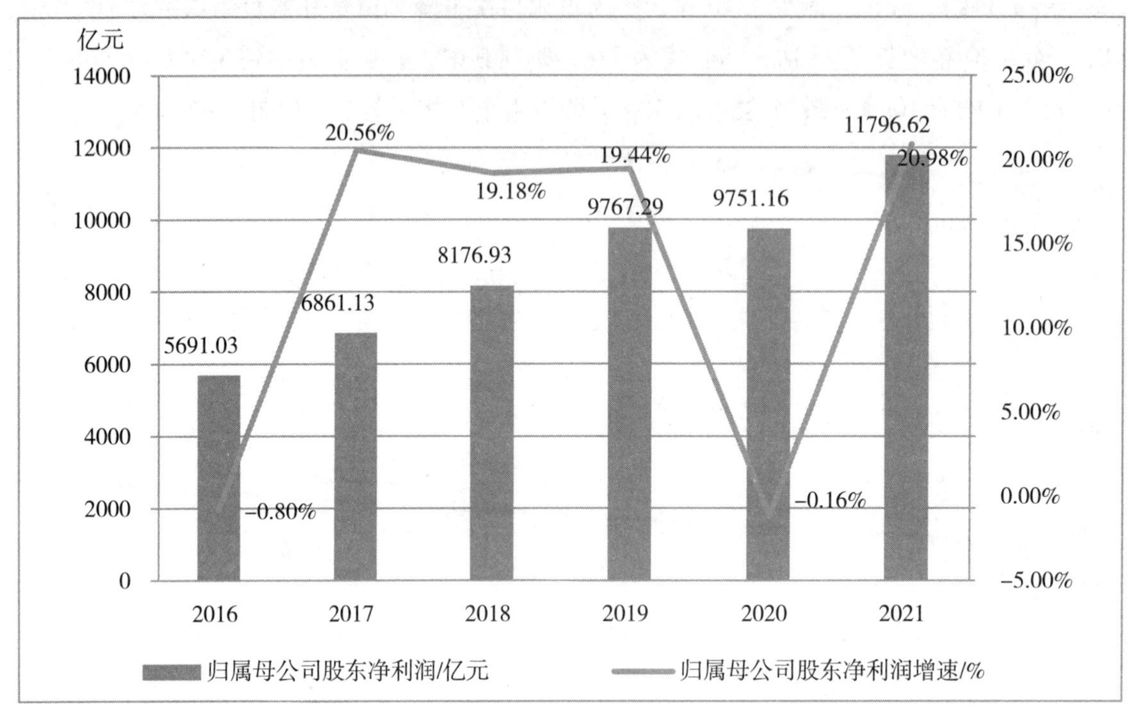

图 2-7　2016—2021 中国制造业企业 500 强归属母公司股东净利润规模及增速

企业亏损面基本稳定，亏损深度略有上升，亏损企业分布行业仍较为集中。2021 中国制造业企业 500 强中有 28 家企业发生亏损，亏损面为 5.6%，与上年持平。在亏损深度（亏损额/净利润总额）上，本年度制造业 500 强的亏损深度为 6.94%，较上年的 6.78% 上升 0.16 个百分点，亏损深度

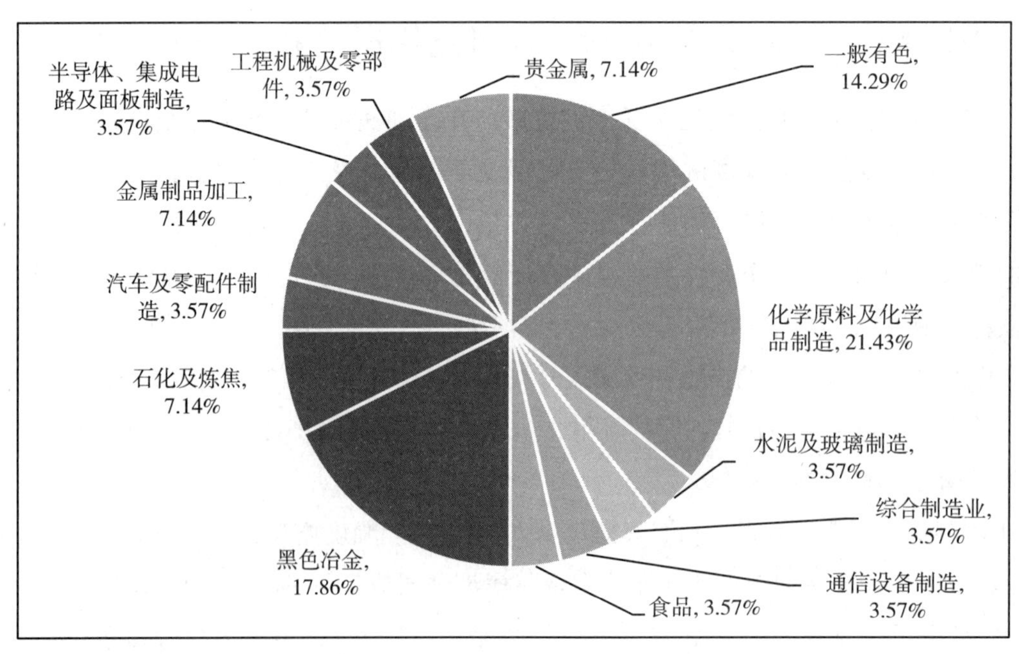

图 2-8　2021 中国制造业企业 500 强亏损企业行业占比分布情况

小幅上升。从亏损企业主要分布行业来看，28 家亏损企业中，亏损企业较为集中的行业分别是化学原料及化学品制造（6 家企业，占亏损企业的 21.43%）、黑色冶金（5 家企业，占比 17.86%）、一般有色（4 家企业，占比 14.29%），三类行业亏损企业共 15 家。可以看到，亏损企业仍大多集中在产能过剩企业，这部分行业在营业收入上虽表现良好，但是利润却呈现亏损状态，需要加快产业升级的步伐，进一步实现产能优化，如图 2－8 所示。

2. 企业经营绩效有所回升

净资产利润率回升至 10% 以上水平，营业收入利润率达到近年来新高。"十三五"以来，随着我国制造业不断推动调结构、转方式、促增长，中国制造业企业 500 强的净资产利润率得到了明显提高，2016—2019 年一路上升，2019 年突破 10%。但在 2020 年这一持续上涨态势中止，净资产利润率回落至 9.88%。这一下滑出现的原因在于 2020 中国制造业企业 500 强净资产增速接近 6%，远高于净利润增速，且资产周转率在这一年也有所下滑，多方面因素综合作用之下，导致净资产利润增长率有所下降。2021 中国制造业企业 500 强净资产利润率有所回升，超上一年度 0.33 个百分点。其原因在于，相比于上一年度，尽管 2020 中国制造业企业 500 强净资产增速相对较高，资产周转率也有所下降，但是净利润增长率高达 20.98%，增幅远超净资产增长率，从而带动了净资产利润率的上升。在营业收入利润率方面，2021 中国制造业企业 500 强营业收入利润率为 2.93%，相较于 2020 年实现了一定幅度的增长，为 2016 年以来所达到的最高营业收入利润率，与净资产利润率变化趋势基本一致，如图 2－9 所示。

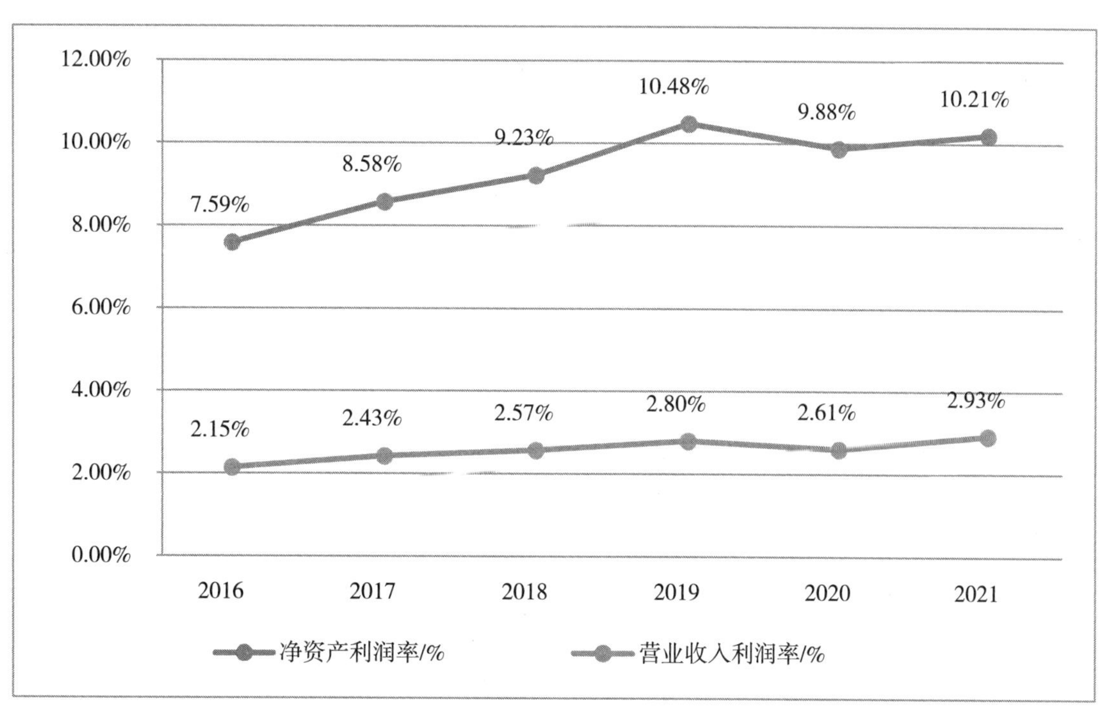

图 2－9 2016—2021 中国制造业企业 500 强净资产利润率及营业收入利润率变化

资产周转率波动下降。2016 年以来，中国制造业企业 500 强资产周转率基本在 0.9～1 这个区间之内波动，2016—2019 年波动幅度相对较大，从 2017 年的谷底 0.90 次/年上升至 2019 年的峰值 0.96

次/年，2020 年略有下降，2021 中国制造业企业 500 强的资产周转率进一步下降至 0.91 次/年，下降幅度较大，如图 2 – 10 所示。

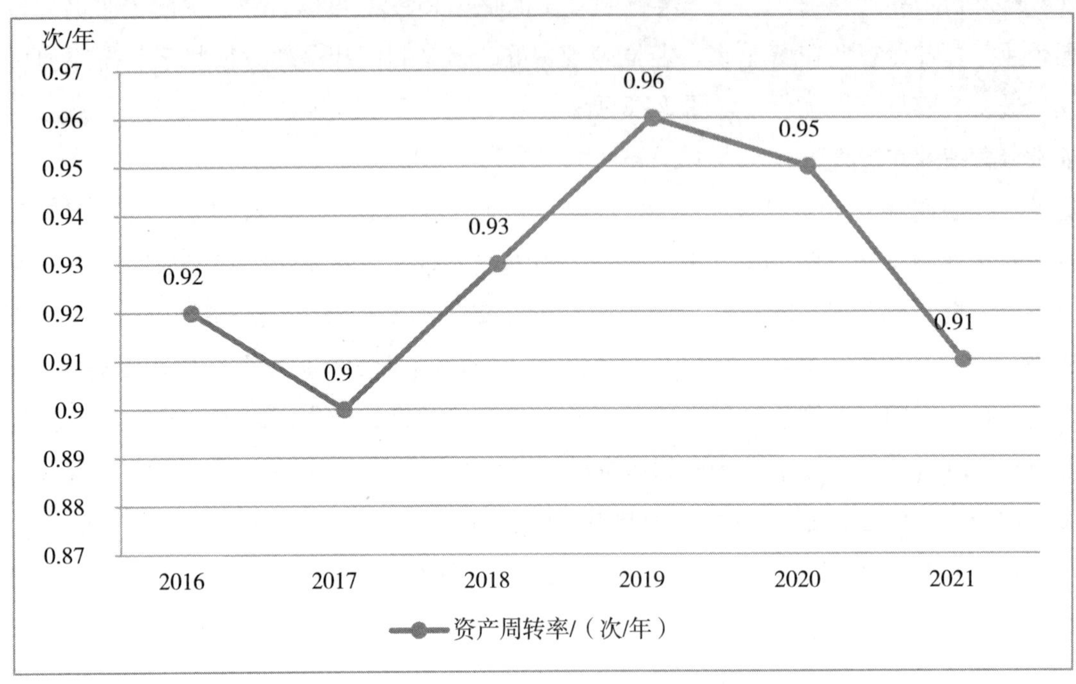

图 2 – 10　2016—2021 中国制造业企业 500 强资产周转率变化

3. **企业综合税负进一步下降**

企业纳税总额呈下降趋势，纳税额所占营业收入比重进一步降低。“十三五”以来，中国制造业

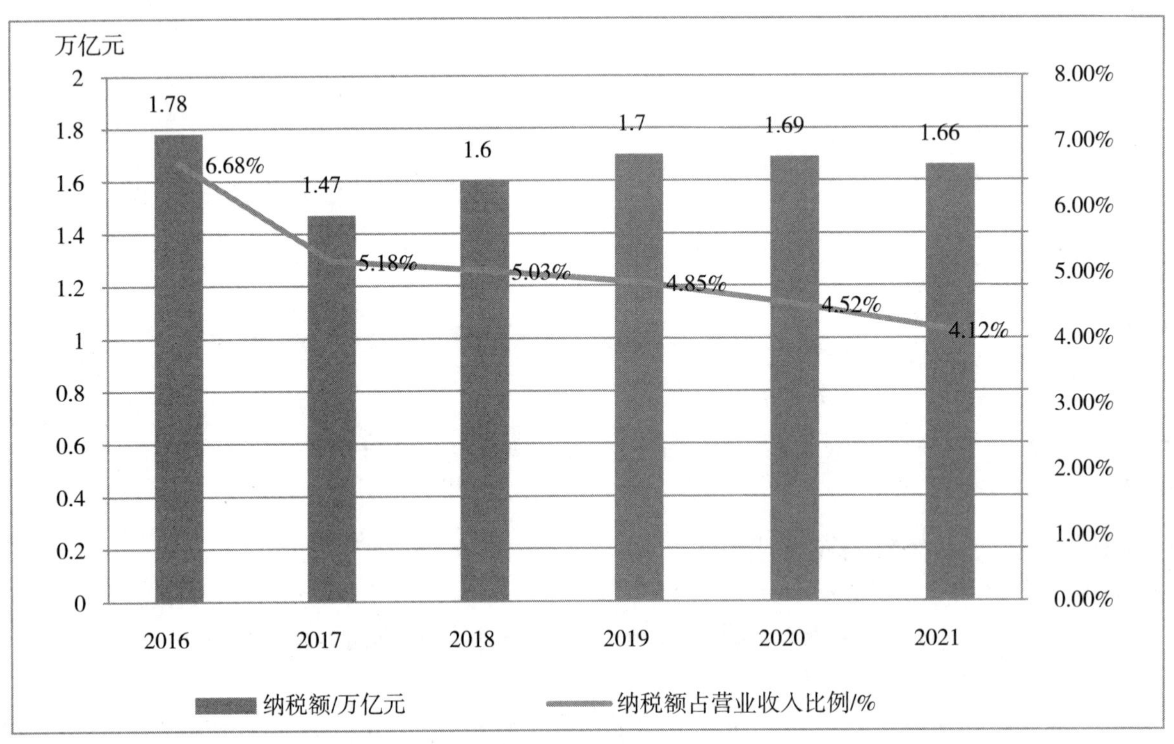

图 2 – 11　2016—2021 中国制造业企业 500 强纳税及纳税占营业收入比重变化

企业 500 强纳税总额波动下降，2021 年下降至 1.66 万亿元。与此同时，纳税额所占比重逐年下跌，从 2016 年的 6.68% 缩减至 2021 年的 4.12%，总共下降了 2.56 个百分点。表明“十三五”以来，我国的各项减税降费措施稳步推进，并取得了一定成效，如图 2－11 所示。

三、2021 中国制造业企业 500 强创新投入与产出分析

2021 中国制造业企业 500 强研发投入持续上涨，研发强度和研发费用增速都有不同程度的增加。与之相适应，企业创新成果产出水平也相对上升，无论是企业拥有的全部专利数量，还是发明专利数量，都在稳步增长。发明专利占全部专利数量的比例也呈现增长态势，企业创新质量稳步提升。其中，龙头企业创新成果显著，发挥了核心主导作用，其总体产出质量也相对更高。

1. 企业研发投入继续增加

企业研发投入不断上涨，研发费用增速大幅增加，研发强度有所上升。“十三五”以来，中国制造业企业 500 强的研发费用规模呈不断扩大的态势。2021 中国制造业企业 500 强中 485 家企业共计投入研发费用 8889.65 亿元，较上年增加了 1212.52 亿元，增幅达 15.79%。研发强度（研发费用占企业营业收入比重）自 2017 年以来始终保持上升态势，2021 中国制造业企业 500 强研发强度较上一年增加 0.03 个百分点，但要达到 2021 年《政府工作报告》中提出的 3% 的目标要求，尚需继续增加研发和试验发展经费投入。研发费用增速方面，2016 年以来，中国制造业企业 500 强研发费用增速波动较为剧烈，总体上保持正向增长。在经历了 2019、2020 两年连降之后，2021 中国制造业企业 500 强研发费用增速大幅跃升，达 15.79%，如图 2－12 所示。从企业研发投入增速来看，中国制造业企业 500 强中，无论是国有企业还是民营企业，研发费用投入增速一直处于较高水平。自 2017 年开始至 2020 年，民企平均研发费用投入增速一直高于国有企业。2021 年，国有企业平均研发投入增速迅速增加，超过民营企业，上升至 19.22%，达到“十三五”以来最高值，如图 2－13 所示。

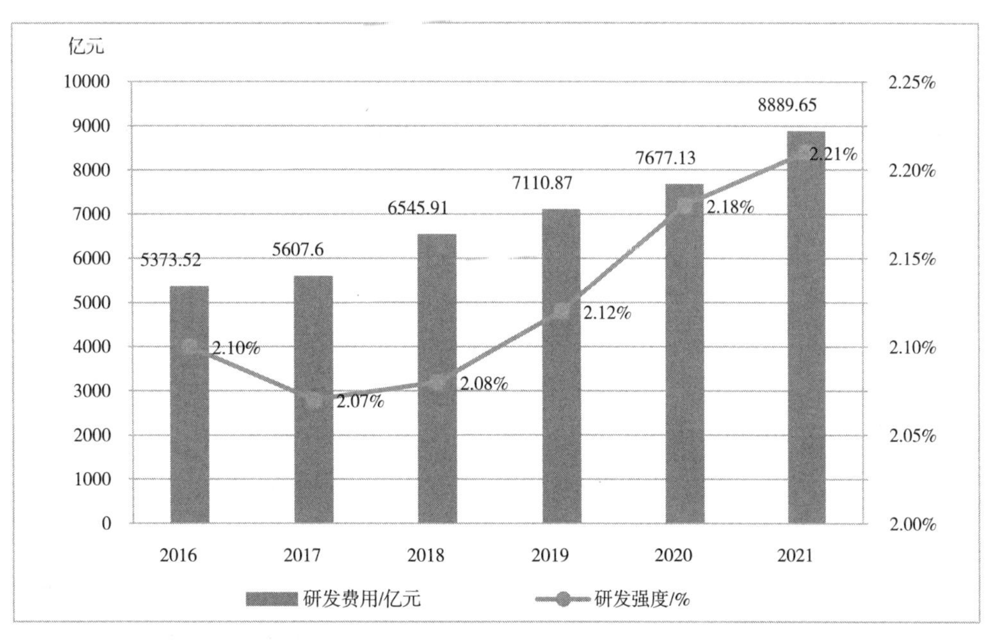

图 2－12　2016—2021 中国制造业企业 500 强研发费用及研发强度变化

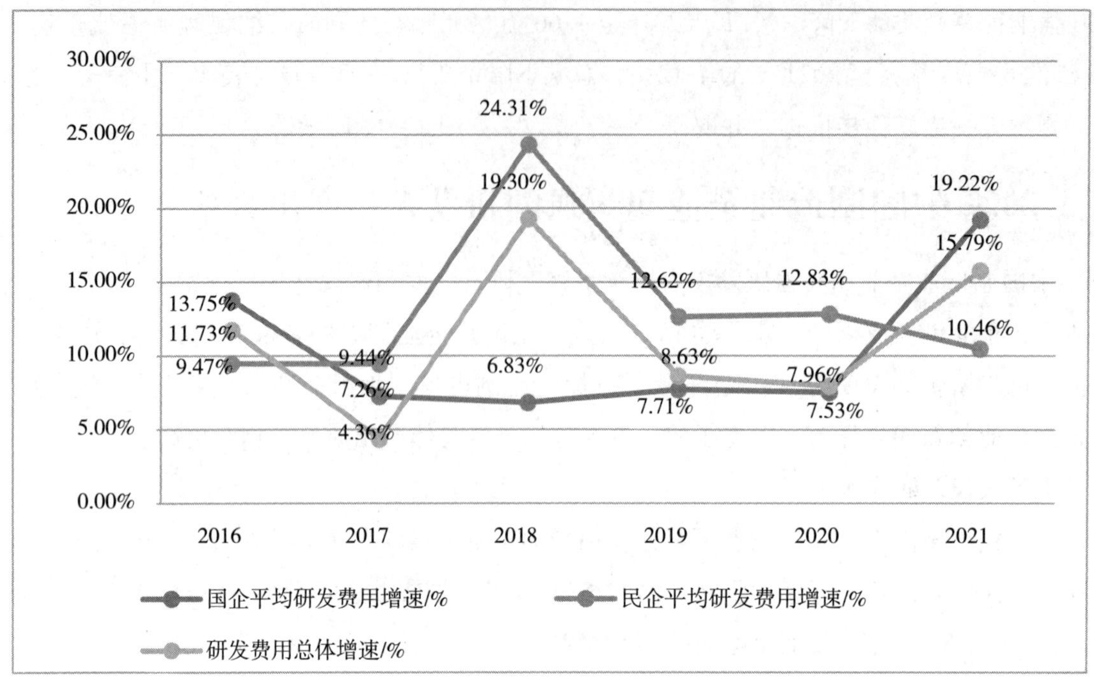

图 2－13　2016—2021 中国制造业企业 500 强不同所有制企业平均研发费用增速

2. 企业创新产出水平持续提高

企业拥有的专利数及发明专利数显著增加，规模再上新台阶。“十三五”以来，中国制造业企业 500 强持有专利数量持续增加，从 2016 年的 497457 个增长至 2021 年的 1130293 个，突破 110 万个。总规模增加 632836 个，增长了 127.21 个百分点，其中发明专利突破 50 万个，总体增长 348520 个，增长 226.3%。综合来看，“十三五”期间，中国制造业企业 500 强持有发明专利数量虽有小幅波动下滑，但是从长期走势来看，仍以增长为主，如图 2－14 所示。

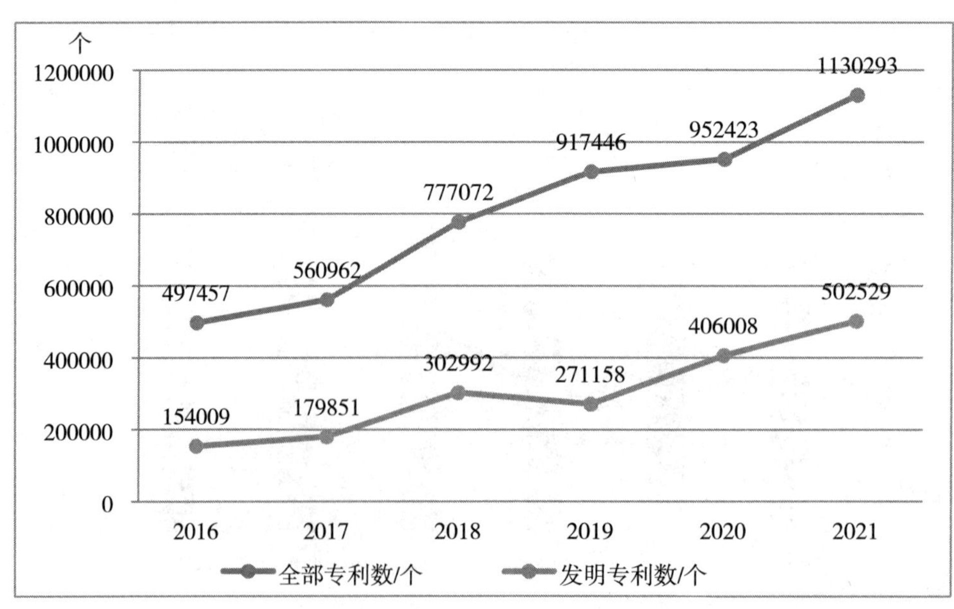

图 2－14　2016—2021 中国制造业企业 500 强全部专利数及发明专利数

企业专利质量稳步提升。“十三五”期间，中国制造业企业500强发明专利数量占全部专利数量比重波动式上涨，2020年出现较大幅度的增长，上升至42.63%。2021年在这一基础上更进一步，发明专利占全部专利比重为44.46%，达到“十三五”以来的峰值。这表明在新冠肺炎疫情冲击之下，中国制造业企业创新发展的脚步不仅没有停歇，反而有所加快，如图2－15所示。

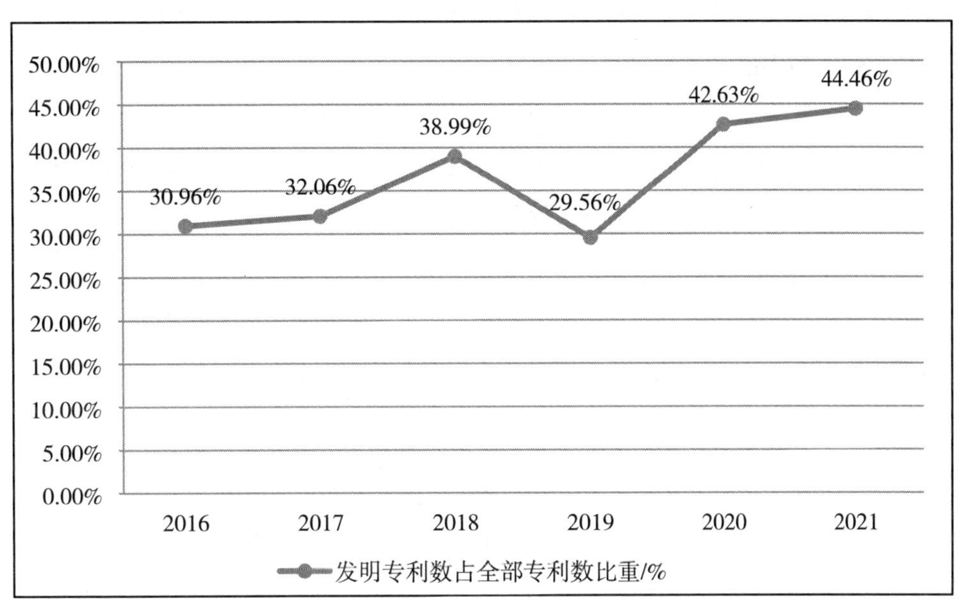

图2－15 2016—2021 中国制造业企业500强发明专利数占全部专利数比重

制造业龙头企业发挥核心引领作用。2021中国制造业企业500强中全部专利数排名前10位企业共持有514493个专利，占当年500强全部专利数量的45.52%。发明专利数量前10位企业共持有发明专利303146个，占当年500强发明专利数量的60.32%，远高于其他企业。这表明在企业创新过程中，龙头企业所发挥的作用更为显著，技术创新产出能力相对更强，如表2－1所示。

表2－1 2021 中国制造业企业500强全部专利数、发明专利数前十企业

排名	公司名称	全部专利数量/项	排名	公司名称	发明专利数量/项
1	华为投资控股有限公司	100000	1	华为投资控股有限公司	90000
2	北京电子控股有限责任公司	75000	2	海尔集团公司	39132
3	美的集团股份有限公司	62000	3	中国石油化工集团有限公司	32355
4	海尔集团公司	61856	4	中兴通讯股份有限公司	32000
5	中国石油化工集团有限公司	46541	5	北京电子控股有限责任公司	28560
6	珠海格力电器股份有限公司	38511	6	TCL	20268
7	中国五矿集团有限公司	36919	7	中国航天科工集团有限公司	19813
8	中兴通讯股份有限公司	36000	8	小米公司	14335
9	中国航天科工集团有限公司	31108	9	美的集团股份有限公司	13500
10	TCL	26558	10	中国信息通信科技集团有限公司	13183

续表

排名	公司名称	全部专利数量/项	排名	公司名称	发明专利数量/项
	合计	514493		合计	303146
	占全部专利总数比重/%	45.52		占发明专利总数比重/%	60.32

民营企业创新成果产出能力不断提升。2016 年以来，中国制造业企业 500 强中，民营企业持有专利数占比持续增长，从原本的 30.55% 上升到 2021 年的 51.89%，首次超越国有企业占比，如图 2－16所示。这一方面与中国制造业企业 500 强中民营企业数量不断增加密切相关，另一方面也表明中国制造业民营企业创新成果产出能力在不断提升。

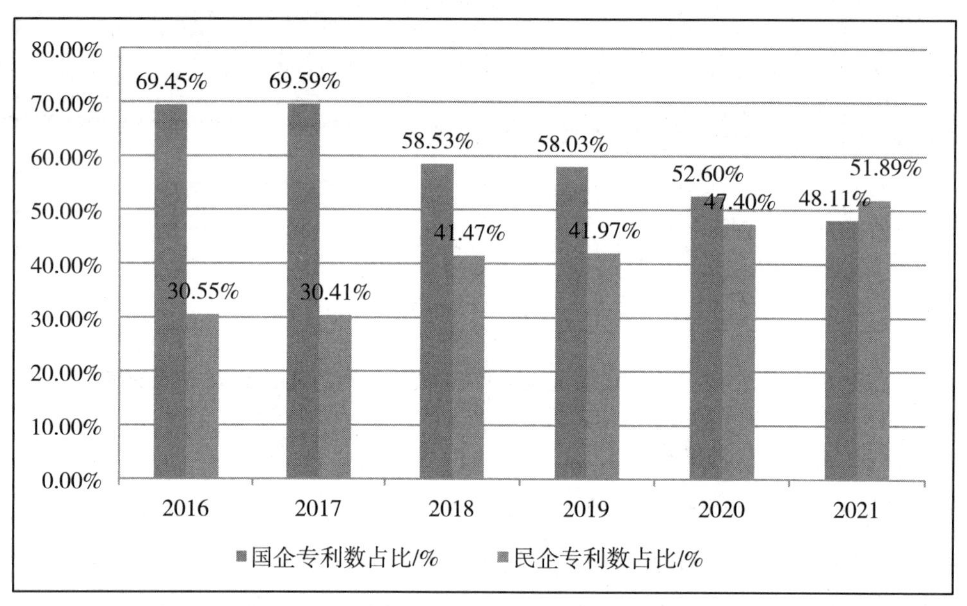

图 2－16　2016—2021 中国制造业 500 强不同所有制企业专利数占比变化

四、2021 中国制造业企业 500 强企业所有制比较分析

2021 中国制造业企业 500 强中，民营企业发展能力凸显，企业数量占比基本稳定，营业收入达千亿级民营企业数量增长显著。在营业收入、净利润及资产占比方面，民营企业力量增长可观，盈利状况也基本平稳，成为制造业企业 500 强队伍中一支强势崛起的力量。

1. 民营企业在制造业企业 500 强中影响力基本保持稳定

民营企业数量比重基本保持稳定。2021 中国制造业企业 500 强中共入围 351 家民营企业，与上年基本持平。回顾“十三五”期间，中国制造业企业 500 强中民营企业数量始终保持增长，总体占比由 2016 年的 63.4% 上升至 2021 年的 70.2%，增加了 6.8 个百分点。民营企业数量与国有企业数量之比也由 2016 年的 1.73∶1 增加至 2021 年的 2.36∶1，如图 2－17 所示。此外，2021 中国制造业企业 500 强中共有 97 家企业入围千亿级企业俱乐部，其中包括 45 家民营企业和 52 家国有企业，民营企业数量实现了较为快速的增长，表现出强大的发展后劲，如图 2－18 所示。

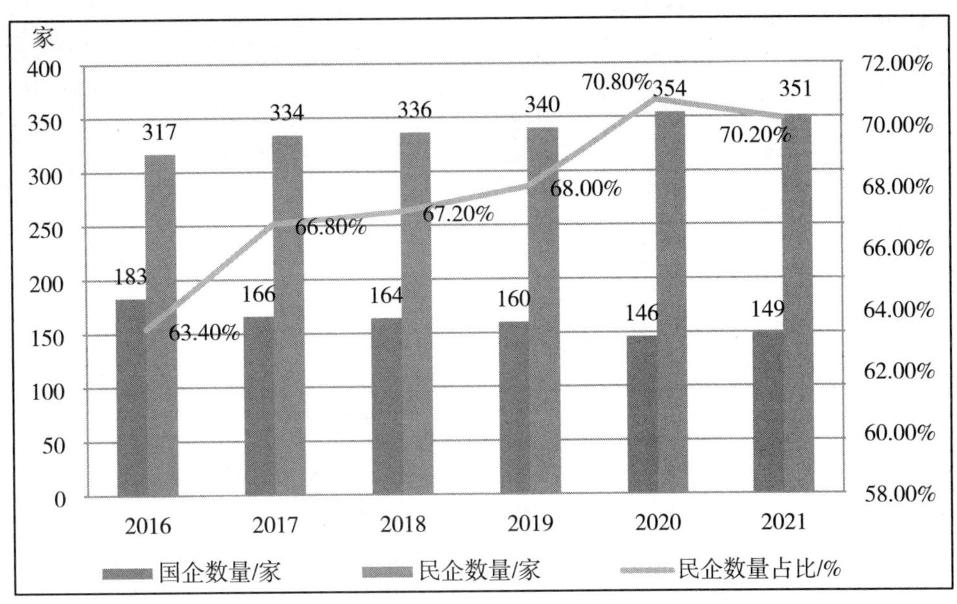

图2－17　2016—2021 中国制造业企业500强民营企业、国有企业数量变化

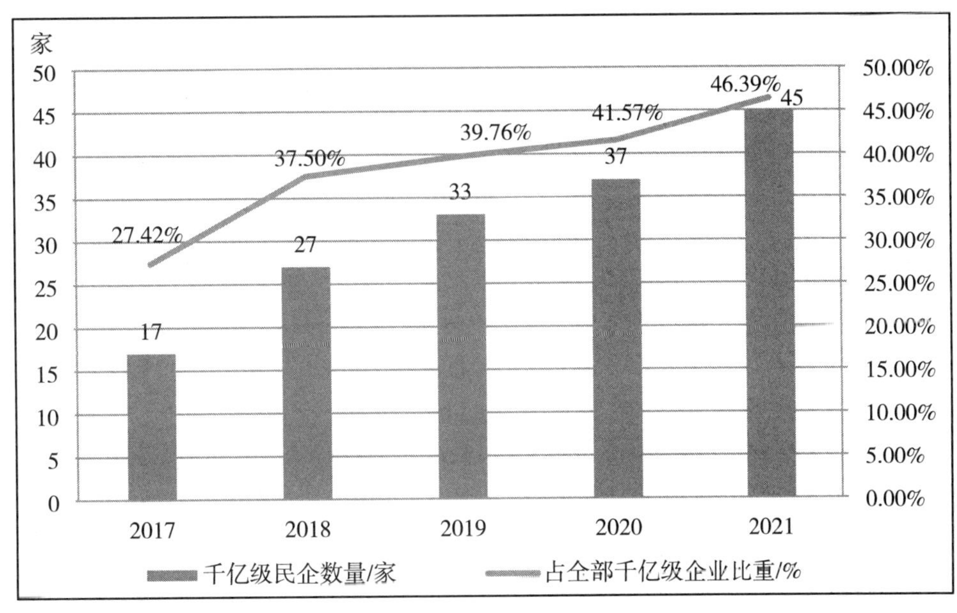

图2－18　2017—2021 中国制造业企业500强千亿元级民营企业数量及占比变化

在营业收入、净利润及资产占比方面，民营企业力量也在不断增强。2016 年，民营企业在中国制造业企业500强中的营业收入占比、净利润占比以及资产占比为39. 79%、54. 60%和30. 60%，至2021 年已分别上升至51. 14%、64. 2%和41. 23%，增长幅度相当可观，营业收入和净利润占比均已超过国有企业，反映出近年来，民营企业在制造业中持续发力，并逐渐成为带动中国制造业企业大部队向前行进的主力军，如图2－19 所示。

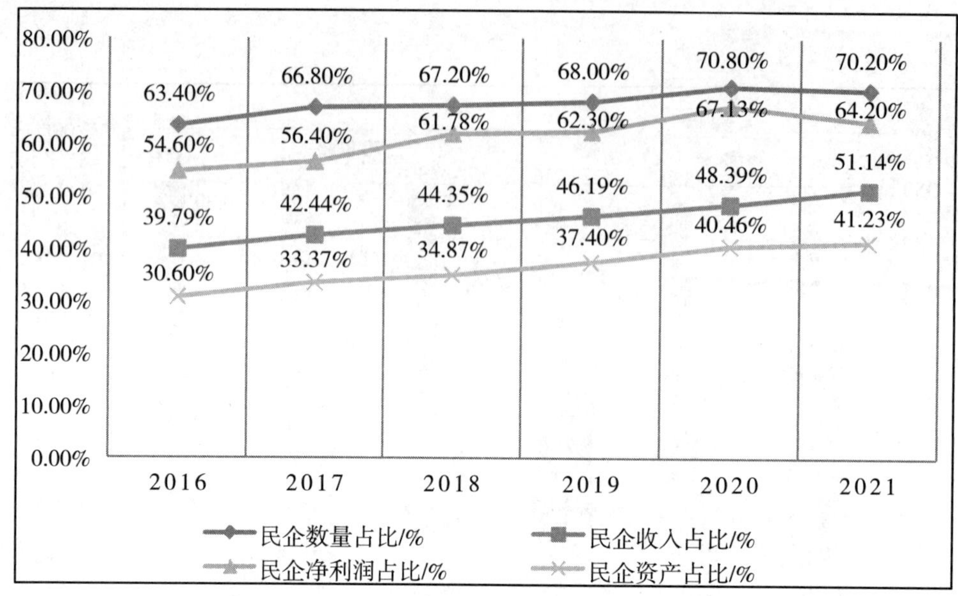

图 2-19 2016—2021 民营企业营业收入、资产及利润占中国制造业企业 500 强比重变化

2. 民营企业盈利状况稳中有升

民营企业利润率指标稳中有升，国有企业盈利状况改善。2021 中国制造业企业 500 强中，国企收入利润率和资产利润率出现明显上升。民营企业的营业收入利润率和资产利润率分别是 3.68% 和 4.14%，相比上年略有上升，盈利状况基本平稳，相较于同阶段国有企业的营业收入利润率和资产利润率，民营企业仍处于领先地位，分别高于国有企业 1.53 和 2.52 个百分点，两者的营业收入利润率和资产利润率差距均有所缩小，如图 2-20 所示。

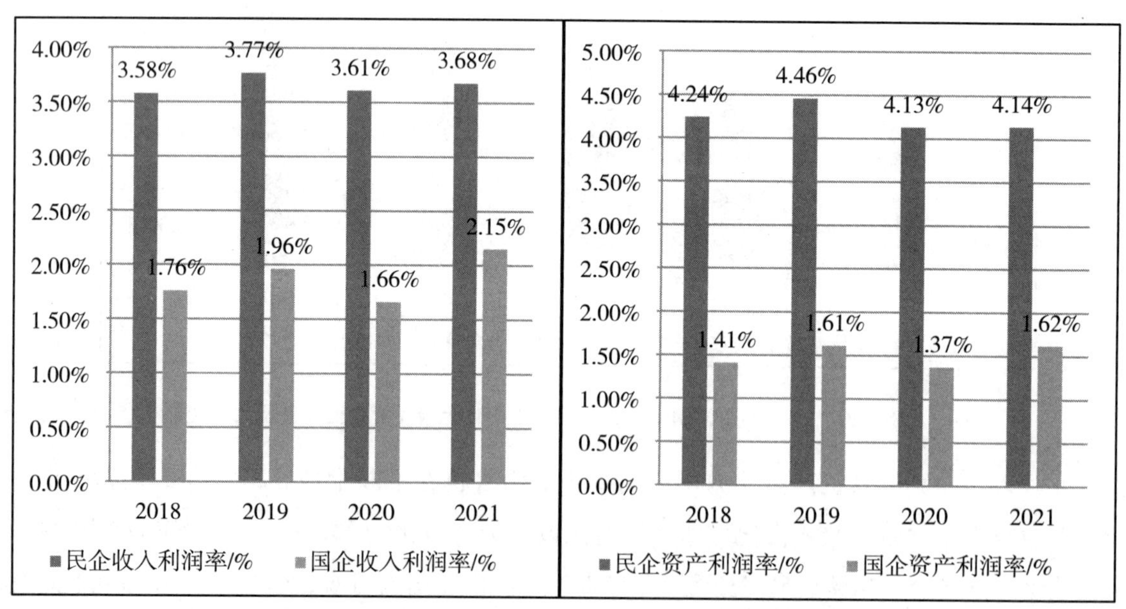

图 2-20 中国制造业企业 500 强民企、国企营业收入利润率及资产利润率对比

五、2021 中国制造业企业 500 强行业指标比较分析

从总体行业营业收入和行业利润来看，2021 中国制造业企业 500 强中，重化工行业仍然是贡献率最高的行业，其中黑色冶金和石化及炼焦近年来始终牢牢占据两项指标前 5 位。而汽车及零配件制造同样高居前列，反映了我国作为全球范围内的制造业大国，在全球汽车生产链中发挥着极为重要的作用。但是从行业平均指标来看，部分先进制造业的表现比重化工行业更为亮眼，无论是研发投入、创新力度还是盈利水平，航天航空、兵器制造、通信设备制造，以及轨道交通设备及零部件制造等行业的表现都更为突出。

1. 重化工行业对制造业营业收入及利润的贡献提升

营业收入行业构成方面，重化工行业依旧占据主要地位。在行业营业收入方面，2021 中国制造业企业 500 强中，黑色冶金、汽车及零配件制造、石化及炼焦、一般有色、化学原料及化学品加工包揽前 5 位，所涉及的 38 个行业类型中，营业收入规模最大的 5 个行业有 4 个为重化工行业，与上年排位基本一致。同时，5 个行业对制造业营业收入的贡献率较上年均有一定幅度的提升，加总贡献率达到 52.3%，已经超过半数，如图 2 –21 所示。其中，黑色冶金的提升幅度最大，占 14.68%，较上年增长 1.06 个百分点，与屈居第二位的汽车及零配件制造行业的贡献率拉开一定距离。

行业利润方面，通信设备制造业排位进一步上升。2021 中国制造业企业 500 强中行业利润规模最大的 5 个行业所创造总利润占 500 强整体利润的 44.24%，较上年略有下降。其中，重化工行业占据 2 席，分别是黑色冶金、石化及炼焦；黑色冶金仍然占据第 1 位，所创造的利润比例达 13.19%，较上年提高了 0.25 个百分点。通信设备制造业利润贡献率进一步上调，2021 年升至第 2 位，汽车及零配件制造下降至第 3 位。5 个行业排序虽有所变动，但仍稳稳占据前 5 位，如表 2 –2 所示。

表 2 –2 2021 中国制造业企业 500 强营业收入及利润贡献前 5 行业

排名	行业	营业收入/亿元	营业收入占比/%	排名	行业	利润/亿元	利润占比/%
1	黑色冶金	59062.86	14.68%	1	黑色冶金	1556.54	13.19%
2	汽车及零配件制造	49305.14	12.25%	2	通信设备制造	1089.78	9.24%
3	石化及炼焦	40608.76	10.09%	3	汽车及零配件制造	923.02	7.82%
4	一般有色	36559.62	9.09%	4	石化及炼焦	916.69	7.77%
5	化学原料及化学品加工	24898.56	6.19%	5	家用电器制造	733.47	6.22%
	合计	210434.9	52.3%		合计	5219.5	44.24%

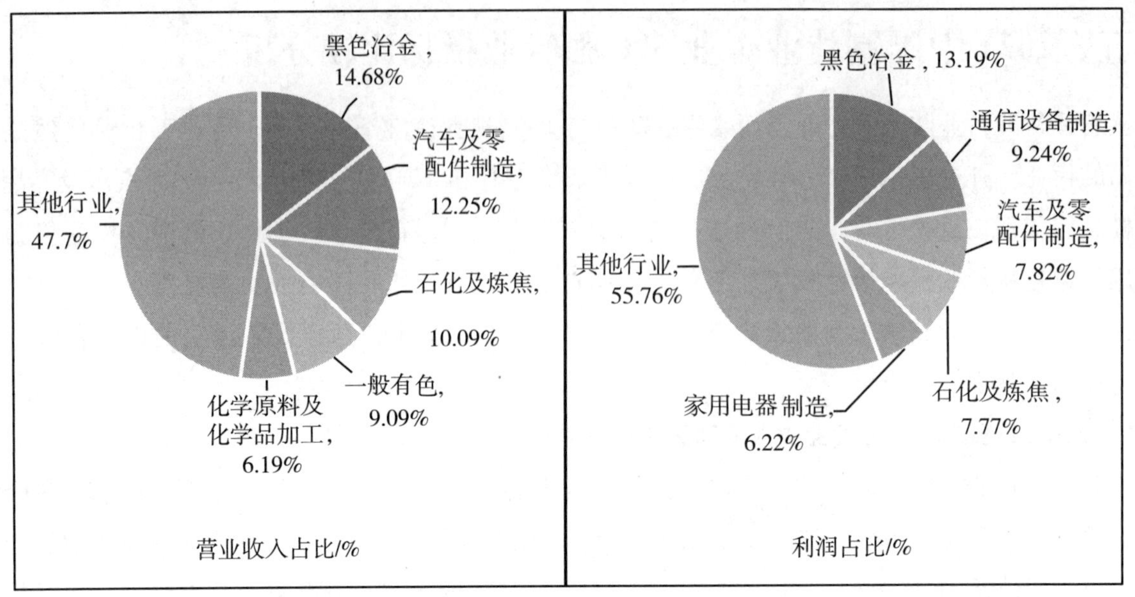

图 2－21　2021 中国制造业企业 500 强营业收入、利润前 5 行业所占比重

2. 部分先进制造业行业平均指标表现亮眼

部分先进制造业在行业平均营业收入、平均利润和平均研发投入方面领先于其他行业。在行业平均营业收入指标方面，兵器制造、航空航天、轨道交通设备及零部件制造、船舶制造和汽车及零配件制造占据前 5 位。其中，兵器制造、轨道交通设备及零部件制造、汽车及零配件制造、航空航天 4 项在排位上虽有所调整，但与 2020 年相比仍处于前 5 位，而船舶制造则挤掉通信设备制造业位居第 4；在行业平均利润指标方面，航空航天、船舶制造、酒类、兵器制造和通信设备制造分列前 5；在行业平均研发费用指标方面，2021 中国制造业企业 500 强中，半导体、集成电路及面板制造平均研发费用增幅显著，位居本年度第 5 位，航空航天、轨道交通设备及零部件制造、通信设备制造和兵器制造则仍然维持在前 4 位。根据上述三个指标，一方面可以发现，高技术制造业平均水平相对较高；另一方面，错综复杂的国内外环境和全球新冠肺炎疫情冲击对中国制造业格局带来了一定的影响，如表 2－3 所示。

表 2－3　2021 中国制造业企业 500 强行业平均营业收入、利润及研发费用排名

排名	行业名称	行业平均营业收入/亿元	排名	行业名称	行业平均利润/亿元	排名	行业名称	行业平均研发费用/亿元
1	兵器制造	3638.8	1	航空航天	111.74	1	航空航天	167.18
2	航空航天	2540.93	2	船舶制造	85.59	2	轨道交通设备及零部件制造	138.36
3	轨道交通设备及零部件制造	2399.7	3	酒类	83.86	3	通信设备制造	130.43
4	船舶制造	1817.45	4	兵器制造	81.54	4	兵器制造	121.63
5	汽车及零配件制造	1450.15	5	通信设备制造	72.65	5	半导体、集成电路及面板制造	56.08

以行业平均营业收入利润率和行业平均资产利润率两项指标观之，2021 中国制造业企业 500 强

中，医疗设备制造业两项指标均高居榜首。酒类、饮料和其他建材制造仍稳居前列，其中变化较大的是通信设备制造，在两项指标中排名均出现下滑，被物料搬运设备制造所取代，如表2－4所示。综合来看，2021中国制造业企业500强中，一般制造业的利润率相对较高，而高科技制造业则略逊一筹。其中，医疗设备制造业盈利情况虽有大幅跃升，但与不可预知的新冠肺炎疫情这一外部冲击关联甚密，无法反映长期趋势。此外，前述在营业收入、净利润方面处于高位的重化工行业在平均利润率上略显平庸，说明此类行业尽管总体上营业收入可观，但成本投入可能同样处于高位，需要进一步提高资源利用率，提升经济效益，向价值链上游迈进。

表2－4 2021中国制造业企业500强行业平均营业收入利润率、资产利润率排名

排名	行业名称	行业平均营业收入利润率/%	排名	行业名称	行业平均资产利润率/%
1	医疗设备制造	50.64	1	医疗设备制造	54.17
2	酒类	15.26	2	饮料	13.01
3	饮料	11.78	3	其他建材制造	8.36
4	其他建材制造	9.30	4	酒类	7.83
5	物料搬运设备制造	7.00	5	物料搬运设备制造	6.65

六、2021中国制造业企业500强区域分布特征分析

从区域分布状况来看，2021中国制造业企业500强在各地区的分布仍存在差距，东部地区仍为500强发展的核心地区，中部、西部和东北地区企业数量虽有小幅变动，但影响较小。与此对应，在营业收入和净利润贡献度方面，东部地区也是主力军，西部地区企业发展动能转换成果初显。从企业省市分布情况来看，鲁、浙、苏、粤四地仍牢牢占据前4位，其中，山东省企业入围数量大大提升，位列第一。河北省本年度入围企业数量下滑明显。在营业收入方面，北京市作为全国政治经济中心，高居榜首，力压鲁、浙、苏、粤四地，上海、河北两地营业收入规模也相当可观。

1. 东部地区企业仍为主力军

东部地区与中西部地区入围企业数量差距略有缩窄。2021中国制造业企业500强在东部、中部、西部和东北地区的分布仍然呈现不均衡态势。其中，东部地区入围企业仍居首位，共有356家企业，占71.2%，相比于上年虽稍有下降，但仍然占据主体地位；中部地区、西部地区和东北地区分别有69家、58家和17家企业入围，均较往年出现小幅度增长，所占比例分别提高了0.6、0.2和0.2个百分点，如图2－22所示。

与入围企业数量相对应，占据比例最大的东部地区同样为2021中国制造业企业500强贡献了最多的营业收入和净利润，营业收入和净利润所占比重分别为77.96%和73.81%，但相较于上年出现下降，分别下降了0.79和7.47个百分点。而中、西部地区和东北地区营业收入和净利润所占比重则基本处于上升趋势，尤其是西部地区净利润贡献率上涨幅度相对可观，在营业收入所占比重调整不

大的情况下，净利润所占比重相比于上一年度上升了 5.04 个百分点，一定程度上反映出西部地区企业在转换经济动能、推动制造业企业转型升级方面取得了初步成效，如表 2-5 所示。

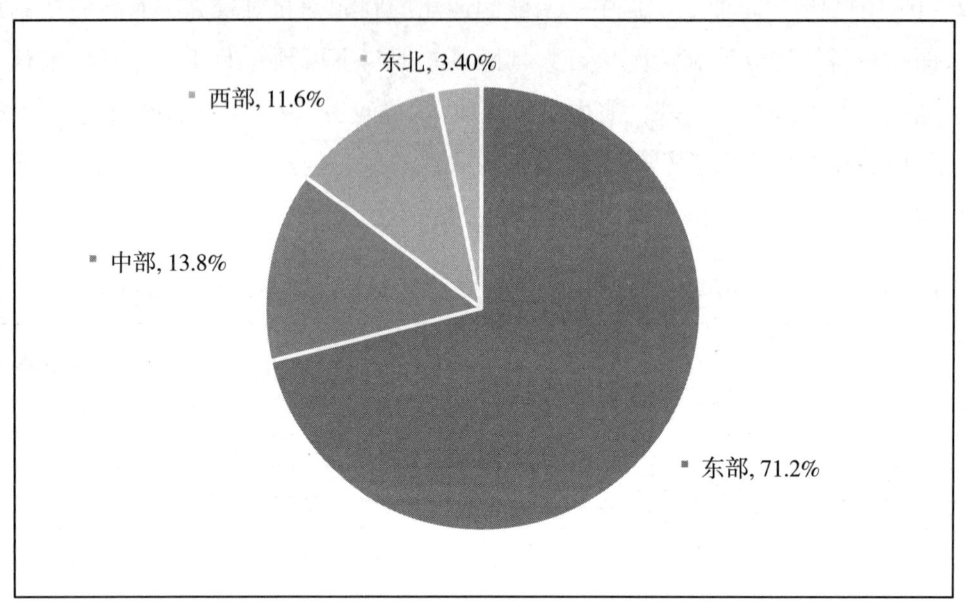

图 2-22　2021 中国制造业企业 500 强地区分布情况

表 2-5　2021 中国制造业企业 500 强营业收入及净利润分布情况

地区	营业收入/万亿元	营业收入所占比重/%	同比上年/百分点	净利润/亿元	净利润所占比重/%	同比上年/百分点
东部	31.37	77.96%	↓0.79	12128.3	73.81%	↓7.47
中部	4.10	10.19%	↑0.86	2042.53	12.43%	↑2.27
西部	3.41	8.47%	↑0.47	1612.6	9.81%	↑5.04
东北	1.44	3.58%	↓0.32	648.83	3.95%	↑0.16

注：同比上年变化部分，“↑”代表同比增长，“↓”代表同比减少。

2. 企业分布省市排名略有调整

鲁、浙、苏、粤四地仍居于前列，山东、河北两省企业数量变化较大。2021 中国制造业企业 500 强中，山东省入围企业数量增加较多，共 82 家，成为 2021 中国制造业 500 强入围企业最多的省份。浙江省以 77 家位居第二，紧随其后的是江苏省和广东省，两省入围企业数量变动不大，分别为 54 家和 40 家。从营业收入来看，鲁、浙、苏、粤四地虽企业数量与北京、上海等地相差巨大，但是北京企业营业收入远高于四地，达 91103.22 亿元。其他如上海、河北等地的营业收入也相当可观。在入围企业数量变动方面，山东、河北两省变化较大，分别为增加 6 家和减少 8 家，河南入围企业也增加了 4 家，其余各省入围企业数量变动较小，如表 2-6 所示。

表 2-6 2021 中国制造业企业500强省份分布情况

数量排名	省市名称	企业数量/家	数量同比上年变化	营业收入/亿元
1	山东省	82	↑6	44640.97
2	浙江省	77	↓2	43887.20
3	江苏省	54	↓1	35730.75
4	广东省	40	↓1	42345.88
5	北京市	31	↑2	91103.22
6	河北省	25	↓8	19343.84
7	河南省	22	↑4	8963.36
8	上海市	19	↑1	24859.62
9	福建省	17	↑1	7531.27
10	安徽省	16	↓1	8310.82
11	四川省	15	↑2	10163.61
12	广西壮族自治区	11	↑1	3928.30
13	天津市	11	↓2	3477.44
14	重庆市	10	↓2	3501.26
15	辽宁省	9	↓1	5979.42
16	湖北省	8	↓1	8466.67
17	江西省	8	↓2	7357.67
18	山西省	8	↑1	3186.80
19	湖南省	7	↑1	4681.35
20	陕西省	5	↑1	3263.83
21	吉林省	4	↑2	7475.56
22	新疆维吾尔自治区	4	↑1	2659.41
23	黑龙江省	4	—	939.52
24	甘肃省	3	—	4232.52
25	云南省	3	↓2	1675.88
26	内蒙古自治区	2	—	1832.00
27	贵州省	2	—	1623.13
28	青海省	2	—	553.80
29	宁夏回族自治区	1	—	641.33
30	海南省	0	—	0
31	西藏自治区	0	—	0

注：同比上年变化部分，“↑”代表同比增长，“↓”代表同比减少，“—”代表与上年持平。

七、2021 中国制造业企业 500 强国际化经营分析

2021 中国制造业企业 500 强海外市场有所萎缩。从海外营业收入来看，由于受全球经济形势和新冠肺炎疫情影响，我国制造业外贸出口量相比同期下降显著，从而导致企业海外营业收入也随之下降。尽管在保护主义等逆全球化浪潮迭起的形势下，中国制造业企业海外投资并购及上市事宜受阻，但 2021 中国制造业企业 500 强海外资产规模仍出现大幅上涨，海外资产占总资产比例稳中有升。

1. 海外市场稍显萎缩

海外营业收入总量有所下降，“十三五”以来首次出现负增长。受国际局势紧张、贸易摩擦加剧及全球新冠肺炎疫情影响，制造业出口贸易量有所收窄，企业海外营业收入大幅下降。2021 中国制造业企业 500 强中 295 家企业海外营业收入总额为 5. 05 万亿元，相比上一年度统计数据下降 0. 33 万亿元，增速为 -6. 13%，如图 2 -23 所示。总体来看，中国制造业企业 500 强海外营业收入虽然在总量上有所削减，但是海外营业收入占全部营业收入的比重波动不大，2016—2021 年基本稳定在 16%~20%之间，如图 2 -24 所示。在制造业各行业中，海外营业收入占全部营业收入比例上升幅度最大的 5 个行业分别是工业机械及设备制造、造纸及包装、医疗设备制造、综合制造业及电线电缆制造，上涨幅度基本在 2%~6%之间；下降幅度最大的 5 个行业分别是锅炉及动力装备制造、石化及炼焦、食品、工程机械及零部件和轮胎及橡胶制品，相对下降幅度较大，均在 6%以上，甚至超过 10%，如表 2 -7 所示。中国制造业企业 500 强海外营业收入之所以呈现出如此走向，与近几年国际、国内局势变化密切相关。中美、中欧关系的变化使得我国制造业进出口贸易深受影响，美国对华出口产品加征关税等政策的施行加大了部分行业商品出口的阻碍，全球新冠肺炎疫情在导致全球商品贸易下行的同时进一步加剧了中国在全球产业链、供应链中所面临的挑战，这使得中国制造业企业更加注重国内市场，以国内大循环为主，从而导致海外营业收入有所萎缩。

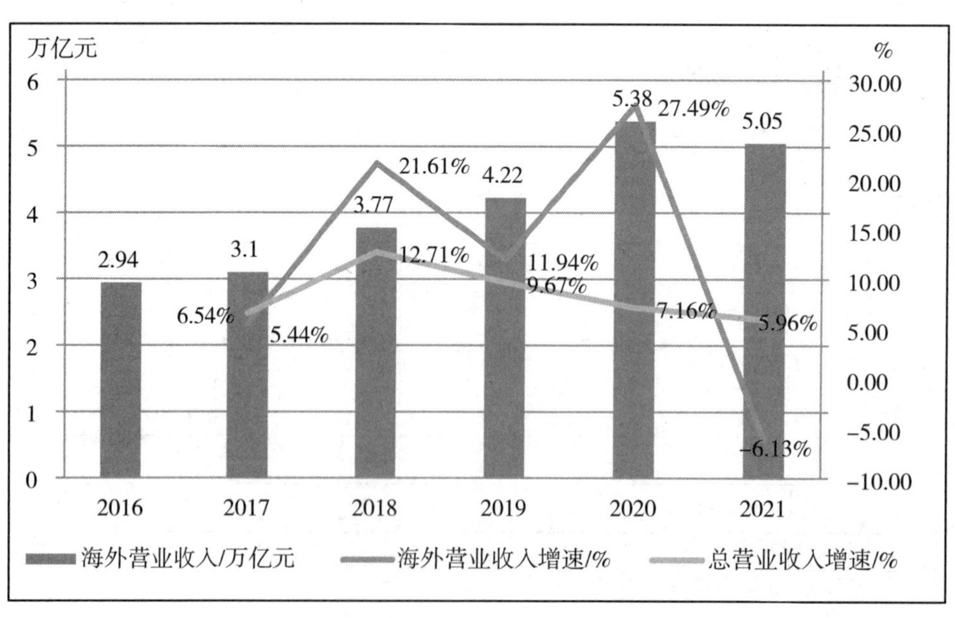

图 2 -23　2016—2021 中国制造业企业 500 强海外营业收入及增速变化

图 2-24 2016—2021 中国制造业企业 500 海外营业收入占全部营业收入的比例

表 2-7 2021 中国制造业企业 500 强行业海外营业收入占全部营业收入比例变化排名

排名	行业	海外营业收入占全部营业收入比例变化/%	排名	行业	海外营业收入占全部营业收入比例变化/%
1	工业机械及设备制造	↑5.38%	1	锅炉及动力装备制造	↓12.93%
2	造纸及包装	↑4.66%	2	石化及炼焦	↓11.81%
3	医疗设备制造	↑4.28%	3	食品	↓10.38%
4	综合制造业	↑4.03%	4	工程机械及零部件	↓6.72%
5	电线电缆制造	↑3.08%	5	轮胎及橡胶制品	↓6.61%

注：同比上年变化部分，“↑”代表同比增长，“↓”代表同比减少。

2. 海外资产增速大幅增长

海外资产规模和增速呈现持续波动状态。2021 中国制造业企业 500 强中 255 家企业总计海外资产规模为 4.78 万亿元，相比于上一年度有大幅增长。“十三五”以来，海外资产增速始终处于波动状态，2016 年为 27.08%，2017 年大幅下降至 5.57%，在 2018 年上升至 20.81% 的基础上，2019 年迅速下滑至 -5.66%，2020 年有所回升，达到 3.81%，2021 年大幅增长至 25.46%。但是海外资产在总资产中所占的比重基本保持稳中有升的状态，如图 2-25、图 2-26 所示。从平均海外资产指标看，2019—2020 年，中国制造业企业 500 强平均海外资产规模呈现下行趋势，平均海外资产增速为负值，2021 年度不仅逆势上升，而且增速大大增加，达到 24.09%，如图 2-27 所示。究其原因，其一，近年来，中低端制造业企业为节省劳动力、土地成本前往东南亚开设工厂；其二，制造业企业海外并购频次和规模都呈现增加态势。尽管美国出于保护本国制造业、限制中国制造业竞争的目的，对中国企业的海外并购、海外资产购置等加强监管的同时提高了海外投资的门槛，大大提高了中国企业的出海难度，但是对日本、德国、新加坡等国企业的并购步伐却未停滞。多方面因素的综合导致 2021 中国制造业企业 500 强海外资产总额呈现上升趋势。

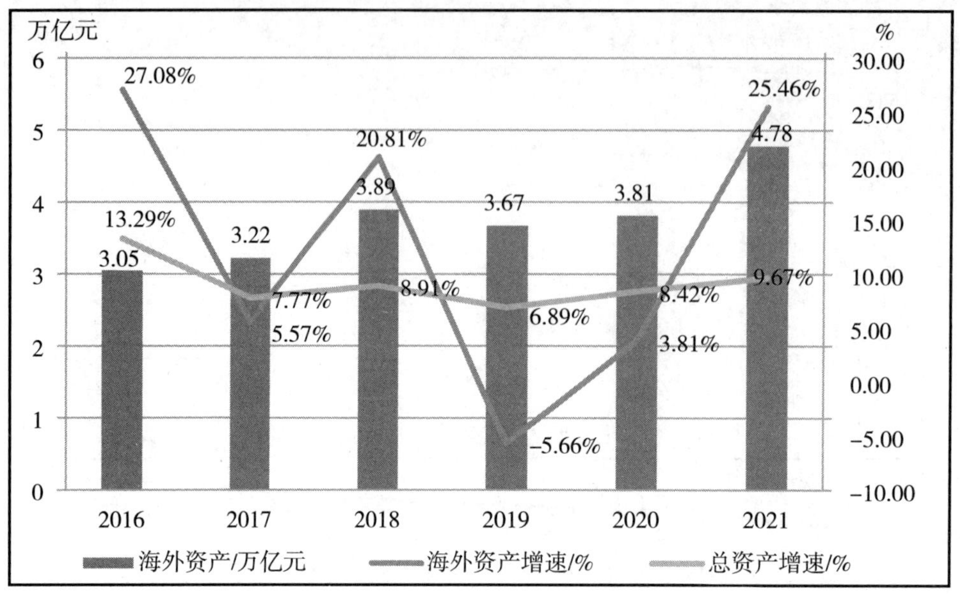

图 2-25　2016—2021 中国制造业企业 500 强海外资产规模及增速变化

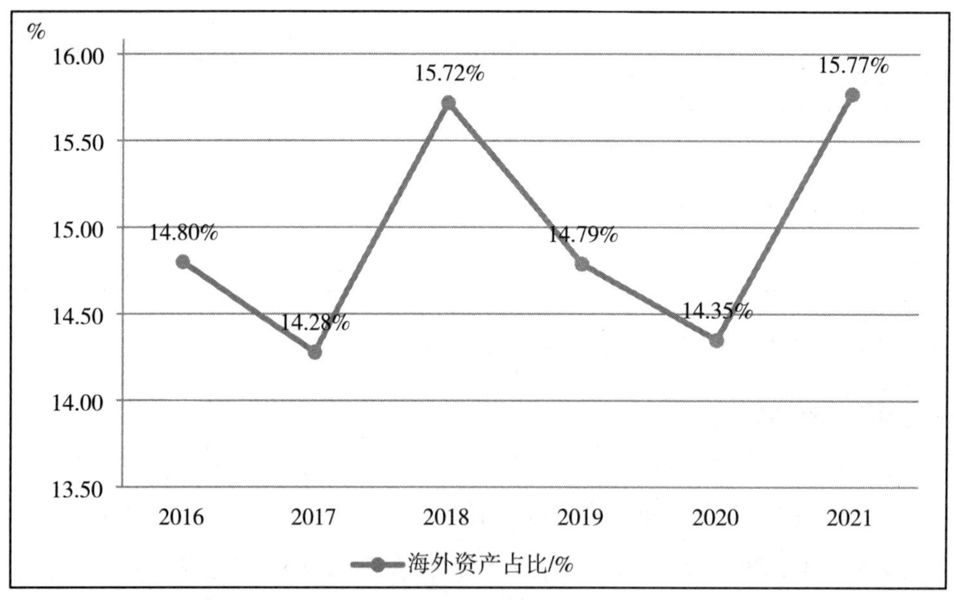

图 2-26　2016—2021 中国制造业企业 500 强海外资产占比

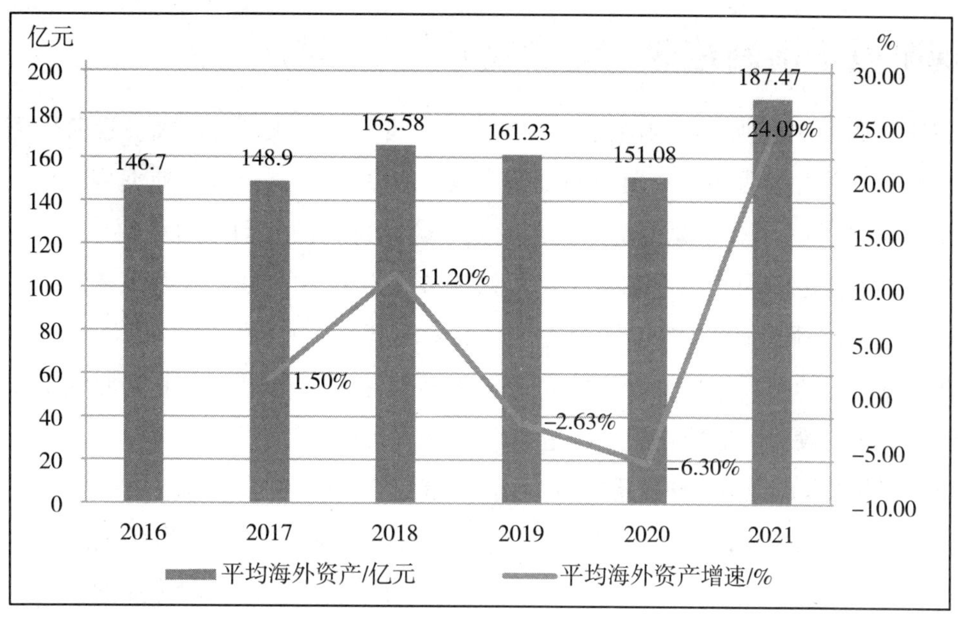

图 2-27 2016—2021 中国制造业企业 500 强平均海外资产规模及增速变化

3. **海外员工人数占比波动上升**

2016—2020 中国制造业企业 500 强员工总数基本保持稳定，变动幅度相对较小，而 2021 中国制造业企业 500 强员工总数则有了较大幅度的增加，达到 1368.77 万人，这与企业并购、子公司数量增加、500 强企业行业分布等都有一定关系，表明制造业在吸纳劳动人口、保障就业等方面发挥着不可替代的作用，同时从海外员工占全部员工比例来看，海外员工所占比例总体上呈波动上升态势，如图 2-28 所示。一部分原因在于，近年来部分中低端制造业前往东南亚开设工厂，雇用当地工人，员工属地化程度更高，另外，部分高科技企业吸纳海外人才的步伐也在加快。

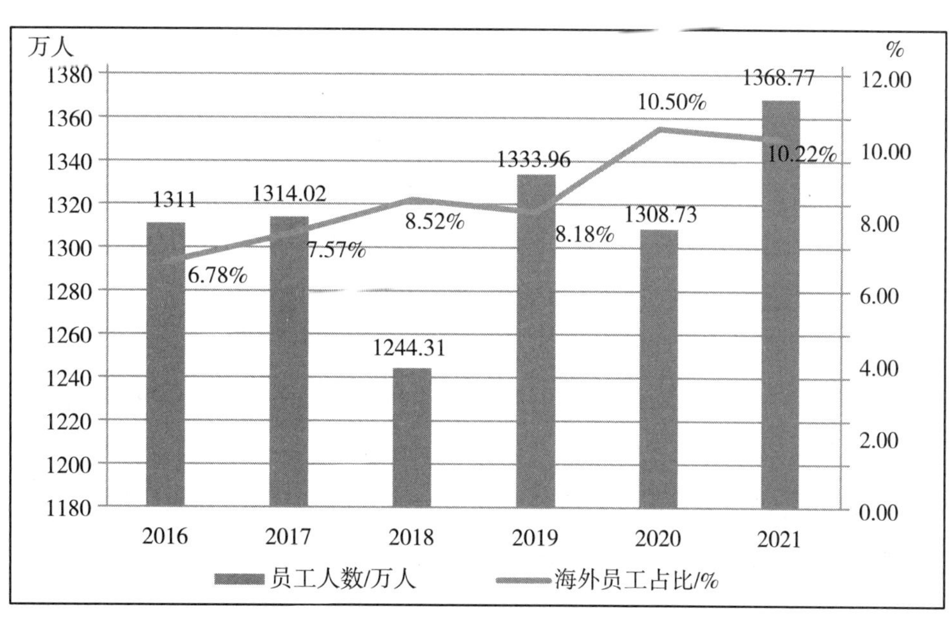

图 2-28 2016—2021 中国制造业企业 500 强员工人数和海外员工占比变化情况

八、现阶段中国制造业企业发展面临的形势分析

2020 年以来，我国制造业发展的国内外环境发生了较大的变化。一方面，现阶段国际环境复杂多变，中美、中欧关系尚不明朗，中澳战略经济对话机制暂停，全球新冠肺炎疫情仍不容乐观，我国疫情仍面临反复，“30・60”双碳目标的提出及大宗商品价格的波动等因素的存在，使得中国制造业的发展存在诸多不稳定的同时也面临着更高的发展要求和挑战；另一方面，区域全面经济伙伴关系协定的完成、“一带一路”倡议的持续推进，以及随着我国经济逐步迈入高质量发展和双循环阶段，国家对高科技产业的多项支持和减税降费政策的持续施行，中国制造业又面临着更多的发展机遇。总体来看，未来一段时间之内，中国制造业仍将处于机遇与挑战并存阶段。

1. 国际局势转向影响制造业全球发展格局，我国制造业转型升级压力不减

受全球新冠肺炎疫情及全球价值链调整等因素的影响，以欧、美、日为代表的发达国家及地区纷纷出台了基于智能制造业为核心的“再工业化”国家战略，积极谋求制造业回流，以争夺高新技术及相关产业的制高点，制造业逆全球化趋势日益显现，我国与发达国家制造业从原本的分工协作关系逐步转变为竞争关系，未来的发展外部环境将发生变化。

2008 年金融危机后，时任美国总统奥巴马出台《重振美国制造业框架》《先进制造业伙伴计划》等相关政策条例以促进制造业回流，推动本土制造业发展。特朗普执政以后，更是积极推动制造业回流，并将其作为经济政策的重中之重。不仅出台了《减税和就业法案》，鼓励跨国公司回流利润、搬迁企业回国，激励国内投资、增加就业，还在 2020 年全球新冠肺炎疫情暴发后，全球经济发展速度放缓的情况下，加剧中美贸易摩擦，对中国出口产品征收高额关税，试图削弱中国制造业的发展能力，为美国制造业的复兴创造有利条件，并将其主要制造业发展方向集中在智能化产业链上。2021 年拜登政府上台后，又陆续出台了一系列相关举措，包括发布“美国就业计划”，拨款投资电动汽车制造业的发展；召开半导体行业峰会，通过《国防授权法案》，并拨款 370 亿美元资金投资芯片制造和研究，力图解决半导体短缺问题；关系到全球产业链、供应链的美国《2021 年战略竞争法案》《2021 年美国创新与竞争法》的讨论提出，都表明了美国保护发展本国制造业等相关产业行业的意图。英国、德国等欧洲国家及日韩等国也纷纷出台和部署科技工程战略，如欧盟发布“地平线 2020”和《人工智能白皮书》，德国的工业 4.0 和法国的“未来工业”，韩国发布人工智能新政策，日本政府近 1 万亿美元的刺激计划等，都在试图保护和促进本国高端制造业的发展。

与此同时，各国还采取了一系列针对中国制造业发展的相关举措。这些措施的实行一方面恶化了国际贸易环境，使得我国部分对外依存度相对较高的制造企业失去相关原料和关键技术支持，在部分“卡脖子”技术尚未攻克的情况下，发展面临一定阻碍。但是另一方面，外企的撤出也为中国企业的发展留出了更多拓展空间，倒逼中国企业通过技术创新和产品创新，充分发掘自身潜能，发展关键技术，增强自身能力，构建起更为完善的产业结构和上下游产业链，从而推动行业层面的高质量转型。

与此同时，中低端制造业也面临转型压力。一方面，中国原有的成本优势正在逐渐削减，对于中低端制造业的吸引力相对减弱。2021 年第七次人口普查报告数据显示，中国人口生育率下降，人

口年龄结构发生改变，15~59岁主要劳动年龄人口为89438万人，占63.35%，相较于2010年普查结果，下降6.79个百分点，人口老龄化程度进一步加深，逐步进入老龄化社会，这意味着中国的人口红利正在逐渐消失，劳动力成本逐渐上升。此外，能源、土地、物流等方面成本的提高也导致中国的相对成本优势逐渐丧失。另一方面，东南亚国家的劳动力成本优势却日益凸显，对于中低端制造业跨国公司的吸引力有所增强。这不仅导致跨国公司纷纷转向东南亚开设工厂，而且部分中国企业及这些跨国公司的上下游企业也开始转向东南亚。这势必会在一定程度上导致中国中低端制造业向外流失，对于我国劳动人口就业、地方经济发展及税收等方面都会造成负面影响。

2. 新冠肺炎疫情冲击仍处于恢复期，中国制造业发展新动能不断壮大

2020年突如其来的新冠肺炎疫情为中国经济的发展蒙上了一层阴霾，大大降低了中国经济的发展速度。迈入2021年，虽然中国疫情有所缓和，但是全球疫情仍在持续，国内部分地区疫情也仍处于反复状态，最为重要的是，新冠肺炎疫情对于经济发展的冲击仍未消散，目前中国经济仍处于恢复发展阶段，中国制造业发展仍需发掘、利用好新动能，延续上扬态势。

消费是经济增长的压舱石，在经济增长中发挥着基础性的作用。据国家统计局统计数据，2021年上半年，居民人均可支配收入为17642元，呈现出恢复性增长态势，在此带动下，居民消费支出恢复性反弹，总体上保持良好发展势头。尤其是随着一系列扩内需、促消费政策的持续发力，新冠肺炎疫情所带来的冲击总体上逐渐减轻，居民消费稳步恢复，2021年上半年最终消费支出对经济增长贡献率为61.7%，高于2019年同期水平。

除消费之外，同为拉动经济发展三驾马车的投资和净出口也在稳步恢复。2021年上半年，制造业投资同比增长19.2%，高于全部投资6.6个百分点，其中，制造业民间投资增长21.1%，高于总体制造业投资水平，表明社会资本对制造业投资的积极性逐渐重燃。高技术制造业投资总体增长29.7%，分行业来看，航空、航天器及设备制造业投资增长56.4%，计算机及办公设备制造业投资增长47.5%，医疗仪器设备及仪器仪表制造业投资增长34.2%，电子及通信设备制造业投资增长29.9%。同时，我国稳外贸成效显现，进出口形势好转，进出口规模达18.07万亿元，创历史同期最好水平。

消费、投资和净出口的稳定增长和持续向好，不仅为制造业的恢复性发展提供了市场需求和资金支持，从另一个角度来看，新冠肺炎疫情所造成的整体消费习惯和消费模式、投资方向、市场格局的改变也对制造业生产端、供给端产生了新的牵引力，加快了制造业转型升级的脚步，为制造业的未来发展积蓄了力量。

3. “双碳”目标开始布局，传统制造业绿色转型之路加速推进

我国提出“二氧化碳排放力争于2030年前达到峰值，努力争取2060年前实现碳中和”等庄严的目标承诺。2021年《政府工作报告》中，“扎实做好碳达峰、碳中和各项工作”被列为2021年重点任务之一；“十四五”规划也将加快推动绿色低碳发展列入其中。打造绿色国家经济体将成为未来中国经济发展的重要方向。

制造业作为始终关系国家经济命脉的关键所在，实现绿色转型升级成为其未来高质量发展的必经之路。一方面，为贯彻落实《中华人民共和国环境保护法》《中华人民共和国水污染防治法》《中华人民共和国大气污染防治法》等相关法律法规，2021 年，《排污单位自行监测技术指南 无机化学工业》《排污单位自行监测技术指南 化学纤维制造业》等国家环境保护标准先后实施，《玻璃制造业废气治理工程技术规范》《食品加工制造业水污染物排放标准》等相关标准也已经着手编制。这些标准的制定、实施都在要求制造业转变生产技术，调整产业结构，创新组织方式，实现绿色制造。

另一方面，2020 年中国郑重承诺“碳达峰、碳中和”目标后，绿色金融发展进入快车道。2021 年 2 月 22 日，国务院发布《关于加快建立健全绿色低碳循环发展经济体系的指导意见》，提出大力发展绿色金融，发展绿色信贷和绿色直接融资，有序推进绿色金融市场双向开放，引导商业银行按照市场化原则加大对碳减排投融资活动的支持，撬动更多金融资源向绿色低碳产业倾斜。绿色信贷力度的加大，金融资源的倾斜，展现了中国政府实现“双碳”目标的决心，在一定程度上促使制造业向科技创新、绿色发展等领域发展转型。

4. 跨行业、跨领域融合发展模式不断深化，产业融合发展成为转型新路径

习近平总书记强调“制造业是国家经济命脉所系”“要坚定不移把制造业和实体经济做强做优做大”“加快建设制造强国，加快发展先进制造业”，为制造业高质量发展指明了方向。响应此战略，我国大力发展高技术产业和先进制造业，工业和信息化加速融合，制造业智能化水平持续提升。十九届五中全会审议通过的《中共中央关于制定国民经济和社会发展第十四个五年规划和二〇三五年远景目标的建议》再次强调，要“保持制造业比重基本稳定，巩固壮大实体经济根基”，同时提出要“推动互联网、大数据、人工智能等同各产业深度融合，推动先进制造业集群发展”。且随着传统消费向新兴消费升级，消费平台、流通网络的建立和打造，都要求制造业企业不断调整适应客户端需求变化，由此，多产业、跨行业、跨领域融合发展已成为大势所趋。

为贯彻落实党中央、国务院关于融合发展的重大决策部署，推动新一代信息技术、物流业、服务业等与制造业全要素、全产业链、全价值链的深度融合，加快制造业技术、模式、业态等创新和应用，国家陆续印发了《关于推动先进制造业和现代服务业深度融合发展的实施意见》《关于深化新一代信息技术与制造业融合发展的指导意见》《推动物流业制造业深度融合创新发展实施方案》《关于加快推动制造服务业高质量发展的意见》《5G 应用“扬帆”行动计划（2021—2023 年）》等相关文件，着力推动产业融合，坚持工业化和信息化深度融合，深入实施智能制造、绿色制造等重大工程，引导制造业向着数字化、网络化、智能化、高端化的方向发展。

此外，大数据、云计算、区块链等数字经济新产业的蓬勃发展，直播带货、在线诊疗、远程办公等新模式的飞速成长，也分别从支撑环境和需求端对制造业的未来转型产生了影响，在此形势下，制造业产业结构将进一步优化升级。

5. 创新驱动发展，制造业向高端化、智能化方向迈进

创新是引领发展的第一动力。在国际竞争加剧，国内经济结构整体转型升级的当今社会，创新组织形式、生产方式成为制造业未来发展的重要突破口。

2021 年 5 月 28 日，习近平在中国科学院第二十次院士大会、中国工程院第十五次院士大会和中国科学技术协会第十次全国代表大会的讲话中指出，科技创新成为国际战略博弈的主要战场，围绕科技制高点的竞争空前激烈。要完善国家创新体系，加快建设科技强国，实现高水平科技自立自强。

强调要弄通“卡脖子”技术的基础理论和技术原理，科技攻关要坚持问题导向，奔着最紧急、最紧迫的问题去。要从国家急迫需要和长远需求出发，在石油天然气、基础原材料、高端芯片、工业软件、农作物种子、科学试验用仪器设备、化学制剂等方面关键核心技术上全力攻坚，加快突破一批药品、医疗器械、医用设备、疫苗等领域关键核心技术。要在事关发展全局和国家安全的基础核心领域，瞄准人工智能、量子信息、集成电路、先进制造、生命健康、脑科学、生物育种、空天科技、深地深海等前沿领域，前瞻部署一批战略性、储备性技术研发项目，瞄准未来科技和产业发展的制高点。再一次表明创新驱动发展是制造业实现高端化、智能化转型的关键所在。

此外，国际局势的变化也导致原本经济多赢的局面发生扭转，未来全球制造业竞争趋势将会愈演愈烈。在这种形势下，需要积极推动产业和技术创新，加快关键核心技术攻关，全面推动产业基础高级化、产业链现代化，降低产业国际依存度，打造中国自身的产业链、供应链和产业集群。在从“跟跑”到“并跑”再到“领跑”的基础上，规划新布局，开辟新赛道，这也成为中国制造业未来发展的必由之路。

有鉴于此，2021年以来，政府致力于为企业创新和高科技、智能化转型创造良好的制度环境，所出台的涉及制造业企业的税收优惠政策已有8项，包括制造业研发费用加计扣除、研发费用的核算清缴改革、先进制造业企业增值税留抵退税、支持新型显示产业发展进口税收政策、支持民用航空维修用航空器材进口税收政策、支持集成电路产业和软件产业发展进口税收政策等。这些政策的提出和实施，表明了政府在激励企业创新，促进产业升级方面所做出的努力，对更好地发挥企业创新主体作用，更多运用市场化、公平普惠的激励政策，撬动企业和全社会增加研发投入，减轻企业税费负担，推动企业创新，增强经济发展后劲，促进经济结构优化具有重要意义。

6. 资源汇聚强化，先进制造业走向集群式发展

世界各国综合实力竞争，制造业举足轻重，而制造业竞争，正由企业间、行业间、产业链之间的竞争逐渐转为更高维度的产业集群、产业生态系统之间的竞争。2007年，德国提出“领先集群竞争计划”，力图打造15个世界级创新集群；2010年，日本设立“区域创新集群计划”，提出打造17个全球性创新集群；美国出台《国家制造业创新网络（NNMI）项目战略计划》（2016），以推动构建国家创新生态系统。可以想见，未来各国之间的制造业竞争成败，将不仅仅集中于单一企业、单一行业，而更多地在于产业生态系统的完善与否。

党的十九大报告提出，促进我国产业迈向全球价值链中高端，培育若干世界级先进制造业集群。并明确提出培育若干世界级先进制造业集群，是提升我国制造业全球竞争力的核心战略，也是我国经济迈向高质量发展的重要任务。要强化企业创新主体地位，打造有国际竞争力的先进制造业集群，打造自主可控、安全高效并为全国服务的产业链供应链。

目前，中国制造业已经呈现出鲜明的产业集聚特征，建立了相对完整的工业体系，但与发达国家相比仍存在一定的差距。基于此，推动制造业集群化、生态化已经成为未来一段时间制造业向中高端迈进的重要途径，培育发展一批世界级先进制造业集群也成为推动我国制造业高质量发展和提高国际竞争力的重要标志和举措。

九、新形势下促进制造业大企业高质量发展的建议

在我国从中等收入国家向高等收入国家迈进的新发展阶段，制造业仍旧是经济增长的关键支撑，是产业结构优化升级的重要立足点。随着逆全球化浪潮的涌起和新冠肺炎疫情所带来的国际市场格局的加速重构，中国制造业所面临的国际、国内发展环境均发生了巨大变化，要想继续保持强势发展态势，维护中国制造业在全球产业链中的重要地位，需要进一步加快优化结构、转型升级的步伐，迈向高质量发展新阶段，实现制造业的质量变革、效率变革、动力变革。实现我国制造业的整体优化升级，必须坚持以习近平新时代中国特色社会主义思想为指导，立足新发展阶段、贯彻新发展理念、构建新发展格局，以发展为主线、以创新为动力，在进一步贯彻落实政府发展方针的同时，培育和激发市场主体活力，在产业融合、人才培养、创新驱动、结构升级、强链补链、营商环境等诸多方面形成合力，共同推动制造业的未来发展。

1. 内外统筹，抓住内循环这一发展主引擎

近年来，中美关系、中澳关系等发生变化，世界经济格局出现深刻调整，面对外部环境发生深刻复杂变化，世界经济持续低迷、全球市场萎缩、保护主义上升等境况，我国制造业企业应立足国内大循环，充分利用我国所建立的门类齐全、独立完整的现代工业体系整体优势和超大规模市场优势，挖掘培育内需，实现国内、国际双循环，推动我国制造业复苏。

第一，要以国内大循环为主体，立足国内市场，挖掘我国作为超大规模经济体的市场潜力。2019 年，我国已经建成门类齐全、独立完整的现代工业体系，拥有 41 个工业大类、207 个工业中类和 666 个工业小类，工业经济规模跃居全球首位。这无疑极大地提升了我国的工业制造能力和供给端水平。而在需求端方面，近年来，我国居民消费升级，工业品需求仍处于相对旺盛阶段，消费“国潮”的涌起也为国内制造业创造了巨大的契机，再一次展现了中国的市场纵深。与此同时，新一代信息技术、服务业、物流业等行业与制造业的融合也使制造业的服务范围和市场空间得到了新的拓展。因而，企业要在进一步提高自身生产能力的基础上，进一步开拓国内大市场，发掘中国这一超大规模经济体的内在潜力，在加快制造业供给侧结构转型升级的同时，实现与需求侧的密切对接。一方面，传统制造业企业要继续提高产品质量，抓住近年来“国潮”兴起的东风，满足消费者的高质量产品需求，锻造良好口碑，逐渐铸就“金字招牌”，助力企业转型；另一方面，中高端制造业企业要增强创新意识，开辟新赛道，抢占新的消费市场，建立前期优势，总体上形成需求侧与供给侧相互支撑的发展框架。

第二，巩固拓展国际市场，加快实现企业“扬帆出海”。内需无法替代外需，企业在以国内大循环为主体，挖掘国内市场潜力的同时，也要积极参与国际合作和竞争，拓宽国际、国内两个市场，利用国外、国内两种资源，加深国际经贸合作，吸引更多的全球高端要素、高端制造能力，对接国际高科技发展战略，推动国际研发合作平台建设，深化国际科技合作，在提高自身自主创新研发能力的同时，打破技术封锁。例如，紫金矿业通过布局海外市场，投资、并购海外矿业项目，至 2020 年年底，紫金矿业在全球 12 个国家拥有重要矿业投资项目，海外金铜资源储量、产量所占比重均超过 1/2，弥补了国内资源短板。当然，既要“引进来”，更要“走出去”，企业在加快实现中国产品

"走出去"的同时，也要积极推动中国品牌"走出去"、中国标准"走出去"，以积极主动的姿态推动新工业革命的发生和国际制造业业态格局的形成。此外，企业也要抓住"人无我有、人弱我强"的生产要素和对外出口贸易等相对优势和发展契机，积极运用新技术、新工具为开拓海外市场赋能，通过推广数字智能技术应用，更好地联通国际市场和国内市场，为我国经济发展提供更为强大的增长动力。

2. 融合互通，实现与不同领域企业的强强联合

当前全球新一轮科技革命和产业变革深入发展，5G、人工智能等新一代信息技术不断突破并加速向制造业融合渗透，推动制造业生产方式、组织形态、商业模式等变革与重塑，持续向数字化方向跃迁升级。因此，深化新一代信息技术与制造业融合互通，是加快我国制造强国和网络强国建设的重要举措，也是企业实现高质量转型的重要契机。

首先，企业要基于《中华人民共和国国民经济和社会发展第十四个五年规划和 2035 年远景目标纲要》，于战略层面研究制定在新一代信息技术发展大潮中逐步实现制造业智能化、高端化的未来发展规划，为建设高质量制造业企业明确发展任务和战略目标。在统筹战略布局的同时，企业要针对自身所在行业改革和转型的特点、难点、痛点，对症下药。

其次，企业要加强与"互联网 +"、大数据重心、智能云平台等数据化新型基础设施建设企业的交流合作，搭建企业间的交流合作桥梁，实现与信息技术企业的双向互动，在推动制造业智能化转型的同时，发挥制造业于国民经济中的支柱作用，为信息技术企业、互联网行业的发展提供基础支撑和应用延伸平台，达成互利共赢新模式。

最后，实现与服务业的强强联合、相互支撑也是制造业企业未来发展的重要方向。现代制造业离不开工业基础软件和互联网科技，而软件和互联网技术的研发和推广又需要良好的制造业基础，某种意义上，二者互为表里。随着互联网、物联网的发展，金融业、物流业、信息服务、电商平台等对于制造业的拓展越来越重要，尤其是新冠肺炎疫情期间更是拓展了服务型制造业的更多可能性。因此，无论是传统制造业还是中高端制造业企业，都要更好地建立起与服务业的互动体系，拓展产业边界，推动 C2M（消费者对接制造商）平台建设，实现合作共赢。

3. 不拘一格，全方面培养制造业人才队伍

制造业是国民经济的主体，是立国之本、兴国之器、强国之基，建设制造强国，与欧美大国抢占未来制造业高地，关键在人，关键要有一支素质优良、结构合理的制造业人才队伍。当前，我国正处于制造业结构转型升级的关键攻坚期，加快人才队伍培养建设成为企业未来发展的迫切要求。因此，企业要不拘一格选拔人才，为长期发展储备多种人才力量。

其一，重视研究型人才的培养。要建设科技强国，提升科技创新能力，必须打牢基础研究和应用基础研究这个根基。基础研究人才的培养，是补齐科学研究短板、开展前沿技术创新的重要支撑。因此，企业应高度重视基础研究的基石作用，在继续加强与高校、科研机构联合培养人才的同时，推动建立企业内部科研中心和博士后流动站，加大基础研究物资和人员投入，培养一批具备专业知识的研究型人才，培育一批优秀人才和团队，为企业未来创新发展储备科研力量。

其二，加强实践型和技术型人才的培养。专业技术人才是制造业企业发展不可缺少的中坚力量，也是我国建设制造强国的重要力量。因此，企业要积极与广大高校、职业学校建立合作关系，实现从学校到企业、从学习到工作的有机对接，订单式、联合式、定向式培养所需实践型和技术型人才。同时，也要贯彻落实《关于全面推行中国特色企业新型学徒制 加强技能人才培养的指导意见》的相关要求，在企业内部建立人才培训平台和培养体系，以老带新、干中学的方式培养一批门类齐全、技艺精湛的高技能技术型人才，这也是我国实施制造强国战略、为实现高质量发展提供有力人才和技能支撑的重要举措。

其三，培育和引进管理型人才。首先，企业的长期健康发展，离不开有效管理，企业的管理不仅需要建立起长期有效机制，还需要建立起一支管理人才队伍，以推动企业乃至行业的运转。其次，管理型人才是沟通研究型人才和技术型人才的桥梁纽带。基础研究的成果需要转化平台的推动，而管理型人才是转化平台建设不可缺少的一环。企业要想实现基础研究成果的产业转化，不仅需要技术型人才的实践探索和应用，还需要管理型人才的竭力推动。由此，企业要进一步加大改革开放力度，不仅要完善企业内部管理人员竞聘制度，选拔培养企业所需管理型人才，还要提高企业对外部管理型人才的吸引力，争取“种下梧桐树，引得凤凰来”，以市场力量为企业未来发展注入新血液。

此外，也应着重发挥企业家在企业发展中的核心和导向作用，发挥企业家精神的辐射和带动作用，并建立长期有效的激励机制，推动企业内部人事制度、分配制度等相关方面加快改革步伐，建设对企业所在行业人才的行业内通用等级判定体系，建立实施关键人才中长期奖励制度和青年人才成长激励计划，打通各类人才晋升通道，充分调动和发挥企业员工的积极性和创造力，真正实现物尽其力、人尽其才。

4. 引领带动，明确生态站位，加快构筑产业生态系统

2021 年 7 月，工业和信息化部等六部门联合发布了《关于加快培育发展制造业优质企业的指导意见》，提出要加快培育发展以专精特新“小巨人”企业、制造业单项冠军企业、产业链领航企业为代表的优质企业，发挥优质企业在增强行业自主创新能力、提升产业链供应链现代化水平、落实碳达峰、碳中和目标、提高国际竞争力等事务中的示范引领作用。

当今世界市场，企业之间的竞争成败越来越依赖于其所在的产业生态系统，企业之间的竞争逐渐演变成产业生态系统之间的竞争，“雁群”企业生态系统正成为企业发展的新模式。行业优质企业需要找准自己在整个产业链、产业生态中的角色和战略定位，加强自身发展管理，拓展自身发展空间。

首先，产业链领航企业要积极发挥企业领头雁、排头兵作用，逐步防范化解风险隐患，改善增强薄弱环节，发挥优质企业的引领示范作用，带动产业链上下游企业和各类企业做优做强，促进我国产业基础能力和产业链现代化水平整体提升。近年来各地均在致力于“链主”企业的培育，以“链主”企业作为领头雁，带动整个产业链企业雁群的共同发展。而领航企业不仅仅是一条产业链的“链主”，更是整个产业生态的“核心”，不仅需要在企业内部建立起良好的成长生态，实现内部循环增长，还需要在整个产业生态体系中起到平台建设、体系支撑和生态主导作用，引领产业链创新发展，带动产业链质量效率整体提升，维护产业链安全稳定，推动外部循环增长。企业要利用其本身的强大辐射力，以点带面，构建先进制造业产业集群，加强产业间信息流通、人员互动、开展科技

创新和商业转化合作等，通过整合全产业链资源，实现企业间资源互补和协同共进，提升产业集群整体发展能力，加快全产业生态系统的培育形成。例如，作为我国率先定位于人工智能领域的先进制造业产业集群，位于安徽合肥的“中国声谷”智能语音产业集群的建设，一方面离不开科大讯飞这只领头雁的引领带动，另一方面电力、物流、医疗、教育、公共服务等各领域企业的加入汇聚也是这一人工智能创新生态系统形成过程中不可缺少的环节。

其次，专精特新“小巨人”企业和制造业单项冠军企业要根据自身优势，制定自己的发展战略，利用已有的生态体系和体系内互补性资源，积极拓展自身发展空间，提升自己的生态位。专精特新“小巨人”企业在继续深挖精研单项技术或产品、扎实巩固已有优势的同时，也要提高企业融资能力和融资规模，整体上提升企业实力。同时，切实发挥企业创新能力，成为引领“万众创新”的“企业创新重要发源地”。而单项冠军企业需要继续增强在细分产品市场上的创新能力、产品质量提升能力和品牌培育能力，巩固企业产品全球市场占有率地位，建立独具特色的自主知识产权体系，塑造我国先进制造业转型升级的支撑点和发力点。

最后，需要注意的是，建立一个完整的产业生态系统不仅需要政府的支持培育和龙头企业的带动引领，还需要在产业技术标准、商业模式、专利创新、上下游产业互动关系、消费端需求培育、品牌建立等多方面共同发力，实现创新链、供应链、价值链、产业链、销售链多链协同。因此，需要政府、企业、行业协会组织等多方面共同协作，推动优质企业和产业生态系统的建设完善。

5. 因类制宜，强链补链，加快企业创新步伐

产业链、供应链是国民经济循环畅通的命脉，也是产业发展安全的生命线。

我国制造业发展参差不齐，在实际发展过程中，既有掌握先进技术，智能型高端制造业，也存在以传统生产加工为主的劳动力密集型制造业，这就要求我国制造业的转型升级也要双线并行。一方面，传统制造业企业要在全球制造业重心转移不可逆转的情况下，有针对性地实行现代化的技术改造，实现生产设备的智能化改造，简化生产制造流程，在提高生产能力的同时加强产品研发设计和需求端对接能力，完善生产过程，加强产业链整合能力，提高产品附加值，实现传统制造业企业从单纯的制造端向研发—制造复合端的转型。例如，波司登多年来致力于成为羽绒服制造先锋，创新羽绒服设计和制作工艺，其中，登峰系列获得 2020 年第四届“中国优秀工业设计奖”金奖，申请专利达 17 项，而整个企业在羽绒服上共拥有专利达到 231 项。其旗下的科技绒滑雪服，还获得了唯一面向全球运动行业权威产品评选的德国慕尼黑 ISPO Award 2021 全球设计大奖。另一方面，瞄准高端制造业发展方向，着重发展战略性新兴产业。中高端制造业企业要充分利用我国在部分先进技术，如 5G 等高端通信技术、新材料、新装备、半导体、芯片等方面建立的已有相对优势，推动制造业的高端化、智能化和绿色化，进一步提升制造业的整体水平，在国际高端制造业格局尚未定型之际，积极突破核心技术和关键设备的研发与应用，占据战略制高点，加快中国标准“走出去”的步伐，提高我国制造业在国际制造业体系中的地位，逐渐从“制造大国”升级为“制造强国”。

此外，还应着意发挥创新引领作用。当前国内外形势复杂，不仅给我国经济带来了冲击，也暴露了我国产业链、供应链安全稳定尚存在风险、企业发展韧性有待增强的问题。“打铁还需自身硬”，中国制造业企业要想在全球舞台上占据一席之地，就必须始终坚持自主创新，尤其是中高端制造业企业，要想始终在国际市场上占据一席之地，在逆全球化浪潮前保持稳固地位，就需要拥有自己的“独门秘籍”，建立核心技术和成本优势。因此，企业要加大核心技术攻关力度，通过独立研究开发争取技术突破，解决核心领域的“卡脖子”问题，逐步降低对于国际核心技术的依存度，防止企业生产关键环节被控制，保证产业链的安全与升级，加快产业链生态格局的构建。这也是完善我国制造业体系、提升制造业基础实力，保证我国产业链、供应链安全的必然要求。例如，鞍钢集团近年来服务国家战略，集中优势资源突破“卡脖子”关键技术，其所研发的 F 级超高强海工钢、高应变管线钢、核电用钢及汽车用钢等多项产品不仅为企业发展注入了新的发展活力，也有利于国家产业链安全建设和国家战略布局的展开。

6. 节能减排，推进实现企业绿色发展

绿色制造是生态文明建设的重要内容，也是制造业转型升级的必由之路。早在 2015 年制定的“中国制造 2025”规划就明确提出要把绿色发展作为主攻方向之一，构建高效、清洁、低碳、循环的绿色制造体系。“30 · 60”双碳目标的提出又进一步加快了制造业的绿色转型步伐。在此形势下，企业需要采取多方面措施，打造绿色发展协同机制，抓住绿色转型的关键期和窗口期。

首先，实现企业绿色发展，需要节约能源投入，进一步加快粗放型生产方式向精细型生产方式的转变。目前，我国冶金、一般有色、金属加工等传统制造业仍然是中国制造业的重要支柱，但是这些行业又在一定程度上存在着产能过剩、生产方式粗放的问题，在拉低行业利润率的同时，也造成了资源、环境的浪费和破坏。因此，相关行业企业要加快实现转型升级的步伐，逐步摒弃以量取胜的传统观念，转向追求高质量发展，致力于提高企业生产能力和工艺水平，减少资源浪费，提高产品附加值，控制产能合理增长。

其次，加强企业环保技术改造，减少污染。粗放型生产方式带来的不只有资源的浪费，对于环境的影响也不可小觑。因此，企业在积极推动节能的同时，也要注意减排。绿色发展要求“绿色”和“发展”要两手抓，两手都要硬，单方面以“发展”换“绿色”或以“绿色”换“发展”均非长久之计。要扎实推进企业环保技术改造，优化生产流程，减少产污环节，以绿色生产技术替代传统生产技术，推动资源能源的回收利用。

再次，稳步推进企业碳资产管理体系的建立，积极参与全国的用能权、碳排放权交易市场建设，建立与双碳目标相适应的投融资体系。2021 年 7 月 16 日，全国碳市场正式启动，意味着双碳目标的进一步推进，因此，制造业企业应加快推动企业参与碳交易市场，尤其是黑色冶金、一般有色等重化工行业企业，更需要加快组建企业碳资产管理机构，积极参与碳排放交易。

最后，开辟新市场，发掘企业发展新动能。制造业绿色化生产目标的设立对制造业企业而言不仅仅是一种挑战，还给企业发展带来了新的机遇。节能减排、废弃产品再制造都意味着企业可以在绿色发展的大潮中寻找新的商机，实现节能环保和企业效益增长的双重目标。例如，双碳目标的确立使得中国新能源汽车市场行情持续走高，不仅涌现出了小鹏、理想等造车新势力，一部分传统车企也纷纷加入进来，推出了自己的新能源汽车产品，逐渐形成了有别于传统燃油车的新兴汽车产业。

7. 配套全面，营造企业发展的良好环境

企业、行业的良性健康发展，离不开良好的社会制度环境。而良好的社会制度环境的建立，从

来都不是单纯某一方能够主导的，其建立既需要政府的支持鼓励，创造良好的政策环境，也需要协会组织的配合，架起政府与企业沟通的桥梁，还需发挥市场在资源配置中的基础性作用，激发企业发展活力。

其一，制定国家发展战略和产业发展政策，引导推动制造业高质量发展。政府需根据当前中国所处发展阶段和制造业发展的相关情况，广泛吸收各方面意见和建议，立足自身特点制定国家产业发展战略规划，在充分发挥市场配置资源作用的基础上，更好地发挥政府作用，为各产业发展提供更多优质的基础设施，推动大、中、小企业共同发展。

其二，强化融资支持，减税降本。在从中央到地方提高减费降税力度，继续执行制度性减税政策，实施新的结构性减税举措，降低制造业企业的制度性成本负担的同时，引导银行增加制造业信贷投放，鼓励保险资金通过市场化方式投资产业基金，加大对先进制造业、战略性新兴产业等重点领域和薄弱环节的支持力度，扩大制造业企业的投融资规模，塑造制造业发展的资本支撑体系。构建先进制造业金融服务体系，建立多级投融资机制，实现社会资本向制造业的引流，解决制造业转型升级的资本要素瓶颈。

其三，构建交流平台和产业孵化器，推动产学研协同合作，加强基础服务支撑。技术创新是一个从基础科研到实践应用，再到市场扩散的复杂过程，这一过程的最终实现需要政府、企业、高校及科研机构等多方面共同参与。政府作为其中的重要参与者，要积极推动构建地方协作平台，加强产学研多方交流，探索更为广泛的合作共赢新模式。同时，加快打造从科研理论到创新应用的产业孵化器，推动技术成果从纸面到现实的转化。例如，TCL 在国家和地方政府的支持下，牵头组建了国家印刷及柔性显示创新中心、国家新型显示技术创新中心等 2 个国家级创新中心；东方电气成立了由院士和行业专家组成的科技发展战略咨询委员会，与清华大学等一批高校建立智能制造协同创新中心等。

其四，强化组织协调保障，降低制度性交易成本。厚植创新沃土，需要发挥政府和市场双方施力。市场在资源配置中决定性作用的发挥，离不开政府提供的制度性保障，但是与此同时，要想提高资源配置效率、激发各类市场主体活力，也需要适度优化微观管理事务和具体审批事项，加强有为政府的建设，减少政府对市场的直接干预，清理和规范各类行政许可、资质资格、中介服务等管理事项，加快要素价格市场化改革，优化政务服务，精简审批事项，完善办事流程，规范行政裁量权，增强对企政策的针对性和可落地性，着力打造市场化、法制化、国际化营商环境。

其五，完善知识产权保护机制，推动企业持续创新。通过建立完善知识产权保护机制、强化企业正向竞争等措施，营造公平、开放、透明的市场竞争环境，实行“揭榜挂帅”“赛马”等制度，开放创新赛道，在激发企业创新动力的同时，充分发挥企业家精神、工匠精神和微观主体动能。

其六，加强新形势下市场监管，维护国家主权安全。当今社会，在国际局势日趋复杂多变的同时，科技的发展也给国家安全带来新的挑战。尤其是现阶段战略新兴领域的发展仍在进行之中，尚未建立起完善的监管体系，这无疑导致诸多问题的产生。因此，需要建制度、强监管、保安全，在发挥市场作用、推动行业企业探索发展、提高行业企业治理体系和治理能力现代化的同时，保证政府监管的有效性，及时查漏补缺，与时俱进，统筹发展与安全，守住新发展格局的安全底线。

第三章 2021 中国服务业企业 500 强分析报告

2021 年是由中国企业联合会、中国企业家协会连续第十七次向社会发布中国服务业企业 500 强榜单及分析报告。2021 中国服务业企业 500 强展示了我国服务业大企业在 2020 年所取得的成绩和存在的问题。2020 年是极不平凡的一年，国际形势严峻复杂，国内改革任务艰巨繁重，特别是新冠肺炎疫情的突袭，给企业正常经营带来了严重冲击。面对风险挑战，党中央、国务院统筹推进疫情防控和经济社会发展，大力推进“六稳”工作，落实“六保”任务，持续激发市场主体活力。我国疫情控制良好，实现经济正增长。这不但给企业发展带来了强心剂，也拓展出了切实的服务需求空间，保障了服务的正常供给。2020 年，服务业 500 强企业发展稳中有进，结构持续优化，增长活力不断显现。

第一，规模稳步增长，发挥主引擎作用。2021 中国服务业企业 500 强的营业收入总额达到 43.59 万亿元，增长率达 5.46%，增速高于同期规模以上服务业企业营业收入增速 3.36 个百分点。服务业企业 500 强的营业收入总额相当于同期服务业增加值的 78.68%。在我国经济稳定恢复期，服务业大企业发挥了促进产业整体恢复向好的“主引擎”作用。

第二，经济效益在走低中分化明显。2021 中国服务业企业 500 强利润总额达到 3.69 万亿元，归属母公司净利润达到 3.06 万亿元，相比上年略有增长。平均收入利润率、资产利润率、总资产周转率较上年均有不同程度的下降。受新冠肺炎疫情影响，服务业 500 强企业经济效益水平在走低中也出现了更为明显的分化。互联网服务的收入利润率为 16.47%，进入行业前三；旅游餐饮、航空运输等进入“负数”序列。

第三，行业结构继续优化，“小巨人”入围彰显活力。2020 年，批发贸易、零售、交通运输等传统服务行业入围数量继续走低，互联网及信息技术服务、金融业、物流及供应链等现代服务显著增加，服务业内部结构不断优化。尤其是供应链服务企业稳定增长，对提升产业链、供应链稳定性和竞争力，以及畅通经济循环起到了重要支撑作用。此外，围绕信息技术和科技研发，一批“小巨人”企业新晋入榜，正以“星星之火”的力量化解着生产性服务业不足的症结。

第四，不同区域各有进步，贡献双循环新格局。服务业大企业集中分布于少数区域的特征依旧

显著，但北上广传统三强地区被打破，苏浙闽快速崛起。西部地区入围数量快速增长超过中部地区，东北地区入围数量增加 3 家。新一轮“西部大开发”和“东北振兴”的战略取得积极成效。2020 年，176 家服务业 500 强企业获得了海外收入，东部地区国际合作与贸易往来最为密切，西部地区的国际贸易与海外资产布局优于中部和东北。各个区域的头部企业持续做强做优做大，巩固提升了区域首位度。

第五，发挥创新驱动作用，新业态引领势头增强。服务业大企业发挥创新驱动作用，2020 年投入的研发费用同比增长了 23.34%，拥有专利数和发明专利数同比分别增长了 2.45% 和 5.25%。这其中，互联网及信息技术服务企业表现突出，占据了研发强度的前 10 名。技术和创新赋能的云端经济快速发展，“互联网 +”新模式与传统产业加速融合，“三新”经济生态不断完善，新动能发展势头良好。

当前，国际环境依旧复杂多变，新冠肺炎疫情影响不确定性仍未消退，国内发展不平衡、不充分的问题仍旧突出，人口红利逐渐消退，人才红利尚未显现，这些问题交织叠加，给我国服务业发展带来多重挑战。2021 年上半年，我国服务业增加值为 29.66 万亿元，在三次产业结构中占比高达 55.7%，对 GDP 增长的贡献率为 53%，服务业在保持中国经济第一大产业规模地位的同时，作为宏观经济增长新动能贡献突出。服务业 500 强企业是重要微观主体，应当继续发挥引领作用，推动服务业的进步，支撑中国经济的高质量发展。服务业大企业要立足新发展阶段，不断激发内需潜力，提升服务构建新发展格局的能力；要不断深化产业融合发展，加强服务技术、服务模式和服务业态的创新，提升发展活力和韧性。要顺应时代要求，促进绿色转型发展，抓住机遇，发展绿色服务产业，拓展服务增长新空间，推动服务业发展迈上新台阶。

一、2021 中国服务业企业 500 强规模特征分析

2021 年，中国服务业企业 500 强规模稳步增长，营业收入总额达到 43.59 万亿元。中国服务业企业 500 强已经成为涵盖 42 个行业类别，从业人员超 1600 万人，控股公司超 1.4 万家、分公司超 3 万家的大企业群体，是服务业产业发展的中流砥柱，对国民经济稳定增长发挥了重要的支撑作用。

1. 总体规模稳步增长，入围门槛超 60 亿元

2021 中国服务业企业 500 强的规模小幅增长，实现营业收入总额 43.59 万亿元，与 2020 中国服务业 500 强企业（以下简称上年）相比较，增长 5.46%，与自身同比增长 5.95%。资产总额达到 298.63 万亿元，所有者权益总额 36.85 万亿元，纳税总额为 1.97 万亿元，与上年相比分别增长 11.1%、5.26% 和 2.2%。营业收入总额增速较上年下降 4.36 个百分点，资产总额增速较上年增速大幅提高了 7.37 个百分点，这可能是由企业并购引起。从业人员数为 1635.98 万人，与上年自身相比增长 0.66%。入围门槛为 60.30 亿元，比上年增长 10.04%，增幅和上年基本持平，如图 3 - 1 所示。

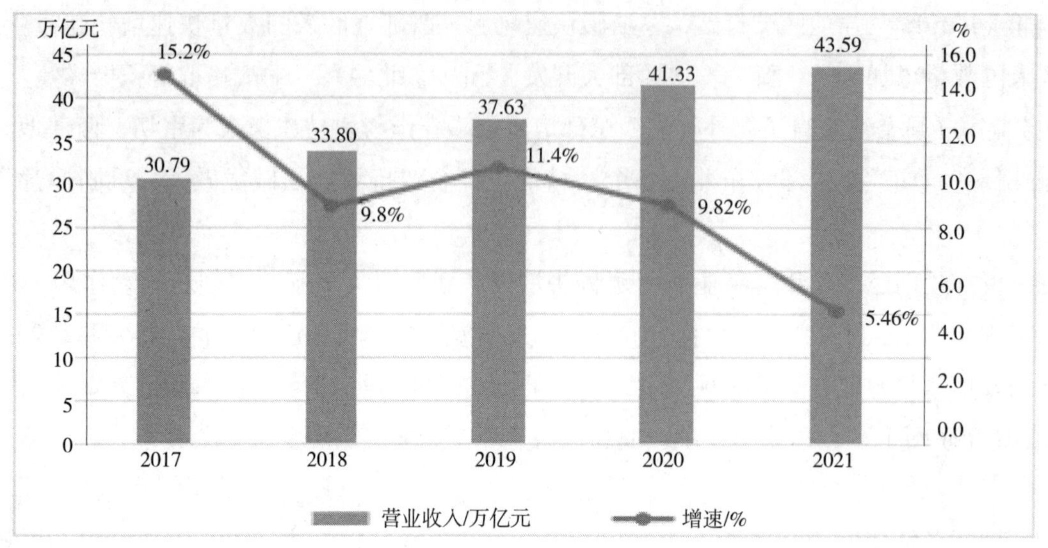

图 3-1 2017—2021 中国服务业企业 500 强营业收入总额及增速

2017—2021 年榜单所对应的时间，正是“十三五”时期的 5 年，中国服务业企业 500 强营业收入总额由 31.79 万亿元增加到 43.59 万亿元，年均增长率高达 9.08%。入围门槛由 39.6 亿元，增加到 60.3 亿元，增加了 20.7 亿元，年均增长率为 11.15%，如图 3-2 所示。

这得益于以服务业企业高质量发展为目标的政策密集出台，服务创新、深化产业融合、拓展服务消费、优化空间布局等方面的政策保障不断加强，从中央到地方着力优化营商环境，给服务业的高质量发展带来了重要支撑。与此同时，新一代信息技术大范围应用，大量新业态新模式涌现，消费潜力持续释放，服务业发展总量获得显著增长，内部结构也不断优化，美好生活服务和生产性服务都有了显著进步。尤其是新冠肺炎疫情的突袭使在线生活和企业的数字化转型需求急剧增长，这给相关服务业的发展带来了重大机遇。

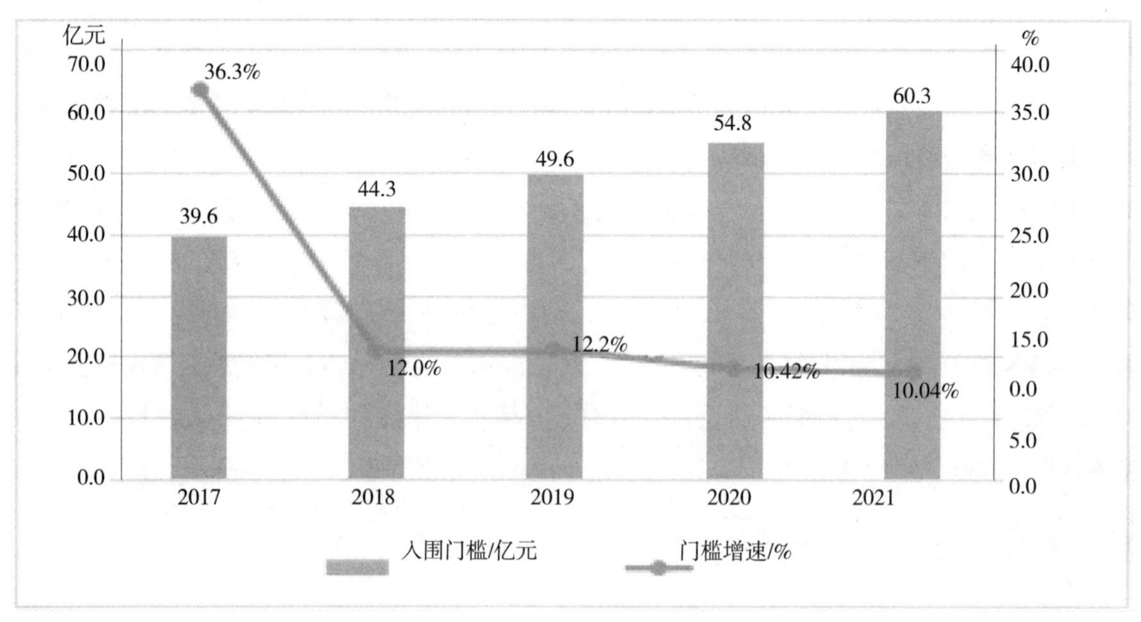

图 3-2 2017—2021 中国服务业企业 500 强入围门槛及增速

2. 橄榄形分布特征更显著，排行榜出现大量“新面孔”

2021 中国服务业企业 500 强中，营业收入达到千亿元以上的企业为 88 家，比上年增加 1 家；100 亿元以下规模区间企业数量减少显著，首次降至百家以下，为 96 家，比上年数量减少了 19 家；与此同时，100 亿～1000 亿元规模区间的企业数量增加了 18 家，达到了 316 家。中国服务业企业 500 强的橄榄形分布特征更加显著。从 2017 年开始，100 亿～1000 亿元区间的企业入围数量首次高于 100 亿元规模以下的企业入围数量，前者为 248 家，后者为 186 家，此后不断向中部百亿级企业集聚，如表 3－1 所示。

表 3－1　2016－2021 中国服务业企业 500 强企业营收规模分布　（单位：家）

	超过 1000 亿元	100 亿～1000 亿元	100 亿元以下
2016	59	213	228
2017	66	248	186
2018	68	284	148
2019	76	284	140
2020	87	298	115
2021	88	316	96

值得一提的是，榜单中出现了大量的“新面孔”。与 2020 年榜单相比，营业收入达到千亿元以上的企业中，6 家是新上榜企业，其中国有、民营各占一半；百亿级规模企业中有 65 家是新上榜企业，其中 33 家为民营、32 家为国有，所有制占比也接近 1∶1；百亿级规模以下的 96 家企业中，则出现了 33 家新上榜企业，占比高达 30% 以上。

从地区分布来看，百亿级规模以下的 33 家新上榜企业中，江苏贡献了 8 家、上海 6 家、广东 5 家、浙江 4 家，长三角三地合计拥有 18 家，占比一半以上。长三角 G60 科创走廊建设引致众多“新服务 500 强”企业异军突起。长三角作为中国科技资源高度集中的地区，长期以来在创新价值链上占据全国高地。无论是科学研究、技术开发还是产业创新各个环节的要素、机制和成果，长三角都具有突出的领先地位。长三角地区新上榜的服务业 500 强企业分布在金融、化工医药商贸、物流及供应链、住宅地产、信息技术服务业、科技研发规划设计等，行业覆盖面较广，其中民营企业占 80% 以上。

3. 平台企业版图不断扩张，新兴产业“小巨人”迅猛成长

按行业分类，2021 中国服务业企业 500 强营业收入占比较高的行业是金融业（包括商业银行、保险、多元化金融）、住宅地产、电网等，近年发展迅猛的互联网服务紧随其后，占比达 5.65%，较上年小幅提升，如图 3－3 所示。工信部数据显示，2021 年上半年，规模以上互联网和相关服务企业完成业务收入 6951 亿元，同比增长 25.6%，两年平均增速达 19.7%。互联网服务业态发展势头不断向好。

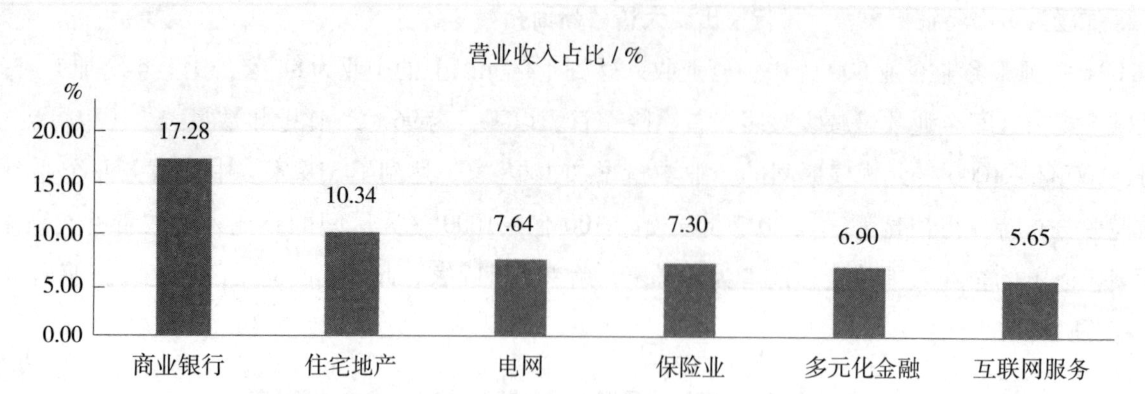

图 3-3 2021 中国服务业企业 500 强不同行业营业收入占比

企业层面来看，京东、阿里巴巴、腾讯、美团等互联网服务平台的营业收入在 2020 年实现了大幅增长，它们的营业收入均超过 1000 亿元，阿里巴巴的营业收入增长率高达 40.72%，增长率最低的美团也达到了 17.70%。四大企业所拥有的资产总额均超过千亿元，其中阿里巴巴和腾讯的资产规模超万亿元。京东和美团资产相对较少，但 2020 年京东资产总额同比增长速度高达 62.59%。相比之下，百度的营业收入和资产总额分别只增长了 0.27% 和 10.42%，略有逊色，如图3-4所示。

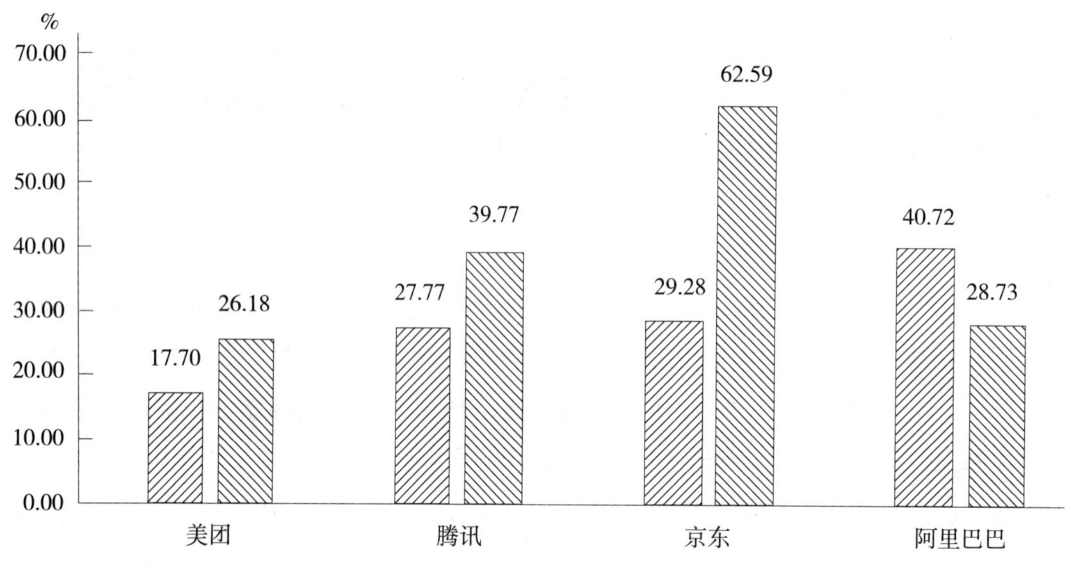

图 3-4 2021 中国服务业企业 500 强榜单中部分企业增长情况

除了超大企业，我们还应关注到服务业产生了一批“小巨人”企业，发展势头强劲，迈入了服务业企业 500 强之列。这类企业主要集中于研发设计和信息技术服务等生产性服务领域，它们大都成立时间较短，规模较小，大部分营业收入在 100 亿元上下，在榜单中排名 400 名之后，但增长迅猛。例如，华东建筑集团、长江勘测规划设计研究院（简称长江设计院）、好活（昆山）网络、新大陆科技、云账户、软通动力等。2020 年，好活（昆山）网络的营业收入较上年同比增长率高达 376.09%，软通动力为 22.58%、华东建筑集团为 19.49%、新大陆科技为 16.02%、长江设计院为 15.60%。云

账户仅成立 4 年，2020 年的营业收入就达到了 414.04 亿元，较上年同比增长 17.37%。这些“小巨人”企业的出现，以“星星之火”的力量优化着服务业的行业格局，化解着服务业中生产性服务业不足的症结，对工业和农业的发展也将起到服务支撑作用。

二、2021 中国服务业企业 500 强经济效益情况分析

2021 中国服务业企业 500 强实现净利润总额为 3.06 万亿元，较上年小幅增长；平均收入利润率为 7.03%，与上年相比有所下降，资产利用水平也在走低。从细分行业来看，现代金融、技术服务、互联网服务、地产等行业企业经济效益向好，旅游餐饮和航空运输等行业的经济效益进入“负数”序列。总体而言，2020 年，服务业企业 500 强的经济效益有所下降，并延续了分化的态势。

1. 净利润总体保持增长，增速下降较大

2021 中国服务业企业 500 强实现净利润（指归属母公司净利润，下同）总额为 3.06 万亿元，较上年微增 2.19%，与自身同比增长 1.6%。相较于上年的增长水平，增速出现大幅下降。这或将和新冠肺炎疫情的影响直接相关。“十三五”以来，中国服务业 500 强企业所实现的净利润持续增长，由 2.31 万亿元增长至 3.06 万亿元，但净利润增速变化并不稳定，起伏较大，如图 3 - 5 所示。

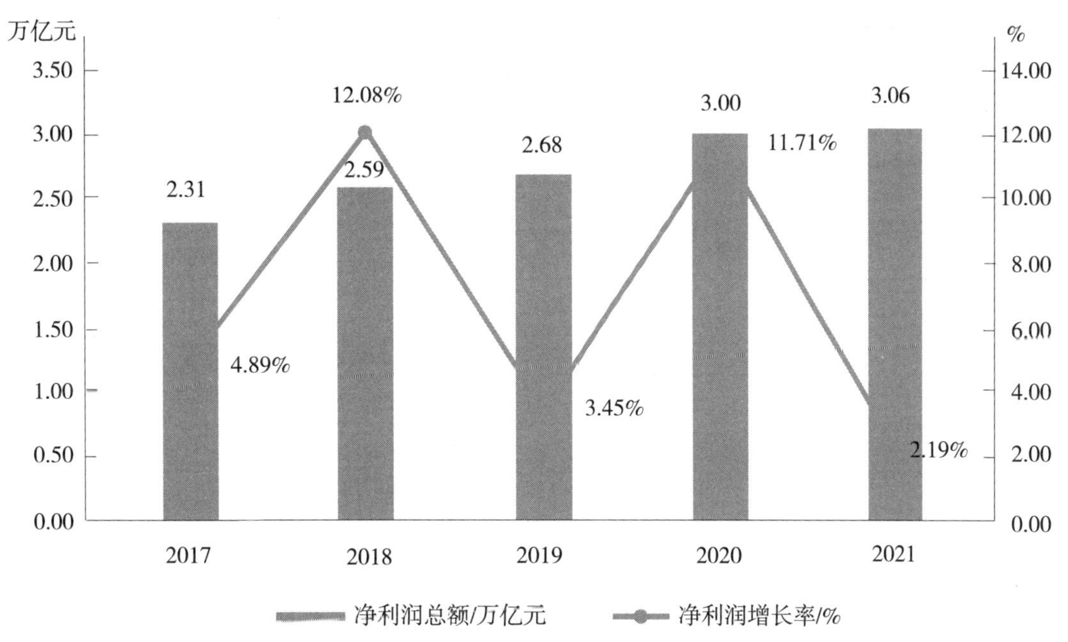

图 3 - 5 2017—2021 中国服务业企业 500 强净利润总额及增长情况

2. 收入利润率下降，行业间差异显著

2021 中国服务业企业 500 强的平均收入利润率（指归属母公司收入净利润率）为 7.03%，同比下降 0.22 个百分点。不同行业企业间差异较大，但各个行业的情况基本维持了上一年的态势。证券业、商业银行等现代金融业的经济效益最好。行业平均收入利润率超过 500 强平均水平（7.03%）的行业包括证券业、商业银行、互联网服务、基金信托、商业地产、多元化金融、文化娱乐 7 个行业，其中 30 个行业企业收入利润率水平在 0 ~ 7.03% 之间，如表 3 - 2 所示。

比较近两年平均收入利润率数据，2020 中国服务业企业 500 强中排名前 5 位的分别是基金信托 21.53%、商业银行 20.72%、证券业 18.99%、教育服务 14.22% 和医疗卫生健康服务 13.80%，2021 中国服务业企业 500 强中则是证券业 21.97%、商业银行 19.97%、互联网服务 16.47%、基金信托 11.93% 和商业地产 9.53%。现代金融业大企业的经济效益水平一如既往较好，证券、基金信托和商业银行保持在前 5 位，与上年一致。医疗卫生健康服务降至第 11 位，教育服务已跌入“倒数”序列，互联网服务、商业地产则进入“第一梯队”。

受到新冠肺炎疫情影响，在线生活、在线娱乐、在线教育、在线工作等在 2020 年成为“常态”，在很大程度上支撑了互联网服务的经济效益的高水平。但同时人们居家隔离，也给产销同步的传统服务企业带来不小的困难，公路运输、旅游和餐饮、教育服务、航空运输、航空港及相关服务业 5 个行业的收入利润率出现了负数。2021 年，《关于进一步减轻义务教育阶段学生作业负担和校外培训负担的意见》即“双减”政策出台，国家减轻学生过重作业负担、全面规范校外培训行为的立场和决心表达得更加坚定，校园教育重回主阵地。教育行业的业绩将受到一定冲击，长期来看转型升级是必然选择，结构性变化和信息化升级为教育行业带来新机遇。

表 3-2　2021 中国服务业企业 500 强各行业收入利润率

行业	收入利润率	行业	收入利润率	行业	收入利润率
证券业	21.97%	综合能源供应	3.56%	化工医药商贸	1.46%
商业银行	19.97%	生活消费品商贸	3.18%	电网	1.42%
互联网服务	16.47%	铁路运输	3.14%	能源矿产商贸	1.34%
基金信托	11.93%	水上运输	3.07%	生产资料商贸	1.00%
商业地产	9.53%	综合服务业	2.78%	综合商贸	0.89%
多元化金融	8.20%	多元化投资	2.49%	金属品商贸	0.78%
文化娱乐	7.19%	水务	2.29%	国际经济合作	0.76%
电信服务	6.66%	科技研发、规划设计	2.06%	人力资源服务	0.55%
住宅地产	5.35%	机电商贸	1.97%	家电及电子产品零售	0.06%
邮政	4.89%	汽车摩托车零售	1.86%	公路运输	-0.78%
医疗卫生健康服务	4.87%	连锁超市及百货	1.86%	旅游和餐饮	-1.01%
信息技术服务	4.61%	医药及医疗器材零售	1.85%	教育服务	-2.58%
港口服务	4.52%	物流及供应链	1.65%	航空运输	-8.84%
保险业	4.05%	农产品及食品批发	1.65%	航空港及相关服务业	-27.06%

3. 人均净利润呈断层分布，铁路运输大企业表现不俗

2021 中国服务业企业 500 强中人均净利润（指人均归属母公司净利润）排名前 5 的行业是基金信托、铁路运输、商业银行、证券业和互联网服务，分别为 239.43 万元，143.60 万元、68.74 万元、64.19 万元和 47.32 万元，第一名是第五名的 5 倍多。同样，旅游和餐饮、教育服务、公路运输、航空运输和航空港及相关服务业这 5 个行业人均净利润也为负数。其他行业的人均净利润在 0.18 万～

37.23 万元之间，整体呈现出断层分布的态势，如表 3－3 所示。

表 3－3 2021 中国服务业企业 500 强各行业人均净利润 （单位：万元）

行业	人均净利润	行业	人均净利润	行业	人均净利润
基金信托	239.43	生活消费品商贸	10.33	综合商贸	4.77
铁路运输	143.60	电信服务	9.39	医药及医疗器材零售	4.61
商业银行	68.74	水上运输	9.20	邮政	4.06
证券业	64.19	综合能源供应	8.95	电网	3.44
互联网服务	47.32	信息技术服务	8.19	水务	3.03
商业地产	37.23	港口服务	7.89	科技研发、规划设计	2.50
金属品商贸	29.05	多元化投资	7.54	连锁超市及百货	1.94
多元化金融	27.30	物流及供应链	7.48	国际经济合作	1.37
生产资料商贸	24.42	机电商贸	7.28	家电及电子产品零售	0.18
能源矿产商贸	23.20	保险业	7.25	旅游和餐饮	－1.03
住宅地产	19.94	综合服务业	7.05	教育服务	－1.10
医疗卫生健康服务	14.90	农产品及食品批发	6.44	公路运输	－1.15
文化娱乐	12.89	汽车摩托车零售	6.43	航空运输	－7.01
人力资源服务	10.43	化工医药商贸	5.73	航空港及相关服务业	－22.17

除了铁路运输以外，排在前 5 的其他 4 个行业和收入利润率的行业排名是一致的。因此，这里分析一下铁路运输业的发展。铁路运输业仅 1 家大企业入围服务业企业 500 强，即中铁集装箱运输有限责任公司，榜单排名第 161 位，较上年度排名跃升 17 位。2018 年 10 月，国务院办公厅印发《推进运输结构调整三年行动计划（2018—2020 年）》（国办发〔2018〕91 号），重点开展“多式联运提速行动”等六大行动，支持各地开展集装箱运输等多式联运试点示范创建，优先保障大宗货物运力供给，明确提出由中国铁路总公司牵头“研究推进铁路双层集装箱、驮背运输产品开发，提升通道配套设施设备能力。充分发挥高铁运能，在有条件的通道实现客货分线运输”。中铁集装箱遵循国家政策安排，践行高质量发展，积极服务西部陆海新通道、中欧班列等重大战略部署，营业收入、利润总额和净利润都取得了显著增长，分别为 20.65%、24.12% 和 36.22%，人均效益水平也得到了显著提升。

4. 金融业获利仍居前列，前五大行业贡献净利润八成

2021 中国服务业企业 500 强中，净利润超过 100 亿元的企业共 42 家，较上年减少 1 家；在 10 亿～100 亿元的企业共 163 家，较上年增加 10 家；净利润在 0～10 亿元的企业共 258 家，较上年减少 25 家；亏损企业数量为 37 家，较上年增加 18。总体上，高利润区域企业数量基本持平，中高利润区域企业数量显著增加，亏损企业数量也达到了近年来的最大值。服务业 500 强企业的净利润分布出现了较为明显的分化，如表 3－4 所示。

表 3-4　2020—2021 中国服务业企业 500 强净利润分布情况

归母净利润	2020	2021	变化
100 亿元以上	43	42	-1
10 亿~100 亿元	153	163	10
0~10 亿元	283	258	-25
亏损	19	37	18
合计	498	500	—

分行业比较，行业净利润总额排在前五的行业中，金融业包含了 3 个，分别是商业银行、多元化金融和保险。其中，46 家商业银行所获得的净利润总额约为排名第二的 16 家互联网服务企业的 4 倍。非金融类服务业中，除了互联网服务，住宅地产大企业净利润也较为丰厚。这些行业的净利润总额在全部服务业 500 强中占比分别达到 49.21%、13.25%、8.05%、7.92% 和 4.19%，前五大行业合计净利润贡献了 82.62%，如图 3-6 所示。

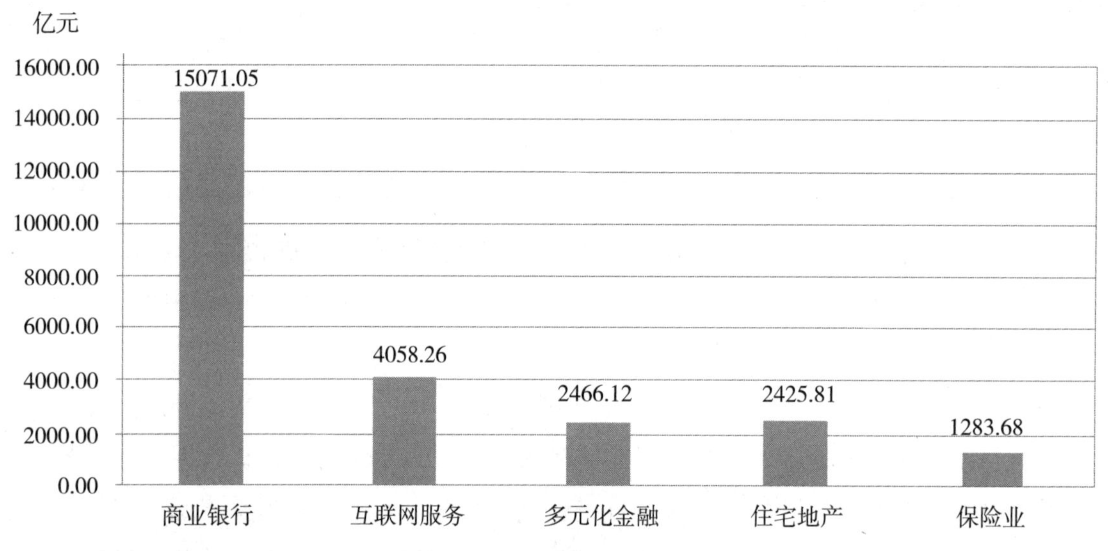

图 3-6　2021 中国服务业企业 500 强净利润前五位行业

在 2021 中国服务业企业 500 强中，商业银行入围数量由上年的 41 家增长到 46 家，实现营业收入、净利润、资产和从业人数分别位 7.55 万亿元、1.51 万亿元、181.12 万亿元和 219.24 万人，和上年入围的商业银行相比略有增长。在服务业 500 强整体中的占比，营业收入和净利润出现小幅下降，资产和员工数量出现小幅上升，如表 3-5 所示。

表 3-5　2020—2021 中国服务业企业 500 强中商业银行各指标占比　（单位:%）

	数量占比	营业收入占比	净利润占比	资产占比	从业人数占比
2020	8.20	17.35	49.55	60.34	12.95
2021	9.20	17.31	49.21	60.65	13.40

商业银行作为服务业企业 500 强中特殊又庞大的存在，其净利润和资产总额长期在服务业 500 强中占比过半。近年来，尽管银行入围企业的数量变化不大，但其他各项指标占比出现了持续下降的趋势。"十三五"末期，银行业的营业收入、净利润、资产、员工在总量中的占比，相比"十二五"末期，分别减少 6.53 个百分点、12.29 个百分点、8.69 个百分点和 3.15 个百分点。

5. 资产利用效率走低，资产负债率降至五年最低水平

2021 中国服务业企业 500 强的总资产利润率为 1.02%，净资产利润率为 8.84%，资产周转率为 0.146 次/年，较上年均出现不同程度的下降。另外，资产负债率为 84.54%，较上年有显著降低，企业风险水平所有好转。

从过去 5 年的数据来看，中国服务业企业 500 强的净资产利润率持续下降，总资产利润率出现波动下降趋势，资产周转率波动上升，资产负债率波动下降，并降至 5 年来最低水平，如表 3 - 6 所示。

表 3 - 6 2017—2021 中国服务业企业 500 强资产利用情况

	总资产利润率/%	净资产利润率/%	资产周转率/（次/年）	资产负债率/%
2017	1.04	10.08	0.1376	88.97
2018	1.07	10.20	0.1395	86.77
2019	1.04	9.89	0.1455	88.40
2020	1.12	9.77	0.1542	87.99
2021	1.02	8.84	0.1460	84.54

三、2021 中国服务业企业 500 强行业分布情况分析

2021 中国服务业企业 500 强共分布在 42 个小类行业领域，12 个中类行业。其中，小类行业内企业数量排名前 10 位的行业包括住宅地产（52 家）、商业银行（45 家）、物流及供应链（39 家）、多元化投资（31 家）、综合商贸（25 家）、汽车摩托车零售（23 家）、综合服务业（19 家）、化工医药商贸（18 家）、综合能源供应（17 家）和金属品商贸（17 家）。

1. 产业格局持续优化，现代服务正在崛起

观察 2006—2021 中国服务业企业 500 强行业分布变化，可以发现，伴随着传统的批发贸易、零售、交通运输等行业入围数量的持续走低，互联网及信息技术服务、金融业、物流及供应链等现代服务业企业快速崛起，中国服务业企业的行业分布表现出重大分化，同时实现了服务业整体产业结构的持续优化，如图 3 - 7 所示。

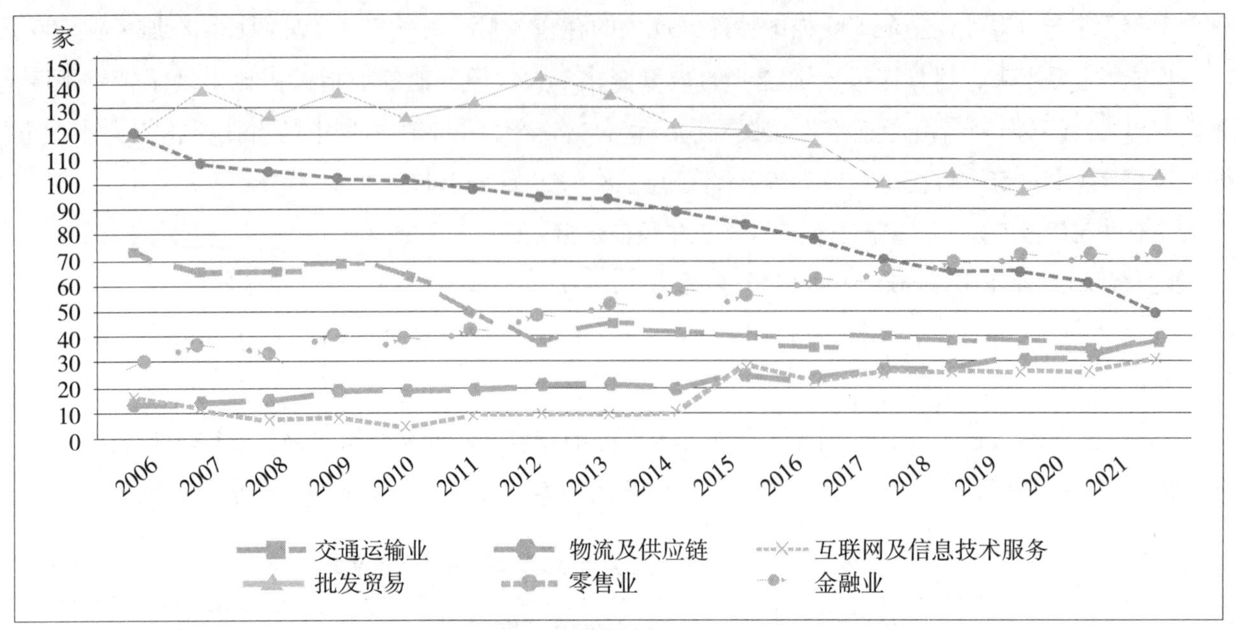

图 3-7 2006—2021 中国服务业企业 500 强部分行业入围数量

在 2006 中国服务业企业 500 强中，批发贸易、零售、交通运输三大类行业合计入围 313 家企业，占比 62.6%，是彼时服务业大企业的主力军。而历经 16 年变迁，这三类企业历经大量的并购整合、淘汰，2020 年减少到 188 家，占比也下降为 37.6%。与此相对应的，互联网及信息技术服务、金融业、物流及供应链等行业发展日新月异，由 2006 中国服务业企业 500 强中的 59 家攀升至 2021 中国服务业企业 500 强中的 149 家，占比也由 11.80% 增加至 29.8%。这些行业既关系着产业结构调整和生产力转化的加快推进，也关系着人民生活品质和民生福祉的持续增进，是未来服务业发展的重要方向，也是服务业企业发挥我国超大规模市场优势、继续提升发展质量的重要支撑。

2. 供应链企业稳定增长，产业链上下游配套不断完善

2021 中国服务业企业 500 强中，物流及供应链服务企业入围 39 家，比上年增加 7 家。按照营业收入排在前 5 位的分别为：中国邮政、厦门建发、厦门象屿、顺丰控股和东岭集团。入围企业中，国有及国有控股企业 13 家，民营企业 26 家。

26 家民营企业中，既包含了顺丰、圆通、德邦、中通、申通等广为熟知的快递运输类企业，也包含了信利康、富森、华富洋、九立、上海天地汇这样的现代供应链服务企业。供应链服务企业，能够借助现代化供应链管理信息系统，针对上游客户供应链各环节需求，提供通关、仓储、配送、资金结算、信息管理等一站式服务，实现供应链结构优化升级；同时，围绕干线运输、园区运营、网络货运等场景，为下游司机提供全方位的生态增值服务，有效锁定物流运力。

13 家国有及国有控股企业中，既包含了中国铁路物资、厦门建发集团、广西现代物流、贵州现代物流等中央或省（市、自治区）直属的物流企业集团，也包含了像漳州路桥、玖隆钢铁、江苏省煤炭运销等这样提供专门产品运输或物流供应服务的大型企业。与民营企业相比，央地直属的大型国有企业更加能够整合区域内产业链上下游及相关业态的丰富物流资源，集聚物流、信息、金融、商务、环保等服务要素，服务范围广泛涉及钢铁、浆纸、汽车、能源化工等，与国内外企业全面建立

业务关系，形成了供应链服务集团及国际性战略布局。

近年来，供应链大企业在规模上迅速成长的同时，企业经营发展模式也在发生积极变化。供应链企业可以通过数字化技术实现供应链各个环节间的无缝连接，提高供应链各环节的可视化、透明度和协调性，降低供应链上下游的风险，并且通过移动互联与社群技术，建立与客户之间紧密的合作关系，更有针对性地满足客户需求，创造更良好的体验。通过企业效率提升与管理数字化变革，形成产业链供应链的竞争优势，提升企业核心竞争力。

3. 互联网及信息技术服务企业位次攀升，推动数字化转型不断深入

2021 中国服务业企业 500 强中，互联网及信息技术服务企业分别入围 16 家和 15 家，分别实现营业收入 2.46 万亿元和 3253.38 亿元。互联网服务入围企业中，按照营业收入排在前 5 位的分别为京东、阿里巴巴、腾讯、美团点评和百度。从所有制来看，有国有企业 2 家，其余 14 家为民营企业。信息技术服务企业中，按照营业收入排在前 5 位的分别为神州数码、汇通达、云账户、深圳华强和广州无线电。除了广州无线电 1 家国有企业，其余 15 家均为民营企业。从 2020—2021 两年度的企业排名变化来看，前 6 位互联网服务企业位次均有不同程度提升，前 9 位信息技术服务企业中有 4 家新上榜企业，另有 8 家位次均有不同程度提升。

2020 年，全国上下统筹推进疫情防控和经济社会发展，全社会数字化转型进入加速期。对企业而言，数字化转型已经不是一道“选择题”，而是一道“应用题”。从共享研发、智能制造、智慧化运营到数字营销，各类需求急速涌现，数字化服务企业面临巨大的市场空间。带有先天技术基因的互联网服务巨头已经摩拳擦掌，求索产业服务。阿里以阿里云、百度以 AI、腾讯以产业互联等纷纷深入推进，2020 年投入的研发费用都超过了百亿元，其中阿里巴巴达到了 572.36 亿元。好活科技、云账户、软通动力、新大陆科技等信息技术服务的“小巨人”企业的表现同样亮眼。云账户，通过数字化手段和云上赋能的方式为成千上万家平台企业提供公司注册、身份核验、业务分包、收入结算、智能报税等综合服务。那些制造业行业的巨头也抓住机会，凭借对行业运转的深刻理解，推动制造和服务的互动达到了新的高度。海尔的卡奥斯平台、航天科工的航天云网、三一重工的树根互联，这三个诞生于传统制造业的数字服务平台已经成为国内一流的工业互联网平台。

需要强调的是，企业数字化应用不仅是将产业链条的各个环节搬到线上，更重要的是信息技术和行业技术的深度融合，是底层技术、产业化应用和场景解决方案的全方位协同。商汤科技、影谱科技等“独角兽”企业从细分行业入手，在安防和影像制作领域形成了各自的闭环。深耕多年的影谱科技，基于 AI 技术与影像技术的“互融式创新”构建了国内最大的智能影像生产设施，重新定义了影像生产的基本逻辑和生产能力，在文娱、教育、商业中提供数字化转型方案，探索出了人工智能和产业发展有机互动的新思路。

总体而言，围绕企业的数字化服务正如火如荼地展开，已经入场的互联网及信息技术服务企业将迎来更多的发展机会。无论对服务业自身的高质量发展，还是推动第一、第二产业的进步都是重大机遇。

四、2021 中国服务业企业 500 强地域分布情况分析

2021 中国服务业企业 500 强企业分布在全国 28 个省（自治区、直辖市），全国 31 个省（自治区、直辖市）中仅宁夏、西藏、海南 3 个省（自治区）没有企业入围。

1. 传统三强地区被打破，苏浙闽快速崛起

服务业大企业分布在少数区域的特征依然显著，但排在前三的地区合计入围企业数量从 193 家减少到了 178 家。而且，随着浙江、江苏两个地区的服务业大企业快速崛起，传统的北上广三强地区的格局受到较大影响。因此，在近两年的报告中，我们用地区入围前五来观察服务业大企业的地区格局。2021 中国服务业企业 500 强中，排在前五的分别是广东 73 家、北京 53 家、江苏 52 家、上海 49 家、浙江 47 家，和上年的地区五强（广东 91 家、北京 55 家、上海 47 家、浙江 47 家、江苏 44 家）相比，入围数量由 282 家减少到 274 家，江苏大幅进步，排在第三，广东尽管仍旧排在第一位，但入围数量大幅减少了 18 家。可见，无论从前三还是前五地区，所拥有的服务业 500 强企业数量都出现了降低。排在第二梯队的福建、山东和重庆快速增长，紧随北上广江浙，入围数量分别为 32、27 和 23 家。尤其是福建地区，入围数量两年内增加了 8 家，山东增加了 7 家。

从企业规模看，2021 中国服务业企业 500 强中地区入围数量三甲的 178 家入围企业，其营业收入总额占比高达 64.48%，显著高于数量占比 35.6%。如果按营业收入占比排名，前三位的省市依然是北上广，所拥有的服务业企业营业收入总额占所有服务业 500 强企业的比重分别是 42.54%、8.91% 和 17.56%，合计 69.01%。江苏的入围企业营业收入占比为 4.44%，略低于浙江的 5.60% 和福建省的 5.45%，排在第 6 位。北上广传统三强的规模优势不容忽视，苏浙闽因为更具优势的企业数量，“领头羊”地位也值得期待，如图 3－8 所示。

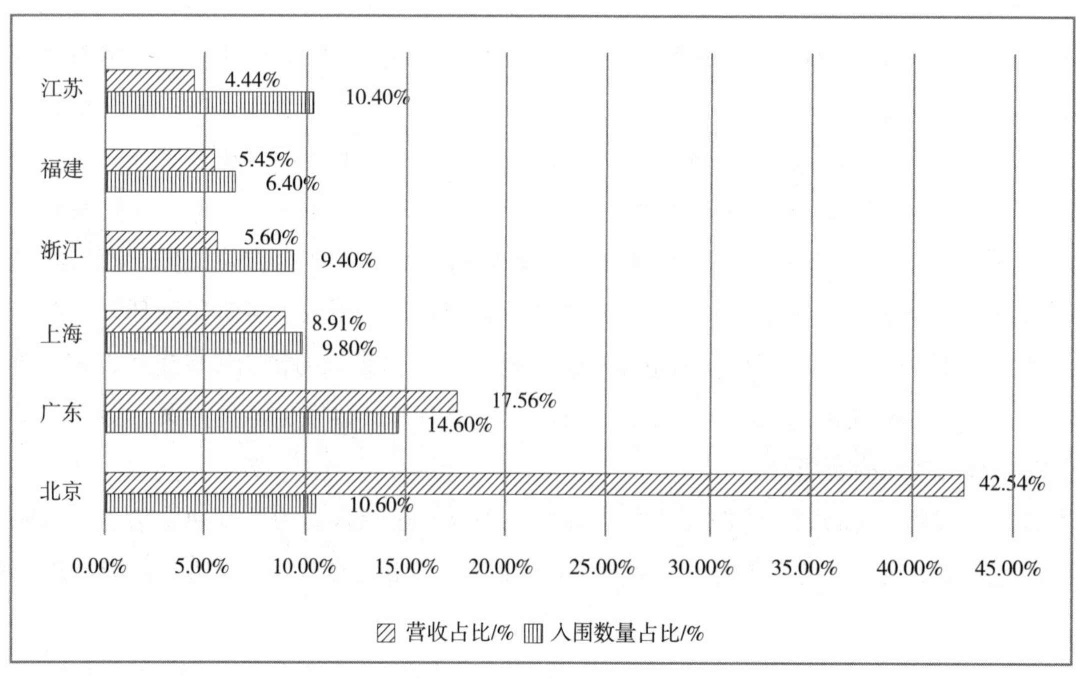

图 3－8　2021 中国服务业企业 500 强北上广苏浙闽地区比较

2. 区域间服务业优势互补，畅通国内国际双循环

按照东部、中部、西部和东北四大板块来看，2020—2021 中国服务业企业 500 强中，东部地区从 372 家企业入围减少到 370 家企业，中部地区从 63 家企业入围减少到 59 家企业，西部地区从 59 家企业入围增加到 62 家，东北地区从 6 家企业入围增加到 9 家。随着新一轮“西部大开发”和“东北振兴”的战略调整和加快推进，财税、金融、产业、用地、人才等政策及配套资金向西部地区和东北地区倾斜，在上述地区打造若干产业转移示范区、产业转型升级示范区，向欠发达地区梯度转移企业，培育和发展“互联网 +”的新产业、新业态，包括“引导知名互联网企业深度参与东北地区电子商务发展”等一系列具体举措，使得西部地区和东北地区的入围企业数量和营业收入占比呈增长态势，如图 3 –9 所示。

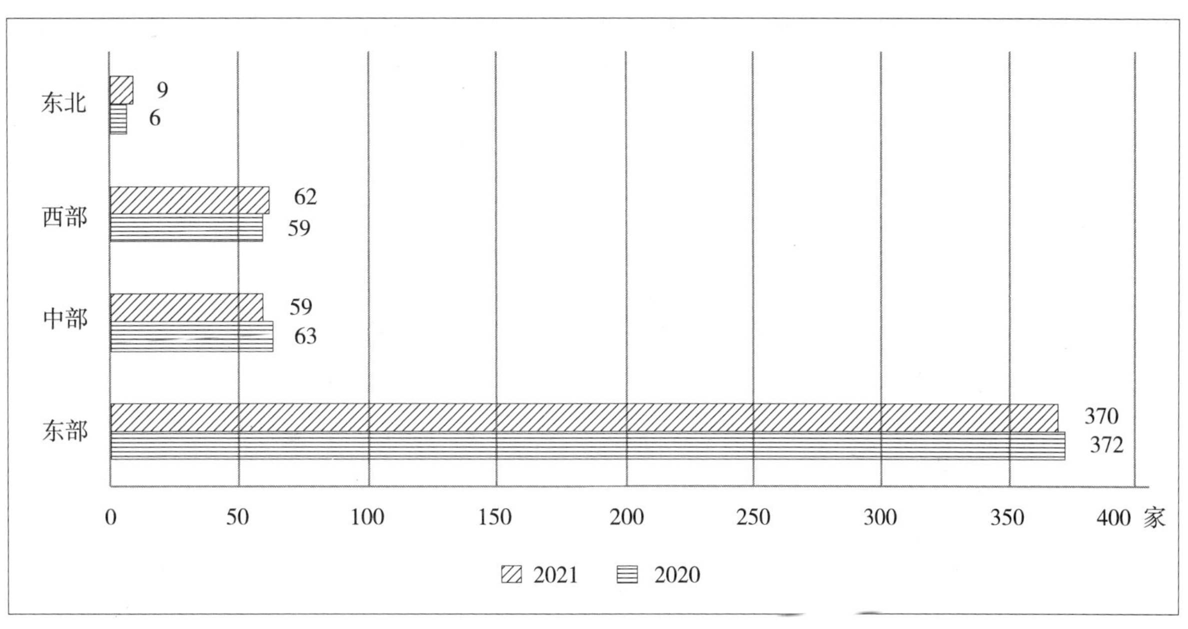

图 3 –9　2020—2021 中国服务业企业 500 强地区分布

从不同地区的海外经营情况，2020 年共有 21 个地方的 165 家服务业 500 强企业布局了海外资产，有 22 个地方的 176 家服务业 500 强企业获得了海外收入。按四大板块划分，东部地区海外资产占比和海外收入占比最高，分别为 98.75% 和 94.31%；东北地区海外资产占比和海外收入占比最低，分别为 0.02% 和 0.27%；西部地区的海外资产占比和海外收入占比均高于中部地区。可以看出，东部地区国际合作与贸易往来更为密切，西部地区的国际贸易与海外资产布局优于中部和东北，这正契合了促进沿海内陆沿边开放优势互补，形成引领国际经济合作和竞争的开放区域，以及要统筹沿海沿江沿边和内陆开放，加快培育更多内陆开放高地的精神，建设更高水平开放型经济新体制的目标正加快实现。在打造西部陆海新通道、高质量共建“一带一路”的背景下，全国各地正全方位构筑自由贸易试验区、扩大开放服务业综合试点，推动服务业新一轮高水平对外开放，以高水平对外开放来促进服务业企业的高质量发展，如表 3 –7 所示。

表3-7 2021中国服务业企业500强各地区入围企业海外经营情况

地区	海外资产合计/亿元	海外资产占比/%	海外收入合计/亿元	海外收入占比/%
东部	121217.22	98.75	16157.84	94.31
中部	137.33	0.11	286.96	1.67
西部	1364.33	1.11	641.37	3.76
东北	20.27	0.02	45.42	0.27
全国	122739.15	100.00	17131.59	100.00

3. 头部企业做强做优做大，巩固提升区域首位度

从2021中国服务业企业500强在各省（自治区、直辖市）及四大板块的企业分布来看，广东、湖南、重庆、吉林分别是东、中、西、东北四大板块中入围企业数量最多的地区，北京、湖北、重庆、辽宁分别是四大板块中企业营业收入占比最高的地区。这表明，广东、湖南和吉林虽然大企业数量多，但企业的营业收入规模不够大，反观北京、湖北和辽宁的企业具有“数量少个头大”的特点。重庆则企业数量和规模相对比较均衡，如表3-8所示。

表3-8 2021中国服务业企业500强不同地区入围企业数量 （单位：个）

东部	入围数量	中部	入围数量	西部	入围数量	东北	人为数量
北京	53	山西	3	四川	8	黑龙江	2
上海	49	河南	9	重庆	23	吉林	4
天津	19	安徽	11	陕西	7	辽宁	3
河北	18	湖南	18	广西壮族自治区	11	—	—
山东	27	湖北	12	云南	4	—	—
江苏	52	江西	6	青海	1	—	—
浙江	47	—	—	新疆维吾尔自治区	2	—	—
广东	73	—	—	甘肃	2	—	—
福建	32	—	—	贵州	2	—	—
—	—	—	—	内蒙古自治区	2	—	—

大企业尤其头部企业能够有力带动一个区域首位度的提升。北京市排名第1的国家电网，其营业收入为26676.68亿元，在东部地区的营业收入占比高达14.39%；湖北省排名第1的是九州通，其营业收入为1108.60亿元，在中部地区的营业收入占比高达22.54%；重庆市排名第1的是重庆金科，其营业收入为2238.14亿元，在西部地区的营业收入占比高达21.78%；辽宁省域排名第1的是中升集团，其营业收入为1483.48亿元，在东北地区的营业收入占比高达64.96%。可见，欠发达地区的头部企业营业收入占比相对较高，发达地区则相对较低。也就是说，头部企业对区域服务业发展的带动作用在中西部地区，尤其东北地区更为显著，头部企业的发展壮大对区域首位度的提升将起到至关重要的作用，如表3-9所示。

表 3-9 2021 中国服务业企业 500 强部分地区头部企业情况

省（市）	公司名称	总排名	省（市）域排名	营业收入/亿元	所属区域	区域营业收入占比/%
北京市	国家电网	1	1	26676.68	东部	14.39
湖北省	九州通	81	1	1108.60	中部	22.54
重庆市	重庆金科	48	1	2238.14	西部	21.78
辽宁省	中升集团	65	1	1483.48	东北	64.96

五、2021 中国服务业企业 500 强所有制分布情况分析

2021 中国服务业企业 500 强中，民营企业入围数量延续上年态势，超过了国有企业。民营企业入围 258 家，国有企业入围 242 家。

1. 民营企业发展活力不断释放

按所有制类型看，中国服务业企业 500 强中，国有企业数量持续减少。“十三五”时期，合计减少了 41 家，民营企业的数量相应增加了 41 家。2021 中国服务业企业 500 强中，国有企业共计 242 家，比上年减少 1 家；民营企业共计 258 家，比上年增加 1 家。国有企业和民营企业的数量比为 1∶1.07，营业收入比为 1∶0.51。虽然民营企业在入围数量上已经超过国有企业，但营业收入金额依然低于国有企业营业收入金额，从变化趋势来看，民营企业的营业收入占比与上年相比增长了 3.74 个百分点，相比而言，民营企业的规模增长更加迅速。

从不同所有制的经济效益指标看，2021 中国服务业企业 500 强中，国有企业和民营企业分别获得归属母公司净利润 2.01 万亿元和 1.05 万亿元，占比分别为 65.59% 和 34.41%。从变化来看，民营企业的净利润占比持续增长，与上年相比又增长了 1.95 个百分点，与国有企业的差距越来越小。

近年来，我国大力深化“放管服”改革的成效不断显现，保障民营企业平等获取生产要素和政策支持，清理废除与企业性质挂钩的不合理规定，民营经济发展环境不断优化，民营企业越来越多参与到“两新一重”、传统产业改造、新兴产业提升的投资当中。2021 年上半年，我国民间投资占全部投资的比重达 57.8%，同比提高 1.4 个百分点，民营经济的活力在逐步得到激发和释放，如表 3-10所示。

表 3-10 2020—2021 中国服务业企业 500 强不同所有制企业比较

	所有制	数量/家	营业收入/万亿元	净利率/万亿元
2020	国有	243	28.05	2.03
	民营	257	13.30	0.97
2021	国有	242	28.90	2.01
	民营	258	14.70	1.05

2. 国有、民营齐发力保障公共服务

2021 中国服务业企业 500 强中，共有 27 家公共服务业企业上榜，较上年入围企业减少了 8 家。

近两年，公共事业服务业领域进行的大规模并购重组，很多巨头发生合并，这是入围数量下降的部分原因。入围企业涉及了电力、热力、天然气、水务、航道等公共事业的供应服务，共计拥有资产 9.40 万亿元，实现营业收入总额 4.36 万亿元。这些企业大都以融资控股平台为形式，对城市的基础设施和公用事业进行投资、运营和管理，其分支机构遍布在全国各地，提供均等化的基本公共服务和高标准的资源供应服务。

27 家入围企业中，国有企业有 20 家，民营企业 7 家。公共服务业与民生福祉密切相关，具有自然垄断及准公共产品的特征，产品服务标准受到政府的严格监管，国有企业以公益性和收益性为双重发展目标，成为公共服务业的主要力量。与此同时，城市基础设施、能源供应等领域逐步向社会资本敞开大门，各类资本共同开拓市场，国有、民营企业共同发力来保障公共服务的提供。

国有企业中除国家电网有限公司等大型央企外，各省市形成了一批综合性和专业性地方公共服务企业，如山东水发集团、广西北部湾国际港务集团、南昌市政公用投资公司、北京首都创业集团等，且营业收入排名靠前；民营企业中，也有新奥能源、奥德集团、东华能源、广州元亨能源、金帝联合控股等综合能源供应类企业。它们在完成社会责任的同时，也创造了一定经济效益，2021 中国服务业企业 500 强中的 27 家公共事业服务业企业归属母公司净利润合计 810.51 亿元，收入利润率（归母）为 1.85%，实现了社会责任和经济价值统筹兼顾。

六、2021 中国服务业企业 500 强创新情况分析

近年来，我国服务业大企业发挥创新驱动作用，持续加大研发投入，创新成果不断进步。2021 中国服务业企业 500 强拥有专利数共计 259771 件，发明专利数共计 93676 件，分别较上年增长 2.45% 和 5.25%，发明专利数更快的增长，表明服务业大企业的专利质量正在改善。同时，新冠肺炎疫情防控倒逼企业纷纷“触网”开拓线上业务，服务业新业态、新模式保持快速发展。我国服务业大企业正向着成为创新能力强、发展前景好、市场潜力大的方向不断迈进，努力实现更高水平的自立自强。

1. 企业研发投入持续加大，创新驱动不断增强

2021 中国服务业企业 500 强研发投入较快增长，研发费用为 3342.42 亿元，较上年增长 23.34%。分行业来看，研发费用占服务业 500 强比重排名前 10 位的行业分别是：互联网服务（43.84%）、电信服务（14.65%）、电网（5.77%）、商业银行（5.69%）、住宅地产（3.80%）、多元化投资（3.76%）、信息技术服务（3.37%）、综合服务业（3.22%）、综合能源供应（3.03%）、多元化金融（1.99%），如图 3－10 所示。

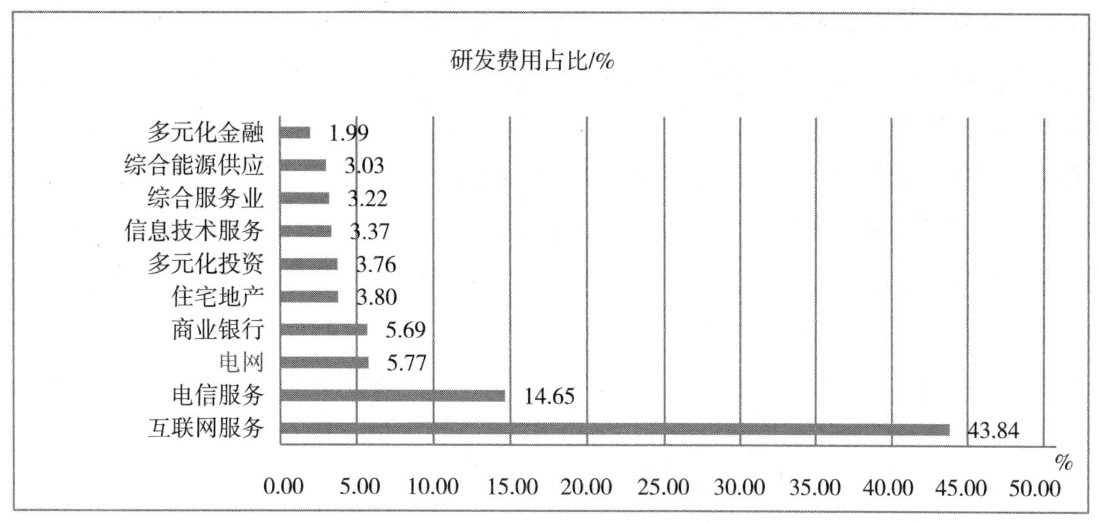

图 3－10 2021 中国服务业企业 500 强研发费用占比排名前 10 行业

2021 中国服务业企业 500 强的平均研发强度为 1.23%，排在前 10 名的企业为携程 41.83%、广州华多网络 19.78%、福建网龙 19.16%、百度 18.12%、网易公司 14.08%、上海盛趣 11.58%、米哈游 10.00%、世纪华通 9.99%、美团公司 9.49%、广州无线电 8.99%，无一例外全部都是互联网及信息技术服务企业。头部企业以较高投入不断推动技术研发应用产生了技术外溢，从而提升了行业的研发投入规模和科技创新能力。近年来，“互联网＋”新模式与传统产业加速融合，通过聚变效应和乘数效应创造着“三新”经济生态，成为驱动行业创新、社会创新和经济增长的新引擎。

2. 新冠肺炎疫情催生“云端经济”，服务业发展韧性增强

2020 年以来，新冠肺炎疫情对正常生产生活秩序产生直接冲击，传统商贸服务和传统消费服务受到了较强抑制。2021 中国服务业企业 500 强中的商贸服务业（包括能矿产商贸、化工医药商贸、机电商贸、生活消费品商贸、生产资料商贸、金属品商贸、综合商贸等行业）等营业收入总额为 3.73 万亿元，较上年相比下降 8.23%。其中，生产资料商贸的营业收入降幅高达 52.47%。再看消费服务业（包括旅游和餐饮、连锁超市及百货等行业），旅游和餐饮业的营业收入额由上年的 1230.71 亿元降至 1189.36 亿元，降幅达 3.36%，连锁超市及百货业营业收入额由 5712.32 亿元降至 4453.87 亿元，降幅高达 22.03%。

与此同时，数字技术赋能的无接触配送、无人零售、直播零售、远程办公、在线教育、网络问诊、云旅游、云娱乐等“云端经济”则全面提速、异军突起，展示出服务业新动能的强大活力。2020—2021 中国服务业企业 500 强中的互联网及信息技术服务行业营业收入分别由 10787.53 亿元和 2405.92 亿元增长至 19799.70 亿元和 3253.38 亿元，增长率高达 83.54% 和 35.22%。国家统计局数据显示，2020 年网络经济指数为 1323.6，同比大幅增长 54.8%。在新冠肺炎疫情防控常态化形势下，对互联网销售等无接触服务的需求极速扩张，新型消费加速升级，互联网及相关服务业企业规模加快增长，不断提高着我国服务业发展韧性和潜力。

七、新时期服务业高质量发展面临的主要机遇

“十四五”时期，是我国在全面建成小康社会、实现第一个百年奋斗目标之后，乘势而上开启全

面建设社会主义现代化国家新征程、向第二个百年奋斗目标进军的第一个五年，也是我国服务业爬坡过坎、转型升级的关键期。2021 年是“十四五”开局之年，进入新发展阶段，我国服务业高质量发展面临重大历史机遇。

1. 我国新冠肺炎疫情防控成效显著创造服务业开放合作新机遇

2020 年 2 月以来，境外疫情呈多点加速扩散蔓延态势，引发国际经济动荡加剧。相比之下，我国疫情防控和经济社会发展统筹推进，疫情防控成效显著，营商环境持续改善，增强了外国投资者长期在华投资经营的信心，为我国与世界各国深化互利合作创造了新机遇。2021 年上半年，我国服务业业务活动预期指数均值为 61.2%，第一、第二季度均值分别为 60.5% 和 61.8%，表明服务业企业对未来市场繁荣发展普遍持积极乐观态度。2021 年 1—5 月，我国服务出口增幅趋稳、进口降幅缩小，服务贸易逆差同比减少 2355.9 亿元，服务业实际使用外资 3819 亿元，同比增长 41.6%，占全国实际使用外资的 79.4%。伴随全球服务贸易产值和规模逐步超过传统货物贸易，国际经济进入服务经济时代，我国服务业迎来了新一轮高水平开放合作的历史机遇。

2. 全球价值链调整为我国服务业转型升级提供新契机

在国际经贸规则重构背景下，全球服务分工格局和价值链深度调整，服务投资贸易全球化促进服务业发展空间拓展，为我国服务业创新升级提供了重大的历史机遇。依靠市场机制、优化要素配置、激发创新活力，推动生产性服务业向专业化和价值链高端延伸，推动生活性服务业向高品质和多样化升级，是未来服务业高质量发展的途径和方向。在发达国家积极推进“再工业化”之际，中国等发展中国家通过催生新组织、新业态的制度改革以及内部产业结构调整的系列举措为形成后发优势和新动能提供了良好条件，极大地刺激了消费和服务业发展。全球价值链的调整使传统国际产业分工面临变化，新兴经济体有望打破限定在价值链低端环节的困境，逐渐向资本和技术密集型产业以及服务业转型。智能化、自动化的普及将解放出大批劳动力，为消费和服务产业发展创造了新契机。

3. 内需潜力持续激发为我国服务业发展焕发新活力

随着全面建成小康社会目标的完成，我国进入建设社会主义现代化强国的新阶段。扩大内需成为“十四五”时期经济工作的重点，经济的内生动力逐步增强，我国的超大规模市场优势和内需潜力为服务业发展提供了广阔空间。随着扩内需、促消费政策持续起效发力，构建新发展格局和建设现代流通体系加快推进，国内消费市场不断壮大，2021 年上半年，我国内需增长对经济增长的贡献率高达 80.9%，为服务业发展提供了强劲动力。内需潜力的持续激发，有利于内陆等欠发达地区发挥产业的后发优势和内在潜力，有利于在实施扩大内需战略、形成强大国内市场中更好地发挥消费对经济增长的基础性作用，持续焕发消费活力将国民经济恢复到新冠肺炎疫情前的水平。

4. 先进技术强势崛起开启我国服务经济数字化新征程

新一轮科技革命和产业变革如火如荼，引领服务经济蓬勃发展。当前，各国顺应数字化、网络化、智能化发展趋势，共同致力于消除“数字鸿沟”，有力助推我国服务经济数字化进程。以 5G、云计算、大数据、物联网、区块链、人工智能等为代表的新一代信息技术的发展，为促进“互联网 +”应用、数字经济、平台经济快速发展积蓄了蓬勃的力量，智能科技和下一代互联网技术研发

投入的大幅增加为新兴经济体提升自主创新能力、实现科技赶超奠定了雄厚的基础，为我国加快形成以创新为主要引领和支撑的“三新”经济提供了新动能，还为历经疫情“大考”、恢复缓慢的消费领域提供了无接触购物等创新发展思路，强势开启了服务业数字化转型的新征程。

八、新时期服务业高质量发展面临的主要挑战

当今世界正处于百年未有之大变局，国际环境日趋复杂，不稳定性、不确定性明显增加。国内外区域发展分化态势明显，人口红利逐渐消退，人才红利尚未显现，问题交织叠加为我国服务业发展带来多重挑战。

1. 全球大变局为我国服务业高质量发展带来空前挑战

当前，经济全球化遭遇逆流，保护主义、单边主义上升，“边境上”和“边境后”壁垒等贸易保护主义做法依然存在，国际经济低迷、增长乏力，加之新冠肺炎疫情全球蔓延使百年未有之大变局更加复杂，国际贸易和投资大幅萎缩，给人民生产生活带来前所未有的挑战和考验。服务业因其轻资产、软要素的特点，更需要开放、透明、包容的发展生态和外部条件，而更加复杂的大变局导致我国服务业发展所需的要素自由流动面临制约，同时我国在国际价值链的地位有待提升，向价值链中高端迈进将是一个长期渐进的过程，存在较大的不确定性、不稳定性，这都对我国服务业企业跨国生产布局和参与国际分工带来空前挑战。

2. 区域发展不平衡对我国服务业区域协同发展形成考验

长期以来，我国区域战略和政策的安排多是以东、中、西和东北四大板块为基础，在一定程度上造成了地区间分工格局固化以及区域发展不平衡的现象。区域发展不平衡，一方面阻碍了服务业发展所需资源要素的均衡配置和自由流动；另一方面也造成了各地服务经济的增长路径和发展积累等方面的分化。我国区域发展不平衡还体现在中西部等欠发达地区的产业基础和资源条件相对薄弱，基础设施配套不完善，尤其是公共服务、信息网络、市政、生态环境等领域存在突出短板，人才向东部发达地区流动，区域间土地供应存在错配，区域发展的结构性问题对我国服务业推动区域协同发展和产业转移接续带来极大的考验。

3. 国内市场需求更加多元，向服务业发展提出新要求

随着我国居民收入持续增长，多样化消费需求不断扩张，我国消费升级态势明显，新型消费主体更趋个性化、多样化的需求向服务业高质量发展提出了新要求，迫切需要消费升级类商品和服务快速增长。但传统服务业企业应对新型市场主体变化的能力比较欠缺，市场开拓能力不足，高端化生产性服务业以及高品质生活性服务业供给不足，加之餐饮等接触型消费恢复进程仍受到新冠肺炎疫情影响，难以满足企业、居民、政府等各部门对服务业日益旺盛的市场需求。同时，面对国内疫情防控形势向好，前期被抑制或延迟的消费需求将加快释放，需求侧“元气”恢复将向供给侧的服务业企业提出新的要求。

4. 外部负面冲击向我国服务业抗风险能力敲响警钟

进入 2021 年，新冠肺炎疫情对全球经济的冲击仍在持续，突如其来的疫情使我们进一步意识到在重大非预期冲击之下，建立产业风险防控机制，推动安全发展，是国家经济安全的基本要求。不

可忽视的是，全球疫情持续演变和外部经贸环境恶化都对我国服务业安全发展造成了一定程度的负面冲击，也使服务业细分行业企业生产经营情况有所分化。2020 年交通客运、百货、餐饮、住宿等传统服务业客流量大幅下降，而以互联网、数字化和科技创新为依托的信息服务业则持续增长，传统服务业对于外部冲击的敏感度较高，而新兴服务业态的韧性较好、活力较强，这也为我国服务业尤其是传统服务业加快建立健全涵盖风险监测预警、早期干预、应急处置等环节的安全发展机制和防控体系，敲响了警钟。

九、政企协同发力共促服务业高质量发展

为有效发挥龙头企业带动作用、扎实推动我国服务业高质量发展，需要各级政府与市场主体共同努力，通过构建亲清政商关系，提高服务业领域监管能力和治理水平，引导企业服务供给满足产业转型升级需求和人民美好生活需要，持续推进服务领域改革开放，推动服务业与其他产业深度融合，着力提高服务效率和服务品质，为实现经济高质量发展提供重要支撑。

1. 构建亲清政商关系，实现数字化监管与企业自律相结合

一是政府层面，要深入推进“放管服”改革。国家要创新服务业监管体制机制，以“数字化改革”为引擎，深入推进“互联网 + 政务服务”和“互联网 + 监管”。清理和废除妨碍服务业发展的各种规定和做法，赋予不同所有制企业同等待遇，加快构建统一开放、竞争有序的现代服务业市场体系，构建政府与企业良性互动的亲清政商关系。地方政府要立足本地服务业产业特色和定位，围绕服务业有效供给、企业培育、人才保障、监管机制等方面，出台专项政策。对服务业新产业、新业态、新模式，坚持包容审慎监管原则，实现市场监管核心业务数字化监管全覆盖。

二是企业层面，大企业要发挥引领示范作用，加强自律。要密切关注政府相关政策安排，结合企业自身优势，提升专业化服务水平，提高企业管控能力和水平。要评估企业自身诚信自律情况，加强对服务过程的事前、事中、事后管理，形成智能化发展、柔性化治理、精细化服务的发展模式。要加强与全国性行业协会、企业家协会、地方性商会等组织的沟通交流，建立与行业、区域协同发展的机制。

2. 挖掘强大内需潜力，提升大企业服务构建新发展格局能力

一是政府层面，促进服务业提质扩容，构建新发展格局。要培育拓展新的服务消费增长点，促进消费提质扩容，激活民生幸福产业潜在服务消费需求，让内需潜力持续释放。紧密围绕城乡居民优质便利生活需求，统筹规划社区卫生中心、综合文化服务中心等设施建设，合理布局社区养老、托育等便民服务设施，增强老百姓的获得感、幸福感，提振市场预期和消费信心。要继续推进服务业市场准入领域改革，进一步提升服务业利用外资水平，以“一带一路”建设为重点，引导有条件的企业在全球范围配置资源、拓展市场，和其他产业企业“携手”走出去。

二是企业层面，要从客户需求出发，努力提高服务品质，提升专业化服务能力，切实满足产业转型升级需求和人民美好生活的需要。要在广阔的内需市场机遇中，坚持标准化、规模化、品牌化协同发展，实现企业发展规模和发展质量的双重进步。要在服务业高水平的对外开放新局面中，使用更加专业化的人才、引进新的技术，学习先进的管理模式和专业服务经验，激发自身的成长动力。

3. 深化产业融合发展，不断加强服务技术、业态和模式创新

一是政府层面，促进服务业与农业、制造业及服务业不同领域间的融合发展。引导和鼓励发展农村服务业，重点发展乡村旅游、健康养老、科普教育、文化创意、农村电商等新业态。要推动现代服务业和先进制造业双向深度融合，大力发展服务型制造和制造服务业。要以大型服务平台为基础，以大数据和信息技术为支撑，推动生产、服务、消费深度融合。

二是企业层面，要不断提升服务技术、理念、业态和模式创新能力。贯彻创新驱动发展战略，增强个性化、多样化、柔性化服务方式，不断发力“三新”经济生态。要抓住数字经济发展机遇，深入推进先进数字技术在服务过程中的应用，在研发设计、经营管理、物流售后等核心业务环节实现数字化转型。要继续加大创新投入力度，切实提高信息技术服务能力和数字化转型赋能水平。要坚持数字化、专业化、规模化、高端化发展，要利用好先进制造业与现代服务业融合发展试点、服务业综合改革试点等先行先试政策高地，积极发挥中国服务与中国制造的组合效应，增强服务经济发展新动能。

4. 促进绿色转型发展，推动服务业发展迈上新台阶

一是政府层面，要支持绿色业态发展，推进供应链全流程绿色化。根据 2021 年 2 月国务院印发的《关于加快建立健全绿色低碳循环发展经济体系的指导意见》（国发〔2021〕4 号）的相关要求，要以节能环保、清洁能源等为重点率先突破，全方位全过程推行绿色规划、绿色设计、绿色投资、绿色建设、绿色生产、绿色流通、绿色生活、绿色消费，加快新兴绿色服务领域标准制定，探索建立绿色供应链制度体系。

二是企业层面，要积极拓展绿色业务，提高绿色发展水平。大企业尤其是产业链链主企业要围绕产业链条和制造业主体，拓展绿色设计、节能环保、供应链管理、监测检测、绿色运输中的绿色需求，努力拓展发展空间。要将绿色发展理念贯穿企业经营实践，在服务理念、服务设施工具、服务方式等方面，提高企业绿色发展水平和行业绿色发展标准，如办展设施循环使用，汽修、装修装饰等行业使用低挥发性有机物含量原辅材料，酒店、餐饮等行业不主动提供一次性用品等。要在数字经济蓬勃发展中，加快信息服务绿色化改造和运行，要率先做好大中型数据中心、网络机房绿色建设，建立绿色运营维护体系。

第四章 2021 中国跨国公司 100 大及跨国指数分析报告

为深入贯彻落实习近平新时代中国特色社会主义思想和国家“十四五”规划纲要精神，发展我国大型跨国公司，提高国际化经营水平，培育具有全球竞争力的世界一流企业，同时为社会各界提供我国大企业跨国经营水平及其相关信息，2021 年，中国企业联合会、中国企业家协会连续第十年推出“中国跨国公司 100 大及跨国指数分析报告”。

“中国 100 大跨国公司及跨国指数”是在中国企业 500 强、中国制造业企业 500 强、中国服务业企业 500 强的基础上，依据企业自愿申报的数据，参照联合国贸易和发展组织的标准产生的。中国 100 大跨国公司是由拥有海外资产、海外营业收入、海外员工的非金融企业，依据企业海外资产总额的多少排序产生；跨国指数则按照（海外营业收入 ÷ 营业收入总额 + 海外资产 ÷ 资产总额 + 海外员工数 ÷ 员工总数）÷3×100% 计算得出。

一、我国企业国际化继续取得积极进展

2020 年新冠肺炎疫情肆虐，由此引发的全球动荡，深刻影响了国际经济秩序。始于“十三五”时期的逆全球化态势进一步加剧，海外投资环境不断恶劣，不确定因素增多，直接影响了我国跨国公司海外投资的增长幅度。而与此同时，中国经济在全球主要经济体中率先走出疫情低谷，成为拉动全球经济复苏的主要引擎。在抗击疫情过程中，中国向世界展现出的能力、效率、责任，进一步提升了国家品牌的全球影响力。这些积极因素为我国企业抓住机遇、克服困难、应对挑战、推进国际化经营提供了重要的支持和保障。

1. 对外直接投资逆势增长

受新冠肺炎疫情的影响，2020 年外国直接投资总额下降了超过 1/3，降至 1 万亿美元（2019 年为 1.5 万亿美元），是自 2005 年以来的最低水平，比 2009 年国际金融危机后的低谷低了近 20%。其中，流入发达经济体的外国直接投资（FDI）为 3120 亿美元，同比下降 58%。流入发展中经济体的外国直接投资下降幅度为 8%，估计为 6630 亿美元。尽管受到疫情和逆全球化的“阻隔”，但中国企业海外发展和国际化经营的势头并未明显受挫。2020 年全年我国对外直接投资 1329.4 亿美元，同比

增长 3.3%，其中，对外非金融类直接投资 1101.5 亿美元，同比下降 0.4%。而我国企业对“一带一路”沿线 58 个国家非金融类直接投资 177.9 亿美元，同比增长 18.3%，占同期总额的 16.2%，较 2019 年提升 2.6 个百分点。

2. 对外投资结构不断优化

2020 年，我国对外投资结构出现了一定的变化趋势，流向租赁和商务服务、批发零售、科学研究和专业技术服务等领域的投资增长较快。流向租赁和商务服务业的投资 417.9 亿美元，同比增长 17.5%；流向批发和零售业的投资 160.7 亿美元，同比增长 27.8%；对科学研究和专业技术服务的投资增长 18.1%。而商务部发布的数据显示，2021 年一季度中国对外直接投资 317.9 亿美元，同比增长 12.6%。其中，流向制造业的投资 38.4 亿美元，同比增长 17.8%；流向信息传输业的投资 16.2 亿美元，同比增长 20.9%。这说明了我国对外投资结构持续优化，体现了中国企业转型升级和数字化的发展。

我国在对外投资的产业结构方面，逐步呈现了高科技、数字化转型及向第三产业转型的趋势。随着全球传统制造业向数字化转型，数字技术融合、信息技术升级为我国企业向海外提供高科技服务以及高科技数字化设备、器件创造了机遇。同时传统基础设施的数字化、网络化、信息化升级所引发的对 5G 网络、物联网、数据中心、计算中心等新型基础设施的需求，为我国企业带来了将基础设施建设能力与信息技术产业优势相结合，拓展国际新型基础设施建设市场的机遇。在数字化转型的引领下，越来越多中国企业在支持结构调整和转型升级的领域开展了大规模的跨国并购，我国企业开始向全球产业链高端布局和发力，驱动对外直接投资开始由第二产业向第三产业转型。

3. 企业品牌海外影响力不断提升

随着我国国际地位和国家在社会经济、文化科技等领域的不断提升，包括欧美市场在内的海外消费者对我国企业在海外的经营活动持更加积极和肯定的态度，更多的海外消费者认为中国品牌改善了当地的公共服务与设施，提升了生活质量，便捷、丰富了消费市场的选择。Future Brand 每年发布的以人们对不同国家品牌的理解接受程度为评价重点的国家品牌指数（Country Brand Index）显示，近十年中国国家品牌指数排名虽有起伏，但整体从 60 位上升到 30 位，呈持续上升趋势。而与此同时，最新的《Brand Finance2020 年全球品牌价值 500 强报告》则显示，随着中国企业在全球范围内取得令人瞩目的成绩，中国企业的品牌价值也增幅显著。过去 10 年品牌价值增长最突出的 10 个品牌中，中国品牌占据了 9 个。自 2010 年以来，在“Brand Finance 全球品牌价值 500 强”排行榜中，上榜的中国品牌价值从 10 年前的 1110 亿美元增至 13340 亿美元，增长了约 11 倍。这一数字远远超出其他所有国家与地区的品牌价值增长的总和。该榜单 10 年来品牌价值总体增长了 143%，而中国入榜品牌的总价值增速几乎是榜单整体品牌价值增速的 8 倍。

二、2021 中国跨国公司 100 大及跨国指数

依据 2021 中国企业 500 强、2021 中国制造业企业 500 强、2021 中国服务业企业 500 强的海外资产数据，中国企业联合会排出了 2021 中国跨国公司 100 大及其跨国指数，中国石油天然气集团有限公司、腾讯控股有限公司、中国石油化工集团有限公司、中国远洋海运集团有限公司、中国海洋石

油集团有限公司、华为投资控股有限公司、联想控股股份有限公司、国家电网有限公司、中国交通建设集团有限公司、复星国际有限公司位列前 10 名，如表 4－1 所示。2021 中国跨国公司 100 大及其跨国指数有以下主要特点。

1. 主要国际化指标全面下降

受全球新冠肺炎疫情和逆全球化的影响，中国跨国公司 2020 年的国际化指标出现了全面下降。2021 中国跨国公司 100 大海外资产总额为 92179 亿元、海外营业收入为 61507 亿元、海外员工总数为 1185017 人，分别比上年下降 11.81%、16.10%、9.56%；2021 中国跨国公司 100 大入围门槛为 109.39 亿元，比上年降低 10.83 亿元，如表 4－2 所示。

2021 中国跨国公司 100 大的平均跨国指数为 15.07%，比 2020 中国跨国公司 100 大的平均跨国指数下降 1.03 个百分点。其中，海外资产占比、海外营业收入占比、海外员工占比分别为 16.52%、19.10%、9.58%，与 2020 中国跨国公司 100 大相比，分别下降了 0.28、2.17、0.65 个百分点，如表 4－3 所示。

表 4－1　2021 中国跨国公司 100 大及其跨国指数

排名	公司名称	海外资产/万元	企业资产/万元	海外营业收入/万元	营业收入/万元	海外员工/人	企业员工/人	跨国指数/%
1	中国石油天然气集团有限公司	84533024	408867383	77006442	195931195	121197	1242245	23.24
2	腾讯控股有限公司	62928124	133342500	3340096	48206400	6353	85858	20.51
3	中国石油化工集团有限公司	51437189	223996049	52076028	195772455	34222	553833	18.58
4	中国远洋海运集团有限公司	49585460	84988963	19318829	33118871	15865	110338	43.68
5	中国海洋石油集团有限公司	49144073	126171463	33010610	57474604	3885	80058	33.75
6	华为投资控股有限公司	48131577	87685400	28978386	89136800	45000	197000	36.75
7	联想控股股份有限公司	32236268	65173277	30607222	41756685	41631	84000	57.44
8	国家电网有限公司	31040788	434622758	7680237	266766782	16168	1043614	3.86
9	中国交通建设集团有限公司	27591504	200027142	14026315	73738891	39634	213438	17.13
10	复星国际有限公司	21125329	76768060	6390897	13662948	5839	72000	27.47
11	中国铝业集团有限公司	21020839	63240430	6152573	36701991	2382	156258	17.18
12	广州越秀集团股份有限公司	20407057	67546130	354714	6965922	1932	26830	14.17
13	浙江吉利控股集团有限公司	19965356	48540396	15112652	32561869	42583	125764	40.47
14	中国五矿集团有限公司	16919297	98300396	10949281	70390347	11601	200175	12.85
15	中国电力建设集团有限公司	15143425	105697954	9586639	54155793	37957	180883	17.67
16	中国建筑股份有限公司	13943686	219217384	8964123	161502333	28496	356864	6.63
17	潍柴控股集团有限公司	13507694	30855545	7576535	30488263	39249	88695	37.63
18	中国广核集团有限公司	13457089	78715554	2041888	11087379	3605	43599	14.59
19	海尔集团公司	12559798	44777414	10185902	30247330	34922	99813	32.24

续表

排名	公司名称	海外资产/万元	企业资产/万元	海外营业收入/万元	营业收入/万元	海外员工/人	企业员工/人	跨国指数/%
20	中国兵器工业集团有限公司	10234984	43991352	23124741	49002216	15183	212960	25.86
21	洛阳栾川钼业集团股份有限公司	9942737	12244124	9825586	11298101	5885	10956	73.96
22	中国华能集团有限公司	9351614	118751931	1798819	31419332	561	128560	4.68
23	国家电力投资集团有限公司	9306741	132413690	1054541	27822779	1775	125916	4.08
24	山东能源集团有限公司	8480810	68510271	20664658	67523956	2987	244832	14.73
25	紫金矿业集团股份有限公司	8250400	18231325	3428984	17150134	17605	20024	51.06
26	中国能源建设集团有限公司	8064594	47642266	3207736	27212971	8365	120963	11.88
27	中粮集团有限公司	8029606	66978757	9858068	53030503	2822	151000	10.82
28	中国铁道建筑集团有限公司	7852803	124572775	3870299	91074888	41701	364632	7.33
29	北京首都创业集团有限公司	7454975	40912774	265301	5270094	1878	37033	9.44
30	河钢集团有限公司	7392774	48552978	11747810	36404984	13115	108132	19.87
31	江苏沙钢集团有限公司	6958962	30222583	2614668	26678565	915	45060	11.62
32	中国铁路工程集团有限公司	6768690	120918497	4708548	97554878	9186	308894	4.47
33	中国移动通信集团有限公司	6508824	198704388	2059220	77159747	8139	455721	2.58
34	TCL	6442668	32630924	7345965	15281977	6977	119063	24.56
35	美的集团股份有限公司	6239935	36038260	12108140	28570972	33000	149239	27.27
36	中国有色矿业集团有限公司	6008801	10941221	5175062	13609998	15287	47157	41.79
37	光明食品（集团）有限公司	5856350	29611531	5048387	15574792	18619	109375	23.07
38	苏宁控股集团	5847400	35367214	2142000	58278071	1305	280037	6.89
39	中国华电集团有限公司	5679827	86104255	751194	23763660	2042	102486	3.92
40	中国旅游集团有限公司	5387660	15173238	4528302	6992848	8007	43367	39.58
41	中国电子信息产业集团有限公司	5316248	34965948	10140150	24792373	11737	185050	20.82
42	上海汽车集团股份有限公司	5106464	91941476	4498446	74213245	23324	143922	9.27
43	中兴通讯股份有限公司	4959188	15063491	3339949	10145067	8863	73709	25.96
44	云南省投资控股集团有限公司	4899613	47452133	1502520	17861994	765	51442	6.74
45	三一集团有限公司	4891473	22497446	544206	12531796	3651	37144	11.97
46	中国宝武钢铁集团有限公司	4866928	101407132	13126353	67373867	2826	207971	8.55
47	青山控股集团有限公司	4771440	8615934	5715471	29289244	54067	75102	48.96
48	中国国际海运集装箱（集团）股份有限公司	4561002	14621151	3742989	9415908	4317	51100	26.46
49	上海电气（集团）总公司	4382105	37897388	1312310	16063032	4438	68322	8.74

续表

排名	公司名称	海外资产/万元	企业资产/万元	海外营业收入/万元	营业收入/万元	海外员工/人	企业员工/人	跨国指数/%
50	青岛城市建设投资（集团）有限责任公司	4071792	35053731	757794	3291675	8968	20365	26.22
51	山东如意时尚投资控股有限公司	4002355	7056634	3018845	5671453	10512	41492	45.09
52	中国机械工业集团有限公司	3998182	35489807	2354426	28287460	13201	139453	9.69
53	首钢集团有限公司	3979398	51200691	2384676	20737071	4702	97235	8.04
54	中国南方电网有限责任公司	3974897	101249591	489917	57752408	1082	288573	1.72
55	宁波均胜电子股份有限公司	3676017	5626515	3607617	4788984	48220	53816	76.76
56	浙江恒逸集团有限公司	3658052	11357453	2473752	26607632	2140	22019	17.07
57	万向集团公司	3556052	9270589	7153354	12673776	12916	23947	49.58
58	宁夏天元锰业集团有限公司	3502592	15160930	1464383	6413255	1302	20443	17.44
59	金川集团股份有限公司	3484565	11485345	5140750	24775947	2970	29220	20.42
60	国家开发投资集团有限公司	3255733	68226971	2546919	15307859	5360	51885	10.58
61	海信集团控股股份有限公司	3219605	15275714	5482242	13631446	15346	88129	26.24
62	中国建材集团有限公司	2934438	60012574	2180098	39409660	6002	202844	4.46
63	北京电子控股有限责任公司	2933703	48729381	8764824	15364413	557	85000	21.24
64	中国东方航空集团有限公司	2894762	38159364	128486	7387773	1212	100179	3.51
65	珠海华发集团有限公司	2683456	48778304	1437893	10919024	16530	39735	20.09
66	云南省建设投资控股集团有限公司	2574915	60118953	318136	15059527	881	45401	2.78
67	北京控股集团有限公司	2461621	38833455	736908	10126115	2228	73726	5.55
68	浙江省能源集团有限公司	2425892	27642588	2093794	10738544	338	23066	9.91
69	鞍钢集团有限公司	2407316	34018335	1970950	21311112	461	112606	5.58
70	云南省能源投资集团有限公司	2385603	20561290	1502248	13150164	595	29958	8.34
71	中联重科股份有限公司	2359176	11627494	383242	6510894	441	23528	9.35
72	协鑫集团有限公司	2238975	17710916	510929	10039029	569	24256	6.69
73	山东魏桥创业集团有限公司	2176111	24609539	2418144	28896461	8076	100395	8.42
74	中国大唐集团有限公司	2156877	79656306	150041	19240874	700	99925	1.40
75	中国联合网络通信集团有限公司	2047365	61581817	597973	30488253	869	257147	1.87
76	中国电信集团有限公司	2022810	90781347	1866347	49266732	6073	400945	2.51
77	万华化学集团股份有限公司	1908146	13375267	3588477	7343297	3048	17581	26.82
78	广东省广晟控股集团有限公司	1902665	13889719	2377863	7464437	4868	50079	18.42

续表

排名	公司名称	海外资产/万元	企业资产/万元	海外营业收入/万元	营业收入/万元	海外员工/人	企业员工/人	跨国指数/%
79	北京首农食品集团有限责任公司	1902401	15380078	154805	15706161	394	47215	4.73
80	青建集团股份公司	1895966	4548538	976012	6663210	1370	15180	21.79
81	新疆金风科技股份有限公司	1809350	10913818	459450	5626511	516	8956	10.17
82	铜陵有色金属集团控股有限公司	1785902	9308857	1542887	20907830	2384	22621	12.37
83	上海韦尔半导体股份有限公司	1764732	2264799	1516459	1982397	1041	3291	62.02
84	北京建工集团有限责任公司	1729597	20211367	323616	10551211	237	38669	4.08
85	中国信息通信科技集团有限公司	1668976	10356350	436190	4750222	691	38685	9.03
86	海亮集团有限公司	1624903	6099649	3414848	19642059	2416	20172	18.67
87	隆基绿能科技股份有限公司	1592001	8763483	2146102	5458318	3916	46631	21.96
88	中国节能环保集团有限公司	1521265	22134106	549919	4439436	14284	52429	15.50
89	安徽海螺集团有限责任公司	1415141	24549749	620804	26171587	4037	59823	4.96
90	江苏长电科技股份有限公司	1407411	3232819	1419679	2646399	5337	23359	40.01
91	上海建工集团股份有限公司	1403365	32135673	610933	23132723	469	54498	2.62
92	中国通用技术（集团）控股有限责任公司	1350918	22571766	1530569	19581759	2716	52945	6.31
93	浙江华友钴业股份有限公司	1273848	2694532	1217240	2118684	3404	8079	48.95
94	东方国际（集团）有限公司	1226724	6372570	1160372	9235469	44984	64136	33.98
95	鹏鼎控股（深圳）股份有限公司	1209947	3310242	2170305	2985131	938	43567	37.14
96	浙江龙盛控股有限公司	1200000	6015784	912914	3176536	2059	8284	24.51
97	白银有色集团股份有限公司	1190185	4650087	341578	6142270	2526	14297	16.27
98	宁波申洲针织有限公司	1177702	3685176	1246055	2303065	42800	89100	44.70
99	中国一重集团有限公司	1155829	4830881	793263	3729003	5795	15441	27.58
100	正泰集团股份有限公司	1093928	8863915	1018361	8935473	673	34618	8.56
	合计数	921786355	5580945510	615073181	3220569579	1185017	12365378	15.07

注：腾讯控股有限公司、华为投资控股有限公司、联想控股股份有限公司的海外资产、海外营业收入和海外员工数来自2021世界跨国公司100大；复星国际有限公司、中粮集团有限公司的海外资产、海外营业收入和海外员工数以及联想控股股份有限公司的海外资产来自2019发展中国家跨国公司100大；其余企业数据都由企业申报。

表 4-2 2011—2021 中国跨国公司 100 大有关数据

	2011	2012	2013	2014	2015	2016	2017	2018	2019	2020	2021
海外资产/亿元	32503	38187	44869	52473	56334	70862	80783	87331	95134	104526	92179
海外营业收入/亿元	31015	43517	47796	50074	51771	47316	49012	59652	63475	73307	61507
海外员工总数/人	421000	485480	624209	72392	754731	1011817	1166176	1297121	1391971	1310300	1185017
入围门槛/亿元	7.52	8.82	14.91	21.00	26.67	41.48	61.47	72.22	98.58	120.22	109.39

表 4-3 2011—2021 中国跨国公司 100 大平均跨国指数及相关指标

	2011	2012	2013	2014	2015	2016	2017	2018	2019	2020	2021
跨国指数/%	12.24	12.93	13.98	13.60	13.66	14.40	14.85	15.80	15.96	16.10	15.07
海外资产占比/%	14.73	13.73	14.61	14.65	14.32	15.55	16.01	18.79	16.96	16.80	16.52
海外营业收入占比/%	17.34	21.51	22.25	20.86	20.83	20.00	19.54	20.86	20.17	21.27	19.10
海外员工占比/%	4.67	3.55	5.07	5.29	5.84	7.64	8.99	9.76	10.74	10.23	9.58

2021 中国跨国公司 100 大海外营业收入排前 10 位的企业分别是中国石油天然气集团有限公司、中国石油化工集团公司、中国海洋石油集团有限公司、联想控股股份有限公司、华为投资控股有限公司、中国兵器工业集团有限公司、山东能源集团有限公司、中国远洋海运集团有限公司、浙江吉利控股集团有限公司、中国交通建设集团有限公司。联想控股股份有限公司、山东能源集团有限公司、中国远洋海运集团有限公司首次进入前 10 位，如表 4-4 所示。

2021 中国跨国公司 100 大海外员工数排前 10 位的企业分别是中国石油天然气集团有限公司、青山控股集团有限公司、宁波均胜电子股份有限公司、华为投资控股有限公司、东方国际（集团）有限公司、宁波申洲针织有限公司、浙江吉利控股集团有限公司、中国铁道建筑集团有限公司、联想控股股份有限公司、中国交通建设集团有限公司，如表 4-5 所示。

表 4-4 2021 中国跨国公司 100 大海外营业收入排序

排名	公司名称	海外资产/万元	海外营业收入/万元	海外员工/人	跨国指数/%
1	中国石油天然气集团有限公司	84533024	77006442	121197	23.24
2	中国石油化工集团有限公司	51437189	52076028	34222	18.58
3	中国海洋石油集团有限公司	49144073	33010610	3885	33.75
4	联想控股股份有限公司	32236268	30607222	41631	57.44

续表

排名	公司名称	海外资产/万元	海外营业收入/万元	海外员工/人	跨国指数/%
5	华为投资控股有限公司	48131577	28978386	45000	36.75
6	中国兵器工业集团有限公司	10234984	23124741	15183	25.86
7	山东能源集团有限公司	8480810	20664658	2987	14.73
8	中国远洋海运集团有限公司	49585460	19318829	15865	43.68
9	浙江吉利控股集团有限公司	19965356	15112652	42583	40.47
10	中国交通建设集团有限公司	27591504	14026315	39634	17.13
11	中国宝武钢铁集团有限公司	4866928	13126353	2826	8.55
12	美的集团股份有限公司	6239935	12108140	33000	27.27
13	河钢集团有限公司	7392774	11747810	13115	19.87
14	中国五矿集团有限公司	16919297	10949281	11601	12.85
15	海尔集团公司	12559798	10185902	34922	32.24
16	中国电子信息产业集团有限公司	5316248	10140150	11737	20.82
17	中粮集团有限公司	8029606	9858068	2822	10.82
18	洛阳栾川钼业集团股份有限公司	9942737	9825586	5885	73.96
19	中国电力建设集团有限公司	15143425	9586639	37957	17.67
20	中国建筑股份有限公司	13943686	8964123	28496	6.63
21	北京电子控股有限责任公司	2933703	8764824	557	21.24
22	国家电网有限公司	31040788	7680237	16168	3.86
23	潍柴控股集团有限公司	13507694	7576535	39249	37.63
24	TCL	6442668	7345965	6977	24.56
25	万向集团公司	3556052	7153354	12916	49.58
26	复星国际有限公司	21125329	6390897	5839	27.47
27	中国铝业集团有限公司	21020839	6152573	2382	17.18
28	青山控股集团有限公司	4771440	5715471	54067	48.96
29	海信集团控股股份有限公司	3219605	5482242	15346	26.24
30	中国有色矿业集团有限公司	6008801	5175062	15287	41.79
31	金川集团股份有限公司	3484565	5140750	2970	20.42
32	光明食品（集团）有限公司	5856350	5048387	18619	23.07
33	中国铁路工程集团有限公司	6768690	4708548	9186	4.47
34	中国旅游集团有限公司	5387660	4528302	8007	39.58
35	上海汽车集团股份有限公司	5106464	4498446	23324	9.27
36	中国铁道建筑集团有限公司	7852803	3870299	41701	7.33
37	中国国际海运集装箱（集团）股份有限公司	4561002	3742989	4317	26.46

续表

排名	公司名称	海外资产/万元	海外营业收入/万元	海外员工/人	跨国指数/%
38	宁波均胜电子股份有限公司	3676017	3607617	48220	76.76
39	万华化学集团股份有限公司	1908146	3588477	3048	26.82
40	紫金矿业集团股份有限公司	8250400	3428984	17605	51.06
41	海亮集团有限公司	1624903	3414848	2416	18.67
42	腾讯控股有限公司	62928124	3340096	6353	20.51
43	中兴通讯股份有限公司	4959188	3339949	8863	25.96
44	中国能源建设集团有限公司	8064594	3207736	8365	11.88
45	山东如意时尚投资控股有限公司	4002355	3018845	10512	45.09
46	江苏沙钢集团有限公司	6958962	2614668	915	11.62
47	国家开发投资集团有限公司	3255733	2546919	5360	10.58
48	浙江恒逸集团有限公司	3658052	2473752	2140	17.07
49	山东魏桥创业集团有限公司	2176111	2418144	8076	8.42
50	首钢集团有限公司	3979398	2384676	4702	8.04
51	广东省广晟控股集团有限公司	1902665	2377863	4868	18.42
52	中国机械工业集团有限公司	3998182	2354426	13201	9.69
53	中国建材集团有限公司	2934438	2180098	6002	4.46
54	鹏鼎控股（深圳）股份有限公司	1209947	2170305	938	37.14
55	隆基绿能科技股份有限公司	1592001	2146102	3916	21.96
56	苏宁控股集团	5847400	2142000	1305	6.89
57	浙江省能源集团有限公司	2425892	2093794	338	9.91
58	中国移动通信集团有限公司	6508824	2059220	8139	2.58
59	中国广核集团有限公司	13457089	2041888	3605	14.59
60	鞍钢集团有限公司	2407316	1970950	461	5.58
61	中国电信集团有限公司	2022810	1866347	6073	2.51
62	中国华能集团有限公司	9351614	1798819	561	4.68
63	铜陵有色金属集团控股有限公司	1785902	1542887	2384	12.37
64	中国通用技术（集团）控股有限责任公司	1350918	1530569	2716	6.31
65	上海韦尔半导体股份有限公司	1764732	1516459	1041	62.02
66	云南省投资控股集团有限公司	4899613	1502520	765	6.74
67	云南省能源投资集团有限公司	2385603	1502248	595	8.34
68	宁夏天元锰业集团有限公司	3502592	1464383	1302	17.44
69	珠海华发集团有限公司	2683456	1437893	16530	20.09
70	江苏长电科技股份有限公司	1407411	1419679	5337	40.01

续表

排名	公司名称	海外资产/万元	海外营业收入/万元	海外员工/人	跨国指数/%
71	上海电气（集团）总公司	4382105	1312310	4438	8.74
72	宁波申洲针织有限公司	1177702	1246055	42800	44.70
73	浙江华友钴业股份有限公司	1273848	1217240	3404	48.95
74	东方国际（集团）有限公司	1226724	1160372	44984	33.98
75	国家电力投资集团有限公司	9306741	1054541	1775	4.08
76	正泰集团股份有限公司	1093928	1018361	673	8.56
77	青建集团股份公司	1895966	976012	1370	21.79
78	浙江龙盛控股有限公司	1200000	912914	2059	24.51
79	中国一重集团有限公司	1155829	793263	5795	27.58
80	青岛城市建设投资（集团）有限责任公司	4071792	757794	8968	26.22
81	中国华电集团有限公司	5679827	751194	2042	3.92
82	北京控股集团有限公司	2461621	736908	2228	5.55
83	安徽海螺集团有限责任公司	1415141	620804	4037	4.96
84	上海建工集团股份有限公司	1403365	610933	469	2.62
85	中国联合网络通信集团有限公司	2047365	597973	869	1.87
86	中国节能环保集团有限公司	1521265	549919	14284	15.50
87	三一集团有限公司	4891473	544206	3651	11.97
88	协鑫集团有限公司	2238975	510929	569	6.69
89	中国南方电网有限责任公司	3974897	489917	1082	1.72
90	新疆金风科技股份有限公司	1809350	459450	516	10.17
91	中国信息通信科技集团有限公司	1668976	436190	691	9.03
92	中联重科股份有限公司	2359176	383242	441	9.35
93	广州越秀集团股份有限公司	20407057	354714	1932	14.17
94	白银有色集团股份有限公司	1190185	341578	2526	16.27
95	北京建工集团有限责任公司	1729597	323616	237	4.08
96	云南省建设投资控股集团有限公司	2574915	318136	881	2.78
97	北京首都创业集团有限公司	7454975	265301	1878	9.44
98	北京首农食品集团有限责任公司	1902401	154805	394	4.73
99	中国大唐集团有限公司	2156877	150041	700	1.40
100	中国东方航空集团有限公司	2894762	128486	1212	3.51

表4－5 2021 中国跨国公司100大海外员工数排序

排名	公司名称	海外资产/万元	海外营业收入/万元	海外员工/人	跨国指数/%
1	中国石油天然气集团有限公司	84533024	77006442	121197	23.24
2	青山控股集团有限公司	4771440	5715471	54067	48.96
3	宁波均胜电子股份有限公司	3676017	3607617	48220	76.76
4	华为投资控股有限公司	48131577	28978386	45000	36.75
5	东方国际（集团）有限公司	1226724	1160372	44984	33.98
6	宁波申洲针织有限公司	1177702	1246055	42800	44.70
7	浙江吉利控股集团有限公司	19965356	15112652	42583	40.47
8	中国铁道建筑集团有限公司	7852803	3870299	41701	7.33
9	联想控股股份有限公司	32236268	30607222	41631	57.44
10	中国交通建设集团有限公司	27591504	14026315	39634	17.13
11	潍柴控股集团有限公司	13507694	7576535	39249	37.63
12	中国电力建设集团有限公司	15143425	9586639	37957	17.67
13	海尔集团公司	12559798	10185902	34922	32.24
14	中国石油化工集团有限公司	51437189	52076028	34222	18.58
15	美的集团股份有限公司	6239935	12108140	33000	27.27
16	中国建筑股份有限公司	13943686	8964123	28496	6.63
17	上海汽车集团股份有限公司	5106464	4498446	23324	9.27
18	光明食品（集团）有限公司	5856350	5048387	18619	23.07
19	紫金矿业集团股份有限公司	8250400	3428984	17605	51.06
20	珠海华发集团有限公司	2683456	1437893	16530	20.09
21	国家电网有限公司	31040788	7680237	16168	3.86
22	中国远洋海运集团有限公司	49585460	19318829	15865	43.68
23	海信集团控股股份有限公司	3219605	5482242	15346	26.24
24	中国有色矿业集团有限公司	6008801	5175062	15287	41.79
25	中国兵器工业集团有限公司	10234984	23124741	15183	25.86
26	中国节能环保集团有限公司	1521265	549919	14284	15.50
27	中国机械工业集团有限公司	3998182	2354426	13201	9.69
28	河钢集团有限公司	7392774	11747810	13115	19.87
29	万向集团公司	3556052	7153354	12916	49.58
30	中国电子信息产业集团有限公司	5316248	10140150	11737	20.82
31	中国五矿集团有限公司	16919297	10949281	11601	12.85
32	山东如意时尚投资控股有限公司	4002355	3018845	10512	45.09
33	中国铁路工程集团有限公司	6768690	4708548	9186	4.47

续表

排名	公司名称	海外资产/万元	海外营业收入/万元	海外员工/人	跨国指数/%
34	青岛城市建设投资（集团）有限责任公司	4071792	757794	8968	26.22
35	中兴通讯股份有限公司	4959188	3339949	8863	25.96
36	中国能源建设集团有限公司	8064594	3207736	8365	11.88
37	中国移动通信集团有限公司	6508824	2059220	8139	2.58
38	山东魏桥创业集团有限公司	2176111	2418144	8076	8.42
39	中国旅游集团有限公司	5387660	4528302	8007	39.58
40	TCL	6442668	7345965	6977	24.56
41	腾讯控股有限公司	62928124	3340096	6353	20.51
42	中国电信集团有限公司	2022810	1866347	6073	2.51
43	中国建材集团有限公司	2934438	2180098	6002	4.46
44	洛阳栾川钼业集团股份有限公司	9942737	9825586	5885	73.96
45	复星国际有限公司	21125329	6390897	5839	27.47
46	中国一重集团有限公司	1155829	793263	5795	27.58
47	国家开发投资集团有限公司	3255733	2546919	5360	10.58
48	江苏长电科技股份有限公司	1407411	1419679	5337	40.01
49	广东省广晟控股集团有限公司	1902665	2377863	4868	18.42
50	首钢集团有限公司	3979398	2384676	4702	8.04
51	上海电气（集团）总公司	4382105	1312310	4438	8.74
52	中国国际海运集装箱（集团）股份有限公司	4561002	3742989	4317	26.46
53	安徽海螺集团有限责任公司	1415141	620804	4037	4.96
54	隆基绿能科技股份有限公司	1592001	2146102	3916	21.96
55	中国海洋石油集团有限公司	49144073	33010610	3885	33.75
56	三一集团有限公司	4891473	544206	3651	11.97
57	中国广核集团有限公司	13457089	2041888	3605	14.59
58	浙江华友钴业股份有限公司	1273848	1217240	3404	48.95
59	万华化学集团股份有限公司	1908146	3588477	3048	26.82
60	山东能源集团有限公司	8480810	20664658	2987	14.73
61	金川集团股份有限公司	3484565	5140750	2970	20.42
62	中国宝武钢铁集团有限公司	4866928	13126353	2826	8.55
63	中粮集团有限公司	8029606	9858068	2822	10.82
64	中国通用技术（集团）控股有限责任公司	1350918	1530569	2716	6.31
65	白银有色集团股份有限公司	1190185	341578	2526	16.27
66	海亮集团有限公司	1624903	3414848	2416	18.67

续表

排名	公司名称	海外资产/万元	海外营业收入/万元	海外员工/人	跨国指数/%
67	铜陵有色金属集团控股有限公司	1785902	1542887	2384	12.37
68	中国铝业集团有限公司	21020839	6152573	2382	17.18
69	北京控股集团有限公司	2461621	736908	2228	5.55
70	浙江恒逸集团有限公司	3658052	2473752	2140	17.07
71	浙江龙盛控股有限公司	1200000	912914	2059	24.51
72	中国华电集团有限公司	5679827	751194	2042	3.92
73	广州越秀集团股份有限公司	20407057	354714	1932	14.17
74	北京首都创业集团有限公司	7454975	265301	1878	9.44
75	国家电力投资集团有限公司	9306741	1054541	1775	4.08
76	青建集团股份公司	1895966	976012	1370	21.79
77	苏宁控股集团	5847400	2142000	1305	6.89
78	宁夏天元锰业集团有限公司	3502592	1464383	1302	17.44
79	中国东方航空集团有限公司	2894762	128486	1212	3.51
80	中国南方电网有限责任公司	3974897	489917	1082	1.72
81	上海韦尔半导体股份有限公司	1764732	1516459	1041	62.02
82	鹏鼎控股（深圳）股份有限公司	1209947	2170305	938	37.14
83	江苏沙钢集团有限公司	6958962	2614668	915	11.62
84	云南省建设投资控股集团有限公司	2574915	318136	881	2.78
85	中国联合网络通信集团有限公司	2047365	597973	869	1.87
86	云南省投资控股集团有限公司	4899613	1502520	765	6.74
87	中国大唐集团有限公司	2156877	150041	700	1.40
88	中国信息通信科技集团有限公司	1668976	436190	691	9.03
89	正泰集团股份有限公司	1093928	1018361	673	8.56
90	云南省能源投资集团有限公司	2385603	1502248	595	8.34
91	协鑫集团有限公司	2238975	510929	569	6.69
92	中国华能集团有限公司	9351614	1798819	561	4.68
93	北京电子控股有限责任公司	2933703	8764824	557	21.24
94	新疆金风科技股份有限公司	1809350	459450	516	10.17
95	上海建工集团股份有限公司	1403365	610933	469	2.62
96	鞍钢集团有限公司	2407316	1970950	461	5.58
97	中联重科股份有限公司	2359176	383242	441	9.35
98	北京首农食品集团有限责任公司	1902401	154805	394	4.73
99	浙江省能源集团有限公司	2425892	2093794	338	9.91
100	北京建工集团有限责任公司	1729597	323616	237	4.08

2. 52 家公司跨国指数高于平均跨国指数

2021 中国跨国公司 100 大按照跨国指数排序，前 10 名的企业分别是宁波均胜电子股份有限公司、洛阳栾川钼业集团股份有限公司、上海韦尔半导体股份有限公司、联想控股股份有限公司、紫金矿业集团股份有限公司、万向集团公司、青山控股集团有限公司、浙江华友钴业股份有限公司、山东如意时尚投资控股有限公司、宁波申洲针织有限公司。其中，宁波均胜电子股份有限公司居首位，跨国指数达到 76.76%，共有 52 家公司跨国指数高于平均跨国指数，如表 4－6 所示。

表 4－6 2021 中国跨国公司 100 大跨国指数排序

排名	公司名称	海外资产/万元	海外营业收入/万元	海外员工/人	跨国指数/%
1	宁波均胜电子股份有限公司	3676017	3607617	48220	76.76
2	洛阳栾川钼业集团股份有限公司	9942737	9825586	5885	73.96
3	上海韦尔半导体股份有限公司	1764732	1516459	1041	62.02
4	联想控股股份有限公司	32236268	30607222	41631	57.44
5	紫金矿业集团股份有限公司	8250400	3428984	17605	51.06
6	万向集团公司	3556052	7153354	12916	49.58
7	青山控股集团有限公司	4771440	5715471	54067	48.96
8	浙江华友钴业股份有限公司	1273848	1217240	3404	48.95
9	山东如意时尚投资控股有限公司	4002355	3018845	10512	45.09
10	宁波申洲针织有限公司	1177702	1246055	42800	44.70
11	中国远洋海运集团有限公司	49585460	19318829	15865	43.68
12	中国有色矿业集团有限公司	6008801	5175062	15287	41.79
13	浙江吉利控股集团有限公司	19965356	15112652	42583	40.47
14	江苏长电科技股份有限公司	1407411	1419679	5337	40.01
15	中国旅游集团有限公司	5387660	4528302	8007	39.58
16	潍柴控股集团有限公司	13507694	7576535	39249	37.63
17	鹏鼎控股（深圳）股份有限公司	1209947	2170305	938	37.14
18	华为投资控股有限公司	48131577	28978386	45000	36.75
19	东方国际（集团）有限公司	1226724	1160372	44984	33.98
20	中国海洋石油集团有限公司	49144073	33010610	3885	33.75
21	海尔集团公司	12559798	10185902	34922	32.24
22	中国一重集团有限公司	1155829	793263	5795	27.58
23	复星国际有限公司	21125329	6390897	5839	27.47
24	美的集团股份有限公司	6239935	12108140	33000	27.27
25	万华化学集团股份有限公司	1908146	3588477	3048	26.82
26	中国国际海运集装箱（集团）股份有限公司	4561002	3742989	4317	26.46

续表

排名	公司名称	海外资产/万元	海外营业收入/万元	海外员工/人	跨国指数/%
27	海信集团控股股份有限公司	3219605	5482242	15346	26.24
28	青岛城市建设投资（集团）有限责任公司	4071792	757794	8968	26.22
29	中兴通讯股份有限公司	4959188	3339949	8863	25.96
30	中国兵器工业集团有限公司	10234984	23124741	15183	25.86
31	TCL	6442668	7345965	6977	24.56
32	浙江龙盛控股有限公司	1200000	912914	2059	24.51
33	中国石油天然气集团有限公司	84533024	77006442	121197	23.24
34	光明食品（集团）有限公司	5856350	5048387	18619	23.07
35	隆基绿能科技股份有限公司	1592001	2146102	3916	21.96
36	青建集团股份公司	1895966	976012	1370	21.79
37	北京电子控股有限责任公司	2933703	8764824	557	21.24
38	中国电子信息产业集团有限公司	5316248	10140150	11737	20.82
39	腾讯控股有限公司	62928124	3340096	6353	20.51
40	金川集团股份有限公司	3484565	5140750	2970	20.42
41	珠海华发集团有限公司	2683456	1437893	16530	20.09
42	河钢集团有限公司	7392774	11747810	13115	19.87
43	海亮集团有限公司	1624903	3414848	2416	18.67
44	中国石油化工集团有限公司	51437189	52076028	34222	18.58
45	广东省广晟控股集团有限公司	1902665	2377863	4868	18.42
46	中国电力建设集团有限公司	15143425	9586639	37957	17.67
47	宁夏天元锰业集团有限公司	3502592	1464383	1302	17.44
48	中国铝业集团有限公司	21020839	6152573	2382	17.18
49	中国交通建设集团有限公司	27591504	14026315	39634	17.13
50	浙江恒逸集团有限公司	3658052	2473752	2140	17.07
51	白银有色集团股份有限公司	1190185	341578	2526	16.27
52	中国节能环保集团有限公司	1521265	549919	14284	15.50
53	山东能源集团有限公司	8480810	20664658	2987	14.73
54	中国广核集团有限公司	13457089	2041888	3605	14.59
55	广州越秀集团股份有限公司	20407057	354714	1932	14.17
56	中国五矿集团有限公司	16919297	10949281	11601	12.85
57	铜陵有色金属集团控股有限公司	1785902	1542887	2384	12.37
58	三一集团有限公司	4891473	544206	3651	11.97
59	中国能源建设集团有限公司	8064594	3207736	8365	11.88

续表

排名	公司名称	海外资产/万元	海外营业收入/万元	海外员工/人	跨国指数/%
60	江苏沙钢集团有限公司	6958962	2614668	915	11.62
61	中粮集团有限公司	8029606	9858068	2822	10.82
62	国家开发投资集团有限公司	3255733	2546919	5360	10.58
63	新疆金风科技股份有限公司	1809350	459450	516	10.17
64	浙江省能源集团有限公司	2425892	2093794	338	9.91
65	中国机械工业集团有限公司	3998182	2354426	13201	9.69
66	北京首都创业集团有限公司	7454975	265301	1878	9.44
67	中联重科股份有限公司	2359176	383242	441	9.35
68	上海汽车集团股份有限公司	5106464	4498446	23324	9.27
69	中国信息通信科技集团有限公司	1668976	436190	691	9.03
70	上海电气（集团）总公司	4382105	1312310	4438	8.74
71	正泰集团股份有限公司	1093928	1018361	673	8.56
72	中国宝武钢铁集团有限公司	4866928	13126353	2826	8.55
73	山东魏桥创业集团有限公司	2176111	2418144	8076	8.42
74	云南省能源投资集团有限公司	2385603	1502248	595	8.34
75	首钢集团有限公司	3979398	2384676	4702	8.04
76	中国铁道建筑集团有限公司	7852803	3870299	41701	7.33
77	苏宁控股集团	5847400	2142000	1305	6.89
78	云南省投资控股集团有限公司	4899613	1502520	765	6.74
79	协鑫集团有限公司	2238975	510929	569	6.69
80	中国建筑股份有限公司	13943686	8964123	28496	6.63
81	中国通用技术（集团）控股有限责任公司	1350918	1530569	2716	6.31
82	鞍钢集团有限公司	2407316	1970950	461	5.58
83	北京控股集团有限公司	2461621	736908	2228	5.55
84	安徽海螺集团有限责任公司	1415141	620804	4037	4.96
85	北京首农食品集团有限责任公司	1902401	154805	394	4.73
86	中国华能集团有限公司	9351614	1798819	561	4.68
87	中国铁路工程集团有限公司	6768690	4708548	9186	4.47
88	中国建材集团有限公司	2934438	2180098	6002	4.46
89	国家电力投资集团有限公司	9306741	1054541	1775	4.08
90	北京建工集团有限责任公司	1729597	323616	237	4.08
91	中国华电集团有限公司	5679827	751194	2042	3.92
92	国家电网有限公司	31040788	7680237	16168	3.86

续表

排名	公司名称	海外资产/万元	海外营业收入/万元	海外员工/人	跨国指数/%
93	中国东方航空集团有限公司	2894762	128486	1212	3.51
94	云南省建设投资控股集团有限公司	2574915	318136	881	2.78
95	上海建工集团股份有限公司	1403365	610933	469	2.62
96	中国移动通信集团有限公司	6508824	2059220	8139	2.58
97	中国电信集团有限公司	2022810	1866347	6073	2.51
98	中国联合网络通信集团有限公司	2047365	597973	869	1.87
99	中国南方电网有限责任公司	3974897	489917	1082	1.72
100	中国大唐集团有限公司	2156877	150041	700	1.40

3. 经济发达地区的国有控股公司仍然占据明显的主导地位

从公司总部所在地看，2021 中国跨国公司 100 大覆盖 17 个省、自治区、直辖市，主要在经济发达地区，其中北京占36%，广东占12%，浙江占11%，上海占10%，山东占9%，江苏占4%，云南占3%，安徽、湖南、甘肃各占2%。河南、河北、黑龙江、辽宁、福建、湖北、宁夏、陕西、新疆各占1%。

从公司所有制性质看，2021 中国跨国公司 100 大中，民营公司 33 家，国有及国有控股公司 67 家，民营公司比上年增加 10 家，说明当前民营大企业国际化的进程在加快。

从公司所在行业看，2021 中国跨国公司 100 大中，土木工程及建筑、有色冶炼及制品各 9 家，黑色冶金、汽车及零配件制造、电力生产、多元化投资各 5 家，通信设备制造、家用电器制造、半导体集成电路及面板制造各 4 家，工业和商业机械装备业、风能太阳能设备制造、化学原料及化学品制造、电信服务、综合能源供应各 3 家，食品、石油天然气开采及生产业、金属制品加工、水泥及玻璃制品、纺织印染、电网、住宅地产、综合制造业、综合服务业各 2 家，石化及炼焦、煤炭采掘及采选业、锅炉及动力装备制造、电力电气设备制造、计算机及办公设备、贵金属、服装及其他纺织品、航空运输、互联网服务、家电及电子产品零售、旅游和餐饮、水上运输、水务、兵器制造、机电商贸、农产品及食品批发、综合商贸各 1 家。

4. 中国跨国公司影响力和竞争力提升

最近，联合国贸发会议发布的《2021 年世界投资报告》中公布了 2021 世界跨国公司 100 大、2021 发展中国家与地区跨国公司 100 大。中国大陆分别有 10 家、36 家企业入围，创历年新高。入围企业数 5 年时间分别增加了 8 家、20 家，如表 4 – 7 所示。入围 2021 世界跨国公司 100 大中国大陆企业分别是中国石油天然气集团有限公司、腾讯控股有限公司、中国石油化工集团有限公司、中国远洋海运集团有限公司、中国海洋石油集团有限公司、华为技术有限公司、中国化工集团有限公司、中国中化集团有限公司、联想控股有限公司、国家电网有限公司。

表 4-7 2016—2021 中国大陆企业入围跨国公司 100 大情况 （单位：家）

发布年份	2016	2017	2018	2019	2020	2021
世界跨国公司 100 大	2	2	4	6	9	10
发展中国家与地区跨国公司 100 大	16	18	24	25	33	36

数据来源：联合国贸发会议出版的 2016 年至 2021 年的《世界投资报告》。

三、2021 世界跨国公司 100 大及跨国指数

联合国贸发会议发布的《2021 年世界投资报告》中公布了 2021 世界跨国公司 100 大及其跨国指数，丰田汽车公司、皇家壳牌石油公司、德国电信公司、大众汽车、道达尔公司、英国石油公司、百威英博、英美烟草公司、戴姆勒股份公司、埃克森美孚荣列 2021 世界跨国公司 100 大海外资产前 10 名，如表 4-8 所示。

受近年来一些国家逆全球化思潮的涌现、贸易保护主义抬头、贸易摩擦频繁和全球新冠肺炎疫情的影响，2021 世界跨国公司 100 大全球化经营出现停滞或倒退，主要指标除入围门槛指标、海外营业收入稍有提高外，其他指标均出现较大幅度下降。一是入围门槛稍有提高。2021 世界跨国公司 100 大入围门槛为 455 亿美元，比上年提升了 20 亿美元。二是跨国指数大幅度下降。2021 世界跨国公司 100 大的跨国指数为 51.90%，比上年下降 3.90 个百分点。2021 世界跨国公司 100 大的海外资产占比、海外收入占比、海外员工占比分别为 53.70%、55.95%、46.06%，分别比上年下降了 4.60 个百分点、4.01 个百分点、5.07 个百分点，如表 4-9 所示。三是海外资产、海外营业收入增速下降，海外员工数负增长。2021 世界跨国公司 100 大海外资产总额、海外营业收入总额、海外员工总数分别为 96377 亿美元、53030 亿美元、9006408 人，分别比上年增长 10.75%、下降 8.50%、下降 0.88%。

从跨国公司总部所在国家看，2021 世界跨国公司 100 大主要分布在发达国家。美国有 19 家，法国 13 家，英国 12 家，德国 12 家，中国 12 家（内地 10 家、香港和台湾各 1 家），日本 9 家，瑞士 5 家，意大利 3 家，加拿大、韩国、西班牙各 2 家，瑞典、挪威、荷兰、卢森堡、以色列、爱尔兰、沙特阿拉伯、奥地利、比利时各 1 家。中国与英国、德国并列第三位。

从跨国公司所在行业看，2021 世界跨国公司 100 大分布在以下行业：汽车及零部件业 12 家，制药业 11 家，电力、煤气和水 9 家，采矿、采石和采油业 9 家，石油精炼及相关行业 7 家，电信业 7 家，食品饮料业 6 家，计算机与数据处理业 5 家，化学品制造业 4 家，计算机设备 3 家，电子零部件、工业和商业机械、通信设备、建筑、零售贸易、批发石油和燃料、运输和存储各 2 家。飞机制造、建材、消费电子、电子商务、保健服务、家庭用品、仪器及相关产品、金属和金属产品、房地产、纺织品、服装和皮革、烟草、批发金属和矿物质各 1 家。

表4-8 2021世界跨国公司100大及其跨国指数

排名	公司名称	海外资产/百万美元	企业资产/百万美元	海外营业收入/百万美元	营业收入/百万美元	海外员工/人	企业员工/人	跨国指数/%
1	丰田汽车公司	336609	561991	175673	256658	219388	366283	62.7
2	皇家壳牌石油公司	323240	378630	122337	169374	60000	87000	65.0
3	德国电信公司	259626	325091	98634	115190	160240	226291	78.8
4	大众汽车	258098	610031	205334	254202	370000	665000	59.6
5	道达尔公司	239970	267406	85765	111786	69614	105476	77.5
6	英国石油公司	234760	267205	129122	169208	12400	68100	60.8
7	百威英博	187003	227494	37398	43780	141338	163695	84.7
8	英美烟草公司	175170	187947	32822	33063	31544	55329	83.2
9	戴姆勒股份公司	174541	350641	147180	175991	80425	288481	53.8
10	埃克森美孚	171361	332750	93471	181502	28800	72000	47.7
11	法国电力公司	170802	375372	29358	78731	33173	164272	34.3
12	沃达丰	166171	181807	43605	51071	58641	68225	87.6
13	雪佛龙公司	165450	239790	57446	94471	22835	45000	60.2
14	长江和记黄埔公司	150321	161812	31092	34347	279000	300000	92.1
15	本田汽车公司	142814	187551	87736	124205	152484	218674	72.2
16	Enel SpA	141336	200580	44086	71422	36895	66717	62.5
17	宝马公司	136850	265871	97345	112899	41531	122874	57.2
18	中国石油天然气集团公司	133548	610320	180875	383281	133734	1344410	26.3
19	强生公司	124943	174894	39451	82584	88232	134500	61.6
20	微软公司	123986	301311	69855	143015	67000	163000	43.7
21	斯泰兰蒂斯公司	120154	122383	92598	98855	131035	189512	87.0
22	西门子	116509	145061	50514	63971	177000	293000	73.2
23	拜耳公司	113787	143632	44524	47217	56429	99538	76.7
24	鸿海精密工业	113716	130770	177274	181937	658631	757404	90.5
25	武田制药有限公司	111879	116540	24879	30158	45595	47495	91.5
26	伊贝德罗拉	111699	150347	22150	37802	27533	37127	69.0
27	日产汽车公司	106118	148488	56401	74146	79481	138912	68.3
28	雀巢公司	105750	140893	88671	89880	264459	273000	90.2
29	埃尼公司	105448	134572	33383	50168	9605	30775	58.7
30	腾讯公司	104106	163278	5119	61182	6353	85858	26.5
31	西班牙电信公司	99341	128913	34985	49129	90190	113182	76.0
32	嘉能可	98271	117802	93491	133532	140890	145000	83.5
33	力拓公司	97066	97226	41624	41851	43931	47474	97.3

续表

排名	公司名称	海外资产/百万美元	企业资产/百万美元	海外营业收入/百万美元	营业收入/百万美元	海外员工/人	企业员工/人	跨国指数/%
34	葛兰素史克公司	96503	109788	42482	43739	53355	94066	80.6
35	苹果计算机公司	95812	323888	165318	274515	43485	147000	39.8
36	通用电气公司	95276	253452	44305	79619	118000	174000	53.7
37	字母公司	91128	319616	97513	182527	38577	135301	36.8
38	亚马逊	90018	321195	149782	386064	210000	800000	31.0
39	三星电子	88205	347188	169584	200957	182395	287439	57.7
40	美敦力公司	87608	90689	28828	28913	86943	90000	97.6
41	IBM	86793	155971	39506	73620	213574	383800	55.0
42	林德公司	84194	88229	18162	27243	64674	74207	83.1
43	日本电报电话	84043	207275	21049	112643	123000	324650	32.4
44	罗氏集团	83909	97851	61438	62152	87300	101200	90.3
45	中国石油化工集团公司	82889	318682	137800	429174	38765	582648	21.6
46	橙色公司	82533	132204	27155	48209	50787	133787	52.2
47	中国远洋海运集团有限公司	81361	126369	8167	45144	5790	118243	29.1
48	诺华公司	81058	132059	49078	49898	97738	110738	82.7
49	福特汽车公司	80851	267261	44609	127144	75000	186000	35.2
50	安赛乐米塔尔	80467	82445	49746	49746	96790	167743	85.1
51	赛诺菲	78972	140544	39991	42620	52651	99412	67.7
52	克里斯汀·迪奥	77492	130098	47124	50925	117666	150479	76.8
53	三井物产	76479	112962	37058	75543	2631	44509	40.9
54	中国海洋石油公司	74952	185602	66273	109877	4819	92080	35.3
55	华为技术公司	73766	134121	44412	129178	45000	194000	37.5
56	三菱公司	72728	168190	54907	121513	15985	77478	36.4
57	空客公司	72405	135102	33744	56925	83349	131349	58.8
58	亚特兰蒂亚公司	71277	106222	5576	10323	17273	30659	59.2
59	沙特阿美	68935	510470	68763	229891	12200	79000	19.6
60	康卡斯特公司	68467	273869	23237	103564	42000	168000	24.1
61	联合利华公司	68432	74162	49238	51674	120758	149000	89.5
62	辉瑞公司	67444	154229	20196	41908	49100	78500	51.5
63	罗伯特博世有限公司	65619	112123	64701	81540	263207	395034	68.2
64	索尼公司	64771	237865	56933	84872	58085	111701	48.8
65	费森尤斯股份公司	64674	81784	23339	41374	214354	311269	68.1
66	梯瓦制药工业有限公司	64278	86381	34282	37266	34697	38372	85.6

续表

排名	公司名称	海外资产/百万美元	企业资产/百万美元	海外营业收入/百万美元	营业收入/百万美元	海外员工/人	企业员工/人	跨国指数/%
67	安桥公司	63949	125805	16882	29154	3500	11300	46.6
68	SAP	63671	71758	26600	31179	58348	102430	77.0
69	恩吉	63453	187976	38972	63585	33900	171100	38.3
70	宝洁公司	62974	120700	39672	70950	51652	99000	53.4
71	自由全球公司	58985	59093	5903	11980	223	37598	49.9
72	巴斯夫公司	58930	98530	55717	67460	58341	110302	65.1
73	拉法热霍尔姆有限公司	58742	60421	23568	24417	46986	67409	87.8
74	雷诺公司	58142	142026	35875	49583	123908	170158	62.0
75	英美资源公司	57705	61529	26747	28570	62000	64000	94.8
76	中国化工集团有限公司	57396	79089	11126	81256	22623	60049	41.3
77	莱茵股份公司	56723	75676	11063	15611	4797	19498	56.8
78	施耐德电气公司	56712	60722	26988	28694	87917	155466	81.3
79	亿滋国际公司	55330	67810	19451	26581	57670	79000	75.9
80	可口可乐公司	54992	87296	21733	33014	71000	80300	72.4
81	Equinor ASA	54620	122620	14279	41733	3187	21425	31.2
82	艾伯维公司	54339	150565	11997	45804	16962	47000	32.8
83	中国中化公司	54204	121605	8684	66487	30172	145526	26.1
84	Unibail – Rodamco – Westfield	52435	70288	2321	3018	2760	3700	75.4
85	英国国家电网公司	51762	92495	12143	19304	16748	23069	63.8
86	日立有限公司	51256	106977	43140	82323	192670	350864	51.7
87	芬奇公司	49571	111873	23551	50103	116922	217731	48.3
88	联想控股公司	49405	99687	44535	60758	41631	84000	57.5
89	沃尔玛公司	49044	236495	122502	559151	700000	2200000	24.8
90	阿斯利康公司	48796	66617	23337	24970	66900	74800	85.4
91	奥美股份公司	48747	60463	14922	18875	19518	25291	79.0
92	英特尔公司	48037	153091	61294	77867	56406	110600	53.7
93	达能集团	48010	52492	11647	26939	75346	100000	70.0
94	通用汽车公司	47816	235194	21054	122485	94000	155000	32.7
95	德国邮政	47613	67870	53595	76193	214238	571974	59.3
96	液化空气公司	47523	51512	20238	23364	43215	64500	82.0
97	沃尔沃 AB	46093	62469	22146	36789	42521	96194	59.4
98	巴里克黄金公司	45890	46469	11573	11959	21596	21869	98.1
99	韩华公司	45525	175595	7082	43182	15029	57968	22.8

续表

排名	公司名称	海外资产/百万美元	企业资产/百万美元	海外营业收入/百万美元	营业收入/百万美元	海外员工/人	企业员工/人	跨国指数/%
100	中国国家电网公司	45495	598809	14168	388110	15367	907677	4.3
	合计数	9637664	17947899	5303000	9478355	9006408	1955206	51.90

资料来源：联合国贸发会议（UNCTAD）：《2021 年世界投资报告》。

表 4-9 2016—2021 世界跨国公司 100 大有关指标

	入围门槛/亿美元	跨国指数/%	海外资产占比/%	海外营业收入占比/%	海外员工占比/%
2016	351	61.01	61.96	64.21	56.87
2017	372	61.31	62.49	64.06	57.38
2018	411	61.91	62.15	64.93	58.65
2019	412	58.07	59.67	59.68	54.86
2020	435	55.80	58.30	59.96	51.13
2021	455	51.90	53.70	55.95	46.06

四、我国跨国公司存在的主要差距

尽管中国跨国公司发展已取得较大进步，在 2021 中国跨国公司 100 大中，有 10 家公司达到 2021 世界跨国公司的入围门槛，比上年增加 1 家；有 4 家公司的跨国指数达到 2021 世界跨国公司的平均跨国指数，比上年增加 1 家；有 41 家公司达到 2020 发展中经济体跨国公司的入围门槛，比上年减少 1 家；有 18 家公司的跨国指数达到 2020 发展中经济体的平均跨国指数，比上年增加 1 家。但世界一流跨国公司是在世界范围内跨国化程度高、拥有全球行业领导地位、全球资源配置高效的跨国公司。具体来说，世界一流跨国公司的一般标准包括：跨国化程度高（体现为跨国化指数不低于 30%），在品牌营销、技术创新、商业模式、管理水平、服务能力等方面在全球行业拥有领先地位，有能力高效配置和重组全球资源，具有较强的企业软实力或影响力。按照上述标准衡量，我国跨国公司还存在较大差距。

1. 国际化程度远远落后于世界平均水平

2021 中国 100 大跨国公司的平均跨国指数只有 15.07%，不仅远远低于 2021 世界 100 大跨国公司的平均跨国指数 45.84%，而且也低于 2020 发展中经济体 100 大跨国公司的平均跨国指数 35.26%。2021 中国 100 大跨国公司中跨国指数在 30% 以上的只有 21 家，达到 2021 世界 100 大跨国公司平均跨国指数的企业只有 4 家，达到 2020 发展中经济体 100 大跨国公司平均跨国指数的企业也只有 18 家，还有 17 家企业的跨国指数没有超过 5%。

除此之外，中国跨国公司 100 大的海外资产、海外营业收入、海外员工的比例都亟须提高，海外经营业绩也亟待改善。2021 中国 100 大跨国公司的入围门槛只有 109.39 亿元，而 2021 世界 100 大跨国公司的入围门槛高达 2968.50 亿元，2020 发展中经济体 100 大跨国公司的入围门槛也达到 608.90 亿元；2021 中国跨国公司 100 大的平均海外资产比例只有 16.52%，而 2021 世界 100 大跨国公司的平均海外资产比例高达 53.70%，2021 发展中经济体 100 大跨国公司的平均海外资产比例为 30.76%；2021 中国跨国公司 100 大的平均海外营业收入比例只有 19.10%，而 2021 世界 100 大跨国公司的平均海外营业收入比例高达 55.95%，2020 发展中经济体 100 大跨国公司的平均海外营业收入比例为 42.32%；2020 中国跨国公司 100 大的平均海外员工比例只有 9.58%，而 2021 世界 100 大跨国公司的平均海外员工比例高达 46.06%，2020 发展中经济体 100 大跨国公司的平均海外员工比例为 36.69%，如表 4－10 所示。

表 4－10 中外跨国公司 100 大有关指标

	入围门槛/亿元人民币	平均海外资产比例/%	平均海外营业收入比例/%	平均海外员工比例/%	跨国指数/%
2021 中国	109.39	16.52	19.10	9.58	15.07
2020 发展中经济体	608.90	30.76	42.32	36.69	35.26
2021 世界	2968.50	53.70	55.95	46.06	51.90

注：汇率按照 1 美元 =6.5249 元人民币换算。

2. 在海外市场的“本土化”程度依旧不足

我国跨国公司出海经营几十年，在国际化视野不断提升的同时，某一具体市场内的“本土化”难题仍然有待解决。主要包括五个方面：一是人力资源的本土化问题，目前中国企业海外雇员以母公司外派人员为主，相比当地本土员工不论是对当地市场的了解水平、对当地资源的拓展能力，还是对当地人文风俗和法律法规的了解程度都有明显差距；二是代理机构的本土化问题，在海外业务拓展过程中缺乏与本土的包括市场、行业、金融、法律、财务、管理等方面的专业咨询机构的深入合作，不能准确全面地了解当地情况；三是产品技术设计本土化问题，当部分企业简单地将国内产品照搬到海外市场时，不得不面临当地市场的准入标准问题和当地消费者的需求特点问题；四是组织管理的本土化问题，在如何将企业自身的组织文化与当地的风土人情有效结合，形成与当地雇员的良好合作方面，中国企业依旧缺乏成功的经验；五是资本的本土化问题，中国企业在海外市场经营，一方面不得不面对当地融资难的困境，另一方面还要面临当地政策对中国资本的限制和约束。

3. 创新能力仍有不足

与发达国家跨国企业相比，我国跨国公司海外经营依旧存在着创新能力方面的差距。这主要体现在模式、技术、管理等多个方面。2008 年国际经济危机后，欧美发达国家跨国企业由原来的以能源、金融、传统制造业企业为主导，逐步转向为以新商业、互联网、高科技领域的创新型企业为主导。以亚马逊、苹果、脸书、特斯拉等为代表的创新型企业先后成为各自行业内全球最有影响力的企业。来自欧美的全球 100 大跨国公司中，科技创新企业、高科技制造企业占比不断提升。而中国的全球 100 大跨国公司中除腾讯、华为等个别企业外，仍旧以传统能源运输等行业企业为主。这说明中国企业的海外市场竞争力主要还是依靠投资和市场规模驱动，而非创新驱动。波士顿咨询（BCG）

公布“2020 全球创新 50 强企业”中只有 5 家中国企业上榜。而入榜的美国企业有 25 家，欧洲企业 15 家，日韩企业 5 家。相比于欧美发达国家，中国公司整体创新能力有待提升。人才储备、制度保障、发展目标、资源投入等方面的差异，导致中国跨国公司在模式创新、技术创新、管理创新等方面与先进国家跨国公司仍有差距。

此外，新冠肺炎疫情的全球性大流行，给全球经济乃至全球化趋势带来了前所未有的冲击，也对我国跨国公司国际化发展带来新的挑战。少数国家出于推卸责任、转移视线，把个别中国企业产品的质量标准和技术问题进行政治化炒作，导致我国跨国公司在东道国的良好品牌形象受到破坏，未来我国跨国公司国际化经营的难度逐渐加大。

五、加快提高企业国际化经营水平的建议

我们常常用“走出去”“走进去”“走上去”来形容我国企业国际化经营从低到高的发展阶段。当下，中国跨国公司 100 大的大多数企业国际化程度已跨过了“走出去”阶段，到了“走进去”的中期阶段，个别企业，像华为，已基本实现国内外一体化、标准化运营，且在全球统筹协调和调配各种资源，已经具备了“走上去”的水平。但整体而言，中国跨国公司的盈利能力、创新能力、资源整合能力还不强，其国际化发展阶段大多仍处于“走进去”中期阶段。特别是未来一个时期，面临着中美大国博弈加剧、全球新冠肺炎疫情常态化、逆全球化思潮加剧、“碳中和”倒逼等外部风险挑战，实现从“走进去”到“走上去”的跨越将更加艰难。为此，我国跨国公司要以世界一流跨国公司为标杆，进一步增强使命感和责任感，更加注重国际化战略与本土化经营相结合，更加注重跨国经营创新，更加注重强化合规管理，更加注重履行社会责任，不断提高跨国运营与管理水平。

1. 增强使命感和责任感

中央提出要“加快形成以国内大循环为主体、国内国际双循环相互促进的新发展格局”。广大企业要提高站位，着眼长远，准确把握双循环战略的深刻内涵、历史背景和现实考量，把思想和行动统一到中央决策部署上。“双循环”新发展格局，以国内大循环为主体，并非完全摒弃国际分工，也绝非回到“闭关锁国”，而是一方面扩大内需、挖掘潜力，壮大和畅通国内经济循环，另一方面继续推动经济高水平发展，更主动和高效地参与国际经济循环，更好地利用国际国内两个市场、两种资源。我国跨国公司应该积极参与、助力双循环，争当扩大开放的“先行者”，在参与国际大循环中发挥主力军的作用；在新格局中聚焦主业，优化结构，发展新业态、新技术、新产品，不断提高企业竞争力。要顺应全球趋势，以全球视野和超前思维，科学评估企业短板、长板，既要补“短板”，更要锻“长板”，努力参与全球价值链重构，推动产业基础再提升、产业链再升级、产业集群再增强，为确保经济“双循环”和开放发展做出应有的贡献。要强化科技创新，依托科技攻关，突围产业链供应链中存在的“卡脖子”和“技术孤岛”，加速提高企业数字化、网络化、智能化发展水平，促进制造模式、生产方式以及企业形态变革，带动企业全方位转型升级，为提升我国产业链、供应链的稳定性和竞争力做出积极贡献。要调整全球战略布局，由平衡地推进全球一体化进程，转变为聚焦开拓区域一体化，以粤港澳大湾区为桥头堡，在“一带一路”倡议的基础上，通过 RCEP 协议，着力加强与东盟、东亚国家和企业战略合作，兼顾与欧亚非大陆国家和企业的深度合作，强化大企业间

的产业链、供应链和价值链的协同化和生态化、安全化建设，全面支持以国内大循环为主体、国内国际双循环相互促进的新发展格局。

2. 更加注重国际化战略与本土化经营相结合

国际化战略与本土化经营相结合，对我国跨国公司提出了更高的要求。包括：既要拥有全球领先的技术水平，又能在不同市场展开有针对性的应用；既要有全球化的人才储备和管理体系，又能根据不同文化背景展开本土化组织运营；既要有全球领先的商业模式，又能根据不同的市场环境采取与之匹配的实施策略。此外，资源的整合与协调能力、业务链条的布局能力、全球信息的获取能力、良好的资金储备等，都是我国跨国公司在全球化布局、本土化深耕过程中需要不断提升的能力。

全球市场的国际化和具体海外市场的本土化既是我国跨国公司海外经营的不同视角，也是我国跨国公司海外经营的不同阶段。成长型跨国公司受自身能力所限，海外布局仅限于一个或少数市场。对这类企业来说，所在地市场的本土化经营，便是其走向国际化的具体实践。成长型跨国公司不要简单地把所在地市场的本土化经营当作国内经营模式在当地的复制，即中国企业的当地化，仅以中国企业的视角参与市场竞争。而应该从全球视角，以国际化公司的战略定位，用与其他跨国公司相同的标准要求自己，参与当地市场竞争。

成熟型跨国公司能够在多个海外市场展开不同程度的经营活动，对这类企业来说，已经从快速扩张的国际化战略的初期，进入了在不同区域市场深耕的本土化经营成熟期。成熟型跨国公司的经营目标已经变为在不同市场内获得更大的市场占有率，甚至成为市场内的领导者。作为全球性跨国公司，以本土化视角在不同区域内进行深耕，是我国跨国公司中的领袖企业们应有的格局。

3. 更加注重跨国经营创新

随着全球市场竞争格局的变化以及我国跨国公司市场地位角色的调整，为了不断巩固和提升竞争力，我国跨国公司有必要更加关注跨国经营的创新。目前，我国部分跨国公司已经在尝试通过实现产品技术、服务水平甚至商业模式的领先驱动国际化经营。通过在海外全方位运营领先的商业模式，实现企业在国际市场的可持续竞争优势。这包括两种发展路径，一是我国企业先凭借创新能力在国内市场取得成功，再继续利用创新优势开拓海外市场；二是我国跨国公司借助自身在当地市场的人才、技术等资源方面的优势，实现在当地的商业模式创新，引领当地乃至全球市场的发展潮流。

我国跨国公司海外经营管理要适应不同海外市场的实际情况，以有效提升海外管理能力为目的进行创新，并建立有效的管理体系调整机制。我国跨国公司对海外资源的配置应当更加着眼于长期效益而非短期回报，海外资源获取的重点有必要从一般性的原材料、能源、消费市场、资金等，转向核心领军型人力、高科技研发人力、产业链上游稀缺核心技术等资源。我国跨国公司应该通过创新模式和手段，从原来简单通过提供市场、提供资金获取资源的方式，转变为价值共创、竞争力共创的共赢模式，吸引关键资源的聚合。

随着人工智能算法日臻完善，线上营销将更加智能化，触达更精准，营销成本更低，我国跨国公司要充分利用线上销售、网络广告、流量经济等进行国际化营销。

4. 借鉴世界一流跨国公司跨国运营与管理经验

世界一流跨国公司在运营与管理上基本具有如下共性特点：一是基本上都采取由业务线条、跨

国地理区域和职能管理组成的多维矩阵的组织模式。跨国公司多维矩阵、多维汇报关系的组织模式要求集团管控从职能导向转变为流程驱动，即各职能部门与各级组织根据流程（业务、管理或服务流程）要求扮演其中相应的角色，依照专业分工，形成跨领域、跨部门合作协同做事的规范，进行相应的汇报与审核。二是超越法人结构的业务单元划分。企业股权关系不等同于企业管理关系，因此管理架构打破法人界限划分经营业绩责任，通过汇报线、业绩考核和关键岗位的任免机制对经营业绩进行管理。三是集团总部趋向战略管控，业务单元成为卓越运营中心。总部承担的是股东回报的责任，从原有的大总部的职能运作管理，转向小总部的公司战略发展和业务组合管理，以及新业务培育，同时兼顾提供共性的服务和标准化的职能管理，总部核心功能归纳为八个字：规划、控制、监督、服务。业务单元负责该业务的总体发展和占用资本回报，依靠精通专业的管理团队实现卓越运营。四是高层管理团队集体决策和统一的资源分配机制。由CEO、职能负责人、代表核心业务单元的负责人、区域/国家的负责人共同组成的高层管理团队对公司的战略方向和重大事项进行决策，打破割据的管理职能，鼓励从全局和统筹的角度来发现问题、解决问题，形成科学、平衡的决策，统一认识，保证执行。五是在流程驱动下，对职能管理中的“管理”和“服务”做了切分，由不同的组织来承担，通过内部分工，实现管理专精、运营卓越、服务高效。

5. 更加注重强化合规管理

2017年以来，中央和国务院领导积极倡导和推进企业合规管理，中国政府及监管机构加大了对企业合规经营的监管。2021年4月10日，市场监管总局依法做出行政处罚决定，责令阿里巴巴集团停止违法行为，并处以其2019年中国境内销售额4557.12亿元4%的罚款，计182.28亿元。与此同时，市场监管总局会同中央网信办、税务总局召开了互联网平台企业行政指导会。要求34家互联网平台企业发布《依法合规经营承诺》。这些企业包括百度、京东等互联网平台企业。我国跨国公司强化合规管理不仅是为了遵循国际通行的合规监管要求，也是为了遵循中国政府的合规监管要求。值得注意的是，一年多以来，中国政府积极反制西方国家单边制裁，对与中国国家安全主权和发展利益相抵触的规则不承认、不遵循、不执行。2021年6月，中国出台了《中华人民共和国反外国制裁法》。企业在全球化经营中，既需要知晓和遵循国际规则，也需要知晓和遵循中国的规则。强化合规管理成为企业制定和实施全球发展战略的一个决定性因素。因此，我国跨国公司需要进一步强化在所在地市场的合规经营，增强法律意识，规避法律风险。通过制度化运作，让企业海外各部门机构职权明确，加快企业合法合规发展。

6. 更加注重履行社会责任

我国跨国公司应坚持绿色开放、共享发展的新理念，积极履行社会责任。要尊重各国国情，加强有针对性的社会责任战略制定，塑造公司良好国际形象。通过努力保护和尊重员工的权益，尊重所在国文化，对各国员工做到一视同仁，稳定海外生产经营，为当地民生服务、创造就业机会、增加税收，为当地经济社会发展、产业结构优化、技术进步等做出贡献，成为与当地社区共赢的企业。

第五章 2021 中国大企业创新 100 强分析报告

为了深入贯彻落实习近平新时代中国特色社会主义思想和党的十九届五中全会精神，加快提升企业创新能力，培育具有全球竞争力的世界一流企业，同时为社会各界提供我国大企业创新水平及其相关信息，中国企业联合会、中国企业家协会在清华大学技术创新研究中心的支持下从 2021 年开始推出“中国大企业创新 100 强及其分析报告”。

一、2021 中国大企业创新 100 强评价指标、方法和结果

1. 中国大企业创新 100 强评价指标

依据企业数据的可获得性和专家多次研讨，我们从创新投入、创新成果和创新效益三大方面选取研发投入强度、研发费用、发明专利数、非发明专利数、收入利润率作为评价指标。中国大企业创新 100 强评价指标体系及权重如表 5－1 所示。

表 5－1　中国大企业创新 100 强评价指标体系及权重

一级指标	二级指标	计算公式	权重
创新投入	研发投入强度	研发费用/当年营业收入	0.40
	研发费用	—	0.10
创新成果	发明专利数	—	0.35
	非发明专利数	—	0.05
创新效益	收入利润率	当年净利润/当年营业收入	0.10

2. 中国大企业创新 100 强测算方法

首先，考虑到各项指标中排名第 1 和排名第 2 的企业指标数值差距大，异常值将降低评价的区分度。故将排名第 1 的企业指标数值做如下转换：

$$X_{rank1,j} = X_{rank2,j} \times \frac{100}{95}$$

其次，基于转换后的数据，利用功效系数法消除量纲影响：

$$Y_{ij}=60+\frac{X_{ij}-\min\limits_{1\leqslant i\leqslant n}(x_{ij})}{\operatorname*{man}\limits_{1\leqslant i\leqslant n}(x_{ij})-\min\limits_{1\leqslant i\leqslant n}(x_{ij})}$$

其中 X_{ij} 为各指标原始数值，Y_{ij} 为经转换后的指标数值，各项指标的取值范围为［60，100］。

最后，分别赋予研发投入强度、研发费用、发明专利数、非发明专利数和收入利润率 0.40，0.10，0.35，0.05，0.10 的权重，计算综合得分。

“2021 中国大企业创新 100 强”是在 2021 中国企业 500 强、2021 中国制造业企业 500 强、2021 中国服务业企业 500 强的基础上，按照入围门槛为发明专利数 100 件以上、研发强度 0.6% 以上、营业收入 200 亿元以上的标准进行筛选，同时依据企业申报的研发投入强度、拥有发明专利数、拥有非发明专利数、收入利润率等数据，利用功效系数法计算得到各指标评价值，加权得到各企业综合评价得分值，最后按分值高低排序产生。2021 中国大企业创新 100 强（见表 5－2）排名前 10 位的企业分别是华为投资控股有限公司、中国航天科技集团有限公司、中兴通讯股份有限公司、中国航天科工集团有限公司、北京电子控股有限责任公司、江苏恒瑞医药股份有限公司、中国信息通信科技集团有限公司、海尔集团公司、国家电网有限公司、阿里巴巴集团控股有限公司。

表 5－2　2021 中国大企业创新 100 强

排名	公司名称	研发投入强度	研发费用	发明专利数	非发明专利数	收入利润率	得分
1	华为投资控股有限公司	97.94	100.00	100.00	67.83	98.27	97.40
2	中国航天科技集团有限公司	95.68	95.35	83.83	66.37	70.62	87.53
3	中兴通讯股份有限公司	94.67	72.94	91.07	63.13	65.84	86.78
4	中国航天科工集团有限公司	91.38	90.36	79.22	68.85	68.20	83.58
5	北京电子控股有限责任公司	78.73	70.86	87.72	96.39	66.11	80.71
6	江苏恒瑞医药股份有限公司	100.00	64.26	60.67	60.00	89.73	79.63
7	中国信息通信科技集团有限公司	94.82	66.00	72.78	61.08	60.84	79.14
8	海尔集团公司	65.44	67.04	98.00	77.80	68.61	77.93
9	国家电网有限公司	60.38	74.63	96.92	100.00	62.51	76.79
10	阿里巴巴集团控股有限公司	73.59	97.99	68.36	63.01	87.60	75.07
11	TCL	74.31	68.36	79.66	64.93	66.66	74.35
12	深圳市大疆创新科技有限公司	83.67	61.64	61.65	62.53	100.00	74.34
13	中国石油化工集团有限公司	60.65	72.61	91.41	71.11	64.30	73.50
14	浙江大华技术股份有限公司	86.67	62.49	60.63	61.12	79.14	73.11
15	美的集团股份有限公司	67.53	68.80	73.09	98.00	73.17	71.69
16	美团公司	82.15	69.49	63.46	61.49	64.50	71.54
17	中国移动通信集团有限公司	68.22	85.97	67.03	61.05	83.81	70.78
18	小米科技有限责任公司	68.13	68.08	73.90	64.01	69.78	70.10
19	中国石油天然气集团有限公司	62.84	88.04	73.43	78.50	65.22	70.09

续表

排名	公司名称	研发投入强度	研发费用	发明专利数	非发明专利数	收入利润率	得分
20	浙江吉利控股集团有限公司	75.29	79.16	62.76	67.77	65.84	69.97
21	珠海格力电器股份有限公司	67.55	65.20	69.73	82.30	78.39	69.90
22	石药控股集团有限公司	77.11	62.50	60.62	60.05	80.46	69.36
23	中国五矿集团有限公司	64.53	74.31	70.15	80.71	63.29	68.16
24	舜宇集团有限公司	75.00	62.05	60.36	60.43	77.70	68.12
25	三一集团有限公司	70.67	65.19	62.72	63.25	81.11	68.01
26	比亚迪股份有限公司	72.25	67.42	64.36	64.94	65.13	67.93
27	歌尔股份有限公司	73.40	62.87	63.01	67.62	66.55	67.74
28	中国兵器工业集团有限公司	66.01	72.52	69.55	64.98	64.65	67.71
29	中联重科股份有限公司	72.05	62.94	62.30	61.86	75.82	67.60
30	中国宝武钢铁集团有限公司	65.29	75.50	67.52	66.26	67.97	67.41
31	山东省国有资产投资控股有限公司	70.40	63.44	63.70	63.09	65.10	66.47
32	新疆特变电工集团有限公司	72.47	62.84	60.40	60.99	68.68	66.33
33	中国电信集团有限公司	67.06	74.46	63.47	61.65	66.55	66.22
34	宁波均胜电子股份有限公司	70.65	61.88	64.68	60.35	61.08	66.21
35	中国东方电气集团有限公司	72.20	61.68	61.07	61.44	66.78	66.17
36	郑州宇通企业集团	71.36	61.53	60.31	61.08	70.21	65.88
37	哈尔滨电气集团有限公司	72.64	61.15	60.80	62.28	62.86	65.85
38	创维集团有限公司	70.99	61.59	61.49	63.48	65.57	65.81
39	中国第一汽车集团有限公司	66.10	78.09	61.30	65.65	67.91	65.78
40	华鲁控股集团有限公司	70.35	60.85	60.27	60.21	73.27	65.66
41	深圳华强集团有限公司	70.99	60.88	60.19	60.25	70.20	65.58
42	海信集团控股股份有限公司	66.13	63.42	64.08	67.36	69.21	65.51
43	中国电子信息产业集团有限公司	66.87	67.02	64.53	64.36	61.79	65.43
44	鹏鼎控股（深圳）股份有限公司	69.20	60.95	60.67	60.05	73.09	65.32
45	鞍钢集团有限公司	66.45	65.69	64.53	63.48	63.53	65.26
46	万华化学集团股份有限公司	65.66	61.65	62.52	60.00	79.06	65.22
47	江苏长电科技股份有限公司	68.29	60.74	62.33	60.63	66.35	64.87
48	上海电气（集团）总公司	67.31	64.74	62.13	63.95	64.45	64.78
49	上海汽车集团股份有限公司	63.25	71.70	63.01	72.01	65.66	64.69
50	万丰奥特控股集团有限公司	68.68	60.91	60.18	61.43	69.17	64.62
51	人福医药集团股份公司	68.07	60.52	60.18	60.25	72.30	64.58
52	西子联合控股有限公司	65.81	60.63	60.40	61.30	79.83	64.57
53	中国广核集团有限公司	63.13	61.56	61.88	62.48	83.72	64.56

续表

排名	公司名称	研发投入强度	研发费用	发明专利数	非发明专利数	收入利润率	得分
54	浙江龙盛控股有限公司	64.80	60.52	61.18	60.09	81.68	64.56
55	广东德赛集团有限公司	68.98	60.82	60.52	62.32	65.55	64.53
56	中国建材集团有限公司	62.84	65.54	63.67	68.34	69.19	64.31
57	中国建筑股份有限公司	60.77	71.14	62.89	79.55	66.87	64.10
58	北京东方雨虹防水技术股份有限公司	64.07	60.25	60.25	60.52	83.10	64.07
59	中国华电集团有限公司	64.90	65.03	61.01	64.18	69.45	63.97
60	大亚科技集团有限公司	67.80	60.68	60.10	60.49	67.14	63.96
61	中国电力建设集团有限公司	63.17	68.31	62.32	72.51	63.80	63.92
62	中国铁路工程集团有限公司	61.58	69.51	63.82	71.45	63.96	63.89
63	四川科伦实业集团有限公司	68.12	61.19	60.35	61.69	63.14	63.89
64	安徽江淮汽车集团控股有限公司	66.47	61.44	62.89	62.36	60.22	63.88
65	包头钢铁（集团）有限责任公司	67.97	62.70	60.40	61.01	62.06	63.85
66	中国交通建设集团有限公司	62.44	69.43	62.59	69.38	65.51	63.85
67	新疆金风科技股份有限公司	65.29	61.15	62.41	61.54	66.84	63.84
68	湖南华菱钢铁集团有限责任公司	66.20	63.88	60.25	60.27	67.92	63.76
69	中国机械工业集团有限公司	63.45	64.55	63.36	65.93	64.48	63.76
70	四川九洲投资控股集团有限公司	67.97	60.94	60.70	60.88	61.70	63.74
71	北京汽车集团有限公司	63.03	67.39	62.36	69.28	64.87	63.73
72	武汉当代科技产业集团股份有限公司	65.88	60.53	60.26	60.00	72.22	63.72
73	广西柳工集团有限公司	66.40	60.56	60.60	61.02	67.56	63.63
74	华东医药股份有限公司	65.59	60.66	60.09	60.01	72.17	63.55
75	奇瑞控股集团有限公司	64.09	61.41	63.71	67.10	61.17	63.55
76	北京能源集团有限责任公司	65.79	61.58	60.10	60.82	69.83	63.53
77	首钢集团有限公司	64.61	64.16	62.80	62.21	61.55	63.51
78	远景能源有限公司	65.86	60.99	60.15	60.04	69.99	63.50
79	正泰集团股份有限公司	65.22	61.90	60.94	62.97	67.15	63.47
80	潍柴控股集团有限公司	63.92	65.43	61.66	64.92	64.94	63.43
81	陕西煤业化工集团有限责任公司	64.58	66.90	60.55	61.65	66.02	63.40
82	中国铁道建筑集团有限公司	61.34	68.08	62.92	72.56	63.98	63.39
83	三花控股集团有限公司	64.80	60.54	61.29	61.15	68.69	63.35
84	广州智能装备产业集团有限公司	65.07	61.05	60.13	61.05	71.21	63.35
85	中国节能环保集团有限公司	64.90	60.81	60.71	61.93	69.46	63.33
86	广西玉柴机器集团有限公司	66.45	61.14	60.66	61.88	62.77	63.29
87	通威集团有限公司	65.39	62.03	60.15	60.59	68.45	63.29

续表

排名	公司名称	研发投入强度	研发费用	发明专利数	非发明专利数	收入利润率	得分
88	心里程控股集团有限公司	65.83	60.99	60.26	60.18	67.55	63.29
89	安徽海螺集团有限责任公司	61.90	62.74	60.08	60.42	81.88	63.27
90	天津天士力大健康产业投资集团有限公司	64.70	60.48	61.32	60.12	68.69	63.27
91	东风汽车集团有限公司	62.62	68.04	61.07	67.13	66.60	63.24
92	中国海洋石油集团有限公司	60.63	63.57	63.09	62.87	73.37	63.17
93	金东纸业（江苏）股份有限公司	65.54	60.66	60.13	60.12	68.27	63.16
94	国家电力投资集团有限公司	63.33	64.35	61.08	62.72	68.79	63.16
95	安徽楚江科技新材料股份有限公司	67.23	60.54	60.09	60.36	61.62	63.16
96	上海华谊（集团）公司	64.48	60.71	61.65	60.97	65.93	63.08
97	奥盛集团有限公司	66.23	60.56	60.09	60.24	64.89	63.08
98	上海德龙钢铁集团有限公司	65.27	62.53	60.08	60.68	66.43	63.06
99	亨通集团有限公司	65.79	62.77	60.57	62.40	61.53	63.06
100	北京控股集团有限公司	64.09	61.76	60.36	61.21	70.54	63.05

二、创新百强是中国大企业创新的主力军

1. 十分重视研发投入，为技术创新提供保障

2021 中国大企业创新 100 强（以下简称创新百强企业）的总研发费用为 8731.40 亿元，占 2021 中国企业 500 强总研发费用的 81.19%，创新百强企业平均研发投入强度为 3.15%，是 2021 中国企业 500 强的研发投入强度（1.77%）的 1.8 倍。创新百强企业中研发投入强度超过 10% 的公司有华为投资控股有限公司、中国航天科技集团有限公司、中兴通讯股份有限公司、中国航天科工集团有限公司、江苏恒瑞医药股份有限公司、中国信息通信科技集团有限公司、深圳市大疆创新科技有限公司、浙江大华技术股份有限公司。华为高度重视创新而非短期利益，注重“厚积薄发”，通过持续的创新投入为基础研发提供动力，为技术创新提供保障。2020 年华为研发费用高达 1418.93 亿元，研发强度达到 15.92%。江苏恒瑞医药股份有限公司围绕抗肿瘤、糖尿病、心血管、自身免疫性疾病等领域进行重点开发，近年来科研投入占销售额比例超过 16%，2020 年累计投入研发资金 49.89 亿元，研发强度达到 17.99%。深圳市大疆创新科技有限公司研发人员占比将近 1/4，研发强度高达 10.11%，早在 2014 年，就已经谋划布局芯片、光学、传感技术等领域“卡脖子”技术攻关，在日本组建了 400 多人的研发团队，专注于先进光学镜头研发；公司申请了 1.6 万件专利，其中 PCT 专利申请近 4000 件，并主导制定了 46 项国际标准；公司一直在致力于摆脱“无人机”标签，主营业务已经由原来的无人机业务拓展为无人机、教育、手持影像系统三大模块；无人机已经成为公司业务与搭载平台，围绕无人机打造产业生态链，测绘地理信息、农业植保、智能交通、消防等领域都已成为公司无人机应用场景；人工智能、激光雷达、口袋相机、手机云台、教育，都是公司正在迈入的新领域。

2. 成果丰硕，对我国产业核心技术攻关和经济与社会发展做出了突出的贡献

创新百强企业共计拥有有效专利数、有效发明专利数分别为 120.66 万件、56.46 万件。创新百强企业所拥有的有效发明专利，是 2021 中国企业 500 强有效发明专利（59.46 万件）的 94.95%，是全国有效发明专利的主要持有者。创新百强企业发明专利占比 46.79%，专利质量显著高于 2021 中国企业 500 强（发明专利占比为 41.05%）。创新百强企业中拥有发明专利数居前 10 位的公司分别是华为投资控股有限公司 90000 项、海尔集团公司 39132 项、国家电网有限公司 38025 项、中国石油化工集团有限公司 32355 项、中兴通讯股份有限公司 32000 项、北京电子控股有限责任公司 28560 项、中国航天科技集团有限公司 24552 项、TCL20268 项、中国航天科工集团有限公司 19813 项、小米科技有限责任公司 14335 项。

创新百强企业为中国创新发展做出了突出贡献，部分创新成果已经在全球具有技术领先优势和核心竞争力。如中国航天科技始终坚持“国家利益高于一切”，在战略制定过程中，将国家战略在集团公司落地，将集团战略上升为国家战略，始终将集团战略与国家战略紧密结合，自“两弹一星”以来，在短短数十年间创造了举世瞩目的辉煌成就，圆满完成多项国家重大航天工程任务，不断扩大人类对外层空间的探索，持续推动着航天科技向前进步，造福全人类。华为已经是全球领先的 ICT 基础设施和智能终端提供商，5G 综合实力居全球首位，拥有全球最多的 5G 标准必要专利。国家电网的特高压技术是全球最先进的输电技术，其特高压输电标准也是全球行业标准，特高压输电、柔性直流电网、统一潮流控制器、智能电网等创新工程投运，有力推动了“中国制造”向“中国智造”“中国创造”加速跨越，支撑了电网技术、标准、装备一体化“走出去”。目前，国家电网已成为全球并网装机规模最大、电压等级最高、能源资源配置能力最强的电网，是最近 20 多年来全球唯一没有发生大面积停电的特大型电网。

3. 盈利水平高，有力地验证了重视企业技术创新的重大意义和投资效果

创新百强企业平均收入利润率为 7.10%，盈利水平显著高于 2021 中国企业 500 强（收入利润率为 4.53%）。创新百强企业中收入利润率超过 10% 的公司有 24 家，收入利润率居前 10 位的公司分别是深圳市大疆创新科技有限公司 33.40%、华为投资控股有限公司 31.96%、江苏恒瑞医药股份有限公司 24.86%、阿里巴巴集团控股有限公司 23.08%、中国移动通信集团有限公司 19.93%、中国广核集团有限公司 19.86%、北京东方雨虹防水技术股份有限公司 19.34%、安徽海螺集团有限责任公司 18.33%、浙江龙盛控股有限公司 18.16% 和三一集团有限公司 17.69%。

中国电科坚持做党和国家可以信赖依靠的“大国重器”，服务于国家发展需求，承担并圆满完成了国防和军队电子信息装备科研生产及保障任务，在国家许多党政信息化和行业信息系统建设中发挥了重要作用，不断发展壮大，探索“以应用促基础”的科技创新发展模式，在国家重大科技专项和重大科技工程中取得标志性突破，成为国内唯一覆盖电子信息全领域的大型科技集团。依靠强大的企业技术创新能力，中国电科连续多年实现经营绩效的快速可持续发展，主营业务收入和利润年复合增长率均保持 20% 以上，国有资产保值增值率保持在 111% 以上，连续 16 年在中央企业经营业绩考核获得 A 级，在每年 4000 多亿元的研发投入中，有 70% 是靠自我积累完成的。在核心电子元器件等领域“断代式”发展的情况下，以产业的形式为国家保持了一支覆盖全产业链的战略科技力量，在保持战略能力的同时也形成了独特的自我发展、自我经营模式，成为中央企业经营典范。

三、与世界一流创新企业差距仍然很大

尽管经过企业长期持续不懈的努力，创新百强企业的创新能力有了较大提升，很多关键科技领域正从跟跑向并跑、领跑前进，部分领域已显现领跑态势，但与世界一流创新企业相比，仍然存在不小差距，核心关键技术受制于人的局面没有根本改变，且创新百强企业内部差距也较大，在区域分布与行业等方面存在很大差距。

1. 世界级创新企业仍然较少

世界一流创新企业研发投入总量均超过1000亿元、研发投入强度高达8%，特别是基础研究投入占研发投入的比例在20%左右。从成果产生看，世界一流创新企业每年申请的发明专利在4000件以上，新产品销售率一般也超过40%。

由欧盟官方发布的《2020欧盟工业研发投资排名报告》（The 2020 EU Industrial R&D Investment Scoreboard）可知，我国仅有华为投资控股有限公司1家企业进入十强，合计3家企业跻身世界五十强。相较之下，美国有6家企业进入十强，说明我国企业创新能力亟须进一步提升。

图5－1对比了华为、阿里巴巴与Alphabet、Microsoft、Apple等一流企业的研发费用、研发投入强度和利润率。2019年华为与Alphabet的研发投入强度较为接近，但从绝对规模上看仍存在较大差距；而利润率与上述公司存在较大差距，说明应当加快实现研发成果的经济价值转化。阿里巴巴的研发投入强度超过了苹果公司，但研发投入规模与Alphabet（2018年度研发费用高达288亿美元）还存在差距，需要进一步加大研发投入。此外，亚马逊公司市值首超1万亿美元，苹果公司2021年8月初的市值超过2.4万亿美元，都说明中国大企业的创新还有很长的路要走。

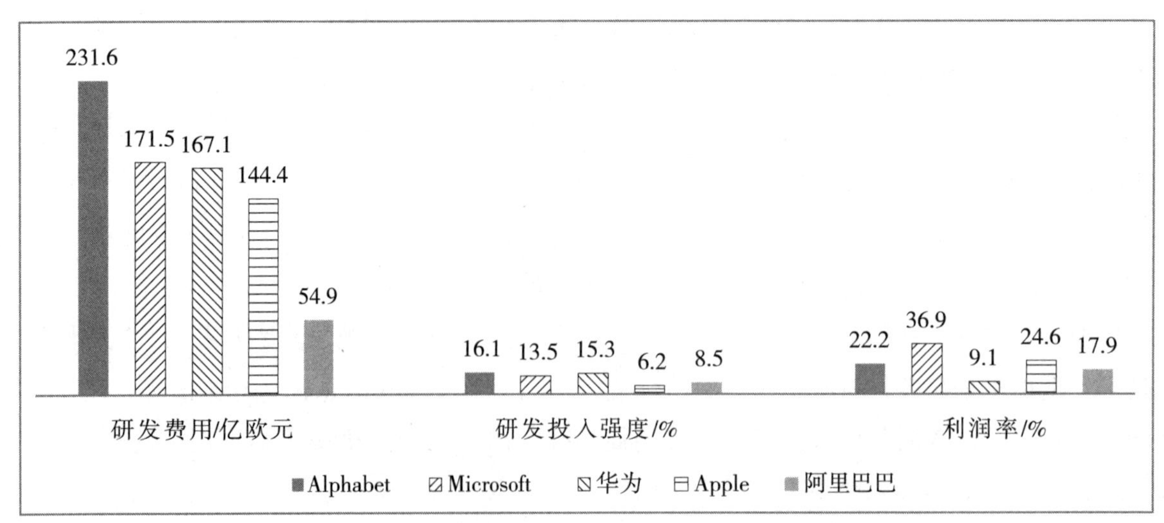

图5－1　部分中国创新企业与世界一流创新企业对比图

2. 核心关键技术受制于人的局面没有改变

当前，整个国际环境处于“大变局”之中。一方面，全球科技创新空前密集活跃，新一轮科技

革命和产业变革正在重构世界创新版图与经济结构；另一方面，单边主义、保护主义、霸权主义加剧国际社会动荡。特别是近两年，有些国家或集团的单边主义、保护主义政策变本加厉。来势汹汹的新冠肺炎疫情更是加速了国际格局演变，不稳定、不确定因素增多。我国的科技创新正遭遇西方国家源头和应用端“双掐断”的堵截。在不少重要领域，核心关键技术还受制于西方国家，原始创新和引领能力不足。核心关键技术受制于西方是当前我国现代化建设的薄弱之处。

3. **创新百强企业内部差距较大**

2021 中国大企业创新 100 强的平均综合得分为 67.19，有 30 家企业超过平均综合得分。2021 中国大企业创新 100 强中综合得分小于 65 分的企业为 54 家；综合得分在 65 ~ 70 分的企业为 27 家，两者累计占比达 81%；得分高于 85 分的企业仅有 3 家，如图 5 - 2 所示。说明创新百强企业创新能力差距较为明显，创新实力顶尖的企业相对较少。

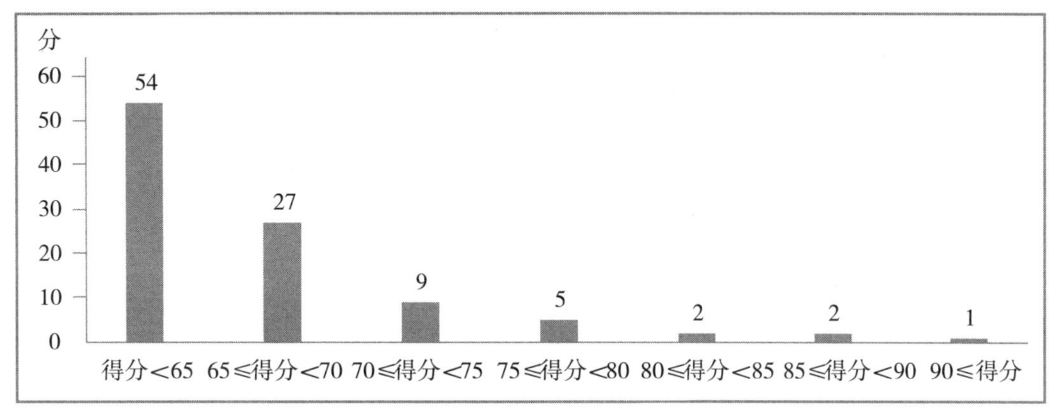

图 5 - 2 2021 中国大企业创新 100 强综合得分分布

2021 中国大企业创新 10 强、20 强和 100 强各项指标均值的比较，如图 5 - 3 所示。从各项指标绝对数值看，10 强企业各方面均优于 20 强平均水平，而 20 强又优于 100 强。大企业创新 20 强与 10 强的差距主要在于创新投入与创新产出，10 强企业的研发投入强度、研发费用和发明专利数约为 20 强企业的 1.45 倍，而非发明专利数与收入利润率的差距相对较小。相对于所有 100 强企业而言，10 强企业各项指标优势明显，但各指标的领先幅度不同。其中研发费用、发明专利数、非发明专利数等指标差距较大，而收入利润率差距相对较小。百强企业与十强企业仍存在不小差距，企业应借鉴优势企业的发展模式，增大创新投入，提高创新产出，培育竞争优势。

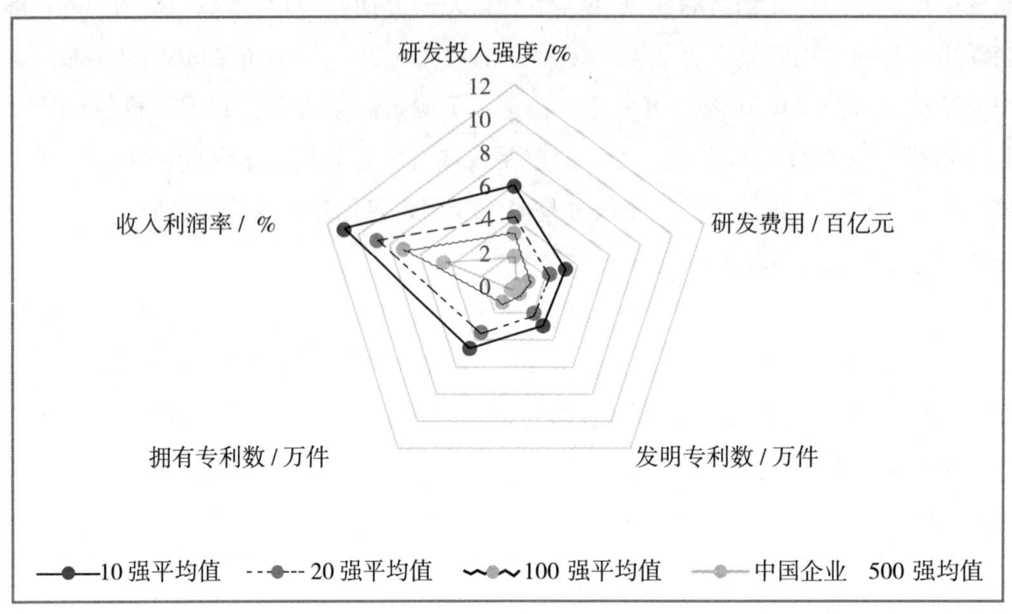

图 5－3 2021 中国大企业创新 10 强、20 强、100 强各项指标对比

4. 区域分布不均衡、行业差异明显

从企业总部所在地看，2021 中国大企业创新 100 强覆盖了 20 个省份、直辖市及自治区，且大多集中在经济发达地区，其中北京占 28%，广东占 14%，浙江占 11%，上海、山东各占 7%，江苏占 6%，安徽、湖北、四川各占 4%，湖南占 3%，广西、新疆各占 2%，河北、河南、黑龙江、吉林、辽宁、内蒙古、陕西、天津各占 1%，如图 5－4 所示。

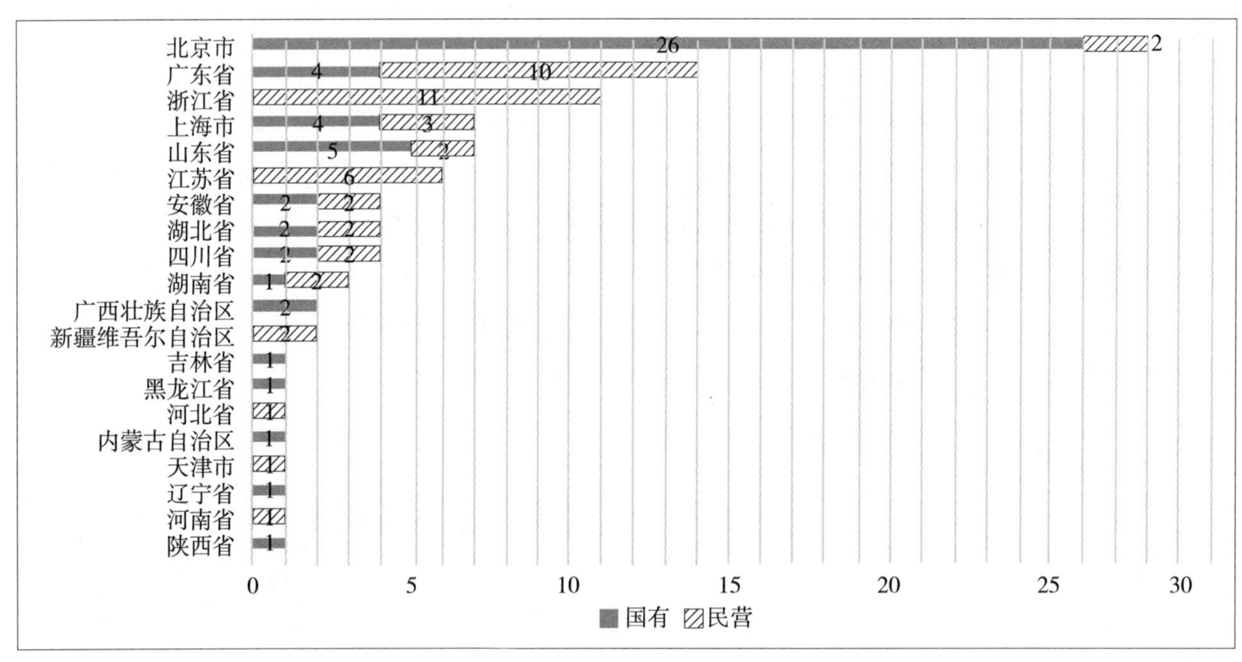

图 5－4 2021 中国大企业创新 100 强省份及所有制结构

从所有制结构看，2021 中国大企业创新 100 强国有企业占 53%，民营企业占 47%，但省份间结

构差异明显。榜单中北京的国有企业有 26 家，民营企业仅两家，国有企业占比高达 92.86%，占据主导地位。而与之形成鲜明对比的是浙江入选大企业创新 100 强的企业均为民营企业，说明浙江民营经济迸发了充足的创新活力。各地区应因地制宜，充分利用本地创新资源，化创新资源优势为经济发展优势。

从公司所在行业看，2021 中国大企业创新 100 强覆盖了 39 个行业，其中汽车及零配件制造占比 12%，通信设备制造占比 7%，电力电气设备制造、黑色冶金、家用电器制造占比各 6%，土木工程建筑、药品制造占比各 5%，化学原料及化学品制造占比 4%，半导体、集成电路及面板制造等行业各占比 3%，电信服务等行业各占比 2%，兵器制造等行业各占比 1%，如表 5 – 3 所示。

表 5 – 3　2021 中国大企业创新 100 强行业分布

行业	企业数	行业	企业数
汽车及零配件制造	12	综合能源供应	2
通信设备制造	7	兵器制造	1
电力电气设备制造	6	电网	1
黑色冶金	6	电线电缆制造	1
家用电器制造	6	电子制造	1
土木工程建筑	5	工程机械及零部件	1
药品制造	5	互联网服务	1
化学原料及化学品制造	4	煤炭采掘及采选业	1
半导体、集成电路及面板制造	3	农副食品	1
电力生产	3	其他建材制造	1
锅炉及动力装备制造	3	轻工百货生产	1
航空航天	3	信息技术服务	1
水泥及玻璃制造	3	石化及炼焦	1
电信服务	2	物料搬运设备制造	1
多元化投资	2	信息服务	1
风能、太阳能设备制造	2	一般有色	1
工业机械及设备制造	2	医疗卫生健康服务	1
计算机及办公设备	2	造纸及包装	1
石油、天然气开采及生产业	2	综合制造业	1
综合服务业	2		

四、加快提高企业创新能力的建议

当下，世界经济正面临新挑战，复杂的国际形势对我国企业的创新能力提出了新的要求。习近平总书记多次强调，核心技术要不来、买不来、讨不来，必须掌握在自己手中，党的十九届五中全会提出，把科技自立自强作为国家发展的战略支撑，只有在不断提升自身知识能力和学习能力的基础上坚持自主创新，把握创新核心环节的主动权，掌握核心技术的所有权，把发展的主动权牢牢把握在自己手中，才能形成抵御西方世界“技术霸凌”的“防护盾”，防范和化解政治、经济、社会、军事等重要领域的重大风险，从根本上保障国家经济安全、国防安全和其他安全。为此，一方面需要政府强化企业的创新主导地位，推动各类创新要素向企业集聚；通过实施更大力度的普惠性创新政策，提高企业研发的积极性；集中力量建设关键性技术平台，推动国家产业创新中心的建设；加大创新主体合作的广度和深度，推动以企业为主体、市场为导向、产学研用协同创新、大中小企业融通创新体系的进一步完善。另一方面作为创新百强企业要争做科技领军企业，持续加大研发投入，充分发挥系统集成合力，完善配套激励机制，不断提高创新能力，培育国际竞争中的优势。

1. **争做科技领军企业**

面向“十四五”乃至2035年，我国要实现建设社会主义现代化强国的目标，跻身创新型国家前列，需要培育或支持一批核心技术能力突出、集成创新能力强的科技领军企业，把科技的力量转化为经济和产业竞争优势，为塑造发展新优势、实现高水平科技自立自强、建设科技强国提供有力支撑。科技领军企业是指具有明确的科技创新战略及完善的组织体系，科技创新投入水平高，在关键共性技术、前沿引领技术和颠覆性技术方面取得明显优势，能够引领和带动产业链上下游企业、有效组织产学研力量实现融通创新发展，并在产业标准、发明专利、自主品牌等方面居于同行业领先地位的创新型企业。为此，创新百强企业必须把未来科技趋势的研判、核心技术的掌握和前沿引领技术、颠覆性技术的开发作为企业工作的新重点，以争做科技领军企业为抓手，发挥企业创新资源优势，进一步增强我国产业的自主创新能力及核心竞争力，打造原创技术策源地，履行作为国家战略科技力量实现高水平科技自立自强的使命担当，充分发挥企业出题者的作用，探索前沿科技和发展未来产业、抢占全球未来产业制高点中的引领作用，掌握产业发展主动权，加快突破产业共性技术、关键核心技术、“卡脖子”技术，为切实保障我国的产业链安全做出积极贡献。

2. **持续加大研发投入**

企业要提高对研发的重视，加大基础研发投入，保证企业有充足资金用于研发。应积极建立研发专项资金制度和研发投入持续稳定增长的长效机制，确保企业研发创新投入水平随企业发展不断提高。应进一步拓宽研发投入资金来源渠道。除了增加自身投资外，还要建立和完善多元化、多形式、多层次的技术创新投入机制，广泛吸收来自资本市场、银行和风险基金等多种渠道的科技研发扶持资金，为企业自主创新科研经费的筹集提供更为广阔的资金渠道。同时，要提高研发资金使用效率，加强科技成果向现实生产力的转化，采用计划引导、组织协调、资金支持等手段，对成果转化进行扶持。要积极关注国家级技术创新的基地与平台建设，提升创新资源的利用效率，进而创造更高水平的技术创新成果，充分发挥科技创新的引领带动作用。

3. **充分发挥系统集成合力**

创新是一个复杂的系统工程，创新链、产业链、资金链、政策链相互交织、相互支撑，必须打破各创新主体之间的壁垒，形成协同创新的强大合力。一方面，企业要主动加强科技联合攻关，围绕行业和企业创新短板，聚焦具有决定性、枢纽性、通用性、前瞻性的重大关键技术进行研发，突破核心关键技术“卡脖子”问题；另一方面，还要建立以企业为主体、市场为导向的创新体系，充分

发挥市场对企业创新的导向作用，重视研发前客户需求调研，促进技术创新与商业模式创新深度融合，提高创新成果转化率。要处理好集团公司和分子公司创新的联动协同，并加强研发部门与应用部门的联系，跨越创新的“死亡之谷”，实现创新成果向经济价值的转化。同时，应积极参与创新合作网络的构建，与其他主体进行协同创新，打破与产业链上下游企业、高校、科研机构、金融机构等合作伙伴之间的“信息孤岛”，特别要加强与高校的联合研究中心建设、加强与“专、新、特、优”的中小企业的战略合作，加强与用户的合作创新，实现价值共创。牵头组织创新联合体，承担解决重大的、战略性的课题，并迅速市场化、产业化。此外，要积极融入全球创新网络，在更大范围整合经济资源和要素，打造全球化开放式创新平台。

4. 完善配套激励机制

首先，要加强战略性科学家、拔尖创新的工程科技人才等高端创新人才的集聚与培养，加强创新团队的建设，组建一支具有攻克关键核心技术能力的团队，保证基础研究的顺利开展。同时，加快引进高层次创新人才，与领军创新人物建立合作，不求为我所有，但求为我所用。其次，加快企业内部人才培养，通过领军人才带领后备梯队成长，为人才提供长期奋斗的场所。最后，还需形成具有弹性的创新人才激励机制，在保证薪酬激励的基础上，职业激励与内在激励并存，形成多元化创新激励机制，充分保障人才的创造动力和创新活力。

第六章 2021 中国战略性新兴产业领军企业 100 强分析报告

“十三五”以来，战略性新兴产业发展逐步成为我国推动经济增长、调整结构的重要动力源泉。2016 年至 2020 年上半年，我国战略性新兴产业规模以上工业增加值增速始终高于全国工业总体增速。2020 年上半年，我国战略性新兴产业规模以上工业增加值同比增长 2.9%，高出全国工业增加值增速 4.2 个百分点。根据国家统计局统计数据，2020 年我国高技术产业投资比上年增长 10.6%；规模以上工业中，高技术制造业增加值增长 7.1%，占规模以上工业增加值的比重为 15.1%；新能源汽车产量 145.6 万辆，增长 17.3%；集成电路产量 2614.7 亿块，增长 29.6%。全年规模以上服务业中，战略性新兴产业相关服务业企业营业收入比上年增长 8.3%。在世界经济增长步入衰退、国际经济贸易摩擦持续加剧的情况下，2020 年我国高新技术产品出口额增长 6.5%，占出口总额的比重为 23.3%。

2021 年是中国企业联合会连续第三年在中国企业 500 强、制造业企业 500 强和服务业企业 500 强基础上，推出“中国战略性新兴产业领军企业 100 强”（以下简称中国战新企业 100 强）。总体上看，2020 年，以中国 500 强为代表的国内大企业，持续推进结构调整和新旧动能转换，战新产业业务发展继续取得积极成效，战新业务对企业经营发展特别是经济效益贡献明显，在推动战略性新兴产业发展和企业转型升级中发挥了应有的示范带头作用。同时需要看到，受全球经济衰退和复杂的国际环境影响，加之企业自身产业韧性不足的缺陷，我国战略性新兴产业的一些领域受到显著冲击，一些指标在较高水平上出现回落。面向“十四五”，我国正迎来经济高质量发展带来的新机遇，新一轮科技革命带来的发展新红利，新需求催生的发展新动能，我国大企业应积极应对风险挑战，加快结构调整步伐，主动响应国家重大战略，动态识别产业科技前沿，有效挖掘地方资源优势，建设完善创新生态体系，努力促进战略性新兴产业相关业务高质量发展。

一、2021 中国战略性新兴产业领军企业 100 强基本情况

1. 入围企业发展整体情况

战新业务收入增长较快。依据战略性新兴产业业务归口统计的营业收入，2021 中国战新企业 100

强入围门槛为 206.45 亿元，比上年 100 强提高了 37.80 亿元；入围企业共实现战新业务收入 7.62 万亿元，较上年 100 强增长 13.46%，增速提高 3.96 个百分点。与自身相比，相关企业战新业务营业收入较上年增长 9.86%，其中 87 家实现战新业务收入正增长；战新产业资产总额达到 11.82 万亿元，较上年增长 11.93%；从事战新业务员工总数达 307.09 万人，较上年增长 5.68%。2021 中国战新企业 100 强名单，如表 6－1 所示。

表 6－1　2021 中国战新企业 100 强名单

排名	企业名称	战新业务领域	战新业务收入/亿元	主业所属行业
1	华为投资控股有限公司	新一代信息技术	8913.68	通信设备制造
2	中国移动通信集团有限公司	新一代信息技术	5901.57	电信服务
3	中国电信集团有限公司	新一代信息技术	3114.98	电信服务
4	中国联合网络通信集团有限公司	新一代信息技术	2584.85	电信服务
5	苏宁控股集团	新一代信息技术	2522.96	综合服务业
6	正威国际集团有限公司	新材料	2028.52	一般有色
7	广州医药集团有限公司	生物	1798.84	药品制造
8	天能控股集团有限公司	新能源汽车	1648.21	电力电气设备制造
9	中国电子信息产业集团有限公司	新一代信息技术	1578.41	半导体、集成电路及面板制造
10	北京电子控股有限责任公司	新一代信息技术	1510.81	半导体、集成电路及面板制造
11	浙江吉利控股集团有限公司	新能源汽车	1363.94	汽车及零配件制造
12	中国宝武钢铁集团有限公司	新材料	1191.30	黑色冶金
13	中国广核集团有限公司	新能源	1089.95	电力生产
14	中国五矿集团有限公司	新材料	1061.52	综合制造业
15	三一集团有限公司	高端装备制造	1000.54	工业机械及设备制造
16	国家电网有限公司	新能源	992.30	电网
17	河北新华联合冶金控股集团有限公司	新材料	976.68	黑色冶金
18	海信集团控股股份有限公司	数字创意	967.09	家用电器制造
19	超威电源集团有限公司	新能源	950.76	电力电气设备制造
20	包头钢铁（集团）有限责任公司	新材料	913.58	黑色冶金
21	深圳市投资控股有限公司	相关服务业	843.88	多元化金融
22	中国中信集团有限公司	新材料	810.78	多元化金融
23	中国建材集团有限公司	新材料	775.18	水泥及玻璃制造
24	中国交通建设集团有限公司	高端装备制造	772.78	土木工程建筑
25	山东省国有资产投资控股有限公司	新一代信息技术	756.64	多元化投资
26	卓尔控股有限公司	新一代信息技术	727.72	综合服务业
27	成都兴城投资集团有限公司	相关服务业	724.7	土木工程建筑
28	陕西有色金属控股集团有限责任公司	新材料	713.27	一般有色

续表

排名	企业名称	战新业务领域	战新业务收入/亿元	主业所属行业
29	中联重科股份有限公司	高端装备制造	651.09	工业机械及设备制造
30	深圳海王集团股份有限公司	生物	644.79	药品制造
31	协鑫集团有限公司	新能源	631.02	风能、太阳能设备制造
32	广东省广晟控股集团有限公司	新一代信息技术	626.48	多元化投资
33	中国机械工业集团有限公司	新材料	607.79	综合服务业
34	海尔集团公司	节能环保	598.98	家用电器制造
35	上海钢联电子商务股份有限公司	新一代信息技术	585.21	互联网服务
36	歌尔股份有限公司	高端装备制造	577.43	通信设备制造
37	中天科技集团有限公司	新一代信息技术	560.99	电线电缆制造
38	闻泰通讯股份有限公司	新一代信息技术	551.84	通信设备制造
39	隆基绿能科技股份有限公司	新能源	545.83	风能、太阳能设备制造
40	中国铝业集团有限公司	新材料	544.76	一般有色
41	山东能源集团有限公司	新能源	535.02	煤炭采掘及采选业
42	桐昆控股集团有限公司	新材料	511.48	化学纤维制造
43	宁德时代新能源科技股份有限公司	新能源汽车	503.19	电力电气设备制造
44	广东省广新控股集团有限公司	新材料	502.80	多元化投资
45	四川长虹电子控股集团有限公司	节能环保	502.59	家用电器制造
46	云南省交通投资建设集团有限公司	相关服务业	488.88	土木工程建筑
47	欧菲光集团股份有限公司	新一代信息技术	483.50	通信设备制造
48	潍柴控股集团有限公司	高端装备制造	480.71	汽车及零配件制造
49	鞍钢集团有限公司	新材料	474.52	黑色冶金
50	TCL	新一代信息技术	467.65	家用电器制造
51	国家电力投资集团有限公司	新能源	461.61	电力生产
52	中国华电集团有限公司	新能源	449.45	电力生产
53	中国节能环保集团有限公司	节能环保	433.53	综合服务业
54	宏旺投资集团有限公司	新材料	430.13	金属制品加工
55	福建省电子信息（集团）有限责任公司	新一代信息技术	430.09	通信设备制造
56	万华化学集团股份有限公司	新材料	423.65	化学原料及化学品制造
57	新凤鸣控股集团有限公司	新材料	419.25	化学纤维制造
58	云账户技术（天津）有限公司	新一代信息技术	414.04	信息技术服务
59	新疆金风科技股份有限公司	高端装备制造	388.52	风能、太阳能设备制造
60	中国电力建设集团有限公司	新能源	386.47	土木工程建筑
61	恒申控股集团有限公司	新材料	384.09	化学纤维制造
62	江铃汽车集团有限公司	新能源汽车	383.34	汽车及零配件制造

续表

排名	企业名称	战新业务领域	战新业务收入/亿元	主业所属行业
63	舜宇集团有限公司	新一代信息技术	380.02	通信设备制造
64	创维集团有限公司	新一代信息技术	378.44	家用电器制造
65	北京金隅集团股份有限公司	节能环保	369.86	水泥及玻璃制造
66	汇通达网络股份有限公司	新一代信息技术	362.00	信息技术服务
67	中国航天科工集团有限公司	高端装备制造	359.4	航空航天
68	国家开发投资集团有限公司	相关服务业	353.65	多元化投资
69	宁波金田投资控股有限公司	新材料	352.17	一般有色
70	广西北部湾国际港务集团有限公司	新材料	330.08	港口服务
71	海亮集团有限公司	新材料	329.44	一般有色
72	江苏中利控股集团有限公司	新材料	316.70	电线电缆制造
73	水发集团有限公司	新能源	312.62	水务
74	研祥高科技控股集团有限公司	新一代信息技术	302.12	综合制造业
75	深圳市信利康供应链管理有限公司	新一代信息技术	301.9	物流及供应链
76	鹏鼎控股（深圳）股份有限公司	新一代信息技术	298.51	通信设备制造
77	招商银行股份有限公司	相关服务业	297.07	商业银行
78	欣旺达电子股份有限公司	新能源汽车	296.92	汽车及零配件制造
79	天合光能股份有限公司	新能源	294.18	风能、太阳能设备制造
80	南京钢铁集团有限公司	新材料	292.30	黑色冶金
81	山东高速集团有限公司	新一代信息技术	289.26	公路运输
82	正泰集团股份有限公司	新能源	278.06	电力电气设备制造
83	四川九洲投资控股集团有限公司	新一代信息技术	268.03	通信设备制造
84	广东德赛集团有限公司	新能源汽车	267.41	综合制造业
85	广东省建筑工程集团有限公司	新能源	264.79	土木工程建筑
86	浙江大华技术股份有限公司	新一代信息技术	264.66	计算机及办公设备
87	哈尔滨电气集团有限公司	高端装备制造	261.09	电力电气设备制造
88	盛虹控股集团有限公司	新材料	257.49	化学原料及化学品制造
89	郑州宇通企业集团	新能源汽车	250.89	汽车及零配件制造
90	江苏长电科技股份有限公司	新一代信息技术	250.31	半导体、集成电路及面板制造
91	中国铁路工程集团有限公司	高端装备制造	250.29	土木工程建筑
92	石药控股集团有限公司	生物	249.42	药品制造
93	天津渤海化工集团有限责任公司	新材料	247.15	化学原料及化学品制造
94	隆鑫控股有限公司	高端装备制造	230.83	摩托车及零配件制造
95	中国第一汽车集团有限公司	新能源汽车	228.29	汽车及零配件制造
96	南山集团有限公司	新材料	222.99	综合制造业

续表

排名	企业名称	战新业务领域	战新业务收入/亿元	主业所属行业
97	中国海洋石油集团有限公司	高端装备制造	220.19	石油、天然气开采及生产业
98	广西玉柴机器集团有限公司	高端装备制造	215.26	锅炉及动力装备制造
99	中国建筑股份有限公司	节能环保	211.32	土木工程建筑
100	天津天士力大健康产业投资集团有限公司	生物	206.45	药品制造

15 家企业战新业务收入超过千亿元，较上年 100 强增加 2 家。2021 中国战新企业 100 强中实现战新业务收入超千亿元的 15 家企业战新业务收入总计达到 3.73 万亿元，占 100 家企业战新业务总收入的 48.95%，接近一半，头部效应明显。

战新业务经营效益低速增长。2021 中国战新企业 100 强共实现战新业务利润 7417.35 亿元（指按战新业务归口统计的营业利润，下同），较上年 100 强增长 2.56%。与自身相比，相关企业战新业务利润与上年基本持平；98 家具有连续两年数据的企业中，66 家战新业务利润实现正增长，32 家企业战新业务利润同比下降。

战新业务经营利润率有所下滑。2021 中国战新企业 100 强战新业务平均利润率为 10.79%（按战新业务归口统计，98 家具有完整统计数据的企业），较上年 100 强下降 1.07 个百分点，利润率指标有一定程度下滑。尽管如此，这 100 家企业战新业务的利润率仍明显高于全部业务 6.79% 的利润率水平。近两年来，中国战新企业 100 强的营业利润增长速度均低于营业收入增长速度，导致企业战新业务经营利润率有所下降，这从侧面反映出我国战新产业发展受到相当大的阻碍，需要引起应有的重视。需要看到的是，虽然传统产业发展战新业务客观上也有一定限度，但这 100 家企业中不少企业战新业务在全部业务中的占比仍然较低，继续发展还有较大空间。

国有、民营企业数量各占半壁江山。2021 中国战新企业 100 强中入围的国有企业为 51 家，民营企业为 49 家，国有企业较上年增加 1 家。近年来战新企业 100 强基本维持国有、民营企业数量各占半壁江山的局面。51 家国有企业共实现战新业务收入 4.03 万亿元，占全部 100 家企业战新业务总收入的 52.88%，其中有 9 家企业战新业务收入超千亿元；49 家民营企业共实现战新业务收入 3.59 万亿元，占全部 100 强企业战新业务总收入的 47.12%，其中有 6 家企业战新业务收入超千亿元，如表 6－2 所示。

民营企业战新业务经营状况表现更佳。从盈利能力来看，入围国有企业战新业务利润总额达到 3155.88 亿元，占全部企业战新利润总额的比重为 42.55%；入围民营企业战新业务利润总额达到 4261.47 亿元，占全部企业战新总利润的比重为 57.45%。从企业经营效率来看，入围国有企业战新业务平均利润率为 8.47%，人均实现战新业务收入 180.7 万元，人均实现战新业务利润 15.3 万元；入围民营企业战新业务平均利润率为 11.87%，人均实现战新业务收入 339.7 万元，人均实现战新业务利润 42.3 万元，如表 6－3 所示。

表 6 - 2 2021 中国战新企业 100 强国有、民营企业主要指标占比情况 （单位：%）

企业性质	企业数量	战新业务收入占比	战新利润总额占比	战新资产总额占比	员工数占比
国有企业	51	52.88	42.55	68.13	67.16
民营企业	49	47.12	57.45	31.87	32.84

表 6 - 3 2021 中国战新企业 100 强国有、民营企业经营效率对比

企业性质	平均利润率/%	人均战新收入/万元	人均战新利润/万元
国有企业	8.47	180.7	15.3
民营企业	11.87	339.7	42.3

2. **入围企业领域特征分析**

以新一代信息技术产业、新材料产业为主要战新业务的企业是榜单主体。从战略性新兴产业分类来看，2021 中国战新企业 100 强中以新一代信息技术产业作为主要战新业务的企业有 27 家入围，入围企业数量排名第一，其中有 7 家企业实现收入超千亿元；以新材料产业作为主要战新业务的企业有 25 家入围，入围企业数量排名第二，其中有 3 家企业实现收入超千亿元；以新能源产业作为主要战新业务的企业有 13 家入围，入围企业数量排名第三，其中有 1 家企业实现收入超千亿元；以高端装备制造产业作为主要战新业务的企业共有 12 家入围，入围企业数排名第四；新能源汽车产业、节能环保产业、相关服务业、生物产业、数字创意产业入围企业数量分别为 8 家、5 家、5 家、4 家、1 家，如图 6 - 1 所示。

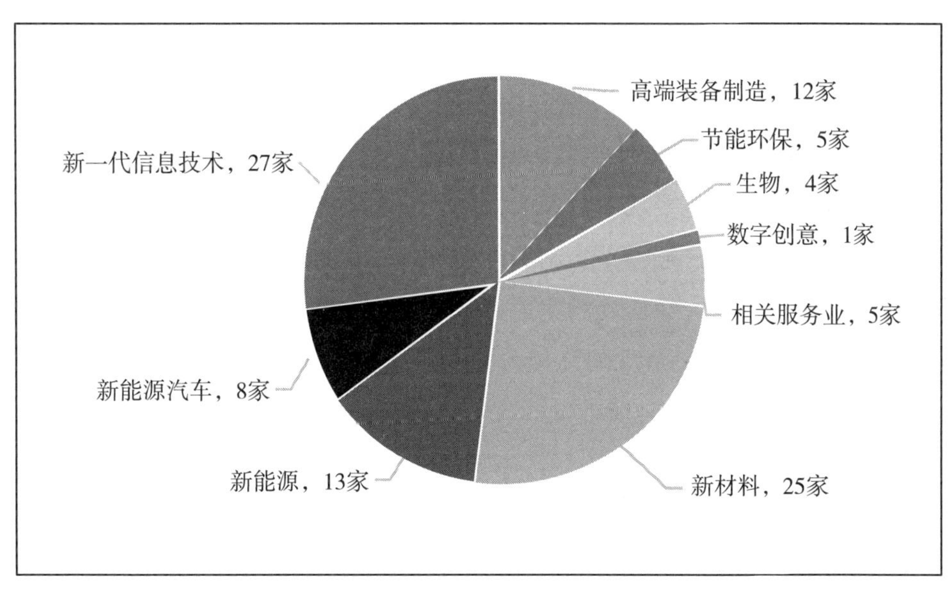

图 6 - 1 2021 中国战新企业 100 强各领域入围企业数量对比

新一代信息技术产业引领战新产业发展。战新业务收入方面，收入最高的是新一代信息技术产业，入围企业共实现战新业务收入 34826.67 亿元，占比接近入围企业战新业务总收入的一半，达到 45.72%；新材料产业、新能源产业分别实现战新业务收入 15117.62 亿元、7192.06 亿元，占比达到 19.85%、9.44%，战新业务收入排名分列第二、第三；高端装备制造、新能源汽车、生物产业、相

关服务业、节能环保产业、数字创意产业战新业务收入相对较少，分别为 5408.13 亿元、4942.19 亿元、2899.5 亿元、2708.18 亿元、2116.28 亿元、967.09 亿元，分别占所有入围企业战新业务收入的 7.10%、6.49%、3.81%、3.56%、2.78% 和 1.27%，相关产业尚待培育壮大，如图 6-2 所示。

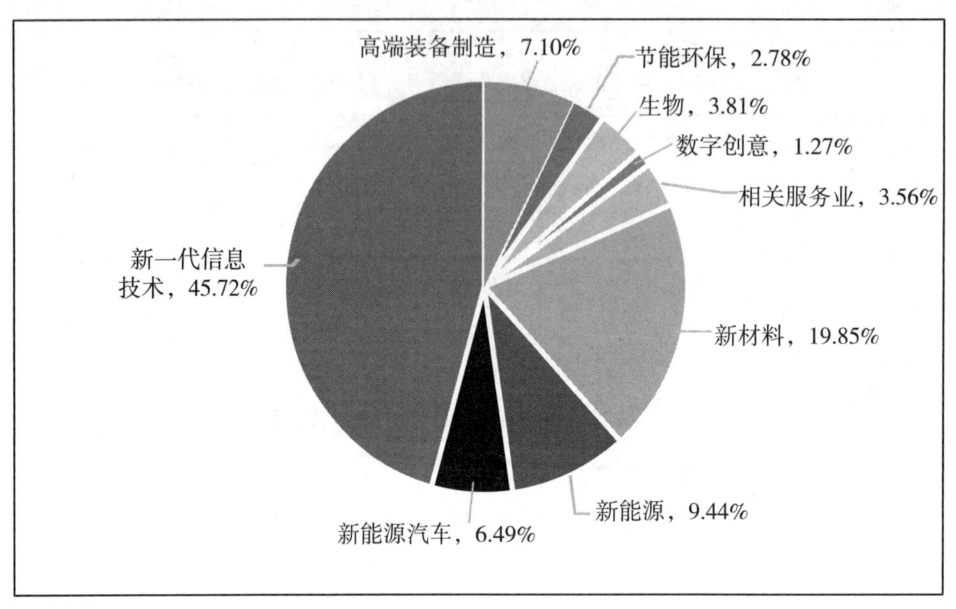

图 6-2　2021 中国战新产业 100 强企业入围企业分产业战新收入占比

从盈利能力来看，战新业务利润额最高的是新一代信息技术产业，入围企业共实现战新业务利润 4957.05 亿元，占 2021 中国战新企业 100 强战新业务利润总额的 66.83%。新材料产业和新能源产业分别实现战新利润 661.4 亿元和 565.5 元，分列第二、第三；高端装备制造、生物产业、新能源汽车、节能环保、相关服务业和数字创意产业利润规模较小，分别实现战新利润 494.11 亿元、276.6 亿元、160.3 亿元、149.64 亿元、91.04 亿元、61.71 亿元。

以新一代信息技术产业作为主要战新业务的入围企业整体经营效益更佳。从企业经营效益来看，利润率最高的是新一代信息技术产业，平均利润率达到 16.60%，是入围企业平均利润率的 1.54 倍；紧随其后的是高端装备制造产业，平均利润率达 10.06%；其次是新能源和节能环保产业，平均利润率分别为 8.53% 和 8.20%；利润率最低的是相关服务业，平均利润率仅为 3.48%，为入围企业平均利润率的 32.25%，各领域入围企业经营效益尚有较大差距，如图 6-3 所示。

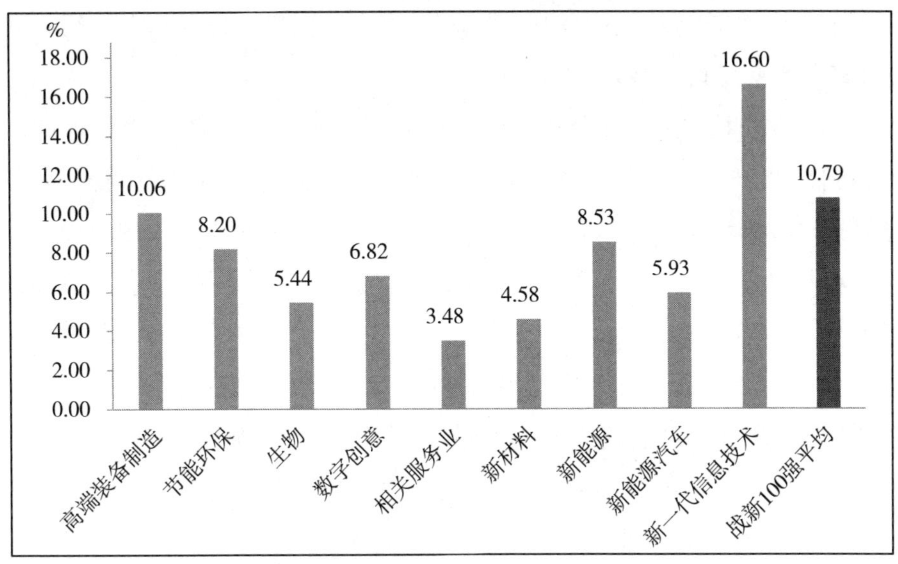

图 6－3 2021 中国战新企业 100 强各领域平均利润率对比

2021 中国战新企业 100 强中有 32 家战新业务出现利润下滑，利润下滑企业中占比最高的是新材料产业，共有 16 家企业出现一定程度的利润下滑，占相关产业入围企业数量的 64%；其次是新一代信息技术产业、新能源汽车产业和生物产业，分别有 7 家、2 家、1 家，出现一定程度利润下滑的企业占相关产业入围企业数量的比重分别为 25.93%、25%、25%。数字创意产业仅一家企业入围百强企业，与上年相比利润没有下滑，如图 6－4 所示。

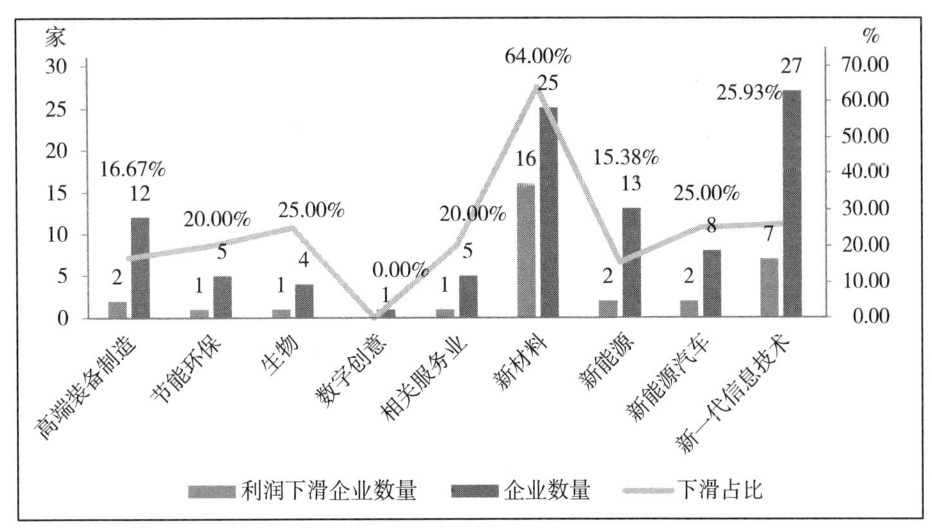

图 6－4 2021 中国战新企业 100 强各领域利润下滑企业占比情况

3. 入围企业研发投入分析

研发强度较上年 100 强有所降低。对入围企业整体研发投入和拥有专利、标准制定情况进行分析，2021 中国战新企业 100 强研发费用总计 6154.37 亿元，同比增长 12.23%，平均每家企业研发费用投入达到 61.54 亿元，平均研发强度为 2.6%，较上一年降低 0.12 个百分点。99 家入围企业提供了拥有专利情况，共拥有 82.7 万项专利授权，其中，发明专利 36.9 万项，占专利授权总数的

44.6%，平均每家企业拥有 8353 项发明专利授权。87 家企业提供了标准参与情况，共参与制定标准 39104 项，平均每家企业参与制定 449 项标准。

各领域研发投入差异明显。从产业分布来看，研发强度最高的是新一代信息技术产业，入围企业平均研发强度达到 5.38%，排名第一；新能源汽车产业入围企业平均研发强度达到 3.82%，排名第二；高端装备制造、数字创意产业入围企业平均研发强度分别为 3.24% 和 2.97%，分别排第三、第四；节能环保、相关服务业、新材料产业、生物产业、新能源产业入围企业平均研发强度偏低，分别为 1.66%、1.51%、1.48%、1.40%、1.22%。从增速来看，入围企业分属的 9 个领域，有 7 个领域平均研发强度较 2020 年有所提高，增速最快的是数字创意产业，该产业 2020 年无入围企业，2021 年入围企业平均研发强度较上一年提高 2.97 个百分点；其次是生物产业、高端装备制造产业、新材料、新能源和新一代信息技术产业，入围企业平均研发强度分别较上一年提高 0.55、0.33、0.14、0.10、0.04 个百分点；节能环保产业、新能源汽车产业入围企业平均研发强度分别较上一年下降 0.48、0.16 个百分点。从图 6－5 可以看出，战新产业各领域之间研发强度分层较为严重，新一代信息技术产业、新能源汽车产业、高端装备制造产业这 3 个领域入围企业平均研发强度均超过 3%，超过剩余 6 个领域入围企业平均研发强度的 2 倍。

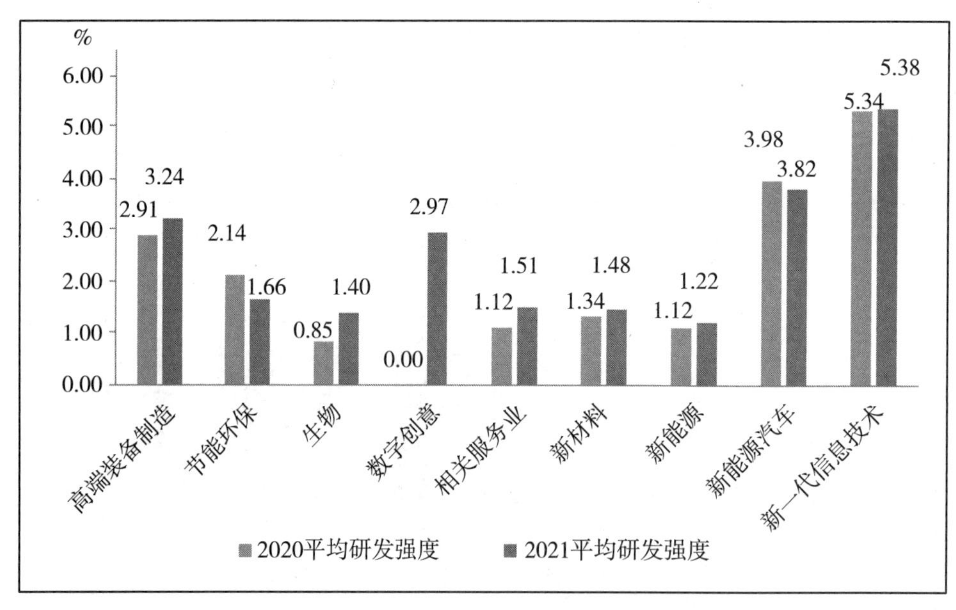

图 6－5　2021 中国战新企业 100 强各领域入围企业平均研发强度对比

各领域知识产权积累差距较大。从专利拥有情况来看，拥有发明专利授权最多的是节能环保产业，平均每家入围企业获得 9045 件发明专利授权；排名第二的是新一代信息技术产业，平均每家入围企业获得 7296 件发明专利授权；其次是数字创意产业、新能源产业、高端装备制造产业、新材料产业，平均每家入围企业获得 4239 件、3742 件、3686 件、1599 件发明专利授权；新能源汽车产业、生物产业、相关服务业入围企业获得的发明专利平均授权较少，平均每家入围企业分别获得 856 件、725 件、554 件专利授权，与其他领域尚有较大差距。在专利授权中，发明专利占比最高的是生物产业，入围企业获得的发明专利占比达 87.5%；其次是新一代信息技术、节能环保产业、相关服务业、

高端装备制造产业，入围企业获得的发明专利占比分别为 63.70%、44.02%、38.55%、36.69%；新材料产业、新能源产业、数字创意产业、新能源汽车产业发明专利占比相对较低，平均入围企业发明专利占比分别达到 34.20%、31.85%、31.10% 和 17.12%，如图 6-6 所示。

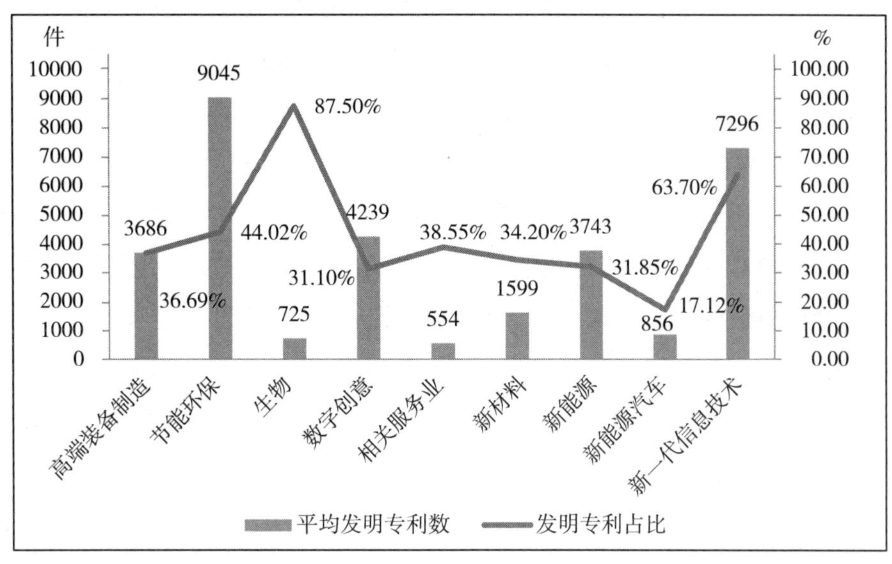

图 6-6 2021 中国战新企业 100 强各领域入围企业平均专利授权情况

从参与标准制定的情况看，平均参与制定标准数量最多的是新材料产业，平均每家入围企业参与制定标准 838 项；其次是新能源产业，平均每家入围企业参与制定标准 530 项；高端装备制造产业、数字创意产业、生物产业、节能环保产业平均每家入围企业参与制定标准分别为 477、342、306、280 项；新一代信息技术产业、新能源汽车产业、相关服务业入围企业参与标准制定情况相对较少，平均每家入围企业参与制定标准分别为 235 项、105 项、82 项。从入围企业来看，各领域在标准化参与方面存在较大差距，如图 6-7 所示。

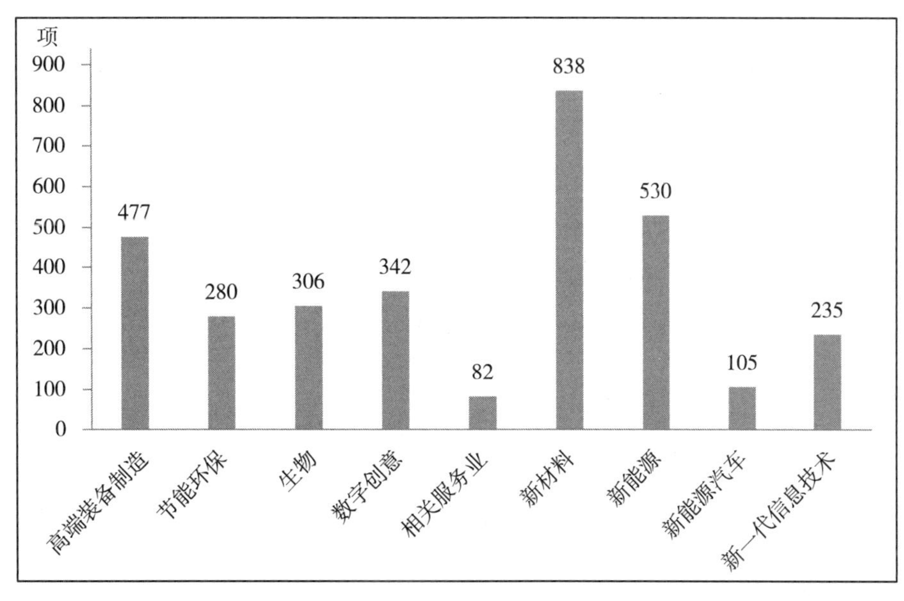

图 6-7 2021 中国战新企业 100 强各领域入围企业平均标准制定参与情况

入围民营企业研发强度普遍更高，国有企业知识产权积累更多。从所有制格局来看，2021 中国战新企业 100 强投入研发费用总计 6154.37 亿元，同比增长 12.23%，平均每家企业研发投入 61.54 亿元。入围国有企业投入研发费用总计 3544.35 亿元，同比上升 32.94%，平均每家企业研发投入 69.50 亿元。入围民营企业投入研发费用总计 2610 亿元，同比下降 7.37%，平均每家企业研发投入 53.27 亿元。入围国有企业平均研发强度为 2.06%，较上一年提高 0.20 个百分点；入围民营企业平均研发强度为 4.05%，较上一年下降 0.81 个百分点。可以看出，国有企业和民营企业在研发强度方面尚有较大差距，但差距有所缩小。51 家提供专利授权情况的国有企业，累计共获得 53.48 万项专利授权，其中，发明专利 18.85 万项，占专利授权总数的 35.25%，平均每家企业拥有 3696 项发明专利授权；48 家提供专利授权情况的民营企业，累计共获得 29.22 万项专利授权，其中，发明专利 18.1 万项，占专利授权总数的 61.79%，平均每家企业拥有 3762 项发明专利授权。50 家国有企业提供了参与标准制定情况，共参与制定标准 34394 项，平均每家企业参与制定 688 项标准；37 家民营企业提供了参与标准制定情况，共参与制定标准 4710 项，平均每家企业参与制定 127 项标准。国有企业在发明专利和标准积累上表现更佳，如表 6－4 所示。

表 6－4　2021 入围企业按所有制分平均研发投入、知识产权获取情况

	平均研发强度/%	发明专利占比/%	平均发明专利授权数/项	平均参与标准制定数/项
国有企业	2.06	35.25	3696	688
民营企业	4.05	61.79	3762	127

4. 入围企业总部分布分析

南方入围企业分布更均衡，北方入围企业分布更集中。在 2021 中国战新企业 100 强中，11 个北方省份共有 45 家企业入围，12 个南方省份共有 55 家企业入围。在北方省份中，北京一枝独秀，共有 22 家企业入围，入围企业数占北方各省入围企业数的 48.9%，排名第一；山东共有 10 家企业入围，入围企业数占北方各省入围企业数的 22.2%，排名第二；其余省份入围企业数均不超过 3 家，同时尚有 4 省无一家企业入围。在南方省份中，广东处于领先地位，共有 19 家入围企业，入围企业数量占南方各省入围企业数的 34.5%，排名第一；其次是浙江、江苏，分别有 11 家、9 家企业入围，入围企业数分列第二、第三；同时有 4 省尚无企业入围。整体来看，南北方省份入围企业数量较为均衡，南方省份占比略多；南北方内部，南方各省之间发展相对较为均衡，除了广东、江苏、浙江三省均有超 9 家企业入围以外，福建、四川各有 3 家企业入围；北方各省入围企业主要集中在北京和山东，两省合计入围企业数量达 32 家，占北方各省入围企业数量的 71.1%，同时有 31.3% 的北方省份无企业入围，如表 6－5 所示。

表 6－5　南北方各省份入围 2021 中国战新企业 100 强数量对比　　（单位：家）

省份（直辖市、自治区）	入围企业数量	省份（直辖市、自治区）	入围企业数量
北方地区	45	南方地区	55
北京	22	福建	3

续表

省份（直辖市、自治区）	入围企业数量	省份（直辖市、自治区）	入围企业数量
河北	2	广东	19
河南	1	广西壮族自治区	2
黑龙江	1	湖北	1
吉林	1	湖南	2
辽宁	1	江苏	9
内蒙古自治区	1	江西	1
山东	10	上海	2
陕西	2	四川	3
天津	3	云南	1
新疆维吾尔自治区	1	浙江	11
—	—	重庆	1

南方民营企业占多数，北方国有企业占多数。从所有制格局来看，在北方各省 45 家入围企业中，国有企业占 35 家，民营企业占 10 家，国有企业占比达到 77.78%。在南方各省 55 家入围企业中，国有企业占 16 家，民营企业占 39 家，民营企业占比 70.91%。北方省份入围企业以国有企业为主，南方省份入围企业以民营企业为主，如图 6－8 所示。

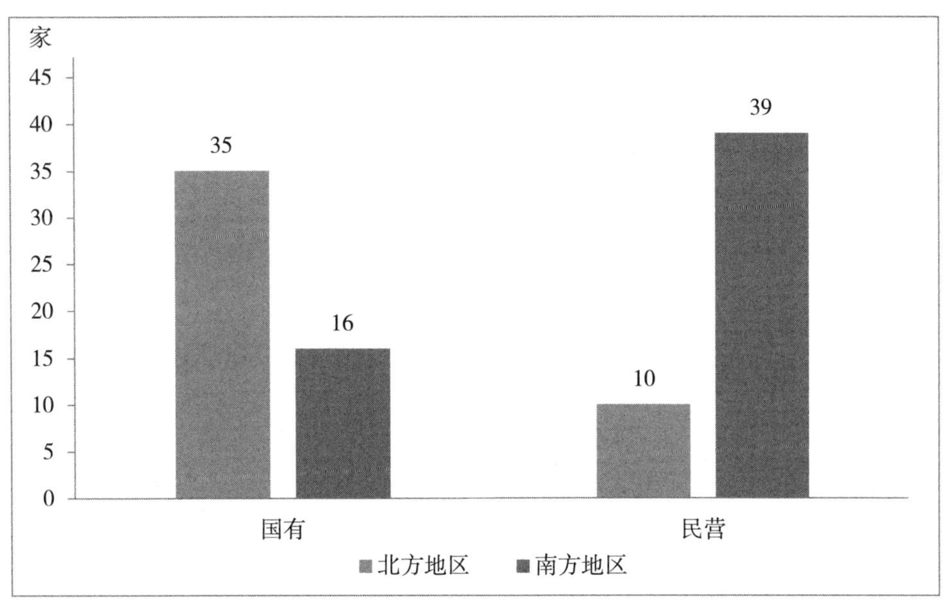

图 6－8　南北方省份入围企业所有制数量对比

东部地区是我国培育战新产业 100 强企业的重要摇篮。从四大区域分布来看，东部地区入围企业数量达到 81 家，占比超过入围企业的八成，排名第一；其中，北京战新产业发展最为突出，共有 22 家企业入围，占东部地区的 27.16%。西部地区共有 11 家企业入围，排名第二；其中，四川战新产业发展较为突出，共有 3 家企业入围，占西部地区入围企业数的 27.27%。中部地区共有 5 家企业入围，排名第三，其中，湖南表现相对突出，共有 2 家企业入围，占中部地区入围企业数的 40%。东北地区仅有 3 家企业入围，分别属于黑龙江、吉林和辽宁，战新产业发展较为薄弱，如图 6－9 所示。

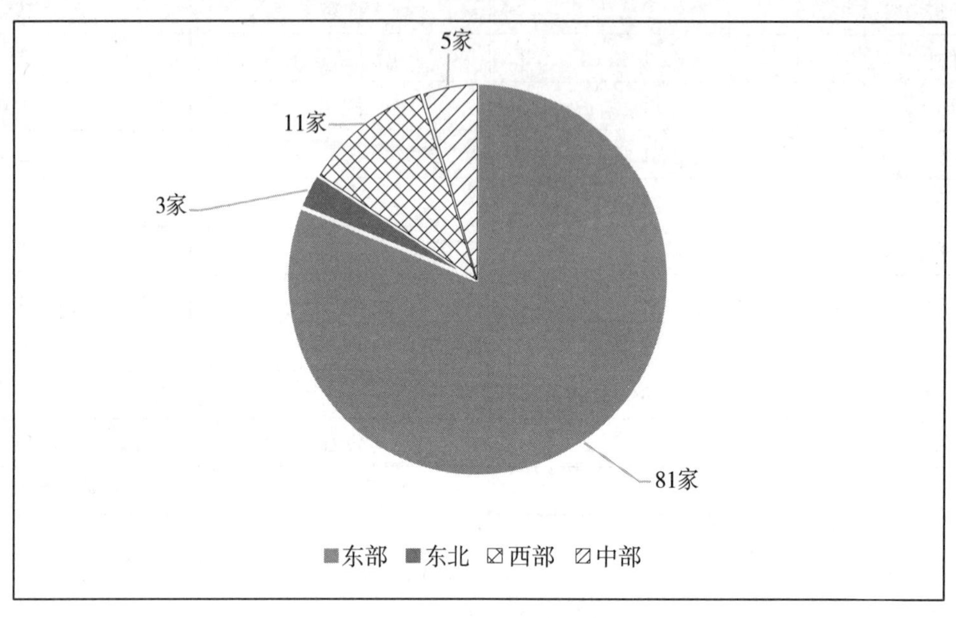

图 6－9　我国四大区域入围企业数量对比

东部地区 81 家入围企业涵盖战新 9 个领域，战新产业发展最为均衡。东部地区发展最好的是新一代信息技术产业，共有 25 家企业入围，占东部地区入围企业数量的 30.86%；其次是新材料产业，共有 21 家企业入围，占东部地区入围企业数量的 25.93%；新能源产业、高端装备制造产业、新能源汽车产业、节能环保产业、生物产业、相关服务业和数字创意产业入围企业数量分别为 12 家、6 家、5 家、4 家、4 家、3 家、1 家，合计占东部地区入围企业数量的 43.21%。和其他区域相比，东部地区战新产业各领域入围企业数量均处于领先地位，优势最为突出的是生物产业、数字创意产业、新一代信息技术产业、新能源产业，占全国同领域入围企业数量之比分别达到 100%、100%、92.6%、92.3%，均超过九成。

西部地区 11 家入围企业涵盖战新产业 6 个产业分类，战新产业发展水平仅次于东部地区，其中，发展相对较好的是高端装备制造产业、新材料产业和相关服务业，分别有 3 家、3 家、2 家企业入围，各占西部地区入围企业数量的 27.27%、27.27% 和 18.18%；新一代信息技术产业、新能源产业、节能环保产业各有 1 家企业入围。和其他区域相比，西部地区相关服务业发展相对较好，占全国同领域入围企业数量之比的 40%。

中部地区 5 家入围企业涵盖战新产业 3 个产业分类，发展相对较好的是高端装备制造产业和新能源汽车产业，各有 2 家企业入围，分别占中部地区入围企业数量的 40%；新一代信息技术产业有 1 家企业入围。与其他区域相比，中部地区新能源汽车产业发展较好，占该产业全国入围企业数量的 25%。

东北地区仅有 3 家企业入围；新一代信息技术产业和高端装备制造产业各有 2 家、1 家企业入围，战新产业发展与其他地区差距明显。

二、战略性新兴业务对企业经营发展贡献分析

1. 战新业务对企业经营总体贡献有所下降

2021 中国战新企业 100 强共实现营业收入 23.63 万亿元，其中，战新业务收入 7.62 万亿元，战新业务收入占全部营业收入的比重为 32.25%，较上年 100 强下降了 1.08 个百分点。100 家企业共实现营业利润 16035.65 亿元，其中，战新业务利润为 7417.35 亿元，战新业务利润占营业利润的比重为 46.26%，较上一年下降 2.54 个百分点。就自身同比来看，这 100 家企业战新业务收入和利润占比也出现下降趋势，显示出战新业务对企业经营总体贡献有所下降。但总的来看，2021 战新企业 100 强通过发展战新业务，以 32.23% 的收入带来了 46.95% 的利润，战新产业营业收入利润率（10.79%）明显高于整体营业收入利润率（6.79%）的水平，说明无论是战新产业相关企业的发展还是传统企业积极发展战新业务，对企业经济效益的提升都有明显效果。中国战新企业 100 强的实践，在推动企业产业转型升级方面起到了较好的示范作用。

2. 各行业战新业务发展情况简要分析

依据 500 强企业行业分类，2021 中国战新企业 100 强共涵盖了 38 个行业，其中，通信设备制造行业入围企业数达到 8 家，排名第一；土木工程建筑行业有 7 家企业入围，排名第二；电力电气设备制造、汽车及零配件制造和一般有色行业并列第三位，都有 6 家企业入围；黑色冶金和家用电器制造行业各有 5 家企业入围，并列第四位；多元化投资、风能、太阳能设备制造和药品制造行业各有 4 家企业入围，并列第五位。与上年 100 强相比，中国战新产业 100 强企业的行业分布由 22 个行业增加到了 38 个行业，行业分布更加多元化、均衡化，说明更多行业的企业注重发展战新业务并取得相当成效，如表 6 - 6 所示。

表 6 - 6　2021 中国战新企业 100 强主营业务行业分布情况

主业所属行业	入围企业数	战新业务总收入/亿元	战新业务利润总额/亿元
通信设备制造	8	11903.10	2928.41
土木工程建筑	7	3099.23	151.66
电力电气设备制造	6	3908.72	179.39
汽车及零配件制造	6	3004.09	164.58
一般有色	6	4191.15	85.88
黑色冶金	5	3848.38	186.85
家用电器制造	5	2914.75	166.25
多元化投资	4	2239.57	65.91
风能、太阳能设备制造	4	1859.55	79.52
药品制造	4	2899.50	149.64
半导体、集成电路及面板制造	3	3339.53	60.44
电力生产	3	2001.01	314.50

续表

主业所属行业	入围企业数	战新业务总收入/亿元	战新业务利润总额/亿元
电信服务	3	11601.40	1711.65
化学纤维制造	3	1314.82	56.90
化学原料及化学品制造	3	928.29	18.36
电线电缆制造	2	877.69	39.52
多元化金融	2	1654.66	83.32
工业机械及设备制造	2	1651.63	271.83
计算机及办公设备	2	566.78	68.20
信息技术服务	2	776.04	3.31
水泥及玻璃制造	2	1145.04	157.99
综合服务业	2	1041.32	60.59
电网	1	992.30	83.49
港口服务	1	330.08	10.93
公路运输	1	289.26	18.22
锅炉及动力装备制造	1	215.26	13.33
航空航天	1	359.40	30.77
互联网服务	1	585.21	4.77
家电及电子产品零售	1	2522.96	69.01
金属制品加工	1	430.13	6.31
煤炭采掘及采选业	1	535.02	33.03
摩托车及零配件制造	1	230.83	1.93
商业银行	1	297.07	55.90
石油、天然气开采及生产业	1	220.19	10.42
水务	1	312.62	9.30
物流及供应链	1	301.9	1.23
住宅地产	1	727.72	2.95
综合制造业	1	1061.52	61.06
合计	100	76177.72	7417.35

通信设备制造行业战新业务发展势头强劲。在中国战新企业 100 强主营业务所在行业中，通信设备制造行业不仅有最多的入围企业，也是在战新业务收入上贡献最多的行业，其战新业务收入占所有 100 强企业战新业务收入的 15.63%。此外，虽然电信服务行业在百强名单中只有三家企业，却贡献了所有 100 强企业战新业务收入的 15.23%。

从各个行业的企业平均战新业务收入占比来看，总共有 18 个行业，其企业平均战新业务收入占比超过了 50%。剔除入围企业数量过少的行业（入围企业小于等于 2 家，下同）的干扰后，入围企业战新业务收入占营业收入比重最高的是通信设备制造及半导体、集成电路及面板制造行业，战新

业务收入占比分别达到 96.90%、85.50%；药品制造、风能、太阳能设备制造和电力电气设备制造行业的战新业务收入占比也超过了 80%，分别达到了 82.99%、82.97%、80.80%。

从研发强度看，通信设备制造和集成电路半导体行业明显领先，大部分行业研发投入低于平均水平。具体来看，剔除入围企业数量过少的行业的干扰，研发强度最高的是通信设备行业，入围企业平均研发强度达到 6.24%，排名第一；半导体、集成电路及面板制造行业企业平均研发强度均为 5.07%，排列第二；汽车及零配件制造行业入围企业平均研发强度为 4.25%，排名第三。此外，共有 26 个行业入围企业平均研发强度低于 2021 战新企业 100 强平均研发强度 2.60% 的水平。

风能、太阳能设备制造和通信设备制造行业入围企业经营战新业务效益更高。从企业经营效益来看，共有 21 个行业的企业战新业务利润占其营业利润的比重达到了 50%，相比 2020 年有较大增加。在剔除入围企业数量过少的行业后，风能、太阳能设备制造和通信设备制造行业入围企业战新业务利润占营业利润的比重最高，均在 90% 以上；电力电气设备制造及家用电器制造行业，战新业务利润占比分别为 87.60% 和 84.25%。此外，电信服务和药品制造行业的战新利润占比都超过了 80%，分别为 81.50% 和 80.50%。

通过对 2021 中国战新企业 100 强的行业统计与分析，可以看出，通信设备制造业的战新业务发展势头最为强劲，表现最为突出，在入围企业数量、战新业务收入贡献及战新业务效益方面均处在领先地位。此外，风能、太阳能设备制造和电信服务业等行业表现也十分突出，表现出了极大的潜力。

3. 制造业、服务业 500 强中战新企业的贡献分析

在 2021 中国制造业企业 500 强中，共有 66 家企业入围 2021 中国战新企业 100 强榜单，较上一年制造业 500 强入围企业数减少 1 家。66 家企业均提供了完整的收入利润数据，共实现营业收入 10.40 万亿元，占 2021 中国制造业 500 强总营收的比重为 25.83%，较上一年上升 4.43 个百分点；共实现营业利润 7307 亿元，占 2021 中国制造业 500 强总营业利润的比重为 32.60%，较上一年上升 9.9 个百分点。对 2021 中国制造业企业 500 强中入围战新 100 强的企业进行分析可以看出，通过发展战新业务，66 家企业以 13.2% 的数量占比，实现了 25.83% 的营业收入占比和 32.60% 的利润占比，较上年取得了明显的进步，制造业大企业转型升级取得扎实进展。

在 2021 中国服务业企业 500 强中，共有 22 家企业入围 2021 中国战新企业 100 强榜单，较上一年服务业 500 强入围企业数增加 1 家。22 家企业均提供了完整的收入利润数据，共实现营业收入 7.24 万亿元，占 2021 中国服务业 500 强总营收的比重为 16.60%，较上一年下降 1.2 个百分点；共实现营业利润 5419.89 亿元，占 2021 中国服务业 500 强总营业利润的比重为 14.69%，较上一年微升 0.19 个百分点。对 2021 中国服务业 500 强企业中入围战新 100 强的企业进行分析可以看出，通过发展战新业务，22 家企业以 4.4% 的数量占比，实现了 16.60% 的营业收入占比和 14.69% 的利润占比，具有良好的示范意义。

三、我国企业发展战略性新兴业务面临的挑战与机遇

2020 年，新冠肺炎疫情加剧了全球的动荡与不安，各类风险显著增多，世界经济严重衰退。近

一年来，全球经济逐步复苏，同时出现了大宗商品价格波动、汽车及手机等重点领域全球芯片紧缺等产业中间品问题，对我国战略性新兴产业的生产经营活动造成冲击。与此同时，东南亚、非洲国家的疫情反复，对我国战略性新兴产业的海外业务开展带来很大挑战。

在看到我国战新产业发展过程中面临问题和挑战的同时，更应该看到其发展的希望与机遇。我国经济由高速增长阶段进入高质量发展阶段所带来的创新模式、内需及政策着力点的变化，使战略性新兴产业发展迎来了新的历史机遇。与此同时，新一轮科技革命带来了发展新红利，新的需求催生了发展新动能。我国企业要强化形势分析研判，抓住并用好新形势下的新机遇，着力推进战略性新兴业务高质量发展。

（一）我国企业发展战新业务面临的挑战

1. 宏观市场波动制约战新产业发展

一是大宗商品价格波动影响经济恢复。2021 年，伴随全球经济复苏、国际市场需求恢复、全球主要经济体流动性宽松等众多因素，我国国内部分大宗商品价格持续波动上涨。自 2021 年 5 月以来，国务院常务会议连续两次聚焦大宗商品涨价问题。2021 年 5 月 12 日，国务院常务会议要求做好市场调节，应对大宗商品价格过快上涨及其连带影响；2021 年 5 月 19 日，国务院常务会议再次提出要高度重视大宗商品价格攀升带来的不利影响；2021 年 5 月 23 日，国家发展改革委等五部门联合声明，下一步将密切跟踪监测大宗商品价格走势，加强大宗商品期货和现货市场联动监管。对基本处于中下游领域的战略性新兴产业来说，部分企业受大宗商品价格波动带来影响较大，导致中下游企业生产经营压力较大。二是全球重点领域芯片短缺制约产业发展。由于汽车芯片短缺，福特、通用、本田、日产等几乎全球汽车企业生产受阻，不时爆出工厂停工的消息。受汽车芯片供应短缺及排放标准升级切换期等影响，2021 年 5 月和 6 月汽车产销出现了一定的回落。同时，芯片短缺也从汽车领域蔓延至智能手机领域。小米和真我（Realme）等重要手机厂商都出现芯片短缺的问题。这些重要领域的芯片短缺问题显然会影响战略性新兴企业的生产经营。

2. 国际环境影响产业发展

一是中美摩擦持续升级。美国新一届政府并未缓和中美摩擦，我国战略性新兴产业需做好面对中美关系长期恶化的挑战。2020 年 12 月，美国国会表决通过《外国公司问责法案》；2021 年 3 月，美国证券交易委员会（SEC）称，已通过临时修正，以执行《外国公司责任法案》对上市公司信息披露的要求，部分在美上市的战略性新兴服务业企业将会面临较大风险。二是中欧关系出现困难。2020 年底，经过 7 年 35 轮谈判，中欧领导人共同宣布如期完成中欧投资协定谈判，但在 2021 年 5 月欧洲议会通过有关冻结批准中欧投资协定的动议，导致中欧关系出现困难。该举动将会导致战略性新兴产业在欧洲市场业务扩展面临风险。三是全球经济“双轨复苏”，发展中国家市场恢复缓慢。2021 年年中，因德尔塔病毒迅速传播且疫苗接种缓慢，大量发展中国家正在成为全球疫情最严重的地方。世界银行行长马尔帕斯称，发达国家由于更多人接种了疫苗经济迎来明显反弹，但发展中国家依然深陷泥潭，在经济复苏中落后，全球经济呈现“双轨复苏”局面。这将导致我国战略性新兴产业在东南亚、非洲等发展中国家的业务受到极大冲击。四是国际上发达国家的产业竞争冲击产业

发展。目前主要发达国家和新兴经济体都在加紧布局战略性新兴产业，美国“再工业化”战略推出“先进制造伙伴计划”等措施，德国推出“工业 4.0”，日本推出“第四次工业革命”计划，等等。我国的战略性新兴产业随着技术创新水平的提高，逐渐开始形成与发达国家的正面竞争。在此背景下，发达国家必然会加大规制性措施力度，导致战略性新兴产业的技术转移、跨国投资等业务遭受冲击。

3. **产业自身韧性不足**

一是产业大而不强的问题较为突出。我国部分产业尚有大量核心瓶颈环节有待突破，而且核心基础零部件、先进基础工艺、关键基础材料等产业基础能力较为薄弱。新兴产业的自主创新能力有待进一步提高，距离形成以自主创新为主导的新兴产业发展格局尚有较大差距。二是国际话语权不足。根据统计数据，虽然 2021 中国战新企业 100 强的国内标准数总计达到了 37117 个，但国际标准数仅为 1750 个，不足国内的 5%。同时，100 强中只有 5 家企业的国际标准数大于 100 个，不少企业没有参与制定国际标准，企业的国际话语权与其规模不匹配。三是发展质量有待提高，政策统筹不够造成产业同质化严重。我国战新企业整体仍停留在价值链中低端，产业附加值较低的问题较为突出。由于国家和地方政策统筹性不够，地方政府较多从自身角度出发进行布局和谋划，从而造成了部分战略性新兴产业同质化严重而其他产业及重大关键技术缺位等问题。《近十年我国芯片半导体品牌投融资报告》显示，2020 年国内半导体行业发生投融资事件 458 起，拿到融资的企业共计 392 家，总融资金额高达 1098 亿元。2020 年的投融资金额和数量在过去十年中排第二位。在高速融资的同时，半导体产业也出现了低效和重复投资的乱象，甚至出现了不少的“烂尾”项目。

（二）我国战新产业发展面临的新机遇

1. **经济高质量发展需要大力发展战略性新兴产业**

我国经济已由高速增长阶段进入高质量发展阶段。战略性新兴产业在整个经济体系中必将扮演更为重要的角色，是实现新旧动能转换的关键所在，是实现高质量发展的核心力量，是满足高品质生活的根本基石。推动经济高质量发展，使战略性新兴产业发展迎来了新的历史机遇。

一是创新模式转型升级为战新产业发展提供新技术。在很长一段时间内，我国战略性新兴产业采用的是引进、消化、吸收、再创新的道路，如许多互联网企业的创新是在国外成熟技术基础上进行的应用模式创新，生物医药产业中仿制药占比较高等。随着我国经济步入高质量发展阶段，产业技术水平不断提高，与国外技术差距快速缩小，我国战略性新兴产业创新必须向基础性创新、引领性创新转型，要加强前瞻性基础研究、应用基础研究，突出关键共性技术、前沿引领技术、现代工程技术和颠覆性技术创新。

二是国内大市场潜力加速释放为战新产业发展提供新空间。2019 年我国人均 GDP 已经突破 1 万美元大关，居民消费呈现明显的高端化、智能化、服务化、个性化、绿色化、健康化趋势，消费的重点转向提高生活品质的健康食品、新型消费电子、智能家居、汽车等物质产品和教育、文化、健康、旅游、互联网等现代服务，消费的层次不断提高，规模不断壮大，能够为我国前沿技术的商业化提供市场支持，有利于我国抓住新一轮科技革命和产业变革的机遇，加快战略性新兴产业和未来产业的培育壮大。

三是国家政策为战新产业发展提供新支持。2020 年 9 月，国家发改委等相关部委发布《关于扩大战略性新兴产业投资 培育壮大新增长点增长极的指导意见》，提出扩大战略性新兴产业投资、培育壮大新的增长点增长极的决策部署，发挥战略性新兴产业重要引擎作用。2021 年 2 月，《国务院反垄断委员会关于平台经济领域的反垄断指南》发布，要求加强和改进平台经济领域反垄断监管，保护市场公平竞争，维护消费者利益和社会公共利益，促进平台经济持续健康发展。这些政策都将引导和扩大战略性新兴产业投资，并为相关产业持续健康发展创造条件。

2. 新一轮科技革命引领战略性新兴产业发展

当前，新一轮科技革命和产业变革正处在实现重大突破的历史关口，全球科技创新进入空前密集活跃的时期，前沿技术呈现集中突破态势。众多颠覆性创新呈现几何级渗透扩散，引领战略性新兴产业众多领域实现加速发展，并对传统产业产生全面冲击。具体来说，新一轮科技革命带来以下变革。

一是前沿技术领域多种技术相互支持和融合发展，形成链式变革。科技的发展要坚持“以人为本”，促进和保障人与自然和谐相处是科技创新的出发点。在各技术领域深化发展的同时，不同技术领域之间的交叉融合同样体现出重要的理论研究价值和实践价值。

二是“人、机、物”三元融合加快，实现“万物互联”。互联网的最终使命是让任何人和任何物品在任何时间和任何地点都能够形成联系，使所有人和所有物能够实现互联、互通和互动，这是“万物互联”的最终情景，也是新一轮科技革命与产业变革的重要任务。

三是科技创新的范式革命兴起，大数据研究成为新的科研范式。继实验科学、理论分析和计算机模拟之后，新一轮科技革命与产业变革不仅体现在新技术的种类、数量上，更体现在改变技术创新的范式中。

四是突破性创新向其他技术领域渗透扩散，对传统产业产生重要影响。随着技术不断进步，不同类型的产业将有条件实现交叉融合，产业间的边界逐渐模糊，由此激发新技术、新产品、新业态和新模式不断涌现，加速重构现代产业体系。

3. 新基建、新消费助力战略性新兴产业加速发展

新需求是推动战略性新兴产业发展的重要动力。随着数字技术的不断兴起，以数字文化、数字教育、数字医疗等为代表的战略性新兴服务业在不断涌现，通过实现创新发展与跨界融合，促进社会服务数字化、网络化、智能化、多元化、协同化，更好满足美好生活的新需求。新需求作为战略性新兴产业发展的关键动力，主要从以下几个方面体现。

一是发挥新基建在需求提供方面的重要作用。注重信息基建对数字经济等的牵引、融合，基建对材料制造和能源动力等的牵引、创新，基建对创意服务等的牵引，为战略性新兴产业开辟广阔的国内市场提供战略需求。

二是围绕新冠肺炎疫情及其带来的新需求，推动健康及数字相关产业发展。支持在线教育、互联网医疗、线上办公、共享生活等新业态、新模式的创新发展。促进企业数字化转型，培育发展虚拟产业集群、无人经济和在线新经济。

三是充分利用政府采购等政策工具。在落实首台套、首批次、首版次的采购、保险补偿的同时，推进商业化前采购、创新定制化采购等新型采购方式，更具针对性地支持技术创新和高新技术企业。在促进国内大循环、国际国内双循环中，实现产业体系的成熟完善、价值链的优化和提升，使战略性新兴产业在国民经济中占据更重要的地位。

四、促进我国战略性新兴产业相关企业发展的建议

培育和发展战略性新兴产业，是践行新发展理念、构建新发展格局、实现高质量发展的一项重要任务。经过多年的发展，我国战略性新兴产业已具规模，在诸多行业开始形成具有一定影响力的“头部企业”和不少具有“隐形冠军”潜质的特色企业。面向未来，我国企业特别是大企业，要进一步增强转型发展、升级发展的自觉性和坚定性，强化宏观思考和战略谋划，发挥领军和示范作用，注重推进新兴产业与传统产业相协同，注重促进战略性新兴产业的创新发展。

1. 积极响应国家重大战略，紧跟战新产业重点方向

“十四五”规划纲要提出：坚持创新在我国现代化建设全局中的核心地位，把科技自立自强作为国家发展的战略支撑，摆在各项规划任务的首位。面对严峻的国际形势和长期挑战，以中国战新企业 100 强为代表的大企业应加大培育核心技术能力，增强创新能力，增强风险防控能力，努力实现战新产业自主可控。

一是高度重视产业链中的核心短板。培育一批核心技术能力突出、集成创新能力强的创新型领军企业。针对我国战略性新兴产业中的集成电路生产基础工艺与核心设备、高端功能材料等重点“卡脖子”领域，鼓励具有研发优势的企业加大投入力度，集中攻关予以突破。二是鼓励具有国际竞争力的企业加快形成能够在国际产业链体系中拥有制衡能力的重点“长板”。重点在第五代移动通信、人工智能、新能源、新能源汽车等我国已经具备一定竞争实力的领域，加强整体创新体系建设，在一批产业领域形成中国具备引领能力的产业标准与认证体系。三是“强基础”。基础研究是整个科学体系的源头，基础材料、基础工艺是整个产业发展的源头，鼓励企业加大研发投入力度，加强与大学、科研机构基础研究和应用研究资源对接，加快高端战新人才队伍建设。只有夯实产业基础能力，才能长远发展，始终立于潮头。

2. 动态识别产业科技前沿，大力推进科技创新

要善于运用知识产权专利扫描和专利导航，动态识别技术前沿，合理布局技术发展路线。有关部门正在通过加强融合领域关键环节专利导航，引导企业加强知识产权战略储备与布局；建立以产业数据、专利数据为基础的新兴产业专利导航决策机制，明晰产业发展方向，找准区域产业定位，指出优化产业创新资源配置的具体路径；以产业专利导航为基础，标准化、周期化实施工程技术路线图，强化国际比较，识别产业技术升级机会，把握住产业创新动态能力；建设重点产业专利导航中心，形成区域重点产业专利导航服务体系，为企业的技术研发、市场布局和产品上市开展专业专利导航服务。

我国大企业应把握发展机遇，积极发展新模式、新业态。在巩固企业传统优势业务的基础上，结合自身资源禀赋、要素条件，聚焦新一代信息技术、生物、高端装备制造等战新产业重点领域，

加快数字化转型，培育新增长点。加快发展无人驾驶汽车、增材打印、生物技术、新材料、量子计算与通信等前沿技术与产品；推动能源新技术、新能源汽车、海洋工程装备、机器人等领域向技术领先迈进；加快发展大飞机及航空发动机、高档数控机床、高性能医疗器械等，不断缩小与国外先进企业的差距。紧抓“双碳”战略机遇，加大节能技术研究，提高能源利用效率，重视清洁能源利用，发展绿色金融，培育绿色低碳技术和产业，激发绿色低碳的新动能。

3. 有效挖掘地方优势资源，不断增强竞争优势

从不同地区的发展来看，企业融入区域经济发展圈，可充分利用地方资源，构建自身竞争优势，有利于企业充分利用最佳外部环境形成产业集群效应，完成产业链的优化升级，拉动整个产业链的协调发展。

例如，浙江省先后出台《中国制造 2025 浙江行动纲要》《浙江省全面改造提升传统制造业行动计划（2017—2020 年）》，确定了 11 大产业发展重点领域，并针对现阶段发展中的薄弱环节，开展实施了 11 大基础工程。在深化和巩固长效保障机制的同时，基于市场化手段激发智能化技术改造各相关主体的主观能动性。通过分行业、分批次支持企业实施智能化技术改造项目试点示范，解决生产线改造的技术支撑问题，充分发挥信息经济的先发优势，加速制造业转型升级等方法，不断促进产业转型升级。

再如，广东省积极落实新发展理念，大力振兴实体经济，以供给侧结构性改革为主线，实施创新驱动发展战略，全面推进制造业高质量发展。建立产学研合作的产业联盟，推动产学研用的紧密结合，突破产业发展的核心技术。强化整机系统的产品优势，不断完善消费电子、5G 通信等领域产业链，聚焦集成电路产业链薄弱环节。支持广东省内新一代信息技术产业领军企业牵头申报、建设一批面向新一代信息技术产业的高水平公共技术服务平台。构建龙头企业引领，政府适度引导，中小企业协作配套的集群式发展模式。

4. 加强创新生态体系建设，实现高水平自立自强

过去五年，在相关政策的支持下，我国战略性新兴产业各重点领域的创新生态体系已经初步形成。当前和今后一段时期，要坚持培育战略性新兴产业试点示范企业，以试点示范企业为核心发展知识赋能体系，同时加强与产业主管部门沟通，积极参与构建多元化治理体系，进一步完善创新生态体系建设，推进我国战略性新兴产业高质量发展。

一是积极打造“原始创新—应用研究—成果转化—产业化”的完整创新链条。企业应以全球产业链、供应链重构为契机，培育发展自有品牌，提升品牌知名度、企业管理能力和产品竞争力，逐步向价值链中高端迁移。在巩固企业传统优势业务的基础上，结合自身资源禀赋、要素条件，积极推进重大前沿科技创新成果的市场转化问题。充分发挥技术、资源、规模优势，积极牵头组织产业技术创新联盟，带动产业链上下游协同发展。加强产学合作，建立大中小企业融通发展的产业合作网络，合力加快产业恢复，增强产业韧性。

二是坚持基于供需主体的试点示范工作。以高端装备制造业为例，在智能制造装备和软件供应商领域，培育一批专精特新“小巨人”企业和“隐形冠军”企业，攻克关键技术装备和核心支撑软件，提升企业核心竞争力，推动智能制造装备和软件迈向中高端。以企业为主体，以实现企业转型

升级为中心任务，在全国大规模推进技术改造智能升级工程。考虑到我国制造业企业的发展水平参差不齐，对不同阶段的制造业企业，并行推进数字化改造、网络化改造、智能化改造。

三是进一步完善生态赋能体系。加强试点示范企业的灯塔作用，带动系统解决方案供应商等平台型企业快速发展。鼓励龙头企业牵头打造能够解决企业“痛点”的服务平台，积极创新平台运营模式。支持企业广泛开展标准化工作，进一步推动战新产业领域国家和行业标准上升成为国际标准。鼓励战新企业推动教育培训体系等支撑要素的不断完善，为战新产业高质量发展提供不竭动力。

第七章 2021 中外 500 强企业对比分析报告

2020 年是极不平凡的一年。受突如其来的新冠肺炎疫情全球大流行的冲击，世界经济明显回落，中国成为主要经济体里唯一实现经济正增长的国家。世界 500 强盈利下降、进入门槛降低，中国企业呈现出强大的恢复力，上榜企业数量连续两年位居全球首位，内地入围企业数量首次超过美国；许多行业的企业竞争力快速提升，具有明显的优势，正在迈入世界一流企业之列。面向未来，中国大企业要根据自身优势和所处阶段，遵循世界一流企业的成长规律，明确差距、突出重点、抓住关键，加快建设具有全球竞争力的世界一流企业的步伐，提升中国企业在全球范围内的影响力和竞争力。

一、2021 世界 500 强最新格局及中外上榜企业发展对比

1. 2021 世界 500 强最新格局

（1）营业收入明显下滑，进入门槛降低。

西欧、北美等地区和世界部分行业的经济活动受新冠肺炎疫情的影响很大，从 2021 世界 500 强排行榜看，沃尔玛连续八年位居榜首，中国国家电网公司上升至第二位，亚马逊首次进入前三名，苹果公司升至第六位，3M 公司排名上升了 7 位；而 2020 年世界 500 强中的 6 家航空公司无一上榜。世界 500 强的营业收入共计 316918.90 亿美元，相当于当年全球 GDP 的 1/3，与上年相比下降了 4.81%，这也是近五年来营业收入的首次下滑，如图 7－1 所示。世界 500 强进入排行榜的门槛（最低营业收入）也从 2020 年的 253.85 亿美元下降到 240.43 亿美元。

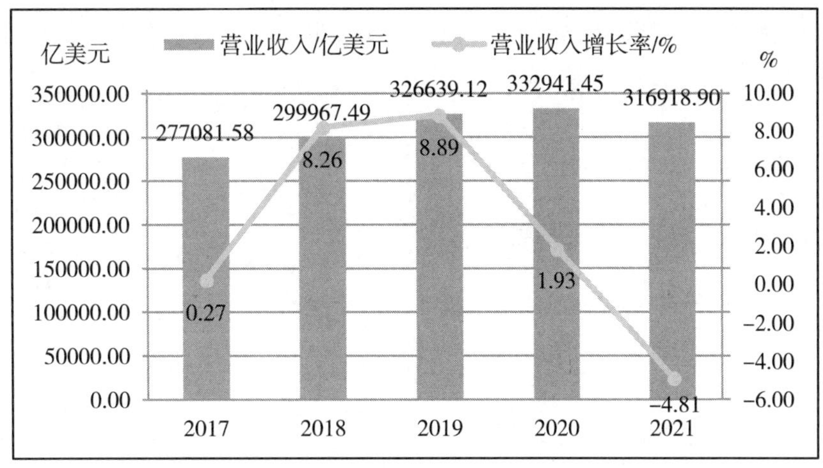

图 7-1 世界 500 强的营业收入总额及增长率（2017—2021）

（2）净利润大幅度下降，金融企业仍为创利主力。

2021 世界 500 强的净利润为 16487.39 亿美元，与上年相比下降了 20.02%，是 2009 年以来最大跌幅，净利润水平回落接近至 2017 世界 500 强的水平，如图 7-2 所示。企业利润下降显然与全球新冠肺炎疫情直接相关。苹果以 574 亿美元位居净利润榜首，沙特阿美以约 493 亿美元位列第二，日本软银集团以 470 亿美元位列第三，中国工商银行、中国建设银行和中国农业银行继续保持利润榜前 10 位。此外，微软、谷歌母公司 Alphabet 和社交媒体巨头 Facebook 在利润榜上分别位列第五、第七和第十。

图 7-2 世界 500 强的净利润总额及增长率（2017—2021）

2021 世界 500 强共有 114 家金融企业，实现净利润 5941.78 亿美元，超过非金融企业净利润总额的一半。虽然金融企业盈利水平也有所回落，但仍占 500 强企业净利润的 36.04%，如图 7-3 所示。

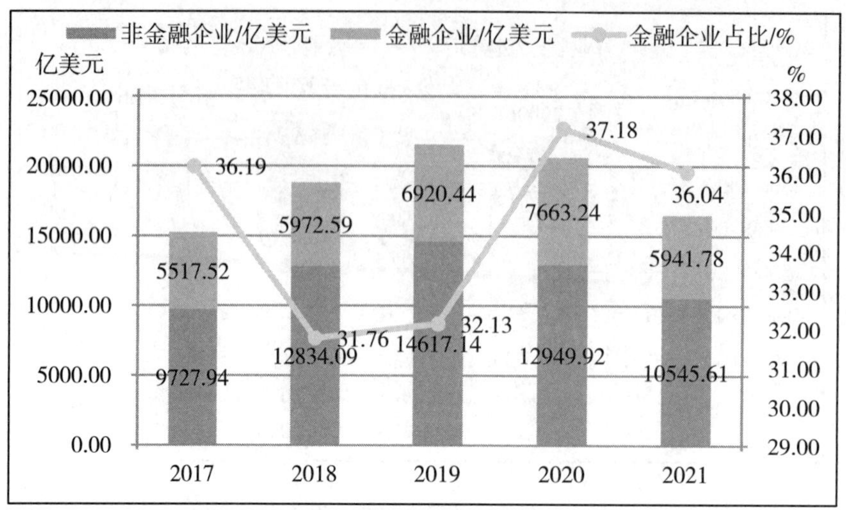

图 7-3　世界 500 强的金融和非金融企业的净利润分布（2017—2021）

（3）亏损企业大幅增加，亏损总额翻倍。

在 2021 世界 500 强中，共有 69 家亏损企业，与上年相比增加了 53. 33%；从亏损总额来看，69 家企业的亏损额共计 2753. 16 亿美元，约为上年亏损总额的 2 倍，无论绝对值还是增幅，亏损企业数量和亏损总额都为近五年的新高，如图 7-4 所示。从具体企业来看，排名第 257 位的墨西哥石油公司以 237 亿美元连续两年位列亏损榜的榜首。中国有 6 家上榜公司亏损。

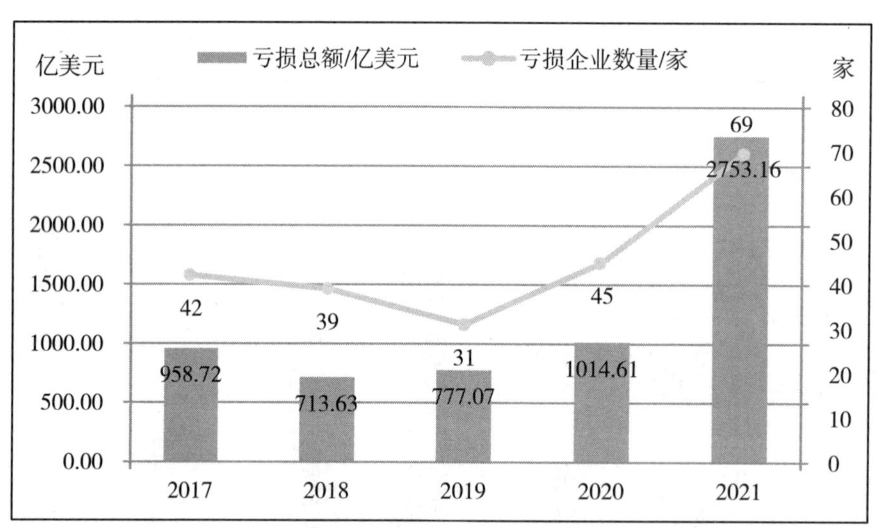

图 7-4　世界 500 强的亏损企业数量及亏损总额（2017—2021）

（4）收益水平继续下降，净资产规模略有增长。

2021 世界 500 强收益水平下降，收入净利润率和资产净利润率分别为 5. 20% 和 1. 05%，与上年相比均有明显的下降，为近五年最低水平，如图 7-5 所示。利润率榜首是日本软银集团，利润率高达 83. 7%，中国台湾台积公司位居第二，美国 Facebook 公司位列第三，中国腾讯控股有限公司则以超过 33% 的利润率位列第四。

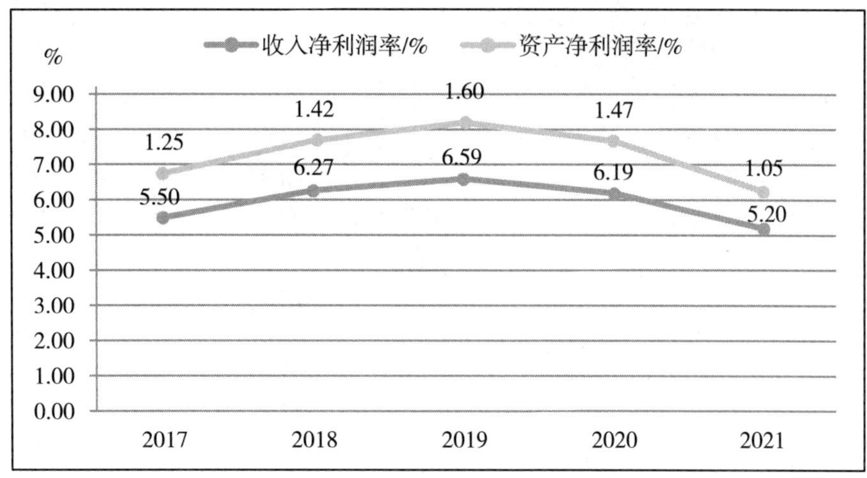

图 7-5 世界 500 强的收入净利润率和资产净利润率（2017—2021）

2021 世界 500 强共拥有归属母公司净资产（所有者权益）196525.27 亿美元，与上年相比略有增长。2021 世界 500 强的净资产收益率为 8.39%，相比于上一年下降了约 3 个百分点，如图 7-6 所示。在净资产收益率排行榜上，美国的 HCA 医疗保健公司以 656% 的净资产收益率跃升至首位，同是美国的室内装饰材料零售商劳氏公司排名第二；中国联想集团以 33.11% 的净资产收益率位列第 28 名。

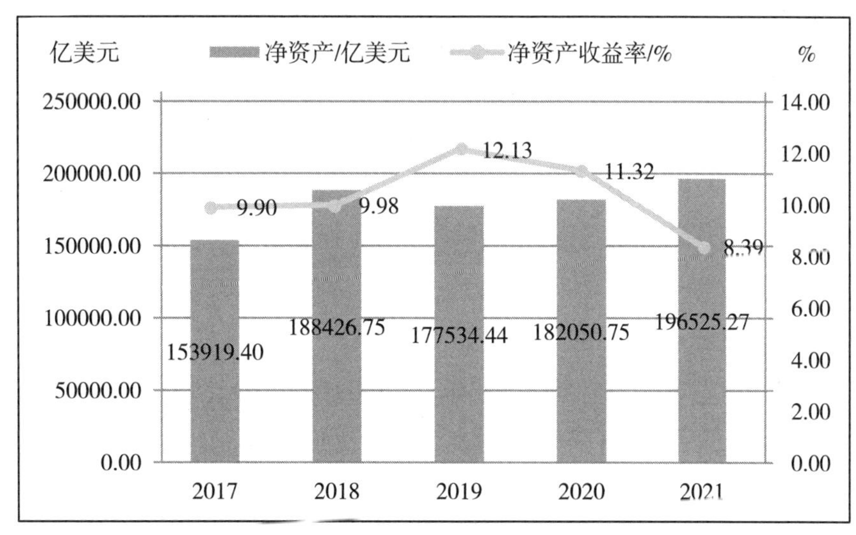

图 7-6 世界 500 强的净资产规模和净资产收益率（2017—2021）

（5）员工人数基本稳定，人均营业收入出现下跌。

2021 世界 500 强企业共有员工 6974.65 万人，较上年减少了 10.82 万人，打破了世界 500 强的员工人数整体平稳上升的趋势。2021 世界 500 强的人均营业收入为 45.44 万美元，较上年减少了 2.19 个百分点，近五年来首次下跌，如图 7-7 所示。其中，沃尔玛仍是世界 500 强中的最大雇主，全球员工数达 230 万。中国员工人数最多的上榜企业是中石油，拥有 124 万员工。

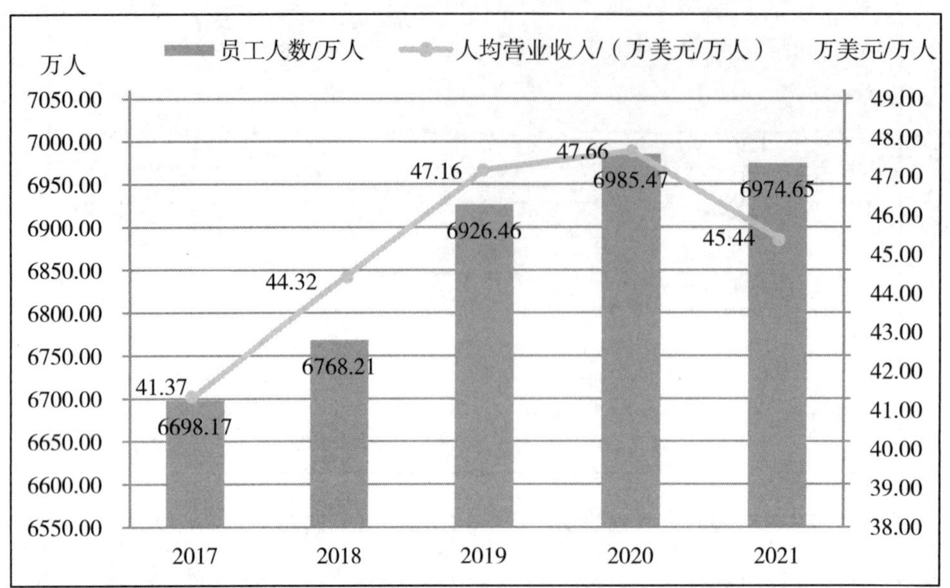

图 7－7 世界 500 强的员工总数及人均营业收入（2017—2021）

（6）制造业与服务业上榜企业数量差异有限，营收和利润差距显著。

2021 世界 500 强企业分布在 23 个行业，综合制造业、商务服务、电力生产、农林牧渔业四个行业无上榜企业。其中，服务业企业最多，为 268 家，制造业企业数量略逊服务业企业，为 201 家，其他行业企业 31 家，如表 7－1 所示。制造业企业以化学品制造（35 家），交通运输设备及零部件制造（33 家），机械设备（25 家），金属产品（22 家），药品和医疗设备制造（21 家）为主；服务业企业则主要集中在金融业（114 家），批发贸易（33 家），零售业（30 家），电信及互联网信息服务（30 家），公用事业服务（24 家）领域。

制造业企业营业收入和利润与服务业企业差距显著。制造业上榜企业数量是服务业的 75%，但是制造业营业收入为服务业的 66.14%；制造业净利润仅为服务业的 39.18%。制造业的收入净利润率和净资产收益率均低于服务业。从制造业的盈利能力看，计算机、通信设备及其他电子设备制造的收入净利润率和净资产收益率分别达到 12.46% 和 28.92%，位列第一；药品和医疗设备制造、食品饮料生产、消费品生产也十分突出；化学品制造则整体呈现亏损局面。从服务业的盈利能力看，电信及互联网信息服务的收入净利润率和净资产收益率分别达到 13.08% 和 17.36%，位列第一，金融业、房地产亦位居前列；交通运输业则整体呈现亏损局面。

表 7－1 2021 世界 500 强行业结构

行业	企业数量/家	营业收入/亿美元	净利润/亿美元	收入净利润率/%	净资产收益率/%
制造业	201	117462.85	4419.90	3.76	7.05
化学品制造	35	26956.17	－716.60	－2.66	－4.06
计算机、通信设备及其他电子设备制造	18	10825.49	1349.16	12.46	28.92

续表

行业	企业数量/家	营业收入/亿美元	净利润/亿美元	收入净利润率/%	净资产收益率/%
机械设备	25	13914.74	884.76	6.36	11.53
交通运输设备及零部件制造	33	24872.67	546.73	2.20	4.30
防务	17	7856.76	159.72	2.03	4.58
药品和医疗设备制造	21	9340.26	987.29	10.57	14.29
消费品生产	7	3915.76	317.97	8.12	22.41
食品饮料生产	18	7530.93	612.59	8.13	14.63
金属产品	22	10342.76	223.96	2.17	7.22
建材生产	5	1907.31	54.31	2.85	6.30
服务业	268	177610.70	11281.83	6.35	8.96
零售业	30	16732.34	557.37	3.33	15.12
批发贸易	33	20916.67	91.85	0.44	2.97
交通运输业	5	1749.20	-42.94	-2.45	-3.72
邮政和物流	8	5233.87	105.47	2.02	8.72
教育和医疗卫生服务	8	10892.54	464.86	4.27	16.65
旅游、餐饮及文化娱乐	5	1694.54	27.33	1.61	2.26
公用事业服务	24	14699.15	222.85	1.52	2.03
房地产	8	4116.95	288.03	7.00	16.07
商务服务	0	0.00	0.00	0.00	0.00
金融业	114	67342.33	5941.78	8.82	7.51
电信及互联网信息服务	30	26038.39	3406.43	13.08	17.36
综合服务业	3	8194.73	218.80	2.67	19.25
其他行业	31	21845.38	785.68	3.60	9.79
采矿业	17	11305.45	614.13	5.43	10.07
农林牧渔业	0	0.00	0.00	0.00	0.00
建筑业	14	10539.93	171.55	1.63	8.89

注：行业比较以中国 500 强行业标准进行归类，制造业 11 个，服务业 12 个，其他行业 4 个，共计 27 个行业。

2. 2021 世界 500 强中外上榜企业对比

（1）中国上榜企业数量再创新高，企业排名加快上升。

2021 年世界 500 强的上榜企业来自 32 个国家或地区，自上年中国大陆（不含中国香港、中国澳门、中国台湾，下文分析均针对中国大陆数据）上榜企业数量与美国持平之后，再次实现历史性突破，上榜企业达 132 家，超过美国（122 家），远超日本（53 家）、德国（27 家）、法国（26 家）、英国（22 家）的距离拉大，进一步扩大了中国在世界 500 强排行榜中的领先地位。从近五年的发展趋势来看，中国上榜企业数量从105家上升到132家，而美国从132家下降到122家，中国在世界500强中的地位快速提高，如图7-8所示。自1995年《财富》世界500强排行榜发布以来，中国是唯一实现上榜企业数量迅速增加的国家或地区。

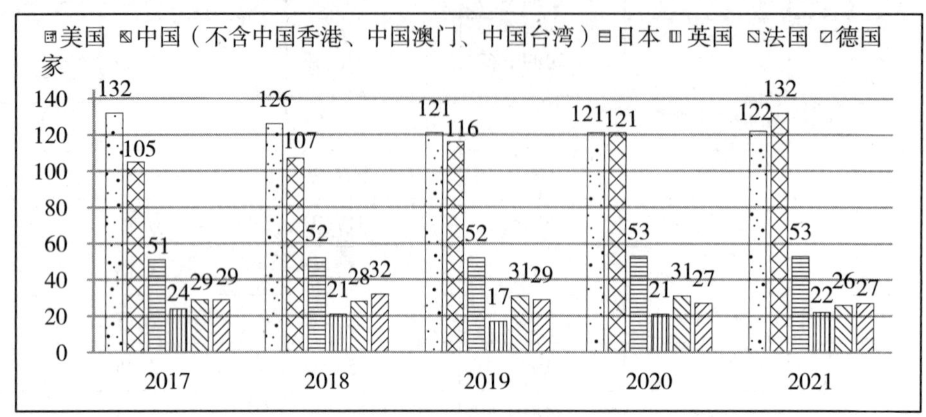

图7-8　世界500强主要国家上榜企业数量（2017—2021）

从新上榜企业情况来看，2021世界500强有45家新上榜和重新上榜的企业，其中，中国有18家企业（占40.00%），分别是中国船舶集团、浙江荣盛控股集团，以及浙江恒逸集团、融创中国控股有限公司、敬业集团、新希望控股集团、新华人寿保险、潍柴动力、北京建龙重工集团、浙江省交通投资集团、龙湖集团、广州市建筑集团、广州医药集团、华润置地、云南省投资控股集团、万洲国际、紫金矿业集团、中国再保险（集团）股份有限公司。

从排行榜位次变化上看，排名上升最快的前10家企业中有5家来自中国，主要集中在采矿、原油生产、制药、能源等行业。中国的晋能控股集团有限公司上升幅度最大，跃升325名，位列第138位；山东能源集团有限公司上升225名，位列第70位，以营业收入978.61亿美元进入前100强。这两家公司排名跃升得益于世界500强能源与矿业公司之间的重组合并。其中，山东能源集团有限公司与兖矿集团联合重组；晋能控股集团有限公司来自多家世界500强的重组与整合，包括原同煤集团、晋煤集团、晋能集团和潞安集团等公司。此外，盛虹控股集团有限公司、中国核工业集团有限公司、江西铜业集团有限公司也升至前十之列，上升位数超过百位，如表7-2所示。

表7-2　2021世界500强中排名上升幅度最大的前10名企业

排名	较上年上升位数	公司名称	国家	行业	营业收入/亿美元	净利润/亿美元
138	325	晋能控股集团有限公司	中国	采矿、原油生产	675.35	0.08
70	225	山东能源集团有限公司	中国	采矿、原油生产	978.61	11.62
278	209	百时美施贵宝公司	美国	制药	425.18	-90.15
190	193	StoneX 集团	美国	多元化金融	541.40	1.70
311	144	盛虹控股集团有限公司	中国	化学品	384.40	5.20
247	131	艾伯维	美国	制药	458.04	46.16

续表

排名	较上年上升位数	公司名称	国家	行业	营业收入/亿美元	净利润/亿美元
130	125	意昂集团	德国	能源	703.82	11.59
371	122	中国核工业集团有限公司	中国	能源	326.63	11.88
225	118	江西铜业集团有限公司	中国	金属产品	488.20	1.95
228	118	加拿大鲍尔集团	加拿大	人寿与健康保险（股份）	481.83	15.26

（2）中国企业的经营规模与水平提高，与美国的差距在缩小。

在2021世界500强企业中，中国上榜企业的营业收入共计88062.66亿美元，比上年增长7.81%，由上年在世界500强的占比24.53%提升至27.79%，如图7－9所示。中国上榜企业净利润共计4682.95亿美元，比上年增长9.63%，由上年在世界500强的占比20.72%提升至28.72%。中国上榜企业营业收入和净利润位列美国之后的第二位，2021世界500强中国企业营业收入和净利润分别约是美国的91.26%（上年约83.30%）和75.00%（上年约50.39%），中国企业经营规模与美国的差距进一步缩小，远超过世界其他国家和地区。

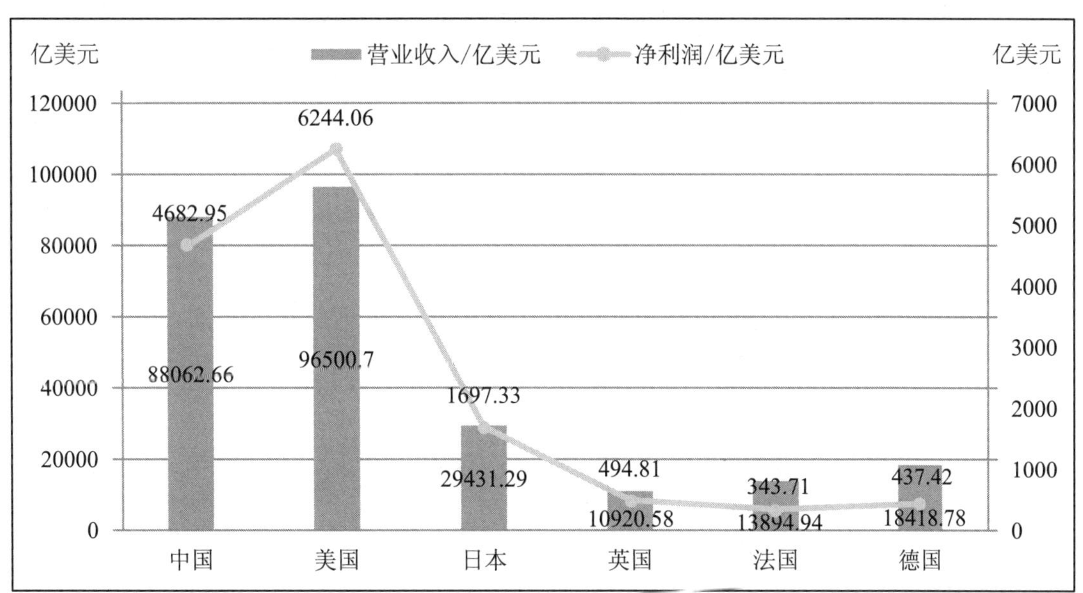

图7－9 2021世界500强主要国家上榜企业营业收入和净利润

在2021世界500强企业中，中国企业的经营水平在提升，与美国的差距逐渐缩小。中国企业收入净利润率为5.32%，美国企业的收入净利润率为6.47%，约为中国企业的1.22倍（上年约为1.65倍）；中国企业净资产收益率为8.79%，美国企业的净资产收益率为11.71%，约为中国的1.33倍（上年约为1.74倍），如图7－10所示。

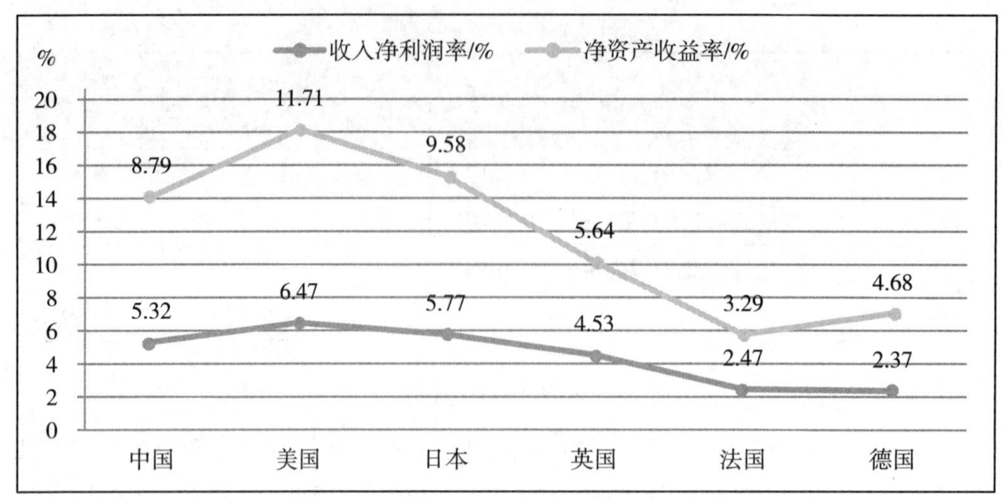

图 7－10　2021 世界 500 强主要国家上榜企业收入净利润率和净资产收益率

从企业的人均营业收入来看，2021 世界 500 强中的中国企业人均营业收入为 41. 27 万美元，低于美国、日本和英国，如图 7－11 所示。美国企业的人均营业收入是 52. 82 万美元，约为中国企业的 1. 28 倍（上年约为 1. 45 倍）；中国企业人均净利润为 2. 19 万美元，低于美国和日本，美国企业人均净利润是 3. 42 万美元，约为中国企业的 1. 56 倍（上年约为 2. 41 倍）。世界多数国家或地区的企业受 2020 年新冠肺炎疫情影响，经营指标上存在不同程度的下降，中国有效地遏制新冠肺炎疫情，企业经营状况不断改善，人均经营效益指标虽仍低于美国、日本等发达国家，但差距进一步缩小。

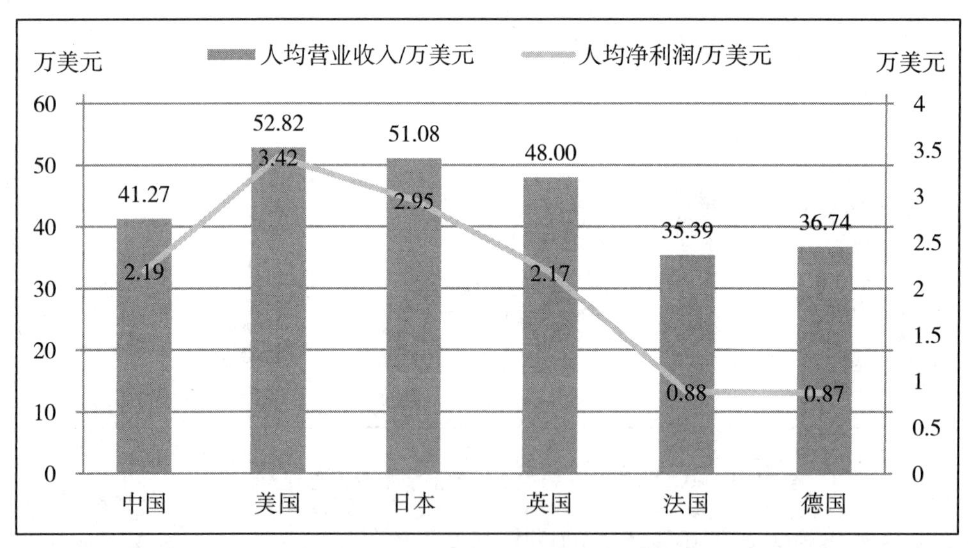

图 7－11　2021 世界 500 强主要国家上榜企业人均营业收入和人均净利润

（3）中国金融企业领先，非金融企业仍存在差距。

在 2021 世界 500 强企业中，中国的金融企业有 23 家，少于美国，多于日本、德国、英国和法国。近五年来，中国金融企业的数量增加了 6 家，其他主要国家基本未变，如表 7－3 所示。中国金融企业的营业收入和净利润分别达到 17813. 34 亿美元和 2404. 86 亿美元，超过美国等主要国家，位居首位。从收入净利润率和净资产收益率来看，中国金融企业指标持续下滑，但是仍然位居主要国

家榜首，分别高于美国 2.89 和 2.59 个百分点。从人均营业收入和人均净利润看，中国金融企业指标有所改善，人均净利润仅次于美国，但是人均营业收入仍远远低于其他主要国家。总体上讲，中国金融企业规模和盈利指标总体处于领先地位。

表 7-3 2017—2021 世界 500 强主要国家上榜金融企业有关指标

国家/地区	发布年份	企业数量/家	收入净利润率/%	净资产收益率/%	人均营业收入/万美元	人均净利润/万美元
中国	2017	17	15.86	13.97	40.05	6.35
	2018	18	15.39	12.40	39.92	6.14
	2019	20	14.70	12.40	41.73	6.14
	2020	21	14.42	12.00	41.83	6.03
	2021	23	13.50	10.09	51.85	7.00
美国	2017	27	11.22	8.15	73.85	8.29
	2018	27	9.42	5.71	78.88	7.43
	2019	27	11.66	9.95	83.76	9.76
	2020	27	15.80	12.96	86.89	13.73
	2021	27	10.61	7.50	80.38	8.53
日本	2017	11	5.76	7.97	68.54	3.95
	2018	11	6.57	8.31	68.47	4.50
	2019	11	5.33	7.03	68.56	3.65
	2020	11	4.76	6.02	67.05	3.19
	2021	11	5.65	6.95	65.19	3.69
英国	2017	8	2.88	3.86	89.02	2.57
	2018	6	5.40	5.39	90.69	4.90
	2019	4	13.65	7.50	47.35	6.47
	2020	8	4.19	5.80	123.16	5.16
	2021	7	5.08	4.43	84.78	4.30
法国	2017	6	5.55	7.40	85.00	4.72
	2018	6	5.23	6.25	85.66	4.48
	2019	6	5.84	6.27	72.75	4.25
	2020	6	5.52	6.23	82.66	4.56
	2021	5	4.19	3.46	65.91	2.76
德国	2017	5	3.75	5.83	92.70	3.48
	2018	5	2.91	4.06	94.91	2.76
	2019	5	4.33	6.65	97.01	4.20
	2020	5	2.68	4.02	101.31	2.72
	2021	5	3.46	4.63	101.30	3.51

注：金融企业是指主营业务为财产与意外保险（股份）、财产与意外保险（互助）、多元化金融、人寿与健康保险（股份）、人寿与健康保险（互助）、银行、银行：商业储蓄的企业，下同。

在 2021 世界 500 强企业中，中国有非金融企业 109 家，超过美国、日本、德国、英国和法国。近五年来，中国非金融企业数量增加了 26 家，美国则减少了 13 家，其他主要国家变化不大。中国制造业营业收入和净利润分别为 33063.47 亿美元和净利润 796.08 亿美元，营业收入超过美国（30230.38 亿美元）及其他主要国家，但是净利润远远低于美国（2545.33 亿美元）。从收入净利润率、净资产收益率、人均营业收入和人均净利润来看，近五年中国非金融企业指标均有所改善，但是仍然低于美国、日本，大致位居六个主要国家的第三、第四位置。与上年相比，2021 美国非金融企业各个指标下滑明显，中国则稳步发展。从近五年发展趋势来看，中国保持增长趋势，不断缩小与其他国家的差距，如表 7－4 所示。

表 7－4 2017—2021 世界 500 强主要国家上榜非金融企业有关指标

国家	发布年份	企业数量/家	收入净利润率/%	净资产收益率/%	人均营业收入/万美元	人均净利润/万美元
美国	2017	105	6.76	17.81	46.60	3.15
	2018	99	6.93	17.82	49.59	3.44
	2019	94	6.88	18.93	51.92	3.57
	2020	94	7.02	20.18	52.43	3.68
	2021	95	5.59	15.17	49.21	2.75
日本	2017	40	4.90	10.63	47.45	2.32
	2018	41	5.99	12.11	48.44	2.90
	2019	41	5.15	11.02	52.30	2.69
	2020	42	2.36	4.93	50.86	1.20
	2021	42	5.08	10.56	48.45	2.81
中国	2017	87	2.37	6.04	29.06	0.69
	2018	89	2.49	6.27	32.70	0.81
	2019	96	2.76	7.80	37.09	1.02
	2020	100	2.91	7.89	38.74	1.13
	2021	109	3.24	7.74	39.24	1.27
德国	2017	24	2.76	8.37	32.95	0.91
	2018	27	5.37	12.72	34.83	1.87
	2019	24	4.35	11.28	34.89	1.52
	2020	22	3.96	9.62	33.22	1.32
	2021	22	2.14	4.70	32.25	0.69
英国	2017	16	4.21	9.46	37.42	1.58
	2018	15	10.84	20.79	40.72	4.41
	2019	13	6.34	12.91	44.08	2.79
	2020	13	4.77	8.16	43.53	6.68
	2021	15	4.25	6.78	38.28	1.67

续表

国家	发布年份	企业数量/家	收入净利润率/%	净资产收益率/%	人均营业收入/万美元	人均净利润/万美元
法国	2017	23	4.13	8.95	26.56	1.10
	2018	22	4.83	9.51	30.75	1.49
	2019	25	4.46	9.48	32.48	1.45
	2020	25	4.02	8.86	31.56	1.81
	2021	21	1.81	3.41	30.01	0.54

注：非金融企业是指除去主营业务为财产与意外保险（股份）、财产与意外保险（互助）、多元化金融、人寿与健康保险（股份）、人寿与健康保险（互助）、银行、银行：商业储蓄的企业，下同。

（4）中国企业行业分布广，传统行业具备明显优势。

世界500强主要国家上榜企业的行业分布差异明显。中国上榜企业分布在19个行业中，分布行业最多，美国企业分布在18个行业中，法国企业分布在17个行业中，日本、英国的企业分布在12、11个行业中。中国制造业有54家，主要集中于金属产品（16家）、防务（8家）、机械设备（7家）、化学品制造（6家）、交通运输设备及零部件制造（6家）；美国制造业有47家，主要集中于药品和医疗设备制造（9家）、食品饮料生产（9家）、药品和医疗设备制造（9家）和化学品制造（7家）。中国服务业有59家，主要集中于金融业（23家）、批发贸易（10家）、房地产（8家）和公用事业服务（7家）；美国服务业有75家，主要集中于金融业（27家）、零售业（11家）、电信及互联网信息服务（10家）、批发贸易（8家）、教育和医疗卫生服务（7家）。中国其他行业有19家，主要集中于建筑业（10家）和采矿业（9家）。中国与美国行业分布反差明显，中国企业较集中于金属产品、建筑业、采矿业、房地产行业，美国则无相关行业上榜企业；教育和医疗卫生服务、零售业、药品和医疗设备制造，以及计算机、通信设备及其他电子设备制造等行业，中国与美国差距明显，如表7-5所示。中国有10家企业在所属行业中排名第一，分别是中国石油天然气集团有限公司（化学品制造）、中国兵器工业集团有限公司（防务）、中国华润有限公司（药品和医疗设备制造）、恒力集团有限公司（消费品生产）、中国五矿集团有限公司（金属产品）、中国建材集团有限公司（建材生产）、中国邮政集团有限公司（邮政和物流）、国家电网有限公司（公用事业服务）、中国恒大集团（房地产）、中国建筑集团有限公司（建筑业）。综合来看，中国传统行业中的上榜企业多于美国，而美国在新兴行业中的上榜企业相对更多。

表7-5 2021世界500强主要国家上榜企业行业分布 （单位：家）

行业	中国	美国	日本	英国	法国	德国	其他
制造业总计	54	47	23	7	9	12	49
化学品制造	6	7	3	2	1	1	15
计算机、通信设备及其他电子设备制造	2	8	1	0	0	0	7
机械设备	7	4	6	0	1	1	6
交通运输设备及零部件制造	6	3	10	0	1	6	7

续表

行业	中国	美国	日本	英国	法国	德国	其他
防务	8	5	0	1	1	0	2
药品和医疗设备制造	3	9	1	2	1	2	3
消费品生产	2	2	0	1	2	0	0
食品饮料生产	2	9	0	1	1	0	5
金属产品	16	0	2	0	0	2	2
建材生产	2	0	0	0	1	0	2
服务业总计	59	75	29	13	15	15	62
零售业	1	11	2	2	3	0	11
批发贸易	10	8	8	0	0	3	4
交通运输业	0	2	0	0	1	1	1
邮政和物流	3	3	0	0	1	1	0
教育和医疗卫生服务	0	7	0	0	0	1	0
旅游、餐饮及文化娱乐	0	3	0	1	1	0	0
公用事业服务	7	1	3	1	3	2	7
房地产	8	0	0	0	0	0	0
商务服务	0	0	0	0	0	0	0
金融业	23	27	11	7	5	5	36
电信及互联网信息服务	7	10	5	2	1	2	3
综合服务业	0	3	0	0	0	0	0
其他行业总计	19	0	1	2	2	0	7
采矿业	9	0	0	2	0	0	6
农林牧渔业	0	0	0	0	0	0	0
建筑业	10	0	1	0	2	0	1

世界 500 强中国与美国上榜企业行业比较各有所长。从各行业营业收入来看，中国企业在化学品制造、机械设备、交通运输设备及零部件制造、防务、消费品生产、金属产品、建材生产 7 个行业超过美国；美国仅在计算机通信设备、药品和医疗设备制造、食品饮料生产三个行业超过中国。美国企业服务业处于优势，在零售业、批发贸易、交通运输业、邮政和物流、教育和医疗卫生服务，旅游、餐饮及文化娱乐，电信及互联网信息服务，综合服务业 8 个行业超过中国；中国仅在公用事业服务、房地产和金融业方面超过美国。中国在其他行业中的采矿业和建筑业全面领先，美国没有企业上榜，其中，中国建筑业超过其他所有国家总和，如图 7－12 所示。

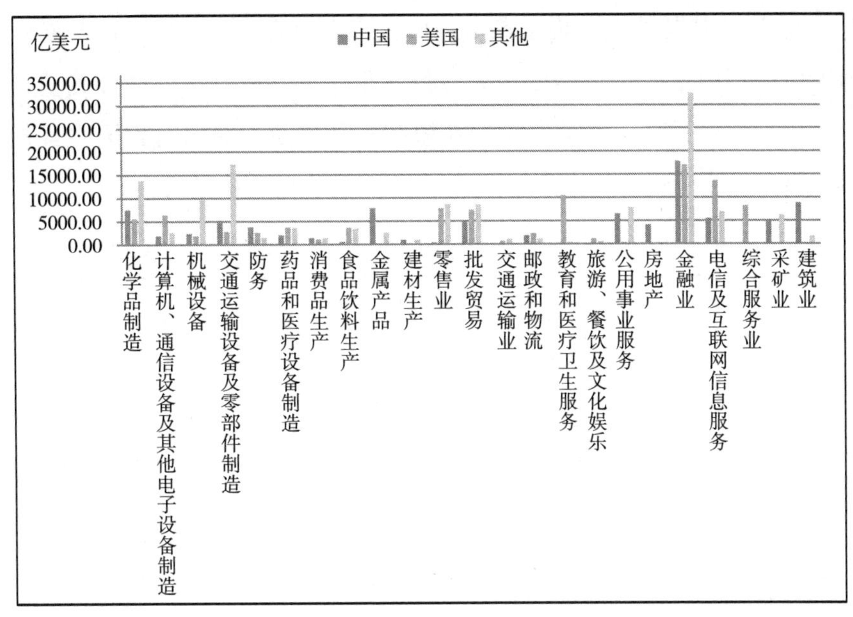

图 7 - 12 2021 世界 500 强主要国家上榜企业各行业营业收入

从各行业的净利润来看，中国的化学品制造，交通运输设备及零部件制造，防务、金属产品、建材生产高于美国；在服务业领域，中国约有半数行业的净利润超过美国，包括批发贸易、邮政和物流，以及公用事业服务、房地产、金融业，如图 7 - 13 所示。

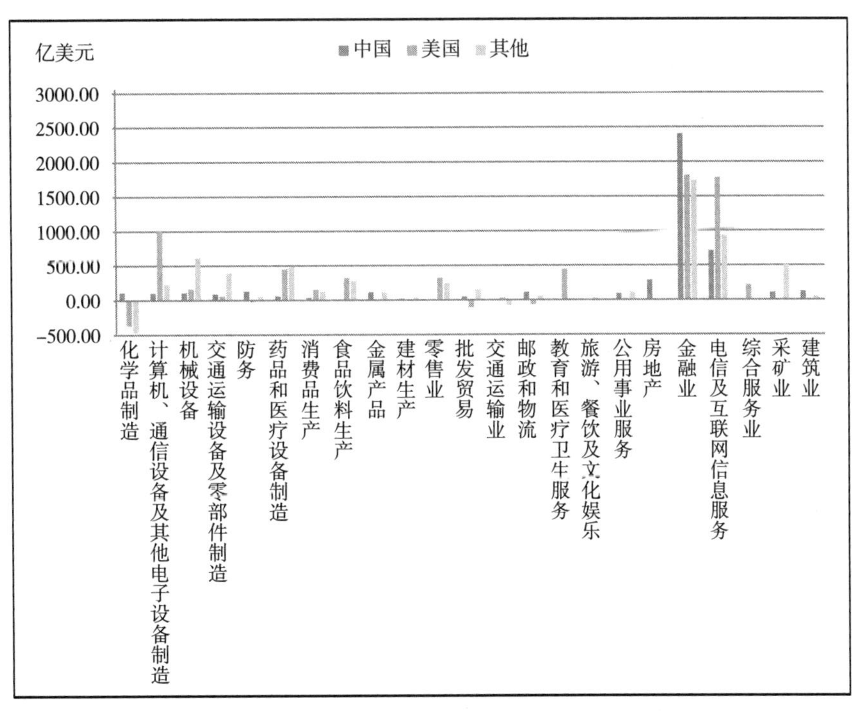

图 7 - 13 2021 世界 500 强主要国家上榜企业各行业净利润

中国在一些领域与美国尚存在明显的距离，计算机、通信设备及其他电子设备制造的净利润仅为美国的 10.36%，药品和医疗设备制造的净利润仅为美国的 13.06%。从收入净利润率来看，制造业中除了美国没有企业上榜的金属产品和建材生产，中国仅在化学品制造和防务的收入净利润率高于美国，计算机、通信设备及其他电子设备制造的收入净利润率仅为美国的 34.86%，药品和医疗设备制造的收入净利润率仅为美国的 23.84%。中国服务业在批发贸易、邮政和物流、房地产、金融业 4 个行业超过美国，而批发贸易低于其他国家。在盈利水平方面，中国与美国及其他国家整体上存在距离，如图 7－14 所示。

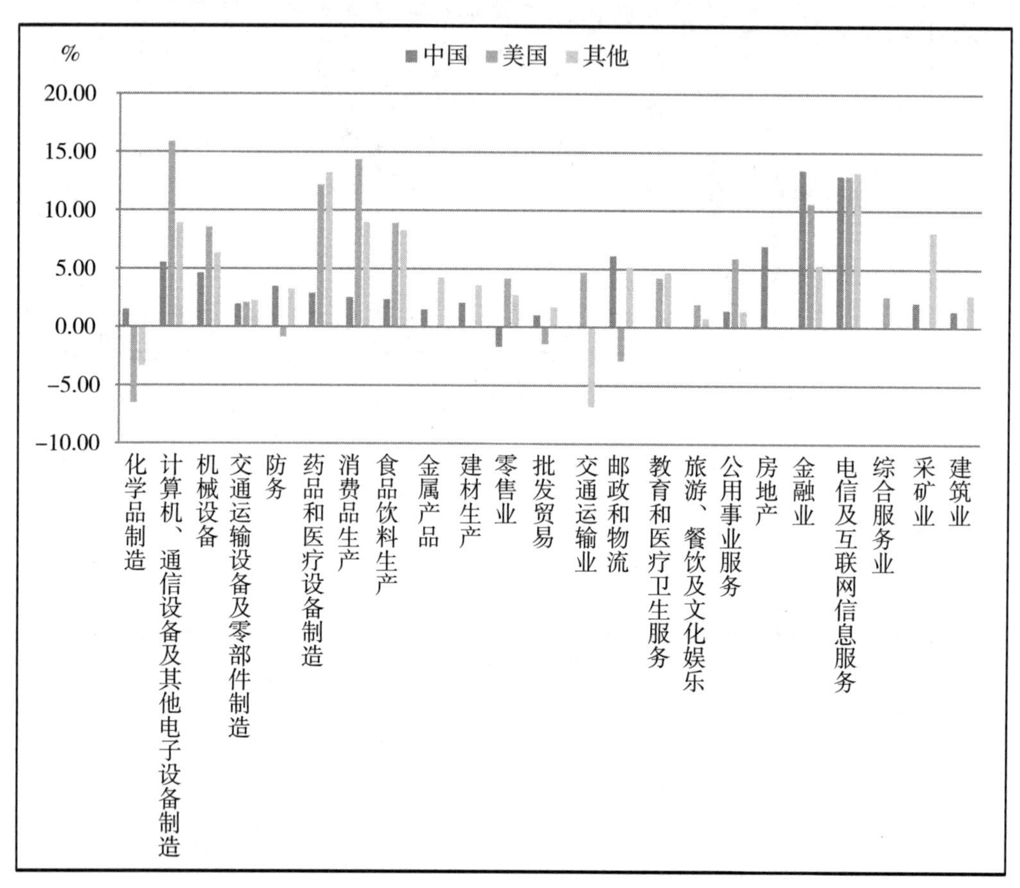

图 7－14　2021 世界 500 强主要国家上榜企业各行业收入净利润率

总体来讲，中国制造业在规模上具备优势，尤其是传统制造业、金融业等行业。但是，现代制造业等新兴行业仍有较大提升空间。

（5）中国企业国际化水平仍存在差距，服务业比制造业更为明显。

联合国贸发会议发布的《2021 世界投资报告》显示，中国 10 家企业名列世界非金融跨国公司 100 强，少于美国、法国、英国和德国。在各项国际化指标中，中国企业海外员工占比（9.52%）与其他国家差距最大，英国海外员工占比（70.14%）约为中国的 7 倍；英国海外资产占比（87.87%）和海外营业收入占比（81.47%）大约为中国的 2 倍；英国跨国指数约为中国的 3 倍，美国约为中国的 2 倍，如图 7－15 所示。无论上榜数量还是各项国际化指标，中国上榜企业仍低于主要发达国家。

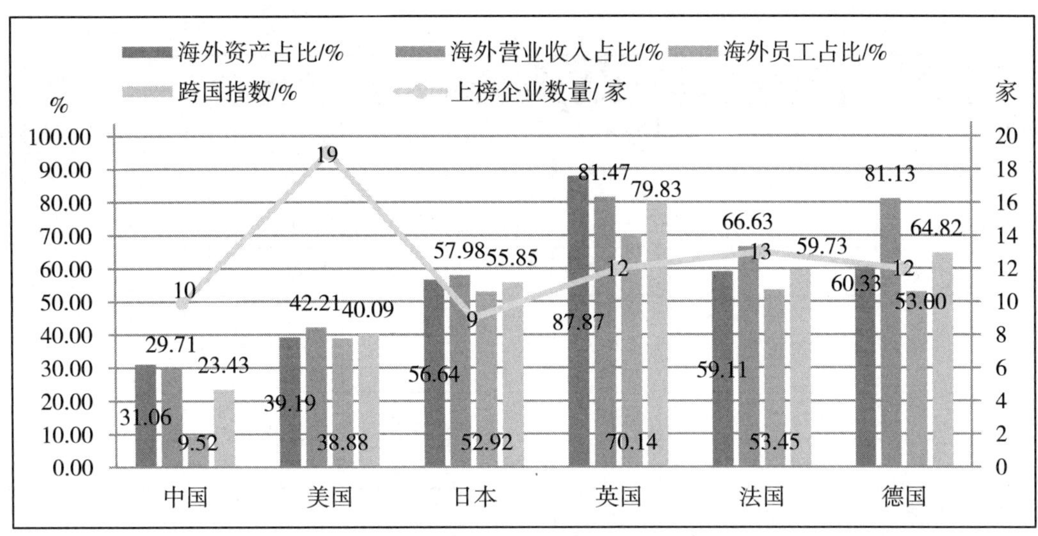

图 7-15 世界非金融跨国公司 100 强主要国家上榜企业数量和国际化水平

在世界非金融跨国公司 100 强跨国公司中，中国相对集中分布在 6 个行业，法国、美国和德国上榜企业分别分布在 10 个、9 个和 8 个行业，比较集中的行业有化学品制造，交通运输设备及零部件制造，药品和医疗设备制造，食品饮料生产，公用事业服务，电信及互联网信息服务。中国制造业有 4 家上榜企业，集中于化学品制造，计算机、通信设备及其他电子设备制造两个行业；中国服务业的 3 家上榜企业分布在交通运输业，公用事业服务，电信及互联网信息服务 3 个行业。一些主要国家比较集中的行业，中国并无上榜企业，甚至 2021 世界 500 强中国上榜企业的优势行业诸如交通运输设备及零部件制造、金属产品和批发贸易等亦出现空白，如表 7-6 所示。

表 7-6 世界非金融跨国公司 100 强主要国家各行业企业数量 （单位：家）

行业	中国	美国	日本	英国	法国	德国	其他
制造业总计	4	13	5	6	7	7	9
化学品制造	2	2	0	2	2	1	3
计算机、通信设备及其他电子设备制造	2	2	1	0	0	0	0
机械设备	0	1	0	0	0	1	0
交通运输设备及零部件制造	0	2	3	0	1	4	0
防务	0	0	0	0	1	0	0
药品和医疗设备制造	0	3	1	2	1	1	3
消费品生产	0	1	0	0	1	0	0
食品饮料生产	0	2	0	2	1	0	2
金属产品	0	0	0	0	0	0	0
建材生产	0	0	0	0	0	0	1
服务业总计	3	6	4	3	5	5	1
零售业	0	1	0	0	0	0	0
批发贸易	0	0	3	0	0	0	0

续表

行业	中国	美国	日本	英国	法国	德国	其他
交通运输业	1	0	0	0	0	1	0
邮政和物流	0	0	0	0	0	0	0
教育和医疗卫生服务	0	0	0	0	0	1	0
旅游、餐饮及文化娱乐	0	0	0	0	0	0	0
公用事业服务	1	0	0	1	3	1	1
房地产	0	0	0	0	1	0	0
商务服务	0	0	0	0	0	0	0
金融业	0	0	0	0	0	0	0
电信及互联网信息服务	1	5	1	2	1	2	0
其他行业总计	3	0	0	3	1	0	2
采矿业	3	0	0	3	0	0	1
农林牧渔业	0	0	0	0	0	0	0
建筑业	0	0	0	0	1	0	1

从各个行业国际化指标考察，中国在计算机、通信设备及其他电子设备制造行业的跨国指数最高，为43.56%，接近美国和日本的水平。在其他5个行业与美国等发达国家存在明显的差距，服务业与制造业的差距更大，如表7-7所示。总体上讲，在“一带一路”倡议下，中国“走出去”的步伐加快，中国企业的国际化水平得到了很大提高，但是整体上仍有很大提升空间。

表7-7　世界非金融跨国公司100强主要国家各行业跨国指数　（单位：%）

行业	中国	美国	日本	英国	法国	德国	其他
制造业总计	29.47	49.41	65.52	80.45	70.79	62.00	81.22
化学品制造	23.39	52.55	0.00	72.69	78.32	65.10	41.70
计算机、通信设备及其他电子设备制造	43.56	44.41	51.74	0.00	0.00	0.00	0.00
机械设备	0.00	53.68	0.00	0.00	0.00	73.23	0.00
交通运输设备及零部件制造	0.00	33.82	65.95	0.00	62.04	60.38	0.00
防务	0.00	0.00	0.00	0.00	58.78	0.00	0.00
药品和医疗设备制造	0.00	50.95	91.50	83.12	67.66	76.74	87.79
消费品生产	0.00	53.42	0.00	0.00	76.76	0.00	0.00
食品饮料生产	0.00	73.67	0.00	88.11	70.01	0.00	92.92
金属产品	0.00	0.00	0.00	0.00	0.00	0.00	0.00
建材生产	0.00	0.00	0.00	0.00	0.00	0.00	69.70
服务业总计	11.34	33.13	39.96	72.19	46.96	69.45	62.50
零售业	0.00	24.82	0.00	0.00	0.00	0.00	0.00
批发贸易	0.00	0.00	0.00	0.00	0.00	0.00	0.00

续表

行业	中国	美国	日本	英国	法国	德国	其他
交通运输业	29.12	0.00	0.00	0.00	0.00	59.32	0.00
邮政和物流	0.00	0.00	0.00	0.00	0.00	0.00	0.00
教育和医疗卫生服务	0.00	0.00	0.00	0.00	0.00	68.12	0.00
旅游、餐饮及文化娱乐	0.00	0.00	0.00	0.00	0.00	0.00	0.00
公用事业服务	4.31	0.00	0.00	63.82	44.65	56.81	62.50
房地产	0.00	0.00	0.00	0.00	75.37	0.00	0.00
商务服务	0.00	0.00	0.00	0.00	0.00	0.00	0.00
金融业	0.00	0.00	0.00	0.00	0.00	0.00	0.00
电信及互联网信息服务	26.51	36.97	32.37	75.87	52.24	77.84	0.00
其他行业总计	28.71	0.00	0.00	84.03	48.34	0.00	78.20
采矿业	28.71	0.00	0.00	84.03	0.00	0.00	83.53
农林牧渔业	0.00	0.00	0.00	0.00	0.00	0.00	0.00
建筑业	0.00	0.00	0.00	0.00	48.34	0.00	56.34

3. 世界 500 强 20 年格局变化

（1）中国上榜企业数量从起步到世界第一。

中国企业联合会从 2002 年开展了中外 500 强企业发展对比分析。20 年来，世界 500 强上榜企业的国家或地区发生了巨大变化，中国从起步到世界第一。中国上榜企业数量是 6 个主要国家中唯一一个增长的国家，由 2002 年的 11 家发展到 2021 年的 132 家，增长 12 倍之多，其他主要国家上榜企业数量均有不同程度的下降，如图 7－16 所示。20 年来，越来越多的中国企业做大做强，国际地位不断提升。

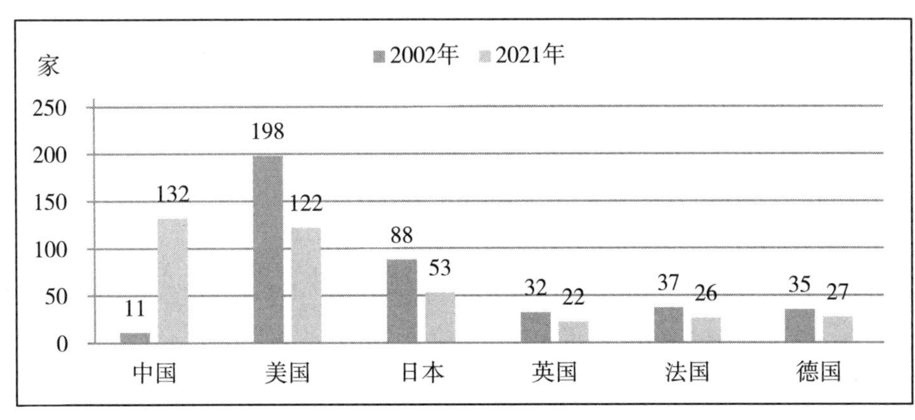

图 7－16 2002 和 2021 世界 500 强主要国家上榜企业数量

20 年来，主要国家上榜企业的经营规模均有所增长，中国上榜企业的经营规模增幅最大。2021 中国企业营业收入和净利润约为 2002 年的 33. 80 倍和 38. 46 倍，年均增长率分别为 20. 36% 和 21. 18%。其他主要国家中，仅美国营业收入的年均增长率超过 2%，法国净利润的年均增长率超过 10%，均远远低于中国，如图 7 – 17 所示。

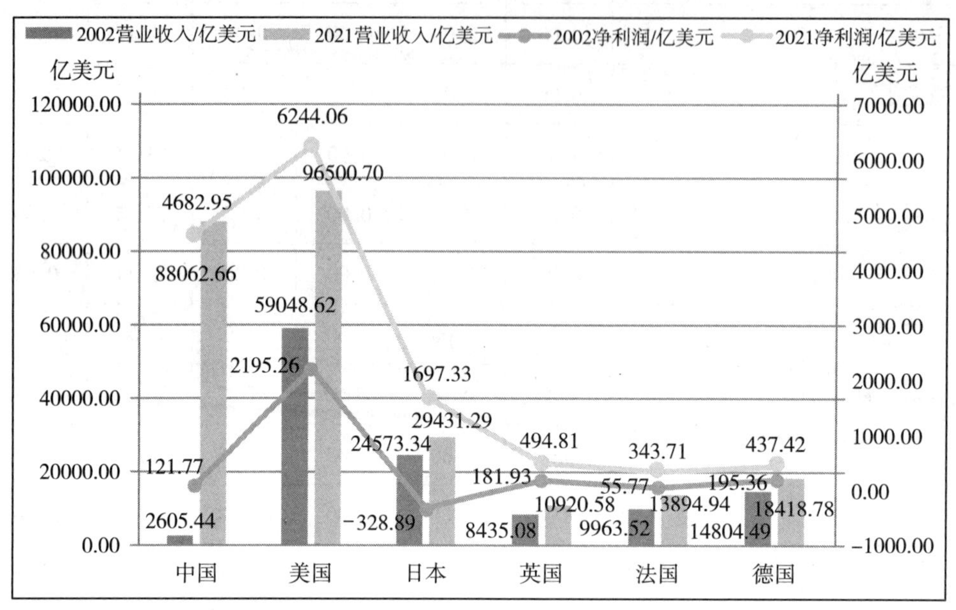

图 7 – 17　2002 和 2021 世界 500 强主要国家上榜企业营业收入和净利润

（2）中国上榜企业盈利水平明显提升。

20 年来，世界 500 强主要国家上榜企业盈利水平，除英国的净资产收益率有所下降，其他主要国家的盈利水平均在提高。日本最为突出，收入净利润率和净资产收益率分别增加了 7. 11 个和 14. 16 个百分点；中国净资产收益率增加了 4. 29 个百分点，增幅位居第二，但是收入净利润率仅增加了 0. 65 个百分点，位居最后。中国上榜企业盈利水平均有所增长，两个指标有所不同，如图7 – 18 所示。

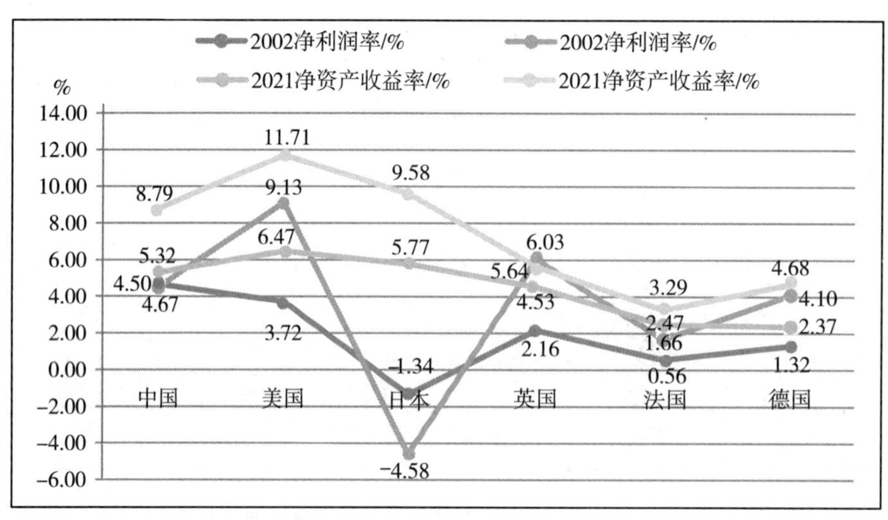

图 7 – 18　2002 和 2021 世界 500 强主要国家上榜企业收入净利润率和净资产收益率

20 年来，多数世界 500 强主要国家上榜人均水平均有所下降，中国提升明显。中国人均营业收入和人均净利润都在增加，特别是人均营业收入翻了六倍；人均营业收入超过了法国和德国，人均利润则仅低于美国，两个指标与美国的距离大幅缩小，如图 7－19 所示。中国人均盈利水平呈现持续发展趋势。

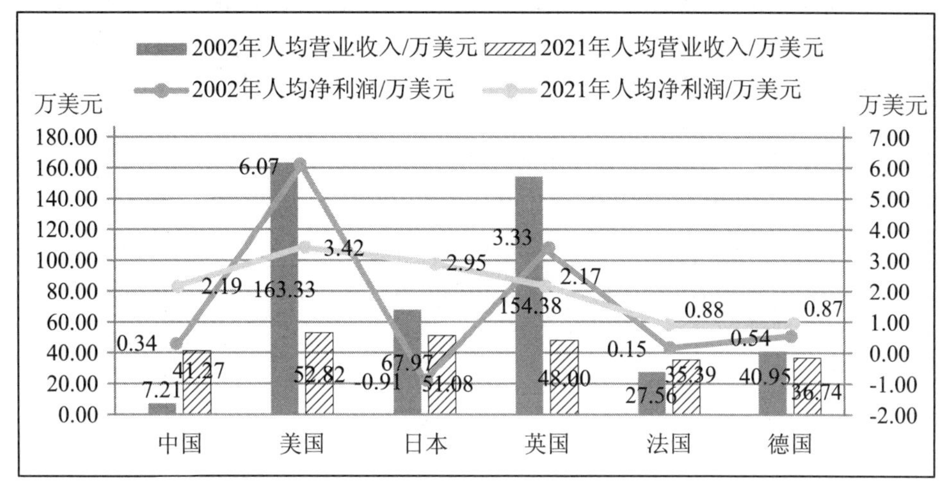

图 7－19　2002 和 2021 世界 500 强主要国家上榜企业人均营业收入和人均净利润

（3）中国上榜企业行业结构逐步完善。

20 年来，世界 500 强中国上榜企业从 5 个行业增加到 19 个行业，特别是制造业从一个行业扩大到 10 个行业，在金属产品、金融业、建筑业新增企业数量超过 10 家。从仅在化学品制造行业拥有一家制造业企业，发展到有 54 家制造业企业分布在 10 个行业之中，行业分布日益广泛，行业门类日趋完整，如表 7－8 所示。

表 7－8　2002 和 2021 世界 500 强中国上榜企业各行业企业数量　（单位：家）

行业	2002	2021
制造业总计	1	54
化学品制造	1	6
计算机、通信设备及其他电子设备制造	0	2
机械设备	0	7
交通运输设备及零部件制造	0	6
防务	0	8
药品和医疗设备制造	0	3
消费品生产	0	2
食品饮料生产	0	2
金属产品	0	16
建材生产	0	2
服务业总计	10	59

续表

行业	2002	2021
零售业	0	1
批发贸易	2	10
交通运输业	0	0
邮政和物流	0	3
教育和医疗卫生服务	0	0
旅游、餐饮及文化娱乐	0	0
公用事业服务	2	7
房地产	0	8
商务服务	0	0
金融业	4	23
电信及互联网信息服务	2	7
其他行业总计	0	19
采矿业	0	9
农林牧渔业	0	0
建筑业	0	10

20 年来，中国上榜企业各个行业经营规模不断扩大。2021 世界 500 强中国上榜的制造业企业营业收入约为 2002 年的 81.86 倍，净利润约为 267.14 倍；服务业也分别达到 18.65 倍和 30.76 倍；其他行业则是从无到有，分别达到 13942.17 亿美元、232.81 亿美元（见表 7－9）。中国各个行业都在快速发展，尤其是制造业发展速度更快。

表 7－9　2002 和 2021 世界 500 强中国上榜企业各行业营业收入和净利润

行业	2002		2021	
	营业收入/亿美元	净利润/亿美元	营业收入/亿美元	净利润/亿美元
制造业总计	403.88	2.98	33063.47	796.08
化学品制造	403.88	2.98	7499.05	112.63
计算机、通信设备及其他电子设备制造	0.00	0.00	1899.26	105.40
机械设备	0.00	0.00	2375.55	110.02
交通运输设备及零部件制造	0.00	0.00	4725.50	92.11
防务	0.00	0.00	3780.24	131.95
药品和医疗设备制造	0.00	0.00	2027.86	58.88
消费品生产	0.00	0.00	1426.52	36.09
食品饮料生产	0.00	0.00	571.95	13.43
金属产品	0.00	0.00	7807.06	115.76
建材生产	0.00	0.00	950.45	19.81

续表

行业	2002		2021	
	营业收入/亿美元	净利润/亿美元	营业收入/亿美元	净利润/亿美元
服务业总计	2201.57	118.80	41057.02	3654.07
零售业	0.00	0.00	365.65	-6.20
批发贸易	291.68	2.13	4932.25	49.80
交通运输业	0.00	0.00	0.00	0.00
邮政和物流	0.00	0.00	1847.53	113.25
教育和医疗卫生服务	0.00	0.00	0.00	0.00
旅游、餐饮及文化娱乐	0.00	0.00	0.00	0.00
公用事业服务	898.74	60.03	6514.21	93.26
房地产	0.00	0.00	4115.95	288.03
商务服务	0.00	0.00	0.00	0.00
金融业	614.37	23.56	17813.34	2404.86
电信及互联网信息服务	396.78	33.08	5467.10	711.07
其他行业总计	0.00	0.00	13942.17	232.81
采矿业	0.00	0.00	5089.98	108.28
农林牧渔业	0.00	0.00	0.00	0.00
建筑业	0.00	0.00	8852.19	124.53

20年来，中国上榜企业各个行业盈利水平均有提升。中国制造业收入净利润率由0.74%增长为2.37%，增长了220.27%；净资产收益率增长了387.79%。服务业收入净利润率和净资产收益率也分别增长了64.81%和94.36%（见表7-10）。中国各个行业上榜企业盈利指标不断增长，企业竞争力持续增强。

表7-10 2002和2021世界500强中国上榜企业各行业收入净利润率和净资产收益率

行业	2002		2021	
	收入净利润率/%	净资产收益率/%	收入净利润率/%	净资产收益率/%
制造业总计	0.74	1.31	2.37	6.39
化学品制造	0.74	1.31	1.50	2.62
计算机、通信设备及其他电子设备制造	0.00	0.00	5.55	19.45
机械设备	0.00	0.00	4.63	12.77
交通运输设备及零部件制造	0.00	0.00	1.95	7.69
防务	0.00	0.00	3.49	6.24
药品和医疗设备制造	0.00	0.00	2.90	10.59
消费品生产	0.00	0.00	2.53	18.65
食品饮料生产	0.00	0.00	2.35	9.50

续表

行业	2002		2021	
	收入净利润率/%	净资产收益率/%	收入净利润率/%	净资产收益率/%
金属产品	0.00	0.00	1.48	6.60
建材生产	0.00	0.00	2.08	13.12
服务业总计	5.40	4.79	8.90	9.31
零售业	0.00	0.00	-1.69	-5.26
批发贸易	0.73	7.11	1.01	7.96
交通运输业	0.00	0.00	0.00	0.00
邮政和物流	0.00	0.00	6.13	7.89
教育和医疗卫生服务	0.00	0.00	0.00	0.00
旅游、餐饮及文化娱乐	0.00	0.00	0.00	0.00
公用事业服务	6.68	5.75	1.43	2.11
房地产	0.00	0.00	7.00	16.07
商务服务	0.00	0.00	0.00	0.00
金融业	3.83	2.93	13.50	10.09
电信及互联网信息服务	8.34	5.47	13.01	12.99
其他行业总计	0.00	0.00	1.67	6.19
采矿业	0.00	0.00	2.13	4.48
农林牧渔业	0.00	0.00	0.00	0.00
建筑业	0.00	0.00	1.41	9.26

二、2021 世界、美国、中国 500 强总体发展态势比较

1. 2021 美国 500 强最新格局

（1）营业收入近五年首次出现下降。

2021 美国 500 强营业收入下降至 137630.77 亿美元，相当于美国当年 GDP 的三分之二，较 2020 年减少了 3.15%，近五年来首次出现下降（见图 7－20）。从上榜企业来看，沃尔玛连续第九年蝉联榜首，在过去十年里营业收入从 340 亿美元跃升至 3860 亿美元。亚马逊保持第二位，苹果公司上升至第三位，得益于 iPhone 12 的热卖，苹果公司营业收入上涨 5.5%。谷歌母公司 Alphabet 从第 11 位上升至第 9 位，首次进入前 10 位。特斯拉营业收入上涨 28.3%，排名上升 24 位，名列第 100 位。AMD 跃升 139 位至第 309 名，是 2021 年榜单上跃升幅度最大的公司。美国高科技企业经营规模呈现快速上升趋势。

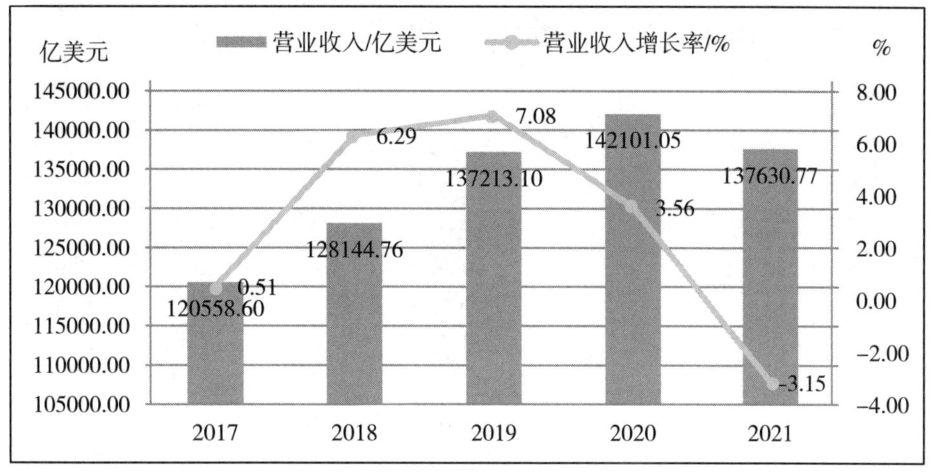

图 7-20 美国 500 强的营业收入总额及增长率（2017—2021）

（2）净利润近五年最低，高科技企业异军突起。

2021 美国 500 强实现净利润 8586.08 亿美元，较 2020 年美国企业 500 强净利润总额下降了 29.78%（见图 7-21），近五年来首次出现下降，并且是 2009 年以来最大的降幅，企业受全球新冠肺炎疫情冲击严重。从上榜企业来看，美国高科技企业盈利能力提升，受疫情影响不大。苹果净利润较 2020 年利润上升了 3.9%，重回利润榜榜首；而微软净利润上涨 12.8%，位列第二。利润榜前 10 名的公司中，有 7 家来自计算机、办公设备，计算机软件，互联网服务和零售，半导体、电子元件，电信高科技企业。

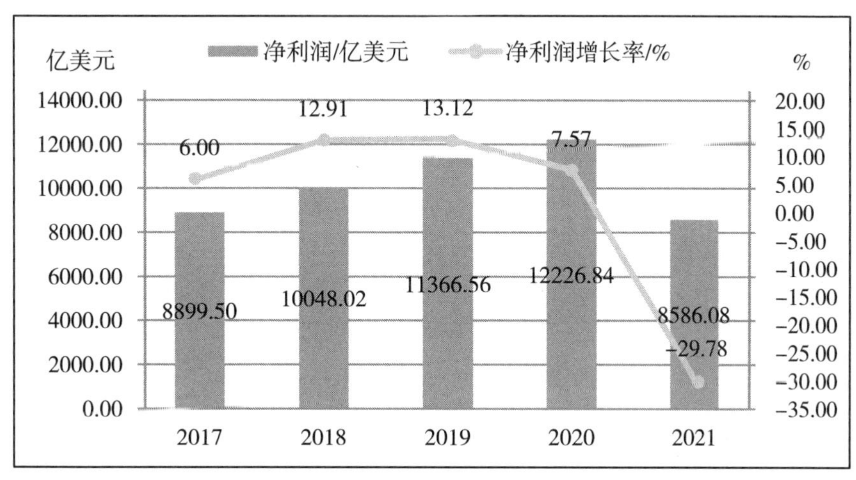

图 7-21 美国 500 强的净利润总额及增长率（2017—2021）

2021 美国 500 强金融企业净利润贡献突出。2021 美国 500 强金融企业有 88 家，占比 17.60%，包括证券、商业银行、保险、多元化金融多种形式。金融企业实现净利润 2473.45 亿美元，占美国 500 强企业净利润总额的 28.81%，虽然占比较 2020 年有所下降，但是仍然远远超过企业数量的比例（见图 7-22）。

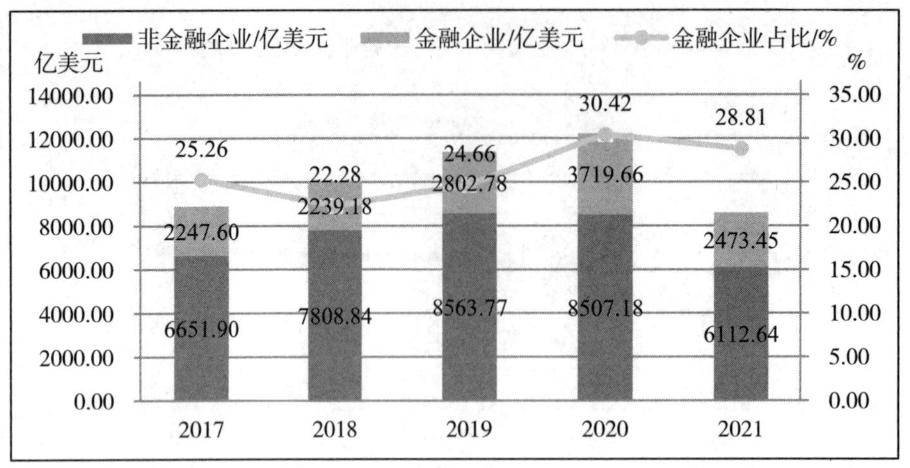

图 7－22 美国 500 强的金融和非金融企业的净利润分布（2017—2021）

（3）亏损企业数量大幅增加，亏损额倍增。

2021 美国企业 500 强中，有 108 家企业亏损，较 2020 年增加了 44.44%，108 家企业亏损额高达 2237.26 亿美元，超过 2020 年的 3 倍（见图 7－23）。其中，埃克森美孚 40 年来首次出现年度亏损，并名列亏损公司榜首，亏损额超过 224 亿美元。同行业的美国西方石油公司位列亏损榜第二位，亏损额超过 148 亿美元，达美航空和波音公司亏损也均超过 100 亿美元。

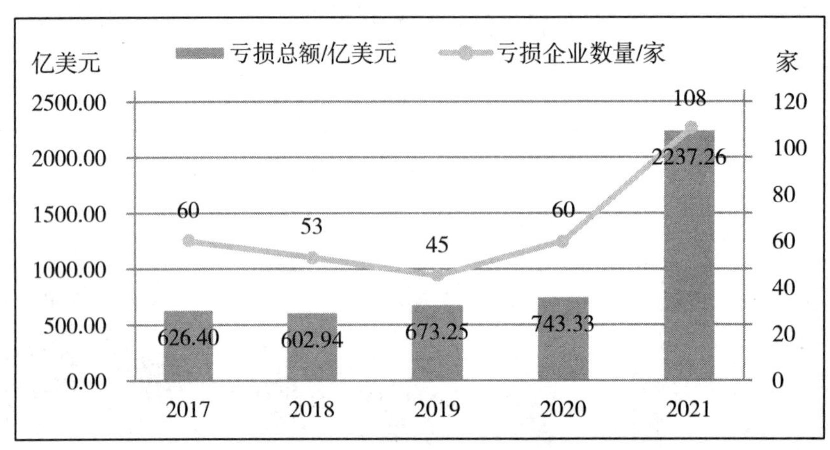

图 7－23 美国 500 强的亏损企业数量及亏损总额（2017—2021）

（4）盈利水平下滑，达近五年新低。

2021 美国 500 强的收入净利润率和资产净利润率分别是 6.24% 和 1.68%，相比于 2020 年，分别下降了 2.36 个百分点和 0.97 个百分点。从近五年情况来看，2021 美国 500 强收入净利润率首次出现下降，为资产净利润率下降幅度最大的一年，并且两个指标均为近五年的最低值（见图 7－24）。

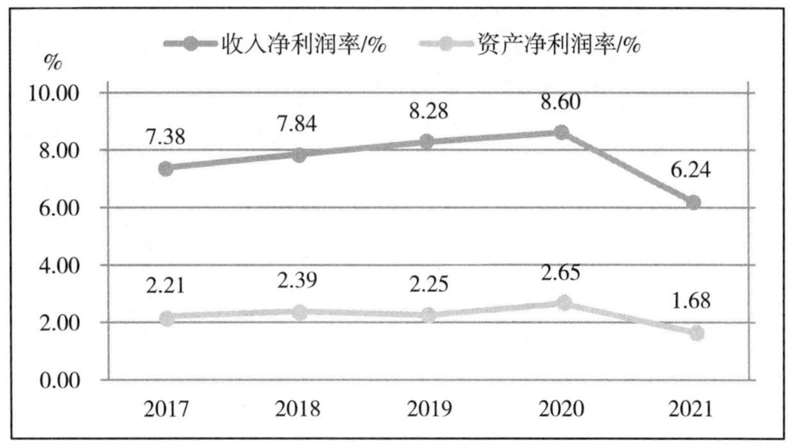

图 7-24 美国 500 强的收入净利润率和资产净利润率（2017—2021）

2021 美国 500 强上榜企业共拥有归属母公司的所有者权益（净资产）83752.40 亿美元，较 2020 年增长了 4.58%，突破了 8.3 万亿美元，是为数不多延续了增长态势的财务指标。2021 美国 500 强的净资产收益率为 10.25%，较 2020 年下降了 5.02 个百分点，为近五年最低收益率，打破了美国 500 强净资产收益率自 2016 年开始的持续增长趋势（见图 7-25）。

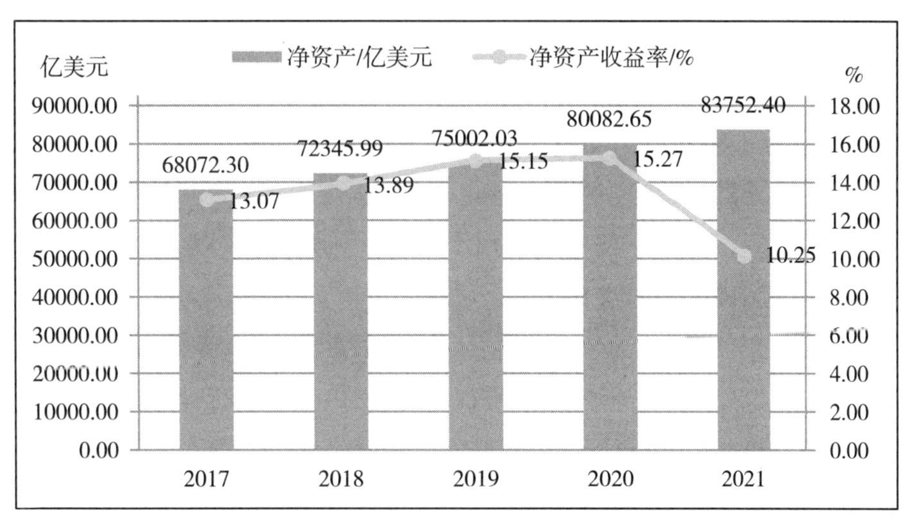

图 7-25 美国 500 强的净资产规模和净资产收益率（2017—2021）

（5）员工人数回落，人均营业收入下跌。

2021 美国 500 强共有员工 2902.01 万人，相比于 2020 年，减少了 17.19 万人，员工人数近五年首次出现下降。从人均营业收入指标看，2021 美国 500 强的人均营业收入为 47.43 万美元，相比于 2020 年有所下降，大致接近 2019 年水平（见图 7-26）。从上榜企业来看，员工人数超过 20 万人的上榜企业有 32 家，其中沃尔玛员工数达 230 万人；有 68 家上榜企业的员工总数不到 8000 人。

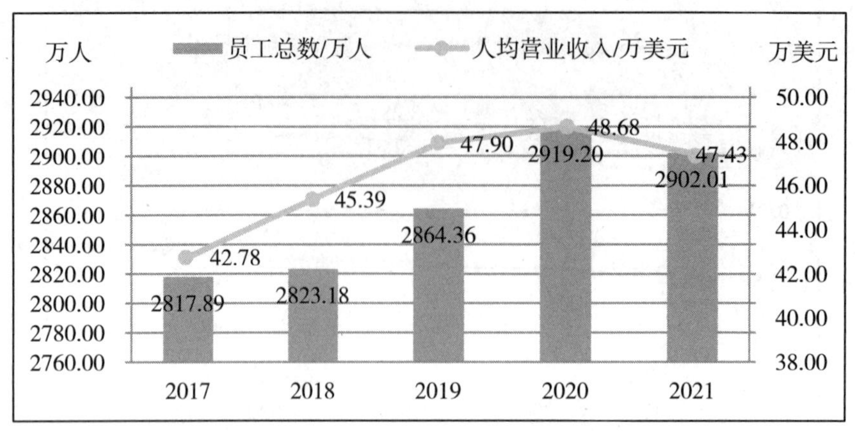

图 7-26 美国 500 强的员工总数及人均营业收入（2017—2021）

（6）行业门类丰富，服务业优势明显。

2021 美国 500 强企业分布在 24 个行业，行业门类丰富齐全，仅综合制造业、电力生产、农林牧渔业无上榜企业。服务业企业 308 家，营业收入为和净利润分别为 94320.24 亿美元和 5930.53 亿美元；服务业企业数量、营业收入和利润分别为制造业的 1.80 倍、2.31 倍和 2.14 倍。美国 500 强服务业企业占据明显优势（见表 7-11）。

2021 美国 500 强制造业企业主要集中在化学品制造（22 家），计算机、通信设备及其他电子设备制造（28 家），药品和医疗设备制造（21 家），消费品生产（27 家），食品饮料生产（26 家）领域。其中化学品制造（7168.84 亿美元）和计算机、通信设备及其他电子设备制造（8661.29 亿美元）的营业收入领先，计算机、通信设备及其他电子设备制造，药品和医疗设备制造的盈利能力突出，收入净利润率均超过 10%，计算机、通信设备及其他电子设备制造的净资产收益率高达 33.85%。美国高科技制造业企业地位突出。

2021 美国 500 强服务业主要为金融业企业（88 家），零售业（40 家）、公用事业服务（33 家），电信及互联网信息服务（31 家）。2020 年，教育和医疗卫生服务行业表现突出，实现营业收入 11731.93 亿美元，净资产收益率 17.73%，位居服务业企业第一；电信及互联网信息服务、商务服务也表现突出，收入净利润率和净资产收益率指标都位于服务业前列。2021 美国 500 强在采矿业和建筑业也有部分企业上榜，采矿业整体处于亏损状态，建筑业净资产收益率较高（13.23%）。

表 7-11 2021 美国 500 强行业结构

行业	企业数量/家	营业收入/亿美元	净利润/亿美元	收入净利润率/%	净资产收益率/%
制造业总计	171	40806.05	2771.99	6.79	12.73
化学品制造	22	7168.84	-345.50	-4.82	-7.21
计算机、通信设备及其他电子设备制造	28	8661.29	1367.62	15.79	33.85
机械设备	19	3761.88	316.07	8.40	20.59
交通运输设备及零部件制造	11	3659.05	42.56	1.16	3.56

续表

行业	企业数量/家	营业收入/亿美元	净利润/亿美元	收入净利润率/%	净资产收益率/%
防务	8	2940.73	-0.79	-0.03	-0.07
药品和医疗设备制造	21	5052.70	638.71	12.64	14.18
消费品生产	27	3627.15	278.05	7.67	18.96
食品饮料生产	26	5090.96	471.20	9.26	17.21
金属产品	7	687.32	4.77	0.69	1.56
建材生产	2	156.14	-0.70	-0.45	-1.38
服务业总计	308	94320.24	5930.53	6.29	9.87
零售业	40	10573.68	410.82	3.89	29.85
批发贸易	27	9266.00	-28.37	-0.31	-4.95
交通运输业	16	2504.78	-200.41	-8.00	-12.61
邮政和物流	7	2144.77	43.25	2.02	13.93
教育和医疗卫生服务	18	11731.93	525.29	4.48	17.73
旅游、餐饮及文化娱乐	18	2638.83	121.51	4.60	7.52
公用事业服务	33	4196.76	167.47	3.99	3.73
房地产	6	665.17	39.11	5.88	10.14
商务服务	17	2049.94	326.01	15.90	16.10
金融业	88	23578.12	2473.45	10.49	7.53
电信及互联网信息服务	31	16173.54	1877.36	11.61	17.58
综合服务业	7	8796.70	175.04	1.99	14.34
其他行业总计	21	2504.48	-116.43	-4.65	6.19
采矿业	7	854.35	-210.06	-24.59	-17.91
农林牧渔业	0	0.00	0.00	0.00	0.00
建筑业	14	1650.13	93.62	5.67	13.23

2. 2021 世界、美国和中国 500 强对比

（1）中国 500 强经营规模和盈利保持增长。

2021 世界 500 强和美国 500 强的营业收入均呈现负增长，中国 500 强营业收入增长率为 4.45%，近五年来一直保持经营规模的增长。从 2017—2021 年的营业收入增长率变化趋势来看，世界 500 强和美国 500 强均表现为先升后降，中国 500 强则在 2021 年恢复增长，且多数年份高于世界 500 强和美国 500 强（见图 7-27）。中国 500 强企业具备良好的发展潜力和发展势头。

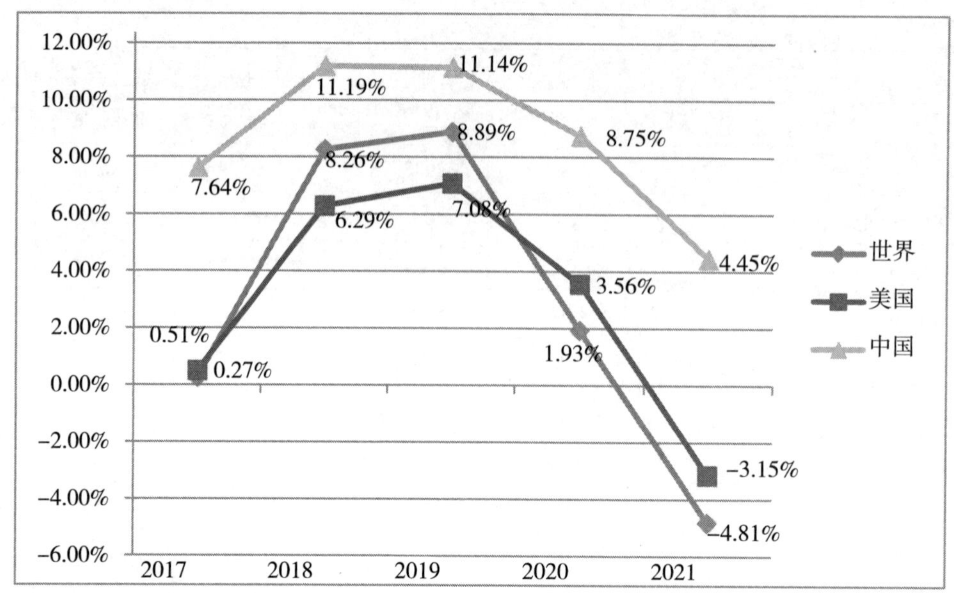

图 7 - 27 世界、美国和中国 500 强营业收入增长率（2017—2021）

2021 世界 500 强、美国 500 强的净利润同样呈现负增长，分别为 -20.02% 和 29.74%；中国 500 强的净利润增长率为 4.60%。中国 500 强的净利润增长率虽不及前两年高，但也维持在一个较好的水平。2017—2021 年净利润增长率，世界 500 强和美国 500 强均出现较大的波动，尤其世界 500 强 2018 年后持续快速下跌，中国 500 强相对较为平稳（见图 7 - 28）。

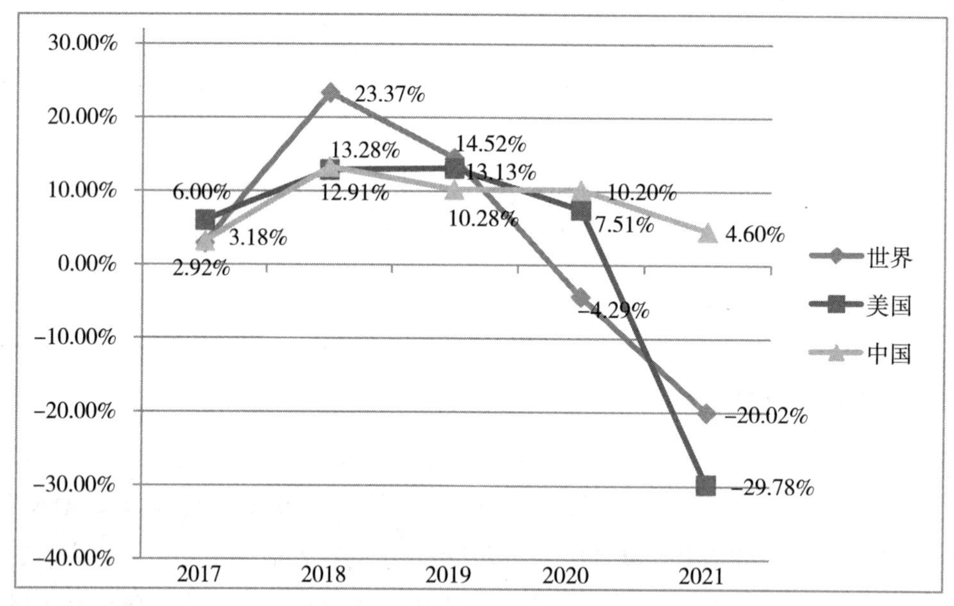

图 7 - 28 世界、美国和中国 500 强的净利润增长率（2017—2021）

（2）中国 500 强盈利水平和人均水平得到改善，与美国的差距在缩小。

从 2021 世界 500 强、美国 500 强和中国 500 强的收入净利润率（见图 7 - 29）和净资产收益率（见图 7 - 30）来看，美国 500 强最高，分别为 6.24% 和 10.25%，中国 500 强收入净利润率最低（4.53%），净资产收益率（8.99%）高于世界 500 强。从 2017—2021 年的发展变化来看，中国 500

强的盈利水平有所改善，与世界和美国的差距缩小。

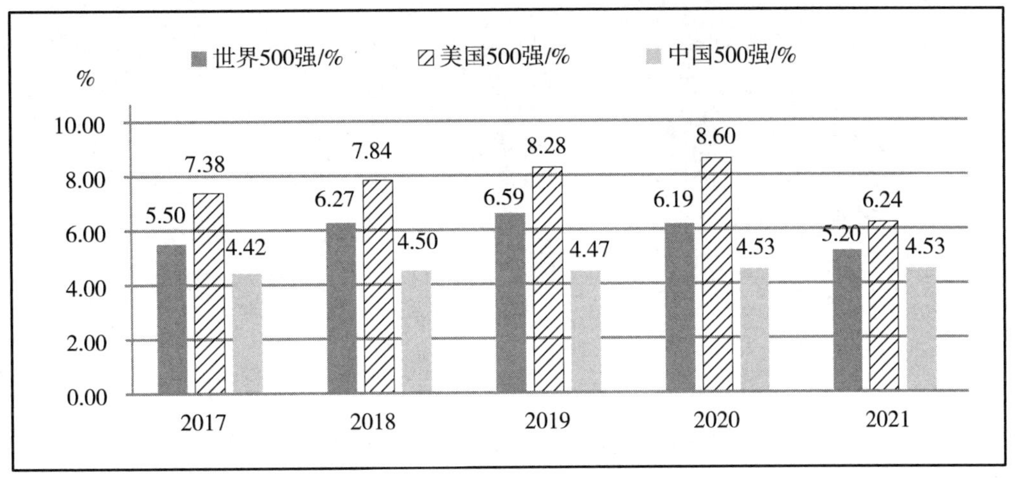

图 7－29 世界 500 强、美国 500 强和中国 500 强的收入净利润率（2017—2021）

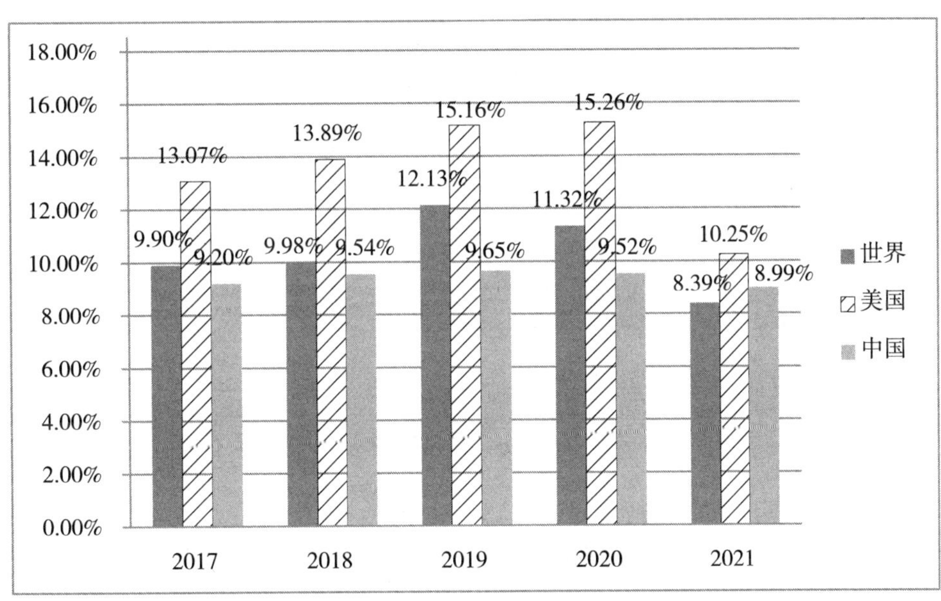

图 7－30 世界 500 强、美国 500 强和中国 500 强的净资产收益率（2017—2021）

从 2021 世界 500 强、美国 500 强和中国 500 强的人均营业收入和人均净利润来看（见图 7－31 和图 7－32），美国 500 强最高，分别为 47.43 和 2.96，中国人均营业收入（39.01 万美元）最低，但人均净利润（1.77 万美元）超过世界 500 强。从 2017—2021 年的发展变化来看，中国 500 强的人均水平不断提升，与美国差距在缩小。

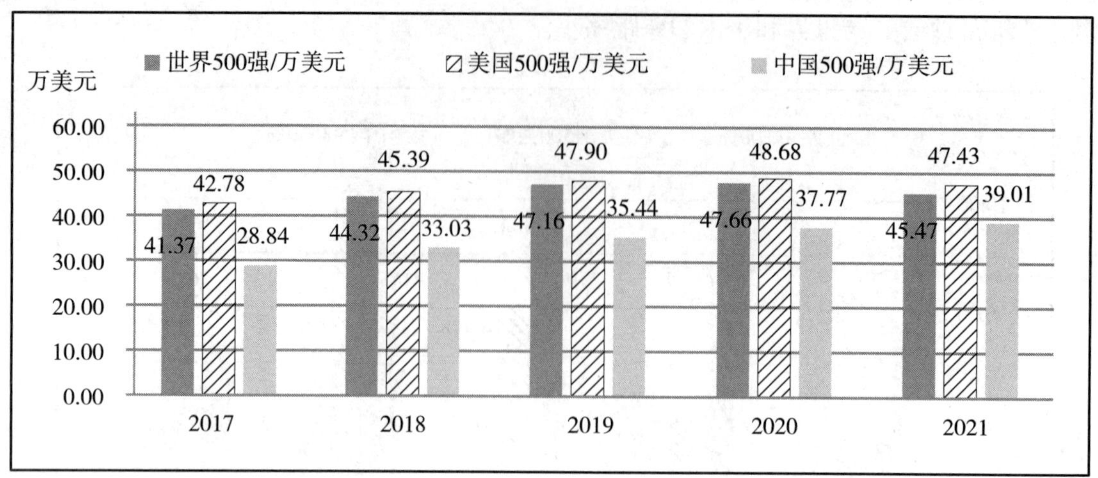

图 7－31　世界 500 强、美国 500 强和中国 500 强的人均营业收入（2017—2021）

注：中国 500 强的营业收入、净利润按年平均汇率换算，资产、所有者权益按年底汇率换算，下同。

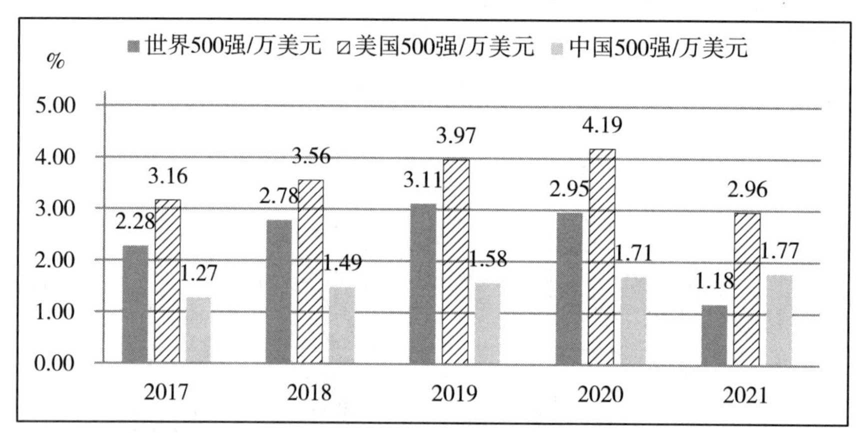

图 7－32　世界 500 强、美国 500 强和中国 500 强的人均净利润（2017—2021）

（3）中国 500 强制造业数量占半，经营水平仍待不断提升。

考察世界 500 强、美国 500 强和中国 500 强行业分类显示，中国 500 强制造业企业数量最多、占半壁江山，美国 500 强服务业企业数量占五分之三；中国 500 强非金融服务业企业数量最少，美国 500 强非金融服务业企业数量最多。近五年，中国企业行业分布变化不大，以制造业为主，非金融服务业有待加强。

行业分类考察企业盈利和人均情况表明，2021 年收入净利润率，中国服务业最高，非金融服务业和制造业均低于世界 500 强和美国 500 强；2021 年净资产收益率，中国制造业和服务业略高于世界 500 强，均低于美国 500 强。2021 年人均营业收入，中国非金融服务业超过世界 500 强，制造业和服务业均低于世界 500 强和美国 500 强；2021 年人均净利润，中国制造业、服务业和非金融服务业均低于世界 500 强和美国 500 强。总的来讲，近五年，中国企业整体有所改善，但制造业和非金融服务业仍存在差距，尤其人均指标差距更为凸显（见表 7－12）。

表7-12 2017—2021世界、美国和中国500强中制造业、服务业、非金融服务业有关指标

行业		制造业					服务业					非金融服务业				
年份		2017	2018	2019	2020	2021	2017	2018	2019	2020	2021	2017	2018	2019	2020	2021
企业数量/个	世界500强	182	191	195	173	201	282	272	266	241	268	171	160	153	135	154
	美国500强	163	166	168	168	171	312	309	305	305	308	233	226	224	220	220
	中国500强	247	255	247	238	251	173	168	171	181	174	139	135	133	142	138
收入净利润率/%	世界500强	5.39	6.32	6.20	5.10	3.76	6.17	6.84	6.96	7.22	6.35	4.39	5.25	4.69	4.50	4.84
	美国500强	9.38	8.36	9.27	8.91	6.79	7.01	7.70	7.74	8.61	6.29	5.63	6.82	6.19	6.29	4.89
	中国500强	2.26	2.33	2.63	2.50	2.69	7.88	8.13	7.60	7.55	7.32	3.34	3.98	3.70	3.96	3.98
净资产收益率/%	世界500强	11.00	12.42	13.64	10.89	7.05	10.08	9.22	10.99	11.23	8.96	12.15	13.51	12.46	13.28	11.44
	美国500强	18.09	15.84	19.82	18.58	12.73	12.08	13.31	13.29	14.37	9.87	16.65	19.93	16.72	16.86	12.70
	中国500强	8.27	8.76	10.40	10.00	9.79	11.02	11.23	10.56	10.30	9.59	7.36	8.75	8.24	6.70	7.73
人均营业收入/万美元	世界500强	44.32	47.73	52.54	52.07	45.43	41.68	43.99	44.61	45.82	45.54	34.49	37.23	39.01	38.30	38.98
	美国500强	50.61	53.77	57.17	57.12	51.43	39.70	41.89	43.81	45.44	45.60	34.76	36.45	37.92	39.43	40.11
	中国500强	33.79	39.12	41.30	44.74	44.91	29.89	34.28	35.79	37.93	40.08	31.29	34.24	37.30	40.22	39.88
人均净利润/万美元	世界500强	2.39	3.02	3.26	2.66	1.71	2.57	3.01	3.10	3.31	2.89	1.51	1.96	1.83	1.72	1.89
	美国500强	4.75	4.49	5.30	5.09	3.49	2.78	3.23	3.39	3.91	2.87	1.96	2.48	2.35	2.48	1.98
	中国500强	0.76	0.91	1.08	1.12	1.20	2.35	2.79	2.72	2.86	2.97	1.05	1.36	1.38	1.59	1.59

分行业中美比较显示，中国500强主要集中在金属产品（83家），建筑业（48家），金融业（36家），化学品制造（38家），机械设备（27家）领域，共分布在27个行业。美国500强企业分布在24个行业，综合制造业、电力生产、农林牧渔业无企业上榜，主要集中于金融业（88家），零售业（40家），公用事业服务（33家），电信及互联网信息服务（31家），计算机、通信设备及其他电子设备制造（28家）等（见表7-13）。中国500强企业主要集中在传统工业、金融、基础建设和大宗商品进出口贸易行业；美国500强主要集中于现代制造业和服务业。

分行业中美比较表明，从收入净利润指标看，中国500强仅有金融业（13.84%）和电信及互联网信息服务（12.35%）两个行业超过10%，四个行业高于5%；而美国500强在商务服务（15.90%），计算机、通信设备及其他电子设备制造（15.79%），药品和医疗设备制造（12.64%），金融业（10.49%），电信及互联网信息服务（11.61%）五个行业高于10%，是个行业高于5%。从净资产收益率指标看，中国制造业有化学品制造等六个行业高于美国，有计算机、通信设备及其他电子设备制造等五个行业低于美国；中国服务业在批发贸易等五个行业高于美国，在零售业等七个行业低于美国。整体而言，中国企业多数行业盈利水平低于美国，尤其是非金融服务业更加明显。

表7－13　2021中国500强和美国500强行业企业数量和盈利能力比较

行业	企业数量/家		收入净利润率/%		净资产收益率/%	
	中国500强	美国500强	中国500强	美国500强	中国500强	美国500强
制造业总计	251	171	2.69	6.79	9.79	12.73
化学品制造	38	22	1.88	-4.82	7.58	-7.21
计算机、通信设备及其他电子设备制造	15	28	4.37	15.79	11.15	33.85
机械设备	27	19	3.33	8.40	9.48	20.59
交通运输设备及零部件制造	19	11	1.80	1.16	7.54	3.56
防务	7	8	3.45	-0.03	6.46	-0.07
药品和医疗设备制造	6	21	3.15	12.64	11.62	14.18
综合制造业	7	0	1.16	0.00	4.76	0.00
消费品生产	23	27	4.25	7.67	13.87	18.96
食品饮料生产	20	26	5.08	9.26	15.11	17.21
金属产品	83	7	2.06	0.69	8.60	1.56
建材生产	6	2	2.69	-0.45	10.15	-1.38
服务业总计	174	308	7.41	6.29	9.07	9.87
零售业	14	40	0.99	3.89	6.37	29.85
批发贸易	23	27	1.13	-0.31	9.18	-4.95
交通运输业	11	16	-0.70	-8.00	-0.71	-12.61
邮政和物流	13	7	1.68	2.02	2.38	13.93
教育和医疗卫生服务	1	18	2.77	4.48	13.33	17.73
旅游、餐饮及文化娱乐	2	18	4.41	4.60	7.78	7.52
公用事业服务	15	33	2.04	3.99	3.00	3.73
房地产	25	6	5.36	5.88	12.23	10.14
商务服务	13	17	1.74	15.90	4.42	16.10
金融业	36	88	13.84	10.49	10.02	7.53
电信及互联网信息服务	14	31	12.35	11.61	12.38	17.58
综合服务业	7	7	2.44	1.99	8.37	14.34
其他行业总计	75	21	1.34	-4.65	0.69	-6.19
电力生产	7	0	2.13	0.00	3.32	0.00
采矿业	18	7	1.74	-24.59	2.73	-17.91
农林牧渔业	2	0	1.21	0.00	1.21	0.00
建筑业	48	14	2.12	5.67	9.84	13.23

（4）中国500强制造业呈现稳健发展态势。

制造业分行业中美比较分析显示，2021中国500强主要集中在金属产品（83家），化学品制造

(38 家)，机械设备（27 家）、消费品生产（23 家）等；美国 500 强则集中于计算机、通信设备及其他电子设备制造（28 家），消费品生产（27 家），食品饮料生产（26 家），化学品制造（22 家），药品和医疗设备制造（21 家），中国在 5 个行业企业数量超过美国。近五年变化趋势看，中国和美国制造业企业数量都在增加，中国有 4 个行业企业数量增加，美国有 6 个行业企业数量增加，中国和美国在计算机、通信设备及其他电子设备制造行业的企业数量均明显增加，此外，中国在金属产品，美国在药品和医疗设备制造亦增加明显（见表 7－14）。中国产业结构调整成效显现，在现代制造业和高科技制造业领域仍需加强。

表 7－14　2017—2021 中国 500 强和美国 500 强制造业企业数量变化趋势　（单位：家）

行业	2017		2018		2019		2020		2021	
	美国 500 强	中国 500 强	美国 500 强	中国 500 强	美国 500 强	中国 500 强	美国 500 强	中国 500 强	美国 500 强	中国 500 强
制造业总计	245	158	253	165	233	165	236	165	251	171
化学品制造	37	24	42	23	43	20	39	21	38	22
计算机、通信设备及其他电子设备制造	7	19	8	22	8	25	10	26	15	28
机械设备	33	18	28	17	29	17	27	18	27	19
交通运输设备及零部件制造	20	10	21	13	18	11	20	8	19	11
防务	7	12	8	13	7	13	6	11	7	8
药品和医疗设备制造	8	16	7	18	7	19	8	18	6	21
综合制造业	9	0	10	0	10	0	10	0	7	0
消费品生产	29	27	28	24	21	27	19	28	23	27
食品饮料生产	18	24	17	27	16	25	17	26	20	26
金属产品	71	6	77	6	67	6	74	7	83	7
建材生产	6	2	7	2	7	2	6	2	6	2

制造业分行业营业收入中美比较分析表明，2021 中国 500 强在化学品制造、交通运输设备及零部件制造、防务、消费品生产、金属产品、建材生产六个行业超过美国。可见中国在诸多制造业领域均有了长足发展，但在计算机、通信设备及其他电子设备制造、药品和医疗设备制造及食品饮料生产行业差距明显，中国药品和医疗设备制造行业营业收入（820.40 亿美元）约为美国的六分之一（见表 7－15）。从 2017—2021 年的变化趋势来看，中国 500 强在多数行业的营业收入增长明显，在计算机、通信设备及其他电子设备制造缩小了与美国的差距；但药品和医疗设备制造的差距略有增加。中国多数制造业已经具备规模优势，个别重要行业仍需要加大投入力度。

表 7－15　2017—2021 中国 500 强和美国 500 强制造业营业收入变化趋势　（单位：亿美元）

行业	2017		2018		2019		2020		2021	
	美国 500 强	中国 500 强	美国 500 强	中国 500 强	美国 500 强	中国 500 强	美国 500 强	中国 500 强	美国 500 强	中国 500 强
制造业总计	36861.43	37289.69	41095.06	40867.04	46766.97	41580.84	46881.83	44268.28	50955.89	40806.05
化学品制造	6352.75	7632.76	7336.90	8992.47	8923.92	10375.67	9300.62	10003.65	8550.95	7168.84
计算机、通信设备及其他电子设备制造	1758.02	5996.76	1968.77	6996.60	2205.28	8259.75	2791.17	8249.80	3473.82	8661.29
机械设备	3111.41	3882.50	2948.70	3964.09	3706.00	4287.94	3372.17	4109.07	3052.69	3761.88
交通运输设备及零部件制造	5794.18	3984.62	6530.82	4230.20	7106.64	4331.91	6845.95	3985.05	7082.14	3659.05
防务	3231.03	3383.02	3173.26	3527.46	2964.12	3838.08	2447.92	3732.24	3027.05	2940.73
药品和医疗设备制造	679.83	3581.27	682.50	4187.76	1647.90	1089.38	934.39	4513.70	820.40	5052.70
综合制造业	1334.11	0.00	1586.16	0.00	1783.19	0.00	1989.52	0.00	1966.34	0.00
消费品生产	3371.45	3399.66	3556.55	4645.78	3472.55	3635.79	3355.07	3741.36	3644.09	3627.15
食品饮料生产	1590.20	4728.07	1658.72	3493.55	2015.29	4786.28	2175.82	5051.44	3320.41	5090.96
金属产品	8832.19	580.60	10650.54	694.95	11715.74	828.23	12377.49	737.57	14657.86	687.32
建材生产	806.26	120.44	1002.15	134.18	1226.34	147.82	1291.71	144.40	1360.14	156.14

制造业分行业收入净利润率比较分析表明，2021 中国 500 强在化学品制造，交通运输设备及零部件制造，防务，金属产品，建材生产五个领域超过美国 500 强，中国规模超过美国的六个行业中，仅有规模相近的消费品生产盈利水平存在明显差距。值得注意的是，中国与美国在计算机、通信设备及其他电子设备制造，机械设备，药品和医疗设备制造等行业盈利水平差距数倍（见表 7－16）。从 2017—2021 年的变化趋势来看，中国制造业整体盈利水平在改善，有 5 个行业收入净利润率提高，而美国出现明显的下降，并且有三个行业出现整体性亏损。

表 7－16　2017—2021 中国 500 强和美国 500 强制造业收入净利润率变化趋势　（单位:%）

行业	2017		2018		2019		2020		2021	
	美国 500 强	中国 500 强	美国 500 强	中国 500 强	美国 500 强	中国 500 强	美国 500 强	中国 500 强	美国 500 强	中国 500 强
制造业总计	2.26	9.38	2.33	8.36	2.63	9.27	2.50	8.91	2.69	6.79
化学品制造	2.07	3.79	1.38	6.98	1.70	6.11	1.75	3.81	1.88	-4.82
计算机、通信设备及其他电子设备制造	4.23	14.66	0.66	13.10	5.00	14.58	4.70	16.02	4.37	15.79
机械设备	1.64	7.15	1.90	2.19	1.67	2.12	2.12	6.57	3.33	8.40
交通运输设备及零部件制造	3.03	4.51	2.72	1.42	2.45	3.56	1.95	1.68	1.80	1.16
防务	1.92	7.43	2.35	7.00	2.62	9.47	3.27	6.40	3.45	-0.03

续表

行业	2017		2018		2019		2020		2021	
	美国500强	中国500强	美国500强	中国500强	美国500强	中国500强	美国500强	中国500强	美国500强	中国500强
药品和医疗设备制造	3.47	20.15	3.83	12.45	3.58	21.16	3.39	22.25	3.15	12.64
综合制造业	1.35	0.00	2.00	0.00	1.71	0.00	1.69	0.00	1.16	0.00
消费品生产	4.33	8.86	4.46	11.05	4.19	6.35	4.01	6.01	4.25	7.67
食品饮料生产	5.81	11.91	6.07	11.03	5.54	9.49	6.37	8.40	5.08	9.26
金属产品	0.48	1.09	1.29	4.83	2.17	6.98	1.80	1.38	2.06	0.69
建材生产	1.18	4.46	2.13	2.44	2.82	5.08	2.61	4.34	2.69	-0.45

制造业分行业营业收入门槛比较分析显示，2021 中国 500 强在金属产品（16 家），交通运输设备及零部件制造（8 家），化学品制造（6 家），防务（6 家），有超过 5 家企业达到世界 500 强营业收入门槛。中国 500 强与世界 500 强门槛差距 5% 范围内，机械设备 2 家，交通运输设备及零部件制造 1 家；门槛差距 10% 范围内，金属产品 2 家。从近五年的营业收入年均增长率来看，除了防务行业，中国 500 强制造业各行业均超过世界 500 强，交通运输设备及零部件制造等部分行业增长率明显高于世界 500 强（见表 7－17）。由此推测上述门槛差距 10% 范围内的 5 家企业已成为世界 500 强的种子选手。计算机、通信设备及其他电子设备制造，但药品和医疗设备制造等行业尚需加快发展。

表 7－17 2021 中国 500 强和世界 500 强制造业分行业营业收入差距

行业	世界 500 强分行业门槛/亿美元	达到门槛的中国 500 强企业	差距 5% 的中国 500 强企业	差距 10% 的中国 500 强企业	世界 500 强门槛近五年平均增长率	中国 500 强门槛近五年平均增长率
化学品制造	266.45	6	0	0	4.28	4.43
计算机、通信设备及其他电子设备制造	248.99	4	0	0	3.50	5.63
机械设备	241.24	1	2	0	3.32	4.82
交通运输设备及零部件制造	266.98	8	1	0	3.96	5.80
防务	247.23	6	0	0	3.17	0.31
药品和医疗设备制造	245.4	2	0	0	3.73	4.25
消费品生产	318.96	3	0	0	3.70	5.36
食品饮料生产	255.89	3	0	0	3.66	5.01
金属产品	248.55	16	0	2	3.26	5.34
建材生产	246.54	2	0	0	2.58	5.28

（5）中国汽车行业进入世界前列。

汽车行业是制造业的典型代表性领域，中国汽车制造业从无到有快速发展，成为该领域的不可忽视的竞争者。2021 年世界 500 强汽车上榜企业 33 家，日本（10 家）、中国（6 家）、德国（6 家）和美国 3 家，在 500 强主要国家中位居第二（见图 7－33）。中国上榜企业上海汽车集团股份有限公司位居 60 名，次于日本的丰田汽车公司第 9 位、德国的大众公司第 10 位、美国的福特汽车公司第 47 位，其他上榜中国汽车企业是中国第一汽车集团有限公司（第 66 位），东风汽车公司集团有限公司（第 85 位），北京汽车集团有限公司（第 124 位），广州汽车工业集团有限公司（第 176 位），浙江吉利控股集团有限公司（第 239 位）。2021 中国 500 强有 19 家汽车企业，数量少于世界 500 强，从规模上讲，营业收入和净利润分别约为世界 500 强的 35. 15% 和 28. 04%。从收入利润率、净资产收益率、人均营业收入和人均利润看，中国 500 强汽车企业两高两低，净资产收益率和人均营业收入高于世界 500 强，收入净利润率和人均净利润低于世界 500 强（见表 7－18）。由此可见，中国汽车企业已经基本达到世界汽车企业水平。

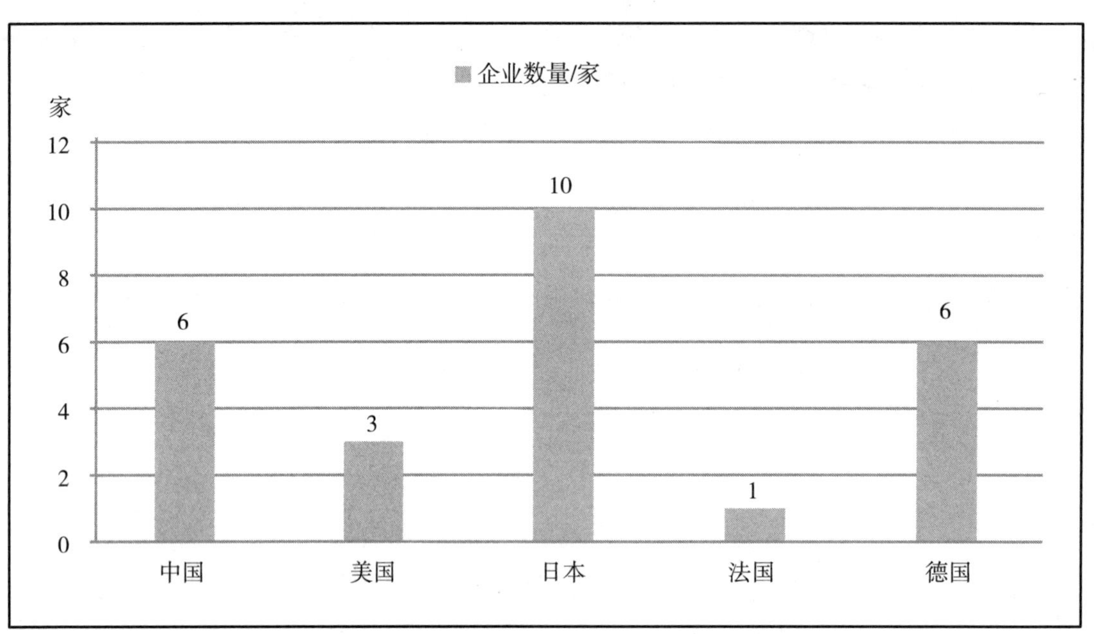

图 7－33　2021 世界 500 强主要国家汽车企业数量

表 7－18　2021 中国 500 强和世界 500 强汽车企业有关指标比较

	中国 500 强	世界 500 强（不包括中国企业）
企业数量/家	19	27
营业收入/亿美元	7082. 14	20147. 17
净利润/亿美元	127. 48	454. 62
收入净利润率/%	1. 80	2. 26
净资产收益率/%	7. 54	3. 95
人均营业收入/万美元	43. 62	40. 62
人均净利润/万美元	0. 79	0. 92

注：世界 500 强汽车企业 27 家不包含中国 6 家汽车企业。

从国家或地区汽车行业分析，中国汽车企业大致位居第三。从营业收入和净利润规模看，中国位居日本和德国之后的第三位，与德国企业数量一样，但是营业收入和净利润仅为德国汽车企业的 67.11% 和 54.63%（见图 7－34）。从收入净利润率和净资产收益率看，中国汽车企业净资产收益率高于其他主要国家，而收入净利润率仅高于法国（见图 7－35）。从人均营业收入和人均净利润看，中国仅次于美国及人均净利润低于日本（见图 7－36），中国汽车企业位居世界汽车领域的前列。

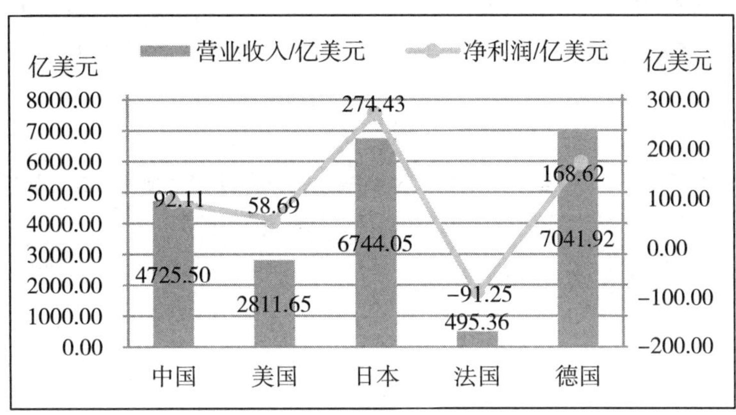

图 7－34　2021 世界 500 强主要国家汽车企业营业收入和净利润

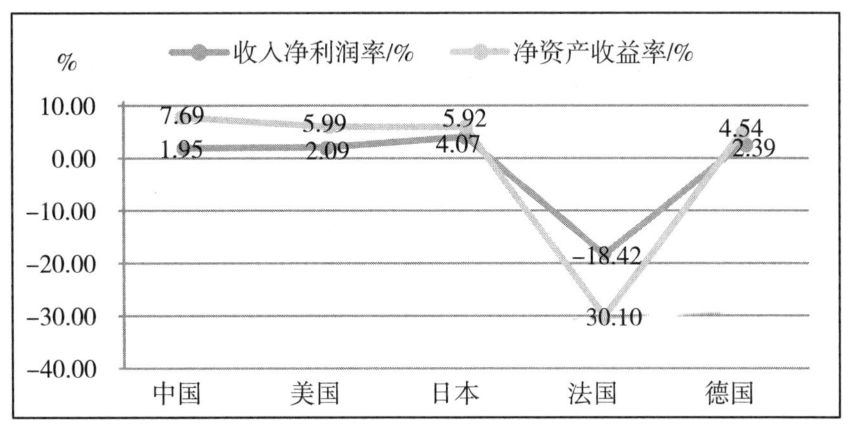

图 7－35　2021 世界 500 强主要国家汽车企业收入净利润率和净资产收益率

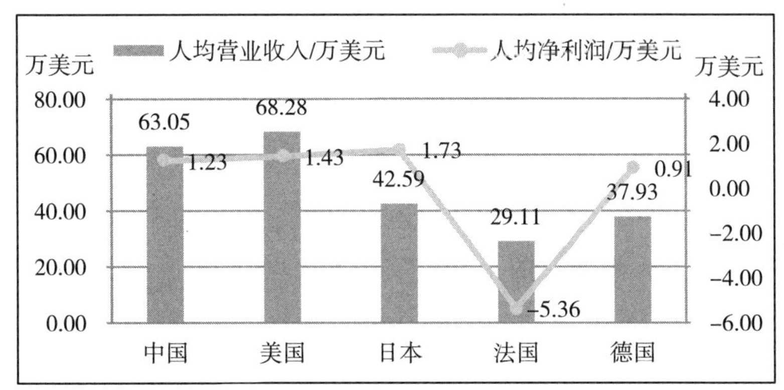

图 7－36　2021 世界 500 强主要国家汽车企业人均营业收入和人均净利润

（6）中国互联网产业链有待加强。

互联网是正在快速发展的领域，中国互联网产业链蓬勃发展，但与美国存在一定的差距。从 2021 中国 500 强和美国 500 强互联网产业链企业来看，2021 中国 500 强有 29 家互联网产业链企业，不到美国 500 强 59 家的半数；从营业收入与净利润看，中国互联网产业链企业分别是美国的 38.99% 和 27.65%。从盈利情况来看，美国 500 强互联网产业链企业的收入净利润率和净资产收益率分别超过中国 500 强近 4 个百分点和近 10 个百分点；中国互联网产业链企业人均营业收入和人均利润分别是美国的 67.05% 和 47.55%（见表 7-19）。中国 500 强互联网产业链企业经营规模及竞争力仍有待提高。

表 7-19 2021 中国 500 强和美国 500 强互联网产业链企业有关指标比较

	中国 500 强	美国 500 强
企业数量/家	29	59
营业收入/亿美元	9685.13	24834.83
净利润/亿美元	897.35	3244.98
收入净利润率/%	9.27	13.07
净资产收益率/%	12.14	22.04
人均营业收入/万美元	32.56	48.56
人均净利润/万美元	3.02	6.35

中国 500 强在互联网产业链关键环节存在缺口。互联网产业链包括互联网软硬件开发制造企业，也包括互联网应用层面的零售、社交媒体、搜索引擎等领域诸多环节，以制造业的“计算机、通信设备及其他电子设备制造”和服务业的“电信及互联网信息服务”为主，中国两个行业与美国都存在明显距离（表 7-20）。2021 美国 500 强互联网产业链企业覆盖半导体、集成电路及面板制造，计算机及办公设备，通信设备制造，科学、摄影和控制设备，信息技术服务，互联网服务，电信服务，计算机软件 8 个领域；中国 500 强互联网产业链企业分布于其中的 6 个领域。计算机、通信设备及其他电子设备制造涉及的 4 个领域，中国仅通信设备制造领域企业数量、营业收入、净利润和人均营业收入多于美国，但收入净利润率、净资产收益率和人均净利润与美国差距明显。电信及互联网信息服务涉及的 4 个领域，美国企业数量、营业收入、净利润均超过中国，诸如美国谷歌和苹果公司所控制的移动操作系统安卓（Android）和 iOS 的市场占比分别高达 81.5% 和 18.4%，几乎控制了整个智能手机的操作系统市场，美国具备明显的竞争优势。值得注意的是，中国互联网服务、电信服务领域收入净利润率高于美国，由此对于产业链发展产生的影响有待研究。

表 7-20 2021 中国 500 强和美国 500 强互联网产业链企业比较

行业		计算机、通信设备及其他电子设备制造				电信及互联网信息服务			
财务指标	产业链	半导体、集成电路及面板制造	计算机及办公设备	通信设备制造	科学、摄影和控制设备	信息技术服务	互联网服务	电信服务	计算机软件
企业数量/家	中国 500 强	3	3	9	0	3	8	3	0
	美国 500 强	13	8	4	3	9	9	8	5
营业收入/亿美元	中国 500 强	716.45	745.21	2282.17	0	265.47	3400.42	2275.41	—
	美国 500 强	2605.03	4877.37	737.5	441.39	1691.94	7193.11	5049.68	2238.82
净利润/亿美元	中国 500 强	10.87	12.34	140.44	0	1.23	580.89	151.59	—
	美国 500 强	526.63	638.65	127.93	74.42	42.15	910.01	269.46	655.74
收入净利润率/%	中国 500 强	1.52	1.66	6.15	0	0.46	17.08	6.66	—
	美国 500 强	20.22	13.09	17.35	16.86	2.49	12.65	5.34	29.29
净资产收益率/%	中国 500 强	6.45	7.75	12.32	0	7.45	17.24	5.79	—
	美国 500 强	24.41	64.80	29.68	15.95	8.82	19.47	7.43	34.47
人均营业收入/万美元	中国 500 强	16.19	80.53	43.04	0	259.13	43.29	20.43	—
	美国 500 强	42.74	88.25	35.89	38.33	18.22	44.72	71.66	57.54
人均净利润/万美元	中国 500 强	0.25	1.33	2.65	0	1.20	7.40	1.36	—
	美国 500 强	8.64	11.56	6.23	6.46	0.45	5.66	3.82	16.85

三、加快建设具有全球竞争力的世界一流企业

“十四五”纲要明确提出，我国已转向高质量发展阶段。中国作为最大的发展中国家，开启了全面建设社会主义现代化国家的新征程，这一进程离不开世界一流企业的支撑。加快培育具有全球竞争力的世界一流企业，既是顺应世界经济发展趋势的必然产物，也是中国经济实现高质量发展、从大到强的关键所在。

世界一流企业是在关键经济领域或者行业中长期持续保持全球领先的市场竞争力、综合实力和行业影响力，并获得全球业界一致性认可的企业。世界一流企业往往处于全球价值链“链主”地位，能够通过将资本、技术、人力等要素进行最优的排列组合，产生最优生产经营效益进而持续保持优势竞争力。世界一流企业不仅在规模、利润方面发展到领先程度，更在世界范围内具有显著的影响力、竞争力，还代表了国家在世界上的地位、话语权和改变游戏规则的能力。

中国培育具有全球竞争力的世界一流企业，既取得了显著进展也仍然存在较大差距。一方面，中国进入世界 500 强企业已成为未来世界一流企业的主力军，从 2002 年的 11 家到 2021 年的 132 家，超过美国上榜企业的数量，加快了中国培育世界一流企业的进程。中国 500 强企业是未来世界一流企业的后备军，中国 500 强进入门槛升高，夯实了中国培育世界一流企业的基础。中国企业在防务、药品和医疗设备制造、消费品生产、金属产品、建材生产、邮政和物流、公用事业服务、房地产、建筑业 9 个行业位居世界 500 榜单的行业第一，凸显了中国培育世界一流企业的成效。另一方面，通过

2021 世界 500 强、中国 500 强和美国 500 强比较分析，可以看出中国企业与世界一流企业相比存在的主要差距：一是非金融服务业、现代制造业及高新技术领域亟待发展；二是重要的行业及其产业链的控制力需要进一步提升；三是企业的效益和生产率仍需要下大力气改进；四是企业的国际化水平需要不断提高。

加快建设具有全球竞争力的世界一流企业，需要政府精准施策积极加以推动。世界科技和产业创新日新月异，行业与产业链深刻调整，政府需要动态优化环境和政策。聚焦于现代制造业和高新技术领域等战略新兴行业，填补行业领域空缺及其短板；主抓重点行业全产业链及关键环节的建设，打通产业链发展的堵点，以反垄断法激活行业竞争机制；树立各个行业领域世界一流企业“标杆企业”，以点带面提升行业经营管理的水平和效益，出台针对性政策助攻企业薄弱环节。突出培育各个行业尤其是战略新兴产业的世界一流企业，产业链关键环节或带动产业链发展的的世界一流企业，加快培育产生更多世界 500 强行业前三的上榜企业。

加快建设具有全球竞争力的世界一流企业，需要企业遵循世界一流企业的成长规律，通过对标抓住关键，持续做强做优做大。具有全球竞争力的世界一流企业的成长有其内在的规律性，规模、效益、创新、国际化和品牌度揭示培育世界一流企业内在规律性递进关系，企业没有规模难以持续提高效益；企业没有效益无法坚持创新投入；企业没有创新难以具备国际化优势；企业没有国际化无法实现世界范围的品牌影响力。从规模、效益、创新、国际化和品牌度实现的难度不断递增，前一个维度是后面维度实现的基础或前提条件，相互促进提高、梯度上升、周期循环发展。中国企业要根据自身优势和所处阶段，突出重点、依次发力、循序渐进地提高企业全球竞争力。要以市场竞争为导向，不断推进技术进步转型升级，持续提高经营管理水平，促进企业效益指标全面提升；以市场需求为驱动，建设完善企业开放创新体系，聚焦关键技术和核心技术，挖掘原始创新开拓市场的动力；以全球化经营为目标，强化国际化人才队伍和组织建设，加强企业国际化经营风险防控体系，脚踏实地加快全球合规经营的步伐；以百年精品意识为方向，强基固本持续提高产品质量和服务质量，创新先导增强核心产品的附加值，实现品牌影响力和美誉度的市场拓展。

第八章 2021 中国 500 强与世界 500 强行业领先企业主要经济指标对比

2021 中国 500 强与世界 500 强行业领先企业主要经济指标对比如表 8－1 至表 8－29 所示。

表 8－1　2021 中国 500 强与世界 500 强财产与意外保险（股份）业领先企业对比

对比指标	伯克希尔－哈撒韦公司(1)(美国)	中国人民保险集团股份有限公司(2)	[(2)/(1)]/%
营业收入/百万美元	245510	84290	34.33
净利润/百万美元	42521	2904	6.83
资产/百万美元	873729	192500	22.03
所有者权益/百万美元	443164	31031	7.00
员工人数/人	360000	193494	53.75
收入净利率/%	17.32	3.44	19.89
资产净利率/%	4.87	1.51	31.00
净资产收益率/%	9.59	9.36	97.53
劳动生产率/（万美元/人）	68.20	43.56	63.88
人均净利润/（万美元/人）	11.81	1.50	12.71

表 8－2　2021 中国 500 强与世界 500 强采矿、原油生产业领先企业对比

对比指标	沙特阿美公司(1)(沙特阿拉伯)	山东能源集团有限公司(2)	[(2)/(1)]/%
营业收入/百万美元	229766	97861	42.59
净利润/百万美元	49287	1162	2.36
资产/百万美元	510266	104997	20.58
所有者权益/百万美元	264121	17221	6.52
员工人数/人	79800	244832	306.81
收入净利率/%	21.45	1.19	5.53
资产净利率/%	9.66	1.11	11.46
净资产收益率/%	18.66	6.75	36.16
劳动生产率/（万美元/人）	287.93	39.97	13.88
人均净利润/（万美元/人）	61.76	0.47	0.77

表 8－3　2021 中国 500 强与世界 500 强车辆与零部件业领先企业对比

对比指标	丰田汽车公司（1）（日本）	上海汽车集团股份有限公司（2）	[(2)/(1)]/%
营业收入/百万美元	256722	107555	41.90
净利润/百万美元	21180	2961	13.98
资产/百万美元	562994	140907	25.03
所有者权益/百万美元	211614	39863	18.84
员工人数/人	366283	143261	39.11
收入净利率/%	8.25	2.75	33.37
资产净利率/%	3.76	2.10	55.86
净资产收益率/%	10.01	7.43	74.21
劳动生产率/（万美元/人）	70.09	75.08	107.12
人均净利润/（万美元/人）	5.78	2.07	35.74

表 8-4　2021 中国 500 强与世界 500 强船务业领先企业对比

对比指标	马士基集团（1）（丹麦）	中国远洋海运集团有限公司（2）	[(2)/(1)]/%
营业收入/百万美元	39740	47998	120.78
净利润/百万美元	2850	1471	51.62
资产/百万美元	56117	130251	232.11
所有者权益/百万美元	29850	29099	97.48
员工人数/人	83624	110338	131.95
收入净利率/%	7.17	3.07	42.74
资产净利率/%	5.08	1.13	22.24
净资产收益率/%	9.55	5.06	52.95
劳动生产率/（万美元/人）	47.52	43.50	91.54
人均净利润/（万美元/人）	3.41	1.33	39.12

表 8-5　2021 中国 500 强与世界 500 强电信业领先企业对比

对比指标	美国电话电报公司（1）（美国）	中国移动通信集团有限公司（2）	[(2)/(1)]/%
营业收入/百万美元	171760	111826	65.11
净利润/百万美元	-5176	12920	—
资产/百万美元	525761	304528	57.92
所有者权益/百万美元	161673	168939	104.49
员工人数/人	230760	455721	197.49
收入净利率/%	-3.01	11.55	—
资产净利率/%	-0.98	4.24	—
净资产收益率/%	-3.20	7.65	—
劳动生产率/（万美元/人）	74.43	24.54	32.97
人均净利润/（万美元/人）	-2.24	2.84	—

表 8-6　2021 中国 500 强与世界 500 强电子、电气设备业领先企业对比

对比指标	三星电子（1）（韩国）	美的集团股份有限公司（2）	[(2)/(1)]/%
营业收入/百万美元	200734	41407	20.63
净利润/百万美元	22116	3945	17.84
资产/百万美元	347992	55231	15.87
所有者权益/百万美元	246267	18010	7.31
员工人数/人	267937	180822	67.49
收入净利率/%	11.02	9.53	86.48
资产净利率/%	6.36	7.14	112.40
净资产收益率/%	8.98	21.91	243.92
劳动生产率/（万美元/人）	74.92	27.75	37.03
人均净利润/（万美元/人）	8.25	2.64	32.03

表 8－7　2021 中国 500 强与世界 500 强多元化金融业领先企业对比

对比指标	EXOR 集团（1）（荷兰）	中国中信集团有限公司（2）	[(2)/(1)]/%
营业收入/百万美元	136186	74689	54.84
净利润/百万美元	－34	3843	—
资产/百万美元	211650	1265206	597.78
所有者权益/百万美元	16020	58334	364.15
员工人数/人	263284	148283	56.32
收入净利率/%	－0.03	5.14	—
资产净利率/%	－0.02	0.30	—
净资产收益率/%	－0.21	6.59	—
劳动生产率/（万美元/人）	51.73	50.37	97.38
人均净利润/（万美元/人）	－0.01	2.59	—

表 8－8　2021 中国 500 强与世界 500 强工程与建筑业领先企业对比

对比指标	万熹集团（1）（法国）	中国建筑工程总公司（2）	[(2)/(1)]/%
营业收入/百万美元	50270	234425	466.33
净利润/百万美元	1415	3578	252.85
资产/百万美元	111568	338033	302.98
所有者权益/百万美元	25532	24890	97.48
员工人数/人	217731	356864	163.90
收入净利率/%	2.82	1.53	54.22
资产净利率/%	1.27	1.13	89.35
净资产收益率/%	5.54	16.47	297.18
劳动生产率/（万美元/人）	23.09	61.44	266.10
人均净利润/（万美元/人）	0.65	0.99	153.05

表 8－9　2021 中国 500 强与世界 500 强工业机械业领先企业对比

对比指标	通用电气公司（1）（美国）	中国机械工业集团有限公司（2）	[(2)/(1)]/%
营业收入/百万美元	79619	41712	576.28
净利润/百万美元	5704	571	110.10
资产/百万美元	253452	54391	236.06
所有者权益/百万美元	35552	10572	327.09
员工人数/人	184000	139453	833.69
收入净利率/%	7.16	1.37	210.15
资产净利率/%	2.25	1.05	513.03
净资产收益率/%	16.04	5.40	370.25
劳动生产率/（万美元/人）	43.27	29.91	760.37
人均净利润/（万美元/人）	3.10	0.41	145.27

表 8－10 2021 中国 500 强与世界 500 强公用设施业领先企业对比

对比指标	法国电力公司（1）（法国）	国家电网有限公司（2）	[(2)/(1)]/%
营业收入/百万美元	78904	386618	489.99
净利润/百万美元	741	5580	753.50
资产/百万美元	374349	666089	177.93
所有者权益/百万美元	55846	279373	500.26
员工人数/人	161203	896360	556.04
收入净利率/%	0.94	1.44	153.78
资产净利率/%	0.20	0.84	423.47
净资产收益率/%	1.33	2.00	150.62
劳动生产率/（万美元/人）	48.95	43.13	88.12
人均净利润/（万美元/人）	0.46	0.62	135.51

表 8－11 2021 中国 500 强与世界 500 强航空工业领先企业对比

对比指标	洛克希德·马丁（1）（美国）	中国航空工业集团公司（2）	[(2)/(1)]/%
营业收入/百万美元	65398	66964	102.39
净利润/百万美元	6833	916	13.40
资产/百万美元	50710	161221	317.93
所有者权益/百万美元	6015	32162	534.69
员工人数/人	114000	407344	357.32
收入净利率/%	10.45	1.37	13.09
资产净利率/%	13.47	0.57	4.22
净资产收益率/%	113.60	2.85	2.51
劳动生产率/（万美元/人）	57.37	16.44	28.66
人均净利润/（万美元/人）	5.99	0.22	3.75

表 8－12 2021 中国 500 强与世界 500 强航天与防务业领先企业对比

对比指标	雷神技术公司（1）（美国）	中国兵器工业集团公司（2）	[(2)/(1)]/%
营业收入/百万美元	56587	71018	125.50
净利润/百万美元	－3519	1511	—
资产/百万美元	162153	67420	41.58
所有者权益/百万美元	72163	18424	25.53
员工人数/人	181000	212960	117.66
收入净利率/%	－6.22	2.13	—
资产净利率/%	－2.17	2.24	—
净资产收益率/%	－4.88	8.20	—
劳动生产率/（万美元/人）	31.26	33.35	106.67
人均净利润/（万美元/人）	－1.94	0.71	—

表 8－13　2021 中国 500 强与世界 500 强互联网服务和零售业领先企业对比

对比指标	亚马逊（1）（美国）	京东集团（2）	[(2)/(1)]/%
营业收入/百万美元	386064	108087	28.00
净利润/百万美元	21331	7160	33.57
资产/百万美元	321195	64718	20.15
所有者权益/百万美元	93404	28742	30.77
员工人数/人	1298000	314906	24.26
收入净利率/%	5.53	6.62	119.89
资产净利率/%	6.64	11.06	166.59
净资产收益率/%	22.84	24.91	109.08
劳动生产率/（万美元/人）	29.74	34.32	115.40
人均净利润/（万美元/人）	1.64	2.27	138.36

表 8－14　2021 中国 500 强与世界 500 强化学品业领先企业对比

对比指标	巴斯夫公司（1）（德国）	中国化工集团公司（2）	[(2)/(1)]/%
营业收入/百万美元	69464	60492	87.08
净利润/百万美元	－1208	－816	—
资产/百万美元	98261	131406	133.73
所有者权益/百万美元	41276	－3966	—
员工人数/人	110302	141250	128.06
收入净利率/%	－1.74	－1.35	—
资产净利率/%	－1.23	－0.62	—
净资产收益率/%	－2.93	20.56	—
劳动生产率/（万美元/人）	62.98	42.83	68.00
人均净利润/（万美元/人）	－1.09	－0.58	—

表 8－15　2021 中国 500 强与世界 500 强计算机、办公设备业领先企业对比

对比指标	苹果公司（1）（美国）	联想集团（2）	[(2)/(1)]/%
营业收入/百万美元	274515	60742	22.13
净利润/百万美元	57411	1178	2.05
资产/百万美元	323888	37991	11.73
所有者权益/百万美元	65339	3559	5.45
员工人数/人	147000	71500	48.64
收入净利率/%	20.91	1.94	9.28
资产净利率/%	17.73	3.10	17.50
净资产收益率/%	87.87	3.10	3.53
劳动生产率/（万美元/人）	186.74	84.95	45.49
人均净利润/（万美元/人）	39.06	1.65	4.22

表 8－16 2021 中国 500 强与世界 500 强建材、玻璃领先企业对比

对比指标	圣戈班集团（1）（法国）	中国建材集团有限公司（2）	[（2）/（1）]/%
营业收入/百万美元	43445	57115	131.47
净利润/百万美元	520	103	19.82
资产/百万美元	59509	91973	154.55
所有者权益/百万美元	21896	5540	25.30
员工人数/人	167552	202844	121.06
收入净利率/%	1.20	0.18	15.08
资产净利率/%	0.87	0.11	12.83
净资产收益率/%	2.37	1.86	78.35
劳动生产率/（万美元/人）	25.93	28.16	108.59
人均净利润/（万美元/人）	0.31	0.05	16.37

表 8－17 2021 中国 500 强与世界 500 强金属产品业领先企业对比

对比指标	安赛乐米塔尔（1）（卢森堡）	中国五矿集团有限公司（2）	[（2）/（1）]/%
营业收入/百万美元	53270	102015	191.51
净利润/百万美元	－733	491	—
资产/百万美元	82052	150652	183.61
所有者权益/百万美元	38280	10617	27.73
员工人数/人	167743	205015	122.22
收入净利率/%	－1.38	0.48	—
资产净利率/%	－0.89	0.33	—
净资产收益率/%	－1.91	4.63	—
劳动生产率/（万美元/人）	31.76	49.76	156.69
人均净利润/（万美元/人）	－0.44	0.24	—

表 8－18 2021 中国 500 强与世界 500 强炼油业领先企业对比

对比指标	荷兰皇家壳牌石油公司（1）（荷兰）	中国石油天然气集团有限公司（2）	[（2）/（1）]/%
营业收入/百万美元	183195	283958	155.00
净利润/百万美元	－21680	4575	—
资产/百万美元	379268	626617	165.22
所有者权益/百万美元	155310	303232	195.24
员工人数/人	87000	1242245	1427.87
收入净利率/%	－11.83	1.61	—
资产净利率/%	－5.72	0.73	—
净资产收益率/%	－13.96	1.51	—
劳动生产率/（万美元/人）	210.57	22.86	10.86
人均净利润/（万美元/人）	－24.92	0.37	—

表 8－19 2021 中国 500 强与世界 500 强贸易业领先企业对比

对比指标	托克集团（1）（新加坡）	中国中化集团公司（2）	[（2）/（1）]/%
营业收入/百万美元	146994	63544	43. 23
净利润/百万美元	1699	809	47. 62
资产/百万美元	56986	97620	171. 31
所有者权益/百万美元	7559	9233	122. 14
员工人数/人	8619	72237	838. 11
收入净利率/%	1. 16	1. 27	110. 15
资产净利率/%	2. 98	0. 83	27. 80
净资产收益率/%	22. 48	8. 76	38. 99
劳动生产率/（万美元/人）	1705. 47	87. 97	5. 16
人均净利润/（万美元/人）	19. 71	1. 12	5. 68

表 8－20 2021 中国 500 强与世界 500 强能源业领先企业对比

对比指标	俄罗斯天然气工业股份公司(1)(俄罗斯)	中国华能集团公司（2）	[（2）/（1）]/%
营业收入/百万美元	87870	45750	52. 07
净利润/百万美元	1872	312	16. 69
资产/百万美元	315933	181995	57. 61
所有者权益/百万美元	192626	18231	9. 46
员工人数/人	467000	128560	27. 53
收入净利率/%	2. 13	0. 68	32. 05
资产净利率/%	0. 59	0. 17	28. 97
净资产收益率/%	0. 97	1. 71	176. 33
劳动生产率/（万美元/人）	18. 82	35. 59	189. 13
人均净利润/（万美元/人）	0. 40	0. 24	60. 62

表 8－21 2021 中国 500 强与世界 500 强保健品批发业领先企业对比

对比指标	麦克森公司（1）（美国）	上海医药集团股份有限公司（2）	[（2）/（1）]/%
营业收入/百万美元	238228	27813	128. 42
净利润/百万美元	－4539	652	—
资产/百万美元	65015	22864	386. 83
所有者权益/百万美元	－21	6951	—
员工人数/人	67500	48136	784. 44
收入净利率/%	－1. 91	2. 34	—
资产净利率/%	－6. 98	2. 85	—
净资产收益率/%	21614. 29	9. 37	—
劳动生产率/（万美元/人）	352. 93	57. 78	180. 09
人均净利润/（万美元/人）	－6. 72	1. 35	—

表 8-22 2021 中国 500 强与世界 500 强人寿与健康保险（股份）业领先企业对比

对比指标	安联保险集团（1）（德国）	中国平安保险(集团)股份有限公司(2)	[(2)/(1)]/%
营业收入/百万美元	136173	191509	140.64
净利润/百万美元	7756	20739	267.38
资产/百万美元	1297243	1460210	112.56
所有者权益/百万美元	98909	116867	118.16
员工人数/人	150269	362035	240.92
收入净利率/%	5.70	10.83	190.12
资产净利率/%	0.60	1.42	237.21
净资产收益率/%	7.84	17.75	226.30
劳动生产率/（万美元/人）	90.62	52.90	58.37
人均净利润/（万美元/人）	5.16	5.73	110.98

表 8-23 2021 中国 500 强与世界 500 强人寿与健康保险（互助）业领先企业对比

对比指标	日本生命保险公司（1）（日本）	泰康保险集团有限责任公司（2）	[(2)/(1)]/%
营业收入/百万美元	76984	35476	46.08
净利润/百万美元	3127	3484	111.40
资产/百万美元	773869	173121	22.37
所有者权益/百万美元	19080	16443	86.18
员工人数/人	95352	56899	59.67
收入净利率/%	4.06	9.82	241.74
资产净利率/%	0.40	2.01	497.95
净资产收益率/%	16.39	21.19	129.26
劳动生产率/（万美元/人）	80.74	62.35	77.22
人均净利润/（万美元/人）	3.28	6.12	186.68

表 8-24 2021 中国 500 强与世界 500 强食品业领先企业对比

对比指标	雀巢公司（1）（瑞士）	万洲国际有限公司（2）	[(2)/(1)]/%
营业收入/百万美元	89853	25589	28.48
净利润/百万美元	13031	828	6.35
资产/百万美元	140367	18715	13.33
所有者权益/百万美元	51715	10005	19.35
员工人数/人	273000	107000	39.19
收入净利率/%	14.50	3.24	22.31
资产净利率/%	9.28	4.42	47.66
净资产收益率/%	25.20	8.28	32.84
劳动生产率/（万美元/人）	32.91	23.91	72.66
人均净利润/（万美元/人）	4.77	0.77	16.21

表 8－25　2021 中国 500 强与世界 500 强网络、通信设备业领先企业对比

对比指标	思科公司（1）（美国）	华为投资控股有限公司（2）	[(2)/(1)]/%
营业收入/百万美元	49301	129184	262.03
净利润/百万美元	11214	9362	83.48
资产/百万美元	94853	134384	141.68
所有者权益/百万美元	37920	50625	133.50
员工人数/人	77500	197000	254.19
收入净利率/%	22.75	7.25	31.86
资产净利率/%	11.82	6.97	58.92
净资产收益率/%	29.57	18.49	62.53
劳动生产率/（万美元/人）	63.61	65.58	103.08
人均净利润/（万美元/人）	14.47	4.75	32.84

表 8－26　2021 中国 500 强与世界 500 强商业银行储蓄业领先企业对比

对比指标	摩根大通公司（1）（美国）	中国工商银行（2）	[(2)/(1)]/%
营业收入/百万美元	129503	182794	141.15
净利润/百万美元	29131	45783	157.16
资产/百万美元	3386071	5110354	150.92
所有者权益/百万美元	279354	443449	158.74
员工人数/人	255351	439787	172.23
收入净利率/%	22.49	25.05	111.34
资产净利率/%	0.86	0.90	104.14
净资产收益率/%	10.43	10.32	99.01
劳动生产率/（万美元/人）	50.72	41.56	81.96
人均净利润/（万美元/人）	11.41	10.41	91.25

表 8－27　2021 中国 500 强与世界 500 强邮件、包裹及货物包装运输业领先企业对比

对比指标	联合包裹速递服务公司（1）（美国）	中国邮政集团有限公司（2）	[(2)/(1)]/%
营业收入/百万美元	84628	96304	113.80
净利润/百万美元	1343	4698	349.84
资产/百万美元	62408	1811048	2901.95
所有者权益/百万美元	657	65528	9973.77
员工人数/人	408255	827231	202.63
收入净利率/%	1.59	4.88	307.43
资产净利率/%	2.15	0.26	12.06
净资产收益率/%	204.41	7.17	3.51
劳动生产率/（万美元/人）	20.73	11.64	56.16
人均净利润/（万美元/人）	0.33	0.57	172.65

表8-28 2021中国500强与世界500强制药业领先企业对比

对比指标	拜耳集团（1）（德国）	中国华润有限公司（2）	[(2)/(1)]/%
营业收入/百万美元	48484	99438	205.10
净利润/百万美元	-11959	4330	—
资产/百万美元	143241	275692	192.47
所有者权益/百万美元	37355	40128	107.42
员工人数/人	99538	370955	372.68
收入净利率/%	-24.67	4.35	—
资产净利率/%	-8.35	1.57	—
净资产收益率/%	-32.01	10.79	—
劳动生产率/（万美元/人）	48.71	26.81	55.03
人均净利润/（万美元/人）	-12.01	1.17	—

表8-29 2021中国500强与世界500强专业零售业领先企业对比

对比指标	家得宝（1）（美国）	苏宁易购集团（2）	[(2)/(1)]/%
营业收入/百万美元	132110	36565	27.68
净利润/百万美元	12866	-620	—
资产/百万美元	70581	32502	46.05
所有者权益/百万美元	3299	11779	357.04
员工人数/人	504800	69398	13.75
收入净利率/%	9.74	-1.69	—
资产净利率/%	18.23	-1.91	—
净资产收益率/%	390.00	-5.26	—
劳动生产率/（万美元/人）	26.17	52.69	201.32
人均净利润/（万美元/人）	2.55	-0.89	—

注1：本章数据依据2021中国企业500强榜单、美国《财富》网发布的2021世界500强排行榜。

注2：美国《财富》2021世界500强申报企业公告函，2020年美元兑换人民币汇率为平均汇率1:6.9000，年底汇率1:6.5250。

第九章
2021 中国企业 500 强

2021 中国企业 500 强情况如表 9－1 至表 9－18 所示。

表9-1 2021中国企业500强

上年名次	名次	企业名称	地区	营业收入/万元	净利润/万元	资产/万元	所有者权益/万元	从业人数/人
2	1	国家电网有限公司	北京	266766782	3850471	434622758	182290921	1043614
3	2	中国石油天然气集团有限公司	北京	195931195	3156874	408867383	197858788	1242245
1	3	中国石油化工集团有限公司	北京	195772455	4281570	223996049	78994612	553833
4	4	中国建筑股份有限公司	北京	161502333	4494425	219217384	30042143	356864
6	5	中国平安保险（集团）股份有限公司	广东	132141486	14309841	952787025	76255978	362035
5	6	中国工商银行股份有限公司	北京	126128136	31590546	3334505789	289350211	439787
7	7	中国建设银行股份有限公司	北京	114475400	27357900	2813225400	236480800	373814
8	8	中国农业银行股份有限公司	北京	106043500	21592500	2720504700	220478900	459000
10	9	中国人寿保险（集团）公司	北京	99766657	3207214	506541483	18909182	182632
12	10	中国铁路工程集团有限公司	北京	97554878	1130786	120918497	11197790	308894
9	11	中国银行股份有限公司	北京	92280100	19287000	2440265900	203841900	309084
14	12	中国铁道建筑集团有限公司	北京	91074888	1024966	124572775	9522113	364632
11	13	华为投资控股有限公司	广东	89136800	6459500	87685400	33032500	197000
16	14	中国移动通信集团有限公司	北京	77159747	8914881	198704388	110232389	455721
26	15	京东集团股份有限公司	北京	74580189	4940522	42228779	18754330	310000
13	16	上海汽车集团股份有限公司	上海	74213245	2043104	91941476	26010295	143922
19	17	中国交通建设集团有限公司	北京	73738891	803866	200027142	14160455	213438
34	18	阿里巴巴集团控股有限公司	浙江	71728900	15057800	169021800	93747000	251462
24	19	中国五矿集团有限公司	北京	70390347	338859	98300396	6927371	200175
21	20	中国第一汽车集团有限公司	吉林	69742459	1977861	48894055	20972109	124565
28	21	恒力集团有限公司	江苏	69333561	1637160	26587848	4777589	118496
23	22	正威国际集团有限公司	广东	69193677	1277708	20258068	11405624	20180
20	23	中国华润有限公司	广东	68611944	2987838	179888442	26183324	370955
57	24	山东能源集团有限公司	山东	67523956	801699	68510271	11236834	244832
32	25	中国宝武钢铁集团有限公司	上海	67373867	2503826	101407132	29377547	207971
22	26	中国邮政集团有限公司	北京	66449974	3241871	1181708989	42756802	828278
25	27	东风汽车集团有限公司	湖北	59930949	769705	55525156	10617668	145756
30	28	中国人民保险集团股份有限公司	北京	58369600	2006900	125546100	20219400	961662
18	29	苏宁控股集团	江苏	58278071	-214150	35367214	11565140	280037
27	30	中国南方电网有限责任公司	广东	57752408	689020	101249591	38917994	288573
15	31	中国海洋石油集团有限公司	北京	57474604	3313654	126171463	58268933	80058
29	32	国家能源投资集团有限责任公司	北京	55694290	2830444	178807863	42800630	326641
41	33	中国电力建设集团有限公司	北京	54155793	475134	105697954	9182060	180883
37	34	中国医药集团有限公司	北京	53321958	868503	46239608	8941794	176686
36	35	中粮集团有限公司	北京	53030503	950570	66978757	9597082	151000

续表

上年名次	名次	企业名称	地区	营业收入/万元	净利润/万元	资产/万元	所有者权益/万元	从业人数/人
33	36	中国中信集团有限公司	北京	51535674	2651343	825546695	38063102	148283
39	37	恒大集团有限公司	广东	50724800	807600	230115900	35043100	200000
35	38	北京汽车集团有限公司	北京	49781770	234470	53436124	6992693	110000
42	39	中国电信集团有限公司	北京	49266732	1301398	90781347	37340700	400945
40	40	中国兵器工业集团有限公司	北京	49002216	1042489	43991352	12021470	212960
52	41	腾讯控股有限公司	广东	48206400	15984700	133342500	70398400	85858
44	42	中国航空工业集团有限公司	北京	46880346	631803	105196580	20985565	420000
43	43	交通银行股份有限公司	上海	46617700	7827400	1069761600	86660700	90716
204	44	晋能控股集团有限公司	山西	46599091	5687	102767208	8441882	472860
38	45	碧桂园控股有限公司	广东	46285600	3500200	201580900	17510200	93500
46	46	绿地控股集团股份有限公司	上海	45606199	1499777	139733629	8477640	86251
62	47	厦门建发集团有限公司	福建	44237231	657301	43696789	5722588	28928
17	48	太平洋建设集团有限公司	新疆维吾尔自治区	44186077	1530497	29193404	13587352	295281
31	49	中国中化集团有限公司	北京	43845360	558279	63697245	6024402	72237
51	50	中国太平洋保险（集团）股份有限公司	上海	42218239	2458394	177100444	21522384	118119
48	51	招商银行股份有限公司	广东	42007400	9734200	786613600	68445700	76585
55	52	万科企业股份有限公司	广东	41911168	4151554	186917709	22451095	140656
50	53	联想控股股份有限公司	北京	41756685	386801	65173277	6043436	84000
45	54	中国化工集团有限公司	北京	41739411	-562764	85742676	-2587815	141250
63	55	招商局集团有限公司	北京	41593770	4084391	222333457	39788388	199000
72	56	厦门国贸控股集团有限公司	福建	40212600	197176	15355637	1676097	21374
49	57	中国保利集团公司	北京	40069966	1345101	157048480	10065653	101500
54	58	广州汽车工业集团有限公司	广东	39829579	397557	33502493	4815897	110537
47	59	中国建材集团有限公司	北京	39409660	71041	60012574	3614746	202844
77	60	厦门象屿集团有限公司	福建	37483544	192525	17002546	2077718	11671
66	61	中国光大集团股份公司	北京	36866010	1773921	592390786	23047670	78600
61	62	兴业银行股份有限公司	福建	36786700	6662600	789400000	61558600	59630
58	63	中国铝业集团有限公司	北京	36701991	221406	63240430	10873661	156258
59	64	河钢集团有限公司	河北	36404984	3900	48552978	7145832	108132
60	65	上海浦东发展银行股份有限公司	上海	36309900	5832500	795021800	63819700	61686
70	66	陕西煤业化工集团有限责任公司	陕西	34026966	83380	59606033	5909145	142546
64	67	中国民生银行股份有限公司	北京	33862440	3430887	695023294	52953702	59262
86	68	江西铜业集团有限公司	江西	33685917	134326	16929038	2918488	24528
67	69	中国远洋海运集团有限公司	上海	33118871	1015155	84988963	18986857	110338
78	70	中南控股集团有限公司	江苏	33009152	122826	38382172	654459	100000
68	71	陕西延长石油（集团）有限责任公司	陕西	32766209	110887	44405357	15100192	133137

续表

上年名次	名次	企业名称	地区	营业收入/万元	净利润/万元	资产/万元	所有者权益/万元	从业人数/人
65	72	浙江吉利控股集团有限公司	浙江	32561869	933057	48540396	8718333	125764
N. A.	73	中国船舶集团有限公司	北京	32322774	1293474	86142593	24906578	218956
69	74	中国华能集团有限公司	北京	31419332	215557	118751931	11895425	128560
53	75	国美控股集团有限公司	北京	31047660	156155	28476315	7812257	64661
102	76	浙江荣盛控股集团有限公司	浙江	30860925	427401	27062106	2639872	20493
83	77	潍柴控股集团有限公司	山东	30488263	198186	30855545	905706	88695
73	78	中国联合网络通信集团有限公司	北京	30488253	237423	61581817	18147366	257147
74	79	海尔集团公司	山东	30247330	806055	44777414	5643579	99813
84	80	青山控股集团有限公司	浙江	29289244	779213	8615934	2953193	75102
81	81	山东魏桥创业集团有限公司	山东	28896461	852854	24609539	7845228	100395
80	82	美的集团股份有限公司	广东	28570972	2722296	36038260	11751626	149239
71	83	中国机械工业集团有限公司	北京	28287460	393906	35489807	6897908	139453
82	84	国家电力投资集团有限公司	北京	27822779	237191	132413690	16364346	125916
89	85	中国能源建设集团有限公司	北京	27212971	350213	47642266	4174812	120963
88	86	中国航天科技集团有限公司	北京	26731911	1887219	51876555	21665544	179085
87	87	江苏沙钢集团有限公司	江苏	26678565	789680	30222583	6689751	45060
99	88	浙江恒逸集团有限公司	浙江	26607632	104892	11357453	1180272	22019
111	89	盛虹控股集团有限公司	江苏	26523669	358645	11509193	2216707	32272
92	90	安徽海螺集团有限责任公司	安徽	26171587	1296083	24549749	6239092	59823
85	91	中国航天科工集团有限公司	北京	26010986	1348948	38400638	14399553	145148
90	92	阳光龙净集团有限公司	福建	25021130	372726	47355617	3061988	28670
96	93	中国电子信息产业集团有限公司	北京	24792373	-67099	34965948	6492228	185050
93	94	金川集团股份有限公司	甘肃	24775947	248703	11485345	3710891	29220
101	95	小米公司	北京	24586563	2035550	25367982	12369170	22074
104	96	泰康保险集团股份有限公司	北京	24478229	2403704	112961614	10729396	56899
97	97	中国太平保险集团有限责任公司	上海	24467745	286419	98373380	4128041	65900
91	98	中国中车集团有限公司	北京	23996982	516146	43672971	7756818	178500
106	99	中国兵器装备集团有限公司	北京	23773708	588279	35839407	7702659	170282
94	100	中国华电集团有限公司	北京	23763660	403519	86104255	10670818	102486
95	101	中国电子科技集团有限公司	北京	23674894	1296924	45161011	17392078	220000
76	102	雪松控股集团有限公司	广东	23347530	34224	12316068	2697891	23856
103	103	上海建工集团股份有限公司	上海	23132723	335085	32135673	3668049	54498
131	104	融创中国控股有限公司	天津	23058734	3564378	110840520	12562751	50563
125	105	中国核工业集团有限公司	北京	22537364	819943	91225669	16351002	143200
166	106	敬业集团有限公司	河北	22444527	419035	6987448	3232483	31000

续表

上年名次	名次	企业名称	地区	营业收入/万元	净利润/万元	资产/万元	所有者权益/万元	从业人数/人
114	107	重庆市金科投资控股（集团）有限责任公司	重庆	22381421	203112	39059318	1724815	29466
113	108	山东钢铁集团有限公司	山东	22073340	89294	37368514	1883086	71107
134	109	新希望控股集团有限公司	四川	21807950	355630	31604041	2696765	142659
108	110	深圳市投资控股有限公司	广东	21489121	1146080	84536737	19463485	75102
98	111	鞍钢集团有限公司	辽宁	21311112	178357	34018335	5917492	112606
121	112	山西焦煤集团有限责任公司	山西	21013130	110358	44273942	5609450	181426
112	113	铜陵有色金属集团控股有限公司	安徽	20907830	-17770	9308857	756342	22621
105	114	首钢集团有限公司	北京	20737071	29314	51200691	11867085	97235
130	115	新华人寿保险股份有限公司	北京	20653800	1429700	100437600	10168000	35474
N. A.	116	中国林业集团有限公司	北京	20460921	39366	16439561	1601885	5856
117	117	海亮集团有限公司	浙江	19642059	80905	6099649	1993628	20172
119	118	中国通用技术（集团）控股有限责任公司	北京	19581759	385243	22571766	4946031	52945
137	119	北京建龙重工集团有限公司	北京	19569510	340852	15454742	3123334	61300
139	120	浙江省交通投资集团有限公司	浙江	19436092	487633	59489359	11081389	38777
116	121	中国大唐集团有限公司	北京	19240874	218843	79656306	11593809	99925
118	122	上海医药集团股份有限公司	上海	19190916	449622	14918566	4535468	48136
124	123	广西投资集团有限公司	广西壮族自治区	19118515	28484	59765667	4918305	32623
N. A.	124	多弗国际控股集团有限公司	浙江	19091564	322224	14097705	7227596	23810
109	125	新疆广汇实业投资（集团）有限责任公司	新疆维吾尔自治区	18939387	40823	27819345	3786165	73963
126	126	中国中煤能源集团有限公司	北京	18702415	334300	41276651	7694083	131121
138	127	龙湖集团控股有限公司	重庆	18454730	2000203	76515882	10834393	35426
207	128	广州市建筑集团有限公司	广东	18390878	87461	15466262	1068969	38325
155	129	广州医药集团有限公司	广东	17988428	206342	5959129	832806	34371
164	130	云南省投资控股集团有限公司	云南	17861994	192268	47452133	7240881	51442
132	131	万洲国际有限公司	河南	17646430	570997	12211350	6528162	107000
183	132	中国重型汽车集团有限公司	山东	17564831	405542	12073281	1768488	36626
N. A.	133	华阳新材料科技集团有限公司	山西	17379672	-119190	25884812	2778112	125792
151	134	紫金矿业集团股份有限公司	福建	17150134	650855	18231325	5653855	20024
107	135	珠海格力电器股份有限公司	广东	17049742	2217511	27921792	11519021	83952
133	136	中国平煤神马能源化工集团有限责任公司	河南	17031995	-92730	20659176	2280291	122601
N. A.	137	中国再保险（集团）股份有限公司	北京	16819440	571044	45357689	9302823	63914
140	138	南通三建控股有限公司	江苏	16777160	483868	5977120	2486790	83626
122	139	河南能源化工集团有限公司	河南	16710826	-547994	27143393	692499	135708
147	140	天能控股集团有限公司	浙江	16482138	196797	5550284	548319	24379
141	141	华夏银行股份有限公司	北京	16423000	2127500	339981600	28061300	39748

续表

上年名次	名次	企业名称	地区	营业收入/万元	净利润/万元	资产/万元	所有者权益/万元	从业人数/人
129	142	东浩兰生（集团）有限公司	上海	16183072	78311	3538125	1364628	6059
123	143	潞安化工集团有限公司	山西	16170997	-70145	26917894	3691499	102099
145	144	上海电气（集团）总公司	上海	16063032	263891	37897388	3625697	68322
148	145	南京钢铁集团有限公司	江苏	15715916	239017	5734389	1710346	10642
143	146	北京首农食品集团有限责任公司	北京	15706161	291480	15380078	3927119	47215
165	147	比亚迪股份有限公司	广东	15659769	423427	20101732	5687427	224280
135	148	光明食品（集团）有限公司	上海	15574792	122931	29611531	7115071	109375
201	149	杭州钢铁集团有限公司	浙江	15461073	122095	7991922	2678146	15101
190	150	顺丰控股股份有限公司	广东	15398687	732608	11116004	5644305	121925
162	151	北京电子控股有限责任公司	北京	15364413	93907	48729381	1681570	85000
144	152	国家开发投资集团有限公司	北京	15307859	628314	68226971	9797947	51885
167	153	TCL	广东	15281977	560552	32630924	3942651	119063
152	154	杭州市实业投资集团有限公司	浙江	15222889	163567	6434864	1486893	6867
154	155	湖南华菱钢铁集团有限责任公司	湖南	15202110	528512	11343300	2832752	34038
79	156	中国航空油料集团有限公司	北京	15131594	255166	6249346	2579573	14152
156	157	云南省建设投资控股集团有限公司	云南	15059527	255277	60118953	15496237	45401
N. A.	158	中升集团控股有限公司	辽宁	14834807	553808	6850102	2646290	31803
158	159	华侨城集团有限公司	广东	14708022	791522	67103995	9026788	64255
172	160	甘肃省公路航空旅游投资集团有限公司	甘肃	14544927	7611	61133323	20578685	54319
149	161	陕西有色金属控股集团有限责任公司	陕西	14459580	89387	14079782	3297979	43541
150	162	四川长虹电子控股集团有限公司	四川	14302825	5551	8692290	187522	59727
181	163	陕西建工控股集团有限公司	陕西	14282336	164730	22879679	1318677	42963
221	164	河北新华联合冶金控股集团有限公司	河北	14232625	202061	11818740	827726	20566
249	165	山东高速集团有限公司	山东	14189091	-22572	107074705	15043963	43196
161	166	中天钢铁集团有限公司	江苏	14003355	212753	4699532	1676941	12434
173	167	北大荒农垦集团有限公司	黑龙江	13919097	33146	21643206	4057912	520823
160	168	冀南钢铁集团有限公司	河北	13907899	1099538	4390238	4049452	19226
178	169	无锡产业发展集团有限公司	江苏	13801604	21854	10916634	1042776	27527
142	170	复星国际有限公司	上海	13662948	801794	76768060	12781203	72000
168	171	海信集团控股股份有限公司	山东	13631446	347424	15275714	1913796	88129
157	172	中国有色矿业集团有限公司	北京	13609998	109496	10941221	1946424	47157
208	173	广东鼎龙实业集团有限公司	广东	13462321	235422	3865361	798303	3379
180	174	北京金隅集团股份有限公司	北京	13392236	284377	29135238	6337594	47672
189	175	云南省能源投资集团有限公司	云南	13150164	189053	20561290	5367947	29958
182	176	河北津西钢铁集团股份有限公司	河北	13036986	157825	6514868	2368720	10672

续表

上年名次	名次	企业名称	地区	营业收入/万元	净利润/万元	资产/万元	所有者权益/万元	从业人数/人
179	177	浙江省兴合集团有限责任公司	浙江	13010772	58006	6392899	528797	19207
191	178	西安迈科金属国际集团有限公司	陕西	12887046	33907	2472443	560540	1190
171	179	超威电源集团有限公司	浙江	12822745	132766	3288840	733184	18520
159	180	万向集团公司	浙江	12673776	181103	9270589	2351807	23947
170	181	北京银行股份有限公司	北京	12665100	2148400	290001400	21921900	15490
243	182	三一集团有限公司	湖南	12531796	745519	22497446	4145440	37144
177	183	北京城建集团有限责任公司	北京	12525443	252068	35035328	2629340	23565
199	184	四川省宜宾五粮液集团有限公司	四川	12107223	591444	15454873	3846605	43640
195	185	中国化学工程集团有限公司	北京	12094971	221535	16118405	2974792	45057
203	186	中天控股集团有限公司	浙江	12065311	344758	12236780	2043911	18719
169	187	东岭集团股份有限公司	陕西	12020369	43256	4513269	1105255	10189
N. A.	188	物产中大金属集团有限公司	浙江	11937540	104231	2113999	406261	1248
175	189	中国国际技术智力合作集团有限公司	北京	11853051	85293	1578359	571718	5112
202	190	上海均和集团有限公司	上海	11762032	21120	2642799	1287164	5150
214	191	广西柳州钢铁集团有限公司	广西壮族自治区	11740007	404517	10473353	2958500	31448
200	192	亨通集团有限公司	江苏	11700579	43274	7889205	748419	18105
N. A.	193	上海德龙钢铁集团有限公司	上海	11561923	370556	10258566	1711391	46534
212	194	阳光保险集团股份有限公司	广东	11497979	564412	40548049	5577207	234326
222	195	美团公司	上海	11479451	470831	16657480	9769303	59642
209	196	酒泉钢铁（集团）有限责任公司	甘肃	11406950	38834	11016109	2283916	35070
194	197	南山集团有限公司	山东	11358670	492405	13180049	6389908	46257
288	198	洛阳栾川钼业集团股份有限公司	河南	11298101	232878	12244124	3889178	10956
232	199	传化集团有限公司	浙江	11173172	200849	7243238	1113618	12236
196	200	中国广核集团有限公司	广东	11087379	839531	78715554	13250941	43599
218	201	九州通医药集团股份有限公司	湖北	11085951	307505	8082384	2182666	28213
N. A.	202	新疆中泰（集团）有限责任公司	新疆维吾尔自治区	11050341	-1727	10834323	317658	40676
259	203	珠海华发集团有限公司	广东	10919024	151467	48778304	5267326	39735
197	204	中国黄金集团有限公司	北京	10860869	50746	11266368	1794332	40149
263	205	百度网络技术有限公司	北京	10770400	2247200	33270800	18269600	41000
192	206	浙江省能源集团有限公司	浙江	10738544	621290	27642588	8444745	23066
N. A.	207	云南省交通投资建设集团有限公司	云南	10640906	49589	52924579	10104107	17279
227	208	北京建工集团有限责任公司	北京	10551211	119494	20211367	1990901	38669
174	209	海澜集团有限公司	江苏	10521688	381807	11372235	8485812	17097
193	210	雅戈尔集团股份有限公司	浙江	10481096	778940	9552914	2874185	22475
233	211	宁波金田投资控股有限公司	浙江	10382009	16929	1656530	204124	7021

续表

上年名次	名次	企业名称	地区	营业收入/万元	净利润/万元	资产/万元	所有者权益/万元	从业人数/人
224	212	长城汽车股份有限公司	河北	10330761	536249	15401149	5734185	63174
223	213	卓尔控股有限公司	湖北	10208663	94796	9657260	4942761	15596
217	214	辽宁方大集团实业有限公司	辽宁	10197710	525684	12111165	2916570	59576
245	215	唯品会控股有限公司	广东	10185849	590696	5894081	2849773	16675
186	216	山东东明石化集团有限公司	山东	10166832	197748	4028122	2091295	7420
215	217	北京外企服务集团有限责任公司	北京	10148195	39599	1311864	305046	5233
236	218	中兴通讯股份有限公司	广东	10145067	425975	15063491	4329681	73709
216	219	北京控股集团有限公司	北京	10126115	119837	38833455	4184976	73726
N. A.	220	江苏永钢集团有限公司	江苏	10096904	390699	4057066	2291866	7181
255	221	龙光交通集团有限公司	广东	10067914	1600929	40363941	7101357	17064
213	222	协鑫集团有限公司	江苏	10039029	-528178	17710916	3878084	24256
211	223	湖南建工集团有限公司	湖南	9857362	140238	7314860	1331766	30551
220	224	上海银行股份有限公司	上海	9853783	2088506	246214402	19039789	12932
239	225	贵州茅台酒股份有限公司	贵州	9799324	4669729	21339581	16132274	29031
226	226	弘阳集团有限公司	江苏	9787913	334398	14505354	2401773	9020
219	227	日照钢铁控股集团有限公司	山东	9711525	837986	11271737	4168041	16628
238	228	内蒙古伊利实业集团股份有限公司	内蒙古自治区	9652396	707818	7115426	3038391	59159
235	229	利华益集团股份有限公司	山东	9621648	227721	4537960	2141762	5576
229	230	江铃汽车集团有限公司	江西	9456716	31192	7287985	1134130	35335
247	231	中国国际海运集装箱（集团）股份有限公司	广东	9415908	534961	14621151	4401752	51100
230	232	前海人寿保险股份有限公司	广东	9387258	113904	30266274	2700900	3142
248	233	永辉超市股份有限公司	福建	9319911	179447	5615798	1935110	120748
136	234	中国南方航空集团有限公司	广东	9305143	-439314	34743397	6577447	119178
228	235	万达控股集团有限公司	山东	9302513	182921	5059279	1464225	13205
276	236	陕西汽车控股集团有限公司	陕西	9300892	66276	7204158	560477	31435
254	237	通威集团有限公司	四川	9263517	319716	7565034	1887443	26825
234	238	江苏悦达集团有限公司	江苏	9262176	42121	8955425	1622858	41180
313	239	立讯精密工业股份有限公司	广东	9250126	722546	7001275	2810182	172410
210	240	东方国际（集团）有限公司	上海	9235469	94363	6372570	1744578	64136
244	241	神州数码集团股份有限公司	北京	9206044	62409	3068960	470006	4569
246	242	晨鸣控股有限公司	山东	9162298	16311	9370551	398339	15937
284	243	广西北部湾国际港务集团有限公司	广西壮族自治区	9036745	2519	13496648	2431497	32000
256	244	正泰集团股份有限公司	浙江	8935473	203926	8863915	1857600	34618
381	245	奥园集团有限公司	广东	8835171	590755	32567846	1855289	23773
337	246	福建大东海实业集团有限公司	福建	8816736	689970	6180781	3857144	19648
N. A.	247	新奥天然气股份有限公司	河北	8809877	210696	10952385	813229	39282

续表

上年名次	名次	企业名称	地区	营业收入/万元	净利润/万元	资产/万元	所有者权益/万元	从业人数/人
251	248	开滦（集团）有限责任公司	河北	8704453	5022	8953718	1383833	48832
261	249	重庆市迪马实业股份有限公司	重庆	8679400	180285	8172774	1077569	7273
242	250	包头钢铁（集团）有限责任公司	内蒙古自治区	8667610	4269	17209353	486216	42729
293	251	双胞胎（集团）股份有限公司	江西	8663084	531729	4052957	1618962	20000
434	252	天津泰达投资控股有限公司	天津	8653070	40810	45961872	11238743	23273
N. A.	253	山东省国有资产投资控股有限公司	山东	8619026	119519	15733131	1621173	33980
N. A.	254	中国宏桥集团有限公司	山东	8614464	1049594	9743361	7119614	42445
281	255	江苏南通二建集团有限公司	江苏	8602674	404376	3898506	2000224	118367
253	256	内蒙古电力（集团）有限责任公司	内蒙古自治区	8596369	174128	10311390	4791000	36293
258	257	天津荣程祥泰投资控股集团有限公司	天津	8505107	65497	1995521	1164840	4802
272	258	奇瑞控股集团有限公司	安徽	8286878	75589	19985255	1848220	28633
309	259	山西建设投资集团有限公司	山西	8121904	146586	13750425	2171321	31007
N. A.	260	中国铁塔股份有限公司	北京	8109900	642800	33738000	18624600	23300
354	261	振烨国际产业控股集团（深圳）有限公司	广东	8105145	164675	1748804	573902	1836
264	262	重庆华宇集团有限公司	重庆	8084989	927049	13016523	4822812	6524
250	263	荣盛控股股份有限公司	河北	8072639	338050	31291188	2526258	29110
270	264	上海永达控股（集团）有限公司	上海	7983600	164323	3542478	1232715	16177
300	265	新余钢铁集团有限公司	江西	7980988	150607	5819738	1290529	21050
273	266	浙江省建设投资集团有限公司	浙江	7954965	108394	8678781	582697	21235
291	267	广州工业投资控股集团有限公司	广东	7927400	97935	8135365	1589756	30874
262	268	河北普阳钢铁有限公司	河北	7918524	411450	4015298	2345633	7500
283	269	中基宁波集团股份有限公司	浙江	7913177	25504	1339036	141001	2346
252	270	杭州锦江集团有限公司	浙江	7889834	11830	7069566	1781983	9900
287	271	永锋集团有限公司	山东	7866643	186266	5381550	1208528	11892
274	272	南通四建集团有限公司	江苏	7820558	450018	3853436	2351590	178000
389	273	玖龙纸业（控股）有限公司	广东	7813009	589176	8348039	4330985	19000
269	274	山东黄金集团有限公司	山东	7665271	88338	12046327	1127390	24526
275	275	华泰集团有限公司	山东	7649093	129153	3435710	1146358	8302
312	276	武安市裕华钢铁有限公司	河北	7626638	638570	2950186	2341417	10976
268	277	陕西投资集团有限公司	陕西	7541571	203602	20052616	3694565	23797
282	278	红豆集团有限公司	江苏	7500322	33733	4850164	1824612	26085
279	279	温氏食品集团股份有限公司	广东	7493891	742587	8050012	4578796	52809
325	280	广东省广晟控股集团有限公司	广东	7464437	116694	13889719	1400998	50079
277	281	金鼎钢铁集团有限公司	河北	7436768	212626	1548868	1093577	3780
153	282	中国东方航空集团有限公司	上海	7387773	-127418	38159364	8157756	100179
146	283	中国国际航空股份有限公司	北京	7386070	-1440334	28402962	7754133	89373

续表

上年名次	名次	企业名称	地区	营业收入/万元	净利润/万元	资产/万元	所有者权益/万元	从业人数/人
328	284	网易公司	北京	7366713	1206275	14187458	8212680	20920
297	285	山东招金集团有限公司	山东	7355595	35732	6009801	587585	14324
286	286	云天化集团有限责任公司	云南	7343694	-47755	9435230	773351	22002
289	287	万华化学集团股份有限公司	山东	7343297	1004143	13375267	4878035	17581
308	288	成都兴城投资集团有限公司	四川	7299846	219621	77909960	5670688	35000
304	289	浙江省国际贸易集团有限公司	浙江	7189989	112480	12974606	1699743	24976
314	290	中天科技集团有限公司	江苏	7183181	272668	5294027	833928	15033
N. A.	291	旭辉控股（集团）有限公司	上海	7179866	803190	37929941	3605168	19649
292	292	广东省广新控股集团有限公司	广东	7113661	161399	6674392	1440639	28623
260	293	桐昆控股集团有限公司	浙江	7101058	200817	5678305	881083	21943
310	294	蓝润集团有限公司	四川	7100016	248799	9802214	3783193	23156
294	295	甘肃省建设投资（控股）集团有限公司	甘肃	7075457	72959	9753075	2139119	65549
278	296	奥克斯集团有限公司	浙江	7063720	64762	6248808	1264342	34716
382	297	恒信汽车集团股份有限公司	湖北	7051452	185329	1902595	1063785	21280
N. A.	298	中国旅游集团有限公司	北京	6992848	165227	15173238	2609382	43367
334	299	广州越秀集团股份有限公司	广东	6965922	445401	67546130	4932790	26830
N. A.	300	南京银行股份有限公司	江苏	6964558	1310088	151707577	10687613	11514
307	301	北京能源集团有限责任公司	北京	6940960	243764	35305719	7934702	35263
332	302	广东省建筑工程集团有限公司	广东	6937922	123242	9326862	1841099	21800
266	303	广厦控股集团有限公司	浙江	6831071	87718	4562738	1174203	111867
N. A.	304	兰州新区商贸物流投资集团有限公司	甘肃	6815822	13195	1628351	751541	2019
359	305	唐山港陆钢铁有限公司	河北	6801593	75420	1924838	1026598	8278
301	306	四川华西集团有限公司	四川	6750695	89708	7553602	1100775	23683
336	307	上海城建（集团）公司	上海	6722142	81772	14264539	1104058	21493
299	308	青建集团股份公司	山东	6663210	157213	4548538	1185479	15180
335	309	渤海银行股份有限公司	天津	6621688	844457	139352313	10324583	10295
349	310	浙江前程投资股份有限公司	浙江	6620344	1179	637873	98429	434
338	311	上海中梁企业发展有限公司	上海	6615524	355200	27082131	1254123	15699
323	312	旭阳控股有限公司	北京	6602635	208541	4193400	1361578	10728
322	313	四川省川威集团有限公司	四川	6579094	92535	4514149	650037	13792
298	314	中国铁路物资集团有限公司	北京	6577404	281939	6077173	811766	8430
302	315	淮北矿业（集团）有限责任公司	安徽	6552350	127455	9927534	1594011	53384
320	316	山东京博控股集团有限公司	山东	6533080	94317	4158783	599508	9892
296	317	山东海科控股有限公司	山东	6532582	105913	2526691	798109	4436
371	318	河北新金钢铁有限公司	河北	6511408	101423	2008434	1107774	5329

续表

上年名次	名次	企业名称	地区	营业收入/万元	净利润/万元	资产/万元	所有者权益/万元	从业人数/人
419	319	中联重科股份有限公司	湖南	6510894	728067	11627494	4674374	23528
306	320	贵州磷化（集团）有限责任公司	贵州	6431979	14325	9069345	1347020	17766
345	321	深圳市爱施德股份有限公司	广东	6418995	70047	1130764	541430	2378
329	322	宁夏天元锰业集团有限公司	宁夏回族自治区	6413255	-295495	15160930	8005565	20443
324	323	江苏省苏中建设集团股份有限公司	江苏	6402683	184502	2661549	921197	155703
321	324	深圳海王集团股份有限公司	广东	6339653	56368	6150974	1093995	30752
280	325	三房巷集团有限公司	江苏	6325015	79385	2464182	1020416	6800
327	326	德力西集团有限公司	浙江	6291633	117232	2150197	624119	20336
358	327	安徽建工集团控股有限公司	安徽	6220401	39580	11335765	370996	21361
303	328	百联集团有限公司	上海	6211884	14382	9592621	2082037	46762
343	329	晶科能源控股有限公司	江西	6202061	112030	7587549	—	24361
319	330	河北新武安钢铁集团文安钢铁有限公司	河北	6178592	177858	1247259	1125354	3970
317	331	本钢集团有限公司	辽宁	6159631	7568	15559646	2988468	60761
285	332	盘锦北方沥青燃料有限公司	辽宁	6152777	498410	5817556	1600202	3534
315	333	白银有色集团股份有限公司	甘肃	6142270	7297	4650087	1525574	14297
271	334	云南锡业集团（控股）有限责任公司	云南	6140825	92066	5699298	316554	20652
330	335	河北省物流产业集团有限公司	河北	6111800	6896	1587209	284755	2209
353	336	新疆特变电工集团有限公司	新疆维吾尔自治区	6096838	326771	13608470	4835040	20972
366	337	泸州老窖集团有限责任公司	四川	6076553	247016	27395165	1369112	14099
344	338	重庆化医控股（集团）公司	重庆	6062002	-89610	9104620	477259	24813
363	339	四川省能源投资集团有限责任公司	四川	6056236	104451	18562967	3466118	24392
390	340	广东海大集团股份有限公司	广东	6032386	252273	2752695	1397278	26241
N. A.	341	牧原实业集团有限公司	河南	5942750	354157	15368105	1098433	124503
365	342	浙江富冶集团有限公司	浙江	5906312	50073	1256305	357769	2685
N. A.	343	四川公路桥梁建设集团有限公司	四川	5874635	314619	10836588	1803343	9862
290	344	远大物产集团有限公司	浙江	5860283	-11808	621503	220697	499
176	345	上海钢联电子商务股份有限公司	上海	5852122	21667	1304082	135896	3038
295	346	江苏新长江实业集团有限公司	江苏	5848383	107768	4383018	1342624	6862
499	347	广西盛隆冶金有限公司	广西壮族自治区	5840699	180692	4783714	1880532	12188
384	348	安徽江淮汽车集团控股有限公司	安徽	5825477	5308	4454525	474402	27398
N. A.	349	绿城房地产集团有限公司	浙江	5803567	264518	39563699	4628561	6545
360	350	天元建设集团有限公司	山东	5779130	171267	7133835	1549345	14537
N. A.	351	歌尔股份有限公司	山东	5774274	284800	4911783	1965325	87346
479	352	厦门路桥工程物资有限公司	福建	5730709	30465	1824712	152949	487
497	353	建业控股有限公司	河南	5724197	201103	18214854	1498582	28200
N. A.	354	山西鹏飞集团有限公司	山西	5678218	272841	5113391	5113391	16268

续表

上年名次	名次	企业名称	地区	营业收入/万元	净利润/万元	资产/万元	所有者权益/万元	从业人数/人
311	355	山东如意时尚投资控股有限公司	山东	5671453	262163	7056634	1605041	41492
368	356	恒申控股集团有限公司	福建	5666242	401495	4323703	2282698	8251
370	357	福建永荣控股集团有限公司	福建	5661317	19248	2911657	1087626	4341
475	358	新疆金风科技股份有限公司	新疆维吾尔自治区	5626511	296351	10913818	3416825	8956
364	359	湖南博长控股集团有限公司	湖南	5573500	18315	1387263	399882	6936
424	360	物美科技集团有限公司	北京	5567770	165161	10289911	2636834	100000
351	361	重庆建工投资控股有限责任公司	重庆	5567143	17767	7718545	528077	16028
318	362	江苏国泰国际集团股份有限公司	江苏	5563778	97767	2589687	923547	13844
N. A.	363	闻泰通讯股份有限公司	浙江	5518361	65863	1805579	304421	7758
356	364	红狮控股集团有限公司	浙江	5497879	586538	6072301	2668274	16624
N. A.	365	隆基绿能科技股份有限公司	陕西	5458318	855237	8763483	3510577	46631
396	366	大汉控股集团有限公司	湖南	5439571	102887	2159491	821095	6257
427	367	南昌市政公用投资控股有限责任公司	江西	5428951	59158	14654556	3583234	33727
352	368	山东太阳控股集团有限公司	山东	5404945	306636	4209523	1789066	15225
378	369	中华联合保险集团股份有限公司	北京	5396526	69521	8116085	1747754	47659
361	370	广州智能装备产业集团有限公司	广东	5392268	148363	6161880	1491911	30590
341	371	福建省三钢（集团）有限责任公司	福建	5357563	183056	5277897	1653944	16427
399	372	广西北部湾投资集团有限公司	广西壮族自治区	5341509	214238	22344180	7423768	18316
367	373	杉杉控股有限公司	上海	5313824	73254	5813930	1080984	6858
333	374	辽宁嘉晨控股集团有限公司	辽宁	5312895	277072	5306484	4089799	11230
391	375	北京首都创业集团有限公司	北京	5270094	185030	40912774	2672531	37033
342	376	北京首都开发控股（集团）有限公司	北京	5247846	206275	37128849	1972539	13946
459	377	龙记泰信实业集团有限公司	陕西	5213655	213509	2760445	1467434	5277
386	378	新凤祥控股集团有限责任公司	山东	5185887	24198	3036721	997550	12016
374	379	老凤祥股份有限公司	上海	5172150	158602	1956327	796490	3659
N. A.	380	新凤鸣控股集团有限公司	浙江	5148647	61814	2851417	1215351	10833
408	381	富通集团有限公司	浙江	5123603	156931	3203860	1195546	5332
N. A.	382	研祥高科技控股集团有限公司	广东	5095715	294037	4287167	2721334	5155
421	383	兴华财富集团有限公司	河北	5082717	252278	2012208	1310160	6534
412	384	河南豫光金铅集团有限责任公司	河南	5082342	17791	2114879	107056	6051
441	385	广东省广物控股集团有限公司	广东	5063517	81659	4683494	1491221	11845
348	386	稻花香集团	湖北	5057532	32659	1716225	328632	10011
N. A.	387	宁德时代新能源科技股份有限公司	福建	5031949	558334	15661843	6420730	33078
395	388	福佳集团有限公司	辽宁	5031230	335212	8861243	5141649	2113
392	389	安阳钢铁集团有限责任公司	河南	5029911	28680	5632445	785703	21435
397	390	天瑞集团股份有限公司	河南	5026666	205576	7517389	4063342	14911
439	391	龙信建设集团有限公司	江苏	5014875	129125	1287045	613513	49595

续表

上年名次	名次	企业名称	地区	营业收入/万元	净利润/万元	资产/万元	所有者权益/万元	从业人数/人
383	392	重庆农村商业银行股份有限公司	重庆	4990405	840120	113592644	9322861	15088
N. A.	393	郑州中瑞实业集团有限公司	河南	4981717	17036	6793122	1136341	2582
375	394	威高集团有限公司	山东	4978281	429709	6716835	3850527	28312
420	395	山东泰山钢铁集团有限公司	山东	4974172	73100	2216911	1161465	7850
426	396	汇通达网络股份有限公司	江苏	4961023	19860	2077897	598623	5220
N. A.	397	福建省港口集团有限责任公司	福建	4941062	21192	8775340	2038487	33341
377	398	江苏南通六建建设集团有限公司	江苏	4918672	115690	1288877	944004	65412
240	399	江西正邦科技股份有限公司	江西	4916630	574413	5925956	2325210	52322
423	400	山东九羊集团有限公司	山东	4907189	160633	1812338	1303071	7766
N. A.	401	帝海投资控股集团有限公司	北京	4901878	200576	5218986	4221192	1200
373	402	广东省能源集团有限公司	广东	4897642	260099	15366899	5293788	14617
N. A.	403	上海闽路润贸易有限公司	上海	4875304	9773	1014070	22122	168
357	404	融信（福建）投资集团有限公司	福建	4854412	216056	22027158	2392707	3555
N. A.	405	南京新工投资集团有限责任公司	江苏	4848350	94318	8246321	2615615	34553
411	406	天津友发钢管集团股份有限公司	天津	4841870	114323	1184044	625504	12593
355	407	欧菲光集团股份有限公司	广东	4834970	-194452	3422706	745745	27306
417	408	三河汇福粮油集团有限公司	河北	4815435	70987	1330151	539929	3000
401	409	江西省建工集团有限责任公司	江西	4799406	44705	6555380	425334	3868
428	410	山东中矿集团有限公司	山东	4790108	50511	967932	241261	3606
316	411	宁波均胜电子股份有限公司	浙江	4788984	61617	5626515	1516899	53816
N. A.	412	天津渤海化工集团有限责任公司	天津	4764335	43834	11235560	3836384	25973
347	413	中国信息通信科技集团有限公司	湖北	4750222	89328	10356350	2525139	38685
450	414	广西玉柴机器集团有限公司	广西壮族自治区	4749276	84472	4408780	1400452	15953
388	415	广西交通投资集团有限公司	广西壮族自治区	4729291	-9796	44066992	13185159	14975
405	416	人民电器集团有限公司	浙江	4696591	191998	1321099	1007895	21250
369	417	隆鑫控股有限公司	重庆	4695753	-107646	6264910	834005	30007
442	418	通州建总集团有限公司	江苏	4686350	145988	639718	241677	72000
N. A.	419	河北文丰钢铁有限公司	河北	4683338	385462	1851646	1605434	4708
414	420	重庆机电控股（集团）公司	重庆	4665129	83556	6028936	1303892	25869
431	421	河北建工集团有限责任公司	河北	4636082	10346	2121776	141445	6679
N. A.	422	明阳新能源投资控股集团有限公司	广东	4626820	298170	8106165	2591756	9401
432	423	重庆中昂投资集团有限公司	重庆	4624605	670578	9761787	3668495	11930
402	424	江苏华西集团有限公司	江苏	4614720	-20671	4957670	1433962	15225
N. A.	425	东营齐润化工有限公司	山东	4611600	135122	2155534	1154280	1350
N. A.	426	江苏省华建建设股份有限公司	江苏	4582201	133323	1795966	333767	67609

续表

上年名次	名次	企业名称	地区	营业收入/万元	净利润/万元	资产/万元	所有者权益/万元	从业人数/人
N. A.	427	祥生地产集团有限公司	浙江	4572626	165214	16766573	1422463	4000
488	428	远景能源有限公司	江苏	4555397	318779	7496609	1635355	5181
425	429	山东创新金属科技有限公司	山东	4551359	87863	1767652	64076	7772
N. A.	430	心里程控股集团有限公司	广东	4538097	170118	2462309	1618007	3383
N. A.	431	东方润安集团有限公司	江苏	4537856	65103	1199808	546165	4985
422	432	浙江中成控股集团有限公司	浙江	4535824	87705	1754020	832723	52355
437	433	福建省电子信息（集团）有限责任公司	福建	4524248	-124686	10381615	462594	53113
N. A.	434	水发集团有限公司	山东	4522925	21636	14177393	1444381	22968
N. A.	435	重庆医药（集团）股份有限公司	重庆	4521953	90791	4153306	737835	12173
403	436	四川德胜集团钒钛有限公司	四川	4521138	69524	2741393	836532	10031
462	437	四川省商业投资集团有限责任公司	四川	4517092	9169	2351743	170239	3785
372	438	盛京银行股份有限公司	辽宁	4512775	120378	103795838	7945193	7556
409	439	通鼎集团有限公司	江苏	4511879	129470	2456488	616815	13503
N. A.	440	恒丰银行股份有限公司	山东	4480390	530989	111415463	10487051	11408
380	441	申能（集团）有限公司	上海	4474359	581539	20991086	10590864	17287
N. A.	442	中国节能环保集团有限公司	北京	4439436	12699	22134106	3067138	52429
492	443	齐成（山东）石化集团有限公司	山东	4417152	17064	2634090	27811	975
436	444	山东汇丰石化集团有限公司	山东	4415001	87789	1534981	170376	2044
430	445	山东渤海实业股份有限公司	山东	4398565	74136	2070375	483286	2779
496	446	中铁集装箱运输有限责任公司	北京	4394572	138145	2837818	1497663	962
379	447	福建省能源集团有限责任公司	福建	4358303	192440	13352230	2426239	29664
473	448	远东控股集团有限公司	江苏	4349782	2456	2600026	386578	8160
444	449	山东金岭集团有限公司	山东	4302881	241054	1796108	1500178	4345
443	450	步步高投资集团股份有限公司	湖南	4302278	11171	2455112	731428	24338
485	451	宏旺投资集团有限公司	广东	4301255	40547	1015509	378992	2245
449	452	沂州集团有限公司	山东	4298812	79724	1595320	610074	3067
480	453	富海集团新能源控股有限公司	山东	4285514	131148	2176209	880211	5688
400	454	中科电力装备集团有限公司	安徽	4281482	18657	1868879	176063	3224
N. A.	455	西王集团有限公司	山东	4263690	1082	5043971	990693	16000
346	456	上海华谊（集团）公司	上海	4260017	101203	7884125	2068223	20237
394	457	金澳科技（湖北）化工有限公司	湖北	4256736	46356	834225	542224	4358
454	458	贵州盘江煤电集团有限责任公司	贵州	4255044	-41648	7704923	1084469	55569
362	459	重庆市能源投资集团有限公司	重庆	4242164	-225592	9630830	1564542	36649
455	460	宁波富邦控股集团有限公司	浙江	4217583	62123	4858233	1126770	12036
407	461	山东金诚石化集团有限公司	山东	4210501	-2185	1176091	523360	2325

续表

上年名次	名次	企业名称	地区	营业收入/万元	净利润/万元	资产/万元	所有者权益/万元	从业人数/人
N. A.	462	新疆生产建设兵团建设工程（集团）有限责任公司	新疆维吾尔自治区	4209438	41494	6511980	1101880	18435
N. A.	463	中融新大集团有限公司	山东	4182191	-182726	15052572	6827430	10000
350	464	上海新增鼎资产管理有限公司	上海	4177875	-148	38246	17316	398
415	465	淮河能源控股集团有限责任公司	安徽	4175770	284291	12515094	1367270	71124
494	466	万基控股集团有限公司	河南	4158946	31396	2504110	241840	12058
472	467	上海农村商业银行股份有限公司	上海	4155550	816067	105697668	7721084	7183
416	468	金浦投资控股集团有限公司	江苏	4149067	27701	2434219	559230	9660
N. A.	469	云账户技术（天津）有限公司	天津	4140397	2823	140048	12894	456
464	470	西部矿业集团有限公司	青海	4136351	4411	6608344	437519	7611
N. A.	471	河北省国和投资集团有限公司	河北	4125996	3621	768511	96713	2377
471	472	徐州矿务集团有限公司	江苏	4108056	45704	4891129	1629710	22450
429	473	深圳金雅福控股集团有限公司	广东	4102225	13566	224246	127727	1815
458	474	法尔胜泓昇集团有限公司	江苏	4098825	30463	1514262	456466	9128
376	475	广东省交通集团有限公司	广东	4092696	62306	44628833	9627422	56946
448	476	广州农村商业银行股份有限公司	广东	4090552	508130	102787165	6948708	13941
487	477	重庆千信集团有限公司	重庆	4068020	36067	1437144	466090	518
465	478	宜昌兴发集团有限责任公司	湖北	4053946	19392	4299796	479956	12860
461	479	森马集团有限公司	浙江	4051223	28365	3148241	1094733	3843
446	480	四川科伦实业集团有限公司	四川	4042711	53911	1432841	1378929	27525
456	481	山东科达集团有限公司	山东	4041564	127038	1348202	1053517	8633
495	482	石药控股集团有限公司	河北	4035608	585518	5448773	2816504	26556
N. A.	483	伊电控股集团有限公司	河南	4032330	16575	9179453	1181851	5600
493	484	深圳市中农网有限公司	广东	4028649	668	1480845	85558	558
406	485	江苏扬子江船业集团	江苏	4026258	418317	13203133	3928895	22009
489	486	澳洋集团有限公司	江苏	4016403	41875	1990685	499437	9863
447	487	河北建设集团股份有限公司	河北	4014993	75986	6279388	624594	8773
N. A.	488	创维集团有限公司	广东	3985341	96929	5474327	1016044	33680
460	489	双良集团有限公司	江苏	3983063	16931	2859953	798389	7030
N. A.	490	河北安丰钢铁有限公司	河北	3980619	411362	2088353	1462780	9500
466	491	江苏华宏实业集团有限公司	江苏	3977545	19494	885004	27987	2671
474	492	北京江南投资集团有限公司	北京	3974219	582173	14422809	2888069	451
N. A.	493	杭州市城市建设投资集团有限公司	浙江	3972538	168181	16228849	4652386	36409
484	494	山东清源集团有限公司	山东	3971183	67985	3380249	1204925	4120
467	495	江苏阳光集团有限公司	江苏	3961174	203608	2188652	1114557	12588
469	496	卧龙控股集团有限公司	浙江	3958745	98654	3493102	996834	18005
N. A.	497	鲁丽集团有限公司	山东	3957637	120198	1589164	803468	6914
435	498	石横特钢集团有限公司	山东	3942296	244960	3268340	2079582	12212
445	499	广州国资发展控股有限公司	广东	3926853	166971	8168473	2229038	11629

续表

上年名次	名次	企业名称	地区	营业收入/万元	净利润/万元	资产/万元	所有者权益/万元	从业人数/人
482	500	盛屯矿业集团股份有限公司	福建	3923619	5909	2323333	1067956	7107
		合计	—	8983099762	407125780	34358373557	4540301625	33396037

说 明

1. 2021 中国企业 500 强是中国企业联合会、中国企业家协会参照国际惯例，组织企业自愿申报，并经专家审定确认后产生的。申报企业包括在中国境内注册、2020 年实现营业收入达到 260 亿元的企业（不包括在华外资、港澳台独资、控股企业，也不包括行政性公司、政企合一的单位及烟草公司，但包括在境外注册、投资主体为中国自然人或法人、主要业务在境内的企业），都有资格申报参加排序。属于集团公司的控股子公司或相对控股子公司，由于其财务报表最后能被合并到集团母公司的财务会计报表中去，因此只允许其母公司申报。

2. 表中所列数据由企业自愿申报或属于上市公司公开数据，并经会计师事务所或审计师事务所等单位认可。

3. 营业收入是 2020 年不含增值税的收入，包括企业的所有收入，即主营业务和非主营业务、境内和境外的收入。商业银行的营业收入为 2020 年利息收入和非利息营业收入之和（不减掉对应的支出）。保险公司的营业收入是 2020 年保险费和年金收入扣除储蓄的资本收益或损失。净利润是 2020 年上交所得税的净利润扣除少数股东权益后的归属母公司所有者的净利润。资产是 2020 年度末的资产总额。所有者权益是 2020 年年末所有者权益总额扣除少数股东权益后的归属于母公司所有者权益。研究开发费用是 2020 年企业投入研究开发的所有费用。从业人数是 2020 年度的平均人数（含所有被合并报表企业的人数）。

4. 行业分类参照了国家统计局的分类方法，依据其主营业务收入所在行业来划分；地区分类是按企业总部所在地划分。

表 9－2　2021 中国企业 500 强重新上榜和新上榜名单

名次	企业名称	地区	营业收入/万元	净利润/万元	资产/万元	所有者权益/万元	从业人数/人
73	中国船舶集团有限公司	北京	32322774	1293474	86142593	24906578	218956
116	中国林业集团有限公司	北京	20460921	39366	16439561	1601885	5856
124	多弗国际控股集团有限公司	浙江	19091564	322224	14097705	7227596	23810
133	华阳新材料科技集团有限公司	山西	17379672	－119190	25884812	2778112	125792
137	中国再保险（集团）股份有限公司	北京	16819440	571044	45357689	9302823	63914
158	中升集团控股有限公司	辽宁	14834807	553808	6850102	2646290	31803
188	物产中大金属集团有限公司	浙江	11937540	104231	2113999	406261	1248
193	上海德龙钢铁集团有限公司	上海	11561923	370556	10258566	1711391	46534
202	新疆中泰（集团）有限责任公司	新疆维吾尔自治区	11050341	－1727	10834323	317658	40676
207	云南省交通投资建设集团有限公司	云南	10640906	49589	52924579	10104107	17279
220	江苏永钢集团有限公司	江苏	10096904	390699	4057066	2291866	7181
247	新奥天然气股份有限公司	河北	8809877	210696	10952385	813229	39282
253	山东省国有资产投资控股有限公司	山东	8619026	119519	15733131	1621173	33980
254	中国宏桥集团有限公司	山东	8614464	1049594	9743361	7119614	42445
260	中国铁塔股份有限公司	北京	8109900	642800	33738000	18624600	23300
291	旭辉控股（集团）有限公司	上海	7179866	803190	37929941	3605168	19649
298	中国旅游集团有限公司	北京	6992848	165227	15173238	2609382	43367
300	南京银行股份有限公司	江苏	6964558	1310088	151707577	10687613	11514
304	兰州新区商贸物流投资集团有限公司	甘肃	6815822	13195	1628351	751541	2019
341	牧原实业集团有限公司	河南	5942750	354157	15368105	1098433	124503
343	四川公路桥梁建设集团有限公司	四川	5874635	314619	10836588	1803343	9862
349	绿城房地产集团有限公司	浙江	5803567	264518	39563699	4628561	6545
351	歌尔股份有限公司	山东	5774274	284800	4911783	1965325	87346
354	山西鹏飞集团有限公司	山西	5678218	272841	5113391	5113391	16268
363	闻泰通讯股份有限公司	浙江	5518361	65863	1805579	304421	7758
365	隆基绿能科技股份有限公司	陕西	5458318	855237	8763483	3510577	46631
380	新凤鸣控股集团有限公司	浙江	5148647	61814	2851417	1215351	10833
382	研祥高科技控股集团有限公司	广东	5095715	294037	4287167	2721334	5155
387	宁德时代新能源科技股份有限公司	福建	5031949	558334	15661843	6420730	33078
393	郑州中瑞实业集团有限公司	河南	4981717	17036	6793122	1136341	2582
397	福建省港口集团有限责任公司	福建	4941062	21192	8775340	2038487	33341
401	帝海投资控股集团有限公司	北京	4901878	200576	5218986	4221192	1200
403	上海闽路润贸易有限公司	上海	4875304	9773	1014070	22122	168
405	南京新工投资集团有限责任公司	江苏	4848350	94318	8246321	2615615	34553

续表

名次	企业名称	地区	营业收入/万元	净利润/万元	资产/万元	所有者权益/万元	从业人数
412	天津渤海化工集团有限责任公司	天津	4764335	43834	11235560	3836384	25973
419	河北文丰钢铁有限公司	河北	4683338	385462	1851646	1605434	4708
422	明阳新能源投资控股集团有限公司	广东	4626820	298170	8106165	2591756	9401
425	东营齐润化工有限公司	山东	4611600	135122	2155534	1154280	1350
426	江苏省华建建设股份有限公司	江苏	4582201	133323	1795966	333767	67609
427	祥生地产集团有限公司	浙江	4572626	165214	16766573	1422463	4000
430	心里程控股集团有限公司	广东	4538097	170118	2462309	1618007	3383
431	东方润安集团有限公司	江苏	4537856	65103	1199808	546165	4985
434	水发集团有限公司	山东	4522925	21636	14177393	1444381	22968
435	重庆医药（集团）股份有限公司	重庆	4521953	90791	4153306	737835	12173
440	恒丰银行股份有限公司	山东	4480390	530989	111415463	10487051	11408
442	中国节能环保集团有限公司	北京	4439436	12699	22134106	3067138	52429
455	西王集团有限公司	山东	4263690	1082	5043971	990693	16000
462	新疆生产建设兵团建设工程（集团）有限责任公司	新疆维吾尔自治区	4209438	41494	6511980	1101880	18435
463	中融新大集团有限公司	山东	4182191	-182726	15052572	6827430	10000
469	云账户技术（天津）有限公司	天津	4140397	2823	140048	12894	456
471	河北省国和投资集团有限公司	河北	4125996	3621	768511	96713	2377
483	伊电控股集团有限公司	河南	4032330	16575	9179453	1181851	5600
488	创维集团有限公司	广东	3985341	96929	5474327	1016044	33680
490	河北安丰钢铁有限公司	河北	3980619	411362	2088353	1462780	9500
493	杭州市城市建设投资集团有限公司	浙江	3972538	168181	16228849	4652386	36409
497	鲁丽集团有限公司	山东	3957637	120198	1589164	803468	6914

表9-3 2021中国企业500强各行业企业分布

排名	企业名称	总排名	营业收入/万元
农林牧渔业			
1	中国林业集团有限公司	116	20460921
2	北大荒农垦集团有限公司	167	13919097
	合计		34380018
煤炭采掘及采选业			
1	山东能源集团有限公司	24	67523956
2	国家能源投资集团有限责任公司	32	55694290
3	晋能控股集团有限公司	44	46599091
4	陕西煤业化工集团有限责任公司	66	34026966
5	山西焦煤集团有限责任公司	112	21013130
6	中国中煤能源集团有限公司	126	18702415
7	华阳新材料科技集团有限公司	133	17379672
8	中国平煤神马能源化工集团有限责任公司	136	17031995
9	河南能源化工集团有限公司	139	16710826
10	开滦（集团）有限责任公司	248	8704453
11	淮北矿业（集团）有限责任公司	315	6552350
12	山西鹏飞集团有限公司	354	5678218
13	贵州盘江煤电集团有限责任公司	458	4255044
14	淮河能源控股集团有限责任公司	465	4175770
15	徐州矿务集团有限公司	472	4108056
	合计		328156232
石油、天然气开采及生产业			
1	中国石油天然气集团有限公司	2	195931195
2	中国海洋石油集团有限公司	31	57474604
3	陕西延长石油（集团）有限责任公司	71	32766209
	合计		286172008
电力生产			
1	中国华能集团有限公司	74	31419332
2	国家电力投资集团有限公司	84	27822779
3	中国华电集团有限公司	100	23763660
4	中国核工业集团有限公司	105	22537364
5	中国大唐集团有限公司	121	19240874
6	中国广核集团有限公司	200	11087379
7	广东省能源集团有限公司	402	4897642
	合计		140769030

排名	企业名称	总排名	营业收入/万元
农副食品			
1	新希望控股集团有限公司	109	21807950
2	北京首农食品集团有限责任公司	146	15706161
3	通威集团有限公司	237	9263517
4	双胞胎（集团）股份有限公司	251	8663084
5	温氏食品集团股份有限公司	279	7493891
6	蓝润集团有限公司	294	7100016
7	广东海大集团股份有限公司	340	6032386
8	牧原实业集团有限公司	341	5942750
9	江西正邦科技股份有限公司	399	4916630
10	三河汇福粮油集团有限公司	408	4815435
	合计		91741820
食品			
1	万洲国际有限公司	131	17646430
2	光明食品（集团）有限公司	148	15574792
3	西王集团有限公司	455	4263690
	合计		37484912
饮料			
1	内蒙古伊利实业集团股份有限公司	228	9652396
	合计		9652396
酒类			
1	四川省宜宾五粮液集团有限公司	184	12107223
2	贵州茅台酒股份有限公司	225	9799324
3	泸州老窖集团有限责任公司	337	6076553
4	稻花香集团	386	5057532
	合计		33040632
轻工百货生产			
1	山东渤海实业股份有限公司	445	4398565
	合计		4398565
纺织印染			
1	山东魏桥创业集团有限公司	81	28896461
2	三房巷集团有限公司	325	6325015

续表

排名	企业名称	总排名	营业收入/万元
3	山东如意时尚投资控股有限公司	355	5671453
4	澳洋集团有限公司	486	4016403
	合计		44909332
服装及其他纺织品			
1	海澜集团有限公司	209	10521688
2	雅戈尔集团股份有限公司	210	10481096
3	红豆集团有限公司	278	7500322
4	杉杉控股有限公司	373	5313824
5	森马集团有限公司	479	4051223
6	江苏阳光集团有限公司	495	3961174
	合计		41829327
家用电器制造			
1	海尔集团公司	79	30247330
2	美的集团股份有限公司	82	28570972
3	珠海格力电器股份有限公司	135	17049742
4	TCL	153	15281977
5	四川长虹电子控股集团有限公司	162	14302825
6	海信集团控股股份有限公司	171	13631446
7	奥克斯集团有限公司	296	7063720
8	创维集团有限公司	488	3985341
	合计		130133353
造纸及包装			
1	晨鸣控股有限公司	242	9162298
2	玖龙纸业（控股）有限公司	273	7813009
3	华泰集团有限公司	275	7649093
4	山东太阳控股集团有限公司	368	5404945
	合计		30029345
石化及炼焦			
1	中国石油化工集团有限公司	3	195772455
2	恒力集团有限公司	21	69533561
3	山东东明石化集团有限公司	216	10166832
4	利华益集团股份有限公司	229	9621648
5	万达控股集团有限公司	235	9302513
6	旭阳控股有限公司	312	6602635

排名	企业名称	总排名	营业收入/万元
7	山东京博控股集团有限公司	316	6533080
8	山东海科控股有限公司	317	6532582
9	盘锦北方沥青燃料有限公司	332	6152777
10	辽宁嘉晨控股集团有限公司	374	5312895
11	福佳集团有限公司	388	5031230
12	东营齐润化工有限公司	425	4611600
13	齐成（山东）石化集团有限公司	443	4417152
14	山东汇丰石化集团有限公司	444	4415001
15	福建省能源集团有限责任公司	447	4358303
16	富海集团新能源控股有限公司	453	4285514
17	金澳科技（湖北）化工有限公司	457	4256736
18	山东金诚石化集团有限公司	461	4210501
19	山东清源集团有限公司	494	3971183
	合计		365088198
化学原料及化学品制造			
1	中国化工集团有限公司	54	41739411
2	浙江荣盛控股集团有限公司	76	30860925
3	浙江恒逸集团有限公司	88	26607632
4	盛虹控股集团有限公司	89	26523669
5	潞安化工集团有限公司	143	16170997
6	新疆中泰（集团）有限责任公司	202	11050341
7	云天化集团有限责任公司	286	7343694
8	万华化学集团股份有限公司	287	7343297
9	贵州磷化（集团）有限责任公司	320	6431979
10	天津渤海化工集团有限责任公司	412	4764335
11	山东金岭集团有限公司	449	4302881
12	上海华谊（集团）公司	456	4260017
13	金浦投资控股集团有限公司	468	4149067
14	宜昌兴发集团有限责任公司	478	4053946
	合计		195602191
化学纤维制造			
1	桐昆控股集团有限公司	293	7101058
2	恒申控股集团有限公司	356	5666242
3	福建永荣控股集团有限公司	357	5661317
4	新凤鸣控股集团有限公司	380	5148647
5	江苏华宏实业集团有限公司	491	3977545

续表

排名	企业名称	总排名	营业收入/万元
	合计		27554809

排名	企业名称	总排名	营业收入/万元
药品制造			
1	上海医药集团股份有限公司	122	19190916
2	广州医药集团有限公司	129	17988428
3	深圳海王集团股份有限公司	324	6339653
4	威高集团有限公司	394	4978281
5	四川科伦实业集团有限公司	480	4042711
6	石药控股集团有限公司	482	4035608
	合计		56575597

排名	企业名称	总排名	营业收入/万元
水泥及玻璃制造			
1	中国建材集团有限公司	59	39409660
2	安徽海螺集团有限责任公司	90	26171587
3	北京金隅集团股份有限公司	174	13392236
4	红狮控股集团有限公司	364	5497879
5	天瑞集团股份有限公司	390	5026666
6	沂州集团有限公司	452	4298812
	合计		93796840

排名	企业名称	总排名	营业收入/万元
黑色冶金			
1	中国宝武钢铁集团有限公司	25	67373867
2	河钢集团有限公司	64	36404984
3	江苏沙钢集团有限公司	87	26678565
4	敬业集团有限公司	106	22444527
5	山东钢铁集团有限公司	108	22073340
6	鞍钢集团有限公司	111	21311112
7	首钢集团有限公司	114	20737071
8	北京建龙重工集团有限公司	119	19569510
9	南京钢铁集团有限公司	145	15715916
10	杭州钢铁集团有限公司	149	15461073
11	湖南华菱钢铁集团有限责任公司	155	15202110
12	河北新华联合冶金控股集团有限公司	164	14232625
13	中天钢铁集团有限公司	166	14003355
14	冀南钢铁集团有限公司	168	13907899
15	河北津西钢铁集团股份有限公司	176	13036986
16	广西柳州钢铁集团有限公司	191	11740007
17	上海德龙钢铁集团有限公司	193	11561923
18	酒泉钢铁（集团）有限责任公司	196	11406950
19	辽宁方大集团实业有限公司	214	10197710
20	江苏永钢集团有限公司	220	10096904
21	日照钢铁控股集团有限公司	227	9711525
22	福建大东海实业集团有限公司	246	8816736
23	包头钢铁（集团）有限责任公司	250	8667610
24	天津荣程祥泰投资控股集团有限公司	257	8505107
25	新余钢铁集团有限公司	265	7980988
26	河北普阳钢铁有限公司	268	7918524
27	永锋集团有限公司	271	7866643
28	武安市裕华钢铁有限公司	276	7626638
29	金鼎钢铁集团有限公司	281	7436768
30	唐山港陆钢铁有限公司	305	6801593
31	四川省川威集团有限公司	313	6579094
32	河北新金钢铁有限公司	318	6511408
33	河北新武安钢铁集团文安钢铁有限公司	330	6178592
34	本钢集团有限公司	331	6159631
35	江苏新长江实业集团有限公司	346	5848383
36	广西盛隆冶金有限公司	347	5840699
37	福建省三钢（集团）有限责任公司	371	5357563
38	安阳钢铁集团有限责任公司	389	5029911
39	山东泰山钢铁集团有限公司	395	4974172
40	河北文丰钢铁有限公司	419	4683338
41	江苏华西集团有限公司	424	4614720
42	四川德胜集团钒钛有限公司	436	4521138
43	河北安丰钢铁有限公司	490	3980619
44	石横特钢集团有限公司	498	3942296
	合计		548710130

排名	企业名称	总排名	营业收入/万元
一般有色			
1	正威国际集团有限公司	22	69193677
2	中国铝业集团有限公司	63	36701991
3	江西铜业集团有限公司	68	33685917
4	金川集团股份有限公司	94	24775947
5	铜陵有色金属集团控股有限公司	113	20907830
6	海亮集团有限公司	117	19642059
7	陕西有色金属控股集团有限责任公司	161	14459580
8	中国有色矿业集团有限公司	172	13609998

续表

排名	企业名称	总排名	营业收入/万元
9	南山集团有限公司	197	11358670
10	洛阳栾川钼业集团股份有限公司	198	11298101
11	宁波金田投资控股有限公司	211	10382009
12	中国宏桥集团有限公司	254	8614464
13	杭州锦江集团有限公司	270	7889834
14	宁夏天元锰业集团有限公司	322	6413255
15	白银有色集团股份有限公司	333	6142270
16	云南锡业集团（控股）有限责任公司	334	6140825
17	浙江富冶集团有限公司	342	5906312
18	新凤祥控股集团有限责任公司	378	5185887
19	河南豫光金铅集团有限责任公司	384	5082342
20	万基控股集团有限公司	466	4158946
21	西部矿业集团有限公司	470	4136351
22	伊电控股集团有限公司	483	4032330
23	盛屯矿业集团股份有限公司	500	3923619
	合计		333642214
贵金属			
1	紫金矿业集团股份有限公司	134	17150134
2	中国黄金集团有限公司	204	10860869
3	山东黄金集团有限公司	274	7665271
4	山东招金集团有限公司	285	7355595
5	老凤祥股份有限公司	379	5172150
6	山东中矿集团有限公司	410	4790108
	合计		52994127
金属制品加工			
1	青山控股集团有限公司	80	29289244
2	中国国际海运集装箱（集团）股份有限公司	231	9415908
3	湖南博长控股集团有限公司	359	5573500
4	山东九羊集团有限公司	400	4907189
5	天津友发钢管集团股份有限公司	406	4841870
6	山东创新金属科技有限公司	429	4551359
7	东方润安集团有限公司	431	4537856
8	宏旺投资集团有限公司	451	4301255
9	法尔胜泓昇集团有限公司	474	4098825
10	鲁丽集团有限公司	497	3957637
	合计		75474643

排名	企业名称	总排名	营业收入/万元
锅炉及动力装备制造			
1	上海电气（集团）总公司	144	16063032
2	广西玉柴机器集团有限公司	414	4749276
	合计		20812308
工业机械及设备制造			
1	三一集团有限公司	182	12531796
2	中联重科股份有限公司	319	6510894
	合计		19042690
电力电气设备制造			
1	中国电子科技集团有限公司	101	23674894
2	天能控股集团有限公司	140	16482138
3	超威电源集团有限公司	179	12822745
4	正泰集团股份有限公司	244	8935473
5	德力西集团有限公司	326	6291633
6	新疆特变电工集团有限公司	336	6096838
7	广州智能装备产业集团有限公司	370	5392268
8	宁德时代新能源科技股份有限公司	387	5031949
9	人民电器集团有限公司	416	4696591
10	中科电力装备集团有限公司	454	4281482
11	宁波富邦控股集团有限公司	460	4217583
12	双良集团有限公司	489	3983063
13	卧龙控股集团有限公司	496	3958745
	合计		105865402
电线电缆制造			
1	亨通集团有限公司	192	11700579
2	中天科技集团有限公司	290	7183181
3	富通集团有限公司	381	5123603
4	远东控股集团有限公司	448	4349782
	合计		28357145
风能、太阳能设备制造			
1	协鑫集团有限公司	222	10039029
2	晶科能源控股有限公司	329	6202061
3	新疆金风科技股份有限公司	358	5626511

续表

排名	企业名称	总排名	营业收入/万元
4	隆基绿能科技股份有限公司	365	5458318
5	明阳新能源投资控股集团有限公司	422	4626820
6	远景能源有限公司	428	4555397
	合计		36508136
计算机及办公设备			
1	联想控股股份有限公司	53	41756685
2	研祥高科技控股集团有限公司	382	5095715
3	心里程控股集团有限公司	430	4538097
	合计		51390497
通信设备制造			
1	华为投资控股有限公司	13	89136800
2	小米公司	95	24586563
3	中兴通讯股份有限公司	218	10145067
4	中国铁塔股份有限公司	260	8109900
5	歌尔股份有限公司	351	5774274
6	闻泰通讯股份有限公司	363	5518361
7	欧菲光集团股份有限公司	407	4834970
8	中国信息通信科技集团有限公司	413	4750222
9	福建省电子信息（集团）有限责任公司	433	4524248
	合计		157380405
半导体、集成电路及面板制造			
1	中国电子信息产业集团有限公司	93	24792373
2	北京电子控股有限责任公司	151	15364413
3	立讯精密工业股份有限公司	239	9250126
	合计		49406912
汽车及零配件制造			
1	上海汽车集团股份有限公司	16	74213245
2	中国第一汽车集团有限公司	20	69742459
3	东风汽车集团有限公司	27	59930949
4	北京汽车集团有限公司	38	49781770
5	广州汽车工业集团有限公司	58	39829579
6	浙江吉利控股集团有限公司	72	32561869
7	潍柴控股集团有限公司	77	30488263
8	中国重型汽车集团有限公司	132	17564831

排名	企业名称	总排名	营业收入/万元
9	比亚迪股份有限公司	147	15659769
10	万向集团公司	180	12673776
11	长城汽车股份有限公司	212	10330761
12	江铃汽车集团有限公司	230	9456716
13	陕西汽车控股集团有限公司	236	9300892
14	江苏悦达集团有限公司	238	9262176
15	奇瑞控股集团有限公司	258	8286878
16	安徽江淮汽车集团控股有限公司	348	5825477
17	宁波均胜电子股份有限公司	411	4788984
	合计		459698394
摩托车及零配件制造			
1	隆鑫控股有限公司	417	4695753
	合计		4695753
轨道交通设备及零部件制造			
1	中国中车集团有限公司	98	23996982
	合计		23996982
航空航天			
1	中国航空工业集团有限公司	42	46880346
2	中国航天科技集团有限公司	86	26731911
3	中国航天科工集团有限公司	91	26010986
	合计		99623243
兵器制造			
1	中国兵器工业集团有限公司	40	49002216
2	中国兵器装备集团有限公司	99	23773708
	合计		72775924
船舶制造			
1	中国船舶集团有限公司	73	32322774
2	江苏扬子江船业集团	485	4026258
	合计		36349032
综合制造业			
1	中国五矿集团有限公司	19	70390347
2	多弗国际控股集团有限公司	124	19091564

续表

排名	企业名称	总排名	营业收入/万元	排名	企业名称	总排名	营业收入/万元
3	无锡产业发展集团有限公司	169	13801604	31	河北建设集团股份有限公司	487	4014993
4	复星国际有限公司	170	13662948		合计		287965405
5	广州工业投资控股集团有限公司	267	7927400				
6	重庆化医控股（集团）公司	338	6062002	土木工程建筑			
7	重庆机电控股（集团）公司	420	4665129	1	中国建筑股份有限公司	4	161502333
	合计		135600994	2	中国铁路工程集团有限公司	10	97554878
				3	中国铁道建筑集团有限公司	12	91074888
房屋建筑				4	中国交通建设集团有限公司	17	73738891
1	太平洋建设集团有限公司	48	44186077	5	中国电力建设集团有限公司	33	54155793
2	上海建工集团股份有限公司	103	23132723	6	中国能源建设集团有限公司	85	27212971
3	广州市建筑集团有限公司	128	18390878	7	中国化学工程集团有限公司	185	12094971
4	南通三建控股有限公司	138	16777160	8	中天控股集团有限公司	186	12065311
5	陕西建工控股集团有限公司	163	14282336	9	云南省交通投资建设集团有限公司	207	10640906
6	北京城建集团有限责任公司	183	12525443	10	山西建设投资集团有限公司	259	8121904
7	北京建工集团有限责任公司	208	10551211	11	成都兴城投资集团有限公司	288	7299846
8	龙光交通集团有限公司	221	10067914	12	广东省建筑工程集团有限公司	302	6937922
9	湖南建工集团有限公司	223	9857362	13	四川华西集团有限公司	306	6750695
10	江苏南通二建集团有限公司	255	8602674	14	四川公路桥梁建设集团有限公司	343	5874635
11	浙江省建设投资集团有限公司	266	7954965	15	天元建设集团有限公司	350	5779130
12	南通四建集团有限公司	272	7820558	16	广西北部湾投资集团有限公司	372	5341509
13	旭辉控股（集团）有限公司	291	7179866	17	山东科达集团有限公司	481	4041564
14	甘肃省建设投资（控股）集团有限公司	295	7075457		合计		590188147
15	广厦控股集团有限公司	303	6831071				
16	上海城建（集团）公司	307	6722142	电网			
17	青建集团股份公司	308	6663210	1	国家电网有限公司	1	266766782
18	江苏省苏中建设集团股份有限公司	323	6402683	2	中国南方电网有限责任公司	30	57752408
19	安徽建工集团控股有限公司	327	6220401	3	内蒙古电力（集团）有限责任公司	256	8596369
20	重庆建工投资控股有限责任公司	361	5567143		合计		333115559
21	龙信建设集团有限公司	391	5014875				
22	江苏南通六建建设集团有限公司	398	4918672	水务			
23	帝海投资控股集团有限公司	401	4901878	1	南昌市政公用投资控股有限责任公司	367	5428951
24	融信（福建）投资集团有限公司	404	4854412	2	北京首都创业集团有限公司	375	5270094
25	江西省建工集团有限责任公司	409	4799406	3	水发集团有限公司	434	4522925
26	通州建总集团有限公司	418	4686350		合计		15221970
27	河北建工集团有限责任公司	421	4636082				
28	江苏省华建建设股份有限公司	426	4582201	综合能源供应			
29	浙江中成控股集团有限公司	432	4535824	1	云南省能源投资集团有限公司	175	13150164
30	新疆生产建设兵团建设工程（集团）有限责任公司	462	4209438	2	浙江省能源集团有限公司	206	10738544

续表

排名	企业名称	总排名	营业收入/万元
3	北京控股集团有限公司	219	10126115
4	新奥天然气股份有限公司	247	8809877
5	北京能源集团有限责任公司	301	6940960
6	四川省能源投资集团有限责任公司	339	6056236
7	申能（集团）有限公司	441	4474359
8	重庆市能源投资集团有限公司	459	4242164
9	广州国资发展控股有限公司	499	3926853
	合计		68465272
铁路运输			
1	中铁集装箱运输有限责任公司	446	4394572
	合计		4394572
公路运输			
1	甘肃省公路航空旅游投资集团有限公司	160	14544927
2	山东高速集团有限公司	165	14189091
3	广西交通投资集团有限公司	415	4729291
4	广东省交通集团有限公司	475	4092696
	合计		37556005
水上运输			
1	中国远洋海运集团有限公司	69	33118871
	合计		33118871
港口服务			
1	广西北部湾国际港务集团有限公司	243	9036745
2	福建省港口集团有限责任公司	397	4941062
	合计		13977807
航空运输			
1	中国南方航空集团有限公司	234	9305143
2	中国东方航空集团有限公司	282	7387773
3	中国国际航空股份有限公司	283	7386070
	合计		24078986
邮政			
1	中国邮政集团有限公司	26	66449974
	合计		66449974

排名	企业名称	总排名	营业收入/万元
物流及供应链			
1	厦门建发集团有限公司	47	44237231
2	厦门象屿集团有限公司	60	37483544
3	顺丰控股股份有限公司	150	15398687
4	东岭集团股份有限公司	187	12020369
5	传化集团有限公司	199	11173172
6	振烨国际产业控股集团（深圳）有限公司	261	8105145
7	中国铁路物资集团有限公司	314	6577404
8	河北省物流产业集团有限公司	335	6111800
9	广东省广物控股集团有限公司	385	5063517
10	郑州中瑞实业集团有限公司	393	4981717
11	中融新大集团有限公司	463	4182191
12	深圳金雅福控股集团有限公司	473	4102225
	合计		159437002
电信服务			
1	中国移动通信集团有限公司	14	77159747
2	中国电信集团有限公司	39	49266732
3	中国联合网络通信集团有限公司	78	30488253
	合计		156914732
信息技术服务			
1	神州数码集团股份有限公司	241	9206044
2	汇通达网络股份有限公司	396	4961023
3	云账户技术（天津）有限公司	469	4140397
	合计		18307464
互联网服务			
1	京东集团股份有限公司	15	74580189
2	阿里巴巴集团控股有限公司	18	71728900
3	腾讯控股有限公司	41	48206400
4	美团公司	195	11479451
5	百度网络技术有限公司	205	10770400
6	网易公司	284	7366713
7	上海钢联电子商务股份有限公司	345	5852122
8	通鼎集团有限公司	439	4511879
	合计		234496054

续表

排名	企业名称	总排名	营业收入/万元
能源矿产商贸			
1	中国航空油料集团有限公司	156	15131594
2	重庆千信集团有限公司	477	4068020
	合计		19199614
化工医药商贸			
1	中国中化集团有限公司	49	43845360
2	浙江前程投资股份有限公司	310	6620344
3	南京新工投资集团有限责任公司	405	4848350
	合计		55314054
机电商贸			
1	中国通用技术（集团）控股有限责任公司	118	19581759
	合计		19581759
生活消费品商贸			
1	唯品会控股有限公司	215	10185849
2	浙江省国际贸易集团有限公司	289	7189989
	合计		17375838
农产品及食品批发			
1	中粮集团有限公司	35	53030503
2	深圳市中农网有限公司	484	4028649
	合计		57059152
生产资料商贸			
1	广东鼎龙实业集团有限公司	173	13462321
2	厦门路桥工程物资有限公司	352	5730709
	合计		19193030
金属品商贸			
1	西安迈科金属国际集团有限公司	178	12887046
2	物产中大金属集团有限公司	188	11937540
3	上海均和集团有限公司	190	11762032
4	大汉控股集团有限公司	366	5439571
5	上海闽路润贸易有限公司	403	4875304
	合计		46901493
综合商贸			
1	厦门国贸控股集团有限公司	56	40212600
2	浙江省兴合集团有限责任公司	177	13010772
3	东方国际（集团）有限公司	240	9235469
4	中基宁波集团股份有限公司	269	7913177
5	兰州新区商贸物流投资集团有限公司	304	6815822
6	远大物产集团有限公司	344	5860283
7	江苏国泰国际集团股份有限公司	362	5563778
8	四川省商业投资集团有限责任公司	437	4517092
	合计		93128993
连锁超市及百货			
1	永辉超市股份有限公司	233	9319911
2	百联集团有限公司	328	6211884
3	物美科技集团有限公司	360	5567770
4	步步高投资集团股份有限公司	450	4302278
	合计		25401843
汽车摩托车零售			
1	新疆广汇实业投资（集团）有限责任公司	125	18939387
2	中升集团控股有限公司	158	14834807
3	上海永达控股（集团）有限公司	264	7983600
4	恒信汽车集团股份有限公司	297	7051452
5	河北省国和投资集团有限公司	471	4125996
	合计		52935242
家电及电子产品零售			
1	苏宁控股集团	29	58278071
2	国美控股集团有限公司	75	31047660
3	深圳市爱施德股份有限公司	321	6418995
	合计		95744726
医药及医疗器材零售			
1	中国医药集团有限公司	34	53321958
2	重庆医药（集团）股份有限公司	435	4521953
	合计		57843911

续表

排名	企业名称	总排名	营业收入/万元
商业银行			
1	中国工商银行股份有限公司	6	126128136
2	中国建设银行股份有限公司	7	114475400
3	中国农业银行股份有限公司	8	106043500
4	中国银行股份有限公司	11	92280100
5	交通银行股份有限公司	43	46617700
6	招商银行股份有限公司	51	42007400
7	兴业银行股份有限公司	62	36786700
8	上海浦东发展银行股份有限公司	65	36309900
9	中国民生银行股份有限公司	67	33862440
10	华夏银行股份有限公司	141	16423000
11	北京银行股份有限公司	181	12665100
12	上海银行股份有限公司	224	9853783
13	南京银行股份有限公司	300	6964558
14	渤海银行股份有限公司	309	6621688
15	重庆农村商业银行股份有限公司	392	4990405
16	盛京银行股份有限公司	438	4512775
17	恒丰银行股份有限公司	440	4480390
18	上海农村商业银行股份有限公司	467	4155550
19	广州农村商业银行股份有限公司	476	4090552
	合计		709269077
保险业			
1	中国人寿保险（集团）公司	9	99766657
2	中国人民保险集团股份有限公司	28	58369600
3	中国太平洋保险（集团）股份有限公司	50	42218239
4	泰康保险集团股份有限公司	96	24478229
5	中国太平保险集团有限责任公司	97	24467745
6	新华人寿保险股份有限公司	115	20653800
7	中国再保险（集团）股份有限公司	137	16819440
8	阳光保险集团股份有限公司	194	11497979
9	前海人寿保险股份有限公司	232	9387258
10	中华联合保险集团股份有限公司	369	5396526
	合计		313055473
证券业			
1	兴华财富集团有限公司	383	5082717
	合计		5082717
多元化金融			
1	中国平安保险（集团）股份有限公司	5	132141486
2	中国中信集团有限公司	36	51535674
3	招商局集团有限公司	55	41593770
4	中国光大集团股份公司	61	36866010
5	深圳市投资控股有限公司	110	21489121
6	上海新增鼎资产管理有限公司	464	4177875
	合计		287803936
住宅地产			
1	恒大集团有限公司	37	50724800
2	碧桂园控股有限公司	45	46285600
3	绿地控股集团股份有限公司	46	45606199
4	万科企业股份有限公司	52	41911168
5	中南控股集团有限公司	70	33009152
6	阳光龙净集团有限公司	92	25021130
7	融创中国控股有限公司	104	23058734
8	龙湖集团控股有限公司	127	18454730
9	珠海华发集团有限公司	203	10919024
10	卓尔控股有限公司	213	10208663
11	弘阳集团有限公司	226	9787913
12	奥园集团有限公司	245	8835171
13	重庆市迪马实业股份有限公司	249	8679400
14	天津泰达投资控股有限公司	252	8653070
15	重庆华宇集团有限公司	262	8084989
16	荣盛控股股份有限公司	263	8072639
17	广州越秀集团股份有限公司	299	6965922
18	上海中梁企业发展有限公司	311	6615524
19	绿城房地产集团有限公司	349	5803567
20	建业控股有限公司	353	5724197
21	北京首都开发控股（集团）有限公司	376	5247846
22	龙记泰信实业集团有限公司	377	5213655
23	重庆中昂投资集团有限公司	423	4624605
24	祥生地产集团有限公司	427	4572626
25	北京江南投资集团有限公司	492	3974219
	合计		406054543

续表

排名	企业名称	总排名	营业收入/万元
多元化投资			
1	重庆市金科投资控股（集团）有限责任公司	107	22381421
2	浙江省交通投资集团有限公司	120	19436092
3	云南省投资控股集团有限公司	130	17861994
4	国家开发投资集团有限公司	152	15307859
5	杭州市实业投资集团有限公司	154	15222889
6	云南省建设投资控股集团有限公司	157	15059527
7	山东省国有资产投资控股有限公司	253	8619026
8	陕西投资集团有限公司	277	7541571
9	广东省广晟控股集团有限公司	280	7464437
10	广东省广新控股集团有限公司	292	7113661
11	杭州市城市建设投资集团有限公司	493	3972538
	合计		139981015
人力资源服务			
1	中国国际技术智力合作集团有限公司	189	11853051
2	北京外企服务集团有限责任公司	217	10148195
	合计		22001246
旅游和餐饮			
1	中国旅游集团有限公司	298	6992848
	合计		6992848
文化娱乐			
1	华侨城集团有限公司	159	14708022
	合计		14708022
医疗卫生健康服务			
1	九州通医药集团股份有限公司	201	11085951
	合计		11085951
综合服务业			
1	中国华润有限公司	23	68611944
2	中国保利集团公司	57	40069966
3	中国机械工业集团有限公司	83	28287460
4	雪松控股集团有限公司	102	23347530
5	广西投资集团有限公司	123	19118515
6	东浩兰生（集团）有限公司	142	16183072
7	中国节能环保集团有限公司	442	4439436
	合计		200057923

表9-4　2021中国企业500强各地区分布

排名	企业名称	总排名	营业收入/万元	排名	企业名称	总排名	营业收入/万元
北京				35	中国铝业集团有限公司	63	36701991
1	国家电网有限公司	1	266766782	36	中国民生银行股份有限公司	67	33862440
2	中国石油天然气集团有限公司	2	195931195	37	中国船舶集团有限公司	73	32322774
3	中国石油化工集团有限公司	3	195772455	38	中国华能集团有限公司	74	31419332
4	中国建筑股份有限公司	4	161502333	39	国美控股集团有限公司	75	31047660
5	中国工商银行股份有限公司	6	126128136	40	中国联合网络通信集团有限公司	78	30488253
6	中国建设银行股份有限公司	7	114475400	41	中国机械工业集团有限公司	83	28287460
7	中国农业银行股份有限公司	8	106043500	42	国家电力投资集团有限公司	84	27822779
8	中国人寿保险（集团）公司	9	99766657	43	中国能源建设集团有限公司	85	27212971
9	中国铁路工程集团有限公司	10	97554878	44	中国航天科技集团有限公司	86	26731911
10	中国银行股份有限公司	11	92280100	45	中国航天科工集团有限公司	91	26010986
11	中国铁道建筑集团有限公司	12	91074888	46	中国电子信息产业集团有限公司	93	24792373
12	中国移动通信集团有限公司	14	77159747	47	小米公司	95	24586563
13	京东集团股份有限公司	15	74580189	48	泰康保险集团股份有限公司	96	24478229
14	中国交通建设集团有限公司	17	73738891	49	中国中车集团有限公司	98	23996982
15	中国五矿集团有限公司	19	70390347	50	中国兵器装备集团有限公司	99	23773708
16	中国邮政集团有限公司	26	66449974	51	中国华电集团有限公司	100	23763660
17	中国人民保险集团股份有限公司	28	58369600	52	中国电子科技集团有限公司	101	23674894
18	中国海洋石油集团有限公司	31	57474604	53	中国核工业集团有限公司	105	22537364
19	国家能源投资集团有限责任公司	32	55694290	54	首钢集团有限公司	114	20737071
20	中国电力建设集团有限公司	33	54155793	55	新华人寿保险股份有限公司	115	20653800
21	中国医药集团有限公司	34	53321958	56	中国林业集团有限公司	116	20460921
22	中粮集团有限公司	35	53030503	57	中国通用技术（集团）控股有限责任公司	118	19581759
23	中国中信集团有限公司	36	51535674	58	北京建龙重工集团有限公司	119	19569510
24	北京汽车集团有限公司	38	49781770	59	中国大唐集团有限公司	121	19240874
25	中国电信集团有限公司	39	49266732	60	中国中煤能源集团有限公司	126	18702415
26	中国兵器工业集团有限公司	40	49002216	61	中国再保险（集团）股份有限公司	137	16819440
27	中国航空工业集团有限公司	42	46880346	62	华夏银行股份有限公司	141	16423000
28	中国中化集团有限公司	49	43845360	63	北京首农食品集团有限责任公司	146	15706161
29	联想控股股份有限公司	53	41756685	64	北京电子控股有限责任公司	151	15364413
30	中国化工集团有限公司	54	41739411	65	国家开发投资集团有限公司	152	15307859
31	招商局集团有限公司	55	41593770	66	中国航空油料集团有限公司	156	15131594
32	中国保利集团公司	57	40069966	67	中国有色矿业集团有限公司	172	13609998
33	中国建材集团有限公司	59	39409660	68	北京金隅集团股份有限公司	174	13392236
34	中国光大集团股份公司	61	36866010	69	北京银行股份有限公司	181	12665100

续表

排名	企业名称	总排名	营业收入/万元
70	北京城建集团有限责任公司	183	12525443
71	中国化学工程集团有限公司	185	12094971
72	中国国际技术智力合作集团有限公司	189	11853051
73	中国黄金集团有限公司	204	10860869
74	百度网络技术有限公司	205	10770400
75	北京建工集团有限责任公司	208	10551211
76	北京外企服务集团有限责任公司	217	10148195
77	北京控股集团有限公司	219	10126115
78	神州数码集团股份有限公司	241	9206044
79	中国铁塔股份有限公司	260	8109900
80	中国国际航空股份有限公司	283	7386070
81	网易公司	284	7366713
82	中国旅游集团有限公司	298	6992848
83	北京能源集团有限责任公司	301	6940960
84	旭阳控股有限公司	312	6602635
85	中国铁路物资集团有限公司	314	6577404
86	物美科技集团有限公司	360	5567770
87	中华联合保险集团股份有限公司	369	5396526
88	北京首都创业集团有限公司	375	5270094
89	北京首都开发控股（集团）有限公司	376	5247846
90	帝海投资控股集团有限公司	401	4901878
91	中国节能环保集团有限公司	442	4439436
92	中铁集装箱运输有限责任公司	446	4394572
93	北京江南投资集团有限公司	492	3974219
	合计		3757593471

排名	企业名称	总排名	营业收入/万元
上海			
1	上海汽车集团股份有限公司	16	74213245
2	中国宝武钢铁集团有限公司	25	67373867
3	交通银行股份有限公司	43	46617700
4	绿地控股集团股份有限公司	46	45606199
5	中国太平洋保险（集团）股份有限公司	50	42218239
6	上海浦东发展银行股份有限公司	65	36309900
7	中国远洋海运集团有限公司	69	33118871
8	中国太平保险集团有限责任公司	97	24467745
9	上海建工集团股份有限公司	103	23132723
10	上海医药集团股份有限公司	122	19190916
11	东浩兰生（集团）有限公司	142	16183072
12	上海电气（集团）总公司	144	16063032
13	光明食品（集团）有限公司	148	15574792
14	复星国际有限公司	170	13662948
15	上海均和集团有限公司	190	11762032
16	上海德龙钢铁集团有限公司	193	11561923
17	美团公司	195	11479451
18	上海银行股份有限公司	224	9853783
19	东方国际（集团）有限公司	240	9235469
20	上海永达控股（集团）有限公司	264	7983600
21	中国东方航空集团有限公司	282	7387773
22	旭辉控股（集团）有限公司	291	7179866
23	上海城建（集团）公司	307	6722142
24	上海中梁企业发展有限公司	311	6615524
25	百联集团有限公司	328	6211884
26	上海钢联电子商务股份有限公司	345	5852122
27	杉杉控股有限公司	373	5313824
28	老凤祥股份有限公司	379	5172150
29	上海闽路润贸易有限公司	403	4875304
30	申能（集团）有限公司	441	4474359
31	上海华谊（集团）公司	456	4260017
32	上海新增鼎资产管理有限公司	464	4177875
33	上海农村商业银行股份有限公司	467	4155550
	合计		608007897

排名	企业名称	总排名	营业收入/万元
天津			
1	融创中国控股有限公司	104	23058734
2	天津泰达投资控股有限公司	252	8653070
3	天津荣程祥泰投资控股集团有限公司	257	8505107
4	渤海银行股份有限公司	309	6621688
5	天津友发钢管集团股份有限公司	406	4841870
6	天津渤海化工集团有限责任公司	412	4764335
7	云账户技术（天津）有限公司	469	4140397
	合计		60585201

排名	企业名称	总排名	营业收入/万元
重庆			
1	重庆市金科投资控股（集团）有限责任公司	107	22381421

续表

排名	企业名称	总排名	营业收入/万元
2	龙湖集团控股有限公司	127	18454730
3	重庆市迪马实业股份有限公司	249	8679400
4	重庆华宇集团有限公司	262	8084989
5	重庆化医控股（集团）公司	338	6062002
6	重庆建工投资控股有限责任公司	361	5567143
7	重庆农村商业银行股份有限公司	392	4990405
8	隆鑫控股有限公司	417	4695753
9	重庆机电控股（集团）公司	420	4665129
10	重庆中昂投资集团有限公司	423	4624605
11	重庆医药（集团）股份有限公司	435	4521953
12	重庆市能源投资集团有限公司	459	4242164
13	重庆千信集团有限公司	477	4068020
	合计		101037714
黑龙江			
1	北大荒农垦集团有限公司	167	13919097
	合计		13919097
吉林			
1	中国第一汽车集团有限公司	20	69742459
	合计		69742459
辽宁			
1	鞍钢集团有限公司	111	21311112
2	中升集团控股有限公司	158	14834807
3	辽宁方大集团实业有限公司	214	10197710
4	本钢集团有限公司	331	6159631
5	盘锦北方沥青燃料有限公司	332	6152777
6	辽宁嘉晨控股集团有限公司	374	5312895
7	福佳集团有限公司	388	5031230
8	盛京银行股份有限公司	438	4512775
	合计		73512937
河北			
1	河钢集团有限公司	64	36404984
2	敬业集团有限公司	106	22444527
3	河北新华联合冶金控股集团有限公司	164	14232625
4	冀南钢铁集团有限公司	168	13907899
5	河北津西钢铁集团股份有限公司	176	13036986
6	长城汽车股份有限公司	212	10330761
7	新奥天然气股份有限公司	247	8809877
8	开滦（集团）有限责任公司	248	8704453
9	荣盛控股股份有限公司	263	8072639
10	河北普阳钢铁有限公司	268	7918524
11	武安市裕华钢铁有限公司	276	7626638
12	金鼎钢铁集团有限公司	281	7436768
13	唐山港陆钢铁有限公司	305	6801593
14	河北新金钢铁有限公司	318	6511408
15	河北新武安钢铁集团文安钢铁有限公司	330	6178592
16	河北省物流产业集团有限公司	335	6111800
17	兴华财富集团有限公司	383	5082717
18	三河汇福粮油集团有限公司	408	4815435
19	河北文丰钢铁有限公司	419	4683338
20	河北建工集团有限责任公司	421	4636082
21	河北省国和投资集团有限公司	471	4125996
22	石药控股集团有限公司	482	4035608
23	河北建设集团股份有限公司	487	4014993
24	河北安丰钢铁有限公司	490	3980619
	合计		219904862
河南			
1	万洲国际有限公司	131	17646430
2	中国平煤神马能源化工集团有限责任公司	136	17031995
3	河南能源化工集团有限公司	139	16710826
4	洛阳栾川钼业集团股份有限公司	198	11298101
5	牧原实业集团有限公司	341	5942750
6	建业控股有限公司	353	5724197
7	河南豫光金铅集团有限责任公司	384	5082342
8	安阳钢铁集团有限责任公司	389	5029911
9	天瑞集团股份有限公司	390	5026666
10	郑州中瑞实业集团有限公司	393	4981717
11	万基控股集团有限公司	466	4158946

续表

排名	企业名称	总排名	营业收入/万元
12	伊电控股集团有限公司	483	4032330
	合计		102666211
山东			
1	山东能源集团有限公司	24	67523956
2	潍柴控股集团有限公司	77	30488263
3	海尔集团公司	79	30247330
4	山东魏桥创业集团有限公司	81	28896461
5	山东钢铁集团有限公司	108	22073340
6	中国重型汽车集团有限公司	132	17564831
7	山东高速集团有限公司	165	14189091
8	海信集团控股股份有限公司	171	13631446
9	南山集团有限公司	197	11358670
10	山东东明石化集团有限公司	216	10166832
11	日照钢铁控股集团有限公司	227	9711525
12	利华益集团股份有限公司	229	9621648
13	万达控股集团有限公司	235	9302513
14	晨鸣控股有限公司	242	9162298
15	山东省国有资产投资控股有限公司	253	8619026
16	中国宏桥集团有限公司	254	8614464
17	永锋集团有限公司	271	7866643
18	山东黄金集团有限公司	274	7665271
19	华泰集团有限公司	275	7649093
20	山东招金集团有限公司	285	7355595
21	万华化学集团股份有限公司	287	7343297
22	青建集团股份公司	308	6663210
23	山东京博控股集团有限公司	316	6533080
24	山东海科控股有限公司	317	6532582
25	天元建设集团有限公司	350	5779130
26	歌尔股份有限公司	351	5774274
27	山东如意时尚投资控股有限公司	355	5671453
28	山东太阳控股集团有限公司	368	5404945
29	新凤祥控股集团有限责任公司	378	5185887
30	威高集团有限公司	394	4978281
31	山东泰山钢铁集团有限公司	395	4974172
32	山东九羊集团有限公司	400	4907189
33	山东中矿集团有限公司	410	4790108
34	东营齐润化工有限公司	425	4611600
35	山东创新金属科技有限公司	429	4551359
36	水发集团有限公司	434	4522925
37	恒丰银行股份有限公司	440	4480390
38	齐成（山东）石化集团有限公司	443	4417152
39	山东汇丰石化集团有限公司	444	4415001
40	山东渤海实业股份有限公司	445	4398565
41	山东金岭集团有限公司	449	4302881
42	沂州集团有限公司	452	4298812
43	富海集团新能源控股有限公司	453	4285514
44	西王集团有限公司	455	4263690
45	山东金诚石化集团有限公司	461	4210501
46	中融新大集团有限公司	463	4182191
47	山东科达集团有限公司	481	4041564
48	山东清源集团有限公司	494	3971183
49	鲁丽集团有限公司	497	3957637
50	石横特钢集团有限公司	498	3942296
	合计		479099165
山西			
1	晋能控股集团有限公司	44	46599091
2	山西焦煤集团有限责任公司	112	21013130
3	华阳新材料科技集团有限公司	133	17379672
4	潞安化工集团有限公司	143	16170997
5	山西建设投资集团有限公司	259	8121904
6	山西鹏飞集团有限公司	354	5678218
	合计		114963012
陕西			
1	陕西煤业化工集团有限责任公司	66	34026966
2	陕西延长石油（集团）有限责任公司	71	32766209
3	陕西有色金属控股集团有限责任公司	161	14459580
4	陕西建工控股集团有限公司	163	14282336
5	西安迈科金属国际集团有限公司	178	12887046
6	东岭集团股份有限公司	187	12020369

续表

排名	企业名称	总排名	营业收入/万元	排名	企业名称	总排名	营业收入/万元
7	陕西汽车控股集团有限公司	236	9300892	19	中天科技集团有限公司	290	7183181
8	陕西投资集团有限公司	277	7541571	20	南京银行股份有限公司	300	6964558
9	隆基绿能科技股份有限公司	365	5458318	21	江苏省苏中建设集团股份有限公司	323	6402683
10	龙记泰信实业集团有限公司	377	5213655	22	三房巷集团有限公司	325	6325015
	合计		147956942	23	江苏新长江实业集团有限公司	346	5848383
				24	江苏国泰国际集团股份有限公司	362	5563778
安徽				25	龙信建设集团有限公司	391	5014875
1	安徽海螺集团有限责任公司	90	26171587	26	汇通达网络股份有限公司	396	4961023
2	铜陵有色金属集团控股有限公司	113	20907830	27	江苏南通六建建设集团有限公司	398	4918672
3	奇瑞控股集团有限公司	258	8286878	28	南京新工投资集团有限责任公司	405	4848350
4	淮北矿业（集团）有限责任公司	315	6552350	29	通州建总集团有限公司	418	4686350
5	安徽建工集团控股有限公司	327	6220401	30	江苏华西集团有限公司	424	4614720
6	安徽江淮汽车集团控股有限公司	348	5825477	31	江苏省华建建设股份有限公司	426	4582201
7	中科电力装备集团有限公司	454	4281482	32	远景能源有限公司	428	4555397
8	淮河能源控股集团有限责任公司	465	4175770	33	东方润安集团有限公司	431	4537856
	合计		82421775	34	通鼎集团有限公司	439	4511879
				35	远东控股集团有限公司	448	4349782
江苏				36	金浦投资控股集团有限公司	468	4149067
1	恒力集团有限公司	21	69533561	37	徐州矿务集团有限公司	472	4108056
2	苏宁控股集团	29	58278071	38	法尔胜泓昇集团有限公司	474	4098825
3	中南控股集团有限公司	70	33009152	39	江苏扬子江船业集团	485	4026258
4	江苏沙钢集团有限公司	87	26678565	40	澳洋集团有限公司	486	4016403
5	盛虹控股集团有限公司	89	26523669	41	双良集团有限公司	489	3983063
6	南通三建控股有限公司	138	16777160	42	江苏华宏实业集团有限公司	491	3977545
7	南京钢铁集团有限公司	145	15715916	43	江苏阳光集团有限公司	495	3961174
8	中天钢铁集团有限公司	166	14003355		合计		481841990
9	无锡产业发展集团有限公司	169	13801604				
10	亨通集团有限公司	192	11700579	湖南			
11	海澜集团有限公司	209	10521688	1	湖南华菱钢铁集团有限责任公司	155	15202110
12	江苏永钢集团有限公司	220	10096904	2	三一集团有限公司	182	12531796
13	协鑫集团有限公司	222	10039029	3	湖南建工集团有限公司	223	9857362
14	弘阳集团有限公司	226	9787913	4	中联重科股份有限公司	319	6510894
15	江苏悦达集团有限公司	238	9262176	5	湖南博长控股集团有限公司	359	5573500
16	江苏南通二建集团有限公司	255	8602674	6	大汉控股集团有限公司	366	5439571
17	南通四建集团有限公司	272	7820558	7	步步高投资集团股份有限公司	450	4302278
18	红豆集团有限公司	278	7500322		合计		59417511

续表

排名	企业名称	总排名	营业收入/万元
湖北			
1	东风汽车集团有限公司	27	59930949
2	九州通医药集团股份有限公司	201	11085951
3	卓尔控股有限公司	213	10208663
4	恒信汽车集团股份有限公司	297	7051452
5	稻花香集团	386	5057532
6	中国信息通信科技集团有限公司	413	4750222
7	金澳科技（湖北）化工有限公司	457	4256736
8	宜昌兴发集团有限责任公司	478	4053946
	合计		106395451
江西			
1	江西铜业集团有限公司	68	33685917
2	江铃汽车集团有限公司	230	9456716
3	双胞胎（集团）股份有限公司	251	8663084
4	新余钢铁集团有限公司	265	7980988
5	晶科能源控股有限公司	329	6202061
6	南昌市政公用投资控股有限责任公司	367	5428951
7	江西正邦科技股份有限公司	399	4916630
8	江西省建工集团有限责任公司	409	4799406
	合计		81133753
浙江			
1	阿里巴巴集团控股有限公司	18	71728900
2	浙江吉利控股集团有限公司	72	32561869
3	浙江荣盛控股集团有限公司	76	30860925
4	青山控股集团有限公司	80	29289244
5	浙江恒逸集团有限公司	88	26607632
6	海亮集团有限公司	117	19642059
7	浙江省交通投资集团有限公司	120	19436092
8	多弗国际控股集团有限公司	124	19091564
9	天能控股集团有限公司	140	16482138
10	杭州钢铁集团有限公司	149	15461073
11	杭州市实业投资集团有限公司	154	15222889
12	浙江省兴合集团有限责任公司	177	13010772
13	超威电源集团有限公司	179	12822745
14	万向集团公司	180	12673776
15	中天控股集团有限公司	186	12065311
16	物产中大金属集团有限公司	188	11937540
17	传化集团有限公司	199	11173172
18	浙江省能源集团有限公司	206	10738544
19	雅戈尔集团股份有限公司	210	10481096
20	宁波金田投资控股有限公司	211	10382009
21	正泰集团股份有限公司	244	8935473
22	浙江省建设投资集团有限公司	266	7954965
23	中基宁波集团股份有限公司	269	7913177
24	杭州锦江集团有限公司	270	7889834
25	浙江省国际贸易集团有限公司	289	7189989
26	桐昆控股集团有限公司	293	7101058
27	奥克斯集团有限公司	296	7063720
28	广厦控股集团有限公司	303	6831071
29	浙江前程投资股份有限公司	310	6620344
30	德力西集团有限公司	326	6291633
31	浙江富冶集团有限公司	342	5906312
32	远大物产集团有限公司	344	5860283
33	绿城房地产集团有限公司	349	5803567
34	闻泰通讯股份有限公司	363	5518361
35	红狮控股集团有限公司	364	5497879
36	新凤鸣控股集团有限公司	380	5148647
37	富通集团有限公司	381	5123603
38	宁波均胜电子股份有限公司	411	4788984
39	人民电器集团有限公司	416	4696591
40	祥生地产集团有限公司	427	4572626
41	浙江中成控股集团有限公司	432	4535824
42	宁波富邦控股集团有限公司	460	4217583
43	森马集团有限公司	479	4051223
44	杭州市城市建设投资集团有限公司	493	3972538
45	卧龙控股集团有限公司	496	3958745
	合计		549113380
广东			

续表

排名	企业名称	总排名	营业收入/万元	排名	企业名称	总排名	营业收入/万元
1	中国平安保险（集团）股份有限公司	5	132141486	37	温氏食品集团股份有限公司	279	7493891
2	华为投资控股有限公司	13	89136800	38	广东省广晟控股集团有限公司	280	7464437
3	正威国际集团有限公司	22	69193677	39	广东省广新控股集团有限公司	292	7113661
4	中国华润有限公司	23	68611944	40	广州越秀集团股份有限公司	299	6965922
5	中国南方电网有限责任公司	30	57752408	41	广东省建筑工程集团有限公司	302	6937922
6	恒大集团有限公司	37	50724800	42	深圳市爱施德股份有限公司	321	6418995
7	腾讯控股有限公司	41	48206400	43	深圳海王集团股份有限公司	324	6339653
8	碧桂园控股有限公司	45	46285600	44	广东海大集团股份有限公司	340	6032386
9	招商银行股份有限公司	51	42007400	45	广州智能装备产业集团有限公司	370	5392268
10	万科企业股份有限公司	52	41911168	46	研祥高科技控股集团有限公司	382	5095715
11	广州汽车工业集团有限公司	58	39829579	47	广东省广物控股集团有限公司	385	5063517
12	美的集团股份有限公司	82	28570972	48	广东省能源集团有限公司	402	4897642
13	雪松控股集团有限公司	102	23347530	49	欧菲光集团股份有限公司	407	4834970
14	深圳市投资控股有限公司	110	21489121	50	明阳新能源投资控股集团有限公司	422	4626820
15	广州市建筑集团有限公司	128	18390878	51	心里程控股集团有限公司	430	4538097
16	广州医药集团有限公司	129	17988428	52	宏旺投资集团有限公司	451	4301255
17	珠海格力电器股份有限公司	135	17049742	53	深圳金雅福控股集团有限公司	473	4102225
18	比亚迪股份有限公司	147	15659769	54	广东省交通集团有限公司	475	4092696
19	顺丰控股股份有限公司	150	15398687	55	广州农村商业银行股份有限公司	476	4090552
20	TCL	153	15281977	56	深圳市中农网有限公司	484	4028649
21	华侨城集团有限公司	159	14708022	57	创维集团有限公司	488	3985341
22	广东鼎龙实业集团有限公司	173	13462321	58	广州国资发展控股有限公司	499	3926853
23	阳光保险集团股份有限公司	194	11497979		合计		1138834548
24	中国广核集团有限公司	200	11087379				
25	珠海华发集团有限公司	203	10919024	四川			
26	唯品会控股有限公司	215	10185849	1	新希望控股集团有限公司	109	21807950
27	中兴通讯股份有限公司	218	10145067	2	四川长虹电子控股集团有限公司	162	14302825
28	龙光交通集团有限公司	221	10067914	3	四川省宜宾五粮液集团有限公司	184	12107223
29	中国国际海运集装箱（集团）股份有限公司	231	9415908	4	通威集团有限公司	237	9263517
30	前海人寿保险股份有限公司	232	9387258	5	成都兴城投资集团有限公司	288	7299846
31	中国南方航空集团有限公司	234	9305143	6	蓝润集团有限公司	294	7100016
32	立讯精密工业股份有限公司	239	9250126	7	四川华西集团有限公司	306	6750695
33	奥园集团有限公司	245	8835171	8	四川省川威集团有限公司	313	6579094
34	振烨国际产业控股集团（深圳）有限公司	261	8105145	9	泸州老窖集团有限责任公司	337	6076553
35	广州工业投资控股集团有限公司	267	7927400	10	四川省能源投资集团有限责任公司	339	6056236
36	玖龙纸业（控股）有限公司	273	7813009	11	四川公路桥梁建设集团有限公司	343	5874635

续表

排名	企业名称	总排名	营业收入/万元
12	四川德胜集团钒钛有限公司	436	4521138
13	四川省商业投资集团有限责任公司	437	4517092
14	四川科伦实业集团有限公司	480	4042711
	合计		116299531
福建			
1	厦门建发集团有限公司	47	44237231
2	厦门国贸控股集团有限公司	56	40212600
3	厦门象屿集团有限公司	60	37483544
4	兴业银行股份有限公司	62	36786700
5	阳光龙净集团有限公司	92	25021130
6	紫金矿业集团股份有限公司	134	17150134
7	永辉超市股份有限公司	233	9319911
8	福建大东海实业集团有限公司	246	8816736
9	厦门路桥工程物资有限公司	352	5730709
10	恒申控股集团有限公司	356	5666242
11	福建永荣控股集团有限公司	357	5661317
12	福建省三钢（集团）有限责任公司	371	5357563
13	宁德时代新能源科技股份有限公司	387	5031949
14	福建省港口集团有限责任公司	397	4941062
15	融信（福建）投资集团有限公司	404	4854412
16	福建省电子信息（集团）有限责任公司	433	4524248
17	福建省能源集团有限责任公司	447	4358303
18	盛屯矿业集团股份有限公司	500	3923619
	合计		269077410
广西壮族自治区			
1	广西投资集团有限公司	123	19118515
2	广西柳州钢铁集团有限公司	191	11740007
3	广西北部湾国际港务集团有限公司	243	9036745
4	广西盛隆冶金有限公司	347	5840699
5	广西北部湾投资集团有限公司	372	5341509
6	广西玉柴机器集团有限公司	414	4749276
7	广西交通投资集团有限公司	415	4729291
	合计		60556042

排名	企业名称	总排名	营业收入/万元
贵州			
1	贵州茅台酒股份有限公司	225	9799324
2	贵州磷化（集团）有限责任公司	320	6431979
3	贵州盘江煤电集团有限责任公司	458	4255044
	合计		20486347
云南			
1	云南省投资控股集团有限公司	130	17861994
2	云南省建设投资控股集团有限公司	157	15059527
3	云南省能源投资集团有限公司	175	13150164
4	云南省交通投资建设集团有限公司	207	10640906
5	云天化集团有限责任公司	286	7343694
6	云南锡业集团（控股）有限责任公司	334	6140825
	合计		70197110
甘肃			
1	金川集团股份有限公司	94	24775947
2	甘肃省公路航空旅游投资集团有限公司	160	14544927
3	酒泉钢铁（集团）有限责任公司	196	11406950
4	甘肃省建设投资（控股）集团有限公司	295	7075457
5	兰州新区商贸物流投资集团有限公司	304	6815822
6	白银有色集团股份有限公司	333	6142270
	合计		70761373
青海			
1	西部矿业集团有限公司	470	4136351
	合计		4136351
宁夏回族自治区			
1	宁夏天元锰业集团有限公司	322	6413255
	合计		6413255
新疆维吾尔自治区			
1	太平洋建设集团有限公司	48	44186077
2	新疆广汇实业投资（集团）有限责任公司	125	18939387
3	新疆中泰（集团）有限责任公司	202	11050341

续表

排名	企业名称	总排名	营业收入/万元	排名	企业名称	总排名	营业收入/万元
4	新疆特变电工集团有限公司	336	6096838	内蒙古自治区			
5	新疆金风科技股份有限公司	358	5626511	1	内蒙古伊利实业集团股份有限公司	228	9652396
6	新疆生产建设兵团建设工程（集团）有限责任公司	462	4209438	2	包头钢铁（集团）有限责任公司	250	8667610
	合计		90108592	3	内蒙古电力（集团）有限责任公司	256	8596369
					合计		26916375

表 9－5　2021 中国企业 500 强净利润排序前 100 名企业

排名	企业名称	净利润/万元	排名	企业名称	净利润/万元
1	中国工商银行股份有限公司	31590546	51	新华人寿保险股份有限公司	1429700
2	中国建设银行股份有限公司	27357900	52	中国航天科工集团有限公司	1348948
3	中国农业银行股份有限公司	21592500	53	中国保利集团公司	1345101
4	中国银行股份有限公司	19287000	54	南京银行股份有限公司	1310088
5	腾讯控股有限公司	15984700	55	中国电信集团有限公司	1301398
6	阿里巴巴集团控股有限公司	15057800	56	中国电子科技集团有限公司	1296924
7	中国平安保险（集团）股份有限公司	14309841	57	安徽海螺集团有限责任公司	1296083
8	招商银行股份有限公司	9734200	58	中国船舶集团有限公司	1293474
9	中国移动通信集团有限公司	8914881	59	正威国际集团有限公司	1277708
10	交通银行股份有限公司	7827400	60	网易公司	1206275
11	兴业银行股份有限公司	6662600	61	深圳市投资控股有限公司	1146080
12	华为投资控股有限公司	6459500	62	中国铁路工程集团有限公司	1130786
13	上海浦东发展银行股份有限公司	5832500	63	冀南钢铁集团有限公司	1099538
14	京东集团股份有限公司	4940522	64	中国宏桥集团有限公司	1049594
15	贵州茅台酒股份有限公司	4669729	65	中国兵器工业集团有限公司	1042489
16	中国建筑股份有限公司	4494425	66	中国铁道建筑集团有限公司	1024966
17	中国石油化工集团有限公司	4281570	67	中国远洋海运集团有限公司	1015155
18	万科企业股份有限公司	4151554	68	万华化学集团股份有限公司	1004143
19	招商局集团有限公司	4084391	69	中粮集团有限公司	950570
20	国家电网有限公司	3850471	70	浙江吉利控股集团有限公司	933057
21	融创中国控股有限公司	3564378	71	重庆华宇集团有限公司	927049
22	碧桂园控股有限公司	3500200	72	中国医药集团有限公司	868503
23	中国民生银行股份有限公司	3430887	73	隆基绿能科技股份有限公司	855237
24	中国海洋石油集团有限公司	3313654	74	山东魏桥创业集团有限公司	852854
25	中国邮政集团有限公司	3241871	75	渤海银行股份有限公司	844457
26	中国人寿保险（集团）公司	3207214	76	重庆农村商业银行股份有限公司	840120
27	中国石油天然气集团有限公司	3156874	77	中国广核集团有限公司	839531
28	中国华润有限公司	2987838	78	日照钢铁控股集团有限公司	837986
29	国家能源投资集团有限责任公司	2830444	79	中国核工业集团有限公司	819943
30	美的集团股份有限公司	2722296	80	上海农村商业银行股份有限公司	816067
31	中国中信集团有限公司	2651343	81	恒大集团有限公司	807600
32	中国宝武钢铁集团有限公司	2503826	82	海尔集团公司	806055
33	中国太平洋保险（集团）股份有限公司	2458394	83	中国交通建设集团有限公司	803866
34	泰康保险集团股份有限公司	2403704	84	旭辉控股（集团）有限公司	803190
35	百度网络技术有限公司	2247200	85	复星国际有限公司	801794
36	珠海格力电器股份有限公司	2217511	86	山东能源集团有限公司	801699
37	北京银行股份有限公司	2148400	87	华侨城集团有限公司	791522
38	华夏银行股份有限公司	2127500	88	江苏沙钢集团有限公司	789680
39	上海银行股份有限公司	2088506	89	青山控股集团有限公司	779213
40	上海汽车集团股份有限公司	2043104	90	雅戈尔集团股份有限公司	778940
41	小米公司	2035550	91	东风汽车集团有限公司	769705
42	中国人民保险集团股份有限公司	2006900	92	三一集团有限公司	745519
43	龙湖集团控股有限公司	2000203	93	温氏食品集团股份有限公司	742587
44	中国第一汽车集团有限公司	1977861	94	顺丰控股股份有限公司	732608
45	中国航天科技集团有限公司	1887219	95	中联重科股份有限公司	728067
46	中国光大集团股份公司	1773921	96	立讯精密工业股份有限公司	722546
47	恒力集团有限公司	1637160	97	内蒙古伊利实业集团股份有限公司	707818
48	龙光交通集团有限公司	1600929	98	福建大东海实业集团有限公司	689970
49	太平洋建设集团有限公司	1530497	99	中国南方电网有限责任公司	689020
50	绿地控股集团股份有限公司	1499777	100	重庆中昂投资集团有限公司	670578
				中国企业 500 强平均数	814252

表 9-6　2021 中国企业 500 强资产排序前 100 名企业

排名	企业名称	资产/万元	排名	企业名称	资产/万元
1	中国工商银行股份有限公司	3334505789	51	盛京银行股份有限公司	103795838
2	中国建设银行股份有限公司	2813225400	52	广州农村商业银行股份有限公司	102787165
3	中国农业银行股份有限公司	2720504700	53	晋能控股集团有限公司	102767208
4	中国银行股份有限公司	2440265900	54	中国宝武钢铁集团有限公司	101407132
5	中国邮政集团有限公司	1181708989	55	中国南方电网有限责任公司	101249591
6	交通银行股份有限公司	1069761600	56	新华人寿保险股份有限公司	100437600
7	中国平安保险（集团）股份有限公司	952787025	57	中国太平保险集团有限责任公司	98373380
8	中国中信集团有限公司	825546695	58	中国五矿集团有限公司	98300396
9	上海浦东发展银行股份有限公司	795021800	59	上海汽车集团股份有限公司	91941476
10	兴业银行股份有限公司	789400000	60	中国核工业集团有限公司	91225669
11	招商银行股份有限公司	786613600	61	中国电信集团有限公司	90781347
12	中国民生银行股份有限公司	695023294	62	华为投资控股有限公司	87685400
13	中国光大集团股份公司	592390786	63	中国船舶集团有限公司	86142593
14	中国人寿保险（集团）公司	506541483	64	中国华电集团有限公司	86104255
15	国家电网有限公司	434622758	65	中国化工集团有限公司	85742676
16	中国石油天然气集团有限公司	408867383	66	中国远洋海运集团有限公司	84988963
17	华夏银行股份有限公司	339981600	67	深圳市投资控股有限公司	84536737
18	北京银行股份有限公司	290001400	68	中国大唐集团有限公司	79656306
19	上海银行股份有限公司	246214402	69	中国广核集团有限公司	78715554
20	恒大集团有限公司	230115900	70	成都兴城投资集团有限公司	77909960
21	中国石油化工集团有限公司	223996049	71	复星国际有限公司	76768060
22	招商局集团有限公司	222333457	72	龙湖集团控股有限公司	76515882
23	中国建筑股份有限公司	219217384	73	山东能源集团有限公司	68510271
24	碧桂园控股有限公司	201580900	74	国家开发投资集团有限公司	68226971
25	中国交通建设集团有限公司	200027142	75	广州越秀集团股份有限公司	67546130
26	中国移动通信集团有限公司	198704388	76	华侨城集团有限公司	67103995
27	万科企业股份有限公司	186917709	77	中粮集团有限公司	66978757
28	中国华润有限公司	179888442	78	联想控股股份有限公司	65173277
29	国家能源投资集团有限责任公司	178807863	79	中国中化集团有限公司	63697245
30	中国太平洋保险（集团）股份有限公司	177100444	80	中国铝业集团有限公司	63240430
31	阿里巴巴集团控股有限公司	169021800	81	中国联合网络通信集团有限公司	61581817
32	中国保利集团公司	157048480	82	甘肃省公路航空旅游投资集团有限公司	61133323
33	南京银行股份有限公司	151707577	83	云南省建设投资控股集团有限公司	60118953
34	绿地控股集团股份有限公司	139733629	84	中国建材集团有限公司	60012574
35	渤海银行股份有限公司	139352313	85	广西投资集团有限公司	59765667
36	腾讯控股有限公司	133342500	86	陕西煤业化工集团有限责任公司	59606033
37	国家电力投资集团有限公司	132413690	87	浙江省交通投资集团有限公司	59489359
38	中国海洋石油集团有限公司	126171463	88	东风汽车集团有限公司	55525156
39	中国人民保险集团股份有限公司	125546100	89	北京汽车集团有限公司	53436124
40	中国铁道建筑集团有限公司	124572775	90	云南省交通投资建设集团有限公司	52924579
41	中国铁路工程集团有限公司	120918497	91	中国航天科技集团有限公司	51876555
42	中国华能集团有限公司	118751931	92	首钢集团有限公司	51200691
43	重庆农村商业银行股份有限公司	113592644	93	中国第一汽车集团有限公司	48894055
44	泰康保险集团股份有限公司	112961614	94	珠海华发集团有限公司	48778304
45	恒丰银行股份有限公司	111415463	95	北京电子控股有限责任公司	48729381
46	融创中国控股有限公司	110840520	96	河钢集团有限公司	48552978
47	山东高速集团有限公司	107074705	97	浙江吉利控股集团有限公司	48540396
48	中国电力建设集团有限公司	105697954	98	中国能源建设集团有限公司	47642266
49	上海农村商业银行股份有限公司	105697668	99	云南省投资控股集团有限公司	47452133
50	中国航空工业集团有限公司	105196580	100	阳光龙净集团有限公司	47355617
				中国企业 500 强平均数	68716747

表 9-7 2021 中国企业 500 强从业人数排序前 100 名企业

排名	企业名称	从业人数/人	排名	企业名称	从业人数/人
1	中国石油天然气集团有限公司	1242245	51	江苏省苏中建设集团股份有限公司	155703
2	国家电网有限公司	1043614	52	中粮集团有限公司	151000
3	中国人民保险集团股份有限公司	961662	53	美的集团股份有限公司	149239
4	中国邮政集团有限公司	828278	54	中国中信集团有限公司	148283
5	中国石油化工集团有限公司	553833	55	东风汽车集团有限公司	145756
6	北大荒农垦集团有限公司	520823	56	中国航天科工集团有限公司	145148
7	晋能控股集团有限公司	472860	57	上海汽车集团股份有限公司	143922
8	中国农业银行股份有限公司	459000	58	中国核工业集团有限公司	143200
9	中国移动通信集团有限公司	455721	59	新希望控股集团有限公司	142659
10	中国工商银行股份有限公司	439787	60	陕西煤业化工集团有限责任公司	142546
11	中国航空工业集团有限公司	420000	61	中国化工集团有限公司	141250
12	中国电信集团有限公司	400945	62	万科企业股份有限公司	140656
13	中国建设银行股份有限公司	373814	63	中国机械工业集团有限公司	139453
14	中国华润有限公司	370955	64	河南能源化工集团有限公司	135708
15	中国铁道建筑集团有限公司	364632	65	陕西延长石油（集团）有限责任公司	133137
16	中国平安保险（集团）股份有限公司	362035	66	中国中煤能源集团有限公司	131121
17	中国建筑股份有限公司	356864	67	中国华能集团有限公司	128560
18	国家能源投资集团有限责任公司	326641	68	国家电力投资集团有限公司	125916
19	京东集团股份有限公司	310000	69	华阳新材料科技集团有限公司	125792
20	中国银行股份有限公司	309084	70	浙江吉利控股集团有限公司	125764
21	中国铁路工程集团有限公司	308894	71	中国第一汽车集团有限公司	124565
22	太平洋建设集团有限公司	295281	72	牧原实业集团有限公司	124503
23	中国南方电网有限责任公司	288573	73	中国平煤神马能源化工集团有限责任公司	122601
24	苏宁控股集团	280037	74	顺丰控股股份有限公司	121925
25	中国联合网络通信集团有限公司	257147	75	中国能源建设集团有限公司	120963
26	阿里巴巴集团控股有限公司	251462	76	永辉超市股份有限公司	120748
27	山东能源集团有限公司	244832	77	中国南方航空集团有限公司	119178
28	阳光保险集团股份有限公司	234326	78	TCL	119063
29	比亚迪股份有限公司	224280	79	恒力集团有限公司	118496
30	中国电子科技集团有限公司	220000	80	江苏南通二建集团有限公司	118367
31	中国船舶集团有限公司	218956	81	中国太平洋保险（集团）股份有限公司	118119
32	中国交通建设集团有限公司	213438	82	鞍钢集团有限公司	112606
33	中国兵器工业集团有限公司	212960	83	广厦控股集团有限公司	111867
34	中国宝武钢铁集团有限公司	207971	84	广州汽车工业集团有限公司	110537
35	中国建材集团有限公司	202844	85	中国远洋海运集团有限公司	110338
36	中国五矿集团有限公司	200175	86	北京汽车集团有限公司	110000
37	恒大集团有限公司	200000	87	光明食品（集团）有限公司	109375
38	招商局集团有限公司	199000	88	河钢集团有限公司	108132
39	华为投资控股有限公司	197000	89	万洲国际有限公司	107000
40	中国电子信息产业集团有限公司	185050	90	中国华电集团有限公司	102486
41	中国人寿保险（集团）公司	182632	91	潞安化工集团有限公司	102099
42	山西焦煤集团有限责任公司	181426	92	中国保利集团公司	101500
43	中国电力建设集团有限公司	180883	93	山东魏桥创业集团有限公司	100395
44	中国航天科技集团有限公司	179085	94	中国东方航空集团有限公司	100179
45	中国中车集团有限公司	178500	95	物美科技集团有限公司	100000
46	南通四建集团有限公司	178000	96	中南控股集团有限公司	100000
47	中国医药集团有限公司	176686	97	中国大唐集团有限公司	99925
48	立讯精密工业股份有限公司	172410	98	海尔集团公司	99813
49	中国兵器装备集团有限公司	170282	99	首钢集团有限公司	97235
50	中国铝业集团有限公司	156258	100	碧桂园控股有限公司	93500
				中国企业 500 强平均数	66792

表9－8　2021中国企业500强研发费用排序前100名企业

排名	企业名称	研发费用/万元	排名	企业名称	研发费用/万元
1	华为投资控股有限公司	14189300	51	三一集团有限公司	604000
2	阿里巴巴集团控股有限公司	5723600	52	河钢集团有限公司	592583
3	腾讯控股有限公司	3897200	53	中国华电集团有限公司	585890
4	中国航天科工集团有限公司	3446571	54	中国铁塔股份有限公司	580500
5	中国石油天然气集团有限公司	3184625	55	立讯精密工业股份有限公司	574481
6	中国移动通信集团有限公司	2950650	56	中国核工业集团有限公司	559245
7	中国建筑股份有限公司	2552255	57	上海电气（集团）总公司	553873
8	中国铁路工程集团有限公司	2183769	58	中国机械工业集团有限公司	532185
9	浙江吉利控股集团有限公司	2181108	59	国家电力投资集团有限公司	509269
10	中国交通建设集团有限公司	2166510	60	首钢集团有限公司	488098
11	中国第一汽车集团有限公司	2061016	61	湖南华菱钢铁集团有限责任公司	456676
12	百度网络技术有限公司	1951300	62	太平洋建设集团有限公司	435855
13	中国电力建设集团有限公司	1912303	63	国家能源投资集团有限责任公司	427753
14	中国铁道建筑集团有限公司	1860595	64	中国海洋石油集团有限公司	421420
15	中国宝武钢铁集团有限公司	1768579	65	山东省国有资产投资控股有限公司	406365
16	国家电网有限公司	1670361	66	海信集团控股股份有限公司	404757
17	中国电信集团有限公司	1650752	67	中国中信集团有限公司	384531
18	中国五矿集团有限公司	1634342	68	河北新华联合冶金控股集团有限公司	382041
19	中国电子科技集团有限公司	1555373	69	宁德时代新能源科技股份有限公司	356938
20	中兴通讯股份有限公司	1479703	70	中国化学工程集团有限公司	355848
21	中国石油化工集团有限公司	1441438	71	中联重科股份有限公司	350117
22	中国兵器工业集团有限公司	1431921	72	歌尔股份有限公司	342597
23	中国中车集团有限公司	1383610	73	新疆特变电工集团有限公司	338532
24	中国航空工业集团有限公司	1365203	74	山东能源集团有限公司	335257
25	上海汽车集团股份有限公司	1339504	75	铜陵有色金属集团控股有限公司	332716
26	北京电子控股有限责任公司	1244608	76	亨通集团有限公司	331242
27	招商银行股份有限公司	1191200	77	北京建龙重工集团有限公司	330830
28	美团公司	1089251	78	安徽海螺集团有限责任公司	327403
29	山东魏桥创业集团有限公司	1074948	79	江苏沙钢集团有限公司	326674
30	网易公司	1036938	80	包头钢铁（集团）有限责任公司	322852
31	美的集团股份有限公司	1011867	81	湖南建工集团有限公司	321861
32	中国兵器装备集团有限公司	1000647	82	山西建设投资集团有限公司	315625
33	联想控股股份有限公司	980900	83	中国铝业集团有限公司	314217
34	TCL	962415	84	长城汽车股份有限公司	306748
35	东风汽车集团有限公司	925727	85	上海德龙钢铁集团有限公司	303318
36	小米公司	925561	86	中国保利集团公司	303073
37	比亚迪股份有限公司	855595	87	山东钢铁集团有限公司	301216
38	北京汽车集团有限公司	852390	88	石药控股集团有限公司	300198
39	海尔集团公司	812816	89	中国联合网络通信集团有限公司	297415
40	上海建工集团股份有限公司	811405	90	酒泉钢铁（集团）有限责任公司	296534
41	中国电子信息产业集团有限公司	810944	91	利华益集团股份有限公司	289612
42	陕西煤业化工集团有限责任公司	796900	92	中天钢铁集团有限公司	287215
43	广州汽车工业集团有限公司	735500	93	中国平煤神马能源化工集团有限责任公司	279523
44	中国信息通信科技集团有限公司	695747	94	北京城建集团有限责任公司	276585
45	中国能源建设集团有限公司	684766	95	中国重型汽车集团有限公司	276045
46	晋能控股集团有限公司	682500	96	江苏永钢集团有限公司	269434
47	鞍钢集团有限公司	660481	97	碧桂园控股有限公司	264900
48	中国建材集团有限公司	643388	98	福建省电子信息（集团）有限责任公司	260606
49	潍柴控股集团有限公司	631706	99	中国中煤能源集团有限公司	260372
50	珠海格力电器股份有限公司	605256	100	华泰集团有限公司	260310
				中国企业500强平均数	295621

表 9-9 2021 中国企业 500 强研发强度排序前 100 名企业

排名	企业名称	研发强度/%	排名	企业名称	研发强度/%
1	百度网络技术有限公司	18.12	51	鞍钢集团有限公司	3.10
2	华为投资控股有限公司	15.92	52	广西玉柴机器集团有限公司	3.10
3	中国信息通信科技集团有限公司	14.65	53	利华益集团股份有限公司	3.01
4	中兴通讯股份有限公司	14.59	54	本钢集团有限公司	3.01
5	网易公司	14.08	55	湖南华菱钢铁集团有限责任公司	3.00
6	中国航天科工集团有限公司	13.25	56	海信集团控股股份有限公司	2.97
7	美团公司	9.49	57	长城汽车股份有限公司	2.97
8	北京电子控股有限责任公司	8.10	58	山东如意时尚投资控股有限公司	2.96
9	腾讯控股有限公司	8.08	59	中国第一汽车集团有限公司	2.96
10	阿里巴巴集团控股有限公司	7.98	60	中国化学工程集团有限公司	2.94
11	石药控股集团有限公司	7.44	61	中国交通建设集团有限公司	2.94
12	中国铁塔股份有限公司	7.16	62	中国兵器工业集团有限公司	2.92
13	宁德时代新能源科技股份有限公司	7.09	63	中国航空工业集团有限公司	2.91
14	浙江吉利控股集团有限公司	6.70	64	闻泰通讯股份有限公司	2.91
15	中国电子科技集团有限公司	6.57	65	广西北部湾投资集团有限公司	2.86
16	TCL	6.30	66	远景能源有限公司	2.86
17	立讯精密工业股份有限公司	6.21	67	心里程控股集团有限公司	2.85
18	歌尔股份有限公司	5.93	68	四川公路桥梁建设集团有限公司	2.85
19	中国中车集团有限公司	5.77	69	招商银行股份有限公司	2.84
20	福建省电子信息（集团）有限责任公司	5.76	70	亨通集团有限公司	2.83
21	新疆特变电工集团有限公司	5.55	71	北京能源集团有限责任公司	2.83
22	比亚迪股份有限公司	5.46	72	万华化学集团股份有限公司	2.78
23	中联重科股份有限公司	5.38	73	山东九羊集团有限公司	2.73
24	创维集团有限公司	4.95	74	海尔集团公司	2.69
25	欧菲光集团股份有限公司	4.86	75	河北新华联合冶金控股集团有限公司	2.68
26	三一集团有限公司	4.82	76	江苏永钢集团有限公司	2.67
27	宁波均胜电子股份有限公司	4.81	77	通威集团有限公司	2.67
28	隆基绿能科技股份有限公司	4.75	78	新疆金风科技股份有限公司	2.63
29	山东省国有资产投资控股有限公司	4.71	79	中国宝武钢铁集团有限公司	2.63
30	中国兵器装备集团有限公司	4.21	80	上海德龙钢铁集团有限公司	2.62
31	山西建设投资集团有限公司	3.89	81	山东科达集团有限公司	2.61
32	中国移动通信集团有限公司	3.82	82	江铃汽车集团有限公司	2.60
33	四川科伦实业集团有限公司	3.78	83	正泰集团股份有限公司	2.60
34	小米公司	3.76	84	酒泉钢铁（集团）有限责任公司	2.60
35	包头钢铁（集团）有限责任公司	3.72	85	森马集团有限公司	2.55
36	山东魏桥创业集团有限公司	3.72	86	中天科技集团有限公司	2.55
37	上海城建（集团）公司	3.61	87	广州智能装备产业集团有限公司	2.54
38	珠海格力电器股份有限公司	3.55	88	山东金岭集团有限公司	2.54
39	美的集团股份有限公司	3.54	89	广东省广新控股集团有限公司	2.53
40	中国电力建设集团有限公司	3.53	90	晶科能源控股有限公司	2.52
41	上海建工集团股份有限公司	3.51	91	中国能源建设集团有限公司	2.52
42	上海电气（集团）总公司	3.45	92	中国核工业集团有限公司	2.48
43	华泰集团有限公司	3.40	93	中国节能环保集团有限公司	2.47
44	中国电信集团有限公司	3.35	94	中国华电集团有限公司	2.47
45	中国电子信息产业集团有限公司	3.27	95	广西盛隆冶金有限公司	2.46
46	湖南建工集团有限公司	3.27	96	淮北矿业（集团）有限责任公司	2.43
47	中科电力装备集团有限公司	3.21	97	广东省建筑工程集团有限公司	2.38
48	金鼎钢铁集团有限公司	3.21	98	首钢集团有限公司	2.35
49	人民电器集团有限公司	3.16	99	联想控股股份有限公司	2.35
50	安徽江淮汽车集团控股有限公司	3.11	100	陕西煤业化工集团有限责任公司	2.34
				中国企业 500 强平均数	1.77

表 9－10　2021 中国企业 500 强净资产利润率排序前 100 名企业

排名	企业名称	净资产利润率/%	排名	企业名称	净资产利润率/%
1	山东创新金属科技有限公司	137.12	51	山东中矿集团有限公司	20.94
2	江苏华宏实业集团有限公司	69.65	52	中升集团控股有限公司	20.93
3	齐成（山东）石化集团有限公司	61.36	53	淮河能源控股集团有限责任公司	20.79
4	通州建总集团有限公司	60.41	54	石药控股集团有限公司	20.79
5	山东汇丰石化集团有限公司	51.53	55	安徽海螺集团有限责任公司	20.77
6	上海闽路润贸易有限公司	44.18	56	唯品会控股有限公司	20.73
7	江苏省华建建设股份有限公司	39.94	57	万华化学集团股份有限公司	20.58
8	天能控股集团有限公司	35.89	58	江苏南通二建集团有限公司	20.22
9	中国铁路物资集团有限公司	34.73	59	北京江南投资集团有限公司	20.16
10	恒力集团有限公司	34.27	60	日照钢铁控股集团有限公司	20.11
11	双胞胎（集团）股份有限公司	32.84	61	江苏省苏中建设集团股份有限公司	20.03
12	中天科技集团有限公司	32.70	62	碧桂园控股有限公司	19.99
13	牧原实业集团有限公司	32.24	63	厦门路桥工程物资有限公司	19.92
14	奥园集团有限公司	31.84	64	老凤祥股份有限公司	19.91
15	盘锦北方沥青燃料有限公司	31.15	65	华为投资控股有限公司	19.55
16	广东鼎龙实业集团有限公司	29.49	66	远景能源有限公司	19.49
17	云南锡业集团（控股）有限责任公司	29.08	67	南通三建控股有限公司	19.46
18	贵州茅台酒股份有限公司	28.95	68	金鼎钢铁集团有限公司	19.44
19	振烨国际产业控股集团（深圳）有限公司	28.69	69	兴华财富集团有限公司	19.26
20	融创中国控股有限公司	28.37	70	珠海格力电器股份有限公司	19.25
21	上海中梁企业发展有限公司	28.32	71	重庆华宇集团有限公司	19.22
22	河北安丰钢铁有限公司	28.12	72	南通四建集团有限公司	19.14
23	武安市裕华钢铁有限公司	27.27	73	人民电器集团有限公司	19.05
24	冀南钢铁集团有限公司	27.15	74	德力西集团有限公司	18.78
25	雅戈尔集团股份有限公司	27.10	75	中国平安保险（集团）股份有限公司	18.77
26	青山控股集团有限公司	26.39	76	中南控股集团有限公司	18.77
27	京东集团股份有限公司	26.34	77	湖南华菱钢铁集团有限责任公司	18.66
28	新奥天然气股份有限公司	25.91	78	浙江省建设投资集团有限公司	18.60
29	立讯精密工业股份有限公司	25.71	79	万科企业股份有限公司	18.49
30	物产中大金属集团有限公司	25.66	80	龙湖集团控股有限公司	18.46
31	广州医药集团有限公司	24.78	81	天津友发钢管集团股份有限公司	18.28
32	江西正邦科技股份有限公司	24.70	82	重庆中昂投资集团有限公司	18.28
33	河北新华联合冶金控股集团有限公司	24.41	83	江苏阳光集团有限公司	18.27
34	隆基绿能科技股份有限公司	24.36	84	海信集团控股股份有限公司	18.15
35	河北文丰钢铁有限公司	24.01	85	超威电源集团有限公司	18.11
36	内蒙古伊利实业集团股份有限公司	23.30	86	中基宁波集团股份有限公司	18.09
37	美的集团股份有限公司	23.17	87	广东海大集团股份有限公司	18.05
38	中国重型汽车集团有限公司	22.93	88	传化集团有限公司	18.04
39	桐昆控股集团有限公司	22.79	89	泸州老窖集团有限责任公司	18.04
40	腾讯控股有限公司	22.71	90	辽宁方大集团实业有限公司	18.02
41	龙光交通集团有限公司	22.54	91	三一集团有限公司	17.98
42	泰康保险集团股份有限公司	22.40	92	福建大东海实业集团有限公司	17.89
43	旭辉控股（集团）有限公司	22.28	93	绿地控股集团股份有限公司	17.69
44	红狮控股集团有限公司	21.98	94	恒申控股集团有限公司	17.59
45	云账户技术（天津）有限公司	21.89	95	河北普阳钢铁有限公司	17.54
46	潍柴控股集团有限公司	21.88	96	四川公路桥梁建设集团有限公司	17.45
47	上海德龙钢铁集团有限公司	21.65	97	恒信汽车集团股份有限公司	17.42
48	闻泰通讯股份有限公司	21.64	98	山东太阳控股集团有限公司	17.14
49	龙信建设集团有限公司	21.05	99	江苏永钢集团有限公司	17.05
50	通鼎集团有限公司	20.99	100	中国人寿保险（集团）公司	16.96
				中国企业 500 强平均数	8.97

表 9 – 11 2021 中国企业 500 强资产利润率排序前 100 名企业

排名	企业名称	资产利润率/%	排名	企业名称	资产利润率/%
1	冀南钢铁集团有限公司	25.05	51	美的集团股份有限公司	7.55
2	通州建总集团有限公司	22.82	52	万华化学集团股份有限公司	7.51
3	贵州茅台酒股份有限公司	21.88	53	石横特钢集团有限公司	7.49
4	武安市裕华钢铁有限公司	21.65	54	日照钢铁控股集团有限公司	7.43
5	河北文丰钢铁有限公司	20.82	55	江苏省华建建设股份有限公司	7.42
6	河北安丰钢铁有限公司	19.70	56	华为投资控股有限公司	7.37
7	人民电器集团有限公司	14.53	57	山东太阳控股集团有限公司	7.28
8	河北新武安钢铁集团文安钢铁有限公司	14.26	58	重庆华宇集团有限公司	7.12
9	金鼎钢铁集团有限公司	13.73	59	玖龙纸业（控股）有限公司	7.06
10	山东金岭集团有限公司	13.42	60	江苏省苏中建设集团股份有限公司	6.93
11	双胞胎（集团）股份有限公司	13.12	61	心里程控股集团有限公司	6.91
12	兴华财富集团有限公司	12.54	62	重庆中昂投资集团有限公司	6.87
13	腾讯控股有限公司	11.99	63	研祥高科技控股集团有限公司	6.86
14	京东集团股份有限公司	11.70	64	百度网络技术有限公司	6.75
15	南通四建集团有限公司	11.68	65	顺丰控股股份有限公司	6.59
16	福建大东海实业集团有限公司	11.16	66	威高集团有限公司	6.40
17	中国宏桥集团有限公司	10.77	67	正威国际集团有限公司	6.31
18	石药控股集团有限公司	10.75	68	东营齐润化工有限公司	6.27
19	江苏南通二建集团有限公司	10.37	69	中联重科股份有限公司	6.26
20	立讯精密工业股份有限公司	10.32	70	深圳市爱施德股份有限公司	6.19
21	河北普阳钢铁有限公司	10.25	71	恒力集团有限公司	6.16
22	龙信建设集团有限公司	10.03	72	广东鼎龙实业集团有限公司	6.09
23	唯品会控股有限公司	10.02	73	深圳金雅福控股集团有限公司	6.05
24	内蒙古伊利实业集团股份有限公司	9.95	74	富海集团新能源控股有限公司	6.03
25	隆基绿能科技股份有限公司	9.76	75	敬业集团有限公司	6.00
26	恒信汽车集团股份有限公司	9.74	76	歌尔股份有限公司	5.80
27	江西正邦科技股份有限公司	9.69	77	山东汇丰石化集团有限公司	5.72
28	红狮控股集团有限公司	9.66	78	金澳科技（湖北）化工有限公司	5.56
29	天津友发钢管集团股份有限公司	9.66	79	德力西集团有限公司	5.45
30	江苏永钢集团有限公司	9.63	80	东方润安集团有限公司	5.43
31	振烨国际产业控股集团（深圳）有限公司	9.42	81	中国国际技术智力合作集团有限公司	5.40
32	山东科达集团有限公司	9.42	82	山西鹏飞集团有限公司	5.34
33	江苏阳光集团有限公司	9.30	83	三河汇福粮油集团有限公司	5.34
34	恒申控股集团有限公司	9.29	84	安徽海螺集团有限责任公司	5.28
35	温氏食品集团股份有限公司	9.22	85	通鼎集团有限公司	5.27
36	广东海大集团股份有限公司	9.16	86	太平洋建设集团有限公司	5.24
37	青山控股集团有限公司	9.04	87	辽宁嘉晨控股集团有限公司	5.22
38	江苏南通六建建设集团有限公司	8.98	88	山东中矿集团有限公司	5.22
39	阿里巴巴集团控股有限公司	8.91	89	中天科技集团有限公司	5.15
40	山东九羊集团有限公司	8.86	90	河北新金钢铁有限公司	5.05
41	盘锦北方沥青燃料有限公司	8.57	91	利华益集团股份有限公司	5.02
42	网易公司	8.50	92	浙江中成控股集团有限公司	5.00
43	雅戈尔集团股份有限公司	8.15	93	沂州集团有限公司	5.00
44	老凤祥股份有限公司	8.11	94	旭阳控股有限公司	4.97
45	南通三建控股有限公司	8.10	95	山东创新金属科技有限公司	4.97
46	中升集团控股有限公司	8.08	96	物产中大金属集团有限公司	4.93
47	小米公司	8.02	97	山东东明石化集团有限公司	4.91
48	珠海格力电器股份有限公司	7.94	98	富通集团有限公司	4.90
49	龙记泰信实业集团有限公司	7.73	99	中铁集装箱运输有限责任公司	4.87
50	鲁丽集团有限公司	7.56	100	大汉控股集团有限公司	4.76
				中国企业 500 强平均数	1.18

表9－12　2021 中国企业500 强收入利润率排序前100 名企业

排名	企业名称	收入利润率/%	排名	企业名称	收入利润率/%
1	贵州茅台酒股份有限公司	47.65	51	威高集团有限公司	8.63
2	腾讯控股有限公司	33.16	52	武安市裕华钢铁有限公司	8.37
3	中国工商银行股份有限公司	25.05	53	小米公司	8.28
4	中国建设银行股份有限公司	23.90	54	河北文丰钢铁有限公司	8.23
5	招商银行股份有限公司	23.17	55	盘锦北方沥青燃料有限公司	8.10
6	上海银行股份有限公司	21.19	56	中国铁塔股份有限公司	7.93
7	阿里巴巴集团控股有限公司	20.99	57	冀南钢铁集团有限公司	7.91
8	中国银行股份有限公司	20.90	58	福建大东海实业集团有限公司	7.83
9	百度网络技术有限公司	20.86	59	立讯精密工业股份有限公司	7.81
10	中国农业银行股份有限公司	20.36	60	中国广核集团有限公司	7.57
11	上海农村商业银行股份有限公司	19.64	61	碧桂园控股有限公司	7.56
12	南京银行股份有限公司	18.81	62	玖龙纸业（控股）有限公司	7.54
13	兴业银行股份有限公司	18.11	63	雅戈尔集团股份有限公司	7.43
14	北京银行股份有限公司	16.96	64	内蒙古伊利实业集团股份有限公司	7.33
15	重庆农村商业银行股份有限公司	16.83	65	华为投资控股有限公司	7.25
16	交通银行股份有限公司	16.79	66	恒申控股集团有限公司	7.09
17	网易公司	16.37	67	中国航天科技集团有限公司	7.06
18	上海浦东发展银行股份有限公司	16.06	68	远景能源有限公司	7.00
19	龙光交通集团有限公司	15.90	69	新华人寿保险股份有限公司	6.92
20	隆基绿能科技股份有限公司	15.67	70	淮河能源控股集团有限责任公司	6.81
21	融创中国控股有限公司	15.46	71	奥园集团有限公司	6.69
22	北京江南投资集团有限公司	14.65	72	福佳集团有限公司	6.66
23	石药控股集团有限公司	14.51	73	京东集团股份有限公司	6.62
24	重庆中昂投资集团有限公司	14.50	74	明阳新能源投资控股集团有限公司	6.44
25	万华化学集团股份有限公司	13.67	75	广州越秀集团股份有限公司	6.39
26	珠海格力电器股份有限公司	13.01	76	石横特钢集团有限公司	6.21
27	申能（集团）有限公司	13.00	77	双胞胎（集团）股份有限公司	6.14
28	华夏银行股份有限公司	12.95	78	牧原实业集团有限公司	5.96
29	渤海银行股份有限公司	12.75	79	三一集团有限公司	5.95
30	广州农村商业银行股份有限公司	12.42	80	复星国际有限公司	5.87
31	中国宏桥集团有限公司	12.18	81	中国太平洋保险（集团）股份有限公司	5.82
32	恒丰银行股份有限公司	11.85	82	唯品会控股有限公司	5.80
33	江西正邦科技股份有限公司	11.68	83	浙江省能源集团有限公司	5.79
34	中国移动通信集团有限公司	11.55	84	中国海洋石油集团有限公司	5.77
35	重庆华宇集团有限公司	11.47	85	研祥高科技控股集团有限公司	5.77
36	旭辉控股（集团）有限公司	11.19	86	南通四建集团有限公司	5.75
37	中联重科股份有限公司	11.18	87	中国国际海运集装箱（集团）股份有限公司	5.68
38	宁德时代新能源科技股份有限公司	11.10	88	山东太阳控股集团有限公司	5.67
39	龙湖集团控股有限公司	10.84	89	山东金岭集团有限公司	5.60
40	中国平安保险（集团）股份有限公司	10.83	90	中国电子科技集团有限公司	5.48
41	红狮控股集团有限公司	10.67	91	华侨城集团有限公司	5.38
42	江苏扬子江船业集团	10.39	92	上海中梁企业发展有限公司	5.37
43	河北安丰钢铁有限公司	10.33	93	新疆特变电工集团有限公司	5.36
44	中国民生银行股份有限公司	10.13	94	四川公路桥梁建设集团有限公司	5.36
45	万科企业股份有限公司	9.91	95	深圳市投资控股有限公司	5.33
46	温氏食品集团股份有限公司	9.91	96	广东省能源集团有限公司	5.31
47	招商局集团有限公司	9.82	97	新疆金风科技股份有限公司	5.27
48	泰康保险集团股份有限公司	9.82	98	辽宁嘉晨控股集团有限公司	5.22
49	美的集团股份有限公司	9.53	99	河北普阳钢铁有限公司	5.20
50	日照钢铁控股集团有限公司	8.63	100	中国航天科工集团有限公司	5.19
				中国企业500 强平均数	4.53

表 9－13 2021 中国企业 500 强人均营业收入排序前 100 名企业

排名	企业名称	人均营业收入/万元	排名	企业名称	人均营业收入/万元
1	上海闽路润贸易有限公司	29019.67	51	江苏华宏实业集团有限公司	1489.16
2	浙江前程投资股份有限公司	15254.25	52	宁波金田投资控股有限公司	1478.71
3	厦门路桥工程物资有限公司	11767.37	53	南京钢铁集团有限公司	1476.78
4	远大物产集团有限公司	11744.05	54	山东海科控股有限公司	1472.63
5	西安迈科金属国际集团有限公司	10829.45	55	老凤祥股份有限公司	1413.54
6	上海新增鼎资产管理有限公司	10497.17	56	江苏永钢集团有限公司	1406.06
7	物产中大金属集团有限公司	9565.34	57	沂州集团有限公司	1401.63
8	云账户技术（天津）有限公司	9079.82	58	江西铜业集团有限公司	1373.37
9	北京江南投资集团有限公司	8812.02	59	山东东明石化集团有限公司	1370.19
10	重庆千信集团有限公司	7853.32	60	融信（福建）投资集团有限公司	1365.52
11	深圳市中农网有限公司	7219.80	61	心里程控股集团有限公司	1341.44
12	中铁集装箱运输有限责任公司	4568.16	62	山东中矿集团有限公司	1328.37
13	齐成（山东）石化集团有限公司	4530.41	63	中科电力装备集团有限公司	1328.00
14	振烨国际产业控股集团（深圳）有限公司	4414.57	64	福建永荣控股集团有限公司	1304.15
15	帝海投资控股集团有限公司	4084.90	65	江西省建工集团有限责任公司	1240.80
16	广东鼎龙实业集团有限公司	3984.11	66	重庆华宇集团有限公司	1239.27
17	中国林业集团有限公司	3494.01	67	河北新金钢铁有限公司	1221.88
18	正威国际集团有限公司	3428.82	68	河北津西钢铁集团股份有限公司	1221.61
19	东营齐润化工有限公司	3416.00	69	浙江恒逸集团有限公司	1208.39
20	兰州新区商贸物流投资集团有限公司	3375.84	70	四川省商业投资集团有限责任公司	1193.42
21	中基宁波集团股份有限公司	3373.05	71	重庆市迪马实业股份有限公司	1193.37
22	厦门象屿集团有限公司	3211.68	72	东岭集团股份有限公司	1179.74
23	前海人寿保险股份有限公司	2987.67	73	祥生地产集团有限公司	1143.16
24	河北省物流产业集团有限公司	2766.77	74	中天钢铁集团有限公司	1126.21
25	深圳市爱施德股份有限公司	2699.33	75	小米公司	1113.82
26	东浩兰生（集团）有限公司	2670.91	76	弘阳集团有限公司	1085.13
27	福佳集团有限公司	2381.08	77	中国航空油料集团有限公司	1069.22
28	中国国际技术智力合作集团有限公司	2318.67	78	河北普阳钢铁有限公司	1055.80
29	上海均和集团有限公司	2283.89	79	森马集团有限公司	1054.18
30	深圳金雅福控股集团有限公司	2260.18	80	洛阳栾川钼业集团股份有限公司	1031.22
31	杭州市实业投资集团有限公司	2216.82	81	杭州钢铁集团有限公司	1023.84
32	浙江富冶集团有限公司	2199.74	82	河北文丰钢铁有限公司	994.76
33	山东汇丰石化集团有限公司	2159.98	83	山东金岭集团有限公司	990.31
34	神州数码集团股份有限公司	2014.89	84	研祥高科技控股集团有限公司	988.50
35	金鼎钢铁集团有限公司	1967.40	85	龙记泰信实业集团有限公司	988.00
36	北京外企服务集团有限责任公司	1939.27	86	雪松控股集团有限公司	978.69
37	郑州中瑞实业集团有限公司	1929.40	87	金澳科技（湖北）化工有限公司	976.76
38	上海钢联电子商务股份有限公司	1926.31	88	海亮集团有限公司	973.73
39	宏旺投资集团有限公司	1915.93	89	山东清源集团有限公司	963.88
40	厦门国贸控股集团有限公司	1881.38	90	富通集团有限公司	960.92
41	山东金诚石化集团有限公司	1810.97	91	汇通达网络股份有限公司	950.39
42	天津荣程祥泰投资控股集团有限公司	1771.16	92	三房巷集团有限公司	930.15
43	盘锦北方沥青燃料有限公司	1741.02	93	铜陵有色金属集团控股有限公司	924.27
44	河北省国和投资集团有限公司	1735.80	94	华泰集团有限公司	921.36
45	利华益集团股份有限公司	1725.55	95	传化集团有限公司	913.14
46	三河汇福粮油集团有限公司	1605.15	96	东方润安集团有限公司	910.30
47	山东渤海实业股份有限公司	1582.79	97	绿城房地产集团有限公司	886.72
48	河北新武安钢铁集团文安钢铁有限公司	1556.32	98	远景能源有限公司	879.25
49	厦门建发集团有限公司	1529.22	99	阳光龙净集团有限公司	872.73
50	浙江荣盛控股集团有限公司	1505.93	100	大汉控股集团有限公司	869.36
				中国企业 500 强平均数	268.99

表 9－14 2021 中国企业 500 强人均净利润排序前 100 名企业

排名	企业名称	人均净利润/万元	排名	企业名称	人均净利润/万元
1	北京江南投资集团有限公司	1290.85	51	日照钢铁控股集团有限公司	50.40
2	腾讯控股有限公司	186.18	52	心里程控股集团有限公司	50.29
3	帝海投资控股集团有限公司	167.15	53	恒申控股集团有限公司	48.66
4	上海银行股份有限公司	161.50	54	中国农业银行股份有限公司	47.04
5	贵州茅台酒股份有限公司	160.85	55	恒丰银行股份有限公司	46.55
6	福佳集团有限公司	158.64	56	河北新武安钢铁集团文安钢铁有限公司	44.80
7	中铁集装箱运输有限责任公司	143.60	57	老凤祥股份有限公司	43.35
8	重庆华宇集团有限公司	142.10	58	河北安丰钢铁有限公司	43.30
9	盘锦北方沥青燃料有限公司	141.03	59	山东汇丰石化集团有限公司	42.95
10	北京银行股份有限公司	138.70	60	泰康保险集团股份有限公司	42.25
11	招商银行股份有限公司	127.10	61	中国海洋石油集团有限公司	41.39
12	南京银行股份有限公司	113.78	62	祥生地产集团有限公司	41.30
13	上海农村商业银行股份有限公司	113.61	63	旭辉控股（集团）有限公司	40.88
14	兴业银行股份有限公司	111.73	64	利华益集团股份有限公司	40.84
15	东营齐润化工有限公司	100.09	65	龙记泰信实业集团有限公司	40.46
16	上海浦东发展银行股份有限公司	94.55	66	绿城房地产集团有限公司	40.42
17	龙光交通集团有限公司	93.82	67	新华人寿保险股份有限公司	40.30
18	小米公司	92.21	68	中国平安保险（集团）股份有限公司	39.53
19	振烨国际产业控股集团（深圳）有限公司	89.69	69	兴华财富集团有限公司	38.61
20	交通银行股份有限公司	86.28	70	碧桂园控股有限公司	37.44
21	物产中大金属集团有限公司	83.52	71	弘阳集团有限公司	37.07
22	渤海银行股份有限公司	82.03	72	广州农村商业银行股份有限公司	36.45
23	河北文丰钢铁有限公司	81.87	73	前海人寿保险股份有限公司	36.25
24	中国建设银行股份有限公司	73.19	74	唯品会控股有限公司	35.42
25	中国工商银行股份有限公司	71.83	75	红狮控股集团有限公司	35.28
26	融创中国控股有限公司	70.49	76	福建大东海实业集团有限公司	35.12
27	广东鼎龙实业集团有限公司	69.67	77	雅戈尔集团股份有限公司	34.66
28	重庆千信集团有限公司	69.63	78	申能（集团）有限公司	33.64
29	正威国际集团有限公司	63.32	79	中国铁路物资集团有限公司	33.44
30	厦门路桥工程物资有限公司	62.56	80	新疆金风科技股份有限公司	33.09
31	中国银行股份有限公司	62.40	81	华为投资控股有限公司	32.79
32	远景能源有限公司	61.53	82	紫金矿业集团股份有限公司	32.50
33	融信（福建）投资集团有限公司	60.78	83	四川公路桥梁建设集团有限公司	31.90
34	阿里巴巴集团控股有限公司	59.88	84	明阳新能源投资控股集团有限公司	31.72
35	武安市裕华钢铁有限公司	58.18	85	玖龙纸业（控股）有限公司	31.01
36	上海闽路润贸易有限公司	58.17	86	中联重科股份有限公司	30.94
37	中国民生银行股份有限公司	57.89	87	万科企业股份有限公司	29.52
38	网易公司	57.66	88	深圳市爱施德股份有限公司	29.46
39	冀南钢铁集团有限公司	57.19	89	富通集团有限公司	29.43
40	万华化学集团股份有限公司	57.12	90	西安迈科金属国际集团有限公司	28.49
41	研祥高科技控股集团有限公司	57.04	91	中国铁塔股份有限公司	27.59
42	龙湖集团控股有限公司	56.46	92	浙江省能源集团有限公司	26.94
43	金鼎钢铁集团有限公司	56.25	93	山东渤海实业股份有限公司	26.68
44	重庆中昂投资集团有限公司	56.21	94	山东东明石化集团有限公司	26.65
45	重庆农村商业银行股份有限公司	55.68	95	双胞胎（集团）股份有限公司	26.59
46	山东金岭集团有限公司	55.48	96	珠海格力电器股份有限公司	26.41
47	河北普阳钢铁有限公司	54.86	97	沂州集团有限公司	25.99
48	百度网络技术有限公司	54.81	98	奥园集团有限公司	24.85
49	江苏永钢集团有限公司	54.41	99	重庆市迪马实业股份有限公司	24.79
50	华夏银行股份有限公司	53.52	100	中国宏桥集团有限公司	24.73
				中国企业 500 强平均数	12.19

表9-15 2021中国企业500强人均资产排序前100名企业

排名	企业名称	人均资产/万元	排名	企业名称	人均资产/万元
1	北京江南投资集团有限公司	31979.62	51	重庆华宇集团有限公司	1995.18
2	上海银行股份有限公司	19039.16	52	泰康保险集团股份有限公司	1985.30
3	北京银行股份有限公司	18721.85	53	天津泰达投资控股有限公司	1974.90
4	上海农村商业银行股份有限公司	14714.98	54	泸州老窖集团有限责任公司	1943.06
5	盛京银行股份有限公司	13736.88	55	旭辉控股（集团）有限公司	1930.38
6	渤海银行股份有限公司	13535.92	56	广西投资集团有限公司	1832.01
7	兴业银行股份有限公司	13238.30	57	中国广核集团有限公司	1805.44
8	南京银行股份有限公司	13175.92	58	上海中梁企业发展有限公司	1725.09
9	上海浦东发展银行股份有限公司	12888.20	59	江西省建工集团有限责任公司	1694.77
10	交通银行股份有限公司	11792.42	60	物产中大金属集团有限公司	1693.91
11	中国民生银行股份有限公司	11727.98	61	阳光龙净集团有限公司	1651.75
12	招商银行股份有限公司	10271.12	62	盘锦北方沥青燃料有限公司	1646.17
13	恒丰银行股份有限公司	9766.43	63	伊电控股集团有限公司	1639.19
14	前海人寿保险股份有限公司	9632.81	64	绿地控股集团股份有限公司	1620.08
15	华夏银行股份有限公司	8553.43	65	弘阳集团有限公司	1608.13
16	中国银行股份有限公司	7895.15	66	东营齐润化工有限公司	1596.69
17	中国工商银行股份有限公司	7582.09	67	中国海洋石油集团有限公司	1576.00
18	中国光大集团股份公司	7536.78	68	腾讯控股有限公司	1553.06
19	重庆农村商业银行股份有限公司	7528.67	69	中国保利集团公司	1547.28
20	中国建设银行股份有限公司	7525.74	70	浙江省交通投资集团有限公司	1534.14
21	广州农村商业银行股份有限公司	7373.01	71	厦门建发集团有限公司	1510.54
22	融信（福建）投资集团有限公司	6196.11	72	中融新大集团有限公司	1505.26
23	绿城房地产集团有限公司	6044.87	73	中国太平洋保险（集团）股份有限公司	1499.34
24	上海闽路润贸易有限公司	6036.13	74	中国太平保险集团有限责任公司	1492.77
25	中国农业银行股份有限公司	5927.03	75	北京城建集团有限责任公司	1486.75
26	中国中信集团有限公司	5567.37	76	浙江前程投资股份有限公司	1469.75
27	帝海投资控股集团有限公司	4349.16	77	厦门象屿集团有限公司	1456.82
28	福佳集团有限公司	4193.68	78	中国铁塔股份有限公司	1447.98
29	祥生地产集团有限公司	4191.64	79	远景能源有限公司	1446.94
30	厦门路桥工程物资有限公司	3746.84	80	中国邮政集团有限公司	1426.71
31	云南省交通投资建设集团有限公司	3062.94	81	奥园集团有限公司	1369.95
32	中铁集装箱运输有限责任公司	2949.91	82	万科企业股份有限公司	1328.90
33	广西交通投资集团有限公司	2942.70	83	重庆市金科投资控股（集团）有限责任公司	1325.57
34	新华人寿保险股份有限公司	2831.30	84	云南省建设投资控股集团有限公司	1324.18
35	中国林业集团有限公司	2807.30	85	浙江荣盛控股集团有限公司	1320.55
36	重庆千信集团有限公司	2774.41	86	国家开发投资集团有限公司	1314.97
37	中国人寿保险（集团）公司	2773.56	87	远大物产集团有限公司	1245.50
38	齐成（山东）石化集团有限公司	2701.63	88	珠海华发集团有限公司	1227.59
39	北京首都开发控股（集团）有限公司	2662.33	89	广西北部湾投资集团有限公司	1219.93
40	深圳市中农网有限公司	2653.84	90	新疆金风科技股份有限公司	1218.60
41	中国平安保险（集团）股份有限公司	2631.75	91	申能（集团）有限公司	1214.27
42	郑州中瑞实业集团有限公司	2630.95	92	浙江省能源集团有限公司	1198.41
43	广州越秀集团股份有限公司	2517.56	93	恒大集团有限公司	1150.58
44	山东高速集团有限公司	2478.81	94	小米公司	1149.22
45	龙光交通集团有限公司	2365.44	95	广东鼎龙实业集团有限公司	1143.94
46	成都兴城投资集团有限公司	2226.00	96	深圳市投资控股有限公司	1125.63
47	融创中国控股有限公司	2192.13	97	甘肃省公路航空旅游投资集团有限公司	1125.45
48	龙湖集团控股有限公司	2159.88	98	重庆市迪马实业股份有限公司	1123.71
49	碧桂园控股有限公司	2155.95	99	洛阳栾川钼业集团股份有限公司	1117.57
50	西安迈科金属国际集团有限公司	2077.68	100	招商局集团有限公司	1117.25
				中国企业500强平均数	1028.82

表 9-16 2021 中国企业 500 强收入增长率排序前 100 名企业

排名	企业名称	收入增长率/%	排名	企业名称	收入增长率/%
1	牧原实业集团有限公司	171.08	51	双胞胎（集团）股份有限公司	29.95
2	山西鹏飞集团有限公司	166.50	52	物美科技集团有限公司	29.55
3	明阳新能源投资控股集团有限公司	154.35	53	广东鼎龙实业集团有限公司	29.34
4	兰州新区商贸物流投资集团有限公司	125.01	54	京东集团股份有限公司	29.28
5	水发集团有限公司	111.97	55	浙江省交通投资集团有限公司	29.17
6	远景能源有限公司	101.20	56	北京建龙重工集团有限公司	28.73
7	江西正邦科技股份有限公司	100.53	57	山西建设投资集团有限公司	28.52
8	敬业集团有限公司	76.17	58	中国林业集团有限公司	27.86
9	奥园集团有限公司	74.85	59	广西北部湾国际港务集团有限公司	27.84
10	隆基绿能科技股份有限公司	65.92	60	山东高速集团有限公司	27.84
11	洛阳栾川钼业集团股份有限公司	64.51	61	腾讯控股有限公司	27.77
12	歌尔股份有限公司	64.29	62	南昌市政公用投资控股有限责任公司	27.21
13	广西盛隆冶金有限公司	62.09	63	旭辉控股（集团）有限公司	27.19
14	建业控股有限公司	57.82	64	东方润安集团有限公司	27.06
15	振烨国际产业控股集团（深圳）有限公司	55.74	65	广东海大集团股份有限公司	26.70
16	上海闽路润贸易有限公司	53.91	66	紫金矿业集团股份有限公司	26.01
17	福建大东海实业集团有限公司	53.77	67	陕西汽车控股集团有限公司	25.65
18	厦门路桥工程物资有限公司	53.07	68	中国核工业集团有限公司	25.55
19	河北安丰钢铁有限公司	51.72	69	恒力集团有限公司	24.89
20	中国重型汽车集团有限公司	51.61	70	龙光交通集团有限公司	24.81
21	中联重科股份有限公司	50.34	71	网易公司	24.35
22	浙江荣盛控股集团有限公司	50.07	72	浙江前程投资股份有限公司	23.87
23	心里程控股集团有限公司	48.55	73	广东省广晟控股集团有限公司	23.70
24	立讯精密工业股份有限公司	47.96	74	比亚迪股份有限公司	22.59
25	新疆金风科技股份有限公司	47.12	75	招商局集团有限公司	22.56
26	杭州钢铁集团有限公司	44.90	76	新余钢铁集团有限公司	22.47
27	三一集团有限公司	43.10	77	研祥高科技控股集团有限公司	22.39
28	云南省交通投资建设集团有限公司	41.12	78	龙湖集团控股有限公司	22.20
29	阿里巴巴集团控股有限公司	40.72	79	武安市裕华钢铁有限公司	21.78
30	云南省投资控股集团有限公司	39.19	80	陕西建工控股集团有限公司	21.25
31	盛虹控股集团有限公司	37.76	81	广东省广物控股集团有限公司	21.18
32	珠海华发集团有限公司	37.75	82	安徽建工集团控股有限公司	20.95
33	顺丰控股股份有限公司	37.25	83	安徽江淮汽车集团控股有限公司	20.77
34	广州市建筑集团有限公司	36.33	84	中铁集装箱运输有限责任公司	20.65
35	融创中国控股有限公司	36.18	85	传化集团有限公司	20.56
36	河北新华联合冶金控股集团有限公司	36.07	86	山东省国有资产投资控股有限公司	20.27
37	厦门国贸控股集团有限公司	36.03	87	泰康保险集团股份有限公司	20.10
38	广州医药集团有限公司	35.20	88	TCL	20.02
39	祥生地产集团有限公司	34.90	89	新疆生产建设兵团建设工程（集团）有限责任公司	19.94
40	江苏永钢集团有限公司	34.28	90	泸州老窖集团有限责任公司	19.83
41	重庆医药（集团）股份有限公司	33.61	91	海信集团控股股份有限公司	19.63
42	新希望控股集团有限公司	32.63	92	中升集团控股有限公司	19.59
43	唐山港陆钢铁有限公司	32.35	93	小米公司	19.45
44	东营齐润化工有限公司	32.33	94	龙信建设集团有限公司	19.27
45	新凤鸣控股集团有限公司	32.12	95	江苏南通二建集团有限公司	19.23
46	厦门象屿集团有限公司	31.90	96	北京电子控股有限责任公司	19.04
47	江西铜业集团有限公司	31.86	97	恒信汽车集团股份有限公司	18.96
48	龙记泰信实业集团有限公司	31.03	98	广州越秀集团股份有限公司	18.87
49	河北新金钢铁有限公司	30.42	99	四川省能源投资集团有限责任公司	18.54
50	厦门建发集团有限公司	30.23	100	中国兵器装备集团有限公司	18.36
				中国企业500强平均数	4.84

表 9－17 2021 中国企业 500 强净利润增长率排序前 100 名企业

排名	企业名称	净利润增长率/%	排名	企业名称	净利润增长率/%
1	山东汇丰石化集团有限公司	1345.09	51	恒信汽车集团股份有限公司	88.09
2	中国铁路物资集团有限公司	1227.02	52	厦门路桥工程物资有限公司	87.19
3	恒丰银行股份有限公司	703.46	53	超威电源集团有限公司	83.62
4	厦门国贸控股集团有限公司	582.98	54	青建集团股份公司	81.82
5	北京电子控股有限责任公司	580.68	55	河北新华联合冶金控股集团有限公司	80.14
6	山东钢铁集团有限公司	495.93	56	日照钢铁控股集团有限公司	78.25
7	牧原实业集团有限公司	491.84	57	九州通医药集团股份有限公司	78.10
8	山东黄金集团有限公司	412.91	58	三一集团有限公司	77.08
9	成都兴城投资集团有限公司	347.12	59	雅戈尔集团股份有限公司	75.54
10	山东渤海实业股份有限公司	333.06	60	中国宏桥集团有限公司	72.20
11	中国林业集团有限公司	310.96	61	腾讯控股有限公司	71.31
12	京东集团股份有限公司	305.49	62	中国中化集团有限公司	70.70
13	中国国际海运集装箱（集团）股份有限公司	246.87	63	山西建设投资集团有限公司	68.51
14	中天科技集团有限公司	240.45	64	四川公路桥梁建设集团有限公司	67.40
15	江西正邦科技股份有限公司	239.28	65	中国华能集团有限公司	67.34
16	山东招金集团有限公司	232.51	66	中联重科股份有限公司	66.55
17	中粮集团有限公司	232.41	67	通威集团有限公司	64.52
18	西部矿业集团有限公司	218.71	68	陕西建工控股集团有限公司	63.80
19	明阳新能源投资控股集团有限公司	217.80	69	山西鹏飞集团有限公司	62.05
20	中国重型汽车集团有限公司	213.56	70	隆基绿能科技股份有限公司	61.99
21	广东鼎龙实业集团有限公司	210.08	71	远景能源有限公司	61.67
22	双胞胎（集团）股份有限公司	203.29	72	泸州老窖集团有限责任公司	61.01
23	河北省国和投资集团有限公司	190.84	73	湖南华菱钢铁集团有限责任公司	60.14
24	龙记泰信实业集团有限公司	189.92	74	江苏沙钢集团有限公司	59.30
25	广东省广物控股集团有限公司	187.61	75	中国有色矿业集团有限公司	58.53
26	云南省投资控股集团有限公司	172.54	76	陕西汽车控股集团有限公司	58.52
27	山东创新金属科技有限公司	167.24	77	中国航空工业集团有限公司	58.19
28	无锡产业发展集团有限公司	162.38	78	广州医药集团有限公司	57.70
29	比亚迪股份有限公司	162.27	79	中国中煤能源集团有限公司	57.25
30	中国信息通信科技集团有限公司	152.15	80	中国船舶集团有限公司	56.46
31	深圳海王集团股份有限公司	150.10	81	TCL	56.04
32	福建大东海实业集团有限公司	148.04	82	山东魏桥创业集团有限公司	55.85
33	宜昌兴发集团有限责任公司	146.09	83	郑州中瑞实业集团有限公司	54.56
34	中国节能环保集团有限公司	143.00	84	立讯精密工业股份有限公司	53.28
35	浙江省兴合集团有限责任公司	136.82	85	广东海大集团股份有限公司	53.01
36	浙江荣盛控股集团有限公司	135.18	86	振烨国际产业控股集团（深圳）有限公司	52.52
37	中南控股集团有限公司	125.06	87	紫金矿业集团股份有限公司	51.93
38	歌尔股份有限公司	122.41	88	玖龙纸业（控股）有限公司	51.42
39	广州越秀集团股份有限公司	115.93	89	桐昆控股集团有限公司	50.49
40	中国五矿集团有限公司	113.12	90	广西盛隆冶金有限公司	48.00
41	美团公司	110.31	91	天元建设集团有限公司	47.88
42	广州国资发展控股有限公司	104.38	92	浙江富冶集团有限公司	47.69
43	深圳市爱施德股份有限公司	103.81	93	唯品会控股有限公司	47.06
44	小米公司	102.66	94	上海德龙钢铁集团有限公司	44.29
45	前海人寿保险股份有限公司	97.38	95	中国化学工程集团有限公司	44.02
46	传化集团有限公司	92.44	96	甘肃省建设投资（控股）集团有限公司	44.00
47	国家电力投资集团有限公司	91.22	97	安徽建工集团控股有限公司	43.02
48	河北安丰钢铁有限公司	90.44	98	中国中车集团有限公司	42.79
49	万基控股集团有限公司	89.67	99	上海闽路润贸易有限公司	42.65
50	中国华电集团有限公司	88.15	100	厦门建发集团有限公司	42.58
				中国企业 500 强平均数	4.30

表9-18 2021中国企业500强资产增长率排序前100名企业

排名	企业名称	资产增长率/%	排名	企业名称	资产增长率/%
1	成都兴城投资集团有限公司	264.72	51	河北普阳钢铁有限公司	28.43
2	牧原实业集团有限公司	105.96	52	湖南建工集团有限公司	28.32
3	江西正邦科技股份有限公司	92.20	53	中国节能环保集团有限公司	28.25
4	双胞胎（集团）股份有限公司	80.72	54	厦门建发集团有限公司	28.01
5	齐成（山东）石化集团有限公司	71.00	55	江苏新长江实业集团有限公司	27.63
6	重庆医药（集团）股份有限公司	66.92	56	红狮控股集团有限公司	27.38
7	京东集团股份有限公司	62.59	57	河北建工集团有限责任公司	27.07
8	敬业集团有限公司	59.76	58	网易公司	26.53
9	深圳金雅福控股集团有限公司	59.74	59	永锋集团有限公司	26.48
10	宁德时代新能源科技股份有限公司	54.53	60	天元建设集团有限公司	26.38
11	厦门路桥工程物资有限公司	52.38	61	云南省投资控股集团有限公司	26.33
12	龙光交通集团有限公司	51.48	62	中联重科股份有限公司	26.29
13	厦门国贸控股集团有限公司	50.41	63	振烨国际产业控股集团（深圳）有限公司	26.26
14	明阳新能源投资控股集团有限公司	50.00	64	河北安丰钢铁有限公司	26.22
15	TCL	48.84	65	盘锦北方沥青燃料有限公司	26.19
16	云南省建设投资控股集团有限公司	48.22	66	美团公司	26.18
17	隆基绿能科技股份有限公司	47.77	67	天能控股集团有限公司	25.81
18	紫金矿业集团股份有限公司	47.23	68	浙江省兴合集团有限责任公司	25.73
19	广东海大集团股份有限公司	46.00	69	祥生地产集团有限公司	25.62
20	广西北部湾投资集团有限公司	43.71	70	正威国际集团有限公司	25.51
21	龙记泰信实业集团有限公司	43.31	71	上海闽路润贸易有限公司	25.33
22	河北新金钢铁有限公司	43.06	72	渤海银行股份有限公司	25.19
23	三一集团有限公司	43.05	73	山东东明石化集团有限公司	25.08
24	立讯精密工业股份有限公司	41.79	74	上海建工集团股份有限公司	24.91
25	歌尔股份有限公司	41.71	75	上海德龙钢铁集团有限公司	24.90
26	中国重型汽车集团有限公司	41.35	76	绿城房地产集团有限公司	24.44
27	物美科技集团有限公司	40.00	77	中国化学工程集团有限公司	24.37
28	腾讯控股有限公司	39.77	78	新凤鸣控股集团有限公司	24.12
29	山西建设投资集团有限公司	39.16	79	北京电子控股有限责任公司	23.88
30	小米公司	38.15	80	广西盛隆冶金有限公司	23.80
31	万华化学集团股份有限公司	38.08	81	中国交通建设集团有限公司	23.75
32	物产中大金属集团有限公司	37.35	82	浙江省交通投资集团有限公司	23.69
33	长城汽车股份有限公司	36.18	83	中国旅游集团有限公司	23.69
34	冀南钢铁集团有限公司	35.39	84	亨通集团有限公司	23.52
35	珠海华发集团有限公司	34.81	85	上海浦东发展银行股份有限公司	23.36
36	四川省商业投资集团有限责任公司	34.50	86	福建省三钢（集团）有限责任公司	22.98
37	天津友发钢管集团股份有限公司	33.71	87	正泰集团股份有限公司	22.97
38	中天控股集团有限公司	32.56	88	温氏食品集团股份有限公司	22.75
39	水发集团有限公司	32.33	89	浙江吉利控股集团有限公司	22.67
40	武安市裕华钢铁有限公司	32.21	90	山东金岭集团有限公司	22.61
41	浙江荣盛控股集团有限公司	31.94	91	桐昆控股集团有限公司	22.56
42	陕西建工控股集团有限公司	31.14	92	阳光保险集团股份有限公司	22.31
43	重庆华宇集团有限公司	30.69	93	甘肃省公路航空旅游投资集团有限公司	22.26
44	浙江省国际贸易集团有限公司	30.67	94	青山控股集团有限公司	22.20
45	山西焦煤集团有限责任公司	30.39	95	四川华西集团有限公司	22.19
46	中国林业集团有限公司	30.36	96	厦门象屿集团有限公司	22.00
47	通威集团有限公司	30.28	97	绿地控股集团股份有限公司	21.96
48	宁波金田投资控股有限公司	29.93	98	盛虹控股集团有限公司	21.83
49	河北文丰钢铁有限公司	29.90	99	北京外企服务集团有限责任公司	21.63
50	阿里巴巴集团控股有限公司	28.73	100	广西投资集团有限公司	21.54
				中国企业500强平均数	10.59

第十章
2021 中国制造业企业 500 强

2021 中国制造业企业 500 强情况如表 10 – 1 至表 10 – 29 所示。

表 10-1 2021 中国制造业企业 500 强

名次	企业名称	地区	营业收入/万元	净利润/万元	资产/万元	所有者权益/万元	从业人数/人
1	中国石油化工集团有限公司	北京	195772455	4281570	223996049	78994612	553833
2	华为投资控股有限公司	广东	89136800	6459500	87685400	33032500	197000
3	上海汽车集团股份有限公司	上海	74213245	2043104	91941476	26010295	143922
4	中国五矿集团有限公司	北京	70390347	338859	98300396	6927371	200175
5	中国第一汽车集团有限公司	吉林	69742459	1977861	48894055	20972109	124565
6	恒力集团有限公司	江苏	69533561	1637160	26587848	4777589	118496
7	正威国际集团有限公司	广东	69193677	1277708	20258068	11405624	20180
8	中国宝武钢铁集团有限公司	上海	67373867	2503826	101407132	29377547	207971
9	东风汽车集团有限公司	湖北	59930949	769705	55525156	10617668	145756
10	北京汽车集团有限公司	北京	49781770	234470	53436124	6992693	110000
11	中国兵器工业集团有限公司	北京	49002216	1042489	43991352	12021470	212960
12	中国航空工业集团有限公司	北京	46880346	631803	105196580	20985565	420000
13	联想控股股份有限公司	北京	41756685	386801	65173277	6043436	84000
14	中国化工集团有限公司	北京	41739411	-562764	85742676	-2587815	141250
15	广州汽车工业集团有限公司	广东	39829579	397557	33502493	4815897	110537
16	中国建材集团有限公司	北京	39409660	71041	60012574	3614746	202844
17	中国铝业集团有限公司	北京	36701991	221406	63240430	10873661	156258
18	河钢集团有限公司	河北	36404984	3900	48552978	7145832	108132
19	江西铜业集团有限公司	江西	33685917	134326	16929038	2918488	24528
20	浙江吉利控股集团有限公司	浙江	32561869	933057	48540396	8718333	125764
21	中国船舶集团有限公司	北京	32322774	1293474	86142593	24906578	218956
22	浙江荣盛控股集团有限公司	浙江	30860925	427401	27062106	2639872	20493
23	潍柴控股集团有限公司	山东	30488263	198186	30855545	905706	88695
24	海尔集团公司	山东	30247330	806055	44777414	5643579	99813
25	青山控股集团有限公司	浙江	29289244	779213	8615934	2953193	75102
26	山东魏桥创业集团有限公司	山东	28896461	852854	24609539	7845228	100395
27	美的集团股份有限公司	广东	28570972	2722296	36038260	11751626	149239
28	中国航天科技集团有限公司	北京	26731911	1887219	51876555	21665544	179085
29	江苏沙钢集团有限公司	江苏	26678565	789680	30222583	6689751	45060
30	浙江恒逸集团有限公司	浙江	26607632	104892	11357453	1180272	22019
31	盛虹控股集团有限公司	江苏	26523669	358645	11509193	2216707	32272
32	安徽海螺集团有限责任公司	安徽	26171587	1296083	24549749	6239092	59823
33	中国航天科工集团有限公司	北京	26010986	1348948	38400638	14399553	145148
34	中国电子信息产业集团有限公司	北京	24792373	-67099	34965948	6492228	185050

续表

名次	企业名称	地区	营业收入/万元	净利润/万元	资产/万元	所有者权益/万元	从业人数/人
35	金川集团股份有限公司	甘肃	24775947	248703	11485345	3710891	29220
36	小米公司	北京	24586563	2035550	25367982	12369170	22074
37	中国中车集团有限公司	北京	23996982	516146	43672971	7756818	178500
38	中国兵器装备集团有限公司	北京	23773708	588279	35839407	7702659	170282
39	中国电子科技集团有限公司	北京	23674894	1296924	45161011	17392078	220000
40	敬业集团有限公司	河北	22444527	419035	6987448	3232483	31000
41	山东钢铁集团有限公司	山东	22073340	89294	37368514	1883086	71107
42	新希望控股集团有限公司	四川	21807950	355630	31604041	2696765	142659
43	鞍钢集团有限公司	辽宁	21311112	178357	34018335	5917492	112606
44	铜陵有色金属集团控股有限公司	安徽	20907830	-17770	9308857	756342	22621
45	首钢集团有限公司	北京	20737071	29314	51200691	11867085	97235
46	海亮集团有限公司	浙江	19642059	80905	6099649	1993628	20172
47	北京建龙重工集团有限公司	北京	19569510	340852	15454742	3123334	61300
48	上海医药集团股份有限公司	上海	19190916	449622	14918566	4535468	48136
49	多弗国际控股集团有限公司	浙江	19091564	322224	14097705	7227596	23810
50	广州医药集团有限公司	广东	17988428	206342	5959129	832806	34371
51	万洲国际有限公司	河南	17646430	570997	12211350	6528162	107000
52	中国重型汽车集团有限公司	山东	17564831	405542	12073281	1768488	36626
53	紫金矿业集团股份有限公司	福建	17150134	650855	18231325	5653855	20024
54	珠海格力电器股份有限公司	广东	17049742	2217511	27921792	11519021	83952
55	天能控股集团有限公司	浙江	16482138	196797	5550284	548319	24379
56	潞安化工集团有限公司	山西	16170997	-70145	26917894	3691499	102099
57	上海电气（集团）总公司	上海	16063032	263891	37897388	3625697	68322
58	南京钢铁集团有限公司	江苏	15715916	239017	5734389	1710346	10642
59	北京首农食品集团有限责任公司	北京	15706161	291480	15380078	3927119	47215
60	比亚迪股份有限公司	广东	15659769	423427	20101732	5687427	224280
61	光明食品（集团）有限公司	上海	15574792	122931	29611531	7115071	109375
62	杭州钢铁集团有限公司	浙江	15461073	122095	7991922	2678146	15101
63	北京电子控股有限责任公司	北京	15364413	93907	48729381	1681570	85000
64	TCL	广东	15281977	560552	32630924	3942651	119063
65	湖南华菱钢铁集团有限责任公司	湖南	15202110	528512	11343300	2832752	34038
66	陕西有色金属控股集团有限责任公司	陕西	14459580	89387	14079782	3297979	43541
67	四川长虹电子控股集团有限公司	四川	14302825	5551	8692290	187522	59727
68	河北新华联合冶金控股集团有限公司	河北	14232625	202061	11818740	827726	20566

续表

名次	企业名称	地区	营业收入/万元	净利润/万元	资产/万元	所有者权益/万元	从业人数/人
69	中天钢铁集团有限公司	江苏	14003355	212753	4699532	1676941	12434
70	冀南钢铁集团有限公司	河北	13907899	1099538	4390238	4049452	19226
71	无锡产业发展集团有限公司	江苏	13801604	21854	10916634	1042776	27527
72	复星国际有限公司	上海	13662948	801794	76768060	12781203	72000
73	海信集团控股股份有限公司	山东	13631446	347424	15275714	1913796	88129
74	中国有色矿业集团有限公司	北京	13609998	109496	10941221	1946424	47157
75	北京金隅集团股份有限公司	北京	13392236	284377	29135238	6337594	47672
76	河北津西钢铁集团股份有限公司	河北	13036986	157825	6514868	2368720	10672
77	超威电源集团有限公司	浙江	12822745	132766	3288840	733184	18520
78	万向集团公司	浙江	12673776	181103	9270589	2351807	23947
79	三一集团有限公司	湖南	12531796	745519	22497446	4145440	37144
80	四川省宜宾五粮液集团有限公司	四川	12107223	591444	15454873	3846605	43640
81	广西柳州钢铁集团有限公司	广西壮族自治区	11740007	404517	10473353	2958500	31448
82	亨通集团有限公司	江苏	11700579	43274	7889205	748419	18105
83	上海德龙钢铁集团有限公司	上海	11561923	370556	10258566	1711391	46534
84	酒泉钢铁（集团）有限责任公司	甘肃	11406950	38834	11016109	2283916	35070
85	南山集团有限公司	山东	11358670	492405	13180049	6389908	46257
86	洛阳栾川钼业集团股份有限公司	河南	11298101	232878	12244124	3889178	10956
87	新疆中泰（集团）有限责任公司	新疆维吾尔自治区	11050341	－1727	10834323	317658	40676
88	中国黄金集团有限公司	北京	10860869	50746	11266368	1794332	40149
89	海澜集团有限公司	江苏	10521688	381807	11372235	8485812	17097
90	雅戈尔集团股份有限公司	浙江	10481096	778940	9552914	2874185	22475
91	宁波金田投资控股有限公司	浙江	10382009	16929	1656530	204124	7021
92	长城汽车股份有限公司	河北	10330761	536249	15401149	5734185	63174
93	辽宁方大集团实业有限公司	辽宁	10197710	525684	12111165	2916570	59576
94	山东东明石化集团有限公司	山东	10166832	197748	4028122	2091295	7420
95	中兴通讯股份有限公司	广东	10145067	425975	15063491	4329681	73709
96	江苏永钢集团有限公司	江苏	10096904	390699	4057066	2291866	7181
97	协鑫集团有限公司	江苏	10039029	－528178	17710916	3878084	24256
98	贵州茅台酒股份有限公司	贵州	9799324	4669729	21339581	16132274	29031
99	日照钢铁控股集团有限公司	山东	9711525	837986	11271737	4168041	16628
100	内蒙古伊利实业集团股份有限公司	内蒙古自治区	9652396	707818	7115426	3038391	59159
101	利华益集团股份有限公司	山东	9621648	227721	4537960	2141762	5576
102	江铃汽车集团有限公司	江西	9456716	31192	7287985	1134130	35335

续表

名次	企业名称	地区	营业收入/万元	净利润/万元	资产/万元	所有者权益/万元	从业人数/人
103	中国国际海运集装箱（集团）股份有限公司	广东	9415908	534961	14621151	4401752	51100
104	万达控股集团有限公司	山东	9302513	182921	5059279	1464225	13205
105	陕西汽车控股集团有限公司	陕西	9300892	66276	7204158	560477	31435
106	通威集团有限公司	四川	9263517	319716	7565034	1887443	26825
107	江苏悦达集团有限公司	江苏	9262176	42121	8955425	1622858	41180
108	立讯精密工业股份有限公司	广东	9250126	722546	7001275	2810182	172410
109	晨鸣控股有限公司	山东	9162298	16311	9370551	398339	15937
110	正泰集团股份有限公司	浙江	8935473	203926	8863915	1857600	34618
111	福建大东海实业集团有限公司	福建	8816736	689970	6180781	3857144	19648
112	包头钢铁（集团）有限责任公司	内蒙古自治区	8667610	4269	17209353	486216	42729
113	双胞胎（集团）股份有限公司	江西	8663084	531729	4052957	1618962	20000
114	中国宏桥集团有限公司	山东	8614464	1049594	9743361	7119614	42445
115	天津荣程祥泰投资控股集团有限公司	天津	8505107	65497	1995521	1164840	4802
116	奇瑞控股集团有限公司	安徽	8286878	75589	19985255	1848220	28633
117	中国铁塔股份有限公司	北京	8109900	642800	33738000	18624600	23300
118	新余钢铁集团有限公司	江西	7980988	150607	5819738	1290529	21050
119	广州工业投资控股集团有限公司	广东	7927400	97935	8135365	1589756	30874
120	河北普阳钢铁有限公司	河北	7918524	411450	4015298	2345633	7500
121	杭州锦江集团有限公司	浙江	7889834	11830	7069566	1781983	9900
122	永锋集团有限公司	山东	7866643	186266	5381550	1208528	11892
123	玖龙纸业（控股）有限公司	广东	7813009	589176	8348039	4330985	19000
124	山东黄金集团有限公司	山东	7665271	88338	12046327	1127390	24526
125	华泰集团有限公司	山东	7649093	129153	3435710	1146358	8302
126	武安市裕华钢铁有限公司	河北	7626638	638570	2950186	2341417	10976
127	红豆集团有限公司	江苏	7500322	33733	4850164	1824612	26085
128	温氏食品集团股份有限公司	广东	7493891	742587	8050012	4578796	52809
129	金鼎钢铁集团有限公司	河北	7436768	212626	1548868	1093577	3780
130	山东招金集团有限公司	山东	7355595	35732	6009801	587585	14324
131	云天化集团有限责任公司	云南	7343694	-47755	9435230	773351	22002
132	万华化学集团股份有限公司	山东	7343297	1004143	13375267	4878035	17581
133	中天科技集团有限公司	江苏	7183181	272668	5294027	833928	15033
134	桐昆控股集团有限公司	浙江	7101058	200817	5678305	881083	21943
135	蓝润集团有限公司	四川	7100016	248799	9802214	3783193	23156
136	奥克斯集团有限公司	浙江	7063720	64762	6248808	1264342	34716
137	唐山港陆钢铁有限公司	河北	6801593	75420	1924838	1026598	8278
138	旭阳控股有限公司	北京	6602635	208541	4193400	1361578	10728
139	四川省川威集团有限公司	四川	6579094	92535	4514149	650037	13792

续表

名次	企业名称	地区	营业收入/万元	净利润/万元	资产/万元	所有者权益/万元	从业人数/人
140	山东京博控股集团有限公司	山东	6533080	94317	4158783	599508	9892
141	山东海科控股有限公司	山东	6532582	105913	2526691	798109	4436
142	河北新金钢铁有限公司	河北	6511408	101423	2008434	1107774	5329
143	中联重科股份有限公司	湖南	6510894	728067	11627494	4674374	23528
144	贵州磷化（集团）有限责任公司	贵州	6431979	14325	9069345	1347020	17766
145	宁夏天元锰业集团有限公司	宁夏回族自治区	6413255	-295495	15160930	8005565	20443
146	深圳海王集团股份有限公司	广东	6339653	56368	6150974	1093995	30752
147	三房巷集团有限公司	江苏	6325015	79385	2464182	1020416	6800
148	德力西集团有限公司	浙江	6291633	117232	2150197	624119	20336
149	晶科能源控股有限公司	江西	6202061	112030	7587549	—	24361
150	河北新武安钢铁集团文安钢铁有限公司	河北	6178592	177858	1247259	1125354	3970
151	本钢集团有限公司	辽宁	6159631	7568	15559646	2988468	60761
152	盘锦北方沥青燃料有限公司	辽宁	6152777	498410	5817556	1600202	3534
153	白银有色集团股份有限公司	甘肃	6142270	7297	4650087	1525574	14297
154	云南锡业集团（控股）有限责任公司	云南	6140825	92066	5699298	316554	20652
155	新疆特变电工集团有限公司	新疆维吾尔自治区	6096838	326771	13608470	4835040	20972
156	泸州老窖集团有限责任公司	四川	6076553	247016	27395165	1369112	14099
157	重庆化医控股（集团）公司	重庆	6062002	-89610	9104620	477259	24813
158	广东海大集团股份有限公司	广东	6032386	252273	2752695	1397278	26241
159	牧原实业集团有限公司	河南	5942750	354157	15368105	1098433	124503
160	浙江富冶集团有限公司	浙江	5906312	50073	1256305	357769	2685
161	江苏新长江实业集团有限公司	江苏	5848383	107768	4383018	1342624	6862
162	广西盛隆冶金有限公司	广西壮族自治区	5840699	180692	4783714	1880532	12188
163	安徽江淮汽车集团控股有限公司	安徽	5825477	5308	4454525	474402	27398
164	歌尔股份有限公司	山东	5774274	284800	4911783	1965325	87346
165	山东如意时尚投资控股有限公司	山东	5671453	262163	7056634	1605041	41492
166	恒申控股集团有限公司	福建	5666242	401495	4323703	2282698	8251
167	福建永荣控股集团有限公司	福建	5661317	19248	2911657	1087626	4341
168	新疆金风科技股份有限公司	新疆维吾尔自治区	5626511	296351	10913818	3416825	8956
169	湖南博长控股集团有限公司	湖南	5573500	18315	1387263	399882	6936
170	闻泰通讯股份有限公司	浙江	5518361	65863	1805579	304421	7758
171	红狮控股集团有限公司	浙江	5497879	586538	6072301	2668274	16624
172	隆基绿能科技股份有限公司	陕西	5458318	855237	8763483	3510577	46631
173	山东太阳控股集团有限公司	山东	5404945	306636	4209523	1789066	15225

续表

名次	企业名称	地区	营业收入/万元	净利润/万元	资产/万元	所有者权益/万元	从业人数/人
174	广州智能装备产业集团有限公司	广东	5392268	148363	6161880	1491911	30590
175	福建省三钢（集团）有限责任公司	福建	5357563	183056	5277897	1653944	16427
176	杉杉控股有限公司	上海	5313824	73254	5813930	1080984	6858
177	辽宁嘉晨控股集团有限公司	辽宁	5312895	277072	5306484	4089799	11230
178	新凤祥控股集团有限责任公司	山东	5185887	24198	3036721	997550	12016
179	老凤祥股份有限公司	上海	5172150	158602	1956327	796490	3659
180	新凤鸣控股集团有限公司	浙江	5148647	61814	2851417	1215351	10833
181	富通集团有限公司	浙江	5123603	156931	3203860	1195546	5332
182	研祥高科技控股集团有限公司	广东	5095715	294037	4287167	2721334	5155
183	河南豫光金铅集团有限责任公司	河南	5082342	17791	2114879	107056	6051
184	稻花香集团	湖北	5057532	32659	1716225	328632	10011
185	宁德时代新能源科技股份有限公司	福建	5031949	558334	15661843	6420730	33078
186	福佳集团有限公司	辽宁	5031230	335212	8861243	5141649	2113
187	安阳钢铁集团有限责任公司	河南	5029911	28680	5632445	785703	21435
188	天瑞集团股份有限公司	河南	5026666	205576	7517389	4063342	14911
189	威高集团有限公司	山东	4978281	429709	6716835	3850527	28312
190	山东泰山钢铁集团有限公司	山东	4974172	73100	2216911	1161465	7850
191	江西正邦科技股份有限公司	江西	4916630	574413	5925956	2325210	52322
192	山东九羊集团有限公司	山东	4907189	160633	1812338	1303071	7766
193	天津友发钢管集团股份有限公司	天津	4841870	114323	1184044	625504	12593
194	欧菲光集团股份有限公司	广东	4834970	-194452	3422706	745745	27306
195	三河汇福粮油集团有限公司	河北	4815435	70987	1330151	539929	3000
196	山东中矿集团有限公司	山东	4790108	50511	967932	241261	3606
197	宁波均胜电子股份有限公司	浙江	4788984	61617	5626515	1516899	53816
198	天津渤海化工集团有限责任公司	天津	4764335	43834	11235560	3836384	25973
199	中国信息通信科技集团有限公司	湖北	4750222	89328	10356350	2525139	38685
200	广西玉柴机器集团有限公司	广西壮族自治区	4749276	84472	4408780	1400452	15953
201	人民电器集团有限公司	浙江	4696591	191998	1321099	1007895	21250
202	隆鑫控股有限公司	重庆	4695753	-107646	6264910	834005	30007
203	河北文丰钢铁有限公司	河北	4683338	385462	1851646	1605434	4708
204	重庆机电控股（集团）公司	重庆	4665129	83556	6028936	1303892	25869
205	明阳新能源投资控股集团有限公司	广东	4626820	298170	8106165	2591756	9401
206	江苏华西集团有限公司	江苏	4614720	-20671	4957670	1433962	15225
207	东营齐润化工有限公司	山东	4611600	135122	2155534	1154280	1350

续表

名次	企业名称	地区	营业收入/万元	净利润/万元	资产/万元	所有者权益/万元	从业人数/人
208	远景能源有限公司	江苏	4555397	318779	7496609	1635355	5181
209	山东创新金属科技有限公司	山东	4551359	87863	1767652	64076	7772
210	心里程控股集团有限公司	广东	4538097	170118	2462309	1618007	3383
211	东方润安集团有限公司	江苏	4537856	65103	1199808	546165	4985
212	福建省电子信息（集团）有限责任公司	福建	4524248	-124686	10381615	462594	53113
213	四川德胜集团钒钛有限公司	四川	4521138	69524	2741393	836532	10031
214	齐成（山东）石化集团有限公司	山东	4417152	17064	2634090	27811	975
215	山东汇丰石化集团有限公司	山东	4415001	87789	1534981	170376	2044
216	山东渤海实业股份有限公司	山东	4398565	74136	2070375	483286	2779
217	福建省能源集团有限责任公司	福建	4358303	192440	13352230	2426239	29664
218	远东控股集团有限公司	江苏	4349782	2456	2600026	386578	8160
219	山东金岭集团有限公司	山东	4302881	241054	1796108	1500178	4345
220	宏旺投资集团有限公司	广东	4301255	40547	1015509	378992	2245
221	沂州集团有限公司	山东	4298812	79724	1595320	610074	3067
222	富海集团新能源控股有限公司	山东	4285514	131148	2176209	880211	5688
223	中科电力装备集团有限公司	安徽	4281482	18657	1868879	176063	3224
224	西王集团有限公司	山东	4263690	1082	5043971	990693	16000
225	上海华谊（集团）公司	上海	4260017	101203	7884125	2068223	20237
226	金澳科技（湖北）化工有限公司	湖北	4256736	46356	834225	542224	4358
227	宁波富邦控股集团有限公司	浙江	4217583	62123	4858233	1126770	12036
228	山东金诚石化集团有限公司	山东	4210501	-2185	1176091	523360	2325
229	万基控股集团有限公司	河南	4158946	31396	2504110	241840	12058
230	金浦投资控股集团有限公司	江苏	4149067	27701	2434219	559230	9660
231	西部矿业集团有限公司	青海	4136351	4411	6608344	437519	7611
232	法尔胜泓昇集团有限公司	江苏	4098825	30463	1514262	456466	9128
233	宜昌兴发集团有限责任公司	湖北	4053946	19392	4299796	479956	12860
234	森马集团有限公司	浙江	4051223	28365	3148241	1094733	3843
235	四川科伦实业集团有限公司	四川	4042711	53911	1432841	1378929	27525
236	石药控股集团有限公司	河北	4035608	585518	5448773	2816504	26556
237	伊电控股集团有限公司	河南	4032330	16575	9179453	1181851	5600
238	江苏扬子江船业集团	江苏	4026258	418317	13203133	3928895	22009
239	澳洋集团有限公司	江苏	4016403	41875	1990685	499437	9863
240	创维集团有限公司	广东	3985341	96929	5474327	1016044	33680
241	双良集团有限公司	江苏	3983063	16931	2859953	798389	7030

续表

名次	企业名称	地区	营业收入/万元	净利润/万元	资产/万元	所有者权益/万元	从业人数/人
242	河北安丰钢铁有限公司	河北	3980619	411362	2088353	1462780	9500
243	江苏华宏实业集团有限公司	江苏	3977545	19494	885004	27987	2671
244	山东清源集团有限公司	山东	3971183	67985	3380249	1204925	4120
245	江苏阳光集团有限公司	江苏	3961174	203608	2188652	1114557	12588
246	卧龙控股集团有限公司	浙江	3958745	98654	3493102	996834	18005
247	鲁丽集团有限公司	山东	3957637	120198	1589164	803468	6914
248	石横特钢集团有限公司	山东	3942296	244960	3268340	2079582	12212
249	盛屯矿业集团股份有限公司	福建	3923619	5909	2323333	1067956	7107
250	山东鲁花集团有限公司	山东	3903065	423339	3282572	1341239	26000
251	江苏中利控股集团有限公司	江苏	3862221	112254	3996416	1423472	6925
252	山东恒源石油化工股份有限公司	山东	3843643	80932	1700315	716726	1729
253	新疆天业（集团）有限公司	新疆维吾尔自治区	3820420	-7556	4452871	684210	15710
254	中国东方电气集团有限公司	四川	3817237	124010	10015864	1789967	18833
255	得力集团有限公司	浙江	3804946	316398	2618712	959950	16043
256	江苏江润铜业有限公司	江苏	3803819	12250	346844	178885	753
257	舜宇集团有限公司	浙江	3800177	487179	3543812	1659722	24374
258	重庆市博赛矿业（集团）有限公司	重庆	3788251	70611	1279918	643619	8280
259	郑州宇通企业集团	河南	3748355	255106	10266973	1873004	29483
260	中国一重集团有限公司	黑龙江	3729003	34418	4830881	1128454	15441
261	重庆轻纺控股（集团）公司	重庆	3639776	43383	2983491	620845	23857
262	湖南五江控股集团有限公司	湖南	3625615	314263	6158841	3923652	23956
263	华勤橡胶工业集团有限公司	山东	3571859	81579	2108081	943405	8500
264	河北天柱钢铁集团有限公司	河北	3568670	150845	1507184	770295	5578
265	利时集团股份有限公司	浙江	3517263	86382	1716118	890643	6829
266	江苏大明金属制品有限公司	江苏	3510130	30735	1087424	190320	6039
267	山西晋南钢铁集团有限公司	山西	3501720	134796	2614485	1099122	7326
268	山西建邦集团有限公司	山西	3480273	135471	1539530	997933	3252
269	浙江升华控股集团有限公司	浙江	3462094	31321	899136	298433	2910
270	山东寿光鲁清石化有限公司	山东	3460001	58680	2377810	905187	2771
271	振石控股集团有限公司	浙江	3402332	198532	3014964	1069877	7431
272	巨化集团有限公司	浙江	3393704	223617	3863269	962560	11421
273	金东纸业（江苏）股份有限公司	江苏	3374874	148245	6999417	2094672	5201
274	四川九洲投资控股集团有限公司	四川	3334245	27310	2771559	627179	12565
275	五得利面粉集团有限公司	河北	3328398	245474	1637941	1293719	5500

续表

名次	企业名称	地区	营业收入/万元	净利润/万元	资产/万元	所有者权益/万元	从业人数/人
276	北京顺鑫控股集团有限公司	北京	3300580	155	3580737	342025	8638
277	波司登股份有限公司	江苏	3288516	410679	3854196	2300611	23934
278	天津华北集团有限公司	天津	3284748	17196	1252064	606365	1180
279	河南中原黄金冶炼厂有限责任公司	河南	3280631	44681	1709012	774232	1445
280	重庆小康控股有限公司	重庆	3276438	-108698	2932442	120075	14358
281	三花控股集团有限公司	浙江	3274796	124269	2792407	1020840	23790
282	云南白药集团股份有限公司	云南	3274277	551607	5521945	3805255	8131
283	花园集团有限公司	浙江	3267598	52595	2706926	1133756	13952
284	广西南丹南方金属有限公司	广西壮族自治区	3266685	58902	2091262	752356	5189
285	太平鸟集团有限公司	浙江	3227611	51140	1632558	98353	13638
286	道恩集团有限公司	山东	3184087	90262	1358458	208331	3514
287	浙江龙盛控股有限公司	浙江	3176536	449858	6015784	2922140	8284
288	河北兴华钢铁有限公司	河北	3176396	136646	901016	620773	5369
289	华芳集团有限公司	江苏	3150194	26967	708443	488074	7247
290	浙江元立金属制品集团有限公司	浙江	3149802	181082	2321498	700730	13000
291	西子联合控股有限公司	浙江	3128623	369981	5015509	1801655	19049
292	济源市万洋冶炼（集团）有限公司	河南	3099762	43764	594468	248487	3160
293	万通海欣控股集团股份有限公司	山东	3085453	112642	3536378	1638839	3500
294	浙江东南网架集团有限公司	浙江	3085396	33345	2916439	941974	12188
295	香驰控股有限公司	山东	3060157	78394	1540170	801678	1912
296	河南金利金铅集团有限公司	河南	3048940	31800	685112	248222	2871
297	山东东方华龙工贸集团有限公司	山东	3036502	11320	1182955	489521	1502
298	山东中海化工集团有限公司	山东	3035591	117905	1186681	758000	2637
299	深圳市中金岭南有色金属股份有限公司	广东	3022613	99510	2434833	1220249	9835
300	天津天士力大健康产业投资集团有限公司	天津	3016187	29592	7939218	2698444	19773
301	河北诚信集团有限公司	河北	3015255	299786	1658594	1187031	10238
302	万丰奥特控股集团有限公司	浙江	3011647	198413	2900250	579218	12275
303	鹏鼎控股（深圳）股份有限公司	广东	2985131	284147	3310242	2155803	43567
304	欣旺达电子股份有限公司	广东	2969231	80196	3067220	681902	9473
305	天合光能股份有限公司	江苏	2941797	122928	4559246	1508118	14130
306	华新水泥股份有限公司	湖北	2935652	563060	4392851	2357138	16167
307	青岛啤酒集团有限公司	山东	2910111	78979	4795977	711894	36984
308	山东恒邦冶炼股份有限公司	山东	2895124	36630	1758971	749078	4192
309	山东垦利石化集团有限公司	山东	2877844	135727	1685046	968633	2619

续表

名次	企业名称	地区	营业收入/万元	净利润/万元	资产/万元	所有者权益/万元	从业人数/人
310	中策橡胶集团有限公司	浙江	2814833	188615	2656881	1090155	23650
311	金龙精密铜管集团股份有限公司	重庆	2788411	79639	1364109	132249	6617
312	天洁集团有限公司	浙江	2776942	147958	1400759	695680	1325
313	华立集团股份有限公司	浙江	2775838	24448	2219285	252319	12000
314	江苏恒瑞医药股份有限公司	江苏	2773459	632838	3472958	3050430	28903
315	河北鑫达钢铁集团有限公司	河北	2770306	62274	2031416	1359948	8546
316	浙江协和集团有限公司	浙江	2760507	27699	766483	185599	1382
317	常熟市龙腾特种钢有限公司	江苏	2738731	172328	2655739	731535	5179
318	浙江富春江通信集团有限公司	浙江	2700007	63374	2346764	482540	4534
319	奥盛集团有限公司	上海	2697786	85750	1208819	956946	1570
320	广东德赛集团有限公司	广东	2679846	18127	1773900	263804	15346
321	宁波博洋控股集团有限公司	浙江	2677358	50170	693526	163901	7656
322	郑州煤矿机械集团股份有限公司	河南	2651939	123914	3371441	1306379	17415
323	浙江大华技术股份有限公司	浙江	2646596	390277	3659503	1977303	17251
324	江苏长电科技股份有限公司	江苏	2646399	130439	3232819	1339970	23359
325	哈尔滨电气集团有限公司	黑龙江	2639470	26675	6498264	1454869	15464
326	兴惠化纤集团有限公司	浙江	2632230	31592	691321	465211	2506
327	广西柳工集团有限公司	广西壮族自治区	2626765	16233	4459805	442403	17314
328	邯郸市正大制管有限公司	河北	2613111	42682	464745	111638	5564
329	大亚科技集团有限公司	江苏	2607501	88530	1652195	310366	13816
330	洛阳炼化宏达实业有限责任公司	河南	2598310	15191	610740	109665	1557
331	胜达集团有限公司	浙江	2581679	99493	1303176	909178	2978
332	江苏中超投资集团有限公司	江苏	2568080	5287	1292449	228040	5400
333	山西晋城钢铁控股集团有限公司	山西	2554951	118034	2239972	1370118	10700
334	广西贵港钢铁集团有限公司	广西壮族自治区	2551834	23681	841984	240540	2815
335	三宝集团股份有限公司	福建	2549969	85460	1303482	585898	4561
336	大连西太平洋石油化工有限公司	辽宁	2545395	-134509	672403	-286910	1057
337	成都蛟龙投资有限责任公司	四川	2545036	204807	953721	777106	53627
338	福建三安集团有限公司	福建	2540036	-85332	6373478	987472	—
339	兴达投资集团有限公司	江苏	2534870	107080	816647	635749	952
340	广州立白凯晟控股有限公司	广东	2518530	151011	2649444	1357790	9297
341	山鹰国际控股股份公司	安徽	2496915	138110	4543655	1559627	13189
342	山东永鑫能源集团有限公司	山东	2492333	11220	1394181	-5228	1935
343	淄博齐翔腾达化工股份有限公司	山东	2468592	97572	2063890	898103	2467

续表

名次	企业名称	地区	营业收入/万元	净利润/万元	资产/万元	所有者权益/万元	从业人数/人
344	江苏三木集团有限公司	江苏	2466685	98649	1349631	786346	6303
345	广东格兰仕集团有限公司	广东	2464603	72542	2267895	645243	23538
346	河南济源钢铁（集团）有限公司	河南	2452762	107996	1856853	848330	7310
347	纳爱斯集团有限公司	浙江	2452551	148534	2345039	2024188	12018
348	浙江省机电集团有限公司	浙江	2451868	10875	2276899	354168	5026
349	华鲁控股集团有限公司	山东	2434613	74408	4024424	911672	17862
350	江阴江东集团公司	江苏	2326296	120662	581730	459443	6660
351	农夫山泉股份有限公司	浙江	2320813	528546	2580302	1550121	19091
352	重庆万达薄板有限公司	重庆	2318016	37867	1297591	314433	2430
353	宁波申洲针织有限公司	浙江	2303065	510674	3685176	2727606	89100
354	安徽楚江科技新材料股份有限公司	安徽	2297409	27424	1124546	575188	6422
355	宗申产业集团有限公司	重庆	2259786	41271	2530790	443372	14739
356	苏州创元投资发展（集团）有限公司	江苏	2257325	56170	3489609	797328	13759
357	久立集团股份有限公司	浙江	2254023	36974	1039212	256822	4042
358	天津源泰德润钢管制造集团有限公司	天津	2200853	24527	306260	306260	2000
359	滨化集团	山东	2200319	55356	2229712	1077105	5185
360	北京东方雨虹防水技术股份有限公司	北京	2173037	338887	2784665	1461438	8036
361	宜宾天原集团股份有限公司	四川	2164607	11588	1475084	504695	4187
362	桂林力源粮油食品集团有限公司	广西壮族自治区	2153660	89087	897495	341275	10000
363	浙江华友钴业股份有限公司	浙江	2118684	116484	2694532	992212	8079
364	无锡新三洲特钢有限公司	江苏	2098717	9733	305615	124382	2465
365	浙江甬金金属科技股份有限公司	浙江	2044342	41444	620649	314680	2012
366	人福医药集团股份公司	湖北	2036892	114851	3162687	1076427	15042
367	攀枝花钢城集团有限公司	四川	2026480	1820	877591	-148496	10911
368	深圳市兆驰股份有限公司	广东	2018622	176339	2655270	1139621	13424
369	无棣鑫岳化工集团有限公司	山东	2015023	111205	1871667	949455	3576
370	深圳市大疆创新科技有限公司	广东	2013902	601464	2865442	2048908	10599
371	山东博汇集团有限公司	山东	2012185	-43311	3947379	20865	9000
372	天津纺织集团（控股）有限公司	天津	2011615	7654	1737488	577704	3464
373	广西汽车集团有限公司	广西壮族自治区	2007589	4153	1875013	600846	14474
374	河南神火集团有限公司	河南	2001719	36709	6716556	38822	28985
375	天津恒兴集团有限公司	天津	1999938	71997	828797	712382	850
376	江苏西城三联控股集团有限公司	江苏	1998714	-43941	539937	-235680	2735
377	上海韦尔半导体股份有限公司	上海	1982397	270610	2264799	1123864	3291

续表

名次	企业名称	地区	营业收入/万元	净利润/万元	资产/万元	所有者权益/万元	从业人数/人
378	浙江人本实业有限公司	浙江	1981157	51690	1275469	280369	22069
379	江苏上上电缆集团有限公司	江苏	1975791	49382	837062	646634	4949
380	凌源钢铁集团有限责任公司	辽宁	1973256	39354	2532420	296319	9994
381	长春一汽富维汽车零部件股份有限公司	吉林	1951998	61726	1791313	631242	14376
382	吉林亚泰（集团）股份有限公司	吉林	1949799	13719	5831799	1456902	18866
383	四川省达州钢铁集团有限责任公司	四川	1947436	38921	821318	301139	5549
384	雅迪集团控股有限公司	江苏	1936031	95738	1601635	358949	8184
385	玲珑集团有限公司	山东	1933735	119411	3648460	897948	19872
386	阳光电源股份有限公司	安徽	1928564	195431	2800293	1045590	4492
387	中国西电集团有限公司	陕西	1915883	45763	4205307	1432994	17481
388	厦门钨业股份有限公司	福建	1896374	61410	2510387	761480	13819
389	山东华星石油化工集团有限公司	山东	1891545	50547	1091826	409852	1456
390	诸城外贸有限责任公司	山东	1889801	72985	2173606	1035655	7338
391	安徽天大企业（集团）有限公司	安徽	1887203	27866	1601366	267205	1668
392	山东临工工程机械有限公司	山东	1864647	185161	1909945	748525	3925
393	红太阳集团有限公司	江苏	1861622	10410	3745127	915323	4402
394	黑龙江飞鹤乳业有限公司	黑龙江	1859247	393458	2832284	1918553	5833
395	福建福海创石油化工有限公司	福建	1858857	-176665	4062448	1465829	1528
396	上海仪电（集团）有限公司	上海	1855703	23654	7979604	1287177	14899
397	唐人神集团股份有限公司	湖南	1852685	95034	1028008	533700	9798
398	中建信控股集团有限公司	上海	1832065	22843	3019447	179704	11516
399	中国庆华能源集团有限公司	北京	1829583	-90620	6839848	410950	10065
400	山西安泰控股集团有限公司	山西	1816578	34510	1780264	404802	6462
401	山东寿光巨能控股集团有限公司	山东	1815225	38174	1321081	724601	8350
402	山东神驰控股有限公司	山东	1804323	133061	1573304	1082377	1468
403	苏州佳世达电通有限公司	江苏	1797085	11700	759947	223146	3565
404	唐山三友集团有限公司	河北	1791876	42972	2562800	557840	18228
405	顾家集团有限公司	浙江	1771605	-25485	2372577	668218	18700
406	致达控股集团有限公司	上海	1754006	31197	2788386	492257	4922
407	金猴集团有限公司	山东	1725743	38268	547136	350569	3030
408	福建百宏聚纤科技实业有限公司	福建	1722261	74984	3061224	1102161	10498
409	瑞声科技（控股）有限公司	广东	1714021	150671	3891131	2115874	33735
410	广州视源电子科技股份有限公司	广东	1712932	191183	1256035	719850	4642
411	广博控股集团有限公司	浙江	1695168	20548	1725658	386580	3600

续表

名次	企业名称	地区	营业收入/万元	净利润/万元	资产/万元	所有者权益/万元	从业人数/人
412	浙江天圣控股集团有限公司	浙江	1692186	64998	1403487	405895	2928
413	天津市宝来工贸有限公司	天津	1689561	49317	251946	210737	2218
414	宁波华翔电子股份有限公司	浙江	1689235	84943	1910471	1032950	15449
415	精工控股集团有限公司	浙江	1675543	17514	2506550	310464	10797
416	广西农垦集团有限责任公司	广西壮族自治区	1672660	27788	8518081	5152185	21335
417	秦皇岛宏兴钢铁有限公司	河北	1650383	162181	1191472	949531	5032
418	三环集团有限公司	湖北	1644747	-49888	2519133	712467	17200
419	上海龙旗科技股份有限公司	上海	1638414	26461	1296579	151996	9959
420	河南明泰铝业股份有限公司	河南	1633342	107005	1277347	865782	5301
421	泰开集团有限公司	山东	1611423	89705	1629937	298448	13049
422	东方日升新能源股份有限公司	浙江	1606349	16534	2892283	844306	8554
423	山西高义钢铁有限公司	山西	1599086	124381	1138698	422317	4960
424	上海华虹（集团）有限公司	上海	1589253	-34936	7727024	1191091	10388
425	杭叉集团股份有限公司	浙江	1589007	85032	854440	489039	4740
426	利欧集团股份有限公司	浙江	1554787	477248	1925788	1297725	5525
427	山东联盟化工集团有限公司	山东	1552994	36575	1093068	603385	6441
428	潍坊特钢集团有限公司	山东	1549883	15085	875682	363731	6750
429	上海源耀农业股份有限公司	上海	1546086	4314	128396	46537	774
430	百色市工业投资集团有限公司	广西壮族自治区	1543584	-11369	1230934	375063	1816
431	赛轮集团股份有限公司	山东	1540499	149146	2105621	846195	12779
432	福建省汽车工业集团有限公司	福建	1536940	-45439	3283430	238092	15820
433	深圳市宝德投资控股有限公司	广东	1533726	4634	1403257	385813	1699
434	山东鑫海科技股份有限公司	山东	1524787	200180	2531858	1153794	7896
435	重庆智飞生物制品股份有限公司	重庆	1519037	330133	1521524	824866	3380
436	泰豪集团有限公司	江西	1517041	44821	2276539	746336	7462
437	湖南黄金集团有限责任公司	湖南	1516920	146	1068186	163782	6716
438	普联技术有限公司	广东	1505913	383396	2076048	1883160	12219
439	安徽淮海实业发展集团有限公司	安徽	1504869	37392	973010	259232	5636
440	迪尚集团有限公司	山东	1504416	112245	913104	381384	24685
441	陕西鼓风机（集团）有限公司	陕西	1503661	24761	3193562	751697	5965
442	江阴模塑集团有限公司	江苏	1500437	10341	1026937	304913	9629
443	卫华集团有限公司	河南	1487659	38542	1012199	401961	5800
444	欧派家居集团股份有限公司	广东	1473969	206262	1884363	1192542	20022
445	新和成控股集团有限公司	浙江	1444485	215522	4252310	1338376	15109

续表

名次	企业名称	地区	营业收入/万元	净利润/万元	资产/万元	所有者权益/万元	从业人数/人
446	青岛澳柯玛控股集团有限公司	山东	1437298	51870	1993335	392715	7209
447	龙蟒佰利联集团股份有限公司	河南	1416402	228869	3477143	1419459	10038
448	山西杏花村汾酒集团有限责任公司	山西	1401910	156389	2216268	808814	13567
449	青海盐湖工业股份有限公司	青海	1401626	203951	2010981	411928	15192
450	中哲控股集团有限公司	浙江	1401275	21582	452298	88744	5150
451	闽源钢铁集团有限公司	河南	1400499	19232	652315	343588	4948
452	厦门金龙汽车集团股份有限公司	福建	1395787	3190	2372080	510853	12357
453	英科医疗科技股份有限公司	山东	1383671	700705	1293481	934384	6503
454	万邦德医药控股集团股份有限公司	浙江	1370186	28494	566232	262165	2745
455	林州凤宝管业有限公司	河南	1369076	25148	1093792	388845	4931
456	健康元药业集团股份有限公司	广东	1352160	112043	2815697	1109612	12466
457	安徽鸿路钢结构（集团）股份有限公司	安徽	1345093	79909	1620731	597798	15190
458	太原重型机械集团有限公司	山西	1342456	-33843	5528755	511926	9682
459	南京高速齿轮制造有限公司	江苏	1339402	79966	1858236	525718	5586
460	北京时尚控股有限责任公司	北京	1338459	17550	1872454	621286	8596
461	江南集团有限公司	江苏	1333519	16949	1577184	643923	3425
462	浙江中财管道科技股份有限公司	浙江	1326588	87305	705433	497661	9056
463	祥兴（福建）箱包集团有限公司	福建	1322358	79969	443831	396200	10286
464	正和集团股份有限公司	山东	1314014	22719	632103	300009	1360
465	上海晨光文具股份有限公司	上海	1313775	125543	970991	519357	5689
466	山东时风（集团）有限责任公司	山东	1307585	9345	846077	612862	10417
467	回音必集团有限公司	浙江	1306494	55754	682503	434188	2125
468	星星集团有限公司	浙江	1302466	74408	2696390	753636	15499
469	爱玛科技集团股份有限公司	天津	1290459	59852	955850	262976	6563
470	安徽天康（集团）股份有限公司	安徽	1286021	39577	555570	388991	4460
471	安徽中鼎控股（集团）股份有限公司	安徽	1275572	-6746	2238032	513297	22903
472	青岛康大外贸集团有限公司	山东	1264450	38449	802100	96593	7685
473	安徽叉车集团有限责任公司	安徽	1259536	36769	1239940	328787	8343
474	无锡华东重机科技集团有限公司	江苏	1259489	28813	968266	208741	954
475	浙江新安化工集团股份有限公司	浙江	1251641	58478	1245688	650165	5766
476	格林美股份有限公司	广东	1246628	41250	2970830	1330967	5129
477	山东潍焦控股集团有限公司	山东	1245972	55683	1087134	257879	3491
478	铜陵精达特种电磁线股份有限公司	安徽	1244690	41890	896578	382371	3188
479	江苏鼎胜新能源材料股份有限公司	江苏	1242655	-1499	1332879	379811	4982

续表

名次	企业名称	地区	营业收入/万元	净利润/万元	资产/万元	所有者权益/万元	从业人数/人
480	河南黄河实业集团股份有限公司	河南	1226696	58735	1821693	820108	9463
481	杭州金鱼电器集团有限公司	浙江	1203761	-7676	779686	48783	5577
482	山东淄博傅山企业集团有限公司	山东	1201545	15555	623329	298148	5458
483	宁波方太厨具有限公司	浙江	1199562	146113	1466848	840401	6850
484	山东华通控股集团有限公司	山东	1199109	51934	860684	772879	1706
485	广东兴发铝业有限公司	广东	1192961	75663	837718	346537	8478
486	金沙河集团有限公司	河北	1177707	36358	348393	176598	4500
487	天津市新宇彩板有限公司	天津	1169732	18915	558633	104442	1870
488	黑龙江鑫达企业集团有限公司	黑龙江	1167453	44709	1898282	574635	956
489	景德镇黑猫集团有限责任公司	江西	1154284	-3936	2100100	249921	9356
490	深圳市汇川技术股份有限公司	广东	1151132	210014	1864759	1063746	12866
491	浙江海正药业股份有限公司	浙江	1135440	41719	2085977	667867	8446
492	瑞星集团股份有限公司	山东	1134582	-21594	1841454	414788	3247
493	广西洋浦南华糖业集团股份有限公司	广西壮族自治区	1130246	19421	1943964	613754	11432
494	青特集团有限公司	山东	1128279	55701	2531303	380532	3820
495	浙江永利实业集团有限公司	浙江	1115421	93120	2391246	944900	3210
496	北京君诚实业投资集团有限公司	北京	1112673	9042	245879	73699	1987
497	富奥汽车零部件股份有限公司	吉林	1111343	90133	1446149	726260	9074
498	大连冰山集团有限公司	辽宁	1110179	8260	1380098	120471	10182
499	阿尔法（江阴）沥青有限公司	江苏	1109126	10213	194318	89099	210
500	安徽古井集团有限责任公司	安徽	1109094	94283	2090520	678769	11448
	合计		4023564149	117966152	4432881526	1154007747	13687724

说　明

1. 2021 中国制造业企业 500 强是中国企业联合会、中国企业家协会参照国际惯例，组织企业自愿申报，并经专家审定确认后产生的。申报企业包括在中国境内注册、2020 年实现营业收入达到 70 亿元的企业（不包括在华外资、港澳台独资、控股企业，也不包括行政性公司、政企合一的单位，以及烟草公司，但包括在境外注册、投资主体为中国自然人或法人、主要业务在境内的企业），都有资格申报参加排序。属于集团公司的控股子公司或相对控股子公司，由于其财务报表最后能被合并到集团母公司的财务会计报表中去，因此只允许其母公司申报。

2. 表中所列数据由企业自愿申报或属于上市公司公开数据，并经会计师事务所或审计师事务所等单位认可。

3. 营业收入是 2020 年不含增值税的收入，包括企业的所有收入，即主营业务和非主营业务、境

内和境外的收入。净利润是 2020 年上交所得税的净利润扣除少数股东权益后的归属母公司所有者的净利润。资产是 2020 年度末的资产总额。所有者权益是 2020 年年末所有者权益总额扣除少数股东权益后的归属于母公司所有者权益。研究开发费用是 2020 年企业投入研究开发的所有费用。从业人数是 2020 年度的平均人数（含所有被合并报表企业的人数）。

4. 行业分类参照了国家统计局的分类方法，依据其主营业务收入所在行业来划分；地区分类是按企业总部所在地划分。

表10-2 2021中国制造业企业500强各行业企业分布

排名	企业名称	营业收入/万元
农副食品		
1	新希望控股集团有限公司	21807950
2	北京首农食品集团有限责任公司	15706161
3	通威集团有限公司	9263517
4	双胞胎（集团）股份有限公司	8663084
5	温氏食品集团股份有限公司	7493891
6	蓝润集团有限公司	7100016
7	广东海大集团股份有限公司	6032386
8	牧原实业集团有限公司	5942750
9	江西正邦科技股份有限公司	4916630
10	三河汇福粮油集团有限公司	4815435
11	山东鲁花集团有限公司	3903065
12	五得利面粉集团有限公司	3328398
13	北京顺鑫控股集团有限公司	3300580
14	桂林力源粮油食品集团有限公司	2153660
15	诸城外贸有限责任公司	1889801
16	唐人神集团股份有限公司	1852685
17	广西农垦集团有限责任公司	1672660
18	上海源耀农业股份有限公司	1546086
19	广西洋浦南华糖业集团股份有限公司	1130246
	合计	112519001
食品		
1	万洲国际有限公司	17646430
2	光明食品（集团）有限公司	15574792
3	西王集团有限公司	4263690
4	香驰控股有限公司	3060157
5	青岛康大外贸集团有限公司	1264450
6	金沙河集团有限公司	1177707
	合计	42987226
饮料		
1	内蒙古伊利实业集团股份有限公司	9652396
2	农夫山泉股份有限公司	2320813
3	黑龙江飞鹤乳业有限公司	1859247
	合计	13832456
酒类		
1	四川省宜宾五粮液集团有限公司	12107223
2	贵州茅台酒股份有限公司	9799324
3	泸州老窖集团有限责任公司	6076553
4	稻花香集团	5057532
5	青岛啤酒集团有限公司	2910111
6	山西杏花村汾酒集团有限责任公司	1401910
7	安徽古井集团有限责任公司	1109094
	合计	38461747
轻工百货生产		
1	山东渤海实业股份有限公司	4398565
2	大亚科技集团有限公司	2607501
3	顾家集团有限公司	1771605
4	瑞声科技（控股）有限公司	1714021
5	广博控股集团有限公司	1695168
6	欧派家居集团股份有限公司	1473969
7	祥兴（福建）箱包集团有限公司	1322358
8	上海晨光文具股份有限公司	1313775
	合计	16296962
纺织印染		
1	山东魏桥创业集团有限公司	28896461
2	三房巷集团有限公司	6325015
3	山东如意时尚投资控股有限公司	5671453
4	澳洋集团有限公司	4016403
5	华芳集团有限公司	3150194
6	天津纺织集团（控股）有限公司	2011615
	合计	50071141
服装及其他纺织品		

续表

排名	企业名称	营业收入/万元
1	海澜集团有限公司	10521688
2	雅戈尔集团股份有限公司	10481096
3	红豆集团有限公司	7500322
4	杉杉控股有限公司	5313824
5	森马集团有限公司	4051223
6	江苏阳光集团有限公司	3961174
7	波司登股份有限公司	3288516
8	太平鸟集团有限公司	3227611
9	宁波博洋控股集团有限公司	2677358
10	宁波申洲针织有限公司	2303065
11	金猴集团有限公司	1725743
12	迪尚集团有限公司	1504416
13	中哲控股集团有限公司	1401275
14	北京时尚控股有限责任公司	1338459
	合计	59295770

家用电器制造		
1	海尔集团公司	30247330
2	美的集团股份有限公司	28570972
3	珠海格力电器股份有限公司	17049742
4	TCL	15281977
5	四川长虹电子控股集团有限公司	14302825
6	海信集团控股股份有限公司	13631446
7	奥克斯集团有限公司	7063720
8	创维集团有限公司	3985341
9	广东格兰仕集团有限公司	2464603
10	深圳市兆驰股份有限公司	2018622
11	青岛澳柯玛控股集团有限公司	1437298
12	星星集团有限公司	1302466
13	杭州金鱼电器集团有限公司	1203761
14	宁波方太厨具有限公司	1199562
	合计	139759665

造纸及包装		
1	晨鸣控股有限公司	9162298
2	玖龙纸业（控股）有限公司	7813009
3	华泰集团有限公司	7649093
4	山东太阳控股集团有限公司	5404945
5	金东纸业（江苏）股份有限公司	3374874
6	胜达集团有限公司	2581679
7	山鹰国际控股股份公司	2496915
	合计	38482813

石化及炼焦		
1	中国石油化工集团有限公司	195772455
2	恒力集团有限公司	69533561
3	山东东明石化集团有限公司	10166832
4	利华益集团股份有限公司	9621648
5	万达控股集团有限公司	9302513
6	旭阳控股有限公司	6602635
7	山东京博控股集团有限公司	6533080
8	山东海科控股有限公司	6532582
9	盘锦北方沥青燃料有限公司	6152777
10	辽宁嘉晨控股集团有限公司	5312895
11	福佳集团有限公司	5031230
12	东营齐润化工有限公司	4611600
13	齐成（山东）石化集团有限公司	4417152
14	山东汇丰石化集团有限公司	4415001
15	福建省能源集团有限责任公司	4358303
16	富海集团新能源控股有限公司	4285514
17	金澳科技（湖北）化工有限公司	4256736
18	山东金诚石化集团有限公司	4210501
19	山东清源集团有限公司	3971183
20	山东恒源石油化工股份有限公司	3843643
21	山东寿光鲁清石化有限公司	3460001
22	万通海欣控股集团股份有限公司	3085453
23	山东东方华龙工贸集团有限公司	3036502
24	山东中海化工集团有限公司	3035591

续表

排名	企业名称	营业收入/万元
25	山东垦利石化集团有限公司	2877844
26	洛阳炼化宏达实业有限责任公司	2598310
27	大连西太平洋石油化工有限公司	2545395
28	山东永鑫能源集团有限公司	2492333
29	山东华星石油化工集团有限公司	1891545
30	福建福海创石油化工有限公司	1858857
31	中国庆华能源集团有限公司	1829583
32	山西安泰控股集团有限公司	1816578
33	山东神驰控股有限公司	1804323
34	正和集团股份有限公司	1314014
35	山东潍焦控股集团有限公司	1245972
36	景德镇黑猫集团有限责任公司	1154284
37	阿尔法（江阴）沥青有限公司	1109126
	合计	406087552
轮胎及橡胶制品		
1	重庆轻纺控股（集团）公司	3639776
2	华勤橡胶工业集团有限公司	3571859
3	利时集团股份有限公司	3517263
4	中策橡胶集团有限公司	2814833
5	玲珑集团有限公司	1933735
6	黑龙江鑫达企业集团有限公司	1167453
	合计	16644919
化学原料及化学品制造		
1	中国化工集团有限公司	41739411
2	浙江荣盛控股集团有限公司	30860925
3	浙江恒逸集团有限公司	26607632
4	盛虹控股集团有限公司	26523669
5	潞安化工集团有限公司	16170997
6	新疆中泰（集团）有限责任公司	11050341
7	云天化集团有限责任公司	7343694
8	万华化学集团股份有限公司	7343297
9	贵州磷化（集团）有限责任公司	6431979

排名	企业名称	营业收入/万元
10	天津渤海化工集团有限责任公司	4764335
11	山东金岭集团有限公司	4302881
12	上海华谊（集团）公司	4260017
13	金浦投资控股集团有限公司	4149067
14	宜昌兴发集团有限责任公司	4053946
15	新疆天业（集团）有限公司	3820420
16	浙江升华控股集团有限公司	3462094
17	巨化集团有限公司	3393704
18	道恩集团有限公司	3184087
19	浙江龙盛控股有限公司	3176536
20	河北诚信集团有限公司	3015255
21	兴达投资集团有限公司	2534870
22	广州立白凯晟控股有限公司	2518530
23	淄博齐翔腾达化工股份有限公司	2468592
24	江苏三木集团有限公司	2466685
25	纳爱斯集团有限公司	2452551
26	华鲁控股集团有限公司	2434613
27	滨化集团	2200319
28	宜宾天原集团股份有限公司	2164607
29	无棣鑫岳化工集团有限公司	2015023
30	山东博汇集团有限公司	2012185
31	红太阳集团有限公司	1861622
32	山东联盟化工集团有限公司	1552994
33	新和成控股集团有限公司	1444485
34	龙蟒佰利联集团股份有限公司	1416402
35	青海盐湖工业股份有限公司	1401626
36	浙江新安化工集团股份有限公司	1251641
37	瑞星集团股份有限公司	1134582
	合计	248985614
化学纤维制造		
1	桐昆控股集团有限公司	7101058
2	恒申控股集团有限公司	5666242
3	福建永荣控股集团有限公司	5661317

续表

排名	企业名称	营业收入/万元
4	新凤鸣控股集团有限公司	5148647
5	江苏华宏实业集团有限公司	3977545
6	兴惠化纤集团有限公司	2632230
7	唐山三友集团有限公司	1791876
8	福建百宏聚纤科技实业有限公司	1722261
9	浙江天圣控股集团有限公司	1692186
10	精工控股集团有限公司	1675543
	合计	37068905
药品制造		
1	上海医药集团股份有限公司	19190916
2	广州医药集团有限公司	17988428
3	深圳海王集团股份有限公司	6339653
4	威高集团有限公司	4978281
5	四川科伦实业集团有限公司	4042711
6	石药控股集团有限公司	4035608
7	云南白药集团股份有限公司	3274277
8	天津天士力大健康产业投资集团有限公司	3016187
9	江苏恒瑞医药股份有限公司	2773459
10	人福医药集团股份公司	2036892
11	重庆智飞生物制品股份有限公司	1519037
12	万邦德医药控股集团股份有限公司	1370186
13	健康元药业集团股份有限公司	1352160
14	回音必集团有限公司	1306494
15	浙江海正药业股份有限公司	1135440
	合计	74359729
医疗设备制造		
1	英科医疗科技股份有限公司	1383671
	合计	1383671
水泥及玻璃制造		
1	中国建材集团有限公司	39409660
2	安徽海螺集团有限责任公司	26171587

排名	企业名称	营业收入/万
3	北京金隅集团股份有限公司	13392236
4	红狮控股集团有限公司	5497879
5	天瑞集团股份有限公司	5026666
6	沂州集团有限公司	4298812
7	华新水泥股份有限公司	2935652
8	奥盛集团有限公司	2697786
9	吉林亚泰（集团）股份有限公司	1949799
	合计	101380077
其他建材制造		
1	北京东方雨虹防水技术股份有限公司	2173037
2	浙江中财管道科技股份有限公司	1326588
3	天津市新宇彩板有限公司	1169732
4	浙江永利实业集团有限公司	1115421
	合计	5784778
黑色冶金		
1	中国宝武钢铁集团有限公司	67373867
2	河钢集团有限公司	36404984
3	江苏沙钢集团有限公司	26678565
4	敬业集团有限公司	22444527
5	山东钢铁集团有限公司	22073340
6	鞍钢集团有限公司	21311112
7	首钢集团有限公司	20737071
8	北京建龙重工集团有限公司	19569510
9	南京钢铁集团有限公司	15715916
10	杭州钢铁集团有限公司	15461073
11	湖南华菱钢铁集团有限责任公司	15202110
12	河北新华联合冶金控股集团有限公司	14232625
13	中天钢铁集团有限公司	14003355
14	冀南钢铁集团有限公司	13907899
15	河北津西钢铁集团股份有限公司	13036986
16	广西柳州钢铁集团有限公司	11740007
17	上海德龙钢铁集团有限公司	11561923

续表

排名	企业名称	营业收入/万元	排名	企业名称	营业收入/万元
18	酒泉钢铁（集团）有限责任公司	11406950	52	广西贵港钢铁集团有限公司	2551834
19	辽宁方大集团实业有限公司	10197710	53	三宝集团股份有限公司	2549969
20	江苏永钢集团有限公司	10096904	54	河南济源钢铁（集团）有限公司	2452762
21	日照钢铁控股集团有限公司	9711525	55	无锡新三洲特钢有限公司	2098717
22	福建大东海实业集团有限公司	8816736	56	凌源钢铁集团有限责任公司	1973256
23	包头钢铁（集团）有限责任公司	8667610	57	四川省达州钢铁集团有限责任公司	1947436
24	天津荣程祥泰投资控股集团有限公司	8505107	58	中建信控股集团有限公司	1832065
25	新余钢铁集团有限公司	7980988	59	秦皇岛宏兴钢铁有限公司	1650383
26	河北普阳钢铁有限公司	7918524	60	山西高义钢铁有限公司	1599086
27	永锋集团有限公司	7866643	61	潍坊特钢集团有限公司	1549883
28	武安市裕华钢铁有限公司	7626638		合计	590628627
29	金鼎钢铁集团有限公司	7436768			
30	唐山港陆钢铁有限公司	6801593	一般有色		
31	四川省川威集团有限公司	6579094	1	正威国际集团有限公司	69193677
32	河北新金钢铁有限公司	6511408	2	中国铝业集团有限公司	36701991
33	河北新武安钢铁集团文安钢铁有限公司	6178592	3	江西铜业集团有限公司	33685917
34	本钢集团有限公司	6159631	4	金川集团股份有限公司	24775947
35	江苏新长江实业集团有限公司	5848383	5	铜陵有色金属集团控股有限公司	20907830
36	广西盛隆冶金有限公司	5840699	6	海亮集团有限公司	19642059
37	福建省三钢（集团）有限责任公司	5357563	7	陕西有色金属控股集团有限责任公司	14459580
38	安阳钢铁集团有限责任公司	5029911	8	中国有色矿业集团有限公司	13609998
39	山东泰山钢铁集团有限公司	4974172	9	南山集团有限公司	11358670
40	河北文丰钢铁有限公司	4683338	10	洛阳栾川钼业集团股份有限公司	11298101
41	江苏华西集团有限公司	4614720	11	宁波金田投资控股有限公司	10382009
42	四川德胜集团钒钛有限公司	4521138	12	中国宏桥集团有限公司	8614464
43	河北安丰钢铁有限公司	3980619	13	杭州锦江集团有限公司	7889834
44	石横特钢集团有限公司	3942296	14	宁夏天元锰业集团有限公司	6413255
45	河北天柱钢铁集团有限公司	3568670	15	白银有色集团股份有限公司	6142270
46	山西晋南钢铁集团有限公司	3501720	16	云南锡业集团（控股）有限责任公司	6140825
47	振石控股集团有限公司	3402332	17	浙江富冶集团有限公司	5906312
48	河北兴华钢铁有限公司	3176396	18	新凤祥控股集团有限责任公司	5185887
49	河北鑫达钢铁集团有限公司	2770306	19	河南豫光金铅集团有限责任公司	5082342
50	常熟市龙腾特种钢有限公司	2738731	20	万基控股集团有限公司	4158946
51	山西晋城钢铁控股集团有限公司	2554951	21	西部矿业集团有限公司	4136351

续表

排名	企业名称	营业收入/万元
22	伊电控股集团有限公司	4032330
23	盛屯矿业集团股份有限公司	3923619
24	河南中原黄金冶炼厂有限责任公司	3280631
25	广西南丹南方金属有限公司	3266685
26	济源市万洋冶炼（集团）有限公司	3099762
27	河南金利金铅集团有限公司	3048940
28	深圳市中金岭南有色金属股份有限公司	3022613
29	安徽楚江科技新材料股份有限公司	2297409
30	浙江华友钴业股份有限公司	2118684
31	攀枝花钢城集团有限公司	2026480
32	河南神火集团有限公司	2001719
33	厦门钨业股份有限公司	1896374
34	河南明泰铝业股份有限公司	1633342
35	百色市工业投资集团有限公司	1543584
36	山东鑫海科技股份有限公司	1524787
37	广东兴发铝业有限公司	1192961
	合计	365596185
贵金属		
1	紫金矿业集团股份有限公司	17150134
2	中国黄金集团有限公司	10860869
3	山东黄金集团有限公司	7665271
4	山东招金集团有限公司	7355595
5	老凤祥股份有限公司	5172150
6	山东中矿集团有限公司	4790108
7	山东恒邦冶炼股份有限公司	2895124
8	湖南黄金集团有限责任公司	1516920
	合计	57406171
金属制品加工		
1	青山控股集团有限公司	29289244
2	中国国际海运集装箱（集团）股份有限公司	9415908
3	湖南博长控股集团有限公司	5573500
4	山东九羊集团有限公司	4907189
5	天津友发钢管集团股份有限公司	4841870
6	山东创新金属科技有限公司	4551359
7	东方润安集团有限公司	4537856
8	宏旺投资集团有限公司	4301255
9	法尔胜泓昇集团有限公司	4098825
10	鲁丽集团有限公司	3957637
11	江苏江润铜业有限公司	3803819
12	江苏大明金属制品有限公司	3510130
13	山西建邦集团有限公司	3480273
14	浙江元立金属制品集团有限公司	3149802
15	浙江东南网架集团有限公司	3085396
16	金龙精密铜管集团股份有限公司	2788411
17	浙江协和集团有限公司	2760507
18	邯郸市正大制管有限公司	2613111
19	福建三安集团有限公司	2540036
20	重庆万达薄板有限公司	2318016
21	久立集团股份有限公司	2254023
22	天津源泰德润钢管制造集团有限公司	2200853
23	浙江甬金金属科技股份有限公司	2044342
24	天津恒兴集团有限公司	1999938
25	江苏西城三联控股集团有限公司	1998714
26	安徽天大企业（集团）有限公司	1887203
27	山东寿光巨能控股集团有限公司	1815225
28	天津市宝来工贸有限公司	1689561
29	闽源钢铁集团有限公司	1400499
30	林州凤宝管业有限公司	1369076
31	安徽鸿路钢结构（集团）股份有限公司	1345093
32	江苏鼎胜新能源材料股份有限公司	1242655
33	山东淄博傅山企业集团有限公司	1201545
34	北京君诚实业投资集团有限公司	1112673
	合计	129085544
锅炉及动力装备制造		
1	上海电气（集团）总公司	16063032

续表

排名	企业名称	营业收入/万元
2	广西玉柴机器集团有限公司	4749276
3	中国东方电气集团有限公司	3817237
	合计	24629545
物料搬运设备制造		
1	西子联合控股有限公司	3128623
2	杭叉集团股份有限公司	1589007
3	卫华集团有限公司	1487659
4	无锡华东重机科技集团有限公司	1259489
	合计	7464778
工程机械及零部件		
1	广西柳工集团有限公司	2626765
2	山东临工工程机械有限公司	1864647
3	太原重型机械集团有限公司	1342456
4	安徽叉车集团有限责任公司	1259536
5	山东华通控股集团有限公司	1199109
	合计	8292513
工业机械及设备制造		
1	三一集团有限公司	12531796
2	中联重科股份有限公司	6510894
3	中国一重集团有限公司	3729003
4	天洁集团有限公司	2776942
5	郑州煤矿机械集团股份有限公司	2651939
6	江阴江东集团公司	2326296
7	浙江人本实业有限公司	1981157
8	利欧集团股份有限公司	1554787
9	陕西鼓风机（集团）有限公司	1503661
10	大连冰山集团有限公司	1110179
	合计	36676654
电力电气设备制造		
1	中国电子科技集团有限公司	23674894
2	天能控股集团有限公司	16482138
3	超威电源集团有限公司	12822745
4	正泰集团股份有限公司	8935473
5	德力西集团有限公司	6291633
6	新疆特变电工集团有限公司	6096838
7	广州智能装备产业集团有限公司	5392268
8	宁德时代新能源科技股份有限公司	5031949
9	人民电器集团有限公司	4696591
10	中科电力装备集团有限公司	4281482
11	宁波富邦控股集团有限公司	4217583
12	双良集团有限公司	3983063
13	卧龙控股集团有限公司	3958745
14	三花控股集团有限公司	3274796
15	广东德赛集团有限公司	2679846
16	哈尔滨电气集团有限公司	2639470
17	中国西电集团有限公司	1915883
18	上海仪电（集团）有限公司	1855703
19	广州视源电子科技股份有限公司	1712932
20	泰开集团有限公司	1611423
21	泰豪集团有限公司	1517041
22	格林美股份有限公司	1246628
23	铜陵精达特种电磁线股份有限公司	1244690
24	深圳市汇川技术股份有限公司	1151132
	合计	126714946
电线电缆制造		
1	亨通集团有限公司	11700579
2	中天科技集团有限公司	7183181
3	富通集团有限公司	5123603
4	远东控股集团有限公司	4349782
5	江苏中利控股集团有限公司	3862221
6	天津华北集团有限公司	3284748
7	浙江富春江通信集团有限公司	2700007
8	江苏中超投资集团有限公司	2568080

续表

排名	企业名称	营业收入/万元
9	江苏上上电缆集团有限公司	1975791
10	江南集团有限公司	1333519
11	安徽天康（集团）股份有限公司	1286021
	合计	45367532
风能、太阳能设备制造		
1	协鑫集团有限公司	10039029
2	晶科能源控股有限公司	6202061
3	新疆金风科技股份有限公司	5626511
4	隆基绿能科技股份有限公司	5458318
5	明阳新能源投资控股集团有限公司	4626820
6	远景能源有限公司	4555397
7	天合光能股份有限公司	2941797
8	浙江省机电集团有限公司	2451868
9	阳光电源股份有限公司	1928564
10	东方日升新能源股份有限公司	1606349
11	南京高速齿轮制造有限公司	1339402
	合计	46776116
计算机及办公设备		
1	联想控股股份有限公司	41756685
2	研祥高科技控股集团有限公司	5095715
3	心里程控股集团有限公司	4538097
4	得力集团有限公司	3804946
5	浙江大华技术股份有限公司	2646596
6	苏州住世达电通有限公司	1797085
	合计	59639124
通信设备制造		
1	华为投资控股有限公司	89136800
2	小米公司	24586563
3	中兴通讯股份有限公司	10145067
4	中国铁塔股份有限公司	8109900
5	歌尔股份有限公司	5774274

排名	企业名称	营业收入/万元
6	闻泰通讯股份有限公司	5518361
7	欧菲光集团股份有限公司	4834970
8	中国信息通信科技集团有限公司	4750222
9	福建省电子信息（集团）有限责任公司	4524248
10	舜宇集团有限公司	3800177
11	四川九洲投资控股集团有限公司	3334245
12	鹏鼎控股（深圳）股份有限公司	2985131
13	上海龙旗科技股份有限公司	1638414
14	深圳市宝德投资控股有限公司	1533726
15	普联技术有限公司	1505913
	合计	172178011
半导体、集成电路及面板制造		
1	中国电子信息产业集团有限公司	24792373
2	北京电子控股有限责任公司	15364413
3	立讯精密工业股份有限公司	9250126
4	江苏长电科技股份有限公司	2646399
5	上海韦尔半导体股份有限公司	1982397
6	上海华虹（集团）有限公司	1589253
	合计	55624961
汽车及零配件制造		
1	上海汽车集团股份有限公司	74213245
2	中国第一汽车集团有限公司	69742459
3	东风汽车集团有限公司	59930949
4	北京汽车集团有限公司	49781770
5	广州汽车工业集团有限公司	39829579
6	浙江吉利控股集团有限公司	32561869
7	潍柴控股集团有限公司	30488263
8	中国重型汽车集团有限公司	17564831
9	比亚迪股份有限公司	15659769
10	万向集团公司	12673776
11	长城汽车股份有限公司	10330761
12	江铃汽车集团有限公司	9456716

续表

排名	企业名称	营业收入/万元
13	陕西汽车控股集团有限公司	9300892
14	江苏悦达集团有限公司	9262176
15	奇瑞控股集团有限公司	8286878
16	安徽江淮汽车集团控股有限公司	5825477
17	宁波均胜电子股份有限公司	4788984
18	郑州宇通企业集团	3748355
19	重庆小康控股有限公司	3276438
20	万丰奥特控股集团有限公司	3011647
21	欣旺达电子股份有限公司	2969231
22	苏州创元投资发展（集团）有限公司	2257325
23	广西汽车集团有限公司	2007589
24	长春一汽富维汽车零部件股份有限公司	1951998
25	宁波华翔电子股份有限公司	1689235
26	三环集团有限公司	1644747
27	赛轮集团股份有限公司	1540499
28	福建省汽车工业集团有限公司	1536940
29	江阴模塑集团有限公司	1500437
30	厦门金龙汽车集团股份有限公司	1395787
31	山东时风（集团）有限责任公司	1307585
32	安徽中鼎控股（集团）股份有限公司	1275572
33	青特集团有限公司	1128279
34	富奥汽车零部件股份有限公司	1111343
	合计	493051401
摩托车及零配件制造		
1	隆鑫控股有限公司	4695753
2	宗申产业集团有限公司	2259786
3	雅迪集团控股有限公司	1936031
4	爱玛科技集团股份有限公司	1290459
	合计	10182029
轨道交通设备及零部件制造		
1	中国中车集团有限公司	23996982
	合计	23996982

排名	企业名称	营业收入/万元
航空航天		
1	中国航空工业集团有限公司	46880346
2	中国航天科技集团有限公司	26731911
3	中国航天科工集团有限公司	26010986
4	深圳市大疆创新科技有限公司	2013902
	合计	101637145
兵器制造		
1	中国兵器工业集团有限公司	49002216
2	中国兵器装备集团有限公司	23773708
	合计	72775924
船舶制造		
1	中国船舶集团有限公司	32322774
2	江苏扬子江船业集团	4026258
	合计	36349032
综合制造业		
1	中国五矿集团有限公司	70390347
2	多弗国际控股集团有限公司	19091564
3	无锡产业发展集团有限公司	13801604
4	复星国际有限公司	13662948
5	广州工业投资控股集团有限公司	7927400
6	重庆化医控股（集团）公司	6062002
7	重庆机电控股（集团）公司	4665129
8	重庆市博赛矿业（集团）有限公司	3788251
9	湖南五江控股集团有限公司	3625615
10	花园集团有限公司	3267598
11	华立集团股份有限公司	2775838
12	成都蛟龙投资有限责任公司	2545036
13	致达控股集团有限公司	1754006
14	安徽淮海实业发展集团有限公司	1504869
15	河南黄河实业集团股份有限公司	1226696
	合计	156088903

表 10－3 2021 中国制造业企业 500 强各地区分布

排名	企业名称	营业收入/万元
北京		
1	中国石油化工集团有限公司	195772455
2	中国五矿集团有限公司	70390347
3	北京汽车集团有限公司	49781770
4	中国兵器工业集团有限公司	49002216
5	中国航空工业集团有限公司	46880346
6	联想控股股份有限公司	41756685
7	中国化工集团有限公司	41739411
8	中国建材集团有限公司	39409660
9	中国铝业集团有限公司	36701991
10	中国船舶集团有限公司	32322774
11	中国航天科技集团有限公司	26731911
12	中国航天科工集团有限公司	26010986
13	中国电子信息产业集团有限公司	24792373
14	小米公司	24586563
15	中国中车集团有限公司	23996982
16	中国兵器装备集团有限公司	23773708
17	中国电子科技集团有限公司	23674894
18	首钢集团有限公司	20737071
19	北京建龙重工集团有限公司	19569510
20	北京首农食品集团有限责任公司	15706161
21	北京电子控股有限责任公司	15364413
22	中国有色矿业集团有限公司	13609998
23	北京金隅集团股份有限公司	13392236
24	中国黄金集团有限公司	10860869
25	中国铁塔股份有限公司	8109900
26	旭阳控股有限公司	6602635
27	北京顺鑫控股集团有限公司	3300580
28	北京东方雨虹防水技术股份有限公司	2173037
29	中国庆华能源集团有限公司	1829583
30	北京时尚控股有限责任公司	1338459
31	北京君诚实业投资集团有限公司	1112673
	合计	911032197

排名	企业名称	营业收入/万元
上海		
1	上海汽车集团股份有限公司	74213245
2	中国宝武钢铁集团有限公司	67373867
3	上海医药集团股份有限公司	19190916
4	上海电气（集团）总公司	16063032
5	光明食品（集团）有限公司	15574792
6	复星国际有限公司	13662948
7	上海德龙钢铁集团有限公司	11561923
8	杉杉控股有限公司	5313824
9	老凤祥股份有限公司	5172150
10	上海华谊（集团）公司	4260017
11	奥盛集团有限公司	2697786
12	上海韦尔半导体股份有限公司	1982397
13	上海仪电（集团）有限公司	1855703
14	中建信控股集团有限公司	1832065
15	致达控股集团有限公司	1754006
16	上海龙旗科技股份有限公司	1638414
17	上海华虹（集团）有限公司	1589253
18	上海源耀农业股份有限公司	1546086
19	上海晨光文具股份有限公司	1313775
	合计	248596199

排名	企业名称	营业收入/万元
天津		
1	天津荣程祥泰投资控股集团有限公司	8505107
2	天津友发钢管集团股份有限公司	4841870
3	天津渤海化工集团有限责任公司	4764335
4	天津华北集团有限公司	3284748
5	天津天士力大健康产业投资集团有限公司	3016187
6	天津源泰德润钢管制造集团有限公司	2200853
7	天津纺织集团（控股）有限公司	2011615
8	天津恒兴集团有限公司	1999938
9	天津市宝来工贸有限公司	1689561
10	爱玛科技集团股份有限公司	1290459
11	天津市新宇彩板有限公司	1169732

续表

排名	企业名称	营业收入/万元
	合计	34774405
重庆		
1	重庆化医控股（集团）公司	6062002
2	隆鑫控股有限公司	4695753
3	重庆机电控股（集团）公司	4665129
4	重庆市博赛矿业（集团）有限公司	3788251
5	重庆轻纺控股（集团）公司	3639776
6	重庆小康控股有限公司	3276438
7	金龙精密铜管集团股份有限公司	2788411
8	重庆万达薄板有限公司	2318016
9	宗申产业集团有限公司	2259786
10	重庆智飞生物制品股份有限公司	1519037
	合计	35012599
黑龙江		
1	中国一重集团有限公司	3729003
2	哈尔滨电气集团有限公司	2639470
3	黑龙江飞鹤乳业有限公司	1859247
4	黑龙江鑫达企业集团有限公司	1167453
	合计	9395173
吉林		
1	中国第一汽车集团有限公司	69742459
2	长春一汽富维汽车零部件股份有限公司	1951998
3	吉林亚泰（集团）股份有限公司	1949799
4	富奥汽车零部件股份有限公司	1111343
	合计	74755599
辽宁		
1	鞍钢集团有限公司	21311112
2	辽宁方大集团实业有限公司	10197710
3	本钢集团有限公司	6159631
4	盘锦北方沥青燃料有限公司	6152777
5	辽宁嘉晨控股集团有限公司	5312895
6	福佳集团有限公司	5031230
7	大连西太平洋石油化工有限公司	2545395
8	凌源钢铁集团有限责任公司	1973256
9	大连冰山集团有限公司	1110179
	合计	59794185
河北		
1	河钢集团有限公司	36404984
2	敬业集团有限公司	22444527
3	河北新华联合冶金控股集团有限公司	14232625
4	冀南钢铁集团有限公司	13907899
5	河北津西钢铁集团股份有限公司	13036986
6	长城汽车股份有限公司	10330761
7	河北普阳钢铁有限公司	7918524
8	武安市裕华钢铁有限公司	7626638
9	金鼎钢铁集团有限公司	7436768
10	唐山港陆钢铁有限公司	6801593
11	河北新金钢铁有限公司	6511408
12	河北新武安钢铁集团文安钢铁有限公司	6178592
13	三河汇福粮油集团有限公司	4815435
14	河北文丰钢铁有限公司	4683338
15	石药控股集团有限公司	4035608
16	河北安丰钢铁有限公司	3980619
17	河北天柱钢铁集团有限公司	3568670
18	五得利面粉集团有限公司	3328398
19	河北兴华钢铁有限公司	3176396
20	河北诚信集团有限公司	3015255
21	河北鑫达钢铁集团有限公司	2770306
22	邯郸市正大制管有限公司	2613111
23	唐山三友集团有限公司	1791876
24	秦皇岛宏兴钢铁有限公司	1650383
25	金沙河集团有限公司	1177707
	合计	193438407

续表

排名	企业名称	营业收入/万元
河南		
1	万洲国际有限公司	17646430
2	洛阳栾川钼业集团股份有限公司	11298101
3	牧原实业集团有限公司	5942750
4	河南豫光金铅集团有限责任公司	5082342
5	安阳钢铁集团有限责任公司	5029911
6	天瑞集团股份有限公司	5026666
7	万基控股集团有限公司	4158946
8	伊电控股集团有限公司	4032330
9	郑州宇通企业集团	3748355
10	河南中原黄金冶炼厂有限责任公司	3280631
11	济源市万洋冶炼（集团）有限公司	3099762
12	河南金利金铅集团有限公司	3048940
13	郑州煤矿机械集团股份有限公司	2651939
14	洛阳炼化宏达实业有限责任公司	2598310
15	河南济源钢铁（集团）有限公司	2452762
16	河南神火集团有限公司	2001719
17	河南明泰铝业股份有限公司	1633342
18	卫华集团有限公司	1487659
19	龙蟒佰利联集团股份有限公司	1416402
20	闽源钢铁集团有限公司	1400499
21	林州凤宝管业有限公司	1369076
22	河南黄河实业集团股份有限公司	1226696
	合计	89633568
山东		
1	潍柴控股集团有限公司	30488263
2	海尔集团公司	30247330
3	山东魏桥创业集团有限公司	28896461
4	山东钢铁集团有限公司	22073340
5	中国重型汽车集团有限公司	17564831
6	海信集团控股股份有限公司	13631446
7	南山集团有限公司	11358670
8	山东东明石化集团有限公司	10166832
9	日照钢铁控股集团有限公司	9711525
10	利华益集团股份有限公司	9621648
11	万达控股集团有限公司	9302513
12	晨鸣控股有限公司	9162298
13	中国宏桥集团有限公司	8614464
14	永锋集团有限公司	7866643
15	山东黄金集团有限公司	7665271
16	华泰集团有限公司	7649093
17	山东招金集团有限公司	7355595
18	万华化学集团股份有限公司	7343297
19	山东京博控股集团有限公司	6533080
20	山东海科控股有限公司	6532582
21	歌尔股份有限公司	5774274
22	山东如意时尚投资控股有限公司	5671453
23	山东太阳控股集团有限公司	5404945
24	新凤祥控股集团有限责任公司	5185887
25	威高集团有限公司	4978281
26	山东泰山钢铁集团有限公司	4974172
27	山东九羊集团有限公司	4907189
28	山东中矿集团有限公司	4790108
29	东营齐润化工有限公司	4611600
30	山东创新金属科技有限公司	4551359
31	齐成（山东）石化集团有限公司	4417152
32	山东汇丰石化集团有限公司	4415001
33	山东渤海实业股份有限公司	4398565
34	山东金岭集团有限公司	4302881
35	沂州集团有限公司	4298812
36	富海集团新能源控股有限公司	4285514
37	西王集团有限公司	4263690
38	山东金诚石化集团有限公司	4210501
39	山东清源集团有限公司	3971183
40	鲁丽集团有限公司	3957637
41	石横特钢集团有限公司	3942296

续表

排名	企业名称	营业收入/万元	排名	企业名称	营业收入/万元
42	山东鲁花集团有限公司	3903065	76	山东时风（集团）有限责任公司	1307585
43	山东恒源石油化工股份有限公司	3843643	77	青岛康大外贸集团有限公司	1264450
44	华勤橡胶工业集团有限公司	3571859	78	山东潍焦控股集团有限公司	1245972
45	山东寿光鲁清石化有限公司	3460001	79	山东淄博傅山企业集团有限公司	1201545
46	道恩集团有限公司	3184087	80	山东华通控股集团有限公司	1199109
47	万通海欣控股集团股份有限公司	3085453	81	瑞星集团股份有限公司	1134582
48	香驰控股有限公司	3060157	82	青特集团有限公司	1128279
49	山东东方华龙工贸集团有限公司	3036502		合计	446409710
50	山东中海化工集团有限公司	3035591			
51	青岛啤酒集团有限公司	2910111	山西		
52	山东恒邦冶炼股份有限公司	2895124	1	潞安化工集团有限公司	16170997
53	山东垦利石化集团有限公司	2877844	2	山西晋南钢铁集团有限公司	3501720
54	山东永鑫能源集团有限公司	2492333	3	山西建邦集团有限公司	3480273
55	淄博齐翔腾达化工股份有限公司	2468592	4	山西晋城钢铁控股集团有限公司	2554951
56	华鲁控股集团有限公司	2434613	5	山西安泰控股集团有限公司	1816578
57	滨化集团	2200319	6	山西高义钢铁有限公司	1599086
58	无棣鑫岳化工集团有限公司	2015023	7	山西杏花村汾酒集团有限责任公司	1401910
59	山东博汇集团有限公司	2012185	8	太原重型机械集团有限公司	1342456
60	玲珑集团有限公司	1933735		合计	31867971
61	山东华星石油化工集团有限公司	1891545			
62	诸城外贸有限责任公司	1889801	陕西		
63	山东临工工程机械有限公司	1864647	1	陕西有色金属控股集团有限责任公司	14459580
64	山东寿光巨能控股集团有限公司	1815225	2	陕西汽车控股集团有限公司	9300892
65	山东神驰控股有限公司	1804323	3	隆基绿能科技股份有限公司	5458318
66	金猴集团有限公司	1725743	4	中国西电集团有限公司	1915883
67	泰开集团有限公司	1611423	5	陕西鼓风机（集团）有限公司	1503661
68	山东联盟化工集团有限公司	1552994		合计	32638334
69	潍坊特钢集团有限公司	1549883			
70	赛轮集团股份有限公司	1540499	安徽		
71	山东鑫海科技股份有限公司	1524787	1	安徽海螺集团有限责任公司	26171587
72	迪尚集团有限公司	1504416	2	铜陵有色金属集团控股有限公司	20907830
73	青岛澳柯玛控股集团有限公司	1437298	3	奇瑞控股集团有限公司	8286878
74	英科医疗科技股份有限公司	1383671	4	安徽江淮汽车集团控股有限公司	5825477
75	正和集团股份有限公司	1314014	5	中科电力装备集团有限公司	4281482

续表

排名	企业名称	营业收入/万元	排名	企业名称	营业收入/万元
6	山鹰国际控股股份公司	2496915	21	法尔胜泓昇集团有限公司	4098825
7	安徽楚江科技新材料股份有限公司	2297409	22	江苏扬子江船业集团	4026258
8	阳光电源股份有限公司	1928564	23	澳洋集团有限公司	4016403
9	安徽天大企业（集团）有限公司	1887203	24	双良集团有限公司	3983063
10	安徽淮海实业发展集团有限公司	1504869	25	江苏华宏实业集团有限公司	3977545
11	安徽鸿路钢结构（集团）股份有限公司	1345093	26	江苏阳光集团有限公司	3961174
12	安徽天康（集团）股份有限公司	1286021	27	江苏中利控股集团有限公司	3862221
13	安徽中鼎控股（集团）股份有限公司	1275572	28	江苏江润铜业有限公司	3803819
14	安徽叉车集团有限责任公司	1259536	29	江苏大明金属制品有限公司	3510130
15	铜陵精达特种电磁线股份有限公司	1244690	30	金东纸业（江苏）股份有限公司	3374874
16	安徽古井集团有限责任公司	1109094	31	波司登股份有限公司	3288516
	合计	83108220	32	华芳集团有限公司	3150194
			33	天合光能股份有限公司	2941797
江苏			34	江苏恒瑞医药股份有限公司	2773459
1	恒力集团有限公司	69533561	35	常熟市龙腾特种钢有限公司	2738731
2	江苏沙钢集团有限公司	26678565	36	江苏长电科技股份有限公司	2646399
3	盛虹控股集团有限公司	26523669	37	大亚科技集团有限公司	2607501
4	南京钢铁集团有限公司	15715916	38	江苏中超投资集团有限公司	2568080
5	中天钢铁集团有限公司	14003355	39	兴达投资集团有限公司	2534870
6	无锡产业发展集团有限公司	13801604	40	江苏三木集团有限公司	2466685
7	亨通集团有限公司	11700579	41	江阴江东集团公司	2326296
8	海澜集团有限公司	10521688	42	苏州创元投资发展（集团）有限公司	2257325
9	江苏永钢集团有限公司	10096904	43	无锡新三洲特钢有限公司	2098717
10	协鑫集团有限公司	10039029	44	江苏西城三联控股集团有限公司	1998714
11	江苏悦达集团有限公司	9262176	45	江苏上上电缆集团有限公司	1975791
12	红豆集团有限公司	7500322	46	雅迪集团控股有限公司	1936031
13	中天科技集团有限公司	7183181	47	红太阳集团有限公司	1861622
14	三房巷集团有限公司	6325015	48	苏州佳世达电通有限公司	1797085
15	江苏新长江实业集团有限公司	5848383	49	江阴模塑集团有限公司	1500437
16	江苏华西集团有限公司	4614720	50	南京高速齿轮制造有限公司	1339402
17	远景能源有限公司	4555397	51	江南集团有限公司	1333519
18	东方润安集团有限公司	4537856	52	无锡华东重机科技集团有限公司	1259489
19	远东控股集团有限公司	4349782	53	江苏鼎胜新能源材料股份有限公司	1242655
20	金浦投资控股集团有限公司	4149067	54	阿尔法（江阴）沥青有限公司	1109126

续表

排名	企业名称	营业收入/万元
	合计	357307522
湖南		
1	湖南华菱钢铁集团有限责任公司	15202110
2	三一集团有限公司	12531796
3	中联重科股份有限公司	6510894
4	湖南博长控股集团有限公司	5573500
5	湖南五江控股集团有限公司	3625615
6	唐人神集团股份有限公司	1852685
7	湖南黄金集团有限责任公司	1516920
	合计	46813520
湖北		
1	东风汽车集团有限公司	59930949
2	稻花香集团	5057532
3	中国信息通信科技集团有限公司	4750222
4	金澳科技（湖北）化工有限公司	4256736
5	宜昌兴发集团有限责任公司	4053946
6	华新水泥股份有限公司	2935652
7	人福医药集团股份公司	2036892
8	三环集团有限公司	1644747
	合计	84666676
江西		
1	江西铜业集团有限公司	33685917
2	江铃汽车集团有限公司	9456716
3	双胞胎（集团）股份有限公司	8663084
4	新余钢铁集团有限公司	7980988
5	晶科能源控股有限公司	6202061
6	江西正邦科技股份有限公司	4916630
7	泰豪集团有限公司	1517041
8	景德镇黑猫集团有限责任公司	1154284
	合计	73576721

排名	企业名称	营业收入/万元
浙江		
1	浙江吉利控股集团有限公司	32561869
2	浙江荣盛控股集团有限公司	30860925
3	青山控股集团有限公司	29289244
4	浙江恒逸集团有限公司	26607632
5	海亮集团有限公司	19642059
6	多弗国际控股集团有限公司	19091564
7	天能控股集团有限公司	16482138
8	杭州钢铁集团有限公司	15461073
9	超威电源集团有限公司	12822745
10	万向集团公司	12673776
11	雅戈尔集团股份有限公司	10481096
12	宁波金田投资控股有限公司	10382009
13	正泰集团股份有限公司	8935473
14	杭州锦江集团有限公司	7889834
15	桐昆控股集团有限公司	7101058
16	奥克斯集团有限公司	7063720
17	德力西集团有限公司	6291633
18	浙江富冶集团有限公司	5906312
19	闻泰通讯股份有限公司	5518361
20	红狮控股集团有限公司	5497879
21	新凤鸣控股集团有限公司	5148647
22	富通集团有限公司	5123603
23	宁波均胜电子股份有限公司	4788984
24	人民电器集团有限公司	4696591
25	宁波富邦控股集团有限公司	4217583
26	森马集团有限公司	4051223
27	卧龙控股集团有限公司	3958745
28	得力集团有限公司	3804946
29	舜宇集团有限公司	3800177
30	利时集团股份有限公司	3517263
31	浙江升华控股集团有限公司	3462094
32	振石控股集团有限公司	3402332
33	巨化集团有限公司	3393704

续表

排名	企业名称	营业收入/万元	排名	企业名称	营业收入/万元
34	三花控股集团有限公司	3274796	68	中哲控股集团有限公司	1401275
35	花园集团有限公司	3267598	69	万邦德医药控股集团股份有限公司	1370186
36	太平鸟集团有限公司	3227611	70	浙江中财管道科技股份有限公司	1326588
37	浙江龙盛控股有限公司	3176536	71	回音必集团有限公司	1306494
38	浙江元立金属制品集团有限公司	3149802	72	星星集团有限公司	1302466
39	西子联合控股有限公司	3128623	73	浙江新安化工集团股份有限公司	1251641
40	浙江东南网架集团有限公司	3085396	74	杭州金鱼电器集团有限公司	1203761
41	万丰奥特控股集团有限公司	3011647	75	宁波方太厨具有限公司	1199562
42	中策橡胶集团有限公司	2814833	76	浙江海正药业股份有限公司	1135440
43	天洁集团有限公司	2776942	77	浙江永利实业集团有限公司	1115421
44	华立集团股份有限公司	2775838		合计	438871993
45	浙江协和集团有限公司	2760507			
46	浙江富春江通信集团有限公司	2700007	广东		
47	宁波博洋控股集团有限公司	2677358	1	华为投资控股有限公司	89136800
48	浙江大华技术股份有限公司	2646596	2	正威国际集团有限公司	69193677
49	兴惠化纤集团有限公司	2632230	3	广州汽车工业集团有限公司	39829579
50	胜达集团有限公司	2581679	4	美的集团股份有限公司	28570972
51	纳爱斯集团有限公司	2452551	5	广州医药集团有限公司	17988428
52	浙江省机电集团有限公司	2451868	6	珠海格力电器股份有限公司	17049742
53	农夫山泉股份有限公司	2320813	7	比亚迪股份有限公司	15659769
54	宁波中洲针织有限公司	2303065	8	TCL	15281977
55	久立集团股份有限公司	2254023	9	中兴通讯股份有限公司	10145067
56	浙江华友钴业股份有限公司	2118684	10	中国国际海运集装箱（集团）股份有限公司	9415908
57	浙江甬金金属科技股份有限公司	2044342	11	立讯精密工业股份有限公司	9250126
58	浙江人本实业有限公司	1981157	12	广州工业投资控股集团有限公司	7927400
59	顾家集团有限公司	1771605	13	玖龙纸业（控股）有限公司	7813009
60	广博控股集团有限公司	1695168	14	温氏食品集团股份有限公司	7493891
61	浙江天圣控股集团有限公司	1692186	15	深圳海王集团股份有限公司	6339653
62	宁波华翔电子股份有限公司	1689235	16	广东海大集团股份有限公司	6032386
63	精工控股集团有限公司	1675543	17	广州智能装备产业集团有限公司	5392268
64	东方日升新能源股份有限公司	1606349	18	研祥高科技控股集团有限公司	5095715
65	杭叉集团股份有限公司	1589007	19	欧菲光集团股份有限公司	4834970
66	利欧集团股份有限公司	1554787	20	明阳新能源投资控股集团有限公司	4626820
67	新和成控股集团有限公司	1444485	21	心里程控股集团有限公司	4538097

续表

排名	企业名称	营业收入/万元
22	宏旺投资集团有限公司	4301255
23	创维集团有限公司	3985341
24	深圳市中金岭南有色金属股份有限公司	3022613
25	鹏鼎控股（深圳）股份有限公司	2985131
26	欣旺达电子股份有限公司	2969231
27	广东德赛集团有限公司	2679846
28	广州立白凯晟控股有限公司	2518530
29	广东格兰仕集团有限公司	2464603
30	深圳市兆驰股份有限公司	2018622
31	深圳市大疆创新科技有限公司	2013902
32	瑞声科技（控股）有限公司	1714021
33	广州视源电子科技股份有限公司	1712932
34	深圳市宝德投资控股有限公司	1533726
35	普联技术有限公司	1505913
36	欧派家居集团股份有限公司	1473969
37	健康元药业集团股份有限公司	1352160
38	格林美股份有限公司	1246628
39	广东兴发铝业有限公司	1192961
40	深圳市汇川技术股份有限公司	1151132
	合计	423458770
四川		
1	新希望控股集团有限公司	21807950
2	四川长虹电子控股集团有限公司	14302825
3	四川省宜宾五粮液集团有限公司	12107223
4	通威集团有限公司	9263517
5	蓝润集团有限公司	7100016
6	四川省川威集团有限公司	6579094
7	泸州老窖集团有限责任公司	6076553
8	四川德胜集团钒钛有限公司	4521138
9	四川科伦实业集团有限公司	4042711
10	中国东方电气集团有限公司	3817237
11	四川九洲投资控股集团有限公司	3334245
12	成都蛟龙投资有限责任公司	2545036
13	宜宾天原集团股份有限公司	2164607
14	攀枝花钢城集团有限公司	2026480
15	四川省达州钢铁集团有限责任公司	1947436
	合计	101636068
福建		
1	紫金矿业集团股份有限公司	17150134
2	福建大东海实业集团有限公司	8816736
3	恒申控股集团有限公司	5666242
4	福建永荣控股集团有限公司	5661317
5	福建省三钢（集团）有限责任公司	5357563
6	宁德时代新能源科技股份有限公司	5031949
7	福建省电子信息（集团）有限责任公司	4524248
8	福建省能源集团有限责任公司	4358303
9	盛屯矿业集团股份有限公司	3923619
10	三宝集团股份有限公司	2549969
11	福建三安集团有限公司	2540036
12	厦门钨业股份有限公司	1896374
13	福建福海创石油化工有限公司	1858857
14	福建百宏聚纤科技实业有限公司	1722261
15	福建省汽车工业集团有限公司	1536940
16	厦门金龙汽车集团股份有限公司	1395787
17	祥兴（福建）箱包集团有限公司	1322358
	合计	75312693
广西壮族自治区		
1	广西柳州钢铁集团有限公司	11740007
2	广西盛隆冶金有限公司	5840699
3	广西玉柴机器集团有限公司	4749276
4	广西南丹南方金属有限公司	3266685
5	广西柳工集团有限公司	2626765
6	广西贵港钢铁集团有限公司	2551834
7	桂林力源粮油食品集团有限公司	2153660
8	广西汽车集团有限公司	2007589

续表

排名	企业名称	营业收入/万元	排名	企业名称	营业收入/万元
9	广西农垦集团有限责任公司	1672660			
10	百色市工业投资集团有限公司	1543584	青海		
11	广西洋浦南华糖业集团股份有限公司	1130246	1	西部矿业集团有限公司	4136351
	合计	39283005	2	青海盐湖工业股份有限公司	1401626
				合计	5537977
贵州					
1	贵州茅台酒股份有限公司	9799324	宁夏回族自治区		
2	贵州磷化（集团）有限责任公司	6431979	1	宁夏天元锰业集团有限公司	6413255
	合计	16231303		合计	6413255
云南			新疆维吾尔自治区		
1	云天化集团有限责任公司	7343694	1	新疆中泰（集团）有限责任公司	11050341
2	云南锡业集团（控股）有限责任公司	6140825	2	新疆特变电工集团有限公司	6096838
3	云南白药集团股份有限公司	3274277	3	新疆金风科技股份有限公司	5626511
	合计	16758796	4	新疆天业（集团）有限公司	3820420
				合计	26594110
甘肃					
1	金川集团股份有限公司	24775947	内蒙古自治区		
2	酒泉钢铁（集团）有限责任公司	11406950	1	内蒙古伊利实业集团股份有限公司	9652396
3	白银有色集团股份有限公司	6142270	2	包头钢铁（集团）有限责任公司	8667610
	合计	42325167		合计	18320006

表 10－4　2021 中国制造业企业 500 强净利润排序前 100 名企业

排名	公司名称	净利润/万元	排名	公司名称	净利润/万元
1	华为投资控股有限公司	6459500	51	华新水泥股份有限公司	563060
2	贵州茅台酒股份有限公司	4669729	52	TCL	560552
3	中国石油化工集团有限公司	4281570	53	宁德时代新能源科技股份有限公司	558334
4	美的集团股份有限公司	2722296	54	云南白药集团股份有限公司	551607
5	中国宝武钢铁集团有限公司	2503826	55	长城汽车股份有限公司	536249
6	珠海格力电器股份有限公司	2217511	56	中国国际海运集装箱（集团）股份有限公司	534961
7	上海汽车集团股份有限公司	2043104	57	双胞胎（集团）股份有限公司	531729
8	小米公司	2035550	58	农夫山泉股份有限公司	528546
9	中国第一汽车集团有限公司	1977861	59	湖南华菱钢铁集团有限责任公司	528512
10	中国航天科技集团有限公司	1887219	60	辽宁方大集团实业有限公司	525684
11	恒力集团有限公司	1637160	61	中国中车集团有限公司	516146
12	中国航天科工集团有限公司	1348948	62	宁波申洲针织有限公司	510674
13	中国电子科技集团有限公司	1296924	63	盘锦北方沥青燃料有限公司	498410
14	安徽海螺集团有限责任公司	1296083	64	南山集团有限公司	492405
15	中国船舶集团有限公司	1293474	65	舜宇集团有限公司	487179
16	正威国际集团有限公司	1277708	66	利欧集团股份有限公司	477248
17	冀南钢铁集团有限公司	1099538	67	浙江龙盛控股有限公司	449858
18	中国宏桥集团有限公司	1049594	68	上海医药集团股份有限公司	449622
19	中国兵器工业集团有限公司	1042489	69	威高集团有限公司	429709
20	万华化学集团股份有限公司	1004143	70	浙江荣盛控股集团有限公司	427401
21	浙江吉利控股集团有限公司	933057	71	中兴通讯股份有限公司	425975
22	隆基绿能科技股份有限公司	855237	72	比亚迪股份有限公司	423427
23	山东魏桥创业集团有限公司	852854	73	山东鲁花集团有限公司	423339
24	日照钢铁控股集团有限公司	837986	74	敬业集团有限公司	419035
25	海尔集团公司	806055	75	江苏扬子江船业集团	418317
26	复星国际有限公司	801794	76	河北普阳钢铁有限公司	411450
27	江苏沙钢集团有限公司	789680	77	河北安丰钢铁有限公司	411362
28	青山控股集团有限公司	779213	78	波司登股份有限公司	410679
29	雅戈尔集团股份有限公司	778940	79	中国重型汽车集团有限公司	405542
30	东风汽车集团有限公司	769705	80	广西柳州钢铁集团有限公司	404517
31	三一集团有限公司	745519	81	恒申控股集团有限公司	401495
32	温氏食品集团股份有限公司	742587	82	广州汽车工业集团有限公司	397557
33	中联重科股份有限公司	728067	83	黑龙江飞鹤乳业有限公司	393458
34	立讯精密工业股份有限公司	722546	84	江苏永钢集团有限公司	390699
35	内蒙古伊利实业集团股份有限公司	707818	85	浙江大华技术股份有限公司	390277
36	英科医疗科技股份有限公司	700705	86	联想控股股份有限公司	386801
37	福建大东海实业集团有限公司	689970	87	河北文丰钢铁有限公司	385462
38	紫金矿业集团股份有限公司	650855	88	普联技术有限公司	383396
39	中国铁塔股份有限公司	642800	89	海澜集团有限公司	381807
40	武安市裕华钢铁有限公司	638570	90	上海德龙钢铁集团有限公司	370556
41	江苏恒瑞医药股份有限公司	632838	91	西子联合控股有限公司	369981
42	中国航空工业集团有限公司	631803	92	盛虹控股集团有限公司	358645
43	深圳市大疆创新科技有限公司	601464	93	新希望控股集团有限公司	355630
44	四川省宜宾五粮液集团有限公司	591444	94	牧原实业集团有限公司	354157
45	玖龙纸业（控股）有限公司	589176	95	海信集团控股股份有限公司	347424
46	中国兵器装备集团有限公司	588279	96	北京建龙重工集团有限公司	340852
47	红狮控股集团有限公司	586538	97	北京东方雨虹防水技术股份有限公司	338887
48	石药控股集团有限公司	585518	98	中国五矿集团有限公司	338859
49	江西正邦科技股份有限公司	574413	99	福佳集团有限公司	335212
50	万洲国际有限公司	570997	100	重庆智飞生物制品股份有限公司	330133
				中国制造业企业 500 强平均数	235932

表 10－5 2021 中国制造业企业 500 强资产排序前 100 名企业

排名	公司名称	资产/万元	排名	公司名称	资产/万元
1	中国石油化工集团有限公司	223996049	51	比亚迪股份有限公司	20101732
2	中国航空工业集团有限公司	105196580	52	奇瑞控股集团有限公司	19985255
3	中国宝武钢铁集团有限公司	101407132	53	紫金矿业集团股份有限公司	18231325
4	中国五矿集团有限公司	98300396	54	协鑫集团有限公司	17710916
5	上海汽车集团股份有限公司	91941476	55	包头钢铁（集团）有限责任公司	17209353
6	华为投资控股有限公司	87685400	56	江西铜业集团有限公司	16929038
7	中国船舶集团有限公司	86142593	57	宁德时代新能源科技股份有限公司	15661843
8	中国化工集团有限公司	85742676	58	本钢集团有限公司	15559646
9	复星国际有限公司	76768060	59	四川省宜宾五粮液集团有限公司	15454873
10	联想控股股份有限公司	65173277	60	北京建龙重工集团有限公司	15454742
11	中国铝业集团有限公司	63240430	61	长城汽车股份有限公司	15401149
12	中国建材集团有限公司	60012574	62	北京首农食品集团有限责任公司	15380078
13	东风汽车集团有限公司	55525156	63	牧原实业集团有限公司	15368105
14	北京汽车集团有限公司	53436124	64	海信集团控股股份有限公司	15275714
15	中国航天科技集团有限公司	51876555	65	宁夏天元锰业集团有限公司	15160930
16	首钢集团有限公司	51200691	66	中兴通讯股份有限公司	15063491
17	中国第一汽车集团有限公司	48894055	67	上海医药集团股份有限公司	14918566
18	北京电子控股有限责任公司	48729381	68	中国国际海运集装箱（集团）股份有限公司	14621151
19	河钢集团有限公司	48552978	69	多弗国际控股集团有限公司	14097705
20	浙江吉利控股集团有限公司	48540396	70	陕西有色金属控股集团有限责任公司	14079782
21	中国电子科技集团有限公司	45161011	71	新疆特变电工集团有限公司	13608470
22	海尔集团公司	44777414	72	万华化学集团股份有限公司	13375267
23	中国兵器工业集团有限公司	43991352	73	福建省能源集团有限责任公司	13352230
24	中国中车集团有限公司	43672971	74	江苏扬子江船业集团	13203133
25	中国航天科工集团有限公司	38400638	75	南山集团有限公司	13180049
26	上海电气（集团）总公司	37897388	76	洛阳栾川钼业集团股份有限公司	12244124
27	山东钢铁集团有限公司	37368514	77	万洲国际有限公司	12211350
28	美的集团股份有限公司	36038260	78	辽宁方大集团实业有限公司	12111165
29	中国兵器装备集团有限公司	35839407	79	中国重型汽车集团有限公司	12073281
30	中国电子信息产业集团有限公司	34965948	80	山东黄金集团有限公司	12046327
31	鞍钢集团有限公司	34018335	81	河北新华联合冶金控股集团有限公司	11818740
32	中国铁塔股份有限公司	33738000	82	中联重科股份有限公司	11627494
33	广州汽车工业集团有限公司	33502493	83	盛虹控股集团有限公司	11509193
34	TCL	32630924	84	金川集团股份有限公司	11485345
35	新希望控股集团有限公司	31604041	85	海澜集团有限公司	11372235
36	潍柴控股集团有限公司	30855545	86	浙江恒逸集团有限公司	11357453
37	江苏沙钢集团有限公司	30222583	87	湖南华菱钢铁集团有限责任公司	11343300
38	光明食品（集团）有限公司	29611531	88	日照钢铁控股集团有限公司	11271737
39	北京金隅集团股份有限公司	29135238	89	中国黄金集团有限公司	11266368
40	珠海格力电器股份有限公司	27921792	90	天津渤海化工集团有限责任公司	11235560
41	泸州老窖集团有限责任公司	27395165	91	酒泉钢铁（集团）有限责任公司	11016109
42	浙江荣盛控股集团有限公司	27062106	92	中国有色矿业集团有限公司	10941221
43	潞安化工集团有限公司	26917894	93	无锡产业发展集团有限公司	10916634
44	恒力集团有限公司	26587848	94	新疆金风科技股份有限公司	10913818
45	小米公司	25367982	95	新疆中泰（集团）有限责任公司	10834323
46	山东魏桥创业集团有限公司	24609539	96	广西柳州钢铁集团有限公司	10473353
47	安徽海螺集团有限责任公司	24549749	97	福建省电子信息（集团）有限责任公司	10381615
48	三一集团有限公司	22497446	98	中国信息通信科技集团有限公司	10356350
49	贵州茅台酒股份有限公司	21339581	99	郑州宇通企业集团	10266973
50	正威国际集团有限公司	20258068	100	上海德龙钢铁集团有限公司	10258566
				中国制造业企业 500 强平均数	8865763

表 10-6　2021 中国制造业企业 500 强从业人数排序前 100 名企业

排名	公司名称	从业人数/人	排名	公司名称	从业人数/人
1	中国石油化工集团有限公司	553833	51	北京建龙重工集团有限公司	61300
2	中国航空工业集团有限公司	420000	52	本钢集团有限公司	60761
3	比亚迪股份有限公司	224280	53	安徽海螺集团有限责任公司	59823
4	中国电子科技集团有限公司	220000	54	四川长虹电子控股集团有限公司	59727
5	中国船舶集团有限公司	218956	55	辽宁方大集团实业有限公司	59576
6	中国兵器工业集团有限公司	212960	56	内蒙古伊利实业集团股份有限公司	59159
7	中国宝武钢铁集团有限公司	207971	57	宁波均胜电子股份有限公司	53816
8	中国建材集团有限公司	202844	58	成都蛟龙投资有限责任公司	53627
9	中国五矿集团有限公司	200175	59	福建省电子信息（集团）有限责任公司	53113
10	华为投资控股有限公司	197000	60	温氏食品集团股份有限公司	52809
11	中国电子信息产业集团有限公司	185050	61	江西正邦科技股份有限公司	52322
12	中国航天科技集团有限公司	179085	62	中国国际海运集装箱（集团）股份有限公司	51100
13	中国中车集团有限公司	178500	63	上海医药集团股份有限公司	48136
14	立讯精密工业股份有限公司	172410	64	北京金隅集团股份有限公司	47672
15	中国兵器装备集团有限公司	170282	65	北京首农食品集团有限责任公司	47215
16	中国铝业集团有限公司	156258	66	中国有色矿业集团有限公司	47157
17	美的集团股份有限公司	149239	67	隆基绿能科技股份有限公司	46631
18	东风汽车集团有限公司	145756	68	上海德龙钢铁集团有限公司	46534
19	中国航天科工集团有限公司	145148	69	南山集团有限公司	46257
20	上海汽车集团股份有限公司	143922	70	江苏沙钢集团有限公司	45060
21	新希望控股集团有限公司	142659	71	四川省宜宾五粮液集团有限公司	43640
22	中国化工集团有限公司	141250	72	鹏鼎控股（深圳）股份有限公司	43567
23	浙江吉利控股集团有限公司	125764	73	陕西有色金属控股集团有限责任公司	43541
24	中国第一汽车集团有限公司	124565	74	包头钢铁（集团）有限责任公司	42729
25	牧原实业集团有限公司	124503	75	中国宏桥集团有限公司	42445
26	TCL	119063	76	山东如意时尚投资控股有限公司	41492
27	恒力集团有限公司	118496	77	江苏悦达集团有限公司	41180
28	鞍钢集团有限公司	112606	78	新疆中泰（集团）有限责任公司	40676
29	广州汽车工业集团有限公司	110537	79	中国黄金集团有限公司	40149
30	北京汽车集团有限公司	110000	80	中国信息通信科技集团有限公司	38685
31	光明食品（集团）有限公司	109375	81	三一集团有限公司	37144
32	河钢集团有限公司	108132	82	青岛啤酒集团有限公司	36984
33	万洲国际有限公司	107000	83	中国重型汽车集团有限公司	36626
34	潞安化工集团有限公司	102099	84	江铃汽车集团有限公司	35335
35	山东魏桥创业集团有限公司	100395	85	酒泉钢铁（集团）有限责任公司	35070
36	海尔集团公司	99813	86	奥克斯集团有限公司	34716
37	首钢集团有限公司	97235	87	正泰集团股份有限公司	34618
38	宁波申洲针织有限公司	89100	88	广州医药集团有限公司	34371
39	潍柴控股集团有限公司	88695	89	湖南华菱钢铁集团有限责任公司	34038
40	海信集团控股股份有限公司	88129	90	瑞声科技（控股）有限公司	33735
41	歌尔股份有限公司	87346	91	创维集团有限公司	33680
42	北京电子控股有限责任公司	85000	92	宁德时代新能源科技股份有限公司	33078
43	联想控股股份有限公司	84000	93	盛虹控股集团有限公司	32272
44	珠海格力电器股份有限公司	83952	94	广西柳州钢铁集团有限公司	31448
45	青山控股集团有限公司	75102	95	陕西汽车控股集团有限公司	31435
46	中兴通讯股份有限公司	73709	96	敬业集团有限公司	31000
47	复星国际有限公司	72000	97	广州工业投资控股集团有限公司	30874
48	山东钢铁集团有限公司	71107	98	深圳海王集团股份有限公司	30752
49	上海电气（集团）总公司	68322	99	广州智能装备产业集团有限公司	30590
50	长城汽车股份有限公司	63174	100	隆鑫控股有限公司	30007
				中国制造业企业 500 强平均数	27430

表 10－7 2021 中国制造业企业 500 强研发费用排序前 100 名企业

排名	公司名称	研发费用/万元	排名	公司名称	研发费用/万元
1	华为投资控股有限公司	14189300	51	江苏沙钢集团有限公司	326674
2	中国航天科工集团有限公司	3446571	52	包头钢铁（集团）有限责任公司	322852
3	浙江吉利控股集团有限公司	2181108	53	中国铝业集团有限公司	314217
4	中国第一汽车集团有限公司	2061016	54	长城汽车股份有限公司	306748
5	中国宝武钢铁集团有限公司	1768579	55	上海德龙钢铁集团有限公司	303318
6	中国五矿集团有限公司	1634342	56	山东钢铁集团有限公司	301216
7	中国电子科技集团有限公司	1555373	57	石药控股集团有限公司	300198
8	中兴通讯股份有限公司	1479703	58	浙江大华技术股份有限公司	299754
9	中国石油化工集团有限公司	1441438	59	酒泉钢铁（集团）有限责任公司	296534
10	中国兵器工业集团有限公司	1431921	60	利华益集团股份有限公司	289612
11	中国中车集团有限公司	1383610	61	中天钢铁集团有限公司	287215
12	中国航空工业集团有限公司	1365203	62	中国重型汽车集团有限公司	276045
13	上海汽车集团股份有限公司	1339504	63	江苏永钢集团有限公司	269434
14	北京电子控股有限责任公司	1244608	64	福建省电子信息（集团）有限责任公司	260606
15	山东魏桥创业集团有限公司	1074948	65	华泰集团有限公司	260310
16	美的集团股份有限公司	1011867	66	隆基绿能科技股份有限公司	259151
17	中国兵器装备集团有限公司	1000647	67	舜宇集团有限公司	249909
18	联想控股股份有限公司	980900	68	通威集团有限公司	247136
19	TCL	962415	69	江铃汽车集团有限公司	246307
20	东风汽车集团有限公司	925727	70	万向集团公司	245661
21	小米公司	925561	71	金鼎钢铁集团有限公司	238844
22	比亚迪股份有限公司	855595	72	欧菲光集团股份有限公司	235061
23	北京汽车集团有限公司	852390	73	正泰集团股份有限公司	232322
24	海尔集团公司	812816	74	敬业集团有限公司	231533
25	中国电子信息产业集团有限公司	810944	75	宁波均胜电子股份有限公司	230121
26	广州汽车工业集团有限公司	735500	76	四川长虹电子控股集团有限公司	225957
27	中国信息通信科技集团有限公司	695747	77	南京钢铁集团有限公司	218594
28	鞍钢集团有限公司	660481	78	中国东方电气集团有限公司	207494
29	中国建材集团有限公司	643388	79	万华化学集团股份有限公司	204304
30	潍柴控股集团有限公司	631706	80	深圳市大疆创新科技有限公司	203658
31	珠海格力电器股份有限公司	605256	81	创维集团有限公司	197407
32	三一集团有限公司	604000	82	浙江恒逸集团有限公司	196846
33	河钢集团有限公司	592583	83	瑞声科技（控股）有限公司	192026
34	中国铁塔股份有限公司	580500	84	郑州宇通企业集团	191320
35	立讯精密工业股份有限公司	574481	85	陕西汽车控股集团有限公司	190991
36	上海电气（集团）总公司	553873	86	浙江荣盛控股集团有限公司	190916
37	江苏恒瑞医药股份有限公司	498895	87	本钢集团有限公司	185115
38	首钢集团有限公司	488098	88	中天科技集团有限公司	183080
39	上海华虹（集团）有限公司	459966	89	重庆小康控股有限公司	182551
40	湖南华菱钢铁集团有限责任公司	456676	90	安徽江淮汽车集团控股有限公司	180964
41	海信集团控股股份有限公司	404757	91	欣旺达电子股份有限公司	180629
42	河北新华联合冶金控股集团有限公司	382041	92	广西柳州钢铁集团有限公司	179410
43	宁德时代新能源科技股份有限公司	356938	93	奇瑞控股集团有限公司	177388
44	中联重科股份有限公司	350117	94	上海韦尔半导体股份有限公司	172687
45	歌尔股份有限公司	342597	95	新希望控股集团有限公司	170000
46	新疆特变电工集团有限公司	338532	96	南山集团有限公司	168691
47	铜陵有色金属集团控股有限公司	332716	97	山东如意时尚投资控股有限公司	167622
48	亨通集团有限公司	331242	98	玖龙纸业（控股）有限公司	165894
49	北京建龙重工集团有限公司	330830	99	上海医药集团股份有限公司	165667
50	安徽海螺集团有限责任公司	327403	100	中国国际海运集装箱（集团）股份有限公司	160870
				中国制造业企业500强平均数	183292

表 10－8　2021 中国制造业企业 500 强研发强度排序前 100 名企业

排名	公司名称	研发强度/%	排名	公司名称	研发强度/%
1	上海华虹（集团）有限公司	28.94	51	厦门金龙汽车集团股份有限公司	4.50
2	江苏恒瑞医药股份有限公司	17.99	52	卫华集团有限公司	4.40
3	华为投资控股有限公司	15.92	53	上海仪电（集团）有限公司	4.24
4	中国信息通信科技集团有限公司	14.65	54	鹏鼎控股（深圳）股份有限公司	4.22
5	中兴通讯股份有限公司	14.59	55	中国兵器装备集团有限公司	4.21
6	中国航天科工集团有限公司	13.25	56	天津市新宇彩板有限公司	4.20
7	浙江大华技术股份有限公司	11.33	57	阳光电源股份有限公司	4.18
8	瑞声科技（控股）有限公司	11.20	58	宁波方太厨具有限公司	4.18
9	深圳市大疆创新科技有限公司	10.11	59	安徽中鼎控股（集团）股份有限公司	4.15
10	健康元药业集团股份有限公司	9.32	60	广东德赛集团有限公司	4.13
11	深圳市汇川技术股份有限公司	8.89	61	广东兴发铝业有限公司	4.12
12	上海韦尔半导体股份有限公司	8.71	62	浙江海正药业股份有限公司	4.04
13	北京电子控股有限责任公司	8.10	63	山西高义钢铁有限公司	4.03
14	石药控股集团有限公司	7.44	64	万丰奥特控股集团有限公司	4.01
15	中国铁塔股份有限公司	7.16	65	中策橡胶集团有限公司	3.97
16	宁德时代新能源科技股份有限公司	7.09	66	玲珑集团有限公司	3.95
17	浙江吉利控股集团有限公司	6.70	67	格林美股份有限公司	3.92
18	舜宇集团有限公司	6.58	68	山西晋南钢铁集团有限公司	3.90
19	陕西鼓风机（集团）有限公司	6.57	69	泰开集团有限公司	3.87
20	中国电子科技集团有限公司	6.57	70	江苏长电科技股份有限公司	3.85
21	普联技术有限公司	6.38	71	龙蟒佰利联集团股份有限公司	3.80
22	TCL	6.30	72	四川科伦实业集团有限公司	3.78
23	立讯精密工业股份有限公司	6.21	73	小米公司	3.76
24	欣旺达电子股份有限公司	6.08	74	人福医药集团股份公司	3.76
25	歌尔股份有限公司	5.93	75	包头钢铁（集团）有限责任公司	3.72
26	中国中车集团有限公司	5.77	76	山东魏桥创业集团有限公司	3.72
27	福建省电子信息（集团）有限责任公司	5.76	77	四川九洲投资控股集团有限公司	3.72
28	河南黄河实业集团股份有限公司	5.65	78	南京高速齿轮制造有限公司	3.69
29	哈尔滨电气集团有限公司	5.62	79	浙江中财管道科技股份有限公司	3.67
30	重庆小康控股有限公司	5.57	80	大亚科技集团有限公司	3.65
31	新疆特变电工集团有限公司	5.55	81	青特集团有限公司	3.63
32	上海龙旗科技股份有限公司	5.48	82	珠海格力电器股份有限公司	3.55
33	比亚迪股份有限公司	5.46	83	美的集团股份有限公司	3.54
34	中国东方电气集团有限公司	5.44	84	江苏上上电缆集团有限公司	3.54
35	中联重科股份有限公司	5.38	85	山东鑫海科技股份有限公司	3.54
36	广州视源电子科技股份有限公司	5.15	86	胜达集团有限公司	3.50
37	东方日升新能源股份有限公司	5.14	87	波司登股份有限公司	3.50
38	郑州宇通企业集团	5.10	88	常熟市龙腾特种钢有限公司	3.48
39	安徽叉车集团有限责任公司	5.01	89	江苏鼎胜新能源材料股份有限公司	3.48
40	创维集团有限公司	4.95	90	秦皇岛宏兴钢铁有限公司	3.47
41	欧菲光集团股份有限公司	4.86	91	上海电气（集团）总公司	3.45
42	新和成控股集团有限公司	4.84	92	安徽楚江科技新材料股份有限公司	3.42
43	三一集团有限公司	4.82	93	河北鑫达钢铁集团有限公司	3.42
44	宁波均胜电子股份有限公司	4.81	94	山东临工工程机械有限公司	3.42
45	福建省汽车工业集团有限公司	4.80	95	华泰集团有限公司	3.40
46	隆基绿能科技股份有限公司	4.75	96	杭叉集团股份有限公司	3.37
47	欧派家居集团股份有限公司	4.74	97	精工控股集团有限公司	3.34
48	华鲁控股集团有限公司	4.69	98	泰豪集团有限公司	3.33
49	厦门钨业股份有限公司	4.54	99	中国电子信息产业集团有限公司	3.27
50	郑州煤矿机械集团股份有限公司	4.54	100	中国西电集团有限公司	3.26
				中国制造业企业 500 强平均数	2.30

表 10-9 2021 中国制造业企业 500 强净资产利润率排序前 100 名企业

排名	公司名称	净资产利润率/%	排名	公司名称	净资产利润率/%
1	山东创新金属科技有限公司	137.12	51	隆基绿能科技股份有限公司	24.36
2	河南神火集团有限公司	94.56	52	中哲控股集团有限公司	24.32
3	英科医疗科技股份有限公司	74.99	53	上海晨光文具股份有限公司	24.17
4	江苏华宏实业集团有限公司	69.65	54	上海韦尔半导体股份有限公司	24.08
5	齐成（山东）石化集团有限公司	61.36	55	河北文丰钢铁有限公司	24.01
6	金龙精密铜管集团股份有限公司	60.22	56	华新水泥股份有限公司	23.89
7	太平鸟集团有限公司	52.00	57	常熟市龙腾特种钢有限公司	23.56
8	山东汇丰石化集团有限公司	51.53	58	天津市宝来工贸有限公司	23.40
9	青海盐湖工业股份有限公司	49.51	59	内蒙古伊利实业集团股份有限公司	23.30
10	道恩集团有限公司	43.33	60	巨化集团有限公司	23.23
11	重庆智飞生物制品股份有限公司	40.02	61	北京东方雨虹防水技术股份有限公司	23.19
12	青岛康大外贸集团有限公司	39.81	62	美的集团股份有限公司	23.17
13	邯郸市正大制管有限公司	38.23	63	中国重型汽车集团有限公司	22.93
14	利欧集团股份有限公司	36.78	64	桐昆控股集团有限公司	22.79
15	天能控股集团有限公司	35.89	65	爱玛科技集团股份有限公司	22.76
16	恒力集团有限公司	34.27	66	河北兴华钢铁有限公司	22.01
17	万丰奥特控股集团有限公司	34.26	67	红狮控股集团有限公司	21.98
18	农夫山泉股份有限公司	34.10	68	潍柴控股集团有限公司	21.88
19	得力集团有限公司	32.96	69	广东兴发铝业有限公司	21.83
20	双胞胎（集团）股份有限公司	32.84	70	上海德龙钢铁集团有限公司	21.65
21	中天科技集团有限公司	32.70	71	闻泰通讯股份有限公司	21.64
22	牧原实业集团有限公司	32.24	72	山东潍焦控股集团有限公司	21.59
23	山东鲁花集团有限公司	31.56	73	天洁集团有限公司	21.27
24	盘锦北方沥青燃料有限公司	31.15	74	山东中矿集团有限公司	20.94
25	宁波博洋控股集团有限公司	30.61	75	石药控股集团有限公司	20.79
26	泰开集团有限公司	30.06	76	安徽海螺集团有限责任公司	20.77
27	山西高义钢铁有限公司	29.45	77	江苏恒瑞医药股份有限公司	20.75
28	迪尚集团有限公司	29.43	78	金沙河集团有限公司	20.59
29	深圳市大疆创新科技有限公司	29.36	79	万华化学集团股份有限公司	20.58
30	舜宇集团有限公司	29.35	80	西子联合控股有限公司	20.54
31	云南锡业集团（控股）有限责任公司	29.08	81	黑龙江飞鹤乳业有限公司	20.51
32	贵州茅台酒股份有限公司	28.95	82	普联技术有限公司	20.36
33	大亚科技集团有限公司	28.52	83	祥兴（福建）箱包集团有限公司	20.18
34	河北安丰钢铁有限公司	28.12	84	日照钢铁控股集团有限公司	20.11
35	武安市裕华钢铁有限公司	27.27	85	老凤祥股份有限公司	19.91
36	冀南钢铁集团有限公司	27.15	86	深圳市汇川技术股份有限公司	19.74
37	雅戈尔集团股份有限公司	27.10	87	浙江大华技术股份有限公司	19.74
38	雅迪集团控股有限公司	26.67	88	河北天柱钢铁集团有限公司	19.58
39	广州视源电子科技股份有限公司	26.56	89	华为投资控股有限公司	19.55
40	青山控股集团有限公司	26.39	90	远景能源有限公司	19.49
41	成都蛟龙投资有限责任公司	26.36	91	金鼎钢铁集团有限公司	19.44
42	江阴江东集团公司	26.26	92	山西杏花村汾酒集团有限责任公司	19.34
43	桂林力源粮油食品集团有限公司	26.10	93	珠海格力电器股份有限公司	19.25
44	浙江元立金属制品集团有限公司	25.84	94	人民电器集团有限公司	19.05
45	立讯精密工业股份有限公司	25.71	95	五得利面粉集团有限公司	18.97
46	河北诚信集团有限公司	25.26	96	德力西集团有限公司	18.78
47	广州医药集团有限公司	24.78	97	宁波申洲针织有限公司	18.72
48	山东临工工程机械有限公司	24.74	98	阳光电源股份有限公司	18.69
49	江西正邦科技股份有限公司	24.70	99	湖南华菱钢铁集团有限责任公司	18.66
50	河北新华联合冶金控股集团有限公司	24.41	100	振石控股集团有限公司	18.56
				中国制造业企业 500 强平均数	10.25

表 10－10 2021 中国制造业企业 500 强资产利润率排序前 100 名企业

排名	公司名称	资产利润率/%	排名	公司名称	资产利润率/%
1	英科医疗科技股份有限公司	54.17	51	青海盐湖工业股份有限公司	10.14
2	冀南钢铁集团有限公司	25.05	52	河北天柱钢铁集团有限公司	10.01
3	利欧集团股份有限公司	24.78	53	云南白药集团股份有限公司	9.99
4	贵州茅台酒股份有限公司	21.88	54	宁波方太厨具有限公司	9.96
5	重庆智飞生物制品股份有限公司	21.70	55	杭叉集团股份有限公司	9.95
6	武安市裕华钢铁有限公司	21.65	56	内蒙古伊利实业集团股份有限公司	9.95
7	成都蛟龙投资有限责任公司	21.47	57	山东中海化工集团有限公司	9.94
8	深圳市大疆创新科技有限公司	20.99	58	桂林力源粮油食品集团有限公司	9.93
9	河北文丰钢铁有限公司	20.82	59	隆基绿能科技股份有限公司	9.76
10	江阴江东集团公司	20.74	60	山东临工工程机械有限公司	9.69
11	农夫山泉股份有限公司	20.48	61	江西正邦科技股份有限公司	9.69
12	河北安丰钢铁有限公司	19.70	62	红狮控股集团有限公司	9.66
13	天津市宝来工贸有限公司	19.57	63	天津友发钢管集团股份有限公司	9.66
14	普联技术有限公司	18.47	64	江苏永钢集团有限公司	9.63
15	江苏恒瑞医药股份有限公司	18.22	65	江苏阳光集团有限公司	9.30
16	河北诚信集团有限公司	18.07	66	恒申控股集团有限公司	9.29
17	祥兴（福建）箱包集团有限公司	18.02	67	唐人神集团股份有限公司	9.24
18	广州视源电子科技股份有限公司	15.22	68	温氏食品集团股份有限公司	9.22
19	河北兴华钢铁有限公司	15.17	69	邯郸市正大制管有限公司	9.18
20	五得利面粉集团有限公司	14.99	70	广东海大集团股份有限公司	9.16
21	人民电器集团有限公司	14.53	71	青山控股集团有限公司	9.04
22	河北新武安钢铁集团文安钢铁有限公司	14.26	72	广东兴发铝业有限公司	9.03
23	黑龙江飞鹤乳业有限公司	13.89	73	山东九羊集团有限公司	8.86
24	宁波申洲针织有限公司	13.86	74	山西建邦集团有限公司	8.80
25	舜宇集团有限公司	13.75	75	天津恒兴集团有限公司	8.69
26	金鼎钢铁集团有限公司	13.73	76	鹏鼎控股（深圳）股份有限公司	8.58
27	秦皇岛宏兴钢铁有限公司	13.61	77	盘锦北方沥青燃料有限公司	8.57
28	山东金岭集团有限公司	13.42	78	山东神驰控股有限公司	8.46
29	双胞胎（集团）股份有限公司	13.12	79	河南明泰铝业股份有限公司	8.38
30	兴达投资集团有限公司	13.11	80	回音必集团有限公司	8.17
31	上海晨光文具股份有限公司	12.93	81	雅戈尔集团股份有限公司	8.15
32	山东鲁花集团有限公司	12.90	82	老凤祥股份有限公司	8.11
33	华新水泥股份有限公司	12.82	83	山东垦利石化集团有限公司	8.05
34	浙江中财管道科技股份有限公司	12.38	84	小米公司	8.02
35	迪尚集团有限公司	12.29	85	天津源泰德润钢管制造集团有限公司	8.01
36	北京东方雨虹防水技术股份有限公司	12.17	86	珠海格力电器股份有限公司	7.94
37	得力集团有限公司	12.08	87	山东鑫海科技股份有限公司	7.91
38	上海韦尔半导体股份有限公司	11.95	88	浙江元立金属制品集团有限公司	7.80
39	深圳市汇川技术股份有限公司	11.26	89	胜达集团有限公司	7.63
40	福建大东海实业集团有限公司	11.16	90	鲁丽集团有限公司	7.56
41	欧派家居集团股份有限公司	10.95	91	美的集团股份有限公司	7.55
42	山西高义钢铁有限公司	10.92	92	万华化学集团股份有限公司	7.51
43	中国宏桥集团有限公司	10.77	93	石横特钢集团有限公司	7.49
44	石药控股集团有限公司	10.75	94	浙江龙盛控股有限公司	7.48
45	浙江大华技术股份有限公司	10.66	95	日照钢铁控股集团有限公司	7.43
46	波司登股份有限公司	10.66	96	西子联合控股有限公司	7.38
47	天洁集团有限公司	10.56	97	华为投资控股有限公司	7.37
48	金沙河集团有限公司	10.44	98	济源市万洋冶炼（集团）有限公司	7.36
49	立讯精密工业股份有限公司	10.32	99	江苏三木集团有限公司	7.31
50	河北普阳钢铁有限公司	10.25	100	山东太阳控股集团有限公司	7.28
				中国制造业企业500强平均数	2.66

表 10 - 11 2021 中国制造业企业 500 强收入利润率排序前 100 名企业

排名	公司名称	收入利润率/%	排名	公司名称	收入利润率/%
1	英科医疗科技股份有限公司	50.64	51	深圳市兆驰股份有限公司	8.74
2	贵州茅台酒股份有限公司	47.65	52	湖南五江控股集团有限公司	8.67
3	利欧集团股份有限公司	30.70	53	威高集团有限公司	8.63
4	深圳市大疆创新科技有限公司	29.87	54	日照钢铁控股集团有限公司	8.63
5	普联技术有限公司	25.46	55	安徽古井集团有限责任公司	8.50
6	江苏恒瑞医药股份有限公司	22.82	56	武安市裕华钢铁有限公司	8.37
7	农夫山泉股份有限公司	22.77	57	浙江永利实业集团有限公司	8.35
8	宁波申洲针织有限公司	22.17	58	得力集团有限公司	8.32
9	重庆智飞生物制品股份有限公司	21.73	59	健康元药业集团股份有限公司	8.29
10	黑龙江飞鹤乳业有限公司	21.16	60	小米公司	8.28
11	华新水泥股份有限公司	19.18	61	河北文丰钢铁有限公司	8.23
12	深圳市汇川技术股份有限公司	18.24	62	富奥汽车零部件股份有限公司	8.11
13	云南白药集团股份有限公司	16.85	63	盘锦北方沥青燃料有限公司	8.10
14	龙蟒佰利联集团股份有限公司	16.16	64	成都蛟龙投资有限责任公司	8.05
15	隆基绿能科技股份有限公司	15.67	65	中国铁塔股份有限公司	7.93
16	北京东方雨虹防水技术股份有限公司	15.60	66	冀南钢铁集团有限公司	7.91
17	新和成控股集团有限公司	14.92	67	福建大东海实业集团有限公司	7.83
18	浙江大华技术股份有限公司	14.75	68	立讯精密工业股份有限公司	7.81
19	青海盐湖工业股份有限公司	14.55	69	山西高义钢铁有限公司	7.78
20	石药控股集团有限公司	14.51	70	玖龙纸业（控股）有限公司	7.54
21	浙江龙盛控股有限公司	14.16	71	迪尚集团有限公司	7.46
22	欧派家居集团股份有限公司	13.99	72	雅戈尔集团股份有限公司	7.43
23	万华化学集团股份有限公司	13.67	73	五得利面粉集团有限公司	7.38
24	上海韦尔半导体股份有限公司	13.65	74	山东神驰控股有限公司	7.37
25	山东鑫海科技股份有限公司	13.13	75	内蒙古伊利实业集团股份有限公司	7.33
26	珠海格力电器股份有限公司	13.01	76	华为投资控股有限公司	7.25
27	舜宇集团有限公司	12.82	77	恒申控股集团有限公司	7.09
28	波司登股份有限公司	12.49	78	中国航天科技集团有限公司	7.06
29	中国宏桥集团有限公司	12.18	79	远景能源有限公司	7.00
30	宁波方太厨具有限公司	12.18	80	郑州宇通企业集团	6.81
31	西子联合控股有限公司	11.83	81	中策橡胶集团有限公司	6.70
32	江西正邦科技股份有限公司	11.68	82	福佳集团有限公司	6.66
33	中联重科股份有限公司	11.18	83	巨化集团有限公司	6.59
34	广州视源电子科技股份有限公司	11.16	84	万丰奥特控股集团有限公司	6.59
35	山西杏花村汾酒集团有限责任公司	11.16	85	浙江中财管道科技股份有限公司	6.58
36	宁德时代新能源科技股份有限公司	11.10	86	河南明泰铝业股份有限公司	6.55
37	山东鲁花集团有限公司	10.85	87	明阳新能源投资控股集团有限公司	6.44
38	红狮控股集团有限公司	10.67	88	广东兴发铝业有限公司	6.34
39	江苏扬子江船业集团	10.39	89	常熟市龙腾特种钢有限公司	6.29
40	河北安丰钢铁有限公司	10.33	90	石横特钢集团有限公司	6.21
41	阳光电源股份有限公司	10.13	91	玲珑集团有限公司	6.18
42	河北诚信集团有限公司	9.94	92	双胞胎（集团）股份有限公司	6.14
43	山东临工工程机械有限公司	9.93	93	纳爱斯集团有限公司	6.06
44	温氏食品集团股份有限公司	9.91	94	祥兴（福建）箱包集团有限公司	6.05
45	秦皇岛宏兴钢铁有限公司	9.83	95	广州立白凯晟控股有限公司	6.00
46	赛轮集团股份有限公司	9.68	96	南京高速齿轮制造有限公司	5.97
47	上海晨光文具股份有限公司	9.56	97	牧原实业集团有限公司	5.96
48	美的集团股份有限公司	9.53	98	三一集团有限公司	5.95
49	鹏鼎控股（深圳）股份有限公司	9.52	99	安徽鸿路钢结构（集团）股份有限公司	5.94
50	瑞声科技（控股）有限公司	8.79	100	复星国际有限公司	5.87
				中国制造业企业 500 强平均数	2.93

表 10－12　2021 中国制造业企业 500 强人均营业收入排序前 100 名企业

排名	公司名称	人均营业收入/万元	排名	公司名称	人均营业收入/万元
1	阿尔法（江阴）沥青有限公司	5281.55	51	河北津西钢铁集团股份有限公司	1221.61
2	江苏江润铜业有限公司	5051.55	52	黑龙江鑫达企业集团有限公司	1221.19
3	齐成（山东）石化集团有限公司	4530.41	53	福建福海创石油化工有限公司	1216.53
4	正威国际集团有限公司	3428.82	54	浙江恒逸集团有限公司	1208.39
5	东营齐润化工有限公司	3416.00	55	浙江升华控股集团有限公司	1189.72
6	天津华北集团有限公司	2783.68	56	山东中海化工集团有限公司	1151.15
7	兴达投资集团有限公司	2662.68	57	安徽天大企业（集团）有限公司	1131.42
8	大连西太平洋石油化工有限公司	2408.13	58	中天钢铁集团有限公司	1126.21
9	福佳集团有限公司	2381.08	59	小米公司	1113.82
10	天津恒兴集团有限公司	2352.87	60	天津源泰德润钢管制造集团有限公司	1100.43
11	河南中原黄金冶炼厂有限责任公司	2270.33	61	山东垦利石化集团有限公司	1098.83
12	山东恒源石油化工股份有限公司	2223.04	62	山西建邦集团有限公司	1070.19
13	浙江富冶集团有限公司	2199.74	63	河南金利金铅集团有限公司	1061.98
14	山东汇丰石化集团有限公司	2159.98	64	河北普阳钢铁有限公司	1055.80
15	天洁集团有限公司	2095.81	65	森马集团有限公司	1054.18
16	山东东方华龙工贸集团有限公司	2021.64	66	兴惠化纤集团有限公司	1050.37
17	上海源耀农业股份有限公司	1997.53	67	洛阳栾川钼业集团股份有限公司	1031.22
18	浙江协和集团有限公司	1997.47	68	杭州钢铁集团有限公司	1023.84
19	金鼎钢铁集团有限公司	1967.40	69	浙江甬金金属科技股份有限公司	1016.07
20	宏旺投资集团有限公司	1915.93	70	淄博齐翔腾达化工股份有限公司	1000.65
21	山东金诚石化集团有限公司	1810.97	71	河北文丰钢铁有限公司	994.76
22	天津荣程祥泰投资控股集团有限公司	1771.16	72	山东金岭集团有限公司	990.31
23	盘锦北方沥青燃料有限公司	1741.02	73	研祥高科技控股集团有限公司	988.50
24	利华益集团股份有限公司	1725.55	74	济源市万洋冶炼（集团）有限公司	980.94
25	奥盛集团有限公司	1718.34	75	金澳科技（湖北）化工有限公司	976.76
26	洛阳炼化宏达实业有限责任公司	1668.79	76	海亮集团有限公司	973.73
27	三河汇福粮油集团有限公司	1605.15	77	正和集团股份有限公司	966.19
28	香驰控股有限公司	1600.50	78	山东清源集团有限公司	963.88
29	山东渤海实业股份有限公司	1582.79	79	富通集团有限公司	960.92
30	河北新武安钢铁集团文安钢铁有限公司	1556.32	80	重庆万达薄板有限公司	953.92
31	浙江荣盛控股集团有限公司	1505.93	81	三房巷集团有限公司	930.15
32	江苏华宏实业集团有限公司	1489.16	82	铜陵有色金属集团控股有限公司	924.27
33	宁波金田投资控股有限公司	1478.71	83	华泰集团有限公司	921.36
34	南京钢铁集团有限公司	1476.78	84	东方润安集团有限公司	910.30
35	山东海科控股有限公司	1472.63	85	广西贵港钢铁集团有限公司	906.51
36	老凤祥股份有限公司	1413.54	86	道恩集团有限公司	906.11
37	江苏永钢集团有限公司	1406.06	87	深圳市宝德投资控股有限公司	902.72
38	沂州集团有限公司	1401.63	88	万通海欣控股集团股份有限公司	881.56
39	江西铜业集团有限公司	1373.37	89	远景能源有限公司	879.25
40	山东东明石化集团有限公司	1370.19	90	胜达集团有限公司	866.92
41	心里程控股集团有限公司	1341.44	91	紫金矿业集团股份有限公司	856.48
42	山东中矿集团有限公司	1328.37	92	江苏新长江实业集团有限公司	852.29
43	中科电力装备集团有限公司	1328.00	93	无锡新三洲特钢有限公司	851.41
44	无锡华东重机科技集团有限公司	1320.22	94	百色市工业投资集团有限公司	849.99
45	福建永荣控股集团有限公司	1304.15	95	金川集团股份有限公司	847.91
46	山东华星石油化工集团有限公司	1299.14	96	河南豫光金铅集团有限责任公司	839.92
47	山东永鑫能源集团有限公司	1288.03	97	盛虹控股集团有限公司	821.88
48	山东寿光鲁清石化有限公司	1248.65	98	唐山港陆钢铁有限公司	821.65
49	山东神驰控股有限公司	1229.10	99	湖南博长控股集团有限公司	803.56
50	河北新金钢铁有限公司	1221.88	100	多弗国际控股集团有限公司	801.83
				中国制造业企业500强平均数	293.77

表 10－13　2021 中国制造业企业 500 强人均净利润排序前 100 名企业

排名	公司名称	人均净利润/万元	排名	公司名称	人均净利润/万元
1	贵州茅台酒股份有限公司	160.85	51	红狮控股集团有限公司	35.28
2	福佳集团有限公司	158.64	52	福建大东海实业集团有限公司	35.12
3	盘锦北方沥青燃料有限公司	141.03	53	华新水泥股份有限公司	34.83
4	兴达投资集团有限公司	112.48	54	山东华星石油化工集团有限公司	34.72
5	天洁集团有限公司	111.67	55	雅戈尔集团股份有限公司	34.66
6	英科医疗科技股份有限公司	107.75	56	胜达集团有限公司	33.41
7	东营齐润化工有限公司	100.09	57	常熟市龙腾特种钢有限公司	33.27
8	重庆智飞生物制品股份有限公司	97.67	58	新疆金风科技股份有限公司	33.09
9	小米公司	92.21	59	华为投资控股有限公司	32.79
10	山东神驰控股有限公司	90.64	60	紫金矿业集团股份有限公司	32.50
11	利欧集团股份有限公司	86.38	61	秦皇岛宏兴钢铁有限公司	32.23
12	天津恒兴集团有限公司	84.70	62	万通海欣控股集团股份有限公司	32.18
13	上海韦尔半导体股份有限公司	82.23	63	明阳新能源投资控股集团有限公司	31.72
14	河北文丰钢铁有限公司	81.87	64	普联技术有限公司	31.38
15	云南白药集团股份有限公司	67.84	65	无棣鑫岳化工集团有限公司	31.10
16	黑龙江飞鹤乳业有限公司	67.45	66	玖龙纸业（控股）有限公司	31.01
17	正威国际集团有限公司	63.32	67	中联重科股份有限公司	30.94
18	远景能源有限公司	61.53	68	河南中原黄金冶炼厂有限责任公司	30.92
19	武安市裕华钢铁有限公司	58.18	69	山东华通控股集团有限公司	30.44
20	冀南钢铁集团有限公司	57.19	70	无锡华东重机科技集团有限公司	30.20
21	万华化学集团股份有限公司	57.12	71	富通集团有限公司	29.43
22	研祥高科技控股集团有限公司	57.04	72	河北诚信集团有限公司	29.28
23	深圳市大疆创新科技有限公司	56.75	73	浙江永利实业集团有限公司	29.01
24	金鼎钢铁集团有限公司	56.25	74	金东纸业（江苏）股份有限公司	28.50
25	山东金岭集团有限公司	55.48	75	农夫山泉股份有限公司	27.69
26	河北普阳钢铁有限公司	54.86	76	中国铁塔股份有限公司	27.59
27	奥盛集团有限公司	54.62	77	河北天柱钢铁集团有限公司	27.04
28	江苏永钢集团有限公司	54.41	78	振石控股集团有限公司	26.72
29	浙江龙盛控股有限公司	54.30	79	山东渤海实业股份有限公司	26.68
30	山东垦利石化集团有限公司	51.82	80	山东东明石化集团有限公司	26.65
31	日照钢铁控股集团有限公司	50.40	81	双胞胎（集团）股份有限公司	26.59
32	心里程控股集团有限公司	50.29	82	珠海格力电器股份有限公司	26.41
33	恒申控股集团有限公司	48.66	83	回音必集团有限公司	26.24
34	阿尔法（江阴）沥青有限公司	48.63	84	沂州集团有限公司	25.99
35	山东临工工程机械有限公司	47.17	85	道恩集团有限公司	25.69
36	山东恒源石油化工股份有限公司	46.81	86	河北兴华钢铁有限公司	25.45
37	黑龙江鑫达企业集团有限公司	46.77	87	山东鑫海科技股份有限公司	25.35
38	河北新武安钢铁集团文安钢铁有限公司	44.80	88	山西高义钢铁有限公司	25.08
39	山东中海化工集团有限公司	44.71	89	中国宏桥集团有限公司	24.73
40	五得利面粉集团有限公司	44.63	90	辽宁嘉晨控股集团有限公司	24.67
41	阳光电源股份有限公司	43.51	91	山东海科控股有限公司	23.88
42	老凤祥股份有限公司	43.35	92	三河汇福粮油集团有限公司	23.66
43	河北安丰钢铁有限公司	43.30	93	富海集团新能源控股有限公司	23.06
44	山东汇丰石化集团有限公司	42.95	94	龙蟒佰利联集团股份有限公司	22.80
45	北京东方雨虹防水技术股份有限公司	42.17	95	浙江大华技术股份有限公司	22.62
46	山西建邦集团有限公司	41.66	96	南京钢铁集团有限公司	22.46
47	广州视源电子科技股份有限公司	41.19	97	海澜集团有限公司	22.33
48	香驰控股有限公司	41.00	98	天津市宝来工贸有限公司	22.23
49	利华益集团股份有限公司	40.84	99	浙江天圣控股集团有限公司	22.20
50	淄博齐翔腾达化工股份有限公司	39.55	100	上海晨光文具股份有限公司	22.07
				中国制造业企业 500 强平均数	8.62

表10－14　2021 中国制造业企业500强人均资产排序前100名企业

排名	公司名称	人均资产/万元	排名	公司名称	人均资产/万元
1	福佳集团有限公司	4193.68	51	宁夏天元锰业集团有限公司	741.62
2	齐成（山东）石化集团有限公司	2701.63	52	贵州茅台酒股份有限公司	735.06
3	福建福海创石油化工有限公司	2658.67	53	协鑫集团有限公司	730.17
4	黑龙江鑫达企业集团有限公司	1985.65	54	心里程控股集团有限公司	727.85
5	泸州老窖集团有限责任公司	1943.06	55	浙江龙盛控股有限公司	726.19
6	盘锦北方沥青燃料有限公司	1646.17	56	山东永鑫能源集团有限公司	720.51
7	伊电控股集团有限公司	1639.19	57	杭州锦江集团有限公司	714.10
8	东营齐润化工有限公司	1596.69	58	奇瑞控股集团有限公司	697.98
9	中国铁塔股份有限公司	1447.98	59	江西铜业集团有限公司	690.19
10	远景能源有限公司	1446.94	60	上海韦尔半导体股份有限公司	688.18
11	金东纸业（江苏）股份有限公司	1345.78	61	中国庆华能源集团有限公司	679.57
12	浙江荣盛控股集团有限公司	1320.55	62	云南白药集团股份有限公司	679.12
13	新疆金风科技股份有限公司	1218.60	63	日照钢铁控股集团有限公司	677.88
14	河南中原黄金冶炼厂有限责任公司	1182.71	64	百色市工业投资集团有限公司	677.83
15	小米公司	1149.22	65	福建永荣控股集团有限公司	670.73
16	洛阳栾川钼业集团股份有限公司	1117.57	66	江苏沙钢集团有限公司	670.72
17	山东神驰控股有限公司	1071.73	67	海澜集团有限公司	665.16
18	复星国际有限公司	1066.22	68	青特集团有限公司	662.64
19	天津华北集团有限公司	1061.07	69	新疆特变电工集团有限公司	648.89
20	天洁集团有限公司	1057.18	70	山东垦利石化集团有限公司	643.39
21	无锡华东重机科技集团有限公司	1014.95	71	上海汽车集团股份有限公司	638.83
22	万通海欣控股集团股份有限公司	1010.39	72	江苏新长江实业集团有限公司	638.74
23	正威国际集团有限公司	1003.87	73	大连西太平洋石油化工有限公司	636.14
24	山东恒源石油化工股份有限公司	983.41	74	阳光电源股份有限公司	623.40
25	天津恒兴集团有限公司	975.06	75	北京金隅集团股份有限公司	611.16
26	安徽天大企业（集团）有限公司	960.05	76	河北津西钢铁集团股份有限公司	610.46
27	阿尔法（江阴）沥青有限公司	925.32	77	中国化工集团有限公司	607.03
28	紫金矿业集团股份有限公司	910.47	78	三一集团有限公司	605.68
29	西部矿业集团有限公司	868.26	79	富通集团有限公司	600.87
30	明阳新能源投资控股集团有限公司	862.27	80	江苏扬子江船业集团	599.90
31	山东寿光鲁清石化有限公司	858.11	81	多弗国际控股集团有限公司	592.09
32	兴达投资集团有限公司	857.82	82	晨鸣控股有限公司	587.97
33	红太阳集团有限公司	850.78	83	中科电力装备集团有限公司	579.68
34	杉杉控股有限公司	847.76	84	格林美股份有限公司	579.22
35	淄博齐翔腾达化工股份有限公司	836.60	85	江苏中利控股集团有限公司	577.10
36	研祥高科技控股集团有限公司	831.65	86	河北新华联合冶金控股集团有限公司	574.67
37	深圳市宝德投资控股有限公司	825.93	87	北京电子控股有限责任公司	573.29
38	山东清源集团有限公司	820.45	88	太原重型机械集团有限公司	571.03
39	森马集团有限公司	819.21	89	山东海科控股有限公司	569.59
40	利华益集团股份有限公司	813.84	90	瑞星集团股份有限公司	567.12
41	香驰控股有限公司	805.53	91	致达控股集团有限公司	566.51
42	山东东方华龙工贸集团有限公司	787.59	92	江苏永钢集团有限公司	564.97
43	联想控股股份有限公司	775.87	93	上海电气（集团）总公司	554.69
44	奥盛集团有限公司	769.95	94	浙江协和集团有限公司	554.62
45	万华化学集团股份有限公司	760.78	95	山东东明石化集团有限公司	542.87
46	山东汇丰石化集团有限公司	750.97	96	南京钢铁集团有限公司	538.85
47	山东华星石油化工集团有限公司	749.88	97	上海仪电（集团）有限公司	535.58
48	山东渤海实业股份有限公司	745.01	98	陕西鼓风机（集团）有限公司	535.38
49	浙江永利实业集团有限公司	744.94	99	河北普阳钢铁有限公司	535.37
50	上海华虹（集团）有限公司	743.84	100	老凤祥股份有限公司	534.66
				中国制造业企业500强平均数	323.39

表10－15 2021中国制造业企业500强收入增长率排序前100名企业

排名	公司名称	收入增长率/%	排名	公司名称	收入增长率/%
1	英科医疗科技股份有限公司	564.29	51	江苏永钢集团有限公司	34.28
2	星星集团有限公司	211.68	52	新希望控股集团有限公司	32.63
3	牧原实业集团有限公司	171.08	53	深圳市中金岭南有色金属股份有限公司	32.57
4	明阳新能源投资控股集团有限公司	154.35	54	唐山港陆钢铁有限公司	32.35
5	中建信控股集团有限公司	152.87	55	东营齐润化工有限公司	32.33
6	洛阳炼化宏达实业有限责任公司	128.56	56	新凤鸣控股集团有限公司	32.12
7	福建三安集团有限公司	125.71	57	江苏西城三联控股集团有限公司	31.90
8	江阴江东集团公司	121.06	58	江西铜业集团有限公司	31.86
9	远景能源有限公司	101.20	59	江阴模塑集团有限公司	31.52
10	江西正邦科技股份有限公司	100.53	60	深圳市大疆创新科技有限公司	31.13
11	陕西鼓风机（集团）有限公司	81.60	61	大亚科技集团有限公司	30.71
12	敬业集团有限公司	76.17	62	宁波博洋控股集团有限公司	30.55
13	浙江省机电集团有限公司	72.82	63	河北新金钢铁有限公司	30.42
14	百色市工业投资集团有限公司	66.45	64	双胞胎（集团）股份有限公司	29.95
15	隆基绿能科技股份有限公司	65.92	65	青特集团有限公司	29.93
16	洛阳栾川钼业集团股份有限公司	64.51	66	山东恒邦冶炼股份有限公司	29.87
17	歌尔股份有限公司	64.29	67	杭叉集团股份有限公司	29.82
18	上海龙旗科技股份有限公司	63.26	68	济源市万洋冶炼（集团）有限公司	29.45
19	广西盛隆冶金有限公司	62.09	69	浙江甬金金属科技股份有限公司	29.16
20	雅迪集团控股有限公司	61.76	70	北京建龙重工集团有限公司	28.73
21	江苏江润铜业有限公司	61.09	71	振石控股集团有限公司	27.27
22	浙江升华控股集团有限公司	59.11	72	东方润安集团有限公司	27.06
23	深圳市汇川技术股份有限公司	55.76	73	广西农垦集团有限责任公司	26.96
24	福建大东海实业集团有限公司	53.77	74	广东海大集团股份有限公司	26.70
25	河北安丰钢铁有限公司	51.72	75	天合光能股份有限公司	26.14
26	深圳市兆驰股份有限公司	51.71	76	天津市宝来工贸有限公司	26.03
27	中国重型汽车集团有限公司	51.61	77	紫金矿业集团股份有限公司	26.01
28	中联重科股份有限公司	50.34	78	新和成控股集团有限公司	25.66
29	浙江荣盛控股集团有限公司	50.07	79	陕西汽车控股集团有限公司	25.65
30	心里程控股集团有限公司	48.55	80	山西建邦集团有限公司	25.57
31	阳光电源股份有限公司	48.31	81	安徽叉车集团有限责任公司	25.50
32	立讯精密工业股份有限公司	47.96	82	安徽鸿路钢结构（集团）股份有限公司	25.07
33	新疆金风科技股份有限公司	47.12	83	恒力集团有限公司	24.89
34	上海韦尔半导体股份有限公司	45.43	84	道恩集团有限公司	24.14
35	杭州钢铁集团有限公司	44.90	85	龙蟒佰利联集团股份有限公司	24.03
36	重庆智飞生物制品股份有限公司	43.48	86	爱玛科技集团股份有限公司	23.80
37	三一集团有限公司	43.10	87	天津华北集团有限公司	23.22
38	南京高速齿轮制造有限公司	39.63	88	山东临工工程机械有限公司	22.70
39	中国一重集团有限公司	39.41	89	比亚迪股份有限公司	22.59
40	安徽天大企业（集团）有限公司	39.37	90	新余钢铁集团有限公司	22.47
41	普联技术有限公司	38.33	91	研祥高科技控股集团有限公司	22.39
42	盛虹控股集团有限公司	37.76	92	山东垦利石化集团有限公司	22.25
43	闽源钢铁集团有限公司	37.10	93	武安市裕华钢铁有限公司	21.78
44	河北新华联合冶金控股集团有限公司	36.07	94	安徽天康（集团）股份有限公司	20.94
45	无锡新三洲特钢有限公司	35.83	95	安徽江淮汽车集团控股有限公司	20.77
46	广西南丹南方金属有限公司	35.76	96	唐人神集团股份有限公司	20.66
47	黑龙江飞鹤乳业有限公司	35.50	97	四川九洲投资控股集团有限公司	20.55
48	广州医药集团有限公司	35.20	98	上海华虹（集团）有限公司	20.55
49	广西贵港钢铁集团有限公司	34.77	99	迪尚集团有限公司	20.40
50	安徽楚江科技新材料股份有限公司	34.76	100	浙江东南网架集团有限公司	20.32
				中国制造业企业500强平均数	5.63

表 10－16　2021 中国制造业企业 500 强净利润增长率排序前 100 名企业

排名	公司名称	净利润增长率/%	排名	公司名称	净利润增长率/%
1	英科医疗科技股份有限公司	3829.48	51	深圳市汇川技术股份有限公司	120.62
2	北京君诚实业投资集团有限公司	2914.00	52	阳光电源股份有限公司	118.96
3	中国一重集团有限公司	1554.71	53	中国五矿集团有限公司	113.12
4	利欧集团股份有限公司	1451.47	54	广西洋浦南华糖业集团股份有限公司	103.32
5	江苏长电科技股份有限公司	1371.23	55	小米公司	102.66
6	山东汇丰石化集团有限公司	1345.09	56	江阴江东集团公司	100.62
7	无锡华东重机科技集团有限公司	1223.52	57	得力集团有限公司	99.99
8	道恩集团有限公司	1115.65	58	广州立白凯晟控股有限公司	97.82
9	金龙精密铜管集团股份有限公司	1112.90	59	浙江富春江通信集团有限公司	96.28
10	浙江华友钴业股份有限公司	874.52	60	兴达投资集团有限公司	95.74
11	太平鸟集团有限公司	773.89	61	天合光能股份有限公司	91.90
12	上海龙旗科技股份有限公司	752.21	62	河北安丰钢铁有限公司	90.44
13	北京电子控股有限责任公司	580.68	63	攀枝花钢城集团有限公司	90.18
14	山东钢铁集团有限公司	495.93	64	万基控股集团有限公司	89.67
15	牧原实业集团有限公司	491.84	65	雅迪集团控股有限公司	89.64
16	上海韦尔半导体股份有限公司	481.17	66	新和成控股集团有限公司	85.97
17	山东黄金集团有限公司	412.91	67	星星集团有限公司	84.92
18	巨化集团有限公司	370.60	68	超威电源集团有限公司	83.62
19	唐人神集团股份有限公司	369.63	69	安徽古井集团有限责任公司	82.12
20	浙江海正药业股份有限公司	348.25	70	河北新华联合冶金控股集团有限公司	80.14
21	中哲控股集团有限公司	337.86	71	日照钢铁控股集团有限公司	78.25
22	山东渤海实业股份有限公司	333.06	72	三一集团有限公司	77.08
23	南京高速齿轮制造有限公司	269.36	73	雅戈尔集团股份有限公司	75.54
24	洛阳炼化宏达实业有限责任公司	258.79	74	山西杏花村汾酒集团有限责任公司	73.68
25	中国国际海运集装箱（集团）股份有限公司	246.87	75	浙江元立金属制品集团有限公司	73.33
26	中天科技集团有限公司	240.45	76	广西南丹南方金属有限公司	73.24
27	江西正邦科技股份有限公司	239.28	77	中国宏桥集团有限公司	72.20
28	山东招金集团有限公司	232.51	78	哈尔滨电气集团有限公司	71.35
29	西部矿业集团有限公司	218.71	79	普联技术有限公司	68.18
30	上海仪电（集团）有限公司	217.93	80	唐山三友集团有限公司	67.59
31	明阳新能源投资控股集团有限公司	217.80	81	闽源钢铁集团有限公司	66.97
32	中国重型汽车集团有限公司	213.56	82	中联重科股份有限公司	66.55
33	双胞胎（集团）股份有限公司	203.29	83	通威集团有限公司	64.52
34	山东潍焦控股集团有限公司	200.10	84	北京东方雨虹防水技术股份有限公司	64.04
35	青岛澳柯玛控股集团有限公司	196.23	85	河北鑫达钢铁集团有限公司	63.01
36	山东创新金属科技有限公司	167.24	86	隆基绿能科技股份有限公司	61.99
37	无锡产业发展集团有限公司	162.38	87	山东华星石油化工集团有限公司	61.78
38	比亚迪股份有限公司	162.27	88	远景能源有限公司	61.67
39	泰开集团有限公司	160.41	89	泸州老窖集团有限责任公司	61.01
40	吉林亚泰（集团）股份有限公司	156.62	90	湖南华菱钢铁集团有限责任公司	60.14
41	中国信息通信科技集团有限公司	152.15	91	江苏沙钢集团有限公司	59.30
42	深圳海王集团股份有限公司	150.10	92	中国有色矿业集团有限公司	58.53
43	福建大东海实业集团有限公司	148.04	93	陕西汽车控股集团有限公司	58.52
44	宜昌兴发集团有限责任公司	146.09	94	中国航空工业集团有限公司	58.19
45	厦门钨业股份有限公司	135.58	95	广州医药集团有限公司	57.70
46	浙江荣盛控股集团有限公司	135.18	96	深圳市兆驰股份有限公司	57.51
47	红太阳集团有限公司	131.85	97	淄博齐翔腾达化工股份有限公司	57.25
48	重庆万达薄板有限公司	127.89	98	天津市宝来工贸有限公司	56.91
49	迪尚集团有限公司	125.45	99	中国船舶集团有限公司	56.46
50	歌尔股份有限公司	122.41	100	TCL	56.04
				中国制造业企业 500 强平均数	18.04

表 10－17 2021 中国制造业企业 500 强资产增长率排序前 100 名企业

排名	公司名称	资产增长率/%	排名	公司名称	资产增长率/%
1	英科医疗科技股份有限公司	332.31	51	通威集团有限公司	30.28
2	青岛澳柯玛控股集团有限公司	141.27	52	欣旺达电子股份有限公司	30.03
3	牧原实业集团有限公司	105.96	53	宁波金田投资控股有限公司	29.93
4	江西正邦科技股份有限公司	92.20	54	闽源钢铁集团有限公司	29.92
5	双胞胎（集团）股份有限公司	80.72	55	河北文丰钢铁有限公司	29.90
6	齐成（山东）石化集团有限公司	71.00	56	上海韦尔半导体股份有限公司	29.59
7	星星集团有限公司	64.38	57	中哲控股集团有限公司	29.38
8	安徽天大企业（集团）有限公司	63.21	58	浙江省机电集团有限公司	29.34
9	敬业集团有限公司	59.76	59	河北诚信集团有限公司	29.28
10	上海龙旗科技股份有限公司	59.29	60	河北普阳钢铁有限公司	28.43
11	福建百宏聚纤科技实业有限公司	55.23	61	上海晨光文具股份有限公司	28.35
12	宁德时代新能源科技股份有限公司	54.53	62	陕西鼓风机（集团）有限公司	27.91
13	广西农垦集团有限责任公司	51.86	63	江苏新长江实业集团有限公司	27.63
14	明阳新能源投资控股集团有限公司	50.00	64	天津市宝来工贸有限公司	27.60
15	雅迪集团控股有限公司	49.58	65	杭叉集团股份有限公司	27.55
16	TCL	48.84	66	红狮控股集团有限公司	27.38
17	隆基绿能科技股份有限公司	47.77	67	秦皇岛宏兴钢铁有限公司	27.32
18	紫金矿业集团股份有限公司	47.23	68	欧派家居集团股份有限公司	27.20
19	淄博齐翔腾达化工股份有限公司	46.06	69	安徽鸿路钢结构（集团）股份有限公司	27.09
20	广东海大集团股份有限公司	46.00	70	永锋集团有限公司	26.48
21	农夫山泉股份有限公司	45.41	71	中联重科股份有限公司	26.29
22	利欧集团股份有限公司	44.55	72	河北安丰钢铁有限公司	26.22
23	五得利面粉集团有限公司	44.53	73	盘锦北方沥青燃料有限公司	26.19
24	铜陵精达特种电磁线股份有限公司	43.53	74	江苏恒瑞医药股份有限公司	26.03
25	济源市万洋冶炼（集团）有限公司	43.50	75	广州视源电子科技股份有限公司	25.94
26	河北新金钢铁有限公司	43.06	76	天能控股集团有限公司	25.81
27	三一集团有限公司	43.05	77	天合光能股份有限公司	25.66
28	天津市新宇彩板有限公司	42.39	78	山西晋城钢铁控股集团有限公司	25.58
29	山东鲁花集团有限公司	41.94	79	正威国际集团有限公司	25.51
30	立讯精密工业股份有限公司	41.79	80	深圳市汇川技术股份有限公司	25.27
31	歌尔股份有限公司	41.71	81	山东东明石化集团有限公司	25.08
32	中国重型汽车集团有限公司	41.35	82	杭州金鱼电器集团有限公司	24.95
33	唐人神集团股份有限公司	41.19	83	上海德龙钢铁集团有限公司	24.90
34	卫华集团有限公司	41.16	84	北京东方雨虹防水技术股份有限公司	24.23
35	桂林力源粮油食品集团有限公司	40.84	85	新凤鸣控股集团有限公司	24.12
36	重庆智飞生物制品股份有限公司	39.05	86	致达控股集团有限公司	24.08
37	小米公司	38.15	87	北京电子控股有限责任公司	23.88
38	万华化学集团股份有限公司	38.08	88	邯郸市正大制管有限公司	23.86
39	长城汽车股份有限公司	36.18	89	得力集团有限公司	23.83
40	冀南钢铁集团有限公司	35.39	90	广西盛隆冶金有限公司	23.80
41	山西高义钢铁有限公司	35.24	91	浙江大华技术股份有限公司	23.78
42	广东格兰仕集团有限公司	34.85	92	河北天柱钢铁集团有限公司	23.64
43	龙蟒佰利联集团股份有限公司	34.03	93	亨通集团有限公司	23.52
44	深圳市大疆创新科技有限公司	33.84	94	青特集团有限公司	23.24
45	常熟市龙腾特种钢有限公司	33.74	95	黑龙江飞鹤乳业有限公司	23.12
46	天津友发钢管集团股份有限公司	33.71	96	福建省三钢（集团）有限责任公司	22.98
47	安徽楚江科技新材料股份有限公司	32.90	97	三花控股集团有限公司	22.98
48	武安市裕华钢铁有限公司	32.21	98	正泰集团股份有限公司	22.97
49	浙江荣盛控股集团有限公司	31.94	99	温氏食品集团股份有限公司	22.75
50	金沙河集团有限公司	30.43	100	阳光电源股份有限公司	22.72
				中国制造业企业 500 强平均数	8.23

表 10－18 2021 中国制造业企业 500 强研发费用增长率排序前 100 名企业

排名	公司名称	研发费用增长率/%	排名	公司名称	研发费用增长率/%
1	山东博汇集团有限公司	2436.17	51	四川九洲投资控股集团有限公司	56.68
2	山东中海化工集团有限公司	426.86	52	新疆金风科技股份有限公司	56.22
3	蓝润集团有限公司	398.04	53	江阴模塑集团有限公司	55.25
4	济源市万洋冶炼（集团）有限公司	360.17	54	安徽楚江科技新材料股份有限公司	54.92
5	英科医疗科技股份有限公司	333.88	55	隆基绿能科技股份有限公司	54.53
6	广西农垦集团有限责任公司	313.35	56	安阳钢铁集团有限责任公司	52.79
7	中建信控股集团有限公司	294.68	57	重庆机电控股（集团）公司	52.00
8	牧原实业集团有限公司	270.36	58	比亚迪股份有限公司	51.99
9	攀枝花钢城集团有限公司	230.35	59	北京首农食品集团有限责任公司	51.51
10	红狮控股集团有限公司	213.89	60	福建百宏聚纤科技实业有限公司	50.98
11	河南黄河实业集团股份有限公司	213.21	61	天津市宝来工贸有限公司	50.48
12	无棣鑫岳化工集团有限公司	178.65	62	华新水泥股份有限公司	50.00
13	山西建邦集团有限公司	170.52	63	石药控股集团有限公司	49.62
14	奥盛集团有限公司	160.73	64	杭叉集团股份有限公司	49.55
15	湖南五江控股集团有限公司	153.95	65	长春一汽富维汽车零部件股份有限公司	49.54
16	河南神火集团有限公司	147.71	66	河南明泰铝业股份有限公司	49.13
17	宁夏天元锰业集团有限公司	139.74	67	福建永荣控股集团有限公司	48.51
18	山东招金集团有限公司	137.00	68	山西晋南钢铁集团有限公司	48.41
19	远景能源有限公司	117.97	69	农夫山泉股份有限公司	47.88
20	福建省能源集团有限责任公司	107.23	70	普联技术有限公司	47.81
21	江苏江润铜业有限公司	96.55	71	瑞星集团股份有限公司	47.55
22	歌尔股份有限公司	89.62	72	河北兴华钢铁有限公司	47.06
23	浙江省机电集团有限公司	86.16	73	中国重型汽车集团有限公司	45.53
24	重庆智飞生物制品股份有限公司	85.61	74	澳洋集团有限公司	44.63
25	北京顺鑫控股集团有限公司	83.59	75	南山集团有限公司	44.31
26	鲁丽集团有限公司	82.55	76	东方润安集团有限公司	42.15
27	明阳新能源投资控股集团有限公司	80.94	77	鞍钢集团有限公司	41.64
28	齐成（山东）石化集团有限公司	80.00	78	中国建材集团有限公司	41.30
29	山东华通控股集团有限公司	79.86	79	道恩集团有限公司	41.29
30	旭阳控股有限公司	78.75	80	晶科能源控股有限公司	39.18
31	福建三安集团有限公司	76.96	81	浙江华友钴业股份有限公司	38.55
32	金川集团股份有限公司	74.25	82	TCL	36.29
33	新疆特变电工集团有限公司	73.29	83	浙江富春江通信集团有限公司	36.28
34	东营齐润化工有限公司	71.43	84	宜昌兴发集团有限责任公司	35.57
35	安徽天大企业（集团）有限公司	70.94	85	河北新华联合冶金控股集团有限公司	35.10
36	中国一重集团有限公司	68.91	86	江苏大明金属制品有限公司	35.05
37	中联重科股份有限公司	67.39	87	上海韦尔半导体股份有限公司	34.65
38	河北津西钢铁集团股份有限公司	67.24	88	山东寿光巨能控股集团有限公司	34.42
39	山东恒邦冶炼股份有限公司	66.94	89	迪尚集团有限公司	33.99
40	山东联盟化工集团有限公司	65.44	90	江西正邦科技股份有限公司	33.80
41	森马集团有限公司	65.29	91	山西高义钢铁有限公司	33.34
42	包头钢铁（集团）有限责任公司	63.56	92	湖南华菱钢铁集团有限责任公司	32.47
43	上海龙旗科技股份有限公司	60.34	93	闻泰通讯股份有限公司	32.03
44	天津市新宇彩板有限公司	59.65	94	振石控股集团有限公司	31.86
45	深圳市兆驰股份有限公司	59.60	95	大亚科技集团有限公司	31.74
46	中天科技集团有限公司	58.12	96	立讯精密工业股份有限公司	31.28
47	重庆市博赛矿业（集团）有限公司	57.97	97	江苏沙钢集团有限公司	29.98
48	金沙河集团有限公司	57.83	98	北京东方雨虹防水技术股份有限公司	29.98
49	广西盛隆冶金有限公司	56.87	99	广西南丹南方金属有限公司	29.64
50	雅迪集团控股有限公司	56.74	100	西子联合控股有限公司	29.43
				中国制造业企业500强平均数	9.72

表 10-19 2021 中国制造业企业 500 强行业平均净利润

名次	行业名称	平均净利润/亿元	名次	行业名称	平均净利润/亿元
1	航空航天	111.74	20	服装及其他纺织品	19.37
2	船舶制造	85.59	21	半导体、集成电路及面板制造	18.59
3	酒类	83.86	22	电力电气设备制造	17.61
4	兵器制造	81.54	23	风能、太阳能设备制造	16.16
5	通信设备制造	72.65	24	综合制造业	15.80
6	医疗设备制造	70.07	25	锅炉及动力装备制造	15.75
7	饮料	54.33	26	食品	14.14
8	家用电器制造	52.39	27	其他建材制造	13.46
9	轨道交通设备及零部件制造	51.61	28	贵金属	13.39
10	水泥及玻璃制造	35.40	29	物料搬运设备制造	13.06
11	汽车及零配件制造	27.15	30	一般有色	12.96
12	计算机及办公设备	26.16	31	化学原料及化学品制造	11.60
13	黑色冶金	25.52	32	轮胎及橡胶制品	9.40
14	农副食品	24.84	33	化学纤维制造	9.35
15	石化及炼焦	24.78	34	轻工百货生产	9.00
16	工业机械及设备制造	24.62	35	金属制品加工	8.36
17	药品制造	24.52	36	电线电缆制造	7.08
18	纺织印染	21.18	37	工程机械及零部件	5.13
19	造纸及包装	20.39	38	摩托车及零配件制造	2.23

表 10 - 20　2021 中国制造业企业 500 强行业平均营业收入

名次	行业名称	平均营业收入/亿元	名次	行业名称	平均营业收入/亿元
1	兵器制造	3638. 80	20	农副食品	592. 21
2	航空航天	2540. 93	21	造纸及包装	549. 75
3	轨道交通设备及零部件制造	2399. 70	22	酒类	549. 45
4	船舶制造	1817. 45	23	电力电气设备制造	527. 98
5	汽车及零配件制造	1450. 15	24	药品制造	495. 73
6	通信设备制造	1147. 85	25	饮料	461. 08
7	水泥及玻璃制造	1126. 45	26	风能、太阳能设备制造	425. 24
8	石化及炼焦	1097. 53	27	服装及其他纺织品	423. 54
9	综合制造业	1040. 59	28	电线电缆制造	412. 43
10	家用电器制造	998. 28	29	金属制品加工	379. 66
11	计算机及办公设备	993. 99	30	化学纤维制造	370. 69
12	一般有色	988. 10	31	工业机械及设备制造	366. 77
13	黑色冶金	968. 24	32	轮胎及橡胶制品	277. 42
14	半导体、集成电路及面板制造	927. 08	33	摩托车及零配件制造	254. 55
15	纺织印染	834. 52	34	轻工百货生产	203. 71
16	锅炉及动力装备制造	820. 98	35	物料搬运设备制造	186. 62
17	贵金属	717. 58	36	工程机械及零部件	165. 85
18	食品	716. 45	37	其他建材制造	144. 62
19	化学原料及化学品制造	672. 93	38	医疗设备制造	138. 37

表 10－21 2021 中国制造业企业 500 强行业平均资产

名次	行业名称	平均资产/亿元	名次	行业名称	平均资产/亿元
1	船舶制造	4967.29	20	贵金属	666.32
2	航空航天	4958.48	21	农副食品	658.01
3	轨道交通设备及零部件制造	4367.30	22	纺织印染	642.78
4	兵器制造	3991.54	23	电力电气设备制造	620.80
5	锅炉及动力装备制造	1744.07	24	造纸及包装	545.86
6	半导体、集成电路及面板制造	1732.02	25	工业机械及设备制造	520.85
7	综合制造业	1615.02	26	药品制造	455.97
8	水泥及玻璃制造	1559.07	27	饮料	417.60
9	汽车及零配件制造	1528.41	28	服装及其他纺织品	361.26
10	通信设备制造	1380.90	29	摩托车及零配件制造	283.83
11	家用电器制造	1349.42	30	电线电缆制造	280.41
12	计算机及办公设备	1316.02	31	工程机械及零部件	279.98
13	酒类	1071.55	32	化学纤维制造	268.75
14	石化及炼焦	962.23	33	轮胎及橡胶制品	250.19
15	黑色冶金	939.84	34	物料搬运设备制造	196.26
16	食品	825.96	35	金属制品加工	191.95
17	化学原料及化学品制造	788.22	36	轻工百货生产	187.64
18	一般有色	746.18	37	其他建材制造	161.00
19	风能、太阳能设备制造	681.50	38	医疗设备制造	129.35

表 10 - 22 2021 中国制造业企业 500 强行业平均纳税总额

名次	行业名称	平均纳税总额/亿元	名次	行业名称	平均纳税总额/亿元
1	轨道交通设备及零部件制造	133.75	20	食品	18.26
2	酒类	124.42	21	船舶制造	17.36
3	石化及炼焦	106.95	22	电力电气设备制造	15.69
4	兵器制造	105.47	23	一般有色	15.64
5	汽车及零配件制造	93.92	24	化学原料及化学品制造	15.58
6	水泥及玻璃制造	81.51	25	工业机械及设备制造	15.05
7	航空航天	71.76	26	服装及其他纺织品	12.19
8	家用电器制造	49.28	27	农副食品	11.69
9	半导体、集成电路及面板制造	39.81	28	风能、太阳能设备制造	11.58
10	饮料	36.34	29	轮胎及橡胶制品	7.41
11	通信设备制造	28.64	30	其他建材制造	6.58
12	锅炉及动力装备制造	27.71	31	金属制品加工	6.32
13	黑色冶金	27.30	32	电线电缆制造	6.27
14	计算机及办公设备	27.29	33	物料搬运设备制造	5.74
15	综合制造业	26.78	34	工程机械及零部件	5.73
16	药品制造	21.07	35	摩托车及零配件制造	5.56
17	纺织印染	20.27	36	轻工百货生产	5.50
18	贵金属	18.96	37	化学纤维制造	4.61
19	造纸及包装	18.37	38	医疗设备制造	3.64

表 10 – 23 2021 中国制造业企业 500 强行业平均研发费用

名次	行业名称	平均研发费用/亿元	名次	行业名称	平均研发费用/亿元
1	航空航天	167.18	20	石化及炼焦	7.80
2	轨道交通设备及零部件制造	138.36	21	一般有色	6.49
3	通信设备制造	130.43	22	化学原料及化学品制造	5.92
4	兵器制造	121.63	23	工程机械及零部件	5.36
5	半导体、集成电路及面板制造	56.08	24	物料搬运设备制造	5.31
6	汽车及零配件制造	37.47	25	轻工百货生产	5.24
7	家用电器制造	32.34	26	轮胎及橡胶制品	5.21
8	锅炉及动力装备制造	30.28	27	摩托车及零配件制造	4.34
9	计算机及办公设备	24.94	28	船舶制造	4.15
10	纺织印染	22.46	29	化学纤维制造	4.04
11	电力电气设备制造	17.35	30	农副食品	4.01
12	黑色冶金	16.80	31	服装及其他纺织品	3.99
13	综合制造业	16.04	32	金属制品加工	3.95
14	水泥及玻璃制造	13.71	33	其他建材制造	3.83
15	工业机械及设备制造	13.62	34	食品	3.70
16	造纸及包装	12.01	35	贵金属	3.64
17	药品制造	11.28	36	饮料	3.36
18	风能、太阳能设备制造	10.91	37	医疗设备制造	2.93
19	电线电缆制造	8.66	38	酒类	1.66

表 10-24　2021 中国制造业企业 500 强行业人均净利润

名次	行业名称	人均净利润/万元	名次	行业名称	人均净利润/万元
1	医疗设备制造	107.75	20	水泥及玻璃制造	8.35
2	酒类	36.97	21	农副食品	7.62
3	其他建材制造	24.28	22	纺织印染	7.51
4	饮料	19.38	23	船舶制造	7.10
5	造纸及包装	17.88	24	电力电气设备制造	7.08
6	通信设备制造	17.17	25	一般有色	6.82
7	物料搬运设备制造	17.10	26	轮胎及橡胶制品	6.74
8	工业机械及设备制造	16.95	27	轻工百货生产	6.63
9	药品制造	12.40	28	化学原料及化学品制造	6.38
10	计算机及办公设备	12.13	29	工程机械及零部件	6.25
11	风能、太阳能设备制造	11.36	30	航空航天	5.92
12	石化及炼焦	10.84	31	汽车及零配件制造	5.58
13	黑色冶金	10.41	32	锅炉及动力装备制造	4.58
14	服装及其他纺织品	10.24	33	综合制造业	4.42
15	电线电缆制造	10.06	34	兵器制造	4.26
16	化学纤维制造	10.05	35	食品	3.44
17	家用电器制造	9.91	36	轨道交通设备及零部件制造	2.89
18	金属制品加工	9.85	37	半导体、集成电路及面板制造	2.33
19	贵金属	9.14	38	摩托车及零配件制造	1.50

表 10 – 25 2021 中国制造业企业 500 强行业人均营业收入

名次	行业名称	人均营业收入/万元	名次	行业名称	人均营业收入/万元
1	电线电缆制造	585.36	20	物料搬运设备制造	244.40
2	一般有色	520.06	21	酒类	242.23
3	贵金属	489.83	22	锅炉及动力装备制造	238.87
4	造纸及包装	482.05	23	服装及其他纺织品	223.98
5	石化及炼焦	480.18	24	医疗设备制造	212.77
6	计算机及办公设备	460.90	25	电力电气设备制造	212.13
7	金属制品加工	425.88	26	工程机械及零部件	202.40
8	化学纤维制造	398.61	27	轮胎及橡胶制品	198.95
9	黑色冶金	394.92	28	兵器制造	189.90
10	化学原料及化学品制造	370.32	29	家用电器制造	188.76
11	风能、太阳能设备制造	298.75	30	农副食品	181.62
12	汽车及零配件制造	298.33	31	食品	174.41
13	纺织印染	295.82	32	摩托车及零配件制造	171.15
14	综合制造业	290.72	33	饮料	164.51
15	通信设备制造	271.29	34	船舶制造	150.85
16	水泥及玻璃制造	265.71	35	轻工百货生产	150.03
17	其他建材制造	260.90	36	航空航天	134.65
18	工业机械及设备制造	252.50	37	轨道交通设备及零部件制造	134.44
19	药品制造	250.65	38	半导体、集成电路及面板制造	116.01

表 10－26　2021 中国制造业企业 500 强行业人均资产

名次	行业名称	人均资产/万元	名次	行业名称	人均资产/万元
1	计算机及办公设备	610. 22	20	化学纤维制造	289. 00
2	锅炉及动力装备制造	507. 45	21	航空航天	262. 76
3	风能、太阳能设备制造	478. 79	22	物料搬运设备制造	257. 03
4	造纸及包装	478. 63	23	家用电器制造	255. 15
5	酒类	472. 41	24	电力电气设备制造	249. 42
6	贵金属	454. 84	25	轨道交通设备及零部件制造	244. 67
7	综合制造业	451. 20	26	药品制造	230. 55
8	化学原料及化学品制造	433. 76	27	纺织印染	227. 86
9	石化及炼焦	420. 99	28	半导体、集成电路及面板制造	216. 73
10	船舶制造	412. 28	29	兵器制造	208. 30
11	电线电缆制造	397. 98	30	农副食品	201. 80
12	一般有色	392. 73	31	食品	201. 07
13	黑色冶金	383. 34	32	医疗设备制造	198. 91
14	水泥及玻璃制造	367. 76	33	金属制品加工	198. 19
15	工业机械及设备制造	358. 58	34	服装及其他纺织品	191. 05
16	工程机械及零部件	341. 69	35	摩托车及零配件制造	190. 83
17	通信设备制造	326. 36	36	轮胎及橡胶制品	179. 42
18	汽车及零配件制造	314. 43	37	饮料	149. 00
19	其他建材制造	290. 46	38	轻工百货生产	138. 19

表 10－27 2021 中国制造业企业 500 强行业人均纳税总额

名次	行业名称	人均纳税总额/万元	名次	行业名称	人均纳税总额/万元
1	酒类	54.85	20	物料搬运设备制造	7.51
2	石化及炼焦	46.79	21	轨道交通设备及零部件制造	7.49
3	汽车及零配件制造	19.32	22	综合制造业	7.48
4	水泥及玻璃制造	19.23	23	纺织印染	7.18
5	造纸及包装	16.10	24	工程机械及零部件	7.00
6	贵金属	12.94	25	金属制品加工	6.93
7	计算机及办公设备	12.65	26	通信设备制造	6.77
8	其他建材制造	11.88	27	服装及其他纺织品	6.45
9	黑色冶金	11.14	28	电力电气设备制造	6.30
10	药品制造	10.65	29	医疗设备制造	5.60
11	化学原料及化学品制造	10.56	30	兵器制造	5.50
12	工业机械及设备制造	10.36	31	轮胎及橡胶制品	5.31
13	家用电器制造	9.32	32	半导体、集成电路及面板制造	4.98
14	饮料	9.29	33	化学纤维制造	4.95
15	电线电缆制造	8.90	34	食品	4.44
16	一般有色	8.60	35	轻工百货生产	4.05
17	风能、太阳能设备制造	8.14	36	摩托车及零配件制造	3.74
18	锅炉及动力装备制造	8.06	37	航空航天	3.74
19	船舶制造	7.89	38	农副食品	3.59

表 10－28　2021 中国制造业企业 500 强行业人均研发费用

名次	行业名称	人均研发费用/万元	名次	行业名称	人均研发费用/万元
1	通信设备制造	30.83	20	药品制造	5.70
2	电线电缆制造	12.30	21	综合制造业	4.83
3	计算机及办公设备	11.56	22	医疗设备制造	4.51
4	造纸及包装	10.53	23	化学纤维制造	4.34
5	工业机械及设备制造	9.38	24	金属制品加工	4.15
6	锅炉及动力装备制造	8.81	25	化学原料及化学品制造	3.94
7	航空航天	8.71	26	轻工百货生产	3.86
8	纺织印染	7.96	27	轮胎及橡胶制品	3.73
9	轨道交通设备及零部件制造	7.75	28	一般有色	3.45
10	汽车及零配件制造	7.71	29	水泥及玻璃制造	3.23
11	风能、太阳能设备制造	7.66	30	石化及炼焦	3.07
12	半导体、集成电路及面板制造	7.02	31	摩托车及零配件制造	2.92
13	电力电气设备制造	6.97	32	贵金属	2.49
14	物料搬运设备制造	6.95	33	服装及其他纺织品	2.09
15	其他建材制造	6.90	34	船舶制造	1.88
16	黑色冶金	6.85	35	农副食品	1.23
17	工程机械及零部件	6.54	36	食品	0.90
18	兵器制造	6.35	37	饮料	0.86
19	家用电器制造	6.11	38	酒类	0.73

表 10－29 2021 中国制造业企业 500 强行业平均资产利润率

名次	行业名称	平均资产利润率/%	名次	行业名称	平均资产利润率/%
1	医疗设备制造	54. 17	20	化学原料及化学品制造	3. 94
2	饮料	14. 77	21	电力电气设备制造	3. 92
3	其他建材制造	7. 96	22	轮胎及橡胶制品	3. 85
4	工业机械及设备制造	7. 55	23	工程机械及零部件	3. 69
5	航空航天	7. 19	24	家用电器制造	3. 45
6	轻工百货生产	6. 85	25	综合制造业	3. 25
7	药品制造	6. 76	26	化学纤维制造	3. 19
8	计算机及办公设备	6. 44	27	风能、太阳能设备制造	3. 08
9	物料搬运设备制造	6. 03	28	石化及炼焦	3. 08
10	农副食品	5. 99	29	摩托车及零配件制造	3. 04
11	服装及其他纺织品	5. 97	30	电线电缆制造	2. 92
12	酒类	5. 96	31	纺织印染	2. 79
13	黑色冶金	5. 67	32	贵金属	2. 60
14	水泥及玻璃制造	4. 88	33	一般有色	2. 52
15	金属制品加工	4. 71	34	船舶制造	2. 33
16	通信设备制造	4. 51	35	兵器制造	2. 01
17	造纸及包装	4. 44	36	汽车及零配件制造	1. 71
18	半导体、集成电路及面板制造	4. 31	37	锅炉及动力装备制造	1. 28
19	食品	4. 24	38	轨道交通设备及零部件制造	1. 18

第十一章
2021 中国服务业企业 500 强

2021 中国服务业企业 500 强情况如表 11－1 至表 11－29 所示。

表 11-1 2021 中国服务业企业 500 强

名次	企业名称	地区	营业收入/万元	净利润/万元	资产/万元	所有者权益/万元	从业人数/人
1	国家电网有限公司	北京	266766782	3850471	434622758	182290921	1043614
2	中国平安保险（集团）股份有限公司	广东	132141486	14309841	952787025	76255978	362035
3	中国工商银行股份有限公司	北京	126128136	31590546	3334505789	289350211	439787
4	中国建设银行股份有限公司	北京	114475400	27357900	2813225400	236480800	373814
5	中国农业银行股份有限公司	北京	106043500	21592500	2720504700	220478900	459000
6	中国人寿保险（集团）公司	北京	99766657	3207214	506541483	18909182	182632
7	中国银行股份有限公司	北京	92280100	19287000	2440265900	203841900	309084
8	中国移动通信集团有限公司	北京	77159747	8914881	198704388	110232389	455721
9	京东集团股份有限公司	北京	74580189	4940522	42228779	18754330	310000
10	阿里巴巴集团控股有限公司	浙江	71728900	15057800	169021800	93747000	251462
11	中国华润有限公司	广东	68611944	2987838	179888442	26183324	370955
12	中国邮政集团有限公司	北京	66449974	3241871	1181708989	42756802	828278
13	中国人民保险集团股份有限公司	北京	58369600	2006900	125546100	20219400	961662
14	苏宁控股集团	江苏	58278071	-214150	35367214	11565140	280037
15	中国南方电网有限责任公司	广东	57752408	689020	101249591	38917994	288573
16	中国医药集团有限公司	北京	53321958	868503	46239608	8941794	176686
17	中粮集团有限公司	北京	53030503	950570	66978757	9597082	151000
18	中国中信集团有限公司	北京	51535674	2651343	825546695	38063102	148283
19	恒大集团有限公司	广东	50724800	807600	230115900	35043100	200000
20	中国电信集团有限公司	北京	49266732	1301398	90781347	37340700	400945
21	腾讯控股有限公司	广东	48206400	15984700	133342500	70398400	85858
22	交通银行股份有限公司	上海	46617700	7827400	1069761600	86660700	90716
23	碧桂园控股有限公司	广东	46285600	3500200	201580900	17510200	93500
24	绿地控股集团股份有限公司	上海	45606199	1499777	139733629	8477640	86251
25	厦门建发集团有限公司	福建	44237231	657301	43696789	5722588	28928
26	中国中化集团有限公司	北京	43845360	558279	63697245	6024402	72237
27	中国太平洋保险（集团）股份有限公司	上海	42218239	2458394	177100444	21522384	118119
28	招商银行股份有限公司	广东	42007400	9734200	786613600	68445700	76585
29	万科企业股份有限公司	广东	41911168	4151554	186917709	22451095	140656
30	招商局集团有限公司	北京	41593770	4084391	222333457	39788388	199000
31	厦门国贸控股集团有限公司	福建	40212600	197176	15355637	1676097	21374
32	中国保利集团公司	北京	40069966	1345101	157048480	10065653	101500
33	厦门象屿集团有限公司	福建	37483544	192525	17002546	2077718	11671
34	中国光大集团股份公司	北京	36866010	1773921	592390786	23047670	78600

续表

名次	企业名称	地区	营业收入/万元	净利润/万元	资产/万元	所有者权益/万元	从业人数/人
35	兴业银行股份有限公司	福建	36786700	6662600	789400000	61558600	59630
36	上海浦东发展银行股份有限公司	上海	36309900	5832500	795021800	63819700	61686
37	中国民生银行股份有限公司	北京	33862440	3430887	695023294	52953702	59262
38	中国远洋海运集团有限公司	上海	33118871	1015155	84988963	18986857	110338
39	中南控股集团有限公司	江苏	33009152	122826	38382172	654459	100000
40	国美控股集团有限公司	北京	31047660	156155	28476315	7812257	64661
41	中国联合网络通信集团有限公司	北京	30488253	237423	61581817	18147366	257147
42	中国机械工业集团有限公司	北京	28287460	393906	35489807	6897908	139453
43	阳光龙净集团有限公司	福建	25021130	372726	47355617	3061988	28670
44	泰康保险集团股份有限公司	北京	24478229	2403704	112961614	10729396	56899
45	中国太平保险集团有限责任公司	上海	24467745	286419	98373380	4128041	65900
46	雪松控股集团有限公司	广东	23347530	34224	12316068	2697891	23856
47	融创中国控股有限公司	天津	23058734	3564378	110840520	12562751	50563
48	重庆市金科投资控股（集团）有限责任公司	重庆	22381421	203112	39059318	1724815	29466
49	深圳市投资控股有限公司	广东	21489121	1146080	84536737	19463485	75102
50	新华人寿保险股份有限公司	北京	20653800	1429700	100437600	10168000	35474
51	中国通用技术（集团）控股有限责任公司	北京	19581759	385243	22571766	4946031	52945
52	浙江省交通投资集团有限公司	浙江	19436092	487633	59489359	11081389	38777
53	广西投资集团有限公司	广西壮族自治区	19118515	28484	59765667	4918305	32623
54	新疆广汇实业投资（集团）有限责任公司	新疆维吾尔自治区	18939387	40823	27819345	3786165	73963
55	龙湖集团控股有限公司	重庆	18454730	2000203	76515882	10834393	35426
56	云南省投资控股集团有限公司	云南	17861994	192268	47452133	7240881	51442
57	中国再保险（集团）股份有限公司	北京	16819440	571044	45357689	9302823	63914
58	华夏银行股份有限公司	北京	16423000	2127500	339981600	28061300	39748
59	东浩兰生（集团）有限公司	上海	16183072	78311	3538125	1364628	6059
60	顺丰控股股份有限公司	广东	15398687	732608	11116004	5644305	121925
61	国家开发投资集团有限公司	北京	15307859	628314	68226971	9797947	51885
62	杭州市实业投资集团有限公司	浙江	15222889	163567	6434864	1486893	6867
63	中国航空油料集团有限公司	北京	15131594	255166	6249346	2579573	14152
64	云南省建设投资控股集团有限公司	云南	15059527	255277	60118953	15496237	45401
65	中升集团控股有限公司	辽宁	14834807	553808	6850102	2646290	31803
66	华侨城集团有限公司	广东	14708022	791522	67103995	9026788	64255
67	甘肃省公路航空旅游投资集团有限公司	甘肃	14544927	7611	61133323	20578685	54319
68	山东高速集团有限公司	山东	14189091	-22572	107074705	15043963	43196
69	广东鼎龙实业集团有限公司	广东	13462321	235422	3865361	798303	3379
70	云南省能源投资集团有限公司	云南	13150164	189053	20561290	5367947	29958

续表

名次	企业名称	地区	营业收入/万元	净利润/万元	资产/万元	所有者权益/万元	从业人数/人
71	浙江省兴合集团有限责任公司	浙江	13010772	58006	6392899	528797	19207
72	西安迈科金属国际集团有限公司	陕西	12887046	33907	2472443	560540	1190
73	北京银行股份有限公司	北京	12665100	2148400	290001400	21921900	15490
74	东岭集团股份有限公司	陕西	12020369	43256	4513269	1105255	10189
75	物产中大金属集团有限公司	浙江	11937540	104231	2113999	406261	1248
76	中国国际技术智力合作集团有限公司	北京	11853051	85293	1578359	571718	5112
77	上海均和集团有限公司	上海	11762032	21120	2642799	1287164	5150
78	阳光保险集团股份有限公司	广东	11497979	564412	40548049	5577207	234326
79	美团公司	上海	11479451	470831	16657480	9769303	59642
80	传化集团有限公司	浙江	11173172	200849	7243238	1113618	12236
81	九州通医药集团股份有限公司	湖北	11085951	307505	8082384	2182666	28213
82	珠海华发集团有限公司	广东	10919024	151467	48778304	5267326	39735
83	百度网络技术有限公司	北京	10770400	2247200	33270800	18269600	41000
84	浙江省能源集团有限公司	浙江	10738544	621290	27642588	8444745	23066
85	卓尔控股有限公司	湖北	10208663	94796	9657260	4942761	15596
86	唯品会控股有限公司	广东	10185849	590696	5894081	2849773	16675
87	北京外企服务集团有限责任公司	北京	10148195	39599	1311864	305046	5233
88	北京控股集团有限公司	北京	10126115	119837	38833455	4184976	73726
89	上海银行股份有限公司	上海	9853783	2088506	246214402	19039789	12932
90	弘阳集团有限公司	江苏	9787913	334398	14505354	2401773	9020
91	前海人寿保险股份有限公司	广东	9387258	113904	30266274	2700900	3142
92	永辉超市股份有限公司	福建	9319911	179447	5615798	1935110	120748
93	中国南方航空集团有限公司	广东	9305143	-439314	34743397	6577447	119178
94	东方国际（集团）有限公司	上海	9235469	94363	6372570	1744578	64136
95	神州数码集团股份有限公司	北京	9206044	62409	3068960	470006	4569
96	广西北部湾国际港务集团有限公司	广西壮族自治区	9036745	2519	13496648	2431497	32000
97	奥园集团有限公司	广东	8835171	590755	32567846	1855289	23773
98	新奥天然气股份有限公司	河北	8809877	210696	10952385	813229	39282
99	重庆市迪马实业股份有限公司	重庆	8679400	180285	8172774	1077569	7273
100	天津泰达投资控股有限公司	天津	8653070	40810	45961872	11238743	23273
101	山东省国有资产投资控股有限公司	山东	8619026	119519	15733131	1621173	33980
102	内蒙古电力（集团）有限责任公司	内蒙古自治区	8596369	174128	10311390	4791000	36293
103	振烨国际产业控股集团（深圳）有限公司	广东	8105145	164675	1748804	573902	1836

续表

名次	企业名称	地区	营业收入/万元	净利润/万元	资产/万元	所有者权益/万元	从业人数/人
104	重庆华宇集团有限公司	重庆	8084989	927049	13016523	4822812	6524
105	荣盛控股股份有限公司	河北	8072639	338050	31291188	2526258	29110
106	上海永达控股（集团）有限公司	上海	7983600	164323	3542478	1232715	16177
107	中基宁波集团股份有限公司	浙江	7913177	25504	1339036	141001	2346
108	陕西投资集团有限公司	陕西	7541571	203602	20052616	3694565	23797
109	广东省广晟控股集团有限公司	广东	7464437	116694	13889719	1400998	50079
110	中国东方航空集团有限公司	上海	7387773	-127418	38159364	8157756	100179
111	中国国际航空股份有限公司	北京	7386070	-1440334	28402962	7754133	89373
112	网易公司	北京	7366713	1206275	14187458	8212680	20920
113	浙江省国际贸易集团有限公司	浙江	7189989	112480	12974606	1699743	24976
114	广东省广新控股集团有限公司	广东	7113661	161399	6674392	1440639	28623
115	恒信汽车集团股份有限公司	湖北	7051452	185329	1902595	1063785	21280
116	中国旅游集团有限公司	北京	6992848	165227	15173238	2609382	43367
117	广州越秀集团股份有限公司	广东	6965922	445401	67546130	4932790	26830
118	南京银行股份有限公司	江苏	6964558	1310088	151707577	10687613	11514
119	北京能源集团有限责任公司	北京	6940960	243764	35305719	7934702	35263
120	兰州新区商贸物流投资集团有限公司	甘肃	6815822	13195	1628351	751541	2019
121	渤海银行股份有限公司	天津	6621688	844457	139352313	10324583	10295
122	浙江前程投资股份有限公司	浙江	6620344	1179	637873	98429	434
123	上海中梁企业发展有限公司	上海	6615524	355200	27082131	1254123	15699
124	中国铁路物资集团有限公司	北京	6577404	281939	6077173	811766	8430
125	深圳市爱施德股份有限公司	广东	6418995	70047	1130764	541430	2378
126	百联集团有限公司	上海	6211884	14382	9592621	2082037	46762
127	河北省物流产业集团有限公司	河北	6111800	6896	1587209	284755	2209
128	四川省能源投资集团有限责任公司	四川	6056236	104451	18562967	3466118	24392
129	远大物产集团有限公司	浙江	5860283	-11808	621503	220697	499
130	上海钢联电子商务股份有限公司	上海	5852122	21667	1304082	135896	3038
131	绿城房地产集团有限公司	浙江	5803567	264518	39563699	4628561	6545
132	厦门路桥工程物资有限公司	福建	5730709	30465	1824712	152949	487
133	建业控股有限公司	河南	5724197	201103	18214854	1498582	28200
134	物美科技集团有限公司	北京	5567770	165161	10289911	2636834	100000
135	江苏国泰国际集团股份有限公司	江苏	5563778	97767	2589687	923547	13844
136	大汉控股集团有限公司	湖南	5439571	102887	2159491	821095	6257
137	南昌市政公用投资控股有限责任公司	江西	5428951	59158	14654556	3583234	33727

续表

名次	企业名称	地区	营业收入/万元	净利润/万元	资产/万元	所有者权益/万元	从业人数/人
138	中华联合保险集团股份有限公司	北京	5396526	69521	8116085	1747754	47659
139	北京首都创业集团有限公司	北京	5270094	185030	40912774	2672531	37033
140	北京首都开发控股（集团）有限公司	北京	5247846	206275	37128849	1972539	13946
141	龙记泰信实业集团有限公司	陕西	5213655	213509	2760445	1467434	5277
142	兴华财富集团有限公司	河北	5082717	252278	2012208	1310160	6534
143	广东省广物控股集团有限公司	广东	5063517	81659	4683494	1491221	11845
144	重庆农村商业银行股份有限公司	重庆	4990405	840120	113592644	9322861	15088
145	郑州中瑞实业集团有限公司	河南	4981717	17036	6793122	1136341	2582
146	汇通达网络股份有限公司	江苏	4961023	19860	2077897	598623	5220
147	福建省港口集团有限责任公司	福建	4941062	21192	8775340	2038487	33341
148	上海闽路润贸易有限公司	上海	4875304	9773	1014070	22122	168
149	南京新工投资集团有限责任公司	江苏	4848350	94318	8246321	2615615	34553
150	广西交通投资集团有限公司	广西壮族自治区	4729291	-9796	44066992	13185159	14975
151	重庆中昂投资集团有限公司	重庆	4624605	670578	9761787	3668495	11930
152	祥生地产集团有限公司	浙江	4572626	165214	16766573	1422463	4000
153	水发集团有限公司	山东	4522925	21636	14177393	1444381	22968
154	重庆医药（集团）股份有限公司	重庆	4521953	90791	4153306	737835	12173
155	四川省商业投资集团有限责任公司	四川	4517092	9169	2351743	170239	3785
156	盛京银行股份有限公司	辽宁	4512775	120378	103795838	7945193	7556
157	通鼎集团有限公司	江苏	4511879	129470	2456488	616815	13503
158	恒丰银行股份有限公司	山东	4480390	530989	111415463	10487051	11408
159	申能（集团）有限公司	上海	4474359	581539	20991086	10590864	17287
160	中国节能环保集团有限公司	北京	4439436	12699	22134106	3067138	52429
161	中铁集装箱运输有限责任公司	北京	4394572	138145	2837818	1497663	962
162	步步高投资集团股份有限公司	湖南	4302278	11171	2455112	731428	24338
163	重庆市能源投资集团有限公司	重庆	4242164	-225592	9630830	1564542	36649
164	中融新大集团有限公司	山东	4182191	-182726	15052572	6827430	10000
165	上海新增鼎资产管理有限公司	上海	4177875	-148	38246	17316	398
166	上海农村商业银行股份有限公司	上海	4155550	816067	105697668	7721084	7183
167	云账户技术（天津）有限公司	天津	4140397	2823	140048	12894	456
168	河北省国和投资集团有限公司	河北	4125996	3621	768511	96713	2377
169	深圳金雅福控股集团有限公司	广东	4102225	13566	224246	127727	1815
170	广东省交通集团有限公司	广东	4092696	62306	44628833	9627422	56946
171	广州农村商业银行股份有限公司	广东	4090552	508130	102787165	6948708	13941

续表

名次	企业名称	地区	营业收入/万元	净利润/万元	资产/万元	所有者权益/万元	从业人数/人
172	重庆千信集团有限公司	重庆	4068020	36067	1437144	466090	518
173	深圳市中农网有限公司	广东	4028649	668	1480845	85558	558
174	北京江南投资集团有限公司	北京	3974219	582173	14422809	2888069	451
175	杭州市城市建设投资集团有限公司	浙江	3972538	168181	16228849	4652386	36409
176	广州国资发展控股有限公司	广东	3926853	166971	8168473	2229038	11629
177	武汉金融控股（集团）有限公司	湖北	3898289	138800	14578791	2052460	13883
178	海通证券股份有限公司	上海	3821982	1087539	69407335	15344846	11060
179	江苏汇鸿国际集团股份有限公司	江苏	3785819	23783	2499103	540376	3993
180	天津亿联控股集团有限公司	天津	3701796	178927	10190377	4118979	10798
181	张家港保税区立信投资有限公司	江苏	3692686	31045	117669	61473	20
182	山东省商业集团有限公司	山东	3688895	-22112	12621302	632969	37032
183	重庆市中科控股有限公司	重庆	3674382	12475	2118367	383359	2167
184	新华锦集团	山东	3616207	11190	1051128	261763	78
185	深圳前海微众银行股份有限公司	广东	3596648	495707	34642999	2102807	2871
186	厦门中骏集团有限公司	福建	3573089	412091	17437393	2300159	9414
187	厦门港务控股集团有限公司	福建	3553889	102	4443648	739640	10026
188	宝龙地产控股有限公司	上海	3549530	609322	19513151	3622087	11617
189	圆通速递股份有限公司	辽宁	3490704	176675	2642915	1712949	13490
190	天津银行股份有限公司	天津	3425879	430759	68776020	5313022	6694
191	华东医药股份有限公司	浙江	3368306	281986	2420135	1461982	11359
192	文一投资控股集团	安徽	3327056	79282	5388242	2838284	23000
193	湖北省交通投资集团有限公司	湖北	3324888	137558	49686599	13335844	20806
194	广州市城市建设投资集团有限公司	广东	3320528	15384	24027268	12069369	5884
195	华南物资集团有限公司	重庆	3310915	6552	622701	73531	729
196	北京首都旅游集团有限责任公司	北京	3310762	-246398	13194772	1617662	69369
197	青岛城市建设投资（集团）有限责任公司	山东	3291675	185430	35053731	9292091	20365
198	长沙银行股份有限公司	湖南	3274701	533840	70423473	4433331	7618
199	上海均瑶（集团）有限公司	上海	3192952	-27986	9322430	996812	19450
200	苏州金螳螂企业（集团）有限公司	江苏	3192217	56410	5129936	511121	16241
201	杭州东恒石油有限公司	浙江	3178373	32715	874249	335091	459
202	广东粤海控股集团有限公司	广东	3149880	65603	15086550	4045800	15261
203	北京学而思教育科技有限公司	北京	3147060	-81200	2003090	1037703	74000
204	云南省康旅控股集团有限公司	云南	3144751	-3731	28085644	4741501	28855
205	卓越置业集团有限公司	广东	3126966	433630	26816504	5751116	230

续表

名次	企业名称	地区	营业收入/万元	净利润/万元	资产/万元	所有者权益/万元	从业人数/人
206	深圳市信利康供应链管理有限公司	广东	3044375	13603	1051949	140092	494
207	奥德集团有限公司	山东	3030466	464507	5175664	2927078	12363
208	江阴长三角钢铁集团有限公司	江苏	3028876	1567	46141	11776	350
209	月星集团有限公司	上海	3021932	278560	5942209	2166770	10735
210	浙江省海港投资运营集团有限公司	浙江	2971725	273605	13271509	6450890	20062
211	广州市方圆房地产发展有限公司	广东	2941845	174898	9272702	1551983	8000
212	广发证券股份有限公司	广东	2915349	1003813	45746369	9816220	10379
213	东华能源股份有限公司	江苏	2908175	121033	2812386	1018849	1903
214	北京金融街投资（集团）有限公司	北京	2899190	91860	25797711	3573457	12693
215	金鹏控股集团有限公司	安徽	2891226	75224	2979366	682448	5754
216	世纪金源投资集团有限公司	北京	2875423	690825	9231978	4929372	19686
217	中国万向控股有限公司	上海	2872934	104093	15589982	1030615	16256
218	杭州滨江房产集团股份有限公司	浙江	2859680	232765	17201553	1836935	1555
219	源山投资控股有限公司	上海	2854553	3138	631330	312228	175
220	武汉商贸集团有限公司	湖北	2767758	46311	7145537	1234053	39734
221	德邦物流股份有限公司	上海	2750345	56438	1019126	462382	150000
222	郑州银行股份有限公司	河南	2746715	316757	54781344	4449490	4984
223	庞大汽贸集团股份有限公司	河北	2738561	58035	2263535	1099030	12801
224	瑞康医药集团股份有限公司	山东	2720388	26130	3129019	746906	10066
225	武汉当代科技产业集团股份有限公司	湖北	2714402	60251	9456614	1243248	28668
226	利群集团股份有限公司	山东	2712631	19067	2353409	708539	10171
227	湖北省联投控股有限公司	湖北	2711948	2686	21768379	1507947	10071
228	天津港（集团）有限公司	天津	2700003	-52160	14176806	2085593	20955
229	洛阳国宏投资集团有限公司	河南	2672115	41858	2892074	1275941	3354
230	北京中能昊龙投资控股集团有限公司	北京	2639869	260706	2393785	1608799	1350
231	广西现代物流集团有限公司	广西壮族自治区	2625541	12876	2196930	716584	4308
232	上海国际港务（集团）股份有限公司	上海	2611946	830714	15592474	8751786	14068
233	合肥维天运通信息科技股份有限公司	安徽	2576226	3261	253761	25223	750
234	江苏万帮金之星车业投资集团有限公司	江苏	2563424	161941	502653	387405	2508
235	中通快递股份有限公司	上海	2521429	431221	5920475	4897881	23018
236	大华（集团）有限公司	上海	2513157	543831	16044483	3106537	4772
237	浙江英特药业有限责任公司	浙江	2500669	27268	1105955	229393	3956
238	福州城市建设投资集团有限公司	福建	2487751	141446	19075294	8175722	7831
239	无锡市不锈钢电子交易中心有限公司	江苏	2433146	3698	18118	16382	99

续表

名次	企业名称	地区	营业收入/万元	净利润/万元	资产/万元	所有者权益/万元	从业人数/人
240	青岛世纪瑞丰集团有限公司	山东	2432325	2802	947086	35960	102
241	联发集团有限公司	福建	2390374	84136	9641058	1122126	4803
242	浙江建华集团有限公司	浙江	2388253	8211	287297	94602	3059
243	深圳华强集团有限公司	广东	2378916	107492	7008569	1590716	22960
244	江苏无锡朝阳集团股份有限公司	江苏	2377873	19965	196032	132652	1502
245	重庆对外经贸（集团）有限公司	重庆	2333870	7253	2201335	488386	15367
246	重庆高速公路集团有限公司	重庆	2314856	29778	21553762	5670702	12090
247	浙江永安资本管理有限公司	浙江	2312293	20736	587502	187661	183
248	南京新华海科技产业集团有限公司	江苏	2310405	51271	1206240	536648	1701
249	广东优友网络科技有限公司	广东	2300178	6506	229754	9014	428
250	浙江宝利德股份有限公司	浙江	2251757	38903	676043	181340	2434
251	无锡市国联发展（集团）有限公司	江苏	2249248	172082	12400017	2450979	11924
252	深圳市富森供应链管理有限公司	广东	2244209	6871	1128104	78593	455
253	青岛西海岸新区融合控股集团有限公司	山东	2205205	20084	12655867	2578497	2400
254	中原出版传媒投资控股集团有限公司	河南	2197815	65596	2030789	968962	16024
255	广州市水务投资集团有限公司	广东	2173567	48833	17892595	4409689	28467
256	漳州市九龙江集团有限公司	福建	2171541	123079	8654342	2278315	6258
257	东莞农村商业银行股份有限公司	广东	2169928	485693	54840196	3614563	8122
258	申通快递有限公司	浙江	2156605	3633	1595161	2039229	1845
259	山西云时代技术有限公司	山西	2147829	10837	1665774	357908	13932
260	江西银行股份有限公司	江西	2123278	185917	45869282	3526758	5081
261	上海协通（集团）有限公司	上海	2122377	77791	660646	273624	1960
262	华融湘江银行股份有限公司	湖南	2113371	287137	40597561	3094330	4648
263	贵州银行股份有限公司	贵州	2112946	367066	45640120	3602782	5169
264	广州金融控股集团有限公司	广东	2067843	192007	73082801	3205664	2697
265	武汉联杰能源有限公司	湖北	2064612	2029	267269	166164	31
266	张家港保税区旭江贸易有限公司	江苏	2039519	59772	746010	227287	20
267	山东港口日照港集团有限公司	山东	2014755	-12025	6664334	1162967	8847
268	吉林银行股份有限公司	吉林	2002692	125726	43449953	3774601	10026
269	九江银行股份有限公司	江西	1976543	167286	41579413	2597618	4227
270	青岛银行股份有限公司	山东	1972669	239407	45982761	3028517	4230
271	淄博商厦股份有限公司	山东	1949194	15555	577645	270874	9516
272	张家港市沃丰贸易有限公司	江苏	1931470	13822	453001	15327	20
273	贵州现代物流产业（集团）有限责任公司	贵州	1931453	9635	1488461	364356	2502

续表

名次	企业名称	地区	营业收入/万元	净利润/万元	资产/万元	所有者权益/万元	从业人数/人
274	润华集团股份有限公司	山东	1863935	50758	1468937	721265	5357
275	西安曲江文化产业投资（集团）有限公司	陕西	1856281	210	9671688	1254546	19752
276	携程计算机（上海）有限公司	上海	1832700	-324700	18724900	10035400	33400
277	厦门海沧投资集团有限公司	福建	1816953	22966	3558367	645333	6354
278	江苏省苏豪控股集团有限公司	江苏	1808297	124096	3006460	892573	8112
279	桂林银行股份有限公司	广西壮族自治区	1806111	109443	37698351	2401656	5747
280	江阴市金桥化工有限公司	江苏	1792031	1245	144391	16989	90
281	山东远通汽车贸易集团有限公司	山东	1785466	18563	651310	379135	5730
282	安徽出版集团有限责任公司	安徽	1766343	36674	2513185	874168	4247
283	砂之船商业管理集团有限公司	重庆	1725606	58721	1018956	—	29257
284	张家港市泽厚贸易有限公司	江苏	1719783	8421	252328	9921	20
285	宁波君安控股有限公司	浙江	1718611	5943	313103	69239	89
286	天津现代集团有限公司	天津	1685112	63316	2697954	1091833	459
287	广州无线电集团有限公司	广东	1683380	63314	4273868	819686	46012
288	青岛农村商业银行股份有限公司	山东	1668464	295963	40681107	2884168	5145
289	河北港口集团有限公司	河北	1662302	3265	6925857	2781462	12951
290	重庆交通运输控股（集团）有限公司	重庆	1646241	1097	2646485	939911	39050
291	无锡市交通产业集团有限公司	江苏	1645696	16461	5720933	1777905	11575
292	安徽辉隆投资集团有限公司	安徽	1634649	4952	1013695	97934	3045
293	西安城市基础设施建设投资集团有限公司	陕西	1626666	58639	19448468	7362547	30915
294	湖南永通集团有限公司	湖南	1621105	21115	820029	374033	4523
295	青岛西海岸新区海洋控股集团有限公司	山东	1619295	30615	9410795	2135915	8699
296	厦门翔业集团有限公司	福建	1611683	12153	3924148	1113517	12909
297	四川航空股份有限公司	四川	1608122	-308765	4119495	327094	17330
298	石家庄北国人百集团有限责任公司	河北	1600702	17117	1231595	384555	15939
299	信誉楼百货集团有限公司	河北	1583803	75991	763184	258460	29500
300	青岛港（集团）有限公司	山东	1579337	130881	8268293	3098924	14584
301	天津津路钢铁实业有限公司	天津	1572384	3061	325212	14887	104
302	广西柳州医药股份有限公司	广西壮族自治区	1566866	71171	1480773	509860	4706
303	天津城市基础设施建设投资集团有限公司	天津	1565424	146363	85504190	26210285	15000
304	广州红海人力资源集团股份有限公司	广东	1564751	10307	169533	28002	1878
305	河北高速公路集团有限公司	河北	1563624	-406273	29015771	9484937	26261
306	鹭燕医药股份有限公司	福建	1553127	26752	843488	234047	5163
307	曹妃甸国控投资集团有限公司	河北	1537985	131234	14872681	6736226	4822

续表

名次	企业名称	地区	营业收入/万元	净利润/万元	资产/万元	所有者权益/万元	从业人数/人
308	维科控股集团股份有限公司	浙江	1524478	150183	1641950	334351	5899
309	中国江苏国际经济技术合作集团有限公司	江苏	1517356	11489	2222710	411166	8364
310	武汉物易云通网络科技有限公司	湖北	1515094	49	46408	5283	380
311	浙江世纪华通集团股份有限公司	浙江	1498297	294633	4274683	2891888	7250
312	广东宏川集团有限公司	广东	1494612	32945	977915	224273	1487
313	张家港保税区昌荣贸易有限公司	江苏	1490654	26404	191173	41279	59
314	浙江省农村发展集团有限公司	浙江	1486789	17229	1834423	175443	1866
315	天津农村商业银行股份有限公司	天津	1478817	226131	34959582	2967037	5673
316	广微控股有限公司	上海	1473760	42608	2179776	1142198	9336
317	江苏满运软件科技有限公司	江苏	1469013	15236	467592	-22671	855
318	大参林药业集团股份有限公司	广东	1458286	106218	1233192	538480	32337
319	杭州联华华商集团有限公司	浙江	1450376	38078	1369424	72772	13086
320	马上消费金融股份有限公司	重庆	1440085	71151	5248418	715196	1699
321	青岛西海岸发展（集团）有限公司	山东	1431922	246521	7455293	1920378	1376
322	现代投资股份有限公司	湖南	1430920	52489	4555642	1086699	3885
323	洛阳银行股份有限公司	河南	1424499	162741	27593537	2126254	3199
324	欧龙汽车贸易集团有限公司	浙江	1419787	41091	470976	233758	2832
325	河南交通投资集团有限公司	河南	1404074	39045	19415005	4625002	26166
326	芒果超媒股份有限公司	湖南	1400554	198216	1926570	1058798	4471
327	老百姓大药房连锁股份有限公司	湖南	1396669	62109	1128410	440800	33000
328	黑龙江倍丰农业生产资料集团有限公司	黑龙江	1388334	6272	1985531	186959	1481
329	湖南省高速公路集团有限公司	湖南	1385796	70297	57038212	19604133	12498
330	安徽新华发行（集团）控股有限公司	安徽	1385342	32330	3518375	940858	6581
331	广州酷狗计算机科技有限公司	广东	1357599	155128	1027341	713834	798
332	厦门市嘉晟对外贸易有限公司	福建	1350237	1670	655066	50522	175
333	准时达国际供应链管理有限公司	广东	1347769	5363	738684	294398	4450
334	广西北部湾银行股份有限公司	广西壮族自治区	1332968	153762	30527897	2108921	3289
335	安徽华源医药集团股份有限公司	安徽	1331907	10695	1244998	212571	9100
336	常州市化工轻工材料总公司	江苏	1323278	3129	222320	15840	165
337	深圳市华富洋供应链有限公司	广东	1319282	9753	1004317	84055	264
338	益丰大药房连锁股份有限公司	湖南	1314450	76827	1294990	546867	29948
339	广东鸿粤汽车销售集团有限公司	广东	1313493	2052	642934	45145	2849
340	盐城市国有资产投资集团有限公司	江苏	1311105	31526	5653514	1514609	4001
341	重庆银行股份有限公司	重庆	1304835	442363	56164140	4017500	4401

续表

名次	企业名称	地区	营业收入/万元	净利润/万元	资产/万元	所有者权益/万元	从业人数/人
342	软通动力信息技术（集团）股份有限公司	北京	1299929	125863	904126	411774	75000
343	广州地铁集团有限公司	广东	1289124	18664	46067725	24956586	29800
344	湖南兰天集团有限公司	湖南	1274704	5166	264253	81062	3126
345	广州元亨能源有限公司	广东	1270154	2914	875036	206510	28
346	河北交通投资集团公司	河北	1259716	-198035	30022318	6388256	16893
347	湖南博深实业集团有限公司	湖南	1257368	21272	725528	580054	1127
348	张家口银行股份有限公司	河北	1256870	111015	27739776	1832128	4038
349	广州港集团有限公司	广东	1235009	171081	4408066	1706488	12874
350	厦门夏商集团有限公司	福建	1225608	33783	1564709	422469	6178
351	广州珠江实业集团有限公司	广东	1223893	38075	11463647	2025405	15019
352	厦门恒兴集团有限公司	福建	1220631	34873	1597871	677906	2379
353	四川华油集团有限责任公司	四川	1215470	66399	984656	347073	3444
354	浙江中外运有限公司	浙江	1212568	16559	337179	65899	2324
355	分众传媒信息技术股份有限公司	上海	1209711	400384	2164617	1701699	6779
356	万友汽车投资有限公司	重庆	1194235	2715	593871	110874	5899
357	爱尔眼科医院集团股份有限公司	湖南	1191241	172381	1554059	985388	—
358	深圳市深粮控股股份有限公司	广东	1188453	40509	730938	459533	1246
359	湖南粮食集团有限责任公司	湖南	1186556	-33087	2011580	204321	4186
360	熠丰（武汉）能源有限公司	湖北	1171119	690	107910	73608	22
361	深圳乐信控股有限公司	广东	1164526	59498	2034517	553074	3244
362	四川邦泰投资有限责任公司	四川	1164030	93756	3167989	147307	4617
363	江苏大经供应链股份有限公司	江苏	1156612	3864	182207	28448	450
364	浙江出版联合集团有限公司	浙江	1142656	111097	2478372	1588296	7474
365	厦门航空开发股份有限公司	福建	1139279	3396	426634	140728	656
366	江西绿滋肴控股有限公司	江西	1137889	66423	487413	259831	9820
367	吉旗物联科技（天津）有限公司	天津	1136009	6866	170999	5064	60
368	广州商贸投资控股集团有限公司	广东	1133689	29062	1551741	678009	5389
369	黑龙江省农业投资集团有限公司	黑龙江	1130372	3937	1721353	95877	1664
370	宁波滕头集团有限公司	浙江	1112608	34246	537032	134460	10356
371	上海博尔捷企业集团有限公司	上海	1111271	3746	93421	16709	710
372	日出实业集团有限公司	浙江	1108877	4035	181081	27428	223
373	南京大地建设集团有限责任公司	江苏	1106656	23335	820179	315684	1845
374	吉林九台农村商业银行股份有限公司	吉林	1098157	110441	20036327	1367153	3829
375	江苏嘉奕和铜业科技发展有限公司	江苏	1097732	23	296804	-2546	13

续表

名次	企业名称	地区	营业收入/万元	净利润/万元	资产/万元	所有者权益/万元	从业人数/人
376	汇金钢铁（天津）集团有限公司	天津	1090093	6211	129582	36108	189
377	安徽天星医药集团有限公司	安徽	1083939	12488	737038	67829	1171
378	苏州裕景泰控股有限公司	江苏	1078837	17625	333724	38288	118
379	河北省国有资产控股运营有限公司	河北	1070171	5935	2173735	750115	3210
380	广西农村投资集团有限公司	广西壮族自治区	1069792	13107	3225790	511573	12029
381	天津捷通达汽车投资集团有限公司	天津	1068426	10842	396334	68637	4863
382	重庆三峡银行股份有限公司	重庆	1065204	150351	23676311	1918276	2188
383	金帝联合控股集团有限公司	浙江	1058454	9716	1246015	323878	637
384	上海天地汇供应链科技有限公司	上海	1049089	-1255	145592	37688	702
385	中南出版传媒集团股份有限公司	湖南	1047301	143699	2314192	1399456	13264
386	厦门禹洲集团股份有限公司	福建	1041160	22823	17819806	2462947	7537
387	厦门鑫东森控股有限公司	福建	1039322	10173	291133	73188	492
388	石羊农业集团股份有限公司	陕西	1038373	75871	734140	244623	4170
389	无锡市市政公用产业集团有限公司	江苏	1037459	15081	4032625	1313470	9239
390	中泰证券股份有限公司	山东	1035222	252530	17450956	3327826	7329
391	上海春秋国际旅行社（集团）有限公司	上海	1030291	-47212	3420733	797235	10850
392	烟台港集团有限公司	山东	1029209	17526	4390474	748909	10775
393	赣州发展投资控股集团有限责任公司	江西	1027551	83802	20920959	5917703	2500
394	张家港保税区日祥贸易有限公司	江苏	1024937	-18604	166270	25281	20
395	广西云星集团有限公司	广西壮族自治区	1022397	77034	2167550	830604	2815
396	上海米哈游网络科技股份有限公司	上海	1012787	578000	1292526	819806	2227
397	山东鲁信投资控股集团有限公司	山东	1011379	157014	19117410	5146271	2194
398	浙江凯喜雅国际股份有限公司	浙江	1011129	2382	594448	104660	7500
399	绿城物业服务集团有限公司	浙江	1010564	71041	1307879	682065	31911
400	渤海人寿保险股份有限公司	天津	1006202	-274433	4235600	931224	375
401	广东天禾农资股份有限公司	广东	1003687	7951	509119	102969	1973
402	东方明珠新媒体股份有限公司	上海	1003335	162096	4405887	2957310	7922
403	漳州路桥物资发展有限公司	福建	1000228	16530	420325	68467	106
404	深圳市英捷迅实业发展有限公司	广东	984880	2419	117816	21878	139
405	保集控股集团有限公司	上海	965784	40765	2000265	637026	353
406	广州华多网络科技有限公司	广东	962157	178273	1706286	1543393	258
407	河南蓝天集团有限公司	河南	952466	17936	1044827	176241	1916
408	上海机场（集团）有限公司	上海	950391	-705590	9505685	6403827	18368
409	鑫荣懋集团股份有限公司	广东	947530	21419	408331	214176	4200

续表

名次	企业名称	地区	营业收入/万元	净利润/万元	资产/万元	所有者权益/万元	从业人数/人
410	湖南佳惠百货有限责任公司	湖南	940225	14135	259002	119541	15780
411	安克创新科技股份有限公司	湖南	935263	85593	698275	539852	2144
412	卓正控股集团有限公司	河北	934725	46472	873316	467287	8331
413	玖隆钢铁物流有限公司	江苏	925902	5553	529714	148648	292
414	四川众心乐旅游资源开发有限公司	四川	924831	7168	537925	27792	1443
415	四川新华出版发行集团有限公司	四川	923775	51885	2135814	783130	8813
416	赣州银行股份有限公司	江西	921351	98303	22169536	1443869	2991
417	浙江恒威投资集团有限公司	浙江	921022	29280	735606	190921	1819
418	上海大发房地产集团有限公司	上海	915692	34881	3060544	450280	1029
419	厦门经济特区房地产开发集团有限公司	福建	906705	36202	3915321	684887	8037
420	新华文轩出版传媒股份有限公司	四川	900806	126278	1696884	1013684	7683
421	青海省物产集团有限公司	青海	898650	3876	492456	101601	1096
422	上海龙宇燃油股份有限公司	上海	894347	-6757	425200	378029	123
423	天津住宅建设发展集团有限公司	天津	887016	-107072	2262591	-244794	2741
424	蓝池集团有限公司	河北	881969	8252	485778	244192	3868
425	深圳市九立供应链股份有限公司	广东	880233	2120	375351	24905	193
426	广州南方投资集团有限公司	广东	862125	43324	1428722	225857	7592
427	佳都集团有限公司	广东	862050	33507	1523069	253927	3486
428	华东建筑集团股份有限公司	上海	861373	17384	1161748	298216	9695
429	安徽文峰置业有限公司	安徽	854504	72858	1234145	559800	866
430	张家港保税区彬鹏贸易有限公司	江苏	851334	45877	220671	219238	20
431	安徽国祯集团股份有限公司	安徽	845499	1853	679671	249406	11494
432	福建三木集团股份有限公司	福建	843907	4714	918227	139398	590
433	广州岭南国际企业集团有限公司	广东	840955	60642	1502571	738772	11903
434	天弘基金管理有限公司	天津	837739	264379	1471445	1279357	590
435	江苏省煤炭运销有限公司	江苏	837455	359263	16608530	21903	46
436	孩子王儿童用品股份有限公司	江苏	835544	39102	502276	209029	12000
437	福州锦泽石化有限公司	福建	835398	8262	202397	59739	72
438	宁波海田控股集团有限公司	浙江	825734	1815	340412	9899	239
439	东方财富信息股份有限公司	上海	823856	477811	11032874	3315647	4927
440	山西美特好连锁超市股份有限公司	山西	823364	153	471863	59410	6104
441	福建省福化工贸股份有限公司	福建	821610	-4858	134257	68166	171
442	郑州公用事业投资发展集团有限公司	河南	819656	90460	6342189	1430230	7187
443	内蒙古公路交通投资发展有限公司	内蒙古自治区	818501	-71267	20839461	7864947	9257

续表

名次	企业名称	地区	营业收入/万元	净利润/万元	资产/万元	所有者权益/万元	从业人数/人
444	江阴市凯竹贸易有限公司	江苏	810378	18	28561	163	18
445	沧州银行股份有限公司	河北	809167	113192	17146879	1235561	2776
446	张家港银贝贸易有限公司	江苏	803932	-16043	47690	-17318	4
447	富润控股集团有限公司	浙江	802502	63611	826589	146814	3640
448	山西大昌汽车集团有限公司	山西	798532	4982	316353	209093	2819
449	莱商银行股份有限公司	山东	797127	59861	15408427	1192678	1986
450	华茂集团股份有限公司	浙江	796617	69197	1786530	879729	3022
451	无锡商业大厦大东方股份有限公司	江苏	793631	31507	709895	341640	4275
452	唐山港集团股份有限公司	河北	783727	184260	2459202	1843922	3853
453	宝裕发展有限公司	广东	777920	7687	306807	18476	51
454	宁波力勤资源科技开发有限公司	浙江	774895	63385	357872	144728	492
455	无锡农村商业银行股份有限公司	江苏	773829	131161	18001829	1397914	1525
456	厦门住宅建设集团有限公司	福建	772171	81918	3685968	724622	4370
457	重庆国际信托股份有限公司	重庆	769282	283241	26100710	2767989	199
458	江苏百步国际贸易有限公司	江苏	761907	22	108790	57	15
459	广州仕邦投资控股有限公司	广东	757295	1676	124852	2610	460
460	方正证券股份有限公司	湖南	754181	109649	12325637	3962074	8090
461	新大陆科技集团有限公司	福建	751722	16375	1312293	198842	7031
462	佛燃能源集团股份有限公司	广东	751457	46913	864867	334789	1923
463	广州交通投资集团有限公司	广东	749831	46708	11768496	3770948	4668
464	上海临港经济发展（集团）有限公司	上海	747049	58003	12464636	2177783	3191
465	柳州银行股份有限公司	广西壮族自治区	737888	54565	16730571	1532179	3217
466	浙江东海长城石化股份有限公司	浙江	735184	7373	107771	38910	142
467	宁波市绿顺集团股份有限公司	浙江	725579	2366	119807	33859	256
468	上海盛趣科技（集团）有限公司	上海	719828	327411	2099792	1439532	2538
469	浙江华瑞集团有限公司	浙江	711600	11669	514565	285431	593
470	新疆农资（集团）有限责任公司	新疆维吾尔自治区	708728	1200	708418	118549	717
471	张家港恒泰佳居贸易有限公司	江苏	707565	-16784	31762	-17013	5
472	福建发展集团有限公司	福建	704532	13075	53413	47987	20142
473	江苏张家港农村商业银行股份有限公司	江苏	704087	100068	14381765	1120511	2192
474	安徽亚夏实业股份有限公司	安徽	703158	14034	564307	252647	3200
475	重庆百事达汽车有限公司	重庆	690825	3804	211744	46962	2050
476	江苏中电豪信电子科技有限公司	江苏	689849	17	142260	59	15
477	万马联合控股集团有限公司	浙江	688630	35038	673858	162012	399

续表

名次	企业名称	地区	营业收入/万元	净利润/万元	资产/万元	所有者权益/万元	从业人数/人
478	青岛利客来集团股份有限公司	山东	678000	3067	340210	70139	2331
479	宁波轿辰集团股份有限公司	浙江	674009	6167	284238	88633	2403
480	深圳市递四方速递有限公司	广东	672038	28325	263606	-66306	5010
481	长江勘测规划设计研究院	湖北	670714	14161	710956	206806	2920
482	吉林省华阳集团有限公司	吉林	670262	17455	493138	241970	4538
483	福然德股份有限公司	上海	668881	30695	544718	290068	473
484	岭南生态文旅股份有限公司	广东	665128	-46012	1959057	445911	2272
485	天津恒运能源集团股份有限公司	天津	661310	1983	464688	215474	1000
486	东北证券股份有限公司	吉林	660961	133333	6868584	1666936	3351
487	浙江万丰企业集团公司	浙江	656192	10932	498265	92017	1369
488	无锡市宝金石油化工有限公司	江苏	656016	-949	336515	11721	43
489	南宁威宁投资集团有限责任公司	广西壮族自治区	653792	15738	4142272	1734352	4278
490	中锐控股集团有限公司	上海	652911	17209	2535673	739004	3850
491	欧菲斯集团股份有限公司	重庆	651555	14115	298028	65315	2441
492	北方国际集团有限公司	天津	649444	-5896	529816	90006	937
493	广州开发区控股集团有限公司	广东	634890	17491	9590853	2259308	4329
494	江阴达赛贸易有限公司	江苏	630101	443	116882	530	17
495	好活（昆山）网络科技有限公司	江苏	629685	1525	45875	14601	110
496	重庆港务物流集团有限公司	重庆	614156	-894	2241022	541867	4567
497	福建网龙计算机网络信息技术有限公司	福建	613764	95350	999322	95350	6442
498	江阴市川江化工有限公司	江苏	610369	118	102230	1051	20
499	江苏江阴农村商业银行股份有限公司	江苏	609351	105688	14276623	1213149	1835
500	福建省人力资源服务有限公司	福建	602990	1899	72901	10721	272
	合计		4358953021	306284054	29863249432	3465952275	16359808

说 明

1. 2021 中国服务业企业 500 强是中国企业联合会、中国企业家协会参照国际惯例，组织企业自愿申报，并经专家审定确认后产生的。申报企业包括在中国境内注册、2020 年实现营业收入达到 40 亿元的企业（不包括在华外资、港澳台独资、控股企业，也不包括行政性公司、政企合一的单位，但包括在境外注册、投资主体为中国自然人或法人、主要业务在境内的企业），都有资格申报参加排序。属于集团公司的控股子公司或相对控股子公司，由于其财务报表最后能被合并到集团母公司的财务会计报表中去，因此只允许其母公司申报。

2. 表中所列数据由企业自愿申报或属于上市公司公开数据，并经会计师事务所或审计师事务所等单位认可。

3. 营业收入是 2020 年不含增值税的收入，包括企业的所有收入，即主营业务和非主营业务、境内和境外的收入。商业银行的营业收入为 2020 年利息收入和非利息营业收入之和（不减掉对应的支出）。保险公司的营业收入是 2020 年保险费和年金收入扣除储蓄的资本收益或损失。净利润是 2020 年上交所得税的净利润扣除少数股东权益后的归属母公司所有者的净利润。资产是 2020 年度末的资产总额。所有者权益是 2020 年年末所有者权益总额扣除少数股东权益后的归属于母公司所有者权益。研究开发费用是 2020 年企业投入研究开发的所有费用。从业人数是 2020 年度的平均人数（含所有被合并报表企业的人数）。

表 11－2 2021 中国服务业企业 500 强各行业企业分布

排名	企业名称	营业收入/万元	排名	企业名称	营业收入/万元
电网				合计	81901162
1	国家电网有限公司	266766782			
2	中国南方电网有限责任公司	57752408	铁路运输		
3	内蒙古电力（集团）有限责任公司	8596369	1	中铁集装箱运输有限责任公司	4394572
	合计	333115559		合计	4394572
水务			公路运输		
1	南昌市政公用投资控股有限责任公司	5428951	1	甘肃省公路航空旅游投资集团有限公司	14544927
2	北京首都创业集团有限公司	5270094	2	山东高速集团有限公司	14189091
3	水发集团有限公司	4522925	3	广西交通投资集团有限公司	4729291
4	广州市水务投资集团有限公司	2173567	4	广东省交通集团有限公司	4092696
5	天津城市基础设施建设投资集团有限公司	1565424	5	重庆高速公路集团有限公司	2314856
6	无锡市市政公用产业集团有限公司	1037459	6	重庆交通运输控股（集团）有限公司	1646241
7	安徽国祯集团股份有限公司	845499	7	无锡市交通产业集团有限公司	1645696
	合计	20843919	8	河北高速公路集团有限公司	1563624
			9	现代投资股份有限公司	1430920
综合能源供应			10	河南交通投资集团有限公司	1404074
1	云南省能源投资集团有限公司	13150164	11	湖南省高速公路集团有限公司	1385796
2	浙江省能源集团有限公司	10738544	12	广州地铁集团有限公司	1289124
3	北京控股集团有限公司	10126115	13	河北交通投资集团公司	1259716
4	新奥天然气股份有限公司	8809877	14	内蒙古公路交通投资发展有限公司	818501
5	北京能源集团有限责任公司	6940960		合计	52314553
6	四川省能源投资集团有限责任公司	6056236			
7	申能（集团）有限公司	4474359	水上运输		
8	重庆市能源投资集团有限公司	4242164	1	中国远洋海运集团有限公司	33118871
9	广州国资发展控股有限公司	3926853		合计	33118871
10	奥德集团有限公司	3030466			
11	东华能源股份有限公司	2908175	港口服务		
12	无锡市国联发展（集团）有限公司	2249248	1	广西北部湾国际港务集团有限公司	9036745
13	广州元亨能源有限公司	1270154	2	福建省港口集团有限责任公司	4941062
14	四川华油集团有限责任公司	1215470	3	厦门港务控股集团有限公司	3553889
15	金帝联合控股集团有限公司	1058454	4	浙江省海港投资运营集团有限公司	2971725
16	河南蓝天集团有限公司	952466	5	天津港（集团）有限公司	2700003
17	佛燃能源集团股份有限公司	751457	6	上海国际港务（集团）股份有限公司	2611946

续表

排名	企业名称	营业收入/万元
7	山东港口日照港集团有限公司	2014755
8	河北港口集团有限公司	1662302
9	青岛港（集团）有限公司	1579337
10	广州港集团有限公司	1235009
11	烟台港集团有限公司	1029209
12	唐山港集团股份有限公司	783727
13	重庆港务物流集团有限公司	614156
	合计	34733865
航空运输		
1	中国南方航空集团有限公司	9305143
2	中国东方航空集团有限公司	7387773
3	中国国际航空股份有限公司	7386070
4	四川航空股份有限公司	1608122
5	上海春秋国际旅行社（集团）有限公司	1030291
	合计	26717399
航空港及相关服务业		
1	厦门翔业集团有限公司	1611683
2	上海机场（集团）有限公司	950391
	合计	2562074
邮政		
1	中国邮政集团有限公司	66449974
2	圆通速递股份有限公司	3490704
	合计	69940678
物流及供应链		
1	厦门建发集团有限公司	44237231
2	厦门象屿集团有限公司	37483544
3	顺丰控股股份有限公司	15398687
4	东岭集团股份有限公司	12020369
5	传化集团有限公司	11173172
6	振烨国际产业控股集团（深圳）有限公司	8105145
7	中国铁路物资集团有限公司	6577404
8	河北省物流产业集团有限公司	6111800
9	广东省广物控股集团有限公司	5063517
10	郑州中瑞实业集团有限公司	4981717
11	中融新大集团有限公司	4182191
12	深圳金雅福控股集团有限公司	4102225
13	深圳市信利康供应链管理有限公司	3044375
14	德邦物流股份有限公司	2750345
15	广西现代物流集团有限公司	2625541
16	合肥维天运通信息科技股份有限公司	2576226
17	中通快递股份有限公司	2521429
18	深圳市富森供应链管理有限公司	2244209
19	申通快递有限公司	2156605
20	贵州现代物流产业（集团）有限责任公司	1931453
21	武汉物易云通网络科技有限公司	1515094
22	广东宏川集团有限公司	1494612
23	准时达国际供应链管理有限公司	1347769
24	安徽华源医药集团股份有限公司	1331907
25	深圳市华富洋供应链有限公司	1319282
26	浙江中外运有限公司	1212568
27	江苏大经供应链股份有限公司	1156612
28	吉旗物联科技（天津）有限公司	1136009
29	上海天地汇供应链科技有限公司	1049089
30	漳州路桥物资发展有限公司	1000228
31	深圳市英捷迅实业发展有限公司	984880
32	鑫荣懋集团股份有限公司	947530
33	玖隆钢铁物流有限公司	925902
34	青海省物产集团有限公司	898650
35	深圳市九立供应链股份有限公司	880233
36	江苏省煤炭运销有限公司	837455
37	深圳市递四方速递有限公司	672038
	合计	197997043
电信服务		

续表

排名	企业名称	营业收入/万元
1	中国移动通信集团有限公司	77159747
2	中国电信集团有限公司	49266732
3	中国联合网络通信集团有限公司	30488253
	合计	156914732

排名	企业名称	营业收入/万元
信息技术服务		
1	神州数码集团股份有限公司	9206044
2	汇通达网络股份有限公司	4961023
3	云账户技术（天津）有限公司	4140397
4	深圳华强集团有限公司	2378916
5	广州无线电集团有限公司	1683380
6	浙江世纪华通集团股份有限公司	1498297
7	江苏满运软件科技有限公司	1469013
8	广州酷狗计算机科技有限公司	1357599
9	软通动力信息技术（集团）股份有限公司	1299929
10	广州华多网络科技有限公司	962157
11	佳都集团有限公司	862050
12	新大陆科技集团有限公司	751722
13	上海盛趣科技（集团）有限公司	719828
14	好活（昆山）网络科技有限公司	629685
15	福建网龙计算机网络信息技术有限公司	613764
	合计	32533804

排名	企业名称	营业收入/万元
互联网服务		
1	京东集团股份有限公司	74580189
2	阿里巴巴集团控股有限公司	71728900
3	腾讯控股有限公司	48206400
4	美团公司	11479451
5	百度网络技术有限公司	10770400
6	网易公司	7366713
7	上海钢联电子商务股份有限公司	5852122
8	通鼎集团有限公司	4511879
9	无锡市不锈钢电子交易中心有限公司	2433146
10	山西云时代技术有限公司	2147829
11	携程计算机（上海）有限公司	1832700
12	芒果超媒股份有限公司	1400554
13	分众传媒信息技术股份有限公司	1209711
14	深圳乐信控股有限公司	1164526
15	东方明珠新媒体股份有限公司	1003335
16	欧菲斯集团股份有限公司	651555
	合计	246339410

排名	企业名称	营业收入/万元
能源矿产商贸		
1	中国航空油料集团有限公司	15131594
2	重庆千信集团有限公司	4068020
3	杭州东恒石油有限公司	3178373
4	青岛世纪瑞丰集团有限公司	2432325
5	武汉联杰能源有限公司	2064612
6	张家港保税区旭江贸易有限公司	2039519
7	张家港保税区昌荣贸易有限公司	1490654
8	盐城市国有资产投资集团有限公司	1311105
9	熠丰（武汉）能源有限公司	1171119
10	张家港保税区日祥贸易有限公司	1024937
11	上海龙宇燃油股份有限公司	894347
12	宁波力勤资源科技开发有限公司	774895
13	天津恒运能源集团股份有限公司	661310
	合计	36242810

排名	企业名称	营业收入/万元
化工医药商贸		
1	中国中化集团有限公司	43845360
2	浙江前程投资股份有限公司	6620344
3	南京新工投资集团有限责任公司	4848350
4	瑞康医药集团股份有限公司	2720388
5	漳州市九龙江集团有限公司	2171541
6	江阴市金桥化工有限公司	1792031
7	大参林药业集团股份有限公司	1458286
8	常州市化工轻工材料总公司	1323278
9	日出实业集团有限公司	1108877

续表

排名	企业名称	营业收入/万元	排名	企业名称	营业收入/万
10	安徽天星医药集团有限公司	1083939	9	石羊农业集团股份有限公司	1038373
11	福州锦泽石化有限公司	835398	10	宁波市绿顺集团股份有限公司	725579
12	福建省福化工贸股份有限公司	821610		合计	67418755
13	张家港银贝贸易有限公司	803932			
14	江苏百步国际贸易有限公司	761907	生产资料商贸		
15	张家港恒泰佳居贸易有限公司	707565	1	广东鼎龙实业集团有限公司	13462321
16	浙江万丰企业集团公司	656192	2	厦门路桥工程物资有限公司	5730709
17	江阴市川江化工有限公司	610369	3	安徽辉隆投资集团有限公司	1634649
	合计	72169367	4	黑龙江倍丰农业生产资料集团有限公司	1388334
			5	厦门航空开发股份有限公司	1139279
机电商贸			6	江苏嘉奕和铜业科技发展有限公司	1097732
1	中国通用技术（集团）控股有限责任公司	19581759	7	广东天禾农资股份有限公司	1003687
	合计	19581759	8	江阴市凯竹贸易有限公司	810378
			9	新疆农资（集团）有限责任公司	708728
生活消费品商贸			10	江苏中电豪信电子科技有限公司	689849
1	唯品会控股有限公司	10185849	11	无锡市宝金石油化工有限公司	656016
2	浙江省国际贸易集团有限公司	7189989	12	江阴达赛贸易有限公司	630101
3	新华锦集团	3616207		合计	28951783
4	浙江建华集团有限公司	2388253			
5	润华集团股份有限公司	1863935	金属品商贸		
6	砂之船商业管理集团有限公司	1725606	1	西安迈科金属国际集团有限公司	12887046
7	浙江凯喜雅国际股份有限公司	1011129	2	物产中大金属集团有限公司	11937540
8	安克创新科技股份有限公司	935263	3	上海均和集团有限公司	11762032
	合计	28916231	4	大汉控股集团有限公司	5439571
			5	上海闽路润贸易有限公司	4875304
农产品及食品批发			6	张家港保税区立信投资有限公司	3692686
1	中粮集团有限公司	53030503	7	华南物资集团有限公司	3310915
2	深圳市中农网有限公司	4028649	8	江阴长三角钢铁集团有限公司	3028876
3	江苏无锡朝阳集团股份有限公司	2377873	9	张家港市沃丰贸易有限公司	1931470
4	浙江省农村发展集团有限公司	1486789	10	张家港市泽厚贸易有限公司	1719783
5	厦门夏商集团有限公司	1225608	11	天津津路钢铁实业有限公司	1572384
6	深圳市深粮控股股份有限公司	1188453	12	汇金钢铁（天津）集团有限公司	1090093
7	湖南粮食集团有限责任公司	1186556	13	苏州裕景泰控股有限公司	1078837
8	黑龙江省农业投资集团有限公司	1130372	14	张家港保税区彬鹏贸易有限公司	851334

续表

排名	企业名称	营业收入/万元
15	宝裕发展有限公司	777920
16	万马联合控股集团有限公司	688630
17	福然德股份有限公司	668881
	合计	67313302
综合商贸		
1	厦门国贸控股集团有限公司	40212600
2	浙江省兴合集团有限责任公司	13010772
3	东方国际（集团）有限公司	9235469
4	中基宁波集团股份有限公司	7913177
5	兰州新区商贸物流投资集团有限公司	6815822
6	远大物产集团有限公司	5860283
7	江苏国泰国际集团股份有限公司	5563778
8	四川省商业投资集团有限责任公司	4517092
9	江苏汇鸿国际集团股份有限公司	3785819
10	洛阳国宏投资集团有限公司	2672115
11	重庆对外经贸（集团）有限公司	2333870
12	广东优友网络科技有限公司	2300178
13	江苏省苏豪控股集团有限公司	1808297
14	青岛西海岸新区海洋控股集团有限公司	1619295
15	信誉楼百货集团有限公司	1583803
16	维科控股集团股份有限公司	1524478
17	厦门市嘉晟对外贸易有限公司	1350237
18	湖南博深实业集团有限公司	1257368
19	厦门鑫东森控股有限公司	1039322
20	孩子王儿童用品股份有限公司	835544
21	宁波海田控股集团有限公司	825734
22	无锡商业大厦大东方股份有限公司	793631
23	浙江东海长城石化股份有限公司	735184
24	浙江华瑞集团有限公司	711600
25	北方国际集团有限公司	649444
	合计	118954912
连锁超市及百货		

排名	企业名称	营业收入/万元
1	永辉超市股份有限公司	9319911
2	百联集团有限公司	6211884
3	物美科技集团有限公司	5567770
4	步步高投资集团股份有限公司	4302278
5	山东省商业集团有限公司	3688895
6	月星集团有限公司	3021932
7	利群集团股份有限公司	2712631
8	淄博商厦股份有限公司	1949194
9	石家庄北国人百集团有限责任公司	1600702
10	杭州联华华商集团有限公司	1450376
11	江西绿滋肴控股有限公司	1137889
12	广州商贸投资控股集团有限公司	1133689
13	湖南佳惠百货有限责任公司	940225
14	山西美特好连锁超市股份有限公司	823364
15	青岛利客来集团股份有限公司	678000
	合计	44538740
汽车摩托车零售		
1	新疆广汇实业投资（集团）有限责任公司	18939387
2	中升集团控股有限公司	14834807
3	上海永达控股（集团）有限公司	7983600
4	恒信汽车集团股份有限公司	7051452
5	河北省国和投资集团有限公司	4125996
6	庞大汽贸集团股份有限公司	2738561
7	江苏万帮金之星车业投资集团有限公司	2563424
8	浙江宝利德股份有限公司	2251757
9	山东远通汽车贸易集团有限公司	1785466
10	湖南永通集团有限公司	1621105
11	广微控股有限公司	1473760
12	欧龙汽车贸易集团有限公司	1419787
13	广东鸿粤汽车销售集团有限公司	1313493
14	湖南兰天集团有限公司	1274704
15	万友汽车投资有限公司	1194235
16	天津捷通达汽车投资集团有限公司	1068426

续表

排名	企业名称	营业收入/万元
17	浙江恒威投资集团有限公司	921022
18	蓝池集团有限公司	881969
19	山西大昌汽车集团有限公司	798532
20	安徽亚夏实业股份有限公司	703158
21	重庆百事达汽车有限公司	690825
22	宁波轿辰集团股份有限公司	674009
23	吉林省华阳集团有限公司	670262
	合计	76979737

家电及电子产品零售		
1	苏宁控股集团	58278071
2	国美控股集团有限公司	31047660
3	深圳市爱施德股份有限公司	6418995
4	南京新华海科技产业集团有限公司	2310405
	合计	98055131

医药及医疗器材零售		
1	中国医药集团有限公司	53321958
2	重庆医药（集团）股份有限公司	4521953
3	浙江英特药业有限责任公司	2500669
4	广西柳州医药股份有限公司	1566866
5	鹭燕医药股份有限公司	1553127
6	老百姓大药房连锁股份有限公司	1396669
7	益丰大药房连锁股份有限公司	1314450
	合计	66175692

商业银行		
1	中国工商银行股份有限公司	126128136
2	中国建设银行股份有限公司	114475400
3	中国农业银行股份有限公司	106043500
4	中国银行股份有限公司	92280100
5	交通银行股份有限公司	46617700
6	招商银行股份有限公司	42007400
7	兴业银行股份有限公司	36786700

排名	企业名称	营业收入/万元
8	上海浦东发展银行股份有限公司	36309900
9	中国民生银行股份有限公司	33862440
10	华夏银行股份有限公司	16423000
11	北京银行股份有限公司	12665100
12	上海银行股份有限公司	9853783
13	南京银行股份有限公司	6964558
14	渤海银行股份有限公司	6621688
15	重庆农村商业银行股份有限公司	4990405
16	盛京银行股份有限公司	4512775
17	恒丰银行股份有限公司	4480390
18	上海农村商业银行股份有限公司	4155550
19	广州农村商业银行股份有限公司	4090552
20	深圳前海微众银行股份有限公司	3596648
21	天津银行股份有限公司	3425879
22	长沙银行股份有限公司	3274701
23	郑州银行股份有限公司	2746715
24	东莞农村商业银行股份有限公司	2169928
25	江西银行股份有限公司	2123278
26	华融湘江银行股份有限公司	2113371
27	贵州银行股份有限公司	2112946
28	吉林银行股份有限公司	2002692
29	九江银行股份有限公司	1976543
30	青岛银行股份有限公司	1972669
31	桂林银行股份有限公司	1806111
32	青岛农村商业银行股份有限公司	1668464
33	天津农村商业银行股份有限公司	1478817
34	洛阳银行股份有限公司	1424499
35	广西北部湾银行股份有限公司	1332968
36	重庆银行股份有限公司	1304835
37	张家口银行股份有限公司	1256870
38	吉林九台农村商业银行股份有限公司	1098157
39	重庆三峡银行股份有限公司	1065204
40	赣州银行股份有限公司	921351
41	沧州银行股份有限公司	809167

续表

排名	企业名称	营业收入/万元
42	莱商银行股份有限公司	797127
43	无锡农村商业银行股份有限公司	773829
44	柳州银行股份有限公司	737888
45	江苏张家港农村商业银行股份有限公司	704087
46	江苏江阴农村商业银行股份有限公司	609351
	合计	754573172
保险业		
1	中国人寿保险（集团）公司	99766657
2	中国人民保险集团股份有限公司	58369600
3	中国太平洋保险（集团）股份有限公司	42218239
4	泰康保险集团股份有限公司	24478229
5	中国太平保险集团有限责任公司	24467745
6	新华人寿保险股份有限公司	20653800
7	中国再保险（集团）股份有限公司	16819440
8	阳光保险集团股份有限公司	11497979
9	前海人寿保险股份有限公司	9387258
10	中华联合保险集团股份有限公司	5396526
11	渤海人寿保险股份有限公司	1006202
	合计	314061675
证券业		
1	兴华财富集团有限公司	5082717
2	海通证券股份有限公司	3821982
3	广发证券股份有限公司	2915349
4	中泰证券股份有限公司	1035222
5	东方财富信息股份有限公司	823856
6	方正证券股份有限公司	754181
7	东北证券股份有限公司	660961
	合计	15094268
基金、信托及其他金融服务		
1	浙江永安资本管理有限公司	2312293
2	马上消费金融股份有限公司	1440085
3	天弘基金管理有限公司	837739
4	重庆国际信托股份有限公司	769282
	合计	5359399
多元化金融		
1	中国平安保险（集团）股份有限公司	132141486
2	中国中信集团有限公司	51535674
3	招商局集团有限公司	41593770
4	中国光大集团股份公司	36866010
5	深圳市投资控股有限公司	21489121
6	上海新增鼎资产管理有限公司	4177875
7	武汉金融控股（集团）有限公司	3898289
8	中国万向控股有限公司	2872934
9	青岛西海岸新区融合控股集团有限公司	2205205
10	广州金融控股集团有限公司	2067843
11	赣州发展投资控股集团有限责任公司	1027551
12	山东鲁信投资控股集团有限公司	1011379
	合计	300887137
住宅地产		
1	恒大集团有限公司	50724800
2	碧桂园控股有限公司	46285600
3	绿地控股集团股份有限公司	45606199
4	万科企业股份有限公司	41911168
5	中南控股集团有限公司	33009152
6	阳光龙净集团有限公司	25021130
7	融创中国控股有限公司	23058734
8	龙湖集团控股有限公司	18454730
9	珠海华发集团有限公司	10919024
10	卓尔控股有限公司	10208663
11	弘阳集团有限公司	9787913
12	奥园集团有限公司	8835171
13	重庆市迪马实业股份有限公司	8679400
14	天津泰达投资控股有限公司	8653070

续表

排名	企业名称	营业收入/万元	排名	企业名称	营业收入/万元
15	重庆华宇集团有限公司	8084989	49	福建三木集团股份有限公司	843907
16	荣盛控股股份有限公司	8072639	50	厦门住宅建设集团有限公司	772171
17	广州越秀集团股份有限公司	6965922	51	上海临港经济发展（集团）有限公司	747049
18	上海中梁企业发展有限公司	6615524	52	福建发展集团有限公司	704532
19	绿城房地产集团有限公司	5803567	53	中锐控股集团有限公司	652911
20	建业控股有限公司	5724197		合计	453483933
21	北京首都开发控股（集团）有限公司	5247846			
22	龙记泰信实业集团有限公司	5213655	商业地产		
23	重庆中昂投资集团有限公司	4624605	1	天津亿联控股集团有限公司	3701796
24	祥生地产集团有限公司	4572626	2	宝龙地产控股有限公司	3549530
25	北京江南投资集团有限公司	3974219	3	天津现代集团有限公司	1685112
26	重庆市中科控股有限公司	3674382		合计	8936438
27	厦门中骏集团有限公司	3573089			
28	文一投资控股集团	3327056	多元化投资		
29	苏州金螳螂企业（集团）有限公司	3192217	1	重庆市金科投资控股（集团）有限责任公司	22381421
30	广州市方圆房地产发展有限公司	2941845	2	浙江省交通投资集团有限公司	19436092
31	北京金融街投资（集团）有限公司	2899190	3	云南省投资控股集团有限公司	17861994
32	杭州滨江房产集团股份有限公司	2859680	4	国家开发投资集团有限公司	15307859
33	大华（集团）有限公司	2513157	5	杭州市实业投资集团有限公司	15222889
34	福州城市建设投资集团有限公司	2487751	6	云南省建设投资控股集团有限公司	15059527
35	联发集团有限公司	2390374	7	山东省国有资产投资控股有限公司	8619026
36	厦门海沧投资集团有限公司	1816953	8	陕西投资集团有限公司	7541571
37	广州珠江实业集团有限公司	1223893	9	广东省广晟控股集团有限公司	7464437
38	四川邦泰投资有限责任公司	1164030	10	广东省广新控股集团有限公司	7113661
39	南京大地建设集团有限责任公司	1106656	11	杭州市城市建设投资集团有限公司	3972538
40	厦门禹洲集团股份有限公司	1041160	12	湖北省交通投资集团有限公司	3324888
41	广西云星集团有限公司	1022397	13	广州市城市建设投资集团有限公司	3320528
42	绿城物业服务集团有限公司	1010564	14	青岛城市建设投资（集团）有限责任公司	3291675
43	保集控股集团有限公司	965784	15	广东粤海控股集团有限公司	3149880
44	卓正控股集团有限公司	934725	16	云南省康旅控股集团有限公司	3144751
45	上海大发房地产集团有限公司	915692	17	卓越置业集团有限公司	3126966
46	厦门经济特区房地产开发集团有限公司	906705	18	源山投资控股有限公司	2854553
47	天津住宅建设发展集团有限公司	887016	19	武汉当代科技产业集团股份有限公司	2714402
48	安徽文峰置业有限公司	854504	20	北京中能昊龙投资控股集团有限公司	2639869

续表

排名	企业名称	营业收入/万元
21	宁波君安控股有限公司	1718611
22	西安城市基础设施建设投资集团有限公司	1626666
23	曹妃甸国控投资集团有限公司	1537985
24	青岛西海岸发展（集团）有限公司	1431922
25	厦门恒兴集团有限公司	1220631
26	河北省国有资产控股运营有限公司	1070171
27	广西农村投资集团有限公司	1069792
28	广州南方投资集团有限公司	862125
29	广州交通投资集团有限公司	749831
30	南宁威宁投资集团有限责任公司	653792
31	广州开发区控股集团有限公司	634890
	合计	180124943

人力资源服务		
1	中国国际技术智力合作集团有限公司	11853051
2	北京外企服务集团有限责任公司	10148195
3	广州红海人力资源集团股份有限公司	1564751
4	上海博尔捷企业集团有限公司	1111271
5	广州仕邦投资控股有限公司	757295
6	福建省人力资源服务有限公司	602990
	合计	26037553

科技研发、规划设计		
1	华东建筑集团股份有限公司	861373
2	长江勘测规划设计研究院	670714
	合计	1532087

国际经济合作（工程承包）		
1	中国江苏国际经济技术合作集团有限公司	1517356
	合计	1517356

旅游和餐饮		
1	中国旅游集团有限公司	6992848
2	北京首都旅游集团有限责任公司	3310762
3	四川众心乐旅游资源开发有限公司	924831
4	岭南生态文旅股份有限公司	665128
	合计	11893569

文化娱乐		
1	华侨城集团有限公司	14708022
2	中原出版传媒投资控股集团有限公司	2197815
3	西安曲江文化产业投资（集团）有限公司	1856281
4	安徽出版集团有限责任公司	1766343
5	安徽新华发行（集团）控股有限公司	1385342
6	浙江出版联合集团有限公司	1142656
7	中南出版传媒集团股份有限公司	1047301
8	上海米哈游网络科技股份有限公司	1012787
9	四川新华出版发行集团有限公司	923775
10	新华文轩出版传媒股份有限公司	900806
	合计	26941128

教育服务		
1	北京学而思教育科技有限公司	3147060
	合计	3147060

医疗卫生健康服务		
1	九州通医药集团股份有限公司	11085951
2	华东医药股份有限公司	3368306
3	爱尔眼科医院集团股份有限公司	1191241
	合计	15645498

综合服务业		
1	中国华润有限公司	68611944
2	中国保利集团公司	40069966
3	中国机械工业集团有限公司	28287460
4	雪松控股集团有限公司	23347530
5	广西投资集团有限公司	19118515
6	东浩兰生（集团）有限公司	16183072

续表

排名	企业名称	营业收入/万元	排名	企业名称	营业收入/万元
7	中国节能环保集团有限公司	4439436	14	宁波滕头集团有限公司	1112608
8	上海均瑶（集团）有限公司	3192952	15	广州岭南国际企业集团有限公司	840955
9	金鹏控股集团有限公司	2891226	16	郑州公用事业投资发展集团有限公司	819656
10	世纪金源投资集团有限公司	2875423	17	富润控股集团有限公司	802502
11	武汉商贸集团有限公司	2767758	18	华茂集团股份有限公司	796617
12	湖北省联投控股有限公司	2711948		合计	220991945
13	上海协通（集团）有限公司	2122377			

表 11－3 2021 中国服务业企业 500 强各地区分布

排名	企业名称	营业收入/万元
北京		
1	国家电网有限公司	266766782
2	中国工商银行股份有限公司	126128136
3	中国建设银行股份有限公司	114475400
4	中国农业银行股份有限公司	106043500
5	中国人寿保险（集团）公司	99766657
6	中国银行股份有限公司	92280100
7	中国移动通信集团有限公司	77159747
8	京东集团股份有限公司	74580189
9	中国邮政集团有限公司	66449974
10	中国人民保险集团股份有限公司	58369600
11	中国医药集团有限公司	53321958
12	中粮集团有限公司	53030503
13	中国中信集团有限公司	51535674
14	中国电信集团有限公司	49266732
15	中国中化集团有限公司	43845360
16	招商局集团有限公司	41593770
17	中国保利集团公司	40069966
18	中国光大集团股份公司	36866010
19	中国民生银行股份有限公司	33862440
20	国美控股集团有限公司	31047660
21	中国联合网络通信集团有限公司	30488253
22	中国机械工业集团有限公司	28287460
23	泰康保险集团股份有限公司	24478229
24	新华人寿保险股份有限公司	20653800
25	中国通用技术（集团）控股有限责任公司	19581759
26	中国再保险（集团）股份有限公司	16819440
27	华夏银行股份有限公司	16423000
28	国家开发投资集团有限公司	15307859
29	中国航空油料集团有限公司	15131594
30	北京银行股份有限公司	12665100
31	中国国际技术智力合作集团有限公司	11853051
32	百度网络技术有限公司	10770400
33	北京外企服务集团有限责任公司	10148195
34	北京控股集团有限公司	10126115
35	神州数码集团股份有限公司	9206044
36	中国国际航空股份有限公司	7386070
37	网易公司	7366713
38	中国旅游集团有限公司	6992848
39	北京能源集团有限责任公司	6940960
40	中国铁路物资集团有限公司	6577404
41	物美科技集团有限公司	5567770
42	中华联合保险集团股份有限公司	5396526
43	北京首都创业集团有限公司	5270094
44	北京首都开发控股（集团）有限公司	5247846
45	中国节能环保集团有限公司	4439436
46	中铁集装箱运输有限责任公司	4394572
47	北京江南投资集团有限公司	3974219
48	北京首都旅游集团有限责任公司	3310762
49	北京学而思教育科技有限公司	3147060
50	北京金融街投资（集团）有限公司	2899190
51	世纪金源投资集团有限公司	2875423
52	北京中能昊龙投资控股集团有限公司	2639869
53	软通动力信息技术（集团）股份有限公司	1299929
	合计	1854127148
上海		
1	交通银行股份有限公司	46617700
2	绿地控股集团股份有限公司	45606199
3	中国太平洋保险（集团）股份有限公司	42218239
4	上海浦东发展银行股份有限公司	36309900
5	中国远洋海运集团有限公司	33118871
6	中国太平保险集团有限责任公司	24467745
7	东浩兰生（集团）有限公司	16183072
8	上海均和集团有限公司	11762032
9	美团公司	11479451
10	上海银行股份有限公司	9853783
11	东方国际（集团）有限公司	9235469

续表

排名	企业名称	营业收入/万元	排名	企业名称	营业收入/万元
12	上海永达控股（集团）有限公司	7983600	46	上海临港经济发展（集团）有限公司	747049
13	中国东方航空集团有限公司	7387773	47	上海盛趣科技（集团）有限公司	719828
14	上海中梁企业发展有限公司	6615524	48	福然德股份有限公司	668881
15	百联集团有限公司	6211884	49	中锐控股集团有限公司	652911
16	上海钢联电子商务股份有限公司	5852122		合计	388342645
17	上海闽路润贸易有限公司	4875304			
18	申能（集团）有限公司	4474359	天津		
19	上海新增鼎资产管理有限公司	4177875	1	融创中国控股有限公司	23058734
20	上海农村商业银行股份有限公司	4155550	2	天津泰达投资控股有限公司	8653070
21	海通证券股份有限公司	3821982	3	渤海银行股份有限公司	6621688
22	宝龙地产控股有限公司	3549530	4	云账户技术（天津）有限公司	4140397
23	上海均瑶（集团）有限公司	3192952	5	天津亿联控股集团有限公司	3701796
24	月星集团有限公司	3021932	6	天津银行股份有限公司	3425879
25	中国万向控股有限公司	2872934	7	天津港（集团）有限公司	2700003
26	源山投资控股有限公司	2854553	8	天津现代集团有限公司	1685112
27	德邦物流股份有限公司	2750345	9	天津津路钢铁实业有限公司	1572384
28	上海国际港务（集团）股份有限公司	2611946	10	天津城市基础设施建设投资集团有限公司	1565424
29	中通快递股份有限公司	2521429	11	天津农村商业银行股份有限公司	1478817
30	大华（集团）有限公司	2513157	12	吉旗物联科技（天津）有限公司	1136009
31	上海协通（集团）有限公司	2122377	13	汇金钢铁（天津）集团有限公司	1090093
32	携程计算机（上海）有限公司	1832700	14	天津捷通达汽车投资集团有限公司	1068426
33	广微控股有限公司	1473760	15	渤海人寿保险股份有限公司	1006202
34	分众传媒信息技术股份有限公司	1209711	16	天津住宅建设发展集团有限公司	887016
35	上海博尔捷企业集团有限公司	1111271	17	天弘基金管理有限公司	837739
36	上海天地汇供应链科技有限公司	1049089	18	天津恒运能源集团股份有限公司	661310
37	上海春秋国际旅行社（集团）有限公司	1030291	19	北方国际集团有限公司	649444
38	上海米哈游网络科技股份有限公司	1012787		合计	65939543
39	东方明珠新媒体股份有限公司	1003335			
40	保集控股集团有限公司	965784	重庆		
41	上海机场（集团）有限公司	950391	1	重庆市金科投资控股（集团）有限责任公司	22381421
42	上海大发房地产集团有限公司	915692	2	龙湖集团控股有限公司	18454730
43	上海龙宇燃油股份有限公司	894347	3	重庆市迪马实业股份有限公司	8679400
44	华东建筑集团股份有限公司	861373	4	重庆华宇集团有限公司	8084989
45	东方财富信息股份有限公司	823856	5	重庆农村商业银行股份有限公司	4990405

续表

排名	企业名称	营业收入/万元
6	重庆中昂投资集团有限公司	4624605
7	重庆医药（集团）股份有限公司	4521953
8	重庆市能源投资集团有限公司	4242164
9	重庆千信集团有限公司	4068020
10	重庆市中科控股有限公司	3674382
11	华南物资集团有限公司	3310915
12	重庆对外经贸（集团）有限公司	2333870
13	重庆高速公路集团有限公司	2314856
14	砂之船商业管理集团有限公司	1725606
15	重庆交通运输控股（集团）有限公司	1646241
16	马上消费金融股份有限公司	1440085
17	重庆银行股份有限公司	1304835
18	万友汽车投资有限公司	1194235
19	重庆三峡银行股份有限公司	1065204
20	重庆国际信托股份有限公司	769282
21	重庆百事达汽车有限公司	690825
22	欧菲斯集团股份有限公司	651555
23	重庆港务物流集团有限公司	614156
	合计	102783734
黑龙江		
1	黑龙江倍丰农业生产资料集团有限公司	1388334
2	黑龙江省农业投资集团有限公司	1130372
	合计	2518706
吉林		
1	吉林银行股份有限公司	2002692
2	吉林九台农村商业银行股份有限公司	1098157
3	吉林省华阳集团有限公司	670262
4	东北证券股份有限公司	660961
	合计	4432072
辽宁		
1	中升集团控股有限公司	14834807
2	盛京银行股份有限公司	4512775
3	圆通速递股份有限公司	3490704
	合计	22838286
河北		
1	新奥天然气股份有限公司	8809877
2	荣盛控股股份有限公司	8072639
3	河北省物流产业集团有限公司	6111800
4	兴华财富集团有限公司	5082717
5	河北省国和投资集团有限公司	4125996
6	庞大汽贸集团股份有限公司	2738561
7	河北港口集团有限公司	1662302
8	石家庄北国人百集团有限责任公司	1600702
9	信誉楼百货集团有限公司	1583803
10	河北高速公路集团有限公司	1563624
11	曹妃甸国控投资集团有限公司	1537985
12	河北交通投资集团公司	1259716
13	张家口银行股份有限公司	1256870
14	河北省国有资产控股运营有限公司	1070171
15	卓正控股集团有限公司	934725
16	蓝池集团有限公司	881969
17	沧州银行股份有限公司	809167
18	唐山港集团股份有限公司	783727
	合计	49886351
河南		
1	建业控股有限公司	5724197
2	郑州中瑞实业集团有限公司	4981717
3	郑州银行股份有限公司	2746715
4	洛阳国宏投资集团有限公司	2672115
5	中原出版传媒投资控股集团有限公司	2197815
6	洛阳银行股份有限公司	1424499
7	河南交通投资集团有限公司	1404074
8	河南蓝天集团有限公司	952466

续表

排名	企业名称	营业收入/万元
9	郑州公用事业投资发展集团有限公司	819656
	合计	22923254
山东		
1	山东高速集团有限公司	14189091
2	山东省国有资产投资控股有限公司	8619026
3	水发集团有限公司	4522925
4	恒丰银行股份有限公司	4480390
5	中融新大集团有限公司	4182191
6	山东省商业集团有限公司	3688895
7	新华锦集团	3616207
8	青岛城市建设投资（集团）有限责任公司	3291675
9	奥德集团有限公司	3030466
10	瑞康医药集团股份有限公司	2720388
11	利群集团股份有限公司	2712631
12	青岛世纪瑞丰集团有限公司	2432325
13	青岛西海岸新区融合控股集团有限公司	2205205
14	山东港口日照港集团有限公司	2014755
15	青岛银行股份有限公司	1972669
16	淄博商厦股份有限公司	1949194
17	润华集团股份有限公司	1863935
18	山东远通汽车贸易集团有限公司	1785466
19	青岛农村商业银行股份有限公司	1668464
20	青岛西海岸新区海洋控股集团有限公司	1619295
21	青岛港（集团）有限公司	1579337
22	青岛西海岸发展（集团）有限公司	1431922
23	中泰证券股份有限公司	1035222
24	烟台港集团有限公司	1029209
25	山东鲁信投资控股集团有限公司	1011379
26	莱商银行股份有限公司	797127
27	青岛利客来集团股份有限公司	678000
	合计	80127389
山西		

排名	企业名称	营业收入/万元
1	山西云时代技术有限公司	2147829
2	山西美特好连锁超市股份有限公司	823364
3	山西大昌汽车集团有限公司	798532
	合计	3769725
陕西		
1	西安迈科金属国际集团有限公司	12887046
2	东岭集团股份有限公司	12020369
3	陕西投资集团有限公司	7541571
4	龙记泰信实业集团有限公司	5213655
5	西安曲江文化产业投资（集团）有限公司	1856281
6	西安城市基础设施建设投资集团有限公司	1626666
7	石羊农业集团股份有限公司	1038373
	合计	42183961
安徽		
1	文一投资控股集团	3327056
2	金鹏控股集团有限公司	2891226
3	合肥维天运通信息科技股份有限公司	2576226
4	安徽出版集团有限责任公司	1766343
5	安徽辉隆投资集团有限公司	1634649
6	安徽新华发行（集团）控股有限公司	1385342
7	安徽华源医药集团股份有限公司	1331907
8	安徽天星医药集团有限公司	1083939
9	安徽文峰置业有限公司	854504
10	安徽国祯集团股份有限公司	845499
11	安徽亚夏实业股份有限公司	703158
	合计	18399849
江苏		
1	苏宁控股集团	58278071
2	中南控股集团有限公司	33009152
3	弘阳集团有限公司	9787913
4	南京银行股份有限公司	6964558

续表

排名	企业名称	营业收入/万元	排名	企业名称	营业收入/万元
5	江苏国泰国际集团股份有限公司	5563778	39	孩子王儿童用品股份有限公司	835544
6	汇通达网络股份有限公司	4961023	40	江阴市凯竹贸易有限公司	810378
7	南京新工投资集团有限责任公司	4848350	41	张家港银贝贸易有限公司	803932
8	通鼎集团有限公司	4511879	42	无锡商业大厦大东方股份有限公司	793631
9	江苏汇鸿国际集团股份有限公司	3785819	43	无锡农村商业银行股份有限公司	773829
10	张家港保税区立信投资有限公司	3692686	44	江苏百步国际贸易有限公司	761907
11	苏州金螳螂企业（集团）有限公司	3192217	45	张家港恒泰佳居贸易有限公司	707565
12	江阴长三角钢铁集团有限公司	3028876	46	江苏张家港农村商业银行股份有限公司	704087
13	东华能源股份有限公司	2908175	47	江苏中电豪信电子科技有限公司	689849
14	江苏万帮金之星车业投资集团有限公司	2563424	48	无锡市宝金石油化工有限公司	656016
15	无锡市不锈钢电子交易中心有限公司	2433146	49	江阴达赛贸易有限公司	630101
16	江苏无锡朝阳集团股份有限公司	2377873	50	好活（昆山）网络科技有限公司	629685
17	南京新华海科技产业集团有限公司	2310405	51	江阴市川江化工有限公司	610369
18	无锡市国联发展（集团）有限公司	2249248	52	江苏江阴农村商业银行股份有限公司	609351
19	张家港保税区旭江贸易有限公司	2039519		合计	193647963
20	张家港市沃丰贸易有限公司	1931470			
21	江苏省苏豪控股集团有限公司	1808297	湖南		
22	江阴市金桥化工有限公司	1792031	1	大汉控股集团有限公司	5439571
23	张家港市泽厚贸易有限公司	1719783	2	步步高投资集团股份有限公司	4302278
24	无锡市交通产业集团有限公司	1645696	3	长沙银行股份有限公司	3274701
25	中国江苏国际经济技术合作集团有限公司	1517356	4	华融湘江银行股份有限公司	2113371
26	张家港保税区昌荣贸易有限公司	1490654	5	湖南永通集团有限公司	1621105
27	江苏满运软件科技有限公司	1469013	6	现代投资股份有限公司	1430920
28	常州市化工轻工材料总公司	1323278	7	芒果超媒股份有限公司	1400554
29	盐城市国有资产投资集团有限公司	1311105	8	老百姓大药房连锁股份有限公司	1396669
30	江苏大经供应链股份有限公司	1156612	9	湖南省高速公路集团有限公司	1385796
31	南京大地建设集团有限责任公司	1106656	10	益丰大药房连锁股份有限公司	1314450
32	江苏嘉奕和铜业科技发展有限公司	1097732	11	湖南兰天集团有限公司	1274704
33	苏州裕景泰控股有限公司	1078837	12	湖南博深实业集团有限公司	1257368
34	无锡市市政公用产业集团有限公司	1037459	13	爱尔眼科医院集团股份有限公司	1191241
35	张家港保税区日祥贸易有限公司	1024937	14	湖南粮食集团有限责任公司	1186556
36	玖隆钢铁物流有限公司	925902	15	中南出版传媒集团股份有限公司	1047301
37	张家港保税区彬鹏贸易有限公司	851334	16	湖南佳惠百货有限责任公司	940225
38	江苏省煤炭运销有限公司	837455	17	安克创新科技股份有限公司	935263

续表

排名	企业名称	营业收入/万元
18	方正证券股份有限公司	754181
	合计	32266254
湖北		
1	九州通医药集团股份有限公司	11085951
2	卓尔控股有限公司	10208663
3	恒信汽车集团股份有限公司	7051452
4	武汉金融控股（集团）有限公司	3898289
5	湖北省交通投资集团有限公司	3324888
6	武汉商贸集团有限公司	2767758
7	武汉当代科技产业集团股份有限公司	2714402
8	湖北省联投控股有限公司	2711948
9	武汉联杰能源有限公司	2064612
10	武汉物易云通网络科技有限公司	1515094
11	熠丰（武汉）能源有限公司	1171119
12	长江勘测规划设计研究院	670714
	合计	49184890
江西		
1	南昌市政公用投资控股有限责任公司	5428951
2	江西银行股份有限公司	2123278
3	九江银行股份有限公司	1976543
4	江西绿滋肴控股有限公司	1137889
5	赣州发展投资控股集团有限责任公司	1027551
6	赣州银行股份有限公司	921351
	合计	12615563
浙江		
1	阿里巴巴集团控股有限公司	71728900
2	浙江省交通投资集团有限公司	19436092
3	杭州市实业投资集团有限公司	15222889
4	浙江省兴合集团有限责任公司	13010772
5	物产中大金属集团有限公司	11937540
6	传化集团有限公司	11173172
7	浙江省能源集团有限公司	10738544
8	中基宁波集团股份有限公司	7913177
9	浙江省国际贸易集团有限公司	7189989
10	浙江前程投资股份有限公司	6620344
11	远大物产集团有限公司	5860283
12	绿城房地产集团有限公司	5803567
13	祥生地产集团有限公司	4572626
14	杭州市城市建设投资集团有限公司	3972538
15	华东医药股份有限公司	3368306
16	杭州东恒石油有限公司	3178373
17	浙江省海港投资运营集团有限公司	2971725
18	杭州滨江房产集团股份有限公司	2859680
19	浙江英特药业有限责任公司	2500669
20	浙江建华集团有限公司	2388253
21	浙江永安资本管理有限公司	2312293
22	浙江宝利德股份有限公司	2251757
23	申通快递有限公司	2156605
24	宁波君安控股有限公司	1718611
25	维科控股集团股份有限公司	1524478
26	浙江世纪华通集团股份有限公司	1498297
27	浙江省农村发展集团有限公司	1486789
28	杭州联华华商集团有限公司	1450376
29	欧龙汽车贸易集团有限公司	1419787
30	浙江中外运有限公司	1212568
31	浙江出版联合集团有限公司	1142656
32	宁波滕头集团有限公司	1112608
33	日出实业集团有限公司	1108877
34	金帝联合控股集团有限公司	1058454
35	浙江凯喜雅国际股份有限公司	1011129
36	绿城物业服务集团有限公司	1010564
37	浙江恒威投资集团有限公司	921022
38	宁波海田控股集团有限公司	825734
39	富润控股集团有限公司	802502
40	华茂集团股份有限公司	796617

续表

排名	企业名称	营业收入/万元	排名	企业名称	营业收入/万元
41	宁波力勤资源科技开发有限公司	774895	25	广东省广物控股集团有限公司	5063517
42	浙江东海长城石化股份有限公司	735184	26	深圳金雅福控股集团有限公司	4102225
43	宁波市绿顺集团股份有限公司	725579	27	广东省交通集团有限公司	4092696
44	浙江华瑞集团有限公司	711600	28	广州农村商业银行股份有限公司	4090552
45	万马联合控股集团有限公司	688630	29	深圳市中农网有限公司	4028649
46	宁波轿辰集团股份有限公司	674009	30	广州国资发展控股有限公司	3926853
47	浙江万丰企业集团公司	656192	31	深圳前海微众银行股份有限公司	3596648
	合计	244235252	32	广州市城市建设投资集团有限公司	3320528
			33	广东粤海控股集团有限公司	3149880
广东			34	卓越置业集团有限公司	3126966
1	中国平安保险（集团）股份有限公司	132141486	35	深圳市信利康供应链管理有限公司	3044375
2	中国华润有限公司	68611944	36	广州市方圆房地产发展有限公司	2941845
3	中国南方电网有限责任公司	57752408	37	广发证券股份有限公司	2915349
4	恒大集团有限公司	50724800	38	深圳华强集团有限公司	2378916
5	腾讯控股有限公司	48206400	39	广东优友网络科技有限公司	2300178
6	碧桂园控股有限公司	46285600	40	深圳市富森供应链管理有限公司	2244209
7	招商银行股份有限公司	42007400	41	广州市水务投资集团有限公司	2173567
8	万科企业股份有限公司	41911168	42	东莞农村商业银行股份有限公司	2169928
9	雪松控股集团有限公司	23347530	43	广州金融控股集团有限公司	2067843
10	深圳市投资控股有限公司	21489121	44	广州无线电集团有限公司	1683380
11	顺丰控股股份有限公司	15398687	45	广州红海人力资源集团股份有限公司	1564751
12	华侨城集团有限公司	14708022	46	广东宏川集团有限公司	1494612
13	广东鼎龙实业集团有限公司	13462321	47	大参林药业集团股份有限公司	1458286
14	阳光保险集团股份有限公司	11497979	48	广州酷狗计算机科技有限公司	1357599
15	珠海华发集团有限公司	10919024	49	准时达国际供应链管理有限公司	1347769
16	唯品会控股有限公司	10185849	50	深圳市华富洋供应链有限公司	1319282
17	前海人寿保险股份有限公司	9387258	51	广东鸿粤汽车销售集团有限公司	1313493
18	中国南方航空集团有限公司	9305143	52	广州地铁集团有限公司	1289124
19	奥园集团有限公司	8835171	53	广州元亨能源有限公司	1270154
20	振烨国际产业控股集团（深圳）有限公司	8105145	54	广州港集团有限公司	1235009
21	广东省广晟控股集团有限公司	7464437	55	广州珠江实业集团有限公司	1223893
22	广东省广新控股集团有限公司	7113661	56	深圳市深粮控股股份有限公司	1188453
23	广州越秀集团股份有限公司	6965922	57	深圳乐信控股有限公司	1164526
24	深圳市爱施德股份有限公司	6418995	58	广州商贸投资控股集团有限公司	1133689

续表

排名	企业名称	营业收入/万元
59	广东天禾农资股份有限公司	1003687
60	深圳市英捷迅实业发展有限公司	984880
61	广州华多网络科技有限公司	962157
62	鑫荣懋集团股份有限公司	947530
63	深圳市九立供应链股份有限公司	880233
64	广州南方投资集团有限公司	862125
65	佳都集团有限公司	862050
66	广州岭南国际企业集团有限公司	840955
67	宝裕发展有限公司	777920
68	广州仕邦投资控股有限公司	757295
69	佛燃能源集团股份有限公司	751457
70	广州交通投资集团有限公司	749831
71	深圳市递四方速递有限公司	672038
72	岭南生态文旅股份有限公司	665128
73	广州开发区控股集团有限公司	634890
	合计	765376391

排名	企业名称	营业收入/万元
四川		
1	四川省能源投资集团有限责任公司	6056236
2	四川省商业投资集团有限责任公司	4517092
3	四川航空股份有限公司	1608122
4	四川华油集团有限责任公司	1215470
5	四川邦泰投资有限责任公司	1164030
6	四川众心乐旅游资源开发有限公司	924831
7	四川新华出版发行集团有限公司	923775
8	新华文轩出版传媒股份有限公司	900806
	合计	17310362

排名	企业名称	营业收入/万元
福建		
1	厦门建发集团有限公司	44237231
2	厦门国贸控股集团有限公司	40212600
3	厦门象屿集团有限公司	37483544
4	兴业银行股份有限公司	36786700
5	阳光龙净集团有限公司	25021130
6	永辉超市股份有限公司	9319911
7	厦门路桥工程物资有限公司	5730709
8	福建省港口集团有限责任公司	4941062
9	厦门中骏集团有限公司	3573089
10	厦门港务控股集团有限公司	3553889
11	福州城市建设投资集团有限公司	2487751
12	联发集团有限公司	2390374
13	漳州市九龙江集团有限公司	2171541
14	厦门海沧投资集团有限公司	1816953
15	厦门翔业集团有限公司	1611683
16	鹭燕医药股份有限公司	1553127
17	厦门市嘉晟对外贸易有限公司	1350237
18	厦门夏商集团有限公司	1225608
19	厦门恒兴集团有限公司	1220631
20	厦门航空开发股份有限公司	1139279
21	厦门禹洲集团股份有限公司	1041160
22	厦门鑫东森控股有限公司	1039322
23	漳州路桥物资发展有限公司	1000228
24	厦门经济特区房地产开发集团有限公司	906705
25	福建三木集团股份有限公司	843907
26	福州锦泽石化有限公司	835398
27	福建省福化工贸股份有限公司	821610
28	厦门住宅建设集团有限公司	772171
29	新大陆科技集团有限公司	751722
30	福建发展集团有限公司	704532
31	福建网龙计算机网络信息技术有限公司	613764
32	福建省人力资源服务有限公司	602990
	合计	237760558

排名	企业名称	营业收入/万元
广西壮族自治区		
1	广西投资集团有限公司	19118515
2	广西北部湾国际港务集团有限公司	9036745
3	广西交通投资集团有限公司	4729291
4	广西现代物流集团有限公司	2625541

续表

排名	企业名称	营业收入/万元	排名	企业名称	营业收入/万元
5	桂林银行股份有限公司	1806111			
6	广西柳州医药股份有限公司	1566866	甘肃		
7	广西北部湾银行股份有限公司	1332968	1	甘肃省公路航空旅游投资集团有限公司	14544927
8	广西农村投资集团有限公司	1069792	2	兰州新区商贸物流投资集团有限公司	6815822
9	广西云星集团有限公司	1022397		合计	21360749
10	柳州银行股份有限公司	737888			
11	南宁威宁投资集团有限责任公司	653792	青海		
	合计	43699906	1	青海省物产集团有限公司	898650
				合计	898650
贵州					
1	贵州银行股份有限公司	2112946	新疆维吾尔自治区		
2	贵州现代物流产业（集团）有限责任公司	1931453	1	新疆广汇实业投资（集团）有限责任公司	18939387
	合计	4044399	2	新疆农资（集团）有限责任公司	708728
				合计	19648115
云南					
1	云南省投资控股集团有限公司	17861994	内蒙古自治区		
2	云南省建设投资控股集团有限公司	15059527	1	内蒙古电力（集团）有限责任公司	8596369
3	云南省能源投资集团有限公司	13150164	2	内蒙古公路交通投资发展有限公司	818501
4	云南省康旅控股集团有限公司	3144751		合计	9414870
	合计	49216436			

表11－4　2021中国服务业企业500强净利润排序前100名企业

排名	公司名称	净利润/万元	排名	公司名称	净利润/万元
1	中国工商银行股份有限公司	31590546	51	华侨城集团有限公司	791522
2	中国建设银行股份有限公司	27357900	52	顺丰控股股份有限公司	732608
3	中国农业银行股份有限公司	21592500	53	世纪金源投资集团有限公司	690825
4	中国银行股份有限公司	19287000	54	中国南方电网有限责任公司	689020
5	腾讯控股有限公司	15984700	55	重庆中昂投资集团有限公司	670578
6	阿里巴巴集团控股有限公司	15057800	56	厦门建发集团有限公司	657301
7	中国平安保险（集团）股份有限公司	14309841	57	国家开发投资集团有限公司	628314
8	招商银行股份有限公司	9734200	58	浙江省能源集团有限公司	621290
9	中国移动通信集团有限公司	8914881	59	宝龙地产控股有限公司	609322
10	交通银行股份有限公司	7827400	60	奥园集团有限公司	590755
11	兴业银行股份有限公司	6662600	61	唯品会控股有限公司	590696
12	上海浦东发展银行股份有限公司	5832500	62	北京江南投资集团有限公司	582173
13	京东集团股份有限公司	4940522	63	申能（集团）有限公司	581539
14	万科企业股份有限公司	4151554	64	上海米哈游网络科技股份有限公司	578000
15	招商局集团有限公司	4084391	65	中国再保险（集团）股份有限公司	571044
16	国家电网有限公司	3850471	66	阳光保险集团股份有限公司	564412
17	融创中国控股有限公司	3564378	67	中国中化集团有限公司	558279
18	碧桂园控股有限公司	3500200	68	中升集团控股有限公司	553808
19	中国民生银行股份有限公司	3430887	69	大华（集团）有限公司	543831
20	中国邮政集团有限公司	3241871	70	长沙银行股份有限公司	533840
21	中国人寿保险（集团）公司	3207214	71	恒丰银行股份有限公司	530989
22	中国华润有限公司	2987838	72	广州农村商业银行股份有限公司	508130
23	中国中信集团有限公司	2651343	73	深圳前海微众银行股份有限公司	495707
24	中国太平洋保险（集团）股份有限公司	2458394	74	浙江省交通投资集团有限公司	487633
25	泰康保险集团股份有限公司	2403704	75	东莞农村商业银行股份有限公司	485693
26	百度网络技术有限公司	2247200	76	东方财富信息股份有限公司	477811
27	北京银行股份有限公司	2148400	77	美团公司	470831
28	华夏银行股份有限公司	2127500	78	奥德集团有限公司	464507
29	上海银行股份有限公司	2088506	79	广州越秀集团股份有限公司	445401
30	中国人民保险集团股份有限公司	2006900	80	重庆银行股份有限公司	442363
31	龙湖集团控股有限公司	2000203	81	卓越置业集团有限公司	433630
32	中国光大集团股份公司	1773921	82	中通快递股份有限公司	431221
33	绿地控股集团股份有限公司	1499777	83	天津银行股份有限公司	430759
34	新华人寿保险股份有限公司	1429700	84	厦门中骏集团有限公司	412091
35	中国保利集团公司	1345101	85	分众传媒信息技术股份有限公司	400384
36	南京银行股份有限公司	1310088	86	中国机械工业集团有限公司	393906
37	中国电信集团有限公司	1301398	87	中国通用技术（集团）控股有限责任公司	385243
38	网易公司	1206275	88	阳光龙净集团有限公司	372726
39	深圳市投资控股有限公司	1146080	89	贵州银行股份有限公司	367066
40	海通证券股份有限公司	1087539	90	江苏省煤炭运销有限公司	359263
41	中国远洋海运集团有限公司	1015155	91	上海中梁企业发展有限公司	355200
42	广发证券股份有限公司	1003813	92	荣盛控股股份有限公司	338050
43	中粮集团有限公司	950570	93	弘阳集团有限公司	334398
44	重庆华宇集团有限公司	927049	94	上海盛趣科技（集团）有限公司	327411
45	中国医药集团有限公司	868503	95	郑州银行股份有限公司	316757
46	渤海银行股份有限公司	844457	96	九州通医药集团股份有限公司	307505
47	重庆农村商业银行股份有限公司	840120	97	青岛农村商业银行股份有限公司	295963
48	上海国际港务（集团）股份有限公司	830714	98	浙江世纪华通集团股份有限公司	294633
49	上海农村商业银行股份有限公司	816067	99	华融湘江银行股份有限公司	287137
50	恒大集团有限公司	807600	100	中国太平保险集团有限责任公司	286419
				中国服务业企业500强平均数	612568

表 11－5 2021 中国服务业企业 500 强资产排序前 100 名企业

排名	公司名称	资产/万元	排名	公司名称	资产/万元
1	中国工商银行股份有限公司	3334505789	51	海通证券股份有限公司	69407335
2	中国建设银行股份有限公司	2813225400	52	天津银行股份有限公司	68776020
3	中国农业银行股份有限公司	2720504700	53	国家开发投资集团有限公司	68226971
4	中国银行股份有限公司	2440265900	54	广州越秀集团股份有限公司	67546130
5	中国邮政集团有限公司	1181708989	55	华侨城集团有限公司	67103995
6	交通银行股份有限公司	1069761600	56	中粮集团有限公司	66978757
7	中国平安保险（集团）股份有限公司	952787025	57	中国中化集团有限公司	63697245
8	中国中信集团有限公司	825546695	58	中国联合网络通信集团有限公司	61581817
9	上海浦东发展银行股份有限公司	795021800	59	甘肃省公路航空旅游投资集团有限公司	61133323
10	兴业银行股份有限公司	789400000	60	云南省建设投资控股集团有限公司	60118953
11	招商银行股份有限公司	786613600	61	广西投资集团有限公司	59765667
12	中国民生银行股份有限公司	695023294	62	浙江省交通投资集团有限公司	59489359
13	中国光大集团股份公司	592390786	63	湖南省高速公路集团有限公司	57038212
14	中国人寿保险（集团）公司	506541483	64	重庆银行股份有限公司	56164140
15	国家电网有限公司	434622758	65	东莞农村商业银行股份有限公司	54840196
16	华夏银行股份有限公司	339981600	66	郑州银行股份有限公司	54781344
17	北京银行股份有限公司	290001400	67	湖北省交通投资集团有限公司	49686599
18	上海银行股份有限公司	246214402	68	珠海华发集团有限公司	48778304
19	恒大集团有限公司	230115900	69	云南省投资控股集团有限公司	47452133
20	招商局集团有限公司	222333457	70	阳光龙净集团有限公司	47355617
21	碧桂园控股有限公司	201580900	71	中国医药集团有限公司	46239608
22	中国移动通信集团有限公司	198704388	72	广州地铁集团有限公司	46067725
23	万科企业股份有限公司	186917709	73	青岛银行股份有限公司	45982761
24	中国华润有限公司	179888442	74	天津泰达投资控股有限公司	45961872
25	中国太平洋保险（集团）股份有限公司	177100444	75	江西银行股份有限公司	45869282
26	阿里巴巴集团控股有限公司	169021800	76	广发证券股份有限公司	45746369
27	中国保利集团公司	157048480	77	贵州银行股份有限公司	45640120
28	南京银行股份有限公司	151707577	78	中国再保险（集团）股份有限公司	45357689
29	绿地控股集团股份有限公司	139733629	79	广东省交通集团有限公司	44628833
30	渤海银行股份有限公司	139352313	80	广西交通投资集团有限公司	44066992
31	腾讯控股有限公司	133342500	81	厦门建发集团有限公司	43696789
32	中国人民保险集团股份有限公司	125546100	82	吉林银行股份有限公司	43449953
33	重庆农村商业银行股份有限公司	113592644	83	京东集团股份有限公司	42228779
34	泰康保险集团股份有限公司	112961614	84	九江银行股份有限公司	41579413
35	恒丰银行股份有限公司	111415463	85	北京首都创业集团有限公司	40912774
36	融创中国控股有限公司	110840520	86	青岛农村商业银行股份有限公司	40681107
37	山东高速集团有限公司	107074705	87	华融湘江银行股份有限公司	40597561
38	上海农村商业银行股份有限公司	105697668	88	阳光保险集团股份有限公司	40548049
39	盛京银行股份有限公司	103795838	89	绿城房地产集团有限公司	39563699
40	广州农村商业银行股份有限公司	102787165	90	重庆市金科投资控股（集团）有限责任公司	39059318
41	中国南方电网有限责任公司	101249591	91	北京控股集团有限公司	38833455
42	新华人寿保险股份有限公司	100437600	92	中南控股集团有限公司	38382172
43	中国太平保险集团有限责任公司	98373380	93	中国东方航空集团有限公司	38159364
44	中国电信集团有限公司	90781347	94	桂林银行股份有限公司	37698351
45	天津城市基础设施建设投资集团有限公司	85504190	95	北京首都开发控股（集团）有限公司	37128849
46	中国远洋海运集团有限公司	84988963	96	中国机械工业集团有限公司	35489807
47	深圳市投资控股有限公司	84536737	97	苏宁控股集团	35367214
48	龙湖集团控股有限公司	76515882	98	北京能源集团有限责任公司	35305719
49	广州金融控股集团有限公司	73082801	99	青岛城市建设投资（集团）有限责任公司	35053731
50	长沙银行股份有限公司	70423473	100	天津农村商业银行股份有限公司	34959582
				中国服务业企业 500 强平均数	59726499

表 11-6 2021 中国服务业企业 500 强从业人数排序前 100 名企业

排名	公司名称	从业人数/人	排名	公司名称	从业人数/人
1	国家电网有限公司	1043614	51	国美控股集团有限公司	64661
2	中国人民保险集团股份有限公司	961662	52	华侨城集团有限公司	64255
3	中国邮政集团有限公司	828278	53	东方国际（集团）有限公司	64136
4	中国农业银行股份有限公司	459000	54	中国再保险（集团）股份有限公司	63914
5	中国移动通信集团有限公司	455721	55	上海浦东发展银行股份有限公司	61686
6	中国工商银行股份有限公司	439787	56	美团公司	59642
7	中国电信集团有限公司	400945	57	兴业银行股份有限公司	59630
8	中国建设银行股份有限公司	373814	58	中国民生银行股份有限公司	59262
9	中国华润有限公司	370955	59	广东省交通集团有限公司	56946
10	中国平安保险（集团）股份有限公司	362035	60	泰康保险集团股份有限公司	56899
11	京东集团股份有限公司	310000	61	甘肃省公路航空旅游投资集团有限公司	54319
12	中国银行股份有限公司	309084	62	中国通用技术（集团）控股有限责任公司	52945
13	中国南方电网有限责任公司	288573	63	中国节能环保集团有限公司	52429
14	苏宁控股集团	280037	64	国家开发投资集团有限公司	51885
15	中国联合网络通信集团有限公司	257147	65	云南省投资控股集团有限公司	51442
16	阿里巴巴集团控股有限公司	251462	66	融创中国控股有限公司	50563
17	阳光保险集团股份有限公司	234326	67	广东省广晟控股集团有限公司	50079
18	恒大集团有限公司	200000	68	中华联合保险集团股份有限公司	47659
19	招商局集团有限公司	199000	69	百联集团有限公司	46762
20	中国人寿保险（集团）公司	182632	70	广州无线电集团有限公司	46012
21	中国医药集团有限公司	176686	71	云南省建设投资控股集团有限公司	45401
22	中粮集团有限公司	151000	72	中国旅游集团有限公司	43367
23	德邦物流股份有限公司	150000	73	山东高速集团有限公司	43196
24	中国中信集团有限公司	148283	74	百度网络技术有限公司	41000
25	万科企业股份有限公司	140656	75	华夏银行股份有限公司	39748
26	中国机械工业集团有限公司	139453	76	珠海华发集团有限公司	39735
27	顺丰控股股份有限公司	121925	77	武汉商贸集团有限公司	39734
28	永辉超市股份有限公司	120748	78	新奥天然气股份有限公司	39282
29	中国南方航空集团有限公司	119178	79	重庆交通运输控股（集团）有限公司	39050
30	中国太平洋保险（集团）股份有限公司	118119	80	浙江省交通投资集团有限公司	38777
31	中国远洋海运集团有限公司	110338	81	北京首都创业集团有限公司	37033
32	中国保利集团公司	101500	82	山东省商业集团有限公司	37032
33	中国东方航空集团有限公司	100179	83	重庆市能源投资集团有限公司	36649
34	中南控股集团有限公司	100000	84	杭州市城市建设投资集团有限公司	36409
35	物美科技集团有限公司	100000	85	内蒙古电力（集团）有限责任公司	36293
36	碧桂园控股有限公司	93500	86	新华人寿保险股份有限公司	35474
37	交通银行股份有限公司	90716	87	龙湖集团控股有限公司	35426
38	中国国际航空股份有限公司	89373	88	北京能源集团有限责任公司	35263
39	绿地控股集团股份有限公司	86251	89	南京新工投资集团有限责任公司	34553
40	腾讯控股有限公司	85858	90	山东省国有资产投资控股有限公司	33980
41	中国光大集团股份公司	78600	91	南昌市政公用投资控股有限责任公司	33727
42	招商银行股份有限公司	76585	92	携程计算机（上海）有限公司	33400
43	深圳市投资控股有限公司	75102	93	福建省港口集团有限责任公司	33341
44	软通动力信息技术（集团）股份有限公司	75000	94	老百姓大药房连锁股份有限公司	33000
45	北京学而思教育科技有限公司	74000	95	广西投资集团有限公司	32623
46	新疆广汇实业投资（集团）有限责任公司	73963	96	大参林药业集团股份有限公司	32337
47	北京控股集团有限公司	73726	97	广西北部湾国际港务集团有限公司	32000
48	中国中化集团有限公司	72237	98	绿城物业服务集团有限公司	31911
49	北京首都旅游集团有限责任公司	69369	99	中升集团控股有限公司	31803
50	中国太平保险集团有限责任公司	65900	100	西安城市基础设施建设投资集团有限公司	30915
				中国服务业企业 500 强平均数	32785

表 11－7 2021 中国服务业企业 500 强研发费用排序前 100 名企业

排名	公司名称	研发费用/万元	排名	公司名称	研发费用/万元
1	阿里巴巴集团控股有限公司	5723600	51	深圳市投资控股有限公司	84695
2	腾讯控股有限公司	3897200	52	软通动力信息技术（集团）股份有限公司	83471
3	中国移动通信集团有限公司	2950650	53	上海盛趣科技（集团）有限公司	83338
4	百度网络技术有限公司	1951300	54	天津泰达投资控股有限公司	79296
5	国家电网有限公司	1670361	55	武汉当代科技产业集团股份有限公司	77978
6	中国电信集团有限公司	1650752	56	天津亿联控股集团有限公司	77418
7	招商银行股份有限公司	1191200	57	新华人寿保险股份有限公司	77298
8	美团公司	1089251	58	中通快递股份有限公司	76070
9	网易公司	1036938	59	中泰证券股份有限公司	74997
10	携程计算机（上海）有限公司	766700	60	浙江省能源集团有限公司	70747
11	中国机械工业集团有限公司	532185	61	传化集团有限公司	69286
12	山东省国有资产投资控股有限公司	406365	62	中国南方航空集团有限公司	68634
13	中国中信集团有限公司	384531	63	新奥天然气股份有限公司	68497
14	中国保利集团公司	303073	64	通鼎集团有限公司	67662
15	中国联合网络通信集团有限公司	297415	65	万科企业股份有限公司	66569
16	碧桂园控股有限公司	264900	66	新大陆科技集团有限公司	66361
17	北京学而思教育科技有限公司	260082	67	泰康保险集团股份有限公司	65742
18	奥德集团有限公司	260014	68	广州国资发展控股有限公司	65335
19	苏宁控股集团	254227	69	广州酷狗计算机科技有限公司	63116
20	中国南方电网有限责任公司	251063	70	阳光龙净集团有限公司	59256
21	北京控股集团有限公司	217010	71	广西交通投资集团有限公司	56838
22	北京能源集团有限责任公司	196457	72	安克创新科技股份有限公司	56740
23	深圳前海微众银行股份有限公司	194398	73	中粮集团有限公司	56497
24	广州华多网络科技有限公司	190334	74	青岛港（集团）有限公司	55214
25	广东省广新控股集团有限公司	179994	75	江西银行股份有限公司	52400
26	顺丰控股股份有限公司	174156	76	荣盛控股股份有限公司	50917
27	珠海华发集团有限公司	171114	77	中国万向控股有限公司	50555
28	海通证券股份有限公司	167148	78	深圳乐信控股有限公司	47427
29	中国远洋海运集团有限公司	162655	79	广州市水务投资集团有限公司	46703
30	广州无线电集团有限公司	151266	80	云南省投资控股集团有限公司	45879
31	国美控股集团有限公司	151237	81	德邦物流股份有限公司	44611
32	浙江世纪华通集团股份有限公司	149648	82	重庆市金科投资控股（集团）有限责任公司	43888
33	兴业银行股份有限公司	147378	83	广西投资集团有限公司	42493
34	招商局集团有限公司	139791	84	湖北省交通投资集团有限公司	40552
35	山东高速集团有限公司	124845	85	青岛城市建设投资（集团）有限责任公司	40432
36	龙湖集团控股有限公司	119075	86	广西北部湾国际港务集团有限公司	40204
37	中国通用技术（集团）控股有限责任公司	119001	87	东方财富信息股份有限公司	37838
38	绿地控股集团股份有限公司	118233	88	水发集团有限公司	37439
39	深圳华强集团有限公司	117844	89	广东鼎龙实业集团有限公司	34674
40	福建网龙计算机网络信息技术有限公司	117593	90	岭南生态文旅股份有限公司	33889
41	中国节能环保集团有限公司	109490	91	重庆市能源投资集团有限公司	33874
42	广东省广晟控股集团有限公司	109240	92	广州地铁集团有限公司	33572
43	国家开发投资集团有限公司	109222	93	西安曲江文化产业投资（集团）有限公司	33413
44	中南控股集团有限公司	105473	94	佳都集团有限公司	32946
45	华侨城集团有限公司	104544	95	唯品会控股有限公司	31800
46	浙江省交通投资集团有限公司	101568	96	恒丰银行股份有限公司	30547
47	上海米哈游网络科技股份有限公司	101233	97	马上消费金融股份有限公司	30387
48	苏州金螳螂企业（集团）有限公司	100697	98	无锡市国联发展（集团）有限公司	30341
49	华东医药股份有限公司	92673	99	天津港（集团）有限公司	30079
50	交通银行股份有限公司	92620	100	江苏满运软件科技有限公司	29855
				中国服务业企业 500 强平均数	103480

表11－8　2021 中国服务业企业500强研发强度排序前100名企业

排名	公司名称	研发强度/%	排名	公司名称	研发强度/%
1	携程计算机（上海）有限公司	41.83	51	中国机械工业集团有限公司	1.88
2	广州华多网络科技有限公司	19.78	52	西安曲江文化产业投资（集团）有限公司	1.80
3	福建网龙计算机网络信息技术有限公司	19.16	53	中国万向控股有限公司	1.76
4	百度网络技术有限公司	18.12	54	张家口银行股份有限公司	1.69
5	网易公司	14.08	55	广州国资发展控股有限公司	1.66
6	上海盛趣科技（集团）有限公司	11.58	56	德邦物流股份有限公司	1.62
7	上海米哈游网络科技股份有限公司	10.00	57	珠海华发集团有限公司	1.57
8	浙江世纪华通集团股份有限公司	9.99	58	通鼎集团有限公司	1.50
9	美团公司	9.49	59	广东省广晟控股集团有限公司	1.46
10	广州无线电集团有限公司	8.99	60	富润控股集团有限公司	1.43
11	新大陆科技集团有限公司	8.83	61	郑州公用事业投资发展集团有限公司	1.39
12	奥德集团有限公司	8.58	62	爱尔眼科医院集团股份有限公司	1.38
13	北京学而思教育科技有限公司	8.26	63	广州岭南国际企业集团有限公司	1.35
14	腾讯控股有限公司	8.08	64	无锡市国联发展（集团）有限公司	1.35
15	阿里巴巴集团控股有限公司	7.98	65	芒果超媒股份有限公司	1.32
16	中泰证券股份有限公司	7.24	66	青岛城市建设投资（集团）有限责任公司	1.23
17	软通动力信息技术（集团）股份有限公司	6.42	67	湖北省交通投资集团有限公司	1.22
18	安克创新科技股份有限公司	6.07	68	九江银行股份有限公司	1.20
19	深圳前海微众银行股份有限公司	5.40	69	广西交通投资集团有限公司	1.20
20	岭南生态文旅股份有限公司	5.10	70	广州南方投资集团有限公司	1.15
21	深圳华强集团有限公司	4.95	71	顺丰控股股份有限公司	1.13
22	山东省国有资产投资控股有限公司	4.71	72	天津港（集团）有限公司	1.11
23	广州酷狗计算机科技有限公司	4.65	73	上海春秋国际旅行社（集团）有限公司	1.04
24	东方财富信息股份有限公司	4.59	74	孩子王儿童用品股份有限公司	1.04
25	海通证券股份有限公司	4.37	75	江苏江阴农村商业银行股份有限公司	1.01
26	长江勘测规划设计研究院	4.22	76	中国联合网络通信集团有限公司	0.98
27	深圳乐信控股有限公司	4.07	77	漳州市九龙江集团有限公司	0.95
28	中国移动通信集团有限公司	3.82	78	广州开发区控股集团有限公司	0.93
29	佳都集团有限公司	3.82	79	天津泰达投资控股有限公司	0.92
30	青岛港（集团）有限公司	3.50	80	广州交通投资集团有限公司	0.91
31	华东建筑集团股份有限公司	3.46	81	山东高速集团有限公司	0.88
32	中国电信集团有限公司	3.35	82	长沙银行股份有限公司	0.85
33	苏州金螳螂企业（集团）有限公司	3.15	83	分众传媒信息技术股份有限公司	0.85
34	中通快递股份有限公司	3.02	84	桂林银行股份有限公司	0.84
35	武汉当代科技产业集团股份有限公司	2.87	85	水发集团有限公司	0.83
36	东方明珠新媒体股份有限公司	2.85	86	天津银行股份有限公司	0.81
37	招商银行股份有限公司	2.84	87	天弘基金管理有限公司	0.81
38	北京能源集团有限责任公司	2.83	88	重庆市能源投资集团有限公司	0.80
39	华东医药股份有限公司	2.75	89	申通快递有限公司	0.78
40	广州地铁集团有限公司	2.60	90	新奥天然气股份有限公司	0.78
41	广东省广新控股集团有限公司	2.53	91	安徽国祯集团股份有限公司	0.76
42	无锡市市政公用产业集团有限公司	2.51	92	中国保利集团公司	0.76
43	江西银行股份有限公司	2.47	93	郑州银行股份有限公司	0.75
44	中国节能环保集团有限公司	2.47	94	中国中信集团有限公司	0.75
45	广州市水务投资集团有限公司	2.15	95	中国南方航空集团有限公司	0.74
46	北京控股集团有限公司	2.14	96	广州珠江实业集团有限公司	0.73
47	马上消费金融股份有限公司	2.11	97	国家开发投资集团有限公司	0.71
48	天津亿联控股集团有限公司	2.09	98	华侨城集团有限公司	0.71
49	江苏满运软件科技有限公司	2.03	99	恒丰银行股份有限公司	0.68
50	佛燃能源集团股份有限公司	1.96	100	浙江省能源集团有限公司	0.66
				中国服务业企业500强平均数	1.23

表 11－9 2021 中国服务业企业 500 强净资产利润率排序前 100 名企业

排名	公司名称	净资产利润率/%	排名	公司名称	净资产利润率/%
1	江苏省煤炭运销有限公司	1640.25	51	云账户技术（天津）有限公司	21.89
2	吉旗物联科技（天津）有限公司	135.58	52	广州酷狗计算机科技有限公司	21.73
3	福建网龙计算机网络信息技术有限公司	100.00	53	万马联合控股集团有限公司	21.63
4	张家港市沃丰贸易有限公司	90.18	54	欧菲斯集团股份有限公司	21.61
5	张家港市泽厚贸易有限公司	84.88	55	浙江宝利德股份有限公司	21.45
6	江阴达赛贸易有限公司	83.58	56	通鼎集团有限公司	20.99
7	广东优友网络科技有限公司	72.18	57	中升集团控股有限公司	20.93
8	上海米哈游网络科技股份有限公司	70.50	58	张家港保税区彬鹏贸易有限公司	20.93
9	广州仕邦投资控股有限公司	64.21	59	唯品会控股有限公司	20.73
10	张家港保税区昌荣贸易有限公司	63.96	60	天弘基金管理有限公司	20.66
11	四川邦泰投资有限责任公司	63.65	61	天津津路钢铁实业有限公司	20.56
12	杭州联华华商集团有限公司	52.33	62	北京江南投资集团有限公司	20.16
13	张家港保税区立信投资有限公司	50.50	63	碧桂园控股有限公司	19.99
14	苏州裕景泰控股有限公司	46.03	64	厦门路桥工程物资有限公司	19.92
15	维科控股集团股份有限公司	44.92	65	常州市化工轻工材料总公司	19.75
16	上海闽路润贸易有限公司	44.18	66	大参林药业集团股份有限公司	19.73
17	宁波力勤资源科技开发有限公司	43.80	67	华东医药股份有限公司	19.29
18	富润控股集团有限公司	43.33	68	兴华财富集团有限公司	19.26
19	江苏万帮金之星车业投资集团有限公司	41.80	69	重庆华宇集团有限公司	19.22
20	宝裕发展有限公司	41.61	70	广州南方投资集团有限公司	19.18
21	江苏百步国际贸易有限公司	38.60	71	四川华油集团有限责任公司	19.13
22	广州红海人力资源集团股份有限公司	36.81	72	浙江东海长城石化股份有限公司	18.95
23	中国铁路物资集团有限公司	34.73	73	中南控股集团有限公司	18.77
24	奥园集团有限公司	31.84	74	中国平安保险（集团）股份有限公司	18.77
25	石羊农业集团股份有限公司	31.02	75	芒果超媒股份有限公司	18.72
26	软通动力信息技术（集团）股份有限公司	30.57	76	孩子王儿童用品股份有限公司	18.71
27	广东鼎龙实业集团有限公司	29.49	77	万科企业股份有限公司	18.49
28	信誉楼百货集团有限公司	29.40	78	龙湖集团控股有限公司	18.46
29	江苏中电豪信电子科技有限公司	28.81	79	安徽天星医药集团有限公司	18.41
30	振烨国际产业控股集团（深圳）有限公司	28.69	80	宁波海田控股集团有限公司	18.34
31	上海协通（集团）有限公司	28.43	81	重庆中昂投资集团有限公司	18.28
32	融创中国控股有限公司	28.37	82	中基宁波集团股份有限公司	18.09
33	上海中梁企业发展有限公司	28.32	83	传化集团有限公司	18.04
34	福建发展集团有限公司	27.25	84	厦门中骏集团有限公司	17.92
35	京东集团股份有限公司	26.34	85	福建省人力资源服务有限公司	17.71
36	张家港保税区旭江贸易有限公司	26.30	86	绿地控股集团股份有限公司	17.69
37	新奥天然气股份有限公司	25.91	87	欧龙汽车贸易集团有限公司	17.58
38	四川众心乐旅游资源开发有限公司	25.79	88	人华（集团）有限公司	17.51
39	物产中大金属集团有限公司	25.66	89	爱尔眼科医院集团股份有限公司	17.49
40	江西绿滋肴控股有限公司	25.56	90	恒信汽车集团股份有限公司	17.42
41	宁波滕头集团有限公司	25.47	91	汇金钢铁（天津）集团有限公司	17.20
42	浙江中外运有限公司	25.13	92	中国人寿保险（集团）公司	16.96
43	漳州路桥物资发展有限公司	24.14	93	宝龙地产控股有限公司	16.82
44	深圳前海微众银行股份有限公司	23.57	94	重庆市迪马实业股份有限公司	16.73
45	分众传媒信息技术股份有限公司	23.53	95	北京中能昊龙投资控股集团有限公司	16.21
46	上海盛趣科技（集团）有限公司	22.74	96	阿里巴巴集团控股有限公司	16.06
47	腾讯控股有限公司	22.71	97	上海钢联电子商务股份有限公司	15.94
48	无锡市不锈钢电子交易中心有限公司	22.57	98	奥德集团有限公司	15.87
49	上海博尔捷企业集团有限公司	22.42	99	安克创新科技股份有限公司	15.85
50	泰康保险集团股份有限公司	22.40	100	天津捷通达汽车投资集团有限公司	15.80
				中国服务业企业 500 强平均数	8.84

表 11 – 10　2021 中国服务业企业 500 强资产利润率排序前 100 名企业

排名	公司名称	资产利润率/%	排名	公司名称	资产利润率/%
1	上海米哈游网络科技股份有限公司	44.72	51	浙江东海长城石化股份有限公司	6.84
2	江苏万帮金之星车业投资集团有限公司	32.22	52	百度网络技术有限公司	6.75
3	张家港保税区立信投资有限公司	26.38	53	四川华油集团有限责任公司	6.74
4	福建发展集团有限公司	24.48	54	圆通速递股份有限公司	6.68
5	张家港保税区彬鹏贸易有限公司	20.79	55	顺丰控股股份有限公司	6.59
6	无锡市不锈钢电子交易中心有限公司	20.41	56	宁波滕头集团有限公司	6.38
7	分众传媒信息技术股份有限公司	18.50	57	中南出版传媒集团股份有限公司	6.21
8	天弘基金管理有限公司	17.97	58	深圳市爱施德股份有限公司	6.19
9	宁波力勤资源科技开发有限公司	17.71	59	广东鼎龙实业集团有限公司	6.09
10	上海盛趣科技（集团）有限公司	15.59	60	广州红海人力资源集团股份有限公司	6.08
11	广州酷狗计算机科技有限公司	15.10	61	深圳金雅福控股集团有限公司	6.05
12	软通动力信息技术（集团）股份有限公司	13.92	62	益丰大药房连锁股份有限公司	5.93
13	张家港保税区昌荣贸易有限公司	13.81	63	安徽文峰置业有限公司	5.90
14	江西绿滋肴控股有限公司	13.63	64	砂之船商业管理集团有限公司	5.76
15	兴华财富集团有限公司	12.54	65	浙江宝利德股份有限公司	5.75
16	安克创新科技股份有限公司	12.26	66	福然德股份有限公司	5.64
17	腾讯控股有限公司	11.99	67	深圳市深粮控股股份有限公司	5.54
18	上海协通（集团）有限公司	11.77	68	德邦物流股份有限公司	5.54
19	京东集团股份有限公司	11.70	69	老百姓大药房连锁股份有限公司	5.50
20	华东医药股份有限公司	11.65	70	湖南佳惠百货有限责任公司	5.46
21	爱尔眼科医院集团股份有限公司	11.09	71	绿城物业服务集团有限公司	5.43
22	北京中能昊龙投资控股集团有限公司	10.89	72	佛燃能源集团股份有限公司	5.42
23	深圳市递四方速递有限公司	10.75	73	中国国际技术智力合作集团有限公司	5.40
24	广州华多网络科技有限公司	10.45	74	上海国际港务（集团）股份有限公司	5.33
25	石羊农业集团股份有限公司	10.33	75	卓正控股集团有限公司	5.32
26	芒果超媒股份有限公司	10.29	76	苏州裕景泰控股有限公司	5.28
27	江苏无锡朝阳集团股份有限公司	10.18	77	通鼎集团有限公司	5.27
28	唯品会控股有限公司	10.02	78	鑫荣懋集团股份有限公司	5.25
29	信誉楼百货集团有限公司	9.96	79	万马联合控股集团有限公司	5.20
30	恒信汽车集团股份有限公司	9.74	80	物产中大金属集团有限公司	4.93
31	福建网龙计算机网络信息技术有限公司	9.54	81	浙江中外运有限公司	4.91
32	振烨国际产业控股集团（深圳）有限公司	9.42	82	中铁集装箱运输有限责任公司	4.87
33	维科控股集团股份有限公司	9.15	83	广西柳州医药股份有限公司	4.81
34	奥德集团有限公司	8.97	84	汇金钢铁（天津）集团有限公司	4.79
35	阿里巴巴集团控股有限公司	8.91	85	大汉控股集团有限公司	4.76
36	欧龙汽车贸易集团有限公司	8.72	86	欧菲斯集团股份有限公司	4.74
37	大参林药业集团股份有限公司	8.61	87	月星集团有限公司	4.69
38	网易公司	8.50	88	中国铁路物资集团有限公司	4.64
39	中升集团控股有限公司	8.08	89	上海永达控股（集团）有限公司	4.64
40	张家港保税区旭江贸易有限公司	8.01	90	中国移动通信集团有限公司	4.49
41	孩子王儿童用品股份有限公司	7.78	91	浙江出版联合集团有限公司	4.48
42	龙记泰信实业集团有限公司	7.73	92	无锡商业大厦大东方股份有限公司	4.44
43	富润控股集团有限公司	7.70	93	东方财富信息股份有限公司	4.33
44	唐山港集团股份有限公司	7.49	94	东华能源股份有限公司	4.30
45	世纪金源投资集团有限公司	7.48	95	南京新华海科技产业集团有限公司	4.25
46	新华文轩出版传媒股份有限公司	7.44	96	江苏省苏豪控股集团有限公司	4.13
47	中通快递股份有限公司	7.28	97	中国航空油料集团有限公司	4.08
48	重庆华宇集团有限公司	7.12	98	福州锦泽石化有限公司	4.08
49	浙江世纪华通集团股份有限公司	6.89	99	北京江南投资集团有限公司	4.04
50	重庆中昂投资集团有限公司	6.87	100	广州岭南国际企业集团有限公司	4.04
				中国服务业企业 500 强平均数	1.03

表 11－11 2021 中国服务业企业 500 强收入利润率排序前 100 名企业

排名	公司名称	收入利润率/%	排名	公司名称	收入利润率/%
1	东方财富信息股份有限公司	58.00	51	北京江南投资集团有限公司	14.65
2	上海米哈游网络科技股份有限公司	57.07	52	方正证券股份有限公司	14.54
3	上海盛趣科技（集团）有限公司	45.48	53	重庆中昂投资集团有限公司	14.50
4	江苏省煤炭运销有限公司	42.90	54	爱尔眼科医院集团股份有限公司	14.47
5	重庆国际信托股份有限公司	36.82	55	江苏张家港农村商业银行股份有限公司	14.21
6	广发证券股份有限公司	34.43	56	芒果超媒股份有限公司	14.15
7	重庆银行股份有限公司	33.90	57	重庆三峡银行股份有限公司	14.11
8	腾讯控股有限公司	33.16	58	新华文轩出版传媒股份有限公司	14.02
9	分众传媒信息技术股份有限公司	33.10	59	沧州银行股份有限公司	13.99
10	上海国际港务（集团）股份有限公司	31.80	60	卓越置业集团有限公司	13.87
11	天弘基金管理有限公司	31.56	61	广州港集团有限公司	13.85
12	海通证券股份有限公司	28.45	62	深圳前海微众银行股份有限公司	13.78
13	中国工商银行股份有限公司	25.05	63	中南出版传媒集团股份有限公司	13.72
14	中泰证券股份有限公司	24.39	64	华融湘江银行股份有限公司	13.59
15	世纪金源投资集团有限公司	24.03	65	申能（集团）有限公司	13.00
16	中国建设银行股份有限公司	23.90	66	华夏银行股份有限公司	12.95
17	唐山港集团股份有限公司	23.51	67	渤海银行股份有限公司	12.75
18	招商银行股份有限公司	23.17	68	天津银行股份有限公司	12.57
19	东莞农村商业银行股份有限公司	22.38	69	广州农村商业银行股份有限公司	12.42
20	大华（集团）有限公司	21.64	70	青岛银行股份有限公司	12.14
21	上海银行股份有限公司	21.19	71	恒丰银行股份有限公司	11.85
22	阿里巴巴集团控股有限公司	20.99	72	中国移动通信集团有限公司	11.55
23	中国银行股份有限公司	20.90	73	广西北部湾银行股份有限公司	11.54
24	百度网络技术有限公司	20.86	74	厦门中骏集团有限公司	11.53
25	中国农业银行股份有限公司	20.36	75	郑州银行股份有限公司	11.53
26	东北证券股份有限公司	20.17	76	重庆华宇集团有限公司	11.47
27	浙江世纪华通集团股份有限公司	19.66	77	广州酷狗计算机科技有限公司	11.43
28	上海农村商业银行股份有限公司	19.64	78	洛阳银行股份有限公司	11.42
29	南京银行股份有限公司	18.81	79	郑州公用事业投资发展集团有限公司	11.04
30	广州华多网络科技有限公司	18.53	80	龙湖集团控股有限公司	10.84
31	兴业银行股份有限公司	18.11	81	中国平安保险（集团）股份有限公司	10.83
32	青岛农村商业银行股份有限公司	17.74	82	赣州银行股份有限公司	10.67
33	贵州银行股份有限公司	17.37	83	厦门住宅建设集团有限公司	10.61
34	江苏江阴农村商业银行股份有限公司	17.34	84	中国民生银行股份有限公司	10.13
35	青岛西海岸发展（集团）有限公司	17.22	85	吉林九台农村商业银行股份有限公司	10.06
36	宝龙地产控股有限公司	17.17	86	万科企业股份有限公司	9.91
37	中通快递股份有限公司	17.10	87	北京中能昊龙投资控股集团有限公司	9.88
38	北京银行股份有限公司	16.96	88	维科控股集团股份有限公司	9.85
39	无锡农村商业银行股份有限公司	16.95	89	泰康保险集团股份有限公司	9.82
40	重庆农村商业银行股份有限公司	16.83	90	招商局集团有限公司	9.82
41	交通银行股份有限公司	16.79	91	浙江出版联合集团有限公司	9.72
42	网易公司	16.37	92	软通动力信息技术（集团）股份有限公司	9.68
43	长沙银行股份有限公司	16.30	93	天津城市基础设施建设投资集团有限公司	9.35
44	东方明珠新媒体股份有限公司	16.16	94	广州金融控股集团有限公司	9.29
45	上海浦东发展银行股份有限公司	16.06	95	月星集团有限公司	9.22
46	福建网龙计算机网络信息技术有限公司	15.54	96	浙江省海港投资运营集团有限公司	9.21
47	山东鲁信投资控股集团有限公司	15.52	97	安克创新科技股份有限公司	9.15
48	融创中国控股有限公司	15.46	98	张家口银行股份有限公司	8.83
49	奥德集团有限公司	15.33	99	江西银行股份有限公司	8.76
50	天津农村商业银行股份有限公司	15.29	100	华茂集团股份有限公司	8.69
				中国服务业企业 500 强平均数	7.03

表 11－12　2021 中国服务业企业 500 强人均营业收入排序前 100 名企业

排名	公司名称	人均营业收入/万元	排名	公司名称	人均营业收入/万元
1	张家港银贝贸易有限公司	200983.00	51	杭州东恒石油有限公司	6924.56
2	张家港保税区立信投资有限公司	184634.30	52	深圳市信利康供应链管理有限公司	6162.70
3	张家港恒泰佳居贸易有限公司	141513.00	53	汇金钢铁（天津）集团有限公司	5767.69
4	张家港保税区旭江贸易有限公司	101975.95	54	好活（昆山）网络科技有限公司	5724.41
5	张家港市沃丰贸易有限公司	96573.50	55	广东优友网络科技有限公司	5374.25
6	张家港市泽厚贸易有限公司	85989.15	56	浙江东海长城石化股份有限公司	5177.35
7	江苏嘉奕和铜业科技发展有限公司	84440.92	57	深圳市华富洋供应链有限公司	4997.28
8	武汉联杰能源有限公司	66600.39	58	日出实业集团有限公司	4972.54
9	熠丰（武汉）能源有限公司	53232.68	59	深圳市富森供应链管理有限公司	4932.33
10	张家港保税区日祥贸易有限公司	51246.85	60	福建省福化工贸股份有限公司	4804.74
11	江苏百步国际贸易有限公司	50793.80	61	中铁集装箱运输有限责任公司	4568.16
12	新华锦集团	46361.63	62	深圳市九立供应链股份有限公司	4560.79
13	江苏中电豪信电子科技有限公司	45989.93	63	华南物资集团有限公司	4541.72
14	广州元亨能源有限公司	45362.64	64	振烨国际产业控股集团（深圳）有限公司	4414.57
15	江阴市凯竹贸易有限公司	45021.00	65	武汉物易云通网络科技有限公司	3987.09
16	张家港保税区彬鹏贸易有限公司	42566.70	66	广东鼎龙实业集团有限公司	3984.11
17	江阴达赛贸易有限公司	37064.76	67	重庆国际信托股份有限公司	3865.74
18	江阴市川江化工有限公司	30518.45	68	广州华多网络科技有限公司	3729.29
19	上海闽路润贸易有限公司	29019.67	69	天津现代集团有限公司	3671.27
20	张家港保税区昌荣贸易有限公司	25265.32	70	宁波海田控股集团有限公司	3454.95
21	无锡市不锈钢电子交易中心有限公司	24577.23	71	合肥维天运通信息科技股份有限公司	3434.97
22	青岛世纪瑞丰集团有限公司	23846.32	72	兰州新区商贸物流投资集团有限公司	3375.84
23	江阴市金桥化工有限公司	19911.46	73	中基宁波集团股份有限公司	3373.05
24	宁波君安控股有限公司	19310.24	74	厦门象屿集团有限公司	3211.68
25	吉旗物联科技（天津）有限公司	18933.48	75	玖隆钢铁物流有限公司	3170.90
26	江苏省煤炭运销有限公司	18205.54	76	前海人寿保险股份有限公司	2987.67
27	源山投资控股有限公司	16311.73	77	宁波市绿顺集团股份有限公司	2834.29
28	无锡市宝金石油化工有限公司	15256.19	78	河北省物流产业集团有限公司	2766.77
29	浙江前程投资股份有限公司	15254.25	79	保集控股集团有限公司	2735.93
30	宝裕发展有限公司	15253.33	80	深圳市爱施德股份有限公司	2699.33
31	天津津路钢铁实业有限公司	15119.08	81	渤海人寿保险股份有限公司	2683.21
32	卓越置业集团有限公司	13595.50	82	东浩兰生（集团）有限公司	2670.91
33	浙江永安资本管理有限公司	12635.48	83	江苏大经供应链股份有限公司	2570.25
34	厦门路桥工程物资有限公司	11767.37	84	中国国际技术智力合作集团有限公司	2318.67
35	远大物产集团有限公司	11744.05	85	上海均和集团有限公司	2283.89
36	福州锦泽石化有限公司	11602.75	86	深圳金雅福控股集团有限公司	2260.18
37	西安迈科金属国际集团有限公司	10829.45	87	福建省人力资源服务有限公司	2216.88
38	上海新增鼎资产管理有限公司	10497.17	88	杭州市实业投资集团有限公司	2216.82
39	物产中大金属集团有限公司	9565.34	89	厦门鑫东森控股有限公司	2112.44
40	漳州路桥物资发展有限公司	9436.11	90	神州数码集团股份有限公司	2014.89
41	苏州裕景泰控股有限公司	9142.69	91	北京中能昊龙投资控股集团有限公司	1955.46
42	云账户技术（天津）有限公司	9079.82	92	北京外企服务集团有限责任公司	1939.27
43	北京江南投资集团有限公司	8812.02	93	郑州中瑞实业集团有限公司	1929.40
44	江阴长三角钢铁集团有限公司	8653.93	94	上海钢联电子商务股份有限公司	1926.31
45	常州市化工轻工材料总公司	8019.87	95	厦门国贸控股集团有限公司	1881.38
46	重庆千信集团有限公司	7853.32	96	杭州滨江房产集团股份有限公司	1839.02
47	厦门市嘉晟对外贸易有限公司	7715.64	97	厦门航空开发股份有限公司	1736.71
48	上海龙宇燃油股份有限公司	7271.11	98	河北省国和投资集团有限公司	1735.80
49	深圳市中农网有限公司	7219.80	99	万马联合控股集团有限公司	1725.89
50	深圳市英捷迅实业发展有限公司	7085.47	100	江苏满运软件科技有限公司	1718.14
				中国服务业企业 500 强平均数	266.37

表 11－13 2021 中国服务业企业 500 强人均净利润排序前 100 名企业

排名	公司名称	人均净利润/万元	排名	公司名称	人均净利润/万元
1	江苏省煤炭运销有限公司	7810.07	51	物产中大金属集团有限公司	83.52
2	张家港保税区旭江贸易有限公司	2988.60	52	渤海银行股份有限公司	82.03
3	张家港保税区彬鹏贸易有限公司	2293.85	53	中国建设银行股份有限公司	73.19
4	卓越置业集团有限公司	1885.35	54	中国工商银行股份有限公司	71.83
5	张家港保税区立信投资有限公司	1552.25	55	山东鲁信投资控股集团有限公司	71.57
6	重庆国际信托股份有限公司	1423.32	56	杭州东恒石油有限公司	71.27
7	北京江南投资集团有限公司	1290.85	57	广州金融控股集团有限公司	71.19
8	张家港市沃丰贸易有限公司	691.10	58	贵州银行股份有限公司	71.01
9	广州华多网络科技有限公司	690.98	59	融创中国控股有限公司	70.49
10	天弘基金管理有限公司	448.10	60	长沙银行股份有限公司	70.08
11	张家港保税区昌荣贸易有限公司	447.53	61	广东鼎龙实业集团有限公司	69.67
12	张家港市泽厚贸易有限公司	421.05	62	重庆千信集团有限公司	69.63
13	上海米哈游网络科技股份有限公司	259.54	63	重庆三峡银行股份有限公司	68.72
14	广州酷狗计算机科技有限公司	194.40	64	宁波君安控股有限公司	66.78
15	北京中能昊龙投资控股集团有限公司	193.12	65	武汉联杰能源有限公司	65.45
16	腾讯控股有限公司	186.18	66	福然德股份有限公司	64.89
17	青岛西海岸发展（集团）有限公司	179.16	67	江苏万帮金之星车业投资集团有限公司	64.57
18	深圳前海微众银行股份有限公司	172.66	68	天津银行股份有限公司	64.35
19	上海银行股份有限公司	161.50	69	东华能源股份有限公司	63.60
20	漳州路桥物资发展有限公司	155.94	70	郑州银行股份有限公司	63.55
21	宝裕发展有限公司	150.73	71	厦门路桥工程物资有限公司	62.56
22	杭州滨江房产集团股份有限公司	149.69	72	中国银行股份有限公司	62.40
23	苏州裕景泰控股有限公司	149.36	73	华融湘江银行股份有限公司	61.78
24	中铁集装箱运输有限责任公司	143.60	74	阿里巴巴集团控股有限公司	59.88
25	新华锦集团	143.46	75	东莞农村商业银行股份有限公司	59.80
26	重庆华宇集团有限公司	142.10	76	分众传媒信息技术股份有限公司	59.06
27	北京银行股份有限公司	138.70	77	上海国际港务（集团）股份有限公司	59.05
28	天津现代集团有限公司	137.94	78	上海闽路润贸易有限公司	58.17
29	上海盛趣科技（集团）有限公司	129.00	79	中国民生银行股份有限公司	57.89
30	宁波力勤资源科技开发有限公司	128.83	80	网易公司	57.66
31	招商银行股份有限公司	127.10	81	江苏江阴农村商业银行股份有限公司	57.60
32	保集控股集团有限公司	115.48	82	青岛农村商业银行股份有限公司	57.52
33	福州锦泽石化有限公司	114.75	83	青岛银行股份有限公司	56.60
34	吉旗物联科技（天津）有限公司	114.43	84	龙湖集团控股有限公司	56.46
35	大华（集团）有限公司	113.96	85	重庆中昂投资集团有限公司	56.21
36	南京银行股份有限公司	113.78	86	重庆农村商业银行股份有限公司	55.68
37	上海农村商业银行股份有限公司	113.61	87	百度网络技术有限公司	54.81
38	浙江永安资本管理有限公司	113.31	88	华夏银行股份有限公司	53.52
39	兴业银行股份有限公司	111.73	89	宝龙地产控股有限公司	52.45
40	广州元亨能源有限公司	104.07	90	浙江东海长城石化股份有限公司	51.92
41	重庆银行股份有限公司	100.51	91	洛阳银行股份有限公司	50.87
42	海通证券股份有限公司	98.33	92	唐山港集团股份有限公司	47.82
43	东方财富信息股份有限公司	96.98	93	中国农业银行股份有限公司	47.04
44	广发证券股份有限公司	96.72	94	广西北部湾银行股份有限公司	46.75
45	上海浦东发展银行股份有限公司	94.55	95	恒丰银行股份有限公司	46.55
46	振烨国际产业控股集团（深圳）有限公司	89.69	96	江苏张家港农村商业银行股份有限公司	45.65
47	万马联合控股集团有限公司	87.81	97	芒果超媒股份有限公司	44.33
48	交通银行股份有限公司	86.28	98	厦门中骏集团有限公司	43.77
49	无锡农村商业银行股份有限公司	86.01	99	泰康保险集团股份有限公司	42.25
50	安徽文峰置业有限公司	84.13	100	马上消费金融股份有限公司	41.88
				中国服务业企业 500 强平均数	18.71

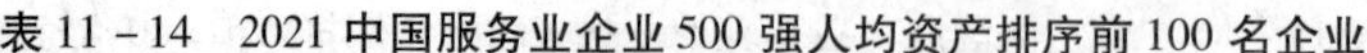

表 11 - 14　2021 中国服务业企业 500 强人均资产排序前 100 名企业

排名	公司名称	人均资产/万元	排名	公司名称	人均资产/万元
1	江苏省煤炭运销有限公司	361055.00	51	中国银行股份有限公司	7895.15
2	重庆国际信托股份有限公司	131159.35	52	无锡市宝金石油化工有限公司	7825.93
3	卓越置业集团有限公司	116593.50	53	江苏江阴农村商业银行股份有限公司	7780.18
4	张家港保税区旭江贸易有限公司	37300.50	54	莱商银行股份有限公司	7758.52
5	北京江南投资集团有限公司	31979.62	55	中国工商银行股份有限公司	7582.09
6	广州元亨能源有限公司	31251.29	56	中国光大集团股份公司	7536.78
7	广州金融控股集团有限公司	27097.81	57	重庆农村商业银行股份有限公司	7528.67
8	江苏嘉奕和铜业科技发展有限公司	22831.08	58	中国建设银行股份有限公司	7525.74
9	张家港市沃丰贸易有限公司	22650.05	59	赣州银行股份有限公司	7412.08
10	上海银行股份有限公司	19039.16	60	广州农村商业银行股份有限公司	7373.01
11	北京银行股份有限公司	18721.85	61	江苏百步国际贸易有限公司	7252.67
12	上海农村商业银行股份有限公司	14714.98	62	江阴达赛贸易有限公司	6875.41
13	盛京银行股份有限公司	13736.88	63	张家口银行股份有限公司	6869.68
14	渤海银行股份有限公司	13535.92	64	东莞农村商业银行股份有限公司	6752.06
15	新华锦集团	13476.00	65	广州华多网络科技有限公司	6613.51
16	兴业银行股份有限公司	13238.30	66	江苏张家港农村商业银行股份有限公司	6561.02
17	南京银行股份有限公司	13175.92	67	桂林银行股份有限公司	6559.66
18	上海浦东发展银行股份有限公司	12888.20	68	张家港恒泰佳居贸易有限公司	6352.40
19	重庆银行股份有限公司	12761.68	69	海通证券股份有限公司	6275.53
20	张家港市泽厚贸易有限公司	12616.40	70	沧州银行股份有限公司	6176.83
21	深圳前海微众银行股份有限公司	12066.53	71	天津农村商业银行股份有限公司	6162.45
22	张家港银贝贸易有限公司	11922.50	72	绿城房地产集团有限公司	6044.87
23	无锡农村商业银行股份有限公司	11804.48	73	上海闽路润贸易有限公司	6036.13
24	交通银行股份有限公司	11792.42	74	宝裕发展有限公司	6015.82
25	中国民生银行股份有限公司	11727.98	75	中国农业银行股份有限公司	5927.03
26	渤海人寿保险股份有限公司	11294.93	76	张家港保税区立信投资有限公司	5883.45
27	杭州滨江房产集团股份有限公司	11062.09	77	天津现代集团有限公司	5877.90
28	张家港保税区彬鹏贸易有限公司	11033.55	78	天津城市基础设施建设投资集团有限公司	5700.28
29	郑州银行股份有限公司	10991.44	79	保集控股集团有限公司	5666.47
30	青岛银行股份有限公司	10870.63	80	中国中信集团有限公司	5567.37
31	重庆三峡银行股份有限公司	10820.98	81	青岛西海岸发展（集团）有限公司	5418.09
32	天津银行股份有限公司	10274.28	82	青岛西海岸新区融合控股集团有限公司	5273.28
33	招商银行股份有限公司	10271.12	83	吉林九台农村商业银行股份有限公司	5232.78
34	九江银行股份有限公司	9836.62	84	柳州银行股份有限公司	5200.67
35	恒丰银行股份有限公司	9766.43	85	江阴市川江化工有限公司	5111.50
36	前海人寿保险股份有限公司	9632.81	86	熠丰（武汉）能源有限公司	4905.00
37	江苏中电豪信电子科技有限公司	9484.00	87	湖南省高速公路集团有限公司	4563.79
38	青岛世纪瑞丰集团有限公司	9285.16	88	广发证券股份有限公司	4407.59
39	广西北部湾银行股份有限公司	9281.82	89	吉林银行股份有限公司	4333.73
40	长沙银行股份有限公司	9244.35	90	祥生地产集团有限公司	4191.64
41	江西银行股份有限公司	9027.61	91	广州市城市建设投资集团有限公司	4083.49
42	贵州银行股份有限公司	8829.58	92	漳州路桥物资发展有限公司	3965.33
43	华融湘江银行股份有限公司	8734.42	93	上海临港经济发展（集团）有限公司	3906.18
44	山东鲁信投资控股集团有限公司	8713.50	94	深圳市华富洋供应链有限公司	3804.23
45	洛阳银行股份有限公司	8625.68	95	厦门路桥工程物资有限公司	3746.84
46	武汉联杰能源有限公司	8621.58	96	厦门市嘉晟对外贸易有限公司	3743.23
47	华夏银行股份有限公司	8553.43	97	源山投资控股有限公司	3607.60
48	赣州发展投资控股集团有限责任公司	8368.38	98	宁波君安控股有限公司	3518.01
49	张家港保税区日祥贸易有限公司	8313.50	99	上海龙宇燃油股份有限公司	3456.91
50	青岛农村商业银行股份有限公司	7906.92	100	大华（集团）有限公司	3362.21
				中国服务业企业 500 强平均数	1825.31

表 11－15 2021 中国服务业企业 500 强收入增长率排序前 100 名企业

排名	公司名称	收入增长率/%	排名	公司名称	收入增长率/%
1	青岛西海岸发展（集团）有限公司	594.63	51	祥生地产集团有限公司	34.90
2	张家港保税区昌荣贸易有限公司	582.01	52	广东粤海控股集团有限公司	34.44
3	上海米哈游网络科技股份有限公司	421.69	53	重庆医药（集团）股份有限公司	33.61
4	黑龙江省农业投资集团有限公司	420.45	54	张家港保税区日祥贸易有限公司	33.61
5	好活（昆山）网络科技有限公司	376.09	55	厦门港务控股集团有限公司	32.64
6	吉旗物联科技（天津）有限公司	186.29	56	广西北部湾银行股份有限公司	32.56
7	青岛城市建设投资（集团）有限责任公司	148.24	57	福建三木集团股份有限公司	32.34
8	兰州新区商贸物流投资集团有限公司	125.01	58	厦门象屿集团有限公司	31.90
9	水发集团有限公司	111.97	59	龙记泰信实业集团有限公司	31.03
10	天津津路钢铁实业有限公司	98.55	60	大参林药业集团股份有限公司	30.89
11	汇金钢铁（天津）集团有限公司	98.52	61	厦门建发集团有限公司	30.23
12	厦门海沧投资集团有限公司	98.03	62	深圳前海微众银行股份有限公司	29.98
13	东方财富信息股份有限公司	94.69	63	物美科技集团有限公司	29.55
14	洛阳国宏投资集团有限公司	89.64	64	无锡市交通产业集团有限公司	29.41
15	青岛西海岸新区海洋控股集团有限公司	88.68	65	广东鼎龙实业集团有限公司	29.34
16	广州市城市建设投资集团有限公司	85.31	66	上海大发房地产集团有限公司	29.33
17	青岛西海岸新区融合控股集团有限公司	85.00	67	京东集团股份有限公司	29.28
18	四川邦泰投资有限责任公司	81.33	68	浙江省交通投资集团有限公司	29.17
19	广东优友网络科技有限公司	80.06	69	江苏万帮金之星车业投资集团有限公司	28.52
20	西安曲江文化产业投资（集团）有限公司	75.58	70	中原出版传媒投资控股集团有限公司	28.24
21	奥园集团有限公司	74.85	71	益丰大药房连锁股份有限公司	27.91
22	重庆高速公路集团有限公司	70.11	72	广西北部湾国际港务集团有限公司	27.84
23	福州锦泽石化有限公司	68.12	73	山东高速集团有限公司	27.84
24	江苏百步国际贸易有限公司	58.55	74	广发证券股份有限公司	27.81
25	建业控股有限公司	57.82	75	腾讯控股有限公司	27.77
26	世纪金源投资集团有限公司	57.48	76	曹妃甸国控投资集团有限公司	27.72
27	振烨国际产业控股集团（深圳）有限公司	55.74	77	湖北省联投控股有限公司	27.21
28	上海闽路润贸易有限公司	53.91	78	南昌市政公用投资控股有限责任公司	27.21
29	河北省国有资产控股运营有限公司	53.10	79	江苏省煤炭运销有限公司	26.71
30	厦门路桥工程物资有限公司	53.07	80	网易公司	24.35
31	日出实业集团有限公司	48.28	81	大华（集团）有限公司	24.10
32	厦门经济特区房地产开发集团有限公司	47.97	82	庞大汽贸集团股份有限公司	24.01
33	厦门中骏集团有限公司	44.23	83	浙江前程投资股份有限公司	23.87
34	准时达国际供应链管理有限公司	42.90	84	无锡市宝金石油化工有限公司	23.79
35	张家港银贝贸易有限公司	41.14	85	广东省广晟控股集团有限公司	23.70
36	阿里巴巴集团控股有限公司	40.72	86	华茂集团股份有限公司	23.64
37	安克创新科技股份有限公司	40.54	87	江阴长三角钢铁集团有限公司	23.37
38	江苏嘉奕和铜业科技发展有限公司	40.45	88	佳都集团有限公司	22.67
39	广州仕邦投资控股有限公司	40.09	89	软通动力信息技术（集团）股份有限公司	22.58
40	张家港保税区立信投资有限公司	39.63	90	招商局集团有限公司	22.56
41	云南省投资控股集团有限公司	39.19	91	龙湖集团控股有限公司	22.20
42	浙江东海长城石化股份有限公司	38.76	92	福然德股份有限公司	22.04
43	珠海华发集团有限公司	37.75	93	烟台港集团有限公司	21.90
44	北京学而思教育科技有限公司	37.35	94	赣州银行股份有限公司	21.46
45	顺丰控股股份有限公司	37.25	95	合肥维天运通信息科技股份有限公司	21.35
46	内蒙古公路交通投资发展有限公司	36.73	96	广东省广物控股集团有限公司	21.18
47	宝龙地产控股有限公司	36.30	97	中铁集装箱运输有限责任公司	20.65
48	融创中国控股有限公司	36.18	98	传化集团有限公司	20.56
49	赣州发展投资控股集团有限责任公司	36.09	99	山东省国有资产投资控股有限公司	20.27
50	厦门国贸控股集团有限公司	36.03	100	浙江省农村发展集团有限公司	20.13
				中国服务业企业 500 强平均数	5.95

表 11-16　2021 中国服务业企业 500 强净利润增长率排序前 100 名企业

排名	公司名称	净利润增长率/%	排名	公司名称	净利润增长率/%
1	江阴达赛贸易有限公司	1603.85	51	上海临港经济发展（集团）有限公司	86.98
2	中国铁路物资集团有限公司	1227.02	52	浙江宝利德股份有限公司	83.76
3	青岛西海岸发展（集团）有限公司	794.59	53	广州金融控股集团有限公司	78.40
4	恒丰银行股份有限公司	703.46	54	九州通医药集团股份有限公司	78.10
5	厦门国贸控股集团有限公司	582.98	55	合肥维天运通信息科技股份有限公司	77.71
6	山西云时代技术有限公司	569.36	56	天津津路钢铁实业有限公司	77.04
7	烟台港集团有限公司	526.60	57	软通动力信息技术（集团）股份有限公司	76.77
8	上海米哈游网络科技股份有限公司	474.51	58	武汉金融控股（集团）有限公司	75.74
9	广东优友网络科技有限公司	402.39	59	德邦物流股份有限公司	74.39
10	庞大汽贸集团股份有限公司	400.30	60	深圳市英捷迅实业发展有限公司	73.16
11	好活（昆山）网络科技有限公司	340.75	61	芒果超媒股份有限公司	71.42
12	南宁威宁投资集团有限责任公司	311.34	62	腾讯控股有限公司	71.31
13	京东集团股份有限公司	305.49	63	中国中化集团有限公司	70.70
14	维科控股集团股份有限公司	263.16	64	浙江东海长城石化股份有限公司	68.45
15	中粮集团有限公司	232.41	65	石羊农业集团股份有限公司	65.18
16	世纪金源投资集团有限公司	222.65	66	砂之船商业管理集团有限公司	64.58
17	河南蓝天集团有限公司	214.45	67	玖隆钢铁物流有限公司	64.39
18	天津捷通达汽车投资集团有限公司	214.35	68	华茂集团股份有限公司	62.24
19	宁波轿辰集团股份有限公司	212.10	69	安徽天星医药集团有限公司	59.80
20	广东鼎龙实业集团有限公司	210.08	70	青岛城市建设投资（集团）有限责任公司	56.98
21	江阴市川江化工有限公司	202.56	71	张家港市沃丰贸易有限公司	54.59
22	河北省国和投资集团有限公司	190.84	72	郑州中瑞实业集团有限公司	54.56
23	龙记泰信实业集团有限公司	189.92	73	浙江永安资本管理有限公司	52.62
24	广东省广物控股集团有限公司	187.61	74	振烨国际产业控股集团（深圳）有限公司	52.52
25	赣州发展投资控股集团有限责任公司	185.82	75	大参林药业集团股份有限公司	51.17
26	云南省投资控股集团有限公司	172.54	76	宝龙地产控股有限公司	50.78
27	山东远通汽车贸易集团有限公司	171.15	77	青岛世纪瑞丰集团有限公司	49.04
28	张家港保税区昌荣贸易有限公司	167.38	78	广东宏川集团有限公司	48.46
29	东方财富信息股份有限公司	160.91	79	唯品会控股有限公司	47.06
30	广州开发区控股集团有限公司	155.16	80	无锡市市政公用产业集团有限公司	46.19
31	中国节能环保集团有限公司	143.00	81	日出实业集团有限公司	43.24
32	四川邦泰投资有限责任公司	138.64	82	杭州滨江房产集团股份有限公司	42.69
33	浙江省兴合集团有限责任公司	136.82	83	上海闽路润贸易有限公司	42.65
34	湖南博深实业集团有限公司	134.92	84	厦门建发集团有限公司	42.58
35	中南控股集团有限公司	125.06	85	益丰大药房连锁股份有限公司	41.29
36	广州越秀集团股份有限公司	115.93	86	无锡商业大厦大东方股份有限公司	41.26
37	分众传媒信息技术股份有限公司	113.51	87	厦门鑫东森控股有限公司	40.84
38	美团公司	110.31	88	奥园集团有限公司	40.63
39	武汉当代科技产业集团股份有限公司	110.18	89	四川省商业投资集团有限责任公司	40.09
40	广州国资发展控股有限公司	104.38	90	宝裕发展有限公司	39.28
41	深圳市爱施德股份有限公司	103.81	91	张家港市泽厚贸易有限公司	39.03
42	江苏满运软件科技有限公司	101.11	92	云账户技术（天津）有限公司	38.31
43	江苏大经供应链股份有限公司	100.41	93	上海均和集团有限公司	38.00
44	前海人寿保险股份有限公司	97.38	94	申能（集团）有限公司	37.98
45	山东鲁信投资控股集团有限公司	92.55	95	中国医药集团有限公司	37.82
46	传化集团有限公司	92.44	96	青岛西海岸新区海洋控股集团有限公司	37.48
47	苏州裕景泰控股有限公司	92.12	97	物产中大金属集团有限公司	37.06
48	杭州东恒石油有限公司	90.86	98	黑龙江倍丰农业生产资料集团有限公司	37.06
49	恒信汽车集团股份有限公司	88.09	99	融创中国控股有限公司	36.93
50	厦门路桥工程物资有限公司	87.19	100	中铁集装箱运输有限责任公司	36.22
				中国服务业企业 500 强平均数	1.60

表 11－17 2021 中国服务业企业 500 强资产增长率排序前 100 名企业

排名	公司名称	资产增长率/%	排名	公司名称	资产增长率/%
1	好活（昆山）网络科技有限公司	296.36	51	金鹏控股集团有限公司	33.35
2	江苏满运软件科技有限公司	281.54	52	杭州滨江房产集团股份有限公司	32.70
3	吉旗物联科技（天津）有限公司	272.04	53	新疆农资（集团）有限责任公司	32.58
4	上海米哈游网络科技股份有限公司	210.44	54	水发集团有限公司	32.33
5	无锡市宝金石油化工有限公司	205.71	55	上海协通（集团）有限公司	32.14
6	青岛西海岸发展（集团）有限公司	150.70	56	浙江世纪华通集团股份有限公司	32.10
7	安克创新科技股份有限公司	131.80	57	广州酷狗计算机科技有限公司	32.03
8	武汉物易云通网络科技有限公司	113.33	58	无锡市国联发展（集团）有限公司	31.89
9	张家港保税区昌荣贸易有限公司	102.99	59	中通快递股份有限公司	31.16
10	江苏大经供应链股份有限公司	95.69	60	深圳市英捷迅实业发展有限公司	31.15
11	东方财富信息股份有限公司	78.43	61	赣州银行股份有限公司	30.86
12	浙江永安资本管理有限公司	71.30	62	重庆华宇集团有限公司	30.69
13	天津津路钢铁实业有限公司	67.39	63	浙江省国际贸易集团有限公司	30.67
14	重庆医药（集团）股份有限公司	66.92	64	爱尔眼科医院集团股份有限公司	30.65
15	宝裕发展有限公司	63.85	65	北京学而思教育科技有限公司	30.58
16	京东集团股份有限公司	62.59	66	宁波海田控股集团有限公司	30.46
17	深圳金雅福控股集团有限公司	59.74	67	广东宏川集团有限公司	30.36
18	福州锦泽石化有限公司	55.18	68	广西北部湾银行股份有限公司	29.89
19	浙江东海长城石化股份有限公司	54.53	69	大华（集团）有限公司	29.48
20	河北交通投资集团公司	53.73	70	广州交通投资集团有限公司	29.41
21	广东天禾农资股份有限公司	53.60	71	广东粤海控股集团有限公司	29.26
22	绿城物业服务集团有限公司	52.40	72	福建网龙计算机网络信息技术有限公司	28.83
23	厦门路桥工程物资有限公司	52.38	73	阿里巴巴集团控股有限公司	28.73
24	江苏省煤炭运销有限公司	51.80	74	中国节能环保集团有限公司	28.25
25	江苏万帮金之星车业投资集团有限公司	51.39	75	现代投资股份有限公司	28.15
26	厦门市嘉晟对外贸易有限公司	50.88	76	厦门建发集团有限公司	28.01
27	厦门国贸控股集团有限公司	50.41	77	金帝联合控股集团有限公司	27.45
28	杭州东恒石油有限公司	48.51	78	张家港保税区旭江贸易有限公司	27.27
29	云南省建设投资控股集团有限公司	48.22	79	网易公司	26.53
30	深圳市递四方速递有限公司	47.17	80	云南省投资控股集团有限公司	26.33
31	青岛城市建设投资（集团）有限责任公司	44.58	81	振烨国际产业控股集团（深圳）有限公司	26.26
32	龙记泰信实业集团有限公司	43.31	82	美团公司	26.18
33	欧菲斯集团股份有限公司	43.10	83	青岛世纪瑞丰集团有限公司	25.83
34	福然德股份有限公司	42.66	84	浙江省兴合集团有限责任公司	25.73
35	山西美特好连锁超市股份有限公司	42.60	85	祥生地产集团有限公司	25.62
36	大参林药业集团股份有限公司	42.21	86	柳州银行股份有限公司	25.57
37	江西绿滋肴控股有限公司	41.47	87	上海闽路润贸易有限公司	25.33
38	益丰大药房连锁股份有限公司	41.14	88	渤海银行股份有限公司	25.19
39	漳州路桥物资发展有限公司	41.03	89	黑龙江倍丰农业生产资料集团有限公司	24.63
40	广西现代物流集团有限公司	41.02	90	广州红海人力资源集团股份有限公司	24.49
41	物美科技集团有限公司	40.00	91	绿城房地产集团有限公司	24.44
42	腾讯控股有限公司	39.77	92	盐城市国有资产投资集团有限公司	24.26
43	西安曲江文化产业投资（集团）有限公司	39.67	93	广西柳州医药股份有限公司	23.83
44	上海天地汇供应链科技有限公司	38.57	94	厦门鑫东森控股有限公司	23.70
45	广州仕邦投资控股有限公司	37.57	95	浙江省交通投资集团有限公司	23.69
46	物产中大金属集团有限公司	37.35	96	中国旅游集团有限公司	23.69
47	珠海华发集团有限公司	34.81	97	重庆百事达汽车有限公司	23.54
48	四川省商业投资集团有限责任公司	34.50	98	上海浦东发展银行股份有限公司	23.36
49	青岛西海岸新区海洋控股集团有限公司	34.05	99	汇金钢铁（天津）集团有限公司	23.18
50	黑龙江省农业投资集团有限公司	33.44	100	天津捷通达汽车投资集团有限公司	23.15
				中国服务业企业 500 强平均数	11.10

表 11－18　2021 中国服务业企业 500 强研发费用增长率排序前 100 名企业

排名	公司名称	研发费用增长率/%	排名	公司名称	研发费用增长率/%
1	青岛城市建设投资（集团）有限责任公司	7735.66	51	深圳市投资控股有限公司	74.83
2	老百姓大药房连锁股份有限公司	3293.38	52	中国联合网络通信集团有限公司	73.42
3	东华能源股份有限公司	2305.57	53	龙记泰信实业集团有限公司	72.74
4	重庆高速公路集团有限公司	1601.35	54	九州通医药集团股份有限公司	70.82
5	四川省商业投资集团有限责任公司	1121.62	55	河北交通投资集团公司	70.70
6	广西交通投资集团有限公司	956.27	56	郑州公用事业投资发展集团有限公司	68.45
7	洛阳国宏投资集团有限公司	531.21	57	武汉物易云通网络科技有限公司	68.34
8	云南省投资控股集团有限公司	521.33	58	汇通达网络股份有限公司	63.02
9	欧菲斯集团股份有限公司	509.68	59	申通快递有限公司	62.85
10	绿城物业服务集团有限公司	508.37	60	湖北省联投控股有限公司	62.17
11	水发集团有限公司	397.79	61	腾讯控股有限公司	59.21
12	益丰大药房连锁股份有限公司	377.28	62	广州农村商业银行股份有限公司	58.16
13	佛燃能源集团股份有限公司	368.80	63	内蒙古公路交通投资发展有限公司	56.48
14	西安城市基础设施建设投资集团有限公司	311.69	64	合肥维天运通信息科技股份有限公司	56.36
15	重庆千信集团有限公司	311.63	65	云账户技术（天津）有限公司	53.94
16	云南省能源投资集团有限公司	299.51	66	山东高速集团有限公司	53.18
17	新华锦集团	273.62	67	中国铁路物资集团有限公司	52.90
18	广西柳州医药股份有限公司	214.39	68	广西现代物流集团有限公司	51.29
19	广州华多网络科技有限公司	196.34	69	唐山港集团股份有限公司	51.19
20	重庆交通运输控股（集团）有限公司	186.33	70	浙江华瑞集团有限公司	49.32
21	莱商银行股份有限公司	176.64	71	山西云时代技术有限公司	49.29
22	江苏无锡朝阳集团股份有限公司	171.43	72	杭州联华华商集团有限公司	49.07
23	厦门港务控股集团有限公司	165.71	73	广东省广新控股集团有限公司	48.78
24	广东粤海控股集团有限公司	163.62	74	新疆广汇实业投资（集团）有限责任公司	48.28
25	中南控股集团有限公司	162.82	75	北京首都创业集团有限公司	48.02
26	中国航空油料集团有限公司	158.11	76	中通快递股份有限公司	47.82
27	安徽新华发行（集团）控股有限公司	157.58	77	碧桂园控股有限公司	47.74
28	建业控股有限公司	155.12	78	顺丰控股股份有限公司	45.95
29	现代投资股份有限公司	148.25	79	福建省港口集团有限责任公司	45.28
30	四川省能源投资集团有限责任公司	139.90	80	浙江省国际贸易集团有限公司	45.13
31	福然德股份有限公司	127.69	81	山东省商业集团有限公司	44.82
32	上海米哈游网络科技股份有限公司	117.75	82	北京外企服务集团有限责任公司	44.53
33	中铁集装箱运输有限责任公司	106.64	83	安克创新科技股份有限公司	44.13
34	浙江省农村发展集团有限公司	105.19	84	天津银行股份有限公司	43.83
35	浙江凯喜雅国际股份有限公司	105.09	85	广州仕邦投资控股有限公司	43.65
36	北京首都开发控股（集团）有限公司	102.40	86	中国通用技术（集团）控股有限责任公司	43.13
37	鑫荣懋集团股份有限公司	99.64	87	深圳前海微众银行股份有限公司	41.72
38	富润控股集团有限公司	96.38	88	无锡市市政公用产业集团有限公司	41.66
39	华侨城集团有限公司	94.32	89	东浩兰生（集团）有限公司	40.54
40	广州市城市建设投资集团有限公司	92.93	90	北京学而思教育科技有限公司	37.61
41	南京大地建设集团有限责任公司	92.20	91	物美科技集团有限公司	36.54
42	浙江省交通投资集团有限公司	91.41	92	青岛农村商业银行股份有限公司	35.12
43	浙江中外运有限公司	91.06	93	振烨国际产业控股集团（深圳）有限公司	35.00
44	厦门象屿集团有限公司	86.80	94	阿里巴巴集团控股有限公司	32.86
45	兴业银行股份有限公司	83.74	95	北京首都旅游集团有限责任公司	32.40
46	西安曲江文化产业投资（集团）有限公司	81.72	96	申能（集团）有限公司	32.38
47	中国保利集团公司	79.04	97	武汉当代科技产业集团股份有限公司	31.91
48	北京能源集团有限责任公司	78.61	98	无锡农村商业银行股份有限公司	30.85
49	准时达国际供应链管理有限公司	77.81	99	日出实业集团有限公司	30.19
50	浙江省能源集团有限公司	75.07	100	重庆市金科投资控股（集团）有限责任公司	29.97
				中国服务业企业500强平均数	22.84

表 11－19 2021 中国服务业企业 500 强行业平均净利润

名次	行业名称	平均净利润/亿元	名次	行业名称	平均净利润/亿元
1	电信服务	348.46	22	生活消费品商贸	11.50
2	商业银行	327.63	23	农产品及食品批发	11.12
3	互联网服务	253.64	24	信息技术服务	9.99
4	多元化金融	205.51	25	物流及供应链	8.84
5	邮政	170.93	26	水务	6.83
6	电网	157.12	27	汽车摩托车零售	6.24
7	保险业	116.70	28	连锁超市及百货	5.53
8	水上运输	101.52	29	化工医药商贸	5.36
9	证券业	47.39	30	综合商贸	4.25
10	住宅地产	45.77	31	能源矿产商贸	3.75
11	机电商贸	38.52	32	金属品商贸	2.82
12	综合服务业	33.69	33	生产资料商贸	2.41
13	商业地产	28.39	34	人力资源服务	2.38
14	医疗卫生健康服务	25.40	35	家电及电子产品零售	1.58
15	文化娱乐	19.37	36	科技研发、规划设计	1.58
16	医药及医疗器材零售	17.48	37	国际经济合作（工程承包）	1.15
17	综合能源供应	17.14	38	公路运输	－2.93
18	基金、信托及其他金融服务	15.99	39	旅游和餐饮	－3.00
19	多元化投资	14.44	40	教育服务	－8.12
20	铁路运输	13.81	41	航空港及相关服务业	－34.67
21	港口服务	12.08	42	航空运输	－47.26

表11-20 2021中国服务业企业500强行业平均营业收入

名次	行业名称	平均营业收入/亿元	名次	行业名称	平均营业收入/亿元
1	电网	11103.85	22	人力资源服务	433.96
2	电信服务	5230.49	23	化工医药商贸	424.53
3	邮政	3497.03	24	金属品商贸	395.96
4	水上运输	3311.89	25	公路运输	373.68
5	保险业	2855.11	26	生活消费品商贸	361.45
6	多元化金融	2507.39	27	汽车摩托车零售	334.69
7	家电及电子产品零售	2451.38	28	教育服务	314.71
8	机电商贸	1958.18	29	商业地产	297.88
9	商业银行	1640.38	30	水务	297.77
10	互联网服务	1539.62	31	旅游和餐饮	297.34
11	综合服务业	1227.73	32	连锁超市及百货	296.92
12	医药及医疗器材零售	945.37	33	能源矿产商贸	278.79
13	住宅地产	855.63	34	文化娱乐	269.41
14	农产品及食品批发	674.19	35	港口服务	267.18
15	多元化投资	581.05	36	生产资料商贸	241.26
16	物流及供应链	535.13	37	信息技术服务	216.89
17	航空运输	534.35	38	证券业	215.63
18	医疗卫生健康服务	521.52	39	国际经济合作（工程承包）	151.74
19	综合能源供应	481.77	40	基金、信托及其他金融服务	133.98
20	综合商贸	475.82	41	航空港及相关服务业	128.10
21	铁路运输	439.46	42	科技研发、规划设计	76.60

表 11－21 2021 中国服务业企业 500 强行业平均资产

名次	行业名称	平均资产/亿元	名次	行业名称	平均资产/亿元
1	邮政	59217.60	22	港口服务	808.57
2	商业银行	39375.31	23	医药及医疗器材零售	803.52
3	多元化金融	23613.16	24	农产品及食品批发	773.73
4	电网	18206.12	25	旅游和餐饮	771.62
5	电信服务	11702.25	26	航空港及相关服务业	671.49
6	保险业	11358.95	27	化工医药商贸	517.70
7	水上运输	8498.90	28	物流及供应链	428.26
8	公路运输	3526.99	29	医疗卫生健康服务	401.89
9	住宅地产	3149.16	30	连锁超市及百货	367.73
10	综合服务业	2957.13	31	生活消费品商贸	299.85
11	互联网服务	2773.17	32	铁路运输	283.78
12	水务	2540.77	33	综合商贸	254.69
13	证券业	2354.91	34	汽车摩托车零售	232.33
14	机电商贸	2257.18	35	国际经济合作（工程承包）	222.27
15	航空运输	2176.92	36	信息技术服务	206.20
16	多元化投资	2001.99	37	教育服务	200.31
17	家电及电子产品零售	1654.51	38	能源矿产商贸	137.60
18	综合能源供应	1270.90	39	生产资料商贸	93.79
19	商业地产	1080.05	40	科技研发、规划设计	93.64
20	文化娱乐	947.56	41	金属品商贸	84.88
21	基金、信托及其他金融服务	835.20	42	人力资源服务	55.85

表 11－22　2021 中国服务业企业 500 强行业平均纳税总额

名次	行业名称	平均纳税总额/亿元	名次	行业名称	平均纳税总额/亿元
1	电网	394.81	22	医疗卫生健康服务	21.39
2	电信服务	190.91	23	公路运输	15.26
3	保险业	145.94	24	农产品及食品批发	14.26
4	邮政	126.05	25	物流及供应链	14.02
5	商业银行	124.32	26	港口服务	13.01
6	多元化金融	108.04	27	航空港及相关服务业	11.08
7	住宅地产	80.69	28	生活消费品商贸	9.90
8	机电商贸	68.52	29	连锁超市及百货	8.63
9	综合服务业	53.12	30	信息技术服务	8.43
10	水上运输	44.19	31	基金、信托及其他金融服务	8.28
11	互联网服务	41.64	32	人力资源服务	6.09
12	航空运输	38.29	33	综合商贸	5.92
13	文化娱乐	33.56	34	铁路运输	5.90
14	教育服务	31.80	35	汽车摩托车零售	5.73
15	商业地产	30.89	36	国际经济合作（工程承包）	5.48
16	家电及电子产品零售	28.31	37	医药及医疗器材零售	5.14
17	多元化投资	23.26	38	化工医药商贸	3.12
18	旅游和餐饮	22.66	39	科技研发、规划设计	2.97
19	水务	22.44	40	能源矿产商贸	2.23
20	综合能源供应	22.29	41	金属品商贸	2.10
21	证券业	21.77	42	生产资料商贸	1.77

表 11－23 2021 中国服务业企业 500 强行业平均研发费用

名次	行业名称	平均研发费用/亿元	名次	行业名称	平均研发费用/亿元
1	电信服务	163.29	22	公路运输	2.23
2	互联网服务	97.71	23	水务	2.14
3	电网	64.32	24	旅游和餐饮	2.08
4	教育服务	26.01	25	生活消费品商贸	2.03
5	水上运输	16.27	26	物流及供应链	1.54
6	家电及电子产品零售	13.56	27	生产资料商贸	1.45
7	机电商贸	11.90	28	港口服务	1.36
8	多元化金融	9.49	29	基金、信托及其他金融服务	1.24
9	商业银行	8.68	30	邮政	1.05
10	商业地产	7.74	31	人力资源服务	0.99
11	信息技术服务	7.50	32	农产品及食品批发	0.88
12	综合服务业	7.15	33	化工医药商贸	0.81
13	综合能源供应	6.75	34	连锁超市及百货	0.68
14	证券业	5.75	35	综合商贸	0.59
15	多元化投资	4.83	36	航空港及相关服务业	0.37
16	住宅地产	4.11	37	汽车摩托车零售	0.31
17	医疗卫生健康服务	4.06	38	医药及医疗器材零售	0.17
18	保险业	3.40	39	能源矿产商贸	0.15
19	航空运输	3.25	40	金属品商贸	0.11
20	科技研发、规划设计	2.91	41	国际经济合作（工程承包）	0.10
21	文化娱乐	2.86	42	铁路运输	0.05

表 11－24　2021 中国服务业企业 500 强行业人均净利润

名次	行业名称	人均净利润/万元	名次	行业名称	人均净利润/万元
1	基金、信托及其他金融服务	239.43	22	物流及供应链	7.48
2	铁路运输	143.60	23	机电商贸	7.28
3	商业银行	68.74	24	保险业	7.25
4	证券业	64.19	25	综合服务业	7.05
5	互联网服务	47.32	26	农产品及食品批发	6.44
6	商业地产	37.23	27	汽车摩托车零售	6.43
7	金属品商贸	29.05	28	化工医药商贸	5.73
8	多元化金融	27.30	29	综合商贸	4.77
9	生产资料商贸	24.42	30	医药及医疗器材零售	4.61
10	能源矿产商贸	23.20	31	邮政	4.06
11	住宅地产	19.94	32	电网	3.44
12	医疗卫生健康服务	14.90	33	水务	3.03
13	文化娱乐	12.89	34	科技研发、规划设计	2.50
14	人力资源服务	10.43	35	连锁超市及百货	1.94
15	生活消费品商贸	10.33	36	国际经济合作（工程承包）	1.37
16	电信服务	9.39	37	家电及电子产品零售	0.18
17	水上运输	9.20	38	旅游和餐饮	－1.03
18	综合能源供应	8.95	39	教育服务	－1.10
19	信息技术服务	8.19	40	公路运输	－1.15
20	港口服务	7.89	41	航空运输	－7.01
21	多元化投资	7.54	42	航空港及相关服务业	－22.17

表 11－25 2021 中国服务业企业 500 强行业人均营业收入

名次	行业名称	人均营业收入/万元	名次	行业名称	人均营业收入/万元
1	铁路运输	4568.16	22	互联网服务	287.21
2	金属品商贸	4078.11	23	家电及电子产品零售	281.14
3	生产资料商贸	2444.43	24	综合服务业	257.08
4	基金、信托及其他金融服务	2006.51	25	综合能源供应	251.70
5	人力资源服务	1905.42	26	医药及医疗器材零售	249.13
6	能源矿产商贸	1725.93	27	电网	243.42
7	综合商贸	534.53	28	国际经济合作（工程承包）	181.42
8	化工医药商贸	453.35	29	文化娱乐	179.23
9	物流及供应链	452.73	30	信息技术服务	177.79
10	商业地产	390.68	31	保险业	177.43
11	农产品及食品批发	390.55	32	港口服务	174.63
12	住宅地产	372.83	33	公路运输	146.58
13	机电商贸	369.85	34	电信服务	140.88
14	医疗卫生健康服务	365.26	35	水务	131.98
15	汽车摩托车零售	344.89	36	科技研发、规划设计	121.45
16	商业银行	344.17	37	连锁超市及百货	104.12
17	多元化金融	333.08	38	旅游和餐饮	102.13
18	生活消费品商贸	324.73	39	邮政	83.09
19	多元化投资	303.24	40	航空港及相关服务业	81.92
20	水上运输	300.16	41	航空运输	79.30
21	证券业	292.13	42	教育服务	42.53

表 11-26　2021 中国服务业企业 500 强行业人均资产

名次	行业名称	人均资产/万元	名次	行业名称	人均资产/万元
1	基金、信托及其他金融服务	12507.70	22	互联网服务	517.32
2	商业银行	8261.48	23	农产品及食品批发	448.21
3	证券业	3190.32	24	航空港及相关服务业	429.38
4	多元化金融	3136.75	25	机电商贸	426.32
5	铁路运输	2949.91	26	电网	399.12
6	商业地产	1416.52	27	物流及供应链	362.32
7	邮政	1406.98	28	航空运输	323.07
8	公路运输	1383.48	29	电信服务	315.19
9	住宅地产	1372.22	30	综合商贸	286.11
10	水务	1126.17	31	生活消费品商贸	269.39
11	多元化投资	1044.80	32	国际经济合作（工程承包）	265.75
12	生产资料商贸	950.23	33	医疗卫生健康服务	265.40
13	金属品商贸	874.18	34	旅游和餐饮	265.05
14	能源矿产商贸	851.84	35	人力资源服务	245.22
15	水上运输	770.26	36	汽车摩托车零售	239.41
16	保险业	705.88	37	医药及医疗器材零售	211.75
17	综合能源供应	663.98	38	家电及电子产品零售	189.75
18	文化娱乐	630.36	39	信息技术服务	169.03
19	综合服务业	619.20	40	科技研发、规划设计	148.45
20	化工医药商贸	552.85	41	连锁超市及百货	128.95
21	港口服务	528.47	42	教育服务	27.07

表 11－27 2021 中国服务业企业 500 强行业人均纳税总额

名次	行业名称	人均纳税额/万元	名次	行业名称	人均纳税额/万元
1	基金、信托及其他金融服务	124.04	22	港口服务	8.45
2	铁路运输	61.30	23	农产品及食品批发	8.26
3	商业地产	40.51	24	保险业	8.01
4	住宅地产	35.16	25	旅游和餐饮	7.78
5	商业银行	32.26	26	互联网服务	7.77
6	证券业	29.49	27	航空港及相关服务业	7.08
7	人力资源服务	26.75	28	信息技术服务	6.91
8	多元化金融	23.35	29	综合商贸	6.65
9	文化娱乐	22.32	30	国际经济合作（工程承包）	6.55
10	金属品商贸	21.65	31	公路运输	5.99
11	综合服务业	18.29	32	汽车摩托车零售	5.91
12	生产资料商贸	17.91	33	化工医药商贸	5.74
13	物流及供应链	15.56	34	航空运输	5.68
14	能源矿产商贸	13.81	35	电信服务	5.14
15	机电商贸	12.94	36	科技研发、规划设计	4.71
16	多元化投资	12.14	37	教育服务	4.30
17	综合能源供应	11.03	38	水上运输	4.01
18	医疗卫生健康服务	10.81	39	医药及医疗器材零售	3.46
19	水务	9.95	40	家电及电子产品零售	3.25
20	生活消费品商贸	8.89	41	邮政	2.99
21	电网	8.65	42	连锁超市及百货	2.87

表 11－28 2021 中国服务业企业 500 强行业人均研发费用

名次	行业名称	人均研发费用/万元	名次	行业名称	人均研发费用/万元
1	互联网服务	26.76	22	电网	1.41
2	基金、信托及其他金融服务	15.01	23	家电及电子产品零售	1.17
3	证券业	8.66	24	物流及供应链	1.08
4	商业地产	7.17	25	公路运输	0.97
5	信息技术服务	6.15	26	水务	0.95
6	商业银行	5.66	27	港口服务	0.83
7	生产资料商贸	5.17	28	金属品商贸	0.65
8	科技研发、规划设计	4.61	29	化工医药商贸	0.64
9	电信服务	4.40	30	旅游和餐饮	0.58
10	教育服务	3.51	31	铁路运输	0.52
11	人力资源服务	3.43	32	综合商贸	0.48
12	综合能源供应	3.12	33	航空运输	0.42
13	医疗卫生健康服务	2.66	34	农产品及食品批发	0.42
14	综合服务业	2.32	35	能源矿产商贸	0.41
15	机电商贸	2.25	36	保险业	0.38
16	生活消费品商贸	2.23	37	航空港及相关服务业	0.24
17	多元化投资	2.14	38	连锁超市及百货	0.23
18	文化娱乐	1.92	39	汽车摩托车零售	0.22
19	住宅地产	1.54	40	国际经济合作（工程承包）	0.11
20	水上运输	1.47	41	医药及医疗器材零售	0.10
21	多元化金融	1.46	42	邮政	0.02

表11－29 2021中国服务业企业500强行业平均资产利润率

名次	行业名称	平均资产利润率/%	名次	行业名称	平均资产利润率/%
1	医疗卫生健康服务	8.85	22	住宅地产	2.29
2	互联网服务	7.32	23	综合能源供应	2.28
3	文化娱乐	7.21	24	电信服务	2.10
4	基金、信托及其他金融服务	5.98	25	科技研发、规划设计	1.74
5	信息技术服务	5.97	26	机电商贸	1.71
6	金属品商贸	5.60	27	港口服务	1.57
7	铁路运输	4.87	28	多元化投资	1.29
8	生活消费品商贸	4.59	29	水上运输	1.19
9	汽车摩托车零售	4.45	30	电网	1.09
10	人力资源服务	3.74	31	生产资料商贸	0.94
11	医药及医疗器材零售	3.71	32	多元化金融	0.68
12	证券业	3.56	33	商业银行	0.66
13	邮政	3.48	34	国际经济合作（工程承包）	0.52
14	农产品及食品批发	3.12	35	保险业	0.44
15	能源矿产商贸	3.06	36	水务	0.30
16	综合服务业	2.88	37	公路运输	-0.02
17	连锁超市及百货	2.63	38	旅游和餐饮	-0.45
18	综合商贸	2.61	39	航空运输	-3.11
19	家电及电子产品零售	2.60	40	航空港及相关服务业	-3.56
20	物流及供应链	2.55	41	化工医药商贸	-3.79
21	商业地产	2.41	42	教育服务	-4.05

第十二章
2021 中国企业 1000 家

为了扩大中国大企业的分析范围，更加全面地反映中国大企业的发展状况，中国企业联合会、中国企业家协会从 2018 年起，开展了中国企业 1000 家的申报排序工作，2021 年继续推出 2021 中国企业 1000 家。前 500 名请见表 9-1，后 500 名见表 12-1。

表 12-1 2021 中国企业 1000 家第 501 名至 1000 名名单

名次	企业名称	地区	营业收入/万元	净利润/万元	资产/万元	所有者权益/万元	从业人数/人
501	山河控股集团有限公司	湖北	3913243	64373	1306613	771514	55681
502	山东鲁花集团有限公司	山东	3903065	423339	3282572	1341239	26000
503	武汉金融控股（集团）有限公司	湖北	3898289	138800	14578791	2052460	13883
504	江苏中利控股集团有限公司	江苏	3862221	112254	3996416	1423472	6925
505	安徽省皖北煤电集团有限责任公司	安徽	3856673	-90980	4514806	96433	34724
506	山东恒源石油化工股份有限公司	山东	3843643	80932	1700315	716726	1729
507	海通证券股份有限公司	上海	3821982	1087539	69407335	15344846	11060
508	新疆天业（集团）有限公司	新疆维吾尔自治区	3820420	-7556	4452871	684210	15710
509	中国东方电气集团有限公司	四川	3817237	124010	10015864	1789967	18833
510	得力集团有限公司	浙江	3804946	316398	2618712	959950	16043
511	江苏江润铜业有限公司	江苏	3803819	12250	346844	178885	753
512	舜宇集团有限公司	浙江	3800177	487179	3543812	1659722	24374
513	重庆市博赛矿业（集团）有限公司	重庆	3788251	70611	1279918	643619	8280
514	江苏汇鸿国际集团股份有限公司	江苏	3785819	23783	2499103	540376	3993
515	浙江宝业建设集团有限公司	浙江	3779438	41035	1110058	418458	4023
516	郑州宇通企业集团	河南	3748355	255106	10266973	1873004	29483
517	中国一重集团有限公司	黑龙江	3729003	34418	4830881	1128454	15441
518	天津亿联控股集团有限公司	天津	3701796	178927	10190377	4118979	10798
519	张家港保税区立信投资有限公司	江苏	3692686	31045	117669	61473	20
520	山东省商业集团有限公司	山东	3688895	-22112	12621302	632969	37032
521	重庆市中科控股有限公司	重庆	3674382	12475	2118367	383359	2167
522	重庆轻纺控股（集团）公司	重庆	3639776	43383	2983491	620845	23857
523	湖南五江控股集团有限公司	湖南	3625615	314263	6158841	3923652	23956
524	新华锦集团	山东	3616207	11190	1051128	261763	78
525	深圳前海微众银行股份有限公司	广东	3596648	495707	34642999	2102807	2871
526	厦门中骏集团有限公司	福建	3573089	412091	17437393	2300159	9414
527	华勤橡胶工业集团有限公司	山东	3571859	81579	2108081	943405	8500
528	河北天柱钢铁集团有限公司	河北	3568670	150845	1507184	770295	5578
529	厦门港务控股集团有限公司	福建	3553889	102	4443648	739640	10026
530	宝龙地产控股有限公司	上海	3549530	609322	19513151	3622087	11617
531	内蒙古伊泰集团有限公司	内蒙古自治区	3517772	-58321	10412656	1836992	6320

续表

名次	企业名称	地区	营业收入/万元	净利润/万元	资产/万元	所有者权益/万元	从业人数/人
532	利时集团股份有限公司	浙江	3517263	86382	1716118	890643	6829
533	江苏大明金属制品有限公司	江苏	3510130	30735	1087424	190320	6039
534	山西晋南钢铁集团有限公司	山西	3501720	134796	2614485	1099122	7326
535	圆通速递股份有限公司	辽宁	3490704	176675	2642915	1712949	13490
536	山西建邦集团有限公司	山西	3480273	135471	1539530	997933	3252
537	浙江升华控股集团有限公司	浙江	3462094	31321	899136	298433	2910
538	山东寿光鲁清石化有限公司	山东	3460001	58680	2377810	905187	2771
539	天津银行股份有限公司	天津	3425879	430759	68776020	5313022	6694
540	振石控股集团有限公司	浙江	3402332	198532	3014964	1069877	7431
541	巨化集团有限公司	浙江	3393704	223617	3863269	962560	11421
542	金东纸业（江苏）股份有限公司	江苏	3374874	148245	6999417	2094672	5201
543	华东医药股份有限公司	浙江	3368306	281986	2420135	1461982	11359
544	四川九洲投资控股集团有限公司	四川	3334245	27310	2771559	627179	12565
545	五得利面粉集团有限公司	河北	3328398	245474	1637941	1293719	5500
546	文一投资控股集团	安徽	3327056	79282	5388242	2838284	23000
547	湖北省交通投资集团有限公司	湖北	3324888	137558	49686599	13335844	20806
548	广州市城市建设投资集团有限公司	广东	3320528	15384	24027268	12069369	5884
549	华南物资集团有限公司	重庆	3310915	6552	622701	73531	729
550	北京首都旅游集团有限责任公司	北京	3310762	-246398	13194772	1617662	69369
551	北京顺鑫控股集团有限公司	北京	3300580	155	3580737	342025	8638
552	青岛城市建设投资（集团）有限责任公司	山东	3291675	185430	35053731	9292091	20365
553	波司登股份有限公司	江苏	3288516	410679	3854196	2300611	23934
554	天津华北集团有限公司	天津	3284748	17196	1252064	606365	1180
555	河南中原黄金冶炼厂有限责任公司	河南	3280631	44681	1709012	774232	1445
556	重庆小康控股有限公司	重庆	3276438	-108698	2932442	120075	14358
557	三花控股集团有限公司	浙江	3274796	124269	2792407	1020840	23790
558	长沙银行股份有限公司	湖南	3274701	533840	70423473	4433331	7618
559	云南白药集团股份有限公司	云南	3274277	551607	5521945	3805255	8131
560	花园集团有限公司	浙江	3267598	52595	2706926	1133756	13952
561	广西南丹南方金属有限公司	广西壮族自治区	3266685	58902	2091262	752356	5189
562	太平鸟集团有限公司	浙江	3227611	51140	1632558	98353	13638
563	彬县煤炭有限责任公司	陕西	3216822	16558	2977055	952668	4553
564	上海均瑶（集团）有限公司	上海	3192952	-27986	9322430	996812	19450
565	苏州金螳螂企业（集团）有限公司	江苏	3192217	56410	5129936	511121	16241
566	道恩集团有限公司	山东	3184087	90262	1358458	208331	3514

续表

名次	企业名称	地区	营业收入/万元	净利润/万元	资产/万元	所有者权益/万元	从业人数/人
567	杭州东恒石油有限公司	浙江	3178373	32715	874249	335091	459
568	浙江龙盛控股有限公司	浙江	3176536	449858	6015784	2922140	8284
569	河北兴华钢铁有限公司	河北	3176396	136646	901016	620773	5369
570	华芳集团有限公司	江苏	3150194	26967	708443	488074	7247
571	广东粤海控股集团有限公司	广东	3149880	65603	15086550	4045800	15261
572	浙江元立金属制品集团有限公司	浙江	3149802	181082	2321498	700730	13000
573	北京学而思教育科技有限公司	北京	3147060	-81200	2003090	1037703	74000
574	云南省康旅控股集团有限公司	云南	3144751	-3731	28085644	4741501	28855
575	西子联合控股有限公司	浙江	3128623	369981	5015509	1801655	19049
576	卓越置业集团有限公司	广东	3126966	433630	26816504	5751116	230
577	福星集团控股有限公司	湖北	3109076	13402	5400067	343131	6968
578	济源市万洋冶炼（集团）有限公司	河南	3099762	43764	594468	248487	3160
579	万通海欣控股集团股份有限公司	山东	3085453	112642	3536378	1638839	3500
580	浙江东南网架集团有限公司	浙江	3085396	33345	2916439	941974	12188
581	香驰控股有限公司	山东	3060157	78394	1540170	801678	1912
582	河南金利金铅集团有限公司	河南	3048940	31800	685112	248222	2871
583	深圳市信利康供应链管理有限公司	广东	3044375	13603	1051949	140092	494
584	山东东方华龙工贸集团有限公司	山东	3036502	11320	1182955	489521	1502
585	山东中海化工集团有限公司	山东	3035591	117905	1186681	758000	2637
586	奥德集团有限公司	山东	3030466	464507	5175664	2927078	12363
587	江阴长三角钢铁集团有限公司	江苏	3028876	1567	46141	11776	350
588	深圳市中金岭南有色金属股份有限公司	广东	3022613	99510	2434833	1220249	9835
589	月星集团有限公司	上海	3021932	278560	5942209	2166770	10735
590	天津天士力大健康产业投资集团有限公司	天津	3016187	29592	7939218	2698444	19773
591	河北诚信集团有限公司	河北	3015255	299786	1658594	1187031	10238
592	万丰奥特控股集团有限公司	浙江	3011647	198413	2900250	579218	12275
593	腾达建设集团股份有限公司	浙江	2990342	60725	1442753	675215	9560
594	鹏鼎控股（深圳）股份有限公司	广东	2985131	284147	3310242	2155803	43567
595	浙江省海港投资运营集团有限公司	浙江	2971725	273605	13271509	6450890	20062
596	欣旺达电子股份有限公司	广东	2969231	80196	3067220	681902	9473
597	广州市方圆房地产发展有限公司	广东	2941845	174898	9272702	1551983	8000
598	天合光能股份有限公司	江苏	2941797	122928	4559246	1508118	14130
599	华新水泥股份有限公司	湖北	2935652	563060	4392851	2357138	16167
600	广发证券股份有限公司	广东	2915349	1003813	45746369	9816220	10379
601	青岛啤酒集团有限公司	山东	2910111	78979	4795977	711894	36984

续表

名次	企业名称	地区	营业收入/万元	净利润/万元	资产/万元	所有者权益/万元	从业人数/人
602	东华能源股份有限公司	江苏	2908175	121033	2812386	1018849	1903
603	北京金融街投资（集团）有限公司	北京	2899190	91860	25797711	3573457	12693
604	山东恒邦冶炼股份有限公司	山东	2895124	36630	1758971	749078	4192
605	金鹏控股集团有限公司	安徽	2891226	75224	2979366	682448	5754
606	山东垦利石化集团有限公司	山东	2877844	135727	1685046	968633	2619
607	世纪金源投资集团有限公司	北京	2875423	690825	9231978	4929372	19686
608	江西省交通投资集团有限责任公司	江西	2873662	85961	34112838	12336253	18938
609	中国万向控股有限公司	上海	2872934	104093	15589982	1030615	16256
610	杭州滨江房产集团股份有限公司	浙江	2859680	232765	17201553	1836935	1555
611	源山投资控股有限公司	上海	2854553	3138	631330	312228	175
612	中策橡胶集团有限公司	浙江	2814833	188615	2656881	1090155	23650
613	浙江方远控股集团有限公司	浙江	2806528	52586	2665209	370190	47400
614	金龙精密铜管集团股份有限公司	重庆	2788411	79639	1364109	132249	6617
615	天洁集团有限公司	浙江	2776942	147958	1400759	695680	1325
616	华立集团股份有限公司	浙江	2775838	24448	2219285	252319	12000
617	江苏恒瑞医药股份有限公司	江苏	2773459	632838	3472958	3050430	28903
618	河北鑫达钢铁集团有限公司	河北	2770306	62274	2031416	1359948	8546
619	武汉商贸集团有限公司	湖北	2767758	46311	7145537	1234053	39734
620	浙江协和集团有限公司	浙江	2760507	27699	766483	185599	1382
621	德邦物流股份有限公司	上海	2750345	56438	1019126	462382	150000
622	郑州银行股份有限公司	河南	2746715	316757	54781344	4449490	4984
623	常熟市龙腾特种钢有限公司	江苏	2738731	172328	2655739	731535	5179
624	庞大汽贸集团股份有限公司	河北	2738561	58035	2263535	1099030	12801
625	瑞康医药集团股份有限公司	山东	2720388	26130	3129019	746906	10066
626	武汉当代科技产业集团股份有限公司	湖北	2714402	60251	9456614	1243248	28668
627	利群集团股份有限公司	山东	2712631	19067	2353409	708539	10171
628	湖北省联投控股有限公司	湖北	2711948	2686	21768379	1507947	10071
629	浙江富春江通信集团有限公司	浙江	2700007	63374	2346764	482540	4534
630	天津港（集团）有限公司	天津	2700003	-52160	14176806	2085593	20955
631	奥盛集团有限公司	上海	2697786	85750	1208819	956946	1570
632	江苏邗建集团有限公司	江苏	2695680	82371	2334158	805075	51315
633	广东德赛集团有限公司	广东	2679846	18127	1773900	263804	15346
634	宁波博洋控股集团有限公司	浙江	2677358	50170	693526	163901	7656
635	洛阳国宏投资集团有限公司	河南	2672115	41858	2892074	1275941	3354
636	武汉城市建设集团有限公司	湖北	2665360	186297	29734526	7298571	8842

续表

名次	企业名称	地区	营业收入/万元	净利润/万元	资产/万元	所有者权益/万元	从业人数/人
637	郑州煤矿机械集团股份有限公司	河南	2651939	123914	3371441	1306379	17415
638	浙江大华技术股份有限公司	浙江	2646596	390277	3659503	1977303	17251
639	江苏长电科技股份有限公司	江苏	2646399	130439	3232819	1339970	23359
640	北京中能昊龙投资控股集团有限公司	北京	2639869	260706	2393785	1608799	1350
641	哈尔滨电气集团有限公司	黑龙江	2639470	26675	6498264	1454869	15464
642	兴惠化纤集团有限公司	浙江	2632230	31592	691321	465211	2506
643	广西柳工集团有限公司	广西壮族自治区	2626765	16233	4459805	442403	17314
644	广西现代物流集团有限公司	广西壮族自治区	2625541	12876	2196930	716584	4308
645	邯郸市正大制管有限公司	河北	2613111	42682	464745	111638	5564
646	上海国际港务（集团）股份有限公司	上海	2611946	830714	15592474	8751786	14068
647	大亚科技集团有限公司	江苏	2607501	88530	1652195	310366	13816
648	洛阳炼化宏达实业有限责任公司	河南	2598310	15191	610740	109665	1557
649	胜达集团有限公司	浙江	2581679	99493	1303176	909178	2978
650	合肥维天运通信息科技股份有限公司	安徽	2576226	3261	253761	25223	750
651	江苏中超投资集团有限公司	江苏	2568080	5287	1292449	228040	5400
652	江苏万帮金之星车业投资集团有限公司	江苏	2563424	161941	502653	387405	2508
653	山西晋城钢铁控股集团有限公司	山西	2554951	118034	2239972	1370118	10700
654	广西贵港钢铁集团有限公司	广西壮族自治区	2551834	23681	841984	240540	2815
655	三宝集团股份有限公司	福建	2549969	85460	1303482	585898	4561
656	大连西太平洋石油化工有限公司	辽宁	2545395	-134509	672403	-286910	1057
657	成都蛟龙投资有限责任公司	四川	2545036	204807	953721	777106	53627
658	福建三安集团有限公司	福建	2540036	-85332	6373478	987472	0
659	兴达投资集团有限公司	江苏	2534870	107080	816647	635749	952
660	中通快递股份有限公司	上海	2521429	431221	5920475	4897881	23018
661	广州立白凯晟控股有限公司	广东	2518530	151011	2649444	1357790	9297
662	大华（集团）有限公司	上海	2513157	543831	16044483	3106537	4772
663	浙江英特药业有限责任公司	浙江	2500669	27268	1105955	229393	3956
664	山鹰国际控股股份公司	安徽	2496915	138110	4543655	1559627	13189
665	山东永鑫能源集团有限公司	山东	2492333	11220	1394181	-5228	1935
666	福州城市建设投资集团有限公司	福建	2487751	141446	19075294	8175722	7831
667	淄博齐翔腾达化工股份有限公司	山东	2468592	97572	2063890	898103	2467
668	江苏三木集团有限公司	江苏	2466685	98649	1349631	786346	6303
669	广东格兰仕集团有限公司	广东	2464603	72542	2267895	645243	23538
670	河南济源钢铁（集团）有限公司	河南	2452762	107996	1856853	848330	7310
671	纳爱斯集团有限公司	浙江	2452551	148534	2345039	2024188	12018

续表

名次	企业名称	地区	营业收入/万元	净利润/万元	资产/万元	所有者权益/万元	从业人数/人
672	浙江省机电集团有限公司	浙江	2451868	10875	2276899	354168	5026
673	华鲁控股集团有限公司	山东	2434613	74408	4024424	911672	17862
674	无锡市不锈钢电子交易中心有限公司	江苏	2433146	3698	18118	16382	99
675	青岛世纪瑞丰集团有限公司	山东	2432325	2802	947086	35960	102
676	联发集团有限公司	福建	2390374	84136	9641058	1122126	4803
677	浙江建华集团有限公司	浙江	2388253	8211	287297	94602	3059
678	深圳华强集团有限公司	广东	2378916	107492	7008569	1590716	22960
679	江苏无锡朝阳集团股份有限公司	江苏	2377873	19965	196032	132652	1502
680	重庆对外经贸（集团）有限公司	重庆	2333870	7253	2201335	488386	15367
681	江阴江东集团公司	江苏	2326296	120662	581730	459443	6660
682	农夫山泉股份有限公司	浙江	2320813	528546	2580302	1550121	19091
683	重庆万达薄板有限公司	重庆	2318016	37867	1297591	314433	2430
684	重庆高速公路集团有限公司	重庆	2314856	29778	21553762	5670702	12090
685	浙江永安资本管理有限公司	浙江	2312293	20736	587502	187661	183
686	南京新华海科技产业集团有限公司	江苏	2310405	51271	1206240	536648	1701
687	宁波申洲针织有限公司	浙江	2303065	510674	3685176	2727606	89100
688	广东优友网络科技有限公司	广东	2300178	6506	229754	9014	428
689	安徽楚江科技新材料股份有限公司	安徽	2297409	27424	1124546	575188	6422
690	西安高科集团有限公司	陕西	2282375	47096	15009682	1401009	14889
691	宗申产业集团有限公司	重庆	2259786	41271	2530790	443372	14739
692	苏州创元投资发展（集团）有限公司	江苏	2257325	56170	3489609	797328	13759
693	久立集团股份有限公司	浙江	2254023	36974	1039212	256822	4042
694	浙江宝利德股份有限公司	浙江	2251757	38903	676043	181340	2434
695	无锡市国联发展（集团）有限公司	江苏	2249248	172082	12400017	2450979	11924
696	深圳市富森供应链管理有限公司	广东	2244209	6871	1128104	78593	455
697	湖南省交通水利建设集团有限公司	湖南	2209497	60595	2794817	542499	7846
698	青岛西海岸新区融合控股集团有限公司	山东	2205205	20084	12655867	2578497	2400
699	天津源泰德润钢管制造集团有限公司	天津	2200853	24527	306260	306260	2000
700	滨化集团	山东	2200319	55356	2229712	1077105	5185
701	中原出版传媒投资控股集团有限公司	河南	2197815	65596	2030789	968962	16024
702	广州市水务投资集团有限公司	广东	2173567	48833	17892595	4409689	28467
703	北京东方雨虹防水技术股份有限公司	北京	2173037	338887	2784665	1461438	8036
704	漳州市九龙江集团有限公司	福建	2171541	123079	8654342	2278315	6258
705	东莞农村商业银行股份有限公司	广东	2169928	485693	54840196	3614563	8122
706	宜宾天原集团股份有限公司	四川	2164607	11588	1475084	504695	4187

续表

名次	企业名称	地区	营业收入/万元	净利润/万元	资产/万元	所有者权益/万元	从业人数/人
707	申通快递有限公司	浙江	2156605	3633	1595161	2039229	1845
708	桂林力源粮油食品集团有限公司	广西壮族自治区	2153660	89087	897495	341275	10000
709	山西云时代技术有限公司	山西	2147829	10837	1665774	357908	13932
710	江西银行股份有限公司	江西	2123278	185917	45869282	3526758	5081
711	上海协通（集团）有限公司	上海	2122377	77791	660646	273624	1960
712	浙江华友钴业股份有限公司	浙江	2118684	116484	2694532	992212	8079
713	华融湘江银行股份有限公司	湖南	2113371	287137	40597561	3094330	4648
714	贵州银行股份有限公司	贵州	2112946	367066	45640120	3602782	5169
715	无锡新三洲特钢有限公司	江苏	2098717	9733	305615	124382	2465
716	广州金融控股集团有限公司	广东	2067843	192007	73082801	3205664	2697
717	武汉联杰能源有限公司	湖北	2064612	2029	267269	166164	31
718	浙江甬金金属科技股份有限公司	浙江	2044342	41444	620649	314680	2012
719	张家港保税区旭江贸易有限公司	江苏	2039519	59772	746010	227287	20
720	人福医药集团股份公司	湖北	2036892	114851	3162687	1076427	15042
721	攀枝花钢城集团有限公司	四川	2026480	1820	877591	-148496	10911
722	深圳市兆驰股份有限公司	广东	2018622	176339	2655270	1139621	13424
723	无棣鑫岳化工集团有限公司	山东	2015023	111205	1871667	949455	3576
724	山东港口日照港集团有限公司	山东	2014755	-12025	6664334	1162967	8847
725	深圳市大疆创新科技有限公司	广东	2013902	601464	2865442	2048908	10599
726	山东博汇集团有限公司	山东	2012185	-43311	3947379	20865	9000
727	天津纺织集团（控股）有限公司	天津	2011615	7654	1737488	577704	3464
728	广西汽车集团有限公司	广西壮族自治区	2007589	4153	1875013	600846	14474
729	吉林银行股份有限公司	吉林	2002692	125726	43449953	3774601	10026
730	河南神火集团有限公司	河南	2001719	36709	6716556	38822	28985
731	天津恒兴集团有限公司	天津	1999938	71997	828797	712382	850
732	江苏西城三联控股集团有限公司	江苏	1998714	-43941	539937	-235680	2735
733	上海韦尔半导体股份有限公司	上海	1982397	270610	2264799	1123864	3291
734	浙江人本实业有限公司	浙江	1981157	51690	1275469	280369	22069
735	宁波建工股份有限公司	浙江	1979685	27959	1862231	356947	5548
736	九江银行股份有限公司	江西	1976543	167286	41579413	2597618	4227
737	江苏上上电缆集团有限公司	江苏	1975791	49382	837062	646634	4949
738	凌源钢铁集团有限责任公司	辽宁	1973256	39354	2532420	296319	9994
739	青岛银行股份有限公司	山东	1972669	239407	45982761	3028517	4230
740	长春一汽富维汽车零部件股份有限公司	吉林	1951998	61726	1791313	631242	14376
741	吉林亚泰（集团）股份有限公司	吉林	1949799	13719	5831799	1456902	18866

续表

名次	企业名称	地区	营业收入/万元	净利润/万元	资产/万元	所有者权益/万元	从业人数/人
742	淄博商厦股份有限公司	山东	1949194	15555	577645	270874	9516
743	四川省达州钢铁集团有限责任公司	四川	1947436	38921	821318	301139	5549
744	雅迪集团控股有限公司	江苏	1936031	95738	1601635	358949	8184
745	玲珑集团有限公司	山东	1933735	119411	3648460	897948	19872
746	张家港市沃丰贸易有限公司	江苏	1931470	13822	453001	15327	20
747	贵州现代物流产业（集团）有限责任公司	贵州	1931453	9635	1488461	364356	2502
748	阳光电源股份有限公司	安徽	1928564	195431	2800293	1045590	4492
749	中国西电集团有限公司	陕西	1915883	45763	4205307	1432994	17481
750	厦门钨业股份有限公司	福建	1896374	61410	2510387	761480	13819
751	山东华星石油化工集团有限公司	山东	1891545	50547	1091826	409852	1456
752	诸城外贸有限责任公司	山东	1889801	72985	2173606	1035655	7338
753	安徽天大企业（集团）有限公司	安徽	1887203	27866	1601366	267205	1668
754	山东临工工程机械有限公司	山东	1864647	185161	1909945	748525	3925
755	润华集团股份有限公司	山东	1863935	50758	1468937	721265	5357
756	红太阳集团有限公司	江苏	1861622	10410	3745127	915323	4402
757	黑龙江飞鹤乳业有限公司	黑龙江	1859247	393458	2832284	1918553	5833
758	福建福海创石油化工有限公司	福建	1858857	-176665	4062448	1465829	1528
759	西安曲江文化产业投资（集团）有限公司	陕西	1856281	210	9671688	1254546	19752
760	上海仪电（集团）有限公司	上海	1855703	23654	7979604	1287177	14899
761	唐人神集团股份有限公司	湖南	1852685	95034	1028008	533700	9798
762	携程计算机（上海）有限公司	上海	1832700	-324700	18724900	10035400	33400
763	中建信控股集团有限公司	上海	1832065	22843	3019447	179704	11516
764	中国庆华能源集团有限公司	北京	1829583	-90620	6839848	410950	10065
765	厦门海沧投资集团有限公司	福建	1816953	22966	3558367	645333	6354
766	山西安泰控股集团有限公司	山西	1816578	34510	1780264	404802	6462
767	山东寿光巨能控股集团有限公司	山东	1815225	38174	1321081	724601	8350
768	江苏省苏豪控股集团有限公司	江苏	1808297	124096	3006460	892573	8112
769	桂林银行股份有限公司	广西壮族自治区	1806111	109443	37698351	2401656	5747
770	山东神驰控股有限公司	山东	1804323	133061	1573304	1082377	1468
771	苏州佳世达电通有限公司	江苏	1797085	11700	759947	223146	3565
772	江阴市金桥化工有限公司	江苏	1792031	1245	144391	16989	90
773	唐山三友集团有限公司	河北	1791876	42972	2562800	557840	18228
774	山东远通汽车贸易集团有限公司	山东	1785466	18563	651310	379135	5730
775	龙元建设集团股份有限公司	上海	1778668	80894	6253752	1137478	5035
776	顾家集团有限公司	浙江	1771605	-25485	2372577	668218	18700

续表

名次	企业名称	地区	营业收入/万元	净利润/万元	资产/万元	所有者权益/万元	从业人数/人
777	安徽出版集团有限责任公司	安徽	1766343	36674	2513185	874168	4247
778	致达控股集团有限公司	上海	1754006	31197	2788386	492257	4922
779	金猴集团有限公司	山东	1725743	38268	547136	350569	3030
780	砂之船商业管理集团有限公司	重庆	1725606	58721	1018956	—	29257
781	福建百宏聚纤科技实业有限公司	福建	1722261	74984	3061224	1102161	10498
782	张家港市泽厚贸易有限公司	江苏	1719783	8421	252328	9921	20
783	宁波君安控股有限公司	浙江	1718611	5943	313103	69239	89
784	瑞声科技（控股）有限公司	广东	1714021	150671	3891131	2115874	33735
785	广州视源电子科技股份有限公司	广东	1712932	191183	1256035	719850	4642
786	深圳市天健（集团）股份有限公司	广东	1712470	148617	4899863	1095623	11246
787	广博控股集团有限公司	浙江	1695168	20548	1725658	386580	3600
788	浙江天圣控股集团有限公司	浙江	1692186	64998	1403487	405895	2928
789	天津市宝来工贸有限公司	天津	1689561	49317	251946	210737	2218
790	宁波华翔电子股份有限公司	浙江	1689235	84943	1910471	1032950	15449
791	天津现代集团有限公司	天津	1685112	63316	2697954	1091833	459
792	广州无线电集团有限公司	广东	1683380	63314	4273868	819686	46012
793	精工控股集团有限公司	浙江	1675543	17514	2506550	310464	10797
794	广西农垦集团有限责任公司	广西壮族自治区	1672660	27788	8518081	5152185	21335
795	青岛农村商业银行股份有限公司	山东	1668464	295963	40681107	2884168	5145
796	河北港口集团有限公司	河北	1662302	3265	6925857	2781462	12951
797	秦皇岛宏兴钢铁有限公司	河北	1650383	162181	1191472	949331	5032
798	重庆交通运输控股（集团）有限公司	重庆	1646241	1097	2646485	939911	39050
799	无锡市交通产业集团有限公司	江苏	1645696	16461	5720933	1777905	11575
800	三环集团有限公司	湖北	1644747	-49888	2519133	712467	17200
801	上海龙旗科技股份有限公司	上海	1638414	26461	1296579	151996	9959
802	安徽辉隆投资集团有限公司	安徽	1634649	4952	1013695	97934	3045
803	河南明泰铝业股份有限公司	河南	1633342	107005	1277347	865782	5301
804	西安城市基础设施建设投资集团有限公司	陕西	1626666	58639	19448468	7362547	30915
805	湖南永通集团有限公司	湖南	1621105	21115	820029	374033	4523
806	青岛西海岸新区海洋控股集团有限公司	山东	1619295	30615	9410795	2135915	8699
807	厦门翔业集团有限公司	福建	1611683	12153	3924148	1113517	12909
808	泰开集团有限公司	山东	1611423	89705	1629937	298448	13049
809	四川航空股份有限公司	四川	1608122	-308765	4119495	327094	17330
810	东方日升新能源股份有限公司	浙江	1606349	16534	2892283	844306	8554
811	石家庄北国人百集团有限责任公司	河北	1600702	17117	1231595	384555	15939

续表

名次	企业名称	地区	营业收入/万元	净利润/万元	资产/万元	所有者权益/万元	从业人数/人
812	山西高义钢铁有限公司	山西	1599086	124381	1138698	422317	4960
813	上海华虹（集团）有限公司	上海	1589253	-34936	7727024	1191091	10388
814	杭叉集团股份有限公司	浙江	1589007	85032	854440	489039	4740
815	信誉楼百货集团有限公司	河北	1583803	75991	763184	258460	29500
816	青岛港（集团）有限公司	山东	1579337	130881	8268293	3098924	14584
817	天津津路钢铁实业有限公司	天津	1572384	3061	325212	14887	104
818	广西柳州医药股份有限公司	广西壮族自治区	1566866	71171	1480773	509860	4706
819	天津城市基础设施建设投资集团有限公司	天津	1565424	146363	85504190	26210285	15000
820	广州红海人力资源集团股份有限公司	广东	1564751	10307	169533	28002	1878
821	河北高速公路集团有限公司	河北	1563624	-406273	29015771	9484937	26261
822	利欧集团股份有限公司	浙江	1554787	477248	1925788	1297725	5525
823	鹭燕医药股份有限公司	福建	1553127	26752	843488	234047	5163
824	山东联盟化工集团有限公司	山东	1552994	36575	1093068	603385	6441
825	潍坊特钢集团有限公司	山东	1549883	15085	875682	363731	6750
826	上海源耀农业股份有限公司	上海	1546086	4314	128396	46537	774
827	百色市工业投资集团有限公司	广西壮族自治区	1543584	-11369	1230934	375063	1816
828	赛轮集团股份有限公司	山东	1540499	149146	2105621	846195	12779
829	曹妃甸国控投资集团有限公司	河北	1537985	131234	14872681	6736226	4822
830	福建省汽车工业集团有限公司	福建	1536940	-45439	3283430	238092	15820
831	深圳市宝德投资控股有限公司	广东	1533726	4634	1403257	385813	1699
832	荣华建设集团有限公司	山东	1527013	48421	756912	277686	2606
833	山东鑫海科技股份有限公司	山东	1524787	200180	2531858	1153794	7896
834	维科控股集团股份有限公司	浙江	1524478	150183	1641950	334351	5899
835	重庆智飞生物制品股份有限公司	重庆	1519037	330133	1521524	824866	3380
836	中国江苏国际经济技术合作集团有限公司	江苏	1517356	11489	2222710	411166	8364
837	泰豪集团有限公司	江西	1517041	44821	2276539	746336	7462
838	湖南黄金集团有限责任公司	湖南	1516920	146	1068186	163782	6716
839	武汉物易云通网络科技有限公司	湖北	1515094	49	46408	5283	380
840	普联技术有限公司	广东	1505913	383396	2076048	1883160	12219
841	安徽淮海实业发展集团有限公司	安徽	1504869	37392	973010	259232	5636
842	迪尚集团有限公司	山东	1504416	112245	913104	381384	24685
843	陕西鼓风机（集团）有限公司	陕西	1503661	24761	3193562	751697	5965
844	歌山建设集团有限公司	浙江	1502700	31257	777406	327781	33690
845	江阴模塑集团有限公司	江苏	1500437	10341	1026937	304913	9629
846	浙江世纪华通集团股份有限公司	浙江	1498297	294633	4274683	2891888	7250

续表

名次	企业名称	地区	营业收入/万元	净利润/万元	资产/万元	所有者权益/万元	从业人数/人
847	广东宏川集团有限公司	广东	1494612	32945	977915	224273	1487
848	张家港保税区昌荣贸易有限公司	江苏	1490654	26404	191173	41279	59
849	卫华集团有限公司	河南	1487659	38542	1012199	401961	5800
850	浙江省农村发展集团有限公司	浙江	1486789	17229	1834423	175443	1866
851	天津农村商业银行股份有限公司	天津	1478817	226131	34959582	2967037	5673
852	欧派家居集团股份有限公司	广东	1473969	206262	1884363	1192542	20022
853	广微控股有限公司	上海	1473760	42608	2179776	1142198	9336
854	江苏满运软件科技有限公司	江苏	1469013	15236	467592	-22671	855
855	大参林药业集团股份有限公司	广东	1458286	106218	1233192	538480	32337
856	杭州联华华商集团有限公司	浙江	1450376	38078	1369424	72772	13086
857	新和成控股集团有限公司	浙江	1444485	215522	4252310	1338376	15109
858	马上消费金融股份有限公司	重庆	1440085	71151	5248418	715196	1699
859	青岛澳柯玛控股集团有限公司	山东	1437298	51870	1993335	392715	7209
860	青岛西海岸发展（集团）有限公司	山东	1431922	246521	7455293	1920378	1376
861	现代投资股份有限公司	湖南	1430920	52489	4555642	1086699	3885
862	洛阳银行股份有限公司	河南	1424499	162741	27593537	2126254	3199
863	欧龙汽车贸易集团有限公司	浙江	1419787	41091	470976	233758	2832
864	龙蟒佰利联集团股份有限公司	河南	1416402	228869	3477143	1419459	10038
865	河南交通投资集团有限公司	河南	1404074	39045	19415005	4625002	26166
866	山西杏花村汾酒集团有限责任公司	山西	1401910	156389	2216268	808814	13567
867	青海盐湖工业股份有限公司	青海	1401626	203951	2010981	411928	15192
868	中哲控股集团有限公司	浙江	1401275	21582	452298	88744	5150
869	芒果超媒股份有限公司	湖南	1400554	198216	1926570	1058798	4471
870	闽源钢铁集团有限公司	河南	1400499	19232	652315	343588	4948
871	老百姓大药房连锁股份有限公司	湖南	1396669	62109	1128410	440800	33000
872	厦门金龙汽车集团股份有限公司	福建	1395787	3190	2372080	510853	12357
873	黑龙江倍丰农业生产资料集团有限公司	黑龙江	1388334	6272	1985531	186959	1481
874	湖南省高速公路集团有限公司	湖南	1385796	70297	57038212	19604133	12498
875	安徽新华发行（集团）控股有限公司	安徽	1385342	32330	3518375	940858	6581
876	英科医疗科技股份有限公司	山东	1383671	700705	1293481	934384	6503
877	万邦德医药控股集团股份有限公司	浙江	1370186	28494	566232	262165	2745
878	林州凤宝管业有限公司	河南	1369076	25148	1093792	388845	4931
879	山东天齐置业集团股份有限公司	山东	1363218	—	743350	—	3453
880	广州酷狗计算机科技有限公司	广东	1357599	155128	1027341	713834	798
881	健康元药业集团股份有限公司	广东	1352160	112043	2815697	1109612	12466

续表

名次	企业名称	地区	营业收入/万元	净利润/万元	资产/万元	所有者权益/万元	从业人数/人
882	厦门市嘉晟对外贸易有限公司	福建	1350237	1670	655066	50522	175
883	准时达国际供应链管理有限公司	广东	1347769	5363	738684	294398	4450
884	安徽鸿路钢结构（集团）股份有限公司	安徽	1345093	79909	1620731	597798	15190
885	太原重型机械集团有限公司	山西	1342456	-33843	5528755	511926	9682
886	南京高速齿轮制造有限公司	江苏	1339402	79966	1858236	525718	5586
887	北京时尚控股有限责任公司	北京	1338459	17550	1872454	621286	8596
888	江南集团有限公司	江苏	1333519	16949	1577184	643923	3425
889	广西北部湾银行股份有限公司	广西壮族自治区	1332968	153762	30527897	2108921	3289
890	安徽华源医药集团股份有限公司	安徽	1331907	10695	1244998	212571	9100
891	浙江中财管道科技股份有限公司	浙江	1326588	87305	705433	497661	9056
892	常州市化工轻工材料总公司	江苏	1323278	3129	222320	15840	165
893	祥兴（福建）箱包集团有限公司	福建	1322358	79969	443831	396200	10286
894	深圳市华富洋供应链有限公司	广东	1319282	9753	1004317	84055	264
895	益丰大药房连锁股份有限公司	湖南	1314450	76827	1294990	546867	29948
896	正和集团股份有限公司	山东	1314014	22719	632103	300009	1360
897	上海晨光文具股份有限公司	上海	1313775	125543	970991	519357	5689
898	广东鸿粤汽车销售集团有限公司	广东	1313493	2052	642934	45145	2849
899	广西扬翔股份有限公司	广西壮族自治区	1311212	393466	983125	299083	8896
900	盐城市国有资产投资集团有限公司	江苏	1311105	31526	5653514	1514609	4001
901	山东时风（集团）有限责任公司	山东	1307585	9345	846077	612862	10417
902	回音必集团有限公司	浙江	1306494	55754	682503	434188	2125
903	重庆银行股份有限公司	重庆	1304835	442363	56164140	4017500	4401
904	星星集团有限公司	浙江	1302466	74408	2696390	753636	15499
905	软通动力信息技术（集团）股份有限公司	北京	1299929	125863	904126	411774	75000
906	爱玛科技集团股份有限公司	天津	1290459	59852	955850	262976	6563
907	广州地铁集团有限公司	广东	1289124	18664	46067725	24956586	29800
908	安徽天康（集团）股份有限公司	安徽	1286021	39577	555570	388991	4460
909	安徽中鼎控股（集团）股份有限公司	安徽	1275572	-6746	2238032	513297	22903
910	湖南兰天集团有限公司	湖南	1274704	5166	264253	81062	3126
911	浙江舜江建设集团有限	浙江	1272835	49098	811684	645302	41563
912	广州元亨能源有限公司	广东	1270154	2914	875036	206510	28
913	青岛康大外贸集团有限公司	山东	1264450	38449	802100	96593	7685
914	河北交通投资集团公司	河北	1259716	-198035	30022318	6388256	16893
915	安徽叉车集团有限责任公司	安徽	1259536	36769	1239940	328787	8343
916	无锡华东重机科技集团有限公司	江苏	1259489	28813	968266	208741	954

续表

名次	企业名称	地区	营业收入/万元	净利润/万元	资产/万元	所有者权益/万元	从业人数/人
917	湖南博深实业集团有限公司	湖南	1257368	21272	725528	580054	1127
918	张家口银行股份有限公司	河北	1256870	111015	27739776	1832128	4038
919	浙江新安化工集团股份有限公司	浙江	1251641	58478	1245688	650165	5766
920	格林美股份有限公司	广东	1246628	41250	2970830	1330967	5129
921	山东潍焦控股集团有限公司	山东	1245972	55683	1087134	257879	3491
922	铜陵精达特种电磁线股份有限公司	安徽	1244690	41890	896578	382371	3188
923	江苏鼎胜新能源材料股份有限公司	江苏	1242655	-1499	1332879	379811	4982
924	广州港集团有限公司	广东	1235009	171081	4408066	1706488	12874
925	河南黄河实业集团股份有限公司	河南	1226696	58735	1821693	820108	9463
926	厦门夏商集团有限公司	福建	1225608	33783	1564709	422469	6178
927	广州珠江实业集团有限公司	广东	1223893	38075	11463647	2025405	15019
928	厦门恒兴集团有限公司	福建	1220631	34873	1597871	677906	2379
929	四川华油集团有限责任公司	四川	1215470	66399	984656	347073	3444
930	浙江中外运有限公司	浙江	1212568	16559	337179	65899	2324
931	分众传媒信息技术股份有限公司	上海	1209711	400384	2164617	1701699	6779
932	杭州金鱼电器集团有限公司	浙江	1203761	-7676	779686	48783	5577
933	山东淄博傅山企业集团有限公司	山东	1201545	15555	623329	298148	5458
934	宁波方太厨具有限公司	浙江	1199562	146113	1466848	840401	6850
935	山东华通控股集团有限公司	山东	1199109	51934	860684	772879	1706
936	万友汽车投资有限公司	重庆	1194235	2715	593871	110874	5899
937	广东兴发铝业有限公司	广东	1192961	75663	837718	346537	8478
938	爱尔眼科医院集团股份有限公司	湖南	1191241	172381	1554059	985388	—
939	深圳市深粮控股股份有限公司	广东	1188453	40509	730938	459533	1246
940	湖南粮食集团有限责任公司	湖南	1186556	-33087	2011580	204321	4186
941	金沙河集团有限公司	河北	1177707	36358	348393	176598	4500
942	熠丰（武汉）能源有限公司	湖北	1171119	690	107910	73608	22
943	天津市新宇彩板有限公司	天津	1169732	18915	558633	104442	1870
944	黑龙江鑫达企业集团有限公司	黑龙江	1167453	44709	1898282	574635	956
945	深圳乐信控股有限公司	广东	1164526	59498	2034517	553074	3244
946	四川邦泰投资有限责任公司	四川	1164030	93756	3167989	147307	4617
947	江苏大经供应链股份有限公司	江苏	1156612	3864	182207	28448	450
948	路通建设集团股份有限公司	山东	1156246	182740	1165319	110271	1985
949	景德镇黑猫集团有限责任公司	江西	1154284	-3936	2100100	249921	9356
950	深圳市汇川技术股份有限公司	广东	1151132	210014	1864759	1063746	12866
951	浙江出版联合集团有限公司	浙江	1142656	111097	2478372	1588296	7474

续表

名次	企业名称	地区	营业收入/万元	净利润/万元	资产/万元	所有者权益/万元	从业人数/人
952	厦门航空开发股份有限公司	福建	1139279	3396	426634	140728	656
953	江西绿滋肴控股有限公司	江西	1137889	66423	487413	259831	9820
954	湖南省煤业集团有限公司	湖南	1136545	11642	1225561	278948	20152
955	吉旗物联科技（天津）有限公司	天津	1136009	6866	170999	5064	60
956	浙江海正药业股份有限公司	浙江	1135440	41719	2085977	667867	8446
957	瑞星集团股份有限公司	山东	1134582	-21594	1841454	414788	3247
958	广州商贸投资控股集团有限公司	广东	1133689	29062	1551741	678009	5389
959	黑龙江省农业投资集团有限公司	黑龙江	1130372	3937	1721353	95877	1664
960	广西洋浦南华糖业集团股份有限公司	广西壮族自治区	1130246	19421	1943964	613754	11432
961	青特集团有限公司	山东	1128279	55701	2531303	380532	3820
962	浙江永利实业集团有限公司	浙江	1115421	93120	2391246	944900	3210
963	北京君诚实业投资集团有限公司	北京	1112673	9042	245879	73699	1987
964	宁波滕头集团有限公司	浙江	1112608	34246	537032	134460	10356
965	富奥汽车零部件股份有限公司	吉林	1111343	90133	1446149	726260	9074
966	上海博尔捷企业集团有限公司	上海	1111271	3746	93421	16709	710
967	大连冰山集团有限公司	辽宁	1110179	8260	1380098	120471	10182
968	阿尔法（江阴）沥青有限公司	江苏	1109126	10213	194318	89099	210
969	安徽古井集团有限责任公司	安徽	1109094	94283	2090520	678769	11448
970	日出实业集团有限公司	浙江	1108877	4035	181081	27428	223
971	南京大地建设集团有限责任公司	江苏	1106656	23335	820179	315684	1845
972	山东齐悦科技有限公司	山东	1106106	73149	1008285	664757	6522
973	江苏省金陵建工集团有限公司	江苏	1105290	67150	1391349	956108	638
974	山东鲁北企业集团总公司	山东	1103148	53064	1103920	311058	3343
975	吉林九台农村商业银行股份有限公司	吉林	1098157	110441	20036327	1367153	3829
976	江苏嘉奕和铜业科技发展有限公司	江苏	1097732	23	296804	-2546	13
977	重庆啤酒股份有限公司	重庆	1094163	107684	959537	58529	281
978	山西中阳钢铁有限公司	山西	1090313	75512	1720216	1453398	7274
979	博威集团有限公司	浙江	1090223	13102	1189731	160126	6399
980	汇金钢铁（天津）集团有限公司	天津	1090093	6211	129582	36108	189
981	安徽天星医药集团有限公司	安徽	1083939	12488	737038	67829	1171
982	鲁南制药集团股份有限公司	山东	1082681	73390	2158273	843008	17530
983	安徽省贵航特钢有限公司	安徽	1082296	—	333823	—	3075
984	翔鹭石化（漳州）有限公司	福建	1079204	21089	1723061	680637	318
985	中海外能源科技（山东）有限公司	山东	1079099	12762	648596	189504	916
986	苏州裕景泰控股有限公司	江苏	1078837	17625	333724	38288	118

续表

名次	企业名称	地区	营业收入/万元	净利润/万元	资产/万元	所有者权益/万元	从业人数/人
987	庆铃汽车（集团）有限公司	重庆	1077268	21163	1645808	697434	5133
988	通富微电子股份有限公司	江苏	1076870	33843	2123075	957858	13594
989	春风实业集团有限责任公司	河北	1072107	—	406485	—	6721
990	即发集团有限公司	山东	1071297	—	660135	—	19978
991	吉林化纤集团有限责任公司	吉林	1070286	4181	1805515	-33937	9712
992	河北省国有资产控股运营有限公司	河北	1070171	5935	2173735	750115	3210
993	广西农村投资集团有限公司	广西壮族自治区	1069792	13107	3225790	511573	12029
994	天津捷通达汽车投资集团有限公司	天津	1068426	10842	396334	68637	4863
995	重庆三峡银行股份有限公司	重庆	1065204	150351	23676311	1918276	2188
996	浙江航民实业集团有限公司	浙江	1061510	34072	1122211	268477	9803
997	玫德集团有限公司	山东	1061430	—	1399554	—	11282
998	湖南省沙坪建设有限公司	湖南	1060198	45058	502161	187632	3568
999	金帝联合控股集团有限公司	浙江	1058454	9716	1246015	323878	637
1000	淄博鑫泰石化有限公司	山东	1058443	18172	1107392	192326	1328
	合计		1045838170	46524461	2916683095	663792402	5037302

第十三章 2021 中国部分地区企业 100 强数据

2021 中国部分地区企业 100 强数据情况如表 13－1 至表 13－9 所示。

表 13－1 2021 天津市企业 100 强

排名	企业名称	营业收入/万元	排名	企业名称	营业收入/万元
1	中国石化销售股份有限公司华北分公司	18593394	51	天津市新宇彩板有限公司	1169733
2	天津泰达投资控股有限公司	8653070	52	吉旗物联科技（天津）有限公司	1136009
3	天津荣程祥泰投资控股集团有限公司	8505107	53	国药控股天津有限公司	1134321
4	天津市新天钢钢铁集团有限公司	8018560	54	嘉吉华北实业（天津）有限公司	1114843
5	渤海银行股份有限公司	6621688	55	汇金钢铁（天津）集团有限公司	1090093
6	天津一汽丰田汽车有限公司	6486185	56	天津捷通达汽车投资集团有限公司	1068427
7	招商物产有限公司	6434773	57	中集现代物流发展有限公司	1059365
8	中铁十八局集团有限公司	5843254	58	曙光信息产业股份有限公司	1016113
9	中海石油（中国）有限公司天津分公司	5707654	59	中国石油天然气股份有限公司大港油田分公司	1009297
10	鸿富锦精密电子（天津）有限公司	5242615	60	渤海人寿保险股份有限公司	1006202
11	天津友发钢管集团股份有限公司	4841870	61	嘉里粮油（天津）有限公司	1000226
12	天津渤海化工集团有限责任公司	4764335	62	丰益油脂科技有限公司	994783
13	国网天津市电力公司	4474470	63	天津象屿进出口贸易有限公司	988432
14	中交第一航务工程局有限公司	4465260	64	天津住宅建设发展集团有限公司	887016
15	一汽－大众汽车有限公司天津分公司	4363110	65	中国能源建设集团天津电力建设有限公司	886536
16	中国建筑第六工程局有限公司	4246240	66	天津市金桥焊材集团股份有限公司	853616
17	云账户技术（天津）有限公司	4140397	67	天弘基金管理有限公司	837739
18	天津亿联控股集团有限公司	3701796	68	天津海纳金国际贸易有限公司	811844
19	国网电商科技有限公司	3577642	69	中粮佳悦（天津）有限公司	772966
20	中国石油化工股份有限公司天津分公司	3567279	70	中国人寿保险股份有限公司天津市分公司	765688
21	天津银行股份有限公司	3425879	71	天津电装电子有限公司	765588
22	天津华北集团有限公司	3284748	72	中国汽车工业工程有限公司	711152
23	中国铁路设计集团有限公司	3078091	73	玖龙纸业（天津）有限公司	699349
24	天津天士力大健康产业投资集团有限公司	3016187	74	华润天津医药有限公司	699134
25	天津港（集团）有限公司	2700003	75	京瓷（中国）商贸有限公司	692793
26	天津建龙钢铁实业有限公司	2696927	76	三星高新电机（天津）有限公司	688804
27	长城汽车股份有限公司天津哈弗分公司	2593915	77	天津市建筑材料集团（控股）有限公司	686569
28	天津源泰德润钢管制造集团有限公司	2200850	78	中国联合网络通信有限公司天津市分公司	683833
29	中冶天工集团有限公司	2157556	79	天津市建工工程总承包有限公司	683780
30	天津纺织集团（控股）有限公司	2011615	80	平安国际融资租赁（天津）有限公司	673204
31	天津恒兴集团有限公司	1999938	81	天津恒运能源集团股份有限公司	661310
32	中国石油集团渤海钻探工程有限公司	1915516	82	上海烟草集团有限责任公司天津卷烟厂	652728
33	中国电建市政建设集团有限公司	1824460	83	北方国际集团有限公司	649444
34	中国石油天然气股份有限公司大港石化分公司	1794808	84	天津红日药业股份有限公司	648812
35	天津中煤能源华北有限公司	1788996	85	天津顶益食品有限公司	648553
36	工银金融租赁有限公司	1739050	86	奥的斯电梯（中国）有限公司	637154
37	天津市宝来工贸有限公司	1689561	87	中国水电基础局有限公司	631223
38	天津现代集团有限公司	1685113	88	中铁十六局集团第二工程有限公司	613823
39	天津津路钢铁实业有限公司	1572384	89	纬湃汽车电子（天津）有限公司	590023
40	天津城市基础设施建设投资集团有限公司	1565425	90	三六零科技集团有限公司	554743
41	中国烟草总公司天津市公司	1525209	91	天津娃哈哈宏振食品饮料贸易有限公司	554412
42	中沙（天津）石化有限公司	1488084	92	中材（天津）国际贸易有限公司	551137
43	天津农村商业银行股份有限公司	1478817	93	天津国投津能发电有限公司	550315
44	中国天辰工程有限公司	1382032	94	弗兰德传动系统有限公司	544930
45	中交天津航道局有限公司	1341036	95	中国移动通信集团天津有限公司	534189
46	天津三星电机有限公司	1322527	96	中石化第四建设有限公司	526863
47	中国石化销售股份有限公司天津石油分公司	1319213	97	一重集团天津重工有限公司	523190
48	天津启润投资有限公司	1294688	98	天津拾起卖科技有限公司	522755
49	爱玛科技集团股份有限公司	1290459	99	天津雅迪实业有限公司	513094
50	天津钢管制造有限公司	1241114	100	中铁四局集团第三建设有限公司	512966

发布单位：天津市企业联合会、天津市企业家协会。

表 13－2　2021 上海市企业 100 强

排名	企业名称	营业收入/万元	排名	企业名称	营业收入/万元
1	上海汽车集团股份有限公司	74213245	51	万丰锦源控股集团有限公司	3011647
2	中国宝武钢铁集团有限公司	67373867	52	国家电投集团铝业国际贸易有限公司	2880754
3	交通银行股份有限公司	46617700	53	中国万向控股有限公司	2872934
4	绿地控股集团股份有限公司	45606199	54	源山投资控股有限公司	2854553
5	中国太平洋保险（集团）股份有限公司	42218239	55	中芯国际集成电路制造有限公司	2747071
6	上海万科企业有限公司	40044874	56	奥盛集团有限公司	2697786
7	上海浦东发展银行股份有限公司	36309900	57	上海鼎信投资（集团）有限公司	2623666
8	中国远洋海运集团有限公司	33118871	58	上海国际港务（集团）股份有限公司	2611946
9	中国建筑第八工程局有限公司	30920258	59	中通快递股份有限公司	2521429
10	上海建工集团股份有限公司	23132723	60	大华（集团）有限公司	2513157
11	益海嘉里金龙鱼粮油食品股份有限公司	19492156	61	江南造船（集团）有限责任公司	2342226
12	上海医药集团股份有限公司	19190916	62	滔搏企业发展（上海）有限公司	2200747
13	太平人寿保险有限公司	18521224	63	上海协通（集团）有限公司	2122377
14	东浩兰生（集团）有限公司	16183073	64	立邦投资有限公司	2055457
15	上海电气（集团）总公司	16063032	65	上海韦尔半导体股份有限公司	1982397
16	光明食品（集团）有限公司	15574792	66	上海苏宁易购销售有限公司	1866030
17	复星国际有限公司	13662948	67	上海仪电（集团）有限公司	1855703
18	上海烟草集团有限责任公司	13612131	68	携程计算机技术（上海）有限公司	1832700
19	上海均和集团有限公司	11762032	69	中建信控股集团有限公司	1832066
20	中智上海经济技术合作有限公司	11743793	70	沪东中华造船（集团）有限公司	1804517
21	美团公司	11479451	71	龙元建设集团股份有限公司	1778668
22	上海银行股份有限公司	9853783	72	致达控股集团有限公司	1754006
23	东方国际（集团）有限公司	9235469	73	上海卓钢链电子商务有限公司	1696104
24	国网上海市电力公司	9157085	74	上海龙旗科技股份有限公司	1638414
25	上海永达控股（集团）有限公司	7983600	75	上海华虹（集团）有限公司	1589253
26	上海圆迈贸易有限公司	7910986	76	上海源耀农业股份有限公司	1546086
27	中国东方航空集团有限公司	7387773	77	上海大名城企业股份有限公司	1483694
28	旭辉控股（集团）有限公司	7179866	78	广微控股有限公司	1473760
29	上海城建（集团）公司	6722142	79	上海晨光文具股份有限公司	1313775
30	上海中梁企业发展有限公司	6615524	80	中国建材国际工程集团有限公司	1237238
31	百联集团有限公司	6211884	81	中兵（上海）有限责任公司	1202714
32	拼多多公司	5949187	82	上海外高桥造船有限公司	1190564
33	上海钢联电子商务股份有限公司	5852122	83	上海壹佰米网络科技有限公司	1137276
34	老凤祥股份有限公司	5172150	84	上海博尔捷企业集团有限公司	1111271
35	上海宝冶集团有限公司	5097940	85	五冶集团上海有限公司	1061574
36	上海闽路润贸易有限公司	4875304	86	上海天地汇供应链科技有限公司	1049089
37	环旭电子股份有限公司	4769623	87	上海春秋国际旅行社（集团）有限公司	1030291
38	申能（集团）有限公司	4474359	88	上海米哈游网络科技股份有限公司	1012787
39	上海华谊（集团）公司	4260017	89	东方明珠新媒体股份有限公司	1003335
40	上海新增鼎资产管理有限公司	4177875	90	上海起帆电缆股份有限公司	973587
41	上海农村商业银行股份有限公司	4155550	91	保集控股集团有限公司	965784
42	中铁上海工程局集团有限公司	4105777	92	上海机场（集团）有限公司	950391
43	海通证券股份有限公司	3821983	93	上海浦东电线电缆（集团）有限公司	922017
44	中铁二十四局集团有限公司	3692304	94	上海大发房地产集团有限公司	915692
45	宝龙地产控股有限公司	3549530	95	上海金发科技发展有限公司	902760
46	国泰君安证券股份有限公司	3520028	96	上海龙宇燃油股份有限公司	894347
47	上海均瑶（集团）有限公司	3192953	97	正泰电气股份有限公司	889978
48	圆通速递有限公司	3048796	98	鹏欣环球资源股份有限公司	871433
49	中国二十冶集团有限公司	3043935	99	华东建筑集团股份有限公司	861373
50	月星集团有限公司	3021932	100	上海紫江企业集团股份有限公司	841764

发布单位：上海市企业联合会、上海市企业家协会。

表 13－3 2021 重庆市企业 100 强

排名	企业名称	营业收入/万元	排名	企业名称	营业收入/万元
1	重庆市金科投资控股（集团）有限责任公司	22381421	51	重庆惠科金渝光电科技有限公司	992056
2	龙湖集团控股有限公司	18454730	52	重庆钢铁（集团）有限责任公司	953074
3	重庆长安汽车股份有限公司	17501364	53	中国四联仪器仪表集团有限公司	948494
4	重庆市迪马实业股份有限公司	8679400	54	东方鑫源集团有限公司	946647
5	重庆华宇集团有限公司	8084989	55	中铁十一局集团第五工程有限公司	850568
6	英业达（重庆）有限公司	6275525	56	中石化重庆涪陵页岩气勘探开发有限公司	822912
7	重庆化医控股（集团）公司	6062002	57	重庆国际信托股份有限公司	769282
8	重庆建工投资控股有限责任公司	5567143	58	重庆桐君阁股份有限公司	696009
9	重庆农村商业银行股份有限公司	4990405	59	重庆百事达汽车有限公司	690825
10	国网重庆市电力公司	4770137	60	重庆巨能建设（集团）有限公司	683213
11	隆鑫控股有限公司	4695753	61	欧菲斯集团股份有限公司	651555
12	重庆机电控股（集团）公司	4665129	62	重庆跨越（集团）股份有限公司	625448
13	重庆中昂投资集团有限公司	4624605	63	重庆润通控股（集团）有限公司	623105
14	重庆医药（集团）股份有限公司	4521953	64	重庆港务物流集团有限公司	614156
15	中国烟草总公司重庆市公司	4306914	65	中铁隧道集团一处有限公司	606139
16	重庆市能源投资集团有限公司	4242164	66	重庆市农业投资集团有限公司	596469
17	重庆千信集团有限公司	4068020	67	重庆拓达建设（集团）有限公司	561354
18	重庆市博赛矿业（集团）有限公司	3788251	68	浙商中拓集团（重庆）有限公司	547165
19	重庆市中科控股有限公司	3674382	69	重庆华峰化工有限公司	545018
20	重庆轻纺控股（集团）公司	3639776	70	重庆国瑞控股集团有限公司	544341
21	华南物资集团有限公司	3310915	71	重庆药友制药有限责任公司	542590
22	重庆小康控股有限公司	3276438	72	重庆斌鑫集团有限公司	536063
23	金龙精密铜管集团股份有限公司	2788411	73	重庆平伟科技（集团）有限公司	533678
24	重庆钢铁股份有限公司	2448994	74	重庆城市交通开发投资（集团）有限公司	529957
25	重庆对外经贸（集团）有限公司	2333870	75	重庆三峡水利电力（集团）股份有限公司	525598
26	重庆万达薄板有限公司	2318016	76	重庆公路运输（集团）有限公司	521137
27	重庆高速公路集团有限公司	2314856	77	中国电建集团重庆工程有限公司	514449
28	宗申产业集团有限公司	2259786	78	重庆渝发建设有限公司	503474
29	重庆京东方光电科技有限公司	2218949	79	重庆河东控股（集团）有限公司	501453
30	西南铝业（集团）有限责任公司	2164344	80	重庆三峰环境集团股份有限公司	492921
31	中冶建工集团有限公司	2055272	81	重庆长安工业（集团）有限责任公司	473174
32	砂之船商业管理集团有限公司	1725606	82	安诚财产保险股份有限公司	468043
33	上汽依维柯红岩商用车有限公司	1711357	83	九禾股份有限公司	463032
34	重庆交通运输控股（集团）有限公司	1646241	84	中粮油脂（重庆）有限公司	452244
35	重庆永辉超市有限公司	1615748	85	重庆鸽牌电线电缆有限公司	450974
36	重庆智飞生物制品股份有限公司	1519037	86	重庆华硕建设有限公司	443362
37	爱思开海力士半导体（重庆）有限公司	1513557	87	重庆市人才大市场集团有限公司	443316
38	万科（重庆）企业有限公司	1493128	88	国家电投集团重庆电力有限公司	436118
39	马上消费金融股份有限公司	1440085	89	中铁十八局集团隧道工程有限公司	428895
40	中国建筑第二工程局有限公司西南分公司	1414511	90	重庆美心（集团）有限公司	427277
41	中交二航局第二工程有限公司	1390641	91	重庆建峰工业集团有限公司	408875
42	重庆银行股份有限公司	1304835	92	重庆建设工业（集团）有限责任公司	400593
43	中冶赛迪集团有限公司	1248257	93	重庆兴渝投资有限责任公司	395313
44	万友汽车投资有限公司	1194235	94	中铁八局集团第一工程有限公司	392572
45	中国船舶重工集团海装风电股份有限公司	1145734	95	重庆青山工业有限责任公司	389148
46	重庆啤酒股份有限公司	1094163	96	重庆市德源水电开发（集团）有限公司	384994
47	庆铃汽车（集团）有限公司	1077268	97	重庆惠科金扬科技有限公司	382293
48	重庆三峡银行股份有限公司	1065204	98	昆仑金融租赁有限责任公司	373463
49	永辉物流有限公司	1037046	99	重庆市南岸区城市建设发展（集团）有限公司	371413
50	中建桥梁有限公司	1030037	100	长安汽车金融有限公司	369591

发布单位：重庆市企业联合会（企业家协会）。

表 13－4　2021 山东省企业 100 强

排名	公司名称	营业收入/万元	排名	公司名称	营业收入/万元
1	山东能源集团有限公司	67523956	51	西王集团有限公司	4263690
2	潍柴控股集团有限公司	30488263	52	中建八局第二建设有限公司	4261143
3	海尔集团公司	30247330	53	山东金诚石化集团有限公司	4210501
4	山东魏桥创业集团有限公司	28896461	54	中融新大集团有限公司	4182191
5	山东钢铁集团有限公司	22073340	55	山东科达集团有限公司	4041564
6	中国重型汽车集团有限公司	17564831	56	中车青岛四方机车车辆股份有限公司	4001624
7	山东高速集团有限公司	14189091	57	山东清源集团有限公司	3971183
8	海信集团控股股份有限公司	13631446	58	鲁丽集团有限公司	3957637
9	南山集团有限公司	11358670	59	石横特钢集团有限公司	3942296
10	山东东明石化集团有限公司	10166832	60	山东鲁花集团有限公司	3903065
11	日照钢铁控股集团有限公司	9711525	61	山东恒源石油化工股份有限公司	3843643
12	利华益集团股份有限公司	9621648	62	中国移动通信集团山东有限公司	3841548
13	万达控股集团有限公司	9302513	63	北汽福田汽车股份有限公司诸城汽车厂	3841512
14	晨鸣控股有限公司	9162298	64	山东省商业集团有限公司	3688895
15	山东省国有资产投资控股有限公司	8619026	65	鸿富锦精密电子（烟台）有限公司	3658828
16	中国宏桥集团有限公司	8614464	66	新华锦集团	3616207
17	永锋集团有限公司	7866643	67	中国石化青岛炼油化工有限责任公司	3591161
18	山东黄金集团有限公司	7665271	68	华勤橡胶工业集团有限公司	3571859
19	华泰集团有限公司	7649093	69	山东寿光鲁清石化有限公司	3460001
20	山东招金集团有限公司	7355595	70	青岛城市建设投资（集团）有限责任公司	3291675
21	万华化学集团股份有限公司	7343297	71	道恩集团有限公司	3184087
22	中铁十四局集团有限公司	6923261	72	上汽通用东岳汽车有限公司	3125503
23	青建集团	6663210	73	万通海欣控股集团股份有限公司	3085453
24	山东京博控股集团有限公司	6533080	74	香驰控股有限公司	3060157
25	山东海科控股有限公司	6532582	75	山东东方华龙工贸集团有限公司	3036502
26	天元建设集团有限公司	5779130	76	山东中海化工集团有限公司	3035591
27	歌尔股份有限公司	5774274	77	奥德集团有限公司	3030466
28	山东如意时尚投资控股有限公司	5671453	78	青岛啤酒集团有限公司	2910111
29	一汽解放青岛汽车有限公司	5490239	79	山东恒邦冶炼股份有限公司	2895124
30	山东太阳控股集团有限公司	5404945	80	山东垦利石化集团有限公司	2877844
31	中铁十局集团有限公司	5301467	81	瑞康医药集团股份有限公司	2720388
32	山东新希望六和集团有限公司	5191667	82	利群集团股份有限公司	2712631
33	新凤祥控股集团有限责任公司	5185887	83	上汽通用五菱汽车股份有限公司青岛分公司	2504018
34	中化弘润石油化工有限公司	5084413	84	山东永鑫能源集团有限公司	2492333
35	威高集团有限公司	4978281	85	淄博齐翔腾达化工股份有限公司	2468592
36	山东泰山钢铁集团有限公司	4974172	86	华鲁控股集团有限公司	2434613
37	山东九羊集团有限公司	4907189	87	青岛世纪瑞丰集团有限公司	2432325
38	中国石油化工股份有限公司齐鲁分公司	4901156	88	山东龙大肉食品股份有限公司	2410164
39	山东中矿集团有限公司	4790108	89	中国联合网络通信有限公司山东省分公司	2404733
40	东营齐润化工有限公司	4611600	90	中国人民财产保险股份有限公司山东省分公司	2226817
41	中建八局第一建设有限公司	4563503	91	青岛西海岸新区融合控股集团有限公司	2205205
42	山东创新金属科技有限公司	4551359	92	滨化集团	2200319
43	水发集团有限公司	4522925	93	山东海王银河医药有限公司	2150393
44	恒丰银行股份有限公司	4480390	94	无棣鑫岳化工集团有限公司	2015023
45	齐成（山东）石化集团有限公司	4417152	95	山东港口日照港集团有限公司	2014755
46	山东汇丰石化集团有限公司	4415001	96	山东博汇集团有限公司	2012185
47	山东渤海实业股份有限公司	4398565	97	山东电力建设第三工程有限公司	2005802
48	山东金岭集团有限公司	4302881	98	青岛银行股份有限公司	1972669
49	沂州集团有限公司	4298812	99	淄博商厦股份有限公司	1949194
50	富海集团新能源控股有限公司	4285514	100	青岛京东昌益得贸易有限公司	1933814

发布单位：山东省工业和信息化厅和山东省企业联合会。

表 13-5 2021 浙江省企业 100 强

排名	企业名称	营业收入/万元	排名	企业名称	营业收入/万元
1	阿里巴巴集团控股有限公司	71728900	51	杭州市城市建设投资集团有限公司	3972538
2	浙江吉利控股集团有限公司	32561869	52	卧龙控股集团有限公司	3958745
3	浙江荣盛控股集团有限公司	30860925	53	得力集团有限公司	3804946
4	青山控股集团有限公司	29289244	54	舜宇集团有限公司	3800177
5	浙江恒逸集团有限公司	26607632	55	浙江宝业建设集团有限公司	3779438
6	海亮集团有限公司	19642059	56	利时集团股份有限公司	3517263
7	浙江省交通投资集团有限公司	19436092	57	浙江升华控股集团有限公司	3462094
8	多弗国际控股集团有限公司	19091564	58	振石控股集团有限公司	3402332
9	天能控股集团有限公司	16482138	59	巨化集团有限公司	3393704
10	杭州钢铁集团有限公司	15461073	60	华东医药股份有限公司	3368306
11	杭州市实业投资集团有限公司	15222889	61	三花控股集团有限公司	3274796
12	浙江省兴合集团有限责任公司	13010772	62	花园集团有限公司	3267598
13	超威电源集团有限公司	12822745	63	太平鸟集团有限公司	3227611
14	万向集团公司	12673776	64	杭州东恒石油有限公司	3178373
15	中天控股集团有限公司	12065311	65	浙江龙盛控股有限公司	3176536
16	物产中大金属集团有限公司	11937540	66	浙江元立金属制品集团有限公司	3149802
17	传化集团有限公司	11173172	67	西子联合控股有限公司	3128623
18	浙江省能源集团有限公司	10738544	68	浙江东南网架集团有限公司	3085396
19	雅戈尔集团股份有限公司	10481096	69	中航国际钢铁贸易有限公司	3067306
20	宁波金田投资控股有限公司	10382009	70	万丰奥特控股集团有限公司	3011647
21	中国石化销售股份有限公司浙江石油分公司	9530178	71	腾达建设集团股份有限公司	2990342
22	浙江中烟工业有限责任公司	9515290	72	浙江省海港投资运营集团有限公司	2971725
23	正泰集团股份有限公司	8935473	73	杭州滨江房产集团股份有限公司	2859680
24	中国石油化工股份有限公司镇海炼化分公司	8474994	74	中策橡胶集团有限公司	2814833
25	浙江省建设投资集团有限公司	7954965	75	浙江方远控股集团有限公司	2806528
26	中基宁波集团股份有限公司	7913177	76	天洁集团有限公司	2776942
27	杭州锦江集团有限公司	7889834	77	华立集团股份有限公司	2775838
28	浙江省国际贸易集团有限公司	7189989	78	浙江协和集团有限公司	2760507
29	桐昆控股集团有限公司	7101058	79	浙江富春江通信集团有限公司	2700007
30	奥克斯集团有限公司	7063720	80	宁波博洋控股集团有限公司	2677358
31	广厦控股集团有限公司	6831071	81	浙江大华技术股份有限公司	2646597
32	浙江前程投资股份有限公司	6620344	82	兴惠化纤集团有限公司	2632230
33	杭州海康威视数字技术股份有限公司	6350345	83	胜达集团有限公司	2581679
34	德力西集团有限公司	6291633	84	浙江英特药业有限责任公司	2500670
35	浙江富冶集团有限公司	5906312	85	纳爱斯集团有限公司	2452551
36	远大物产集团有限公司	5860283	86	浙江省机电集团有限公司	2451868
37	绿城房地产集团有限公司	5803567	87	奥康集团有限公司	2410288
38	闻泰通讯股份有限公司	5518361	88	小鼎能源有限公司	2409909
39	红狮控股集团有限公司	5497879	89	浙江建华集团有限公司	2388253
40	杉杉控股有限公司	5313824	90	恒尊集团有限公司	2340891
41	新凤鸣控股集团有限公司	5148647	91	农夫山泉股份有限公司	2320813
42	富通集团有限公司	5123603	92	浙江永安资本管理有限公司	2312293
43	宁波均胜电子股份有限公司	4788984	93	宁波申洲针织有限公司	2303065
44	人民电器集团有限公司	4696591	94	久立集团股份有限公司	2254023
45	祥生地产集团有限公司	4572626	95	浙江宝利德股份有限公司	2251757
46	浙江中成控股集团有限公司	4535824	96	海天塑机集团有限公司	2226032
47	杭州娃哈哈集团有限公司	4398203	97	申通快递股份有限公司	2156605
48	华峰集团有限公司	4355039	98	浙江华友钴业股份有限公司	2118684
49	宁波富邦控股集团有限公司	4217583	99	浙江甬金金属科技股份有限公司	2044342
50	森马集团有限公司	4051223	100	浙江人本实业有限公司	1981157

发布单位：浙江省企业联合会、浙江省企业家协会。

表 13-6　2021 湖南省企业 100 强

排名	企业名称	营业收入/万元	排名	企业名称	营业收入/万元
1	湖南华菱钢铁集团有限责任公司	15202110	51	株洲旗滨集团股份有限公司	964409
2	中国建筑第五工程局有限公司	14837566	52	中国邮政集团有限公司湖南省分公司	942555
3	三一集团有限公司	12531796	53	湖南佳惠百货有限责任公司	940225
4	湖南中烟工业有限责任公司	10302054	54	山河智能装备股份有限公司	937737
5	蓝思科技集团	9901303	55	安克创新科技股份有限公司	935263
6	湖南建工集团有限公司	9857363	56	大唐华银电力股份有限公司	825568
7	中国烟草总公司湖南省公司	8905564	57	五凌电力有限公司	801587
8	国网湖南省电力有限公司	8800485	58	湖南省现代农业产业控股集团有限公司	800135
9	中联重科股份有限公司	6510894	59	金杯电工股份有限公司	779615
10	湖南博长控股集团有限公司	5573500	60	中国铁建重工集团股份有限公司	761074
11	大汉控股集团有限公司	5439571	61	方正证券股份有限公司	754181
12	中国石化销售股份有限公司湖南石油分公司	4615511	62	岳阳林纸股份有限公司	711586
13	步步高投资集团股份有限公司	4302278	63	特变电工衡阳变压器有限公司	707999
14	中车株洲电力机车研究所有限公司	3909666	64	中国航发南方工业有限公司	703111
15	湖南有色金属控股集团有限公司	3692361	65	湖南省茶业集团股份有限公司	674373
16	湖南五江控股集团有限公司	3625615	66	湖南望新建设集团股份有限公司	661924
17	中国石油化工股份有限公司长岭分公司	3461262	67	湖南省轻工盐业集团有限公司	660543
18	长沙银行股份有限公司	3274701	68	中兵红箭股份有限公司	646302
19	中国水利水电第八工程局有限公司	3145832	69	湖南航天有限责任公司	642615
20	五矿二十三冶建设集团有限公司	2633631	70	湖南高岭建设集团股份有限公司	606518
21	中车株洲电力机车有限公司	2353557	71	株洲市城市建设发展集团有限公司	595841
22	中国移动通信集团湖南有限公司	2334339	72	湖南电广传媒股份有限公司	593994
23	湖南省交通水利建设集团有限公司	2209497	73	株洲硬质合金集团有限公司	545382
24	华融湘江银行股份有限公司	2113372	74	长沙格力暖通制冷设备有限公司	538288
25	唐人神集团股份有限公司	1852685	75	湖南申湘汽车星沙商务广场有限公司	535435
26	中石化巴陵石油化工有限公司	1680230	76	道道全粮油股份有限公司	528732
27	五矿资本股份有限公司	1634301	77	绝味食品股份有限公司	527608
28	湖南永通集团有限公司	1621105	78	中华联合财产保险股份有限公司湖南分公司	527148
29	湖南黄金集团有限责任公司	1516920	79	湖南对外建设集团有限公司	510023
30	中国电信股份有限公司湖南分公司	1460637	80	长沙中兴智能技术有限公司	508263
31	现代投资股份有限公司	1430920	81	湖南新长海发展集团有限公司	505416
32	芒果超媒股份有限公司	1400554	82	天泽信息产业股份有限公司	502653
33	老百姓大药房连锁股份有限公司	1396669	83	中国能源建设集团湖南火电建设有限公司	500002
34	湖南省高速公路集团有限公司	1385796	84	湘电集团有限公司	498573
35	鹏都农牧股份有限公司	1344636	85	湖南顺天建设集团有限公司	483320
36	益丰大药房连锁股份有限公司	1314450	86	广发银行股份有限公司长沙分行	476537
37	中国石油天然气股份有限公司湖南销售分公司	1288372	87	圣湘生物科技股份有限公司	476296
38	湖南兰天集团有限公司	1274704	88	湖南湘科控股集团有限公司	470610
39	湖南博深实业集团有限公司	1257368	89	天元盛世控股集团有限公司	468862
40	爱尔眼科医院集团股份有限公司	1191241	90	湖南邦普循环科技有限公司	453885
41	湖南粮食集团有限责任公司	1186556	91	佳沃农业开发股份有限公司	452501
42	长沙市比亚迪汽车有限公司	1146984	92	望建（集团）有限公司	451302
43	中国电建集团中南勘测设计研究院有限公司	1142541	93	长沙水业集团有限公司	436860
44	湖南省煤业集团有限公司	1136545	94	湖南金荣企业集团有限公司	430000
45	国药控股湖南有限公司	1079755	95	湖南博瑞医疗健康产业集团有限公司	428652
46	湖南省沙坪建设有限公司	1060199	96	湖南马上银科技有限公司	428446
47	中南出版传媒集团股份有限公司	1047301	97	湖南口味王集团有限责任公司	423534
48	长沙中联重科环境产业有限公司	1013567	98	江南工业集团有限公司	417466
49	中车株洲电机有限公司	1000748	99	湖南省郴州建设集团有限公司	406362
50	中国联合网络通信有限公司湖南省分公司	968435	100	红星实业集团有限公司	406129

发布单位：湖南省企业和工业经济联合会。

表 13－7　2021 湖北省企业 100 强

排名	企业名称	营业收入/万元	排名	企业名称	营业收入/万元
1	东风汽车集团有限公司	59930949	51	湖北三宁化工股份有限公司	1224668
2	中国建筑第三工程局有限公司	30928380	52	荆门市格林美新材料有限公司	1212113
3	中国葛洲坝集团股份有限公司	11261117	53	武汉建工（集团）有限公司	1195256
4	九州通医药集团股份有限公司	11085951	54	中铁武汉电气化局集团有限公司	1177572
5	中国宝武武汉总部	10334973	55	熠丰（武汉）能源有限公司	1171119
6	卓尔控股有限公司	10208663	56	美的集团武汉制冷设备有限公司	1162211
7	中交第二航务工程局有限公司	7622514	57	武汉市汉阳市政建设集团有限公司	1015236
8	中铁十一局集团有限公司	7067016	58	骆驼集团股份有限公司	963982
9	大冶有色金属集团控股有限公司	6621877	59	武汉斗鱼鱼乐网络科技有限公司	960187
10	中国铁路武汉局集团有限公司	5654812	60	中国邮政集团公司湖北省分公司	932357
11	稻花香集团	5057532	61	中国化学工程第六建设有限公司	902142
12	中国信息通信科技集团有限公司	4750222	62	湖北东贝机电集团股份有限公司	900187
13	大冶特殊钢有限公司	4214697	63	湖北长安建设集团股份有限公司	896454
14	宜昌兴发集团有限责任公司	4053946	64	湖北安琪生物集团有限公司	893300
15	中铁大桥局集团有限公司	4005443	65	湖北恒泰天纵控股集团有限公司	890805
16	中国航天三江集团有限公司	3942601	66	中信工程设计建设有限公司	858376
17	山河控股集团有限公司	3913243	67	中国核工业第二二建设有限公司	849729
18	武汉金融控股（集团）有限公司	3898289	68	大冶华鑫实业有限公司	846018
19	湖北省交通投资集团有限公司	3324888	69	湖北省港口集团有限公司	842865
20	福星集团控股有限公司	3109076	70	湖北纳杰人力资源有限公司	827673
21	湖北省工业建筑集团有限公司	2991039	71	楚安建设集团有限公司	817761
22	华新水泥股份有限公司	2935652	72	盛隆电气集团有限公司	817726
23	中韩（武汉）石油化工有限公司	2870202	73	中国联合网络通信有限公司湖北省分公司	809510
24	新八建设集团有限公司	2864254	74	武汉航科物流有限公司	807518
25	新七建设集团有限公司	2810571	75	湖北齐星集团	795267
26	武汉武商集团股份有限公司	2792232	76	软通动力技术服务有限公司	789883
27	武汉商贸集团有限公司	2767758	77	长飞光纤光缆股份有限公司	768942
28	中国一冶集团有限公司	2747486	78	太平人寿保险有限公司湖北分公司	767188
29	新十建设集团有限公司	2715644	79	劲牌有限公司	757900
30	武汉当代科技产业集团股份有限公司	2714402	80	格力电器（武汉）有限公司	752335
31	湖北省联投控股有限公司	2711948	81	民族建设集团有限公司	739027
32	合众人寿保险股份有限公司	2522813	82	冠捷显示科技（武汉）有限公司	738511
33	奥山集团有限公司	2301975	83	湖北中阳建设集团有限公司	709861
34	宝武集团鄂城钢铁有限公司	2149845	84	长江勘测规划设计研究院	670714
35	武汉市城市建设投资开发集团有限公司	2074967	85	中国十五冶金建设集团有限公司	668978
36	武汉联杰能源有限公司	2064612	86	黄石晟祥铜业有限公司	662529
37	人福医药集团股份公司	2036892	87	武汉伟鹏控股有限公司	662916
38	宝业湖北建工集团有限公司	2030354	88	中国五环工程有限公司	600020
39	国药控股湖北有限公司	1939655	89	武汉市盘龙明达建筑有限公司	592682
40	联想移动通信贸易（武汉）有限公司	1882459	90	中国市政工程中南设计研究总院有限公司	585224
41	中冶南方工程技术有限公司	1765132	91	武汉市水务集团有限公司	568299
42	中铁第四勘察设计院集团有限公司	1650683	92	湖北祥云（集团）化工股份有限公司	563024
43	三环集团有限公司	1644747	93	汉口银行股份有限公司	560249
44	绿地控股集团华中房地产事业部	1607750	94	赤东建设集团有限公司	556124
45	中国石化江汉油田	1606112	95	高品建设集团有限公司	552142
46	武汉物易云通网络科技有限公司	1515094	96	湖北佰昌农业发展有限公司	537800
47	湖北金盛兰冶金科技有限公司	1368763	97	湖北银丰实业集团有限责任公司	531196
48	武汉农村商业银行股份有限公司	1351345	98	湖北立晋钢铁集团有限公司	518268
49	武汉市市政建设集团有限公司	1345907	99	武汉东方建设集团有限公司	517465
50	中车长江运输设备集团有限公司	1225446	100	益海嘉里（武汉）粮油工业有限公司	507084

发布单位：湖北省企业联合会、湖北省企业家协会。

表 13－8　2021 广东省企业 100 强

排名	企业名称	营业收入/万元	排名	企业名称	营业收入/万元
1	中国平安保险（集团）股份有限公司	132141486	51	深圳海王集团股份有限公司	6339653
2	华为投资控股有限公司	89136800	52	广东海大集团股份有限公司	6032386
3	正威国际集团有限公司	69193677	53	国药集团一致药业股份有限公司	5964946
4	中国华润有限公司	68611944	54	天音通信有限公司	5574093
5	中国南方电网有限责任公司	57752408	55	中信证券股份有限公司	5438273
6	恒大集团有限公司	50724800	56	广州智能装备产业集团有限公司	5392268
7	腾讯控股有限公司	48206400	57	研祥高科技控股集团有限公司	5095715
8	碧桂园控股有限公司	46285600	58	广东省广物控股集团有限公司	5063517
9	富士康工业互联网股份有限公司	43178589	59	中国中电国际信息服务有限公司	4898743
10	招商银行股份有限公司	42007400	60	广东省能源集团有限公司	4897642
11	万科企业股份有限公司	41911168	61	海信家电集团股份有限公司	4839287
12	广州汽车工业集团有限公司	39829579	62	欧菲光集团股份有限公司	4834970
13	美的集团股份有限公司	28570972	63	明阳新能源投资控股集团有限公司	4626820
14	保利发展控股集团股份有限公司	24320786	64	心里程控股集团有限公司	4538097
15	雪松控股集团有限公司	23347530	65	宏旺投资集团有限公司	4301255
16	深圳市投资控股有限公司	21489121	66	深圳金雅福控股集团有限公司	4102225
17	广州市建筑集团有限公司	18390878	67	广东省交通集团有限公司	4092696
18	广州医药集团有限公司	17988428	68	广州农村商业银行股份有限公司	4090552
19	珠海格力电器股份有限公司	17049742	69	深圳市中农网有限公司	4028649
20	比亚迪股份有限公司	15659769	70	创维集团有限公司	3985341
21	顺丰控股股份有限公司	15398687	71	广州国资发展控股有限公司	3926853
22	TCL	15281977	72	时代中国控股有限公司	3857670
23	华侨城集团有限公司	14708022	73	大悦城控股集团股份有限公司	3844528
24	广东鼎龙实业集团有限公司	13462321	74	深圳传音控股股份有限公司	3779189
25	招商局蛇口工业区控股股份有限公司	12962082	75	深圳前海微众银行股份有限公司	3596648
26	阳光保险集团股份有限公司	11497979	76	金发科技股份有限公司	3506117
27	中国广核集团有限公司	11087379	77	广州市城市建设投资集团有限公司	3320528
28	珠海华发集团有限公司	10919024	78	广州发展集团股份有限公司	3171047
29	唯品会控股有限公司	10185849	79	广东韶钢松山股份有限公司	3155554
30	中兴通讯股份有限公司	10145067	80	广东粤海控股集团有限公司	3149880
31	龙光交通集团有限公司	10067914	81	卓越置业集团有限公司	3126966
32	中国国际海运集装箱（集团）股份有限公司	9415908	82	国药控股广州有限公司	3058336
33	前海人寿保险股份有限公司	9387258	83	深圳市信利康供应链管理有限公司	3044375
34	中国南方航空集团有限公司	9305143	84	深圳市中金岭南有色金属股份有限公司	3022613
35	立讯精密工业股份有限公司	9250126	85	广州银行股份有限公司	3013187
36	神州数码集团股份有限公司	9206044	86	鹏鼎控股（深圳）股份有限公司	2985131
37	奥园集团有限公司	8835171	87	合景泰富集团控股有限公司	2974210
38	广州富力地产股份有限公司	8589200	88	欣旺达电子股份有限公司	2969231
39	金地（集团）股份有限公司	8398216	89	广州市方圆房地产发展有限公司	2941845
40	振烨国际产业控股集团（深圳）有限公司	8105145	90	天马微电子股份有限公司	2923275
41	雅居乐集团控股有限公司	8024500	91	广发证券股份有限公司	2915349
42	广州工业投资控股集团有限公司	7927400	92	广东领益智造股份有限公司	2814255
43	玖龙纸业（控股）有限公司	7813009	93	中国联塑集团控股有限公司	2807310
44	温氏食品集团股份有限公司	7493891	94	广东德赛集团有限公司	2679846
45	广东省广晟控股集团有限公司	7464437	95	广州立白凯晟控股有限公司	2518530
46	网易公司	7366710	96	广东广青金属科技有限公司	2508791
47	广东省广新控股集团有限公司	7113661	97	广东格兰仕集团有限公司	2464603
48	广州越秀集团股份有限公司	6965922	98	招商证券股份有限公司	2427767
49	广东省建筑工程集团有限公司	6937922	99	深圳华强集团有限公司	2378916
50	深圳市爱施德股份有限公司	6418995	100	利泰集团有限公司	2341867

发布单位：广东省企业联合会。

表 13－9 2021 广西企业 100 强

排名	企业名称	营业收入/万元	排名	企业名称	营业收入/万元
1	广西投资集团有限公司	19118515	51	广西华业投资集团有限公司	603530
2	广西建工集团有限责任公司	12097084	52	广西惠禹粮油工业有限公司	600380
3	广西柳州钢铁集团有限公司	11740007	53	中国铝业股份有限公司广西分公司	589597
4	广西北部湾国际港务集团有限公司	9036745	54	广西湘桂糖业集团有限公司	588765
5	广西电网有限责任公司	7891397	55	梧州金升铜业股份有限公司	572771
6	上汽通用五菱汽车股份有限公司	7292678	56	广西福地金融投资集团有限公司	567374
7	广西盛隆冶金有限公司	5840699	57	嘉里粮油（防城港）有限公司	545728
8	广西北部湾投资集团有限公司	5341509	58	广西华磊新材料有限公司	541339
9	广西玉柴机器集团有限公司	4749276	59	广西城建建设集团有限公司	538887
10	广西交通投资集团有限公司	4729291	60	桂林国际电线电缆集团有限责任公司	518960
11	广西壮族自治区农村信用社联合社	4470688	61	广西桂鑫钢铁集团有限公司	507616
12	中国烟草总公司广西壮族自治区公司	4412942	62	广西防城港核电有限公司	495522
13	南宁富桂精密工业有限公司	3668639	63	中国邮政集团有限公司广西壮族自治区分公司	487984
14	广西南丹南方金属有限公司	3266685	64	广西汇望桂政商贸有限公司	461608
15	广西柳工集团有限公司	2626765	65	国家能源集团广西电力有限公司	459563
16	广西现代物流集团有限公司	2625541	66	桂林建安建设集团有限公司	456257
17	广西中烟工业有限责任公司	2560449	67	浙商中拓集团（广西）有限公司	442968
18	广西贵港钢铁集团有限公司	2551834	68	福达控股集团有限公司	428745
19	东风柳州汽车有限公司	2531048	69	润建股份有限公司	419263
20	广西金川有色金属有限公司	2415799	70	广西凤糖生化股份有限公司	409003
21	桂林力源粮油食品集团有限公司	2153660	71	广西登高集团有限公司	400416
22	广西汽车集团有限公司	2007589	72	防城港澳加粮油工业有限公司	385263
23	中国移动通信集团广西有限公司	1960362	73	燕京啤酒（桂林漓泉）股份有限公司	364784
24	桂林银行股份有限公司	1806111	74	中国联合网络通信有限公司广西壮族自治区分公司	362741
25	广西农垦集团有限责任公司	1672661	75	广西博世科环保科技股份有限公司	360941
26	广西柳州医药股份有限公司	1566866	76	广西新华书店集团股份有限公司	358146
27	百色市工业投资集团有限公司	1543584	77	广西中鼎文华实业集团有限公司	356163
28	广西壮族自治区机电设备有限责任公司	1478826	78	华润电力（贺州）有限公司	353544
29	中国电信股份有限公司广西分公司	1333841	79	中电广西防城港电力有限公司	350100
30	广西北部湾银行股份有限公司	1332968	80	广西旅游发展集团有限公司	346715
31	广西扬翔股份有限公司	1311212	81	广西壮族自治区百色电力有限责任公司	323801
32	吉利百矿集团有限公司	1195777	82	广西粤桂广业控股股份有限公司	319022
33	广西洋浦南华糖业集团股份有限公司	1130246	83	华润水泥（平南）有限公司	318030
34	广西农村投资集团有限公司	1069792	84	广西来宾东糖集团有限公司	306917
35	广西林业集团有限公司	1029206	85	广西参皇养殖集团有限公司	302718
36	广西云星集团有限公司	1022397	86	中铁上海工程局集团第五工程有限公司	298187
37	广西信发铝电有限公司	957333	87	南宁建宁水务投资集团有限责任公司	285180
38	大海粮油工业（防城港）有限公司	920761	88	广西贵丰特钢有限公司	277008
39	中国大唐集团有限公司广西分公司	904548	89	皇氏集团股份有限公司	276163
40	广西裕华建设集团有限公司	821468	90	中铝广西有色稀土开发有限公司	261747
41	广西方盛实业股份有限公司	776514	91	广西金源生物化工实业有限公司	239634
42	中粮油脂（钦州）有限公司	774195	92	广西南城百货有限责任公司	234608
43	广西平铝集团有限公司	760110	93	广西鼎华商业股份有限公司	229969
44	广西渤海农业发展有限公司	743943	94	广西山宁工程机械有限公司	228975
45	桂林彰泰实业集团有限公司	742930	95	广西广播电视信息网络股份有限公司	216627
46	柳州银行股份有限公司	737887	96	广西壮族自治区通信产业服务有限公司	215072
47	广西自贸区钦州港片区开发投资集团有限责任公司	675786	97	扶绥新宁海螺水泥有限责任公司	214685
48	南宁威宁投资集团有限责任公司	653792	98	广西华翔贸易有限公司	205561
49	广西大业建设集团有限公司	631240	99	广西纵览线缆集团有限公司	202836
50	广西贵港建设集团有限公司	606102	100	北海宣臻科技有限公司	201156

发布单位：广西企业与企业家联合会。

第十四章
2021 世界企业 500 强

2021 世界企业 500 强情况如表 14 - 1 所示。

表 14－1　2021 世界企业 500 强

上年排名	排名	公司名称	国家/地区	营业收入/百万美元	净利润/百万美元	资产/百万美元	股东权益/百万美元	员工人数/人
1	1	沃尔玛	美国	559151	13510	252496	80925	2300000
3	2	国家电网有限公司	中国	386618	5580	666089	279373	896360
9	3	亚马逊	美国	386064	21331	321195	93404	1298000
4	4	中国石油天然气集团有限公司	中国	283958	4575	626617	303232	1242245
2	5	中国石油化工集团有限公司	中国	283728	6205	343289	121065	553833
12	6	苹果公司	美国	274515	57411	323888	65339	147000
13	7	CVSHealth 公司	美国	268706	7179	230715	69389	256500
15	8	联合健康集团	美国	257141	15403	197289	65491	330000
10	9	丰田汽车公司	日本	256722	21180	562994	211614	366283
7	10	大众公司	德国	253965	10104	608368	155483	662575
14	11	伯克希尔－哈撒韦公司	美国	245510	42521	873729	443164	360000
16	12	麦克森公司	美国	238228	－4539	65015	－21	67500
18	13	中国建筑集团有限公司	中国	234425	3578	338033	24890	356864
6	14	沙特阿美公司	沙特阿拉伯	229766	49287	510266	264121	79800
19	15	三星电子	韩国	200734	22116	347992	246267	267937
21	16	中国平安保险（集团）股份有限公司	中国	191509	20739	1460210	116867	362035
23	17	美源伯根公司	美国	189894	－3409	44275	－1019	21500
8	18	英国石油公司	英国	183500	－20305	267654	71250	68100
5	19	荷兰皇家壳牌石油公司	荷兰	183195	－21680	379268	155310	87000
24	20	中国工商银行股份有限公司	中国	182794	45783	5110354	443449	439787
29	21	Alphabet 公司	美国	182527	40269	319616	222544	135301
26	22	鸿海精密工业股份有限公司	中国台湾	181945	3457	130846	46198	878429
11	23	埃克森美孚	美国	181502	－22440	332750	157150	72000
20	24	戴姆勒股份公司	德国	175827	4133	349685	74274	288481
30	25	中国建设银行股份有限公司	中国	172000	39283	4311457	362423	373814
22	26	美国电话电报公司	美国	171760	－5176	525761	161673	230760
33	27	开市客	美国	166761	4002	55556	18284	214500
32	28	信诺	美国	160401	8458	155451	50321	72963
35	29	中国农业银行股份有限公司	中国	153885	31293	4169356	337899	462592
37	30	嘉德诺	美国	152922	－3696	40766	1789	48000
27	31	托克集团	新加坡	146994	1699	56986	7559	8619

续表

上年排名	排名	公司名称	国家/地区	营业收入/百万美元	净利润/百万美元	资产/百万美元	股东权益/百万美元	员工人数/人
45	32	中国人寿保险（集团）公司	中国	144589	4648	776309	28980	183417
47	33	微软	美国	143015	44281	301311	118304	163000
17	34	嘉能可	瑞士	142338	-1903	118000	37637	87822
50	35	中国铁路工程集团有限公司	中国	141384	1639	185316	17161	308483
41	36	沃博联	美国	139537	456	87174	20637	277000
28	37	EXOR 集团	荷兰	136186	-34	211650	16020	263284
46	38	安联保险集团	德国	136173	7756	1297243	98909	150269
43	39	中国银行股份有限公司	中国	134046	27952	3739871	312401	309084
51	40	克罗格	美国	132498	2585	48662	9576	465000
59	41	家得宝	美国	132110	12866	70581	3299	504800
54	42	中国铁道建筑集团有限公司	中国	131992	1486	190916	14593	364632
38	43	摩根大通公司	美国	129503	29131	3386071	279354	255351
49	44	华为投资控股有限公司	中国	129184	9362	134384	50625	197000
44	45	威瑞森电信	美国	128292	17801	316481	67842	132200
34	46	安盛	法国	128011	3605	984656	87636	96595
31	47	福特汽车公司	美国	127144	-1279	267261	30690	186000
39	48	本田汽车	日本	124241	6202	198201	82119	211374
40	49	通用汽车公司	美国	122485	6427	235194	45030	155000
68	50	Anthem 公司	美国	121867	4572	86615	33199	83400
42	51	三菱商事株式会社	日本	121543	1628	168490	50756	82997
25	52	道达尔能源公司	法国	119704	-7242	266132	103702	105476
86	53	德国电信	德国	115083	4738	324205	43961	226291
56	54	宝马集团	德国	112794	4301	265146	74518	120726
62	55	日本电报电话公司	日本	112670	8643	207645	68379	324667
65	56	中国移动通信集团有限公司	中国	111826	12920	304528	168939	455721
127	57	Centene 公司	美国	111115	1808	68719	25773	71300
60	58	日本邮政控股公司	日本	110561	3945	2692027	100613	243612
102	59	京东集团股份有限公司	中国	108087	7160	64718	28742	314906
52	60	上海汽车集团股份有限公司	中国	107555	2961	140907	39863	143261
78	61	中国交通建设集团有限公司	中国	106868	1165	306555	21702	213438
53	62	房利美	美国	106437	11805	3985749	25259	7700

续表

上年排名	排名	公司名称	国家/地区	营业收入/百万美元	净利润/百万美元	资产/百万美元	股东权益/百万美元	员工人数/人
132	63	阿里巴巴集团控股有限公司	中国	105866	22224	257978	143086	251462
63	64	美国康卡斯特电信公司	美国	103564	10534	273869	90323	168000
92	65	中国五矿集团有限公司	中国	102015	491	150652	10617	205015
89	66	中国第一汽车集团有限公司	中国	101076	2867	74933	32141	121002
107	67	恒力集团有限公司	中国	100773	2373	40748	7322	118496
91	68	正威国际集团有限公司	中国	100281	1852	31047	17480	20180
79	69	中国华润有限公司	中国	99438	4330	275692	40128	370955
295	70	山东能源集团有限公司	中国	97861	1162	104997	17221	244832
72	71	日本伊藤忠商事株式会社	日本	97753	3787	101071	29985	148887
111	72	中国宝武钢铁集团有限公司	中国	97643	3629	155413	45023	234570
66	73	意大利忠利保险公司	意大利	97129	1987	666616	36750	72644
90	74	中国邮政集团有限公司	中国	96304	4698	1811048	65528	827231
36	75	雪佛龙	美国	94692	-5543	239790	131688	47736
81	76	戴尔科技公司	美国	94224	3250	123415	2479	158000
58	77	美国银行	美国	93753	17894	2819627	272924	212505
117	78	塔吉特公司	美国	93561	4368	51248	14440	409000
82	79	雀巢公司	瑞士	89853	13031	140367	51715	273000
137	80	美国劳氏公司	美国	89597	5835	46735	1437	280000
48	81	马拉松原油公司	美国	88952	-9826	85158	22199	57900
70	82	花旗集团	美国	88839	11047	2260090	199442	210153
84	83	现代汽车	韩国	88156	1208	192605	63925	122814
55	84	俄罗斯天然气工业股份公司	俄罗斯	87870	1872	315933	192626	467000
100	85	东风汽车公司集团有限公司	中国	86856	1116	85096	16272	145756
144	86	Facebook 公司	美国	85965	29146	159316	128290	58604
128	87	皇家阿霍德德尔海兹集团	荷兰	85158	1592	49799	15214	249000
122	88	索尼	日本	84893	11054	238290	50415	109700
129	89	联合包裹速递服务公司	美国	84628	1343	62408	657	408255
112	90	中国人民保险集团股份有限公司	中国	84290	2904	192500	31031	193494
105	91	中国南方电网有限责任公司	中国	83699	999	155172	59644	288974
64	92	中国海洋石油集团有限公司	中国	83296	4802	193366	89301	80058
67	93	法国农业信贷银行	法国	82959	3067	2399948	79813	73817

续表

上年排名	排名	公司名称	国家/地区	营业收入/百万美元	净利润/百万美元	资产/百万美元	股东权益/百万美元	员工人数/人
104	94	强生	美国	82584	14714	174894	63278	134500
106	95	日立	日本	82345	4732	107169	31876	350864
98	96	家乐福	法国	82211	730	58238	11987	322164
99	97	法国巴黎银行	法国	81632	8053	3045415	138043	193319
95	98	博世集团	德国	81464	360	111817	46785	395034
103	99	乐购	英国	81248	7948	63984	17252	242911
115	100	日本永旺集团	日本	81228	-671	107765	8673	282073
108	101	国家能源投资集团有限责任公司	中国	80716	4102	274035	65595	326641
73	102	汇丰银行控股公司	英国	80429	5229	2984164	196443	226059
69	103	美国富国银行	美国	80303	3301	1955163	184887	268531
77	104	通用电气公司	美国	79619	5704	253452	35552	184000
110	105	法国电力公司	法国	78904	741	374349	55846	161203
114	106	州立农业保险公司	美国	78898	3739	299105	126079	57582
157	107	中国电力建设集团有限公司	中国	78487	689	161989	14072	180883
138	108	英特尔公司	美国	77867	20899	153091	81038	110600
145	109	中国医药集团有限公司	中国	77278	1259	70865	13704	176686
166	110	哈门那公司	美国	77155	3367	34969	13728	48700
130	111	日本生命保险公司	日本	76984	3127	773869	19080	95352
136	112	中粮集团有限公司	中国	76856	1378	102649	14708	109839
142	113	德国邮政敦豪集团	德国	76122	3394	67685	16860	526896
172	114	三井物产株式会社	日本	75562	3165	113163	41324	44509
126	115	中国中信集团有限公司	中国	74689	3843	1265206	58334	148283
83	116	日产汽车	日本	74170	-4233	148753	44426	139507
135	117	慕尼黑再保险集团	德国	74075	1380	364626	36584	39642
87	118	意大利国家电力公司	意大利	74047	2974	200034	34664	66717
165	119	第一生命控股有限公司	日本	73842	3432	574988	17122	64823
93	120	西班牙国家银行	西班牙	73630	-9994	1845796	99710	184720
118	121	国际商业机器公司	美国	73620	5590	155971	20597	364800
152	122	中国恒大集团	中国	73514	1170	352668	22514	123276
141	123	美国邮政	美国	73133	-9176	35904	-80708	569987
134	124	北京汽车集团有限公司	中国	72147	340	81894	10717	110000

续表

上年排名	排名	公司名称	国家/地区	营业收入/百万美元	净利润/百万美元	资产/百万美元	股东权益/百万美元	员工人数/人
57	125	卢克石油公司	俄罗斯	71856	210	81061	55781	100769
158	126	中国电信集团有限公司	中国	71401	1886	139129	57227	400945
154	127	中国兵器工业集团有限公司	中国	71018	1511	67420	18424	212960
156	128	宝洁公司	美国	70950	13027	120700	46521	99000
97	129	SK 集团	韩国	70839	161	126633	16041	114842
255	130	意昂集团	德国	70382	1159	116732	6027	78126
160	131	百事公司	美国	70372	7120	92918	13454	291000
197	132	腾讯控股有限公司	中国	69864	23166	204356	107890	85858
174	133	艾伯森公司	美国	69690	850	26598	2923	300000
143	134	巴斯夫公司	德国	69464	-1208	98261	41276	110302
148	135	联邦快递	美国	69217	1286	73537	18295	499718
149	136	大都会人寿	美国	67842	5407	795146	74558	46500
162	137	交通银行股份有限公司	中国	67606	11409	1639481	132813	90716
463	138	晋能控股集团有限公司	中国	67535	8	157498	12938	472860
147	139	碧桂园控股有限公司	中国	67080	5076	308936	26836	93899
163	140	中国航空工业集团有限公司	中国	66964	916	161221	32162	407344
125	141	房地美	美国	66228	7326	2627415	16413	6922
176	142	绿地控股集团股份有限公司	中国	66096	2174	214151	12993	86251
61	143	Phillips66 公司	美国	65494	-3975	54721	18984	14300
182	144	洛克希德-马丁	美国	65398	6833	50710	6015	114000
150	145	华特迪士尼公司	美国	65388	-2864	201549	83583	203000
168	146	ADM 公司	美国	64355	1772	49719	20000	38332
171	147	瑞士罗氏公司	瑞士	64285	15229	97485	41128	101465
234	148	厦门建发集团有限公司	中国	64112	953	66968	8770	28928
75	149	太平洋建设集团有限公司	中国	64038	2218	44741	20824	295281
74	150	西门子	德国	63936	4509	145207	42649	293000
109	151	中国中化集团有限公司	中国	63544	809	97620	9233	72237
159	152	Engie 集团	法国	63525	-1750	187464	35423	172703
85	153	英国法通保险公司	英国	63325	2061	779962	12989	10099
153	154	松下	日本	63191	1557	61908	23454	243540
96	155	信实工业公司	印度	62912	6619	180649	95734	236334

续表

上年排名	排名	公司名称	国家/地区	营业收入/百万美元	净利润/百万美元	资产/百万美元	股东权益/百万美元	员工人数/人
155	156	布鲁克菲尔德资产管理公司	加拿大	62752	-134	343696	35838	151000
88	157	英杰华集团	英国	62579	3588	655965	26730	28930
193	158	中国太平洋保险（集团）股份有限公司	中国	61186	3563	271418	32985	110940
224	159	联想集团有限公司	中国	60742	1178	37991	3559	71500
208	160	万科企业股份有限公司	中国	60741	6017	286474	34408	140565
164	161	中国化工集团有限公司	中国	60492	-816	131406	-3966	141250
189	162	招商银行股份有限公司	中国	60433	14108	1281448	110920	90867
235	163	招商局集团有限公司	中国	60281	5919	340741	60978	246002
71	164	瓦莱罗能源公司	美国	60115	-1421	51774	18801	9964
173	165	丸红株式会社	日本	59735	2126	62739	16447	49265
123	166	引能仕控股株式会社	日本	59540	1075	72865	21023	40753
177	167	丰田通商公司	日本	59517	1270	47270	13288	64402
139	168	苏黎世保险集团	瑞士	59001	3834	439299	38278	52930
181	169	宏利金融	加拿大	58840	4378	691283	41095	37000
210	170	物产中大集团股份有限公司	中国	58546	398	16345	4120	18549
284	171	厦门国贸控股集团有限公司	中国	58279	286	23534	2569	21374
124	172	荷兰全球保险集团	荷兰	58211	-166	543140	30088	22322
121	173	波音	美国	58158	-11873	152136	-18316	141000
191	174	中国保利集团有限公司	中国	58072	1949	240687	15426	106403
185	175	联合利华	英国	57797	6359	82801	18683	148949
206	176	广州汽车工业集团有限公司	中国	57724	576	51345	7381	103688
187	177	中国建材集团有限公司	中国	57115	103	91973	5540	202844
167	178	保德信金融集团	美国	57033	-374	940722	67425	41671
116	179	空中客车公司	荷兰	56872	-1291	134734	7887	131349
161	180	三菱日联金融集团	日本	56838	7330	3250213	124920	137997
120	181	巴西国家石油公司	巴西	56683	1141	190010	59348	49050
184	182	惠普公司	美国	56639	2844	34681	-2228	53000
119	183	雷神技术公司	美国	56587	-3519	162153	72163	181000
94	184	软银集团	日本	56214	47053	413657	92343	58786
80	185	英国保诚集团	英国	55973	2118	516097	20878	18687
N. A.	186	富腾公司	芬兰	55850	2077	70748	15852	19933

续表

上年排名	排名	公司名称	国家/地区	营业收入/百万美元	净利润/百万美元	资产/百万美元	股东权益/百万美元	员工人数/人
188	187	东京电力公司	日本	55343	1706	109341	28223	37891
178	188	Seven&I 控股公司	日本	54442	1692	65204	24845	97154
298	189	厦门象屿集团有限公司	中国	54324	279	26058	3184	11671
383	190	StoneX 集团	美国	54140	170	13475	768	2950
183	191	AlimentationCouche – Tard 公司	加拿大	54132	2354	25680	10067	131000
207	192	LG 电子	韩国	53625	1669	44350	14203	75000
202	193	高盛	美国	53498	9459	1163028	95932	40500
253	194	中国光大集团股份公司	中国	53429	2571	907879	35322	78600
76	195	俄罗斯石油公司	俄罗斯	53376	2033	207671	63668	356000
222	196	兴业银行股份有限公司	中国	53314	9656	1209808	94343	59630
146	197	安赛乐米塔尔	卢森堡	53270	–733	82052	38280	167743
217	198	中国铝业集团有限公司	中国	53191	321	96920	16665	152681
179	199	西斯科公司	美国	52893	216	22628	1159	57000
218	200	河钢集团有限公司	中国	52761	6	74411	10952	121247
220	201	上海浦东发展银行股份有限公司	中国	52628	8444	1219641	97717	61686
213	202	巴西 JBS 公司	巴西	52429	892	31539	7725	250000
192	203	法国兴业银行	法国	52068	–294	1789137	75489	126391
203	204	摩根士丹利	美国	52047	10996	1115862	101781	68097
221	205	印度国家银行	印度	51919	3019	662540	37677	245652
140	206	泰国国家石油有限公司	泰国	51648	1207	84834	29411	29421
219	207	HCA 医疗保健公司	美国	51533	3754	47490	572	235000
226	208	东京海上日动火灾保险公司	日本	51517	1526	232960	17320	43257
228	209	沃达丰集团	英国	51055	131	182044	65514	96506
180	210	迪奥公司	法国	50878	2203	129744	13792	139409
285	211	丰益国际	新加坡	50527	1534	51020	18882	100000
151	212	印度石油公司	印度	50433	2916	48528	15292	33439
250	213	友邦保险集团有限公司	中国香港	50359	5779	326121	63200	23397
195	214	万喜集团	法国	50270	1415	111568	25532	217731
229	215	起亚公司	韩国	50155	1261	55654	27502	51899
113	216	埃尼石油公司	意大利	50121	–9839	134187	45789	31495
241	217	日本 KDDI 电信公司	日本	50115	6146	95256	43035	47320

续表

上年排名	排名	公司名称	国家/地区	营业收入/百万美元	净利润/百万美元	资产/百万美元	股东权益/百万美元	员工人数/人
225	218	诺华公司	瑞士	49898	8072	132059	56598	105794
175	219	雷诺	法国	49536	-9125	141639	30316	170158
273	220	陕西煤业化工集团有限责任公司	中国	49314	121	91350	9056	126707
211	221	思科公司	美国	49301	11214	94853	37920	77500
227	222	韩国电力公司	韩国	49102	1688	186899	63756	48519
201	223	西班牙电话公司	西班牙	49083	1803	128561	13749	112797
239	224	中国民生银行股份有限公司	中国	49076	4972	1065170	81155	59262
343	225	江西铜业集团有限公司	中国	48820	195	25945	4473	24528
194	226	韩国浦项制铁公司	韩国	48713	1340	73312	40752	35393
214	227	拜耳集团	德国	48484	-11959	143241	37355	99538
346	228	加拿大鲍尔集团	加拿大	48183	1526	493996	17438	30000
249	229	Orange 公司	法国	48165	5494	131844	42093	142150
258	230	特许通讯公司	美国	48097	3222	144206	23805	96100
264	231	中国远洋海运集团有限公司	中国	47998	1471	130251	29099	110338
256	232	默沙东	美国	47994	7067	91588	25317	73500
196	233	ELO 集团	法国	47607	773	28282	7977	160606
265	234	陕西延长石油（集团）有限责任公司	中国	47529	161	68054	23142	131093
269	235	和硕	中国台湾	47518	686	24371	5790	169083
205	236	百威英博	比利时	47358	1405	226410	68024	163695
209	237	美洲电信	墨西哥	47326	2181	81591	12576	186851
275	238	百思买	美国	47262	1798	19067	4587	81600
243	239	浙江吉利控股集团有限公司	中国	47191	1352	74391	13361	125764
N. A.	240	中国船舶集团有限公司	中国	46845	1875	132019	38171	218956
271	241	Talanx 公司	德国	46788	767	221553	12718	23527
270	242	美国纽约人寿保险公司	美国	46712	-822	359313	21728	11506
190	243	印度石油天然气公司	印度	46597	2189	74280	30215	30105
247	244	电装公司	日本	46569	1180	61191	35181	168391
246	245	MS&AD 保险集团控股有限公司	日本	46150	1362	218287	14587	41501
169	246	Equinor 公司	挪威	45818	-5510	121972	33873	21245
378	247	艾伯维	美国	45804	4616	150565	13076	47000
266	248	中国华能集团有限公司	中国	45750	312	181995	18231	128560

续表

上年排名	排名	公司名称	国家/地区	营业收入/百万美元	净利润/百万美元	资产/百万美元	股东权益/百万美元	员工人数/人
198	249	日本制铁集团公司	日本	45556	-306	68481	24955	115632
223	250	加拿大皇家银行	加拿大	45509	8497	1218350	64995	83842
362	251	台积公司	中国台湾	45478	17344	98309	65340	56831
232	252	德国联邦铁路公司	德国	45465	-6477	80079	8736	322768
325	253	大众超级市场公司	美国	45204	3972	28094	19242	227000
263	254	好事达	美国	44791	5576	125987	30217	42010
N. A.	255	浙江荣盛控股集团有限公司	中国	44726	627	40749	3578	20493
280	256	力拓集团	英国	44611	9769	97390	47054	47474
133	257	墨西哥石油公司	墨西哥	44384	-23683	96826	-120756	123899
279	258	埃森哲	爱尔兰	44327	5108	37079	17001	506000
312	259	德国艾德卡公司	德国	44159	315	10567	2540	402000
290	260	中国联合网络通信股份有限公司	中国	44034	800	89268	22637	242121
238	261	住友商事	日本	43818	-1444	73056	22857	74920
278	262	美国利宝互助保险集团	美国	43796	758	145377	25926	45000
231	263	美国国际集团	美国	43736	-5944	586481	66362	45000
282	264	英国葛兰素史克公司	英国	43732	7373	109949	19940	94066
242	265	法国 BPCE 银行集团	法国	43476	1835	1769944	88950	98790
244	266	圣戈班集团	法国	43445	520	59509	21896	167552
170	267	英国劳埃德银行集团	英国	43441	1690	1191025	67235	61576
233	268	瑞士再保险股份有限公司	瑞士	43338	-878	182622	27135	13189
240	269	俄罗斯联邦储蓄银行	俄罗斯	43264	10527	487263	68252	285555
287	270	泰森食品	美国	43185	2061	34456	15254	139000
277	271	韩华集团	韩国	43169	181	175892	4149	53801
230	272	德国大陆集团	德国	42983	-1096	48509	15007	236386
261	273	必和必拓集团	澳大利亚	42931	7956	104783	47936	31589
260	274	伍尔沃斯集团	澳大利亚	42678	781	26503	6022	215000
323	275	前进保险公司	美国	42658	5705	64098	17039	43326
289	276	赛诺菲	法国	42580	14031	140161	77101	99412
186	277	马来西亚国家石油公司	马来西亚	42563	-5680	142804	82244	48679
487	278	百时美施贵宝公司	美国	42518	-9015	118481	37822	30250
329	279	青山控股集团有限公司	中国	42448	1129	13205	4526	75102

续表

上年排名	排名	公司名称	国家/地区	营业收入/百万美元	净利润/百万美元	资产/百万美元	股东权益/百万美元	员工人数/人
272	280	美国全国保险公司	美国	41930	-138	256589	16485	25391
215	281	辉瑞制药有限公司	美国	41908	9616	154229	63238	78500
308	282	山东魏桥创业集团有限公司	中国	41879	1236	37716	12023	100395
204	283	卡特彼勒	美国	41748	2998	78324	15331	97300
281	284	中国机械工业集团有限公司	中国	41712	571	54391	10572	139453
306	285	美国教师退休基金会	美国	41619	558	654252	40001	14953
N. A.	286	英格卡集团	荷兰	41580	1323	62381	51579	166350
N. A.	287	印尼国家石油公司	印度尼西亚	41470	1051	69144	29092	34564
307	288	美的集团股份有限公司	中国	41407	3945	55231	18010	149239
297	289	邦吉公司	美国	41404	1145	23655	6069	23000
313	290	费森尤斯集团	德国	41336	1945	81561	20742	277822
310	291	意大利联合圣保罗银行	意大利	41258	3734	1226999	79623	105615
330	292	乔治威斯顿公司	加拿大	40793	718	37750	6134	220000
316	293	国家电力投资集团有限公司	中国	40323	344	202933	25080	123727
333	294	巴西淡水河谷公司	巴西	40018	4881	92007	35744	74316
274	295	西班牙 ACS 集团	西班牙	39967	654	45689	4318	150265
267	296	多伦多道明银行	加拿大	39900	8841	1286834	71621	89598
320	297	马士基集团	丹麦	39740	2850	56117	29850	83624
248	298	蒂森克虏伯	德国	39659	10725	42766	11497	103598
286	299	法国布伊格集团	法国	39607	793	49714	12654	129018
300	300	三菱电机股份有限公司	日本	39539	1822	43381	24903	145653
353	301	中国能源建设集团有限公司	中国	39439	508	73015	6398	120963
293	302	瑞银集团	瑞士	39298	6557	1125765	59445	71551
262	303	Finatis 公司	法国	39197	-212	39315	-935	203002
314	304	甲骨文公司	美国	39068	10135	115438	12074	135000
200	305	EnergyTransfer 公司	美国	38954	-648	95144	18529	11421
311	306	大和房建	日本	38929	1840	45688	16029	48807
352	307	中国航天科技集团有限公司	中国	38742	2735	79504	33204	179085
351	308	江苏沙钢集团有限公司	中国	38665	1145	46318	10253	45060
N. A.	309	浙江恒逸集团有限公司	中国	38562	152	17406	1809	22019
283	310	陶氏公司	美国	38542	1225	61470	12435	35700

续表

上年排名	排名	公司名称	国家/地区	营业收入/百万美元	净利润/百万美元	资产/百万美元	股东权益/百万美元	员工人数/人
455	311	盛虹控股集团有限公司	中国	38440	520	17639	3397	32272
251	312	美国运通公司	美国	38185	3135	191367	22984	63700
334	313	日本明治安田生命保险公司	日本	38004	1780	415713	13524	46928
344	314	森宝利公司	英国	37944	-366	34703	8766	117000
367	315	安徽海螺集团有限责任公司	中国	37930	1878	37624	9562	59823
317	316	通用动力	美国	37925	3167	51308	15661	100700
291	317	德意志银行	德国	37853	550	1621487	67032	84659
236	318	日本出光兴产株式会社	日本	37792	329	35755	9300	16560
303	319	Iberdrola 公司	西班牙	37767	4115	149938	43337	35637
332	320	中国航天科工集团有限公司	中国	37697	1955	58852	22068	145148
322	321	耐克公司	美国	37403	2539	31342	8055	75400
216	322	伊塔乌联合银行控股公司	巴西	37280	3667	388789	27532	96540
302	323	采埃孚	德国	37159	-940	44950	5023	153522
377	324	广达电脑公司	中国台湾	37043	860	23641	5141	90895
237	325	日本三井住友金融集团	日本	36811	4838	2193348	86016	86781
368	326	美国诺斯洛普格拉曼公司	美国	36799	3189	44469	10579	97000
259	327	沃尔沃集团	瑞典	36754	2098	62266	17711	91843
324	328	苏宁易购集团股份有限公司	中国	36565	-620	32502	11779	69398
294	329	麦德龙	德国	36525	515	15461	2406	95779
355	330	联合服务汽车协会	美国	36296	3907	200348	40262	35935
363	331	损保控股有限公司	日本	36283	1344	118614	10365	48115
354	332	阳光龙净集团有限公司	中国	36264	540	72576	4693	28670
366	333	安达保险公司	瑞士	35994	3533	190774	59441	31000
366	334	中国电子信息产业集团有限公司	中国	35931	-97	53588	9950	180822
N. A.	335	贺利氏控股集团	德国	35929	—	7055	4014	14809
369	336	金川集团股份有限公司	中国	35907	360	17602	5687	29220
254	337	西班牙对外银行	西班牙	35872	1487	900932	54519	123174
422	338	小米集团	中国	35633	2950	38878	18957	22074
396	339	仁宝电脑	中国台湾	35619	318	16628	3804	112761
319	340	迪尔公司	美国	35540	2751	75091	12937	69634
433	341	法国邮政	法国	35534	2375	927802	22331	219625

续表

上年排名	排名	公司名称	国家/地区	营业收入/百万美元	净利润/百万美元	资产/百万美元	股东权益/百万美元	员工人数/人
321	342	德国中央合作银行	德国	35498	994	727638	31900	28061
424	343	泰康保险集团股份有限公司	中国	35476	3484	173121	16443	56899
392	344	中国太平保险集团有限责任公司	中国	35461	415	150764	6327	65900
327	345	巴克莱	英国	35405	3056	1844786	89945	83000
374	346	国泰金融控股股份有限公司	中国台湾	35124	2533	389960	31803	57848
339	347	日本三菱重工业股份有限公司	日本	34903	383	43497	12354	79974
462	348	RajeshExports 公司	印度	34805	114	3209	1534	377
361	349	中国中车集团有限公司	中国	34778	748	66932	11888	179374
393	350	雅培公司	美国	34608	4495	72548	32784	109000
434	351	中国兵器装备集团有限公司	中国	34455	853	54926	11805	164918
370	352	中国华电集团有限公司	中国	34440	585	131961	16354	93331
328	353	长江和记实业有限公司	中国香港	34347	3758	161804	65350	300000
381	354	中国电子科技集团有限公司	中国	34311	1880	69212	26655	179390
250	355	意大利邮政集团	意大利	34205	1375	333311	14076	123583
318	356	法国国营铁路集团	法国	34155	-3453	156584	15531	271509
337	357	印度塔塔汽车公司	印度	34013	-1812	46916	7554	75278
356	358	富士通	日本	33863	1912	28845	13112	126371
296	359	雪松控股集团有限公司	中国	33837	50	18875	4135	23856
388	360	西北互助人寿保险公司	美国	33782	425	308767	24957	6641
460	361	DollarGeneral 公司	美国	33747	2655	25863	6661	158000
371	362	路易达孚集团	荷兰	33564	382	23253	4858	15708
423	363	上海建工集团股份有限公司	中国	33526	486	49250	5622	48609
N. A.	364	融创中国控股有限公司	中国	33418	5166	169871	19253	64436
359	365	爱信	日本	33260	997	36411	13884	118359
426	366	KB 金融集团	韩国	33201	2929	561843	39105	26948
391	367	住友生命保险公司	日本	33183	254	371556	6518	42954
379	368	英美烟草集团	英国	33058	8208	188222	85674	55329
364	369	Exelon 公司	美国	33039	1963	129317	32585	32340
335	370	可口可乐公司	美国	33014	7747	87296	19299	80300
493	371	中国核工业集团有限公司	中国	32663	1188	139810	25059	183400
301	372	怡和集团	中国香港	32647	-394	93526	29387	403000

续表

上年排名	排名	公司名称	国家/地区	营业收入/百万美元	净利润/百万美元	资产/百万美元	股东权益/百万美元	员工人数/人
315	372	麦格纳国际	加拿大	32647	757	28605	11370	158000
347	374	霍尼韦尔国际公司	美国	32637	4779	64586	64586	103000
N. A.	375	敬业集团有限公司	中国	32528	607	10709	4954	31000
358	376	加拿大丰业银行	加拿大	32501	5038	852307	51093	92001
410	377	菲尼克斯医药公司	德国	32387	221	12567	3236	33090
357	378	瑞士信贷	瑞士	32343	2843	911976	48299	48770
418	379	加拿大永明金融集团	加拿大	32316	1863	253640	19214	23816
498	380	赛默飞世尔科技公司	美国	32218	6375	69052	34507	84362
245	381	雷普索尔公司	西班牙	32188	-3748	60336	24837	23203
389	382	3M 公司	美国	32184	5384	47344	12867	94987
292	383	TJX 公司	美国	32137	91	30814	5833	320000
459	384	山东钢铁集团有限公司	中国	31990	129	57270	2886	50131
399	385	Travelers 公司	美国	31981	2697	116764	29201	30294
448	386	Migros 集团	瑞士	31903	1882	82369	23186	85226
375	387	欧莱雅	法国	31896	4060	53366	35482	85392
403	388	富邦金融控股股份有限公司	中国台湾	31838	3065	329207	27167	44369
372	389	第一资本金融公司	美国	31643	2714	421602	60204	51985
N. A.	390	新希望控股集团有限公司	中国	31606	515	48435	4133	140757
342	391	荷兰国际集团	荷兰	31605	2564	1142896	63171	57527
N. A.	392	特斯拉	美国	31536	721	52148	22225	70757
415	393	法国达飞海运集团	法国	31445	1755	32900	6713	90792
309	394	巴拉特石油公司	印度	31315	2178	22012	7323	9257
404	395	SAP 公司	德国	31150	5863	71558	36368	102430
442	396	深圳市投资控股有限公司	中国	31144	1661	129558	29829	75102
425	397	Coop 集团	瑞士	31058	574	23366	11243	78578
385	398	现代摩比斯公司	韩国	31047	1296	44620	30594	35087
419	399	英美资源集团	英国	30902	2089	62534	25824	64000
401	400	鞍钢集团有限公司	中国	30886	259	52135	9069	119331
376	401	三菱化学控股	日本	30729	-71	47805	11179	69607
N. A.	402	西门子能源	德国	30723	-1797	50434	17512	92000
485	403	山西焦煤集团有限责任公司	中国	30454	160	67853	8597	212698

续表

上年排名	排名	公司名称	国家/地区	营业收入/百万美元	净利润/百万美元	资产/百万美元	股东权益/百万美元	员工人数/人
365	404	日本钢铁工程控股公司	日本	30444	-206	42088	15183	64371
435	405	海尔智家股份有限公司	中国	30395	1287	31182	10240	99299
349	406	日本瑞穗金融集团	日本	30357	4443	2039658	70590	54492
456	407	铜陵有色金属集团控股有限公司	中国	30301	-26	14266	1159	22501
417	408	Medipal 控股公司	日本	30291	226	15189	4190	14614
414	409	武田药品公司	日本	30166	3547	116748	46773	47099
340	410	瑞士 ABB 集团	瑞士	30142	5146	41088	15685	105600
429	411	首钢集团有限公司	中国	30054	43	78469	18187	97235
390	412	铃木汽车	日本	29981	1381	36495	16098	68739
412	413	法国威立雅环境集团	法国	29637	101	55516	8831	171450
380	414	佳能	日本	29599	780	44813	24947	181897
N. A.	415	新华人寿保险股份有限公司	中国	29545	2072	153927	15581	36309
467	416	三星人寿保险	韩国	29274	1073	309657	38545	5273
428	417	关西电力	日本	29171	1028	73018	14349	31933
331	418	Enbridge 公司	加拿大	29147	2508	125855	48188	12100
408	419	美敦力公司	爱尔兰	28913	4789	90689	50737	104950
402	420	东芝	日本	28813	1075	31651	10529	117300
452	421	纬创集团	中国台湾	28695	295	15271	2549	69506
421	422	菲利普—莫里斯国际公司	美国	28694	8056	44815	-12567	71000
441	423	艾睿电子	美国	28673	584	17054	5089	19600
413	424	施耐德电气	法国	28667	2423	60556	25238	126328
N. A.	425	潍柴动力股份有限公司	中国	28622	1334	41494	7847	81600
268	426	巴西布拉德斯科银行	巴西	28539	3073	308962	28038	80170
338	427	菲尼克斯集团控股公司	英国	28493	1023	457022	9620	7653
468	428	海亮集团有限公司	中国	28467	117	9348	3055	20176
394	429	CHS 公司	美国	28406	422	15994	8810	10493
477	430	中国通用技术（集团）控股有限责任公司	中国	28379	558	34593	7580	52945
N. A.	431	北京建龙重工集团有限公司	中国	28362	494	23685	4787	61300
450	432	日本电气公司	日本	28243	1411	33170	11828	114714
N. A.	433	浙江省交通投资集团有限公司	中国	28168	707	91171	16983	38466
387	434	普利司通	日本	28047	-218	40586	20829	138036

续表

上年排名	排名	公司名称	国家/地区	营业收入/百万美元	净利润/百万美元	资产/百万美元	股东权益/百万美元	员工人数/人
465	435	中国大唐集团有限公司	中国	27928	317	122079	17768	100721
432	436	英国电信集团	英国	27863	1923	70170	16108	99700
473	437	上海医药集团股份有限公司	中国	27813	652	22864	6951	48136
360	438	利安德巴塞尔工业公司	荷兰	27753	1420	35403	7971	19200
490	439	广西投资集团有限公司	中国	27708	41	91595	7538	33005
454	440	日本中部电力	日本	27690	1389	51414	17825	28238
397	441	CRH 公司	爱尔兰	27587	1122	44944	19656	77100
445	442	住友电工	日本	27532	532	30578	13848	286784
458	443	FinancièredelOdet 公司	法国	27470	244	68531	4754	79207
443	444	新疆广汇实业投资（集团）有限责任公司	中国	27448	59	42635	5803	73963
475	445	X5 零售集团	荷兰	27359	392	15873	1283	339716
N. A.	446	捷普公司	美国	27266	54	14397	1811	240000
444	447	林德集团	英国	27250	2501	88229	47317	74207
384	448	Enterprise Products Partners 公司	美国	27200	3776	64107	24353	7130
400	449	马自达汽车株式会社	日本	27187	-299	26378	9526	49786
437	450	CJ 集团	韩国	27125	74	36825	4272	62756
496	451	中国中煤能源集团有限公司	中国	27105	485	63259	11792	131121
N. A.	452	SK 海力士公司	韩国	27041	4031	65483	47740	36854
431	453	慧与公司	美国	26982	-322	54015	16049	59400
453	454	达能	法国	26914	2229	52349	19832	101911
461	455	Achmea 公司	荷兰	26843	732	114615	12914	13921
N. A.	456	龙湖集团控股有限公司	中国	26746	2899	117266	16604	35426
N. A.	457	United Natural Foods 公司	美国	26743	274	7587	1145	28300
440	458	英国森特理克集团	英国	26702	53	23402	1308	25753
405	459	斯巴鲁公司	日本	26698	722	30847	16074	36070
N. A.	460	广州市建筑集团有限公司	中国	26682	127	23703	1638	38367
N. A.	461	LG 化学公司	韩国	26645	435	38079	16597	40234
N. A.	462	阿斯利康	英国	26617	3196	66729	15622	76100
495	463	亿滋国际	美国	26581	3555	67810	27578	79000
N. A.	464	德国勃林格殷格翰公司	德国	26497	3489	45142	21179	51944

续表

上年排名	排名	公司名称	国家/地区	营业收入/百万美元	净利润/百万美元	资产/百万美元	股东权益/百万美元	员工人数/人
457	465	维亚康姆 CBS 公司	美国	26186	2422	52663	15371	24225
N. A.	466	卡夫亨氏公司	美国	26185	356	99830	50103	38000
471	467	KOC 集团	土耳其	26179	1321	84826	6239	100641
N. A.	468	广州医药集团有限公司	中国	26070	299	9133	1743	34371
N. A.	469	新加坡奥兰国际有限公司	新加坡	26068	178	20206	4512	60425
N. A.	470	华润置地有限公司	中国	26027	4352	133186	31181	48414
N. A.	471	云南省投资控股集团有限公司	中国	25887	279	72724	11097	51442
430	472	蒙特利尔银行	加拿大	25665	3788	711910	42443	43360
481	473	三星 C&T 公司	韩国	25613	878	49987	27783	16075
N. A.	474	万洲国际有限公司	中国	25589	828	18715	10005	107000
N. A.	475	Dollar Tree 公司	美国	25509	1342	20696	7285	129772
N. A.	476	安进	美国	25424	7264	62948	9409	24300
395	477	康帕斯集团	英国	25413	170	19030	6187	548143
407	478	Coles 集团	澳大利亚	25325	656	12641	1802	118000
466	479	美国合众银行	美国	25241	4959	553905	53095	68108
N. A.	480	爱立信公司	瑞典	25237	1899	33098	10565	101129
499	481	华阳新材料科技集团有限公司	中国	25188	-173	39670	4258	99487
288	482	巴西银行	巴西	25150	2300	326125	24087	91673
N. A.	483	Performance Food Group 公司	美国	25086	-114	7720	2011	20000
N. A.	484	Netflix 公司	美国	24996	2761	39280	11065	9400
488	485	诺基亚	芬兰	24899	-2875	44291	15255	92039
N. A.	486	紫金矿业集团股份有限公司	中国	24855	943	27941	8665	36860
N. A.	487	BAE 系统公司	英国	24723	1666	37634	6347	81000
436	488	珠海格力电器股份有限公司	中国	24710	3214	42792	17654	83952
N. A.	489	吉利德科学公司	美国	24689	123	68407	18202	13600
N. A.	490	Synnex 公司	美国	24676	529	13469	4339	277900
469	491	联合信贷集团	意大利	24665	-3173	1139916	72823	82107
476	492	霍尔希姆公司	瑞士	24654	1808	60235	29505	67409
464	493	曼福集团	西班牙	24642	600	84629	10446	33730
N. A.	494	阿弗瑞萨控股公司	日本	24556	231	11905	3817	12045
N. A.	495	美国礼来公司	美国	24540	6194	46633	5642	35000

续表

上年排名	排名	公司名称	国家/地区	营业收入/百万美元	净利润/百万美元	资产/百万美元	股东权益/百万美元	员工人数/人
N. A.	496	Truist Financial 公司	美国	24427	4482	509228	70807	53638
N. A.	497	中国再保险（集团）股份有限公司	中国	24376	828	69514	14257	63914
416	498	澳大利亚联邦银行	澳大利亚	24362	6457	698586	49606	43585
N. A.	499	伟创力公司	新加坡	24124	613	15836	3436	167201
N. A.	500	来德爱	美国	24043	-91	9335	615	50000

注：本章依据美国《财富》网发布的 2021 世界 500 强排行榜。

第十五章 2021 中国 500 强企业按照行业分类名单

2021 中国 500 强企业按照行业分类名单情况如表 15－1 所示。

表 15 - 1 2021 中国 500 强企业按照行业分类名单①

名次	公司名称	通讯地址	邮政编码	名次(1)	名次(2)	名次(3)
农林牧渔业						
1	中国林业集团有限公司	北京市朝阳区麦子店街 37 号盛福大厦	100026	116	—	—
2	北大荒农垦集团有限公司	黑龙江省哈尔滨市香坊区红旗大街 175 号	150090	167	—	—
煤炭采掘及采选业						
1	山东能源集团有限公司	山东省济南市经十路 10777 号	250014	24	—	—
2	国家能源投资集团有限责任公司	北京市东城区安定门西滨河路 22 号	100011	32	—	—
3	晋能控股集团有限公司	山西省大同市平城区太和路	037006	44	—	—
4	陕西煤业化工集团有限责任公司	陕西省西安市航天基地东长安街 636 号	710100	66	—	—
5	山西焦煤集团有限责任公司	山西省太原市新晋祠路一段 1 号	030024	112	—	—
6	中国中煤能源集团有限公司	北京市朝阳区黄寺大街 1 号	100120	126	—	—
7	华阳新材料科技集团有限公司	山西省阳泉市北大西街 5 号	045000	133	—	—
8	中国平煤神马能源化工集团有限责任公司	河南省平顶山市矿工中路 21 号	467000	136	—	—
9	河南能源化工集团有限公司	河南省郑州市郑东新区 CBD 商务外环路 6 号国龙大厦	450046	139	—	—
10	开滦（集团）有限责任公司	河北省唐山市新华东道 70 号	063018	248	—	—
11	淮北矿业（集团）有限责任公司	安徽省淮北市人民中路 276 号	235006	315	—	—
12	山西鹏飞集团有限公司	山西省孝义市振兴街鹏飞总部	032300	354	—	—
13	贵州盘江煤电集团有限责任公司	贵州省贵阳市观山湖区林城西路 95 号	550081	458	—	—
14	淮河能源控股集团有限责任公司	安徽省淮南市田家庵区洞山中路一号	232001	465	—	—
15	徐州矿务集团有限公司	江苏省徐州市云龙区钱塘路 7 号	221000	472	—	—
石油、天然气开采及生产业						
1	中国石油天然气集团有限公司	北京市东城区东直门北大街九号	100007	2	—	—
2	中国海洋石油集团有限公司	北京市东城区朝阳门北大街 25 号	100010	31	—	—
3	陕西延长石油（集团）有限责任公司	陕西省西安市雁塔区唐延路 61 号延长石油科研中心	710075	71	—	—
电力生产						
1	中国华能集团有限公司	北京市西城区复兴门内大街 6 号	100031	74	—	—
2	国家电力投资集团有限公司	北京市西城区北三环中路 29 号院 1 号楼	100029	84	—	—
3	中国华电集团有限公司	北京市西城区宣武门内大街 2 号中国华电大厦	100031	100	—	—
4	中国核工业集团有限公司	北京市西城区三里河南三巷 1 号	100822	105	—	—
5	中国大唐集团有限公司	北京市西城区广宁伯街 1 号	100033	121	—	—
6	中国广核集团有限公司	深圳市福田区深南大道 2002 号中广核大厦	518028	200	—	—
7	广东省能源集团有限公司	广东省广州市天河东路 8 号粤电广场 A 座	510630	402	—	—
农副食品						
1	新希望控股集团有限公司	四川省成都市锦江区金石路 376 号新希望中鼎国际	610021	109	42	—
2	北京首农食品集团有限责任公司	北京市朝阳区曙光里西路 28 号	100028	146	59	—

① 注：名次（1）为 2021 中国企业 500 强中的名次，名次（2）为 2021 中国制造业企业 500 强中的名次，名次（3）为 2021 中国服务业企业 500 强中的名次。

续表

名次	公司名称	通讯地址	邮政编码	名次（1）	名次（2）	名次（3）
3	通威集团有限公司	四川省成都市高新区天府大道中段 588 号通威国际中心	610093	237	106	—
4	双胞胎（集团）股份有限公司	江西省南昌市高新区火炬大街 799 号	330096	251	113	—
5	温氏食品集团股份有限公司	广东省云浮市新兴县新城镇东堤北路 9 号	527400	279	128	—
6	蓝润集团有限公司	四川省成都市天府新区华府大道 1 号蓝润置地广场	610213	294	135	—
7	广东海大集团股份有限公司	广东省广州市番禺区南村镇万博四路 42 号海大大厦 2 座 8 楼	511445	340	158	—
8	牧原实业集团有限公司	河南省南阳市卧龙区龙升工业园牧原集团	473000	341	159	—
9	江西正邦科技股份有限公司	江西省南昌市高新区艾溪湖一路 569 号	330096	399	191	—
10	三河汇福粮油集团有限公司	河北省三河市燕郊开发区汇福路 8 号	065201	408	195	—
11	山东鲁花集团有限公司	山东省莱阳市龙门东路 39 号	265200	—	250	—
12	五得利面粉集团有限公司	河北省邯郸市大名县五得利街	056900	—	275	—
13	北京顺鑫控股集团有限公司	北京市顺义区站前街 1 号院 1 号楼顺鑫国际商务中心	101300	—	276	—
14	桂林力源粮油食品集团有限公司	广西桂林市叠彩区中山北路 122 号	541001	—	362	—
15	诸城外贸有限责任公司	诸城市密州路东首	262200	—	390	—
16	唐人神集团股份有限公司	湖南省株洲市国家高新技术产业开发区栗雨工业园	412007	—	397	—
17	广西农垦集团有限责任公司	广西壮族自治区南宁市青秀区民族大道 32 号	530022	—	416	—
18	上海源耀农业股份有限公司	上海市浦东新区航鹤路 2268 号	201317	—	429	—
19	广西洋浦南华糖业集团股份有限公司	广西南宁市青秀区民族大道 118－3 号	530022	—	493	—
食品						
1	万洲国际有限公司	香港九龙柯士甸道西 1 号环球贸易广场 76 楼 7602B－7604A	—	131	51	—
2	光明食品（集团）有限公司	上海市华山路 263 弄 7 号	200040	148	61	—
3	西王集团有限公司	山东省滨州市邹平市西王工业园	256209	455	224	—
4	香驰控股有限公司	山东省滨州市博兴县工业园（经济开发区）	256500	—	295	—
5	青岛康大外贸集团有限公司	山东省青岛市黄岛区长江西路 157 号康大凤凰广场 16 楼	266000	—	472	—
6	金沙河集团有限公司	河北省邢台市沙河市纬三路 59 号	054100	—	486	—
饮料						
1	内蒙古伊利实业集团股份有限公司	北京市朝阳区华威西里 55 号	—	228	100	—
2	农夫山泉股份有限公司	浙江省杭州市西湖区葛衙庄 181 号	310024	—	351	—
3	黑龙江飞鹤乳业有限公司	黑龙江省哈尔滨市松北区创新三路 600 号科技大厦 33 层	150028	—	394	—
酒类						
1	四川省宜宾五粮液集团有限公司	四川省宜宾市翠屏区岷江西路 150 号	644007	184	80	—
2	贵州茅台酒股份有限公司	贵州省仁怀市茅台镇	564501	225	98	—
3	泸州老窖集团有限责任公司	四川省泸州市江阳区酒业园区爱仁堂广场	646000	337	156	—

续表

名次	公司名称	通讯地址	邮政编码	名次（1）	名次（2）	名次（3）
4	稻花香集团	湖北省宜昌市夷陵区龙泉镇龙沙街 1 号	443112	386	184	—
5	青岛啤酒集团有限公司	山东省青岛市东海西路 35 号青啤大厦	266071	—	307	—
6	山西杏花村汾酒集团有限责任公司	山西省汾阳市杏花村镇	032205	—	448	—
7	安徽古井集团有限责任公司	安徽省亳州市谯城区古井镇	236800	—	500	—
轻工百货生产						
1	山东渤海实业股份有限公司	山东省滨州市博兴县工业园	256500	445	216	—
2	大亚科技集团有限公司	江苏省丹阳市经济开发区齐梁路 99 号	212300	—	329	—
3	顾家集团有限公司	杭州经济技术开发区白杨街道 20 号大街 128 号 3 幢 6 层厂房	310018	—	405	—
4	瑞声科技（控股）有限公司	深圳市南山区粤兴三道 6 号南京大学深圳产学研基地	518057	—	409	—
5	广博控股集团有限公司	浙江省宁波市海曙区石碶街道车何广博工业园	315153	—	411	—
6	欧派家居集团股份有限公司	广东省广州市广花三路 366 号	510450	—	444	—
7	祥兴（福建）箱包集团有限公司	福建省福清市龙江路 558 号	350300	—	463	—
8	上海晨光文具股份有限公司	上海市松江区延展路 455 号汉桥科技文化园 C 栋	—	—	465	—
纺织印染						
1	山东魏桥创业集团有限公司	山东省滨州市邹平经济开发区魏纺路 1 号	256200	81	26	—
2	三房巷集团有限公司	江苏省江阴市周庄镇三房巷路 1 号	214423	325	147	—
3	山东如意时尚投资控股有限公司	山东省济宁市高新区如意工业园	272000	355	165	—
4	澳洋集团有限公司	张家港市杨舍镇塘市澳洋国际大厦	215618	486	239	—
5	华芳集团有限公司	张家港市城北路 178 号华芳国际大厦	215600	—	289	—
6	天津纺织集团（控股）有限公司	天津空港经济区中心大道东九道 6 号天纺大厦	300308	—	372	—
服装及其他纺织品						
1	海澜集团有限公司	江阴市新桥镇海澜工业园	214426	209	89	—
2	雅戈尔集团股份有限公司	宁波市海曙区鄞县大道西段 2 号	315153	210	90	—
3	红豆集团有限公司	江苏省无锡市锡山区东港镇港下兴港路红豆集团总部	214199	278	127	—
4	杉杉控股有限公司	浙江省宁波市鄞州区日丽中路 777 号	315100	373	176	—
5	森马集团有限公司	浙江省温州市瓯海区娄桥工业园南汇路 98 号	325200	479	234	—
6	江苏阳光集团有限公司	江苏省江阴市新桥镇陶新路 18 号	214426	495	245	—
7	波司登股份有限公司	江苏省常熟市古里镇白茆波司登工业园	215532	—	277	—
8	太平鸟集团有限公司	浙江省宁波市高新区新晖南路 255 号太平鸟时尚中心	315000	—	285	—
9	宁波博洋控股集团有限公司	海曙区南门启文路 157 弄 6 号	315012	—	321	—
10	宁波申洲针织有限公司	北仑区县（市）甬江路 18 号	315800	—	353	—
11	金猴集团有限公司	威海市和平路 106 号	264200	—	407	—
12	迪尚集团有限公司	山东省威海市文化西路 186 号	264200	—	440	—
13	中哲控股集团有限公司	浙江省宁波市鄞州区泰星巷合和国际南楼 9 楼	315100	—	450	—
14	北京时尚控股有限责任公司	北京市东城区东单三条 33 号	100005	—	460	—

续表

名次	公司名称	通讯地址	邮政编码	名次（1）	名次（2）	名次（3）
家用电器制造						
1	海尔集团公司	山东省青岛市崂山区海尔路 1 号	266101	79	24	—
2	美的集团股份有限公司	广东省佛山市顺德区北滘镇美的大道 6 号	528311	82	27	—
3	珠海格力电器股份有限公司	广东省珠海市香洲区前山金鸡西路 789 号	519070	135	54	—
4	TCL	广东省惠州仲恺高新区惠风三路 17 号 TCL 科技大厦	516006	153	64	—
5	四川长虹电子控股集团有限公司	四川省绵阳市高新区绵兴东路 35 号	621000	162	67	—
6	海信集团控股股份有限公司	青岛市市南区东海西路 17 号	266071	171	73	—
7	奥克斯集团有限公司	浙江省宁波市鄞州区日丽中路 757 号奥克斯大厦 25 楼	315100	296	136	—
8	创维集团有限公司	深圳市南山区科技园高新南四道创维半导体设计大厦东座 22 层	518057	488	240	—
9	广东格兰仕集团有限公司	广东省佛山市顺德区容桂大道南 25 号	528305	—	345	—
10	深圳市兆驰股份有限公司	龙岗区南湾街道下李朗社区李朗路一号兆驰创新产业园	518114	—	368	—
11	青岛澳柯玛控股集团有限公司	山东省青岛经济技术开发区前湾港路 315 号	266510	—	446	—
12	星星集团有限公司	浙江省台州市椒江区洪家星星电子产业园—集团总部	318015	—	468	—
13	杭州金鱼电器集团有限公司	浙江省杭州市西湖区天目山路 159 号现代国际大厦 A 座 16 楼	310013	—	481	—
14	宁波方太厨具有限公司	浙江省宁波市杭州湾新区滨海二路 218 号	315336	—	483	—
造纸及包装						
1	晨鸣控股有限公司	寿光市农圣东街 2199 号	262700	242	109	—
2	玖龙纸业（控股）有限公司	广东省东莞市松山湖园区新城路 12 号	523808	273	123	—
3	华泰集团有限公司	山东省东营市广饶县大王镇潍高路 251 号	257335	275	125	—
4	山东太阳控股集团有限公司	山东省济宁市兖州区友谊路 1 号	272100	368	173	—
5	金东纸业（江苏）股份有限公司	江苏省镇江市大港兴港东路 8 号	212132	—	273	—
6	胜达集团有限公司	浙江省杭州市萧山区宁围街道市心北路 2036 号东方至尊国际中心	311215	—	331	—
7	山鹰国际控股股份公司	安徽省马鞍山市勤俭路 3 号	241000	—	341	—
石化及炼焦						
1	中国石油化工集团有限公司	北京市朝阳区朝阳门北大街 22 号	100728	3	1	—
2	恒力集团有限公司	江苏省苏州市吴江区盛泽镇恒力路 1 号	215226	21	6	—
3	山东东明石化集团有限公司	山东省东明县石化大道 27 号	274500	216	94	—
4	利华益集团股份有限公司	山东省东营市利津县大桥路 86 号	257400	229	101	—
5	万达控股集团有限公司	山东省东营市垦利区行政办公新区民丰路万达大厦	257500	235	104	—
6	旭阳控股有限公司	北京市丰台区南四环西路 188 号五区 21 号楼	100070	312	138	—
7	山东京博控股集团有限公司	山东省滨州市博兴县经济开发区京博工业园	256505	316	140	—
8	山东海科控股有限公司	山东省东营市北一路 726 号海科大厦	257088	317	141	—

续表

名次	公司名称	通讯地址	邮政编码	名次（1）	名次（2）	名次（3）
9	盘锦北方沥青燃料有限公司	辽宁省盘锦市辽东湾新区一号路	124221	332	152	—
10	辽宁嘉晨控股集团有限公司	辽宁省营口市老边区营大路66号	115000	374	177	—
11	福佳集团有限公司	辽宁省大连市沙河口区兴工街4号新天地广场A栋24楼	116021	388	186	—
12	东营齐润化工有限公司	山东省东营市黄三角农高区丁庄街道办事处	257347	425	207	—
13	齐成（山东）石化集团有限公司	广饶县河辛路以东，石大路以南	257300	443	214	—
14	山东汇丰石化集团有限公司	山东省淄博市桓台果里镇石化南路	256410	444	215	—
15	福建省能源集团有限责任公司	福州市鼓楼区北二环西路118号	350001	447	217	—
16	富海集团新能源控股有限公司	山东省东营市河口区黄河路37号富海大厦1003室	257200	453	222	—
17	金澳科技（湖北）化工有限公司	湖北省潜江经济开发区章华北路66号	433100	457	226	—
18	山东金诚石化集团有限公司	桓台县马桥镇	256405	461	228	—
19	山东清源集团有限公司	山东省淄博市临淄区金岭镇清源商务中心	255400	494	244	—
20	山东恒源石油化工股份有限公司	山东省德州市临邑县恒源路111号	251500	—	252	—
21	山东寿光鲁清石化有限公司	山东省潍坊寿光市羊口镇化工产业园	262714	—	270	—
22	万通海欣控股集团股份有限公司	山东省东营市东营区庐山路1036号	257000	—	293	—
23	山东东方华龙工贸集团有限公司	山东省东营市广饶县经济开发区团结路673号	257300	—	297	—
24	山东中海化工集团有限公司	山东省东营市河口区湖滨新区西湖路245号	257200	—	298	—
25	山东垦利石化集团有限公司	山东省东营市垦利区胜兴路1001号	257500	—	309	—
26	洛阳炼化宏达实业有限责任公司	河南省洛阳市孟津区吉利大庆路70号	471000	—	330	—
27	大连西太平洋石油化工有限公司	大连经济技术开发区海青岛街道港兴大街500号	116600	—	336	—
28	山东永鑫能源集团有限公司	山东省滨州市博兴县湖滨工业园	256500	—	342	—
29	山东华星石油化工集团有限公司	山东省东营市广饶县大王镇潍高路1号	257335	—	389	—
30	福建福海创石油化工有限公司	福建省漳州市漳浦县杜昌路9号	363215	—	395	—
31	中国庆华能源集团有限公司	北京市朝阳区建国门外大街中海广场中楼38层	100020	—	399	—
32	山西安泰控股集团有限公司	山西省介休市安泰工业园区	032002	—	400	—
33	山东神驰控股有限公司	山东省东营市东营区史口镇郝纯路129号	—	—	402	—
34	正和集团股份有限公司	山东省东营市广饶县石村辛桥	257342	—	464	—
35	山东潍焦控股集团有限公司	山东省潍坊市昌乐县朱刘街道团结路109号	262404	—	477	—
36	景德镇黑猫集团有限责任公司	昌江区历尧	333000	—	489	—
37	阿尔法（江阴）沥青有限公司	江苏省江阴市临港开发区石庄花港东路3号	214446	—	499	—
轮胎及橡胶制品						
1	重庆轻纺控股（集团）公司	重庆市北部新区高新园黄山大道中段7号	401121	—	261	—
2	华勤橡胶工业集团有限公司	山东省济宁市兖州区华勤工业园	272100	—	263	—
3	利时集团股份有限公司	浙江省宁波市鄞州区投资创业中心诚信路518号	315105	—	265	—
4	中策橡胶集团有限公司	浙江省杭州市钱塘区白杨街道1号大街1号	310018	—	310	—
5	玲珑集团有限公司	招远市金龙路777号	265406	—	385	—

续表

名次	公司名称	通讯地址	邮政编码	名次(1)	名次(2)	名次(3)
6	黑龙江鑫达企业集团有限公司	平房区哈南工业新区哈南一路 9 号	150010	—	488	—
化学原料及化学品制造						
1	中国化工集团有限公司	北京市海淀区北四环西路 62 号	100080	54	14	—
2	浙江荣盛控股集团有限公司	浙江省杭州市萧山区益农镇荣盛控股大楼	311247	76	22	—
3	浙江恒逸集团有限公司	浙江省杭州市萧山区市心北路 260 号恒逸南岸明珠写字楼	311215	88	30	—
4	盛虹控股集团有限公司	江苏省苏州市吴江区盛泽镇纺织科技示范园	215228	89	31	—
5	潞安化工集团有限公司	山西省襄垣县侯堡镇	046204	143	56	—
6	新疆中泰（集团）有限责任公司	新疆乌鲁木齐市经济技术开发区阳澄湖路 39 号	830026	202	87	—
7	云天化集团有限责任公司	云南省昆明市滇池路 1417 号	650228	286	131	—
8	万华化学集团股份有限公司	山东省烟台市福山区烟台市开发区三亚路 3 号	164002	287	132	—
9	贵州磷化（集团）有限责任公司	贵州省贵阳市南明区市南路 57 号	550005	320	144	—
10	天津渤海化工集团有限责任公司	天津市和平区湖北路 10 号	—	412	198	—
11	山东金岭集团有限公司	山东省广饶县傅家路 588 号金岭国际	257300	449	219	—
12	上海华谊（集团）公司	上海市静安区常德路 809 号	200040	456	225	—
13	金浦投资控股集团有限公司	江苏省南京市鼓楼区马台街 99 号五楼	210009	468	230	—
14	宜昌兴发集团有限责任公司	湖北省宜昌市兴山县古夫镇高阳大道 58 号	443700	478	233	—
15	新疆天业（集团）有限公司	新疆石河子经济技术开发区北三东路 36 号	832000	—	253	—
16	浙江升华控股集团有限公司	浙江省湖州市德清县下渚湖下仁路 99 号	313200	—	269	—
17	巨化集团有限公司	柯城区巨化集团有限公司办公室	324004	—	272	—
18	道恩集团有限公司	山东省烟台市龙口市龙口经济开发区和平北路道恩经济园区	265700	—	286	—
19	浙江龙盛控股有限公司	上虞区道墟街道	312368	—	287	—
20	河北诚信集团有限公司	河北省石家庄市元氏县元赵公路南	051130	—	301	—
21	兴达投资集团有限公司	江苏省无锡市锡山区东港镇锡港南路 88 号	214196	—	339	—
22	广州立白凯晟控股有限公司	广东省广州市荔湾区长堤街 111 号 201－11 室	510370	—	340	—
23	淄博齐翔腾达化工股份有限公司	山东省淄博市临淄区杨坡路 206 号	255400	—	343	—
24	江苏三木集团有限公司	江苏省宜兴市官林镇三木路 85 号	214258	—	344	—
25	纳爱斯集团有限公司	浙江省丽水市括苍南路 19 号	323000	—	347	—
26	华鲁控股集团有限公司	济南市历下区舜海路 219 号华创管理中心 A 座 21、22 楼	250102	—	349	—
27	滨化集团	山东省滨州市黄河五路 869 号	256600	—	359	—
28	宜宾天原集团股份有限公司	临港经济技术开发区港园路西段 61 号	644005	—	361	—
29	无棣鑫岳化工集团有限公司	山东省滨州市无棣县埕口镇东	251909	—	369	—
30	山东博汇集团有限公司	山东省淄博市桓台县马桥镇大成工业区	—	—	371	—
31	红太阳集团有限公司	高淳经济开发区古檀大道 18 号	211316	—	393	—
32	山东联盟化工集团有限公司	山东省寿光市东城商务区 27 号楼	262704	—	427	—
33	新和成控股集团有限公司	浙江省新昌县七星街道大道西路 418 号	312500	—	445	—
34	龙蟒佰利联集团股份有限公司	焦作市中站区焦克路 1669 号	454191	—	447	—

续表

名次	公司名称	通讯地址	邮政编码	名次(1)	名次(2)	名次(3)
35	青海盐湖工业股份有限公司	青海省格尔木市黄河路28号	816000	—	449	—
36	浙江新安化工集团股份有限公司	浙江省杭州市建德市江滨中路新安大厦1号	311600	—	475	—
37	瑞星集团股份有限公司	东平县彭集镇	271509	—	492	—
化学纤维制造						
1	桐昆控股集团有限公司	浙江省嘉兴市桐乡市梧桐街道振兴东路（东）55号商会大厦1单元2301室-1	314500	293	134	—
2	恒申控股集团有限公司	福建省福州市长乐区文武砂镇长乐恒申合纤科技有限公司办公楼	350200	356	166	—
3	福建永荣控股集团有限公司	福建省福州市台江区世茂国际中心16层	350000	357	167	—
4	新凤鸣控股集团有限公司	浙江省桐乡市洲泉镇工业区德胜路888号	314513	380	180	—
5	江苏华宏实业集团有限公司	江苏省江阴市周庄镇澄杨路1128号	214423	491	243	—
6	兴惠化纤集团有限公司	萧山区衙前镇吟龙村	311209	—	326	—
7	唐山三友集团有限公司	河北省唐山市南堡开发区	063305	—	404	—
8	福建百宏聚纤科技实业有限公司	福建省晋江市龙湖镇枫林工业区	362241	—	408	—
9	浙江天圣控股集团有限公司	浙江省绍兴市越城区解放大道649号宁波银行金融大厦20层	312000	—	412	—
10	精工控股集团有限公司	浙江省绍兴市越城区斗门街道世纪西街1号	31200	—	415	—
药品制造						
1	上海医药集团股份有限公司	太仓路200号上海医药大厦	200020	122	48	—
2	广州医药集团有限公司	广东省广州市荔湾区沙面北街45号	510130	129	50	—
3	深圳海王集团股份有限公司	广东省深圳市南山区科技园科技中三路1号海王银河科技大厦	518057	324	146	—
4	威高集团有限公司	山东省威海市环翠区火炬高技术产业开发区兴山路18号	264210	394	189	—
5	四川科伦实业集团有限公司	四川省成都市青羊区百花西路36号	610031	480	235	—
6	石药控股集团有限公司	河北省石家庄市高新技术产业开发区黄河大道226号	050035	482	236	—
7	云南白药集团股份有限公司	云南省昆明市呈贡区云南白药街3886号	650500	—	282	—
8	天津天士力大健康产业投资集团有限公司	天津市北辰区普济河东道2号天士力现代中药城	300410	—	300	—
9	江苏恒瑞医药股份有限公司	江苏省连云港市经济技术开发区昆仑山路7号	222047	—	314	—
10	人福医药集团股份公司	湖北省武汉市东湖高新区高新大道666号人福医药集团	430075	—	366	—
11	重庆智飞生物制品股份有限公司	重庆市江北区金源路7号25楼	400020	—	435	—
12	万邦德医药控股集团股份有限公司	浙江省湖州市吴兴区织里镇栋梁路1688号	313008	—	454	—
13	健康元药业集团股份有限公司	广东省深圳市南山区朗山路17号健康元大厦	518000	—	456	—
14	回音必集团有限公司	浙江省杭州市建国中路27号万安商社内	310000	—	467	—
15	浙江海正药业股份有限公司	浙江省台州市椒江区外沙路46号	318000	—	491	—
医疗设备制造						
1	英科医疗科技股份有限公司	山东省淄博市临淄区齐鲁化学工业园清田路18号	255000	—	453	—

续表

名次	公司名称	通讯地址	邮政编码	名次（1）	名次（2）	名次（3）
水泥及玻璃制造						
1	中国建材集团有限公司	北京市海淀区复兴路17号国海广场2号楼	100036	59	16	—
2	安徽海螺集团有限责任公司	安徽省芜湖市文化路39号	241000	90	32	—
3	北京金隅集团股份有限公司	北京市东城区北三环东路36号环球贸易中心D座2106	100013	174	75	—
4	红狮控股集团有限公司	浙江省兰溪市东郊上郭	321100	364	171	—
5	天瑞集团股份有限公司	河南省汝州市广成东路63号	467599	390	188	—
6	沂州集团有限公司	山东省临沂市罗庄区傅庄街道办事处	276018	452	221	—
7	华新水泥股份有限公司	湖北省武汉市东湖高新区高新大道426号华新大厦	430074	—	306	—
8	奥盛集团有限公司	上海市浦东新区商城路518号17楼	200120	—	319	—
9	吉林亚泰（集团）股份有限公司	吉林省长春市二道区吉林大路1801号	130031	—	382	—
其他建材制造						
1	北京东方雨虹防水技术股份有限公司	北京市朝阳区高碑店北路康家园四号楼	100123	—	360	—
2	浙江中财管道科技股份有限公司	浙江省绍兴市新昌县新昌大道东路658号	312500	—	462	—
3	天津市新宇彩板有限公司	天津市西青区精武镇民兴路8号	300382	—	487	—
4	浙江永利实业集团有限公司	浙江省绍兴市柯桥区金柯桥大道1418号永利大厦30层	312030	—	495	—
黑色冶金						
1	中国宝武钢铁集团有限公司	上海市浦东新区世博大道1859号宝武大厦1号楼	200126	25	8	—
2	河钢集团有限公司	河北省石家庄市体育南大街385号	050023	64	18	—
3	江苏沙钢集团有限公司	江苏省苏州市张家港市锦丰镇	215625	87	29	—
4	敬业集团有限公司	河北省石家庄市平山县南甸镇	050400	106	40	—
5	山东钢铁集团有限公司	山东省济南市高新区舜华路2000号舜泰广场4号楼	250101	108	41	—
6	鞍钢集团有限公司	辽宁省鞍山市铁东区五一路63号	114001	111	43	—
7	首钢集团有限公司	北京市石景山区石景山路68号首钢厂东门	100041	114	45	—
8	北京建龙重工集团有限公司	北京市丰台区南四环西路188号总部基地十二区50号楼	100070	119	47	—
9	南京钢铁集团有限公司	江苏省南京市六合区卸甲甸	210035	145	58	—
10	杭州钢铁集团有限公司	浙江省杭州市拱墅区半山路178号	310022	149	62	—
11	湖南华菱钢铁集团有限责任公司	湖南省长沙市天心区湘府西路222号	410004	155	65	—
12	河北新华联合冶金控股集团有限公司	河北省沧州市渤海新区	061113	164	68	—
13	中天钢铁集团有限公司	江苏省常州市中吴大道1号	213011	166	69	—
14	冀南钢铁集团有限公司	武安市南环路南侧	056300	168	70	—
15	河北津西钢铁集团股份有限公司	河北省迁西县三屯营镇	064302	176	76	—
16	广西柳州钢铁集团有限公司	广西柳州市北雀路117号	545002	191	81	—
17	上海德龙钢铁集团有限公司	上海市浦东新区张杨路188号汤臣中心大厦c栋12A19	200135	193	83	—

续表

名次	公司名称	通讯地址	邮政编码	名次（1）	名次（2）	名次（3）
18	酒泉钢铁（集团）有限责任公司	甘肃省嘉峪关市雄关东路 12 号	735100	196	84	—
19	辽宁方大集团实业有限公司	北京市南四环西路 188 号总部基地 15 区 9 号楼	100070	214	93	—
20	江苏永钢集团有限公司	江苏省苏州市张家港市南丰镇永联工业园	215628	220	96	—
21	日照钢铁控股集团有限公司	山东省日照市岚山区沿海路 600 号	276806	227	99	—
22	福建大东海实业集团有限公司	福建省福州市长乐区松下镇大祉村军民路 14 号	350200	246	111	—
23	包头钢铁（集团）有限责任公司	内蒙古包头市昆都仑区河西工业区信息大楼 504 室	014010	250	112	—
24	天津荣程祥泰投资控股集团有限公司	天津经济技术开发区 MSD – B1 – F12	300450	257	115	—
25	新余钢铁集团有限公司	江西省新余市渝水区冶金路 1 号	338001	265	118	—
26	河北普阳钢铁有限公司	河北省武安市阳邑镇村东	056305	268	120	—
27	永锋集团有限公司	山东省德州市齐河县齐安大街 116 号	251100	271	122	—
28	武安市裕华钢铁有限公司	武安市上团城乡崇义四街村北	056300	276	126	—
29	金鼎钢铁集团有限公司	河北省邯郸市武安市青龙山工业园区	056300	281	129	—
30	唐山港陆钢铁有限公司	河北省遵化市崔家庄乡邦宽公里南侧杨家庄村	064200	305	137	—
31	四川省川威集团有限公司	四川省成都市龙泉驿区车城东 6 路 5 号	610100	313	139	—
32	河北新金钢铁有限公司	河北省武安市武邑路骈山村东	056300	318	142	—
33	河北新武安钢铁集团文安钢铁有限公司	河北省武安市南环路	056300	330	150	—
34	本钢集团有限公司	辽宁省本溪市明山区环山路 36 号	117000	331	151	—
35	江苏新长江实业集团有限公司	江苏省江阴市夏港街道滨江西路 328 号长江村	214442	346	161	—
36	广西盛隆冶金有限公司	广西壮族自治区防城港经济技术开发区	538004	347	162	—
37	福建省三钢（集团）有限责任公司	福建省三明市梅列区工业中路群工三路	365000	371	175	—
38	安阳钢铁集团有限责任公司	河南省安阳市梅园庄	455004	389	187	—
39	山东泰山钢铁集团有限公司	山东省济南市莱芜区汶源西大街西首泰钢经贸楼	271100	395	190	—
40	河北文丰钢铁有限公司	武安市午汲镇大贺庄村村东	056300	419	203	—
41	江苏华西集团有限公司	江阴市华士镇华西新市村民族路 2 号	214420	424	206	—
42	四川德胜集团钒钛有限公司	四川省乐山市沙湾区铜河路南段 8 号	614900	436	213	—
43	河北安丰钢铁有限公司	河北省秦皇岛市昌黎县靖安镇安丰大厦五楼	066603	490	242	—
44	石横特钢集团有限公司	山东省肥城市石横镇	271612	498	248	—
45	河北天柱钢铁集团有限公司	河北省唐山市丰润区银城铺镇殷官屯村东	064000	—	264	—
46	山西晋南钢铁集团有限公司	山西省临汾市曲沃县高显镇工业园区	043400	—	267	—
47	振石控股集团有限公司	浙江省桐乡市凤凰湖大道 288 号	314500	—	271	—
48	河北兴华钢铁有限公司	武安市上团城西	056300	—	288	—
49	河北鑫达钢铁集团有限公司	河北省迁安市经济开发区	064400	—	315	—
50	常熟市龙腾特种钢有限公司	江苏省苏州市常熟市梅李镇通港工业园华联路 118 号	215511	—	317	—
51	山西晋城钢铁控股集团有限公司	山西省晋城市巴公装备制造工业园区	048002	—	333	—
52	广西贵港钢铁集团有限公司	贵港市港北区南平中路	537101	—	334	—
53	三宝集团股份有限公司	福建省漳州市芗城区浦南镇店仔圩经济开发区	363004	—	335	—

续表

名次	公司名称	通讯地址	邮政编码	名次(1)	名次(2)	名次(3)
54	河南济源钢铁（集团）有限公司	河南省济源虎岭高新技术产业开发区	459000	—	346	—
55	无锡新三洲特钢有限公司	无锡市惠山区前洲街道石洲路8号	214181	—	364	—
56	凌源钢铁集团有限责任公司	辽宁省凌源市钢铁路3号	122500	—	380	—
57	四川省达州钢铁集团有限责任公司	四川省达州市西河路25号	635002	—	383	—
58	中建信控股集团有限公司	上海市闵行区黎安路999号32楼	201199	—	398	—
59	秦皇岛宏兴钢铁有限公司	秦皇岛西部经济开发区昌黎循环经济产业园滦河大街1号	066602	—	417	—
60	山西高义钢铁有限公司	山西运城市新泽县横桥乡狄庄村	043100	—	423	—
61	潍坊特钢集团有限公司	山东省潍坊市钢厂工业园潍钢东路	261201	—	428	—
一般有色						
1	正威国际集团有限公司	广东省深圳市福田区深南大道7888号东海国际中心A座29层	518040	22	7	—
2	中国铝业集团有限公司	北京市海淀区西直门北大街62号	100082	63	17	—
3	江西铜业集团有限公司	江西省南昌市高新区昌东大道7666号	330096	68	19	—
4	金川集团股份有限公司	甘肃省金昌市金川路98号	737103	94	35	—
5	铜陵有色金属集团控股有限公司	安徽省铜陵市长江西路有色大院	244001	113	44	—
6	海亮集团有限公司	浙江省杭州市滨江区滨盛路1508号海亮大厦	310051	117	46	—
7	陕西有色金属控股集团有限责任公司	陕西省西安市高新路51号高新大厦	710075	161	66	—
8	中国有色矿业集团有限公司	北京市朝阳区安定路10号中国有色大厦北楼	100029	172	74	—
9	南山集团有限公司	山东省龙口市南山工业园	265706	197	85	—
10	洛阳栾川钼业集团股份有限公司	河南省洛阳市栾川县城东新区画眉山路伊河以北	471500	198	86	—
11	宁波金田投资控股有限公司	浙江省宁波市江北区慈城镇胡坑基路88号050幢4-4	315034	211	91	—
12	中国宏桥集团有限公司	山东省滨州石邹平市经济开放区会仙一路铝电大厦	256299	254	114	—
13	杭州锦江集团有限公司	杭州市拱墅区湖墅南路111号锦江大厦20-22楼	310005	270	121	—
14	宁夏天元锰业集团有限公司	宁夏中卫市中宁县中宁新材料循环经济示范区	755103	322	145	—
15	白银有色集团股份有限公司	甘肃省白银市白银区友好路18号	730900	333	153	—
16	云南锡业集团（控股）有限责任公司	云南省红河州个旧市金湖东路121号	650200	334	154	—
17	浙江富冶集团有限公司	浙江省杭州市富阳区鹿山街道谢家溪	311407	342	160	—
18	新凤祥控股集团有限责任公司	山东省聊城市阳谷县石佛镇新凤祥大厦	252300	378	178	—
19	河南豫光金铅集团有限责任公司	河南省济源市荆梁南街1号	459000	384	183	—
20	万基控股集团有限公司	河南省新安县万基工业园	471800	466	229	—
21	西部矿业集团有限公司	青海省西宁市城西区五四大街56号	810001	470	231	—
22	伊电控股集团有限公司	河南省洛阳市伊川县水寨镇	471300	483	237	—
23	盛屯矿业集团股份有限公司	厦门市思明区展鸿路81号特房波特曼财富中心A座33层	361000	500	249	—

续表

名次	公司名称	通讯地址	邮政编码	名次(1)	名次(2)	名次(3)
24	河南中原黄金冶炼厂有限责任公司	三门峡市三门峡产业集聚区 209 国道南侧	472000	—	279	—
25	广西南丹南方金属有限公司	广西河池市南丹县车河镇丰塘坳（河池·南丹工业园区）	547204	—	284	—
26	济源市万洋冶炼（集团）有限公司	河南省济源市思礼镇思礼村	454690	—	292	—
27	河南金利金铅集团有限公司	河南省济源市承留镇南勋村	459000	—	296	—
28	深圳市中金岭南有色金属股份有限公司	深圳市罗湖区清水河街道清水河社区清水河一路 112 号深业进元大厦塔楼 2 座 303C	518000	—	299	—
29	安徽楚江科技新材料股份有限公司	安徽省芜湖市鸠江区龙腾路 88 号	241000	—	354	—
30	浙江华友钴业股份有限公司	浙江省桐乡经济开发区二期梧振东路 18 号	314500	—	363	—
31	攀枝花钢城集团有限公司	四川省攀枝花市东区新宏路 7 号 24 幢	617000	—	367	—
32	河南神火集团有限公司	河南省永城市东城区光明路 196 号	476600	—	374	—
33	厦门钨业股份有限公司	厦门市思明区展鸿路 81 号特房大厦 21－22 层	361009	—	388	—
34	河南明泰铝业股份有限公司	河南省巩义市回郭镇人和路北段	451283	—	420	—
35	百色市工业投资集团有限公司	广西百色市右江区六塘百色市工业区铝产业园区	533000	—	430	—
36	山东鑫海科技股份有限公司	山东省莒南县经济开发区西五路中段	276600	—	434	—
37	广东兴发铝业有限公司	广东省佛山市三水区乐平镇中心园 D 区 5 号	528100	—	485	—
贵金属						
1	紫金矿业集团股份有限公司	福建省龙岩市上杭县紫金大道 1 号	364200	134	53	—
2	中国黄金集团有限公司	北京市东城区安定门外大街 9 号	100011	204	88	—
3	山东黄金集团有限公司	山东省济南市历城区经十路 2503 号	250101	274	124	—
4	山东招金集团有限公司	山东省招远市招金大厦温泉路 118 号	265400	285	130	—
5	老凤祥股份有限公司	上海市徐汇区漕溪路 270 号	200235	379	179	—
6	山东中矿集团有限公司	山东招远市辛庄镇南潘家村东	265400	410	196	—
7	山东恒邦冶炼股份有限公司	山东省烟台市牟平区水道镇金政街 11 号	264109	—	308	—
8	湖南黄金集团有限责任公司	湖南长沙市长沙县人民东路 211 号韵动汇 1 号栋 9 楼	410129	—	437	—
金属制品加工						
1	青山控股集团有限公司	浙江省温州市龙湾区龙祥路 2666 号 A 幢 1306 室	325058	80	25	—
2	中国国际海运集装箱（集团）股份有限公司	广东省深圳市南山区港湾大道 2 号中集集团研发中心	518067	231	103	—
3	湖南博长控股集团有限公司	湖南省冷水江市轧钢路 5 号	417500	359	169	—
4	山东九羊集团有限公司	山东省济南市莱芜区羊里镇政通路 2 号	271118	400	192	—
5	天津友发钢管集团股份有限公司	天津市静海区大邱庄镇环湖南路 1 号	301606	406	193	—
6	山东创新金属科技有限公司	山东省滨州市邹平北外环路东首创新工业园	256200	429	209	—
7	东方润安集团有限公司	江苏省常州市武进区湟里镇东方路 5 号	213155	431	211	—
8	宏旺投资集团有限公司	广东省佛山市顺德区信保广场南塔 28 楼	528300	451	220	—
9	法尔胜泓昇集团有限公司	江阴市澄江中路 165 号	214434	474	232	—
10	鲁丽集团有限公司	山东省、潍坊市、寿光市、侯镇政府驻地	262724	497	247	—

续表

名次	公司名称	通讯地址	邮政编码	名次（1）	名次（2）	名次（3）
11	江苏江润铜业有限公司	江苏省宜兴市官林镇金辉工业园 A 区	214251	—	256	—
12	江苏大明金属制品有限公司	江苏省无锡市通江大道 1518 号	214191	—	266	—
13	山西建邦集团有限公司	山西省侯马市侯北产业园	043000	—	268	—
14	浙江元立金属制品集团有限公司	浙江省丽水市遂昌县元立大道 479 号	323300	—	290	—
15	浙江东南网架集团有限公司	杭州市萧山区衙前镇衙前路 593 号	311209	—	294	—
16	金龙精密铜管集团股份有限公司	重庆市万州区江南新区南滨大道 1999 号 1 号楼 A 区 10 楼	404000	—	311	—
17	浙江协和集团有限公司	浙江省杭州市萧山区红山农场	311234	—	316	—
18	邯郸市正大制管有限公司	河北省邯郸市成安县工业区聚良大道 9 号	056700	—	328	—
19	福建三安集团有限公司	福建省厦门市思明区吕岭路 1721－1725 号	361009	—	338	—
20	重庆万达薄板有限公司	重庆市涪陵区李渡工业园区盘龙路 6 号	408000	—	352	—
21	久立集团股份有限公司	浙江省湖州市吴兴区中兴大道 1899 号	313000	—	357	—
22	天津源泰德润钢管制造集团有限公司	天津市静海区大邱庄工业区天津源泰德润集团总部	301606	—	358	—
23	浙江甬金金属科技股份有限公司	浙江省兰溪经济开发区创业大道 99 号	321100	—	365	—
24	天津恒兴集团有限公司	天津市静海县静海镇北环工业园	301600	—	375	—
25	江苏西城三联控股集团有限公司	江阴市临港街道三联村静堂里路 21 号	214400	—	376	—
26	安徽天大企业（集团）有限公司	安徽省天长市铜城镇振兴路	239300	—	391	—
27	山东寿光巨能控股集团有限公司	寿光市渤海南路 1757 号	262700	—	401	—
28	天津市宝来工贸有限公司	天津市静海区大邱庄镇海河道 6 号	301606	—	413	—
29	闽源钢铁集团有限公司	河南省永城市陈集镇陈双楼村	476600	—	451	—
30	林州凤宝管业有限公司	河南省林州市陵阳镇凤宝大道东段凤宝特钢办公室	456561	—	455	—
31	安徽鸿路钢结构（集团）股份有限公司	安徽省合肥市长丰县双凤开发区	231131	—	457	—
32	江苏鼎胜新能源材料股份有限公司	江苏省镇江市京口工业园区金润大道 392 号	212000	—	479	—
33	山东淄博傅山企业集团有限公司	山东省淄博市高新区四宝山街道办事处傅山村	255084	—	482	—
34	北京君诚实业投资集团有限公司	北京市朝阳区八里庄西里 61 号楼 1404 室	100025	—	496	—
锅炉及动力装备制造						
1	上海电气（集团）总公司	上海市四川中路 110 号	200002	144	57	—
2	广西玉柴机器集团有限公司	广西玉林市玉州区玉柴路 2 号	537005	414	200	—
3	中国东方电气集团有限公司	四川省成都市高新西区西芯大道 18 号	611731	—	254	—
物料搬运设备制造						
1	西子联合控股有限公司	浙江省杭州市江干区庆春东路 1－1 号	310016	—	291	—
2	杭叉集团股份有限公司	浙江省杭州市临安区相府路 666 号	311305	—	425	—
3	卫华集团有限公司	河南省长垣市卫华大道西段	453400	—	443	—
4	无锡华东重机科技集团有限公司	无锡市高浪东路 508 号华发传感大厦 B 座 24 楼	214131	—	474	—
工程机械及零部件						
1	广西柳工集团有限公司	广西柳州市柳太路 1 号	545007	—	327	—
2	山东临工工程机械有限公司	山东省临沂市经济开发区北横路 205 国道东侧	276023	—	392	—

续表

名次	公司名称	通讯地址	邮政编码	名次（1）	名次（2）	名次（3）
3	太原重型机械集团有限公司	山西省太原市万柏林区玉河街 53 号	030024	—	458	—
4	安徽叉车集团有限责任公司	安徽省合肥市经开区方兴大道 668 号	230601	—	473	—
5	山东华通控股集团有限公司	山东省泰安市岱岳区高新区龙泉商贸步行街 A 区 1 号楼	271000	—	484	—
工业机械及设备制造						
1	三一集团有限公司	湖南省长沙市经济技术开发区三一路三一工业城三一行政中心三楼	410100	182	79	—
2	中联重科股份有限公司	湖南省长沙市银盆南路 361 号	410013	319	143	—
3	中国一重集团有限公司	黑龙江省齐齐哈尔市富拉尔基区厂前路 9 号	161042	—	260	—
4	天洁集团有限公司	诸暨市牌头镇天洁工业园区	311825	—	312	—
5	郑州煤矿机械集团股份有限公司	中国河南省郑州市经济技术开发区第九大街 167 号	450016	—	322	—
6	江阴江东集团公司	江阴市周庄镇周庄村至公东路 71 号	214423	—	350	—
7	浙江人本实业有限公司	浙江省温州市经济技术开发区滨海五道 515 号	325025	—	378	—
8	利欧集团股份有限公司	浙江省台州市温岭东部产业集聚区第三街 1 号	317500	—	426	—
9	陕西鼓风机（集团）有限公司	陕西省西安市高新区沣惠南路 8 号	710075	—	441	—
10	大连冰山集团有限公司	辽宁省大连经济技术开发区辽河东路 106 号	116630	—	498	—
电力电气设备制造						
1	中国电子科技集团有限公司	北京市海淀区万寿路 27 号	100846	101	39	—
2	天能控股集团有限公司	长兴县画溪工业功能区包桥路 18 号	313100	140	55	—
3	超威电源集团有限公司	浙江省长兴县城南路 18 号	313100	179	77	—
4	正泰集团股份有限公司	浙江省乐清市柳市镇工业区正泰大楼	325603	244	110	—
5	德力西集团有限公司	浙江省乐清市柳市镇柳青路 1 号	325604	326	148	—
6	新疆特变电工集团有限公司	新疆维吾尔自治区昌吉回族自治州昌吉市北京南路 189 号特变商务区	831100	336	155	—
7	广州智能装备产业集团有限公司	广东省广州市新港东 1238 号万胜广场 B 座 19 楼	510330	370	174	—
8	宁德时代新能源科技股份有限公司	福建省宁德市蕉城区漳湾镇新港路 2 号	351200	387	185	—
9	人民电器集团有限公司	浙江省温州市乐清市柳市镇车站路 555 号	325604	416	201	—
10	中科电力装备集团有限公司	安徽省蚌埠市高新区长征南路 829 号	—	454	223	—
11	宁波富邦控股集团有限公司	浙江省宁波市海曙区长春路 2 号	315010	460	227	—
12	双良集团有限公司	江苏省江阴市利港街道西利路 88 号	214444	489	241	—
13	卧龙控股集团有限公司	浙江省绍兴市上虞区人民西路 1801 号	312300	496	246	—
14	三花控股集团有限公司	浙江省绍兴市新昌县七星街道下礼泉村	312500	—	281	—
15	广东德赛集团有限公司	广东省惠州市惠城区江北云山西路 12 号德赛大厦 22 楼	516003	—	320	—
16	哈尔滨电气集团有限公司	哈尔滨市松北区创新一路 1399 号	150028	—	325	—
17	中国西电集团有限公司	陕西省西安市雁塔区唐兴路 7 号	710075	—	387	—
18	上海仪电（集团）有限公司	上海市徐汇区田林路 168 号	200233	—	396	—
19	广州视源电子科技股份有限公司	广州市黄埔区云埔四路 6 号	510530	—	410	—

续表

名次	公司名称	通讯地址	邮政编码	名次(1)	名次(2)	名次(3)
20	泰开集团有限公司	山东省泰安高新区中天门大街中段	271000	—	421	—
21	泰豪集团有限公司	江西省南昌市高新开发区高新大道 590 号	330096	—	436	—
22	格林美股份有限公司	广东省深圳市荣超滨海大厦 A 栋 20 层	518101	—	476	—
23	铜陵精达特种电磁线股份有限公司	安徽省铜陵市经济技术开发区翠湖四路黄山大道 988 号	244061	—	478	—
24	深圳市汇川技术股份有限公司	广东省深圳市宝安区新安街道留仙二路鸿威工业园 E 栋	518101	—	490	—
电线电缆制造						
1	亨通集团有限公司	江苏省苏州市吴江区中山北路 2288 号	215200	192	82	—
2	中天科技集团有限公司	江苏省南通市崇川区齐心路 88 号中天科技南通科创中心	226010	290	133	—
3	富通集团有限公司	浙江省杭州市富阳区富春街道馆驿路 18 号	311400	381	181	—
4	远东控股集团有限公司	江苏省宜兴市高塍镇远东大道 6 号	214257	448	218	—
5	江苏中利控股集团有限公司	江苏省常熟市高新技术产业开发区常昆路 8 号	215500	—	251	—
6	天津华北集团有限公司	天津市北辰区津围公路 15 号	300402	—	278	—
7	浙江富春江通信集团有限公司	浙江省杭州市富阳区江滨东大道 138 号	311401	—	318	—
8	江苏中超投资集团有限公司	江苏省宜兴市西郊工业园区振丰东路 999 号	214200	—	332	—
9	江苏上上电缆集团有限公司	江苏省溧阳市上上路 68 号	213300	—	379	—
10	江南集团有限公司	宜兴市官林镇新官东路 53 号	214251	—	461	—
11	安徽天康（集团）股份有限公司	安徽省天长市仁和南路 20 号	239300	—	470	—
风能、太阳能设备制造						
1	协鑫集团有限公司	中国苏州工业园区新庆路 28 号协鑫能源中心	—	222	97	—
2	晶科能源控股有限公司	上海市静安区寿阳路 99 弄 2 号楼晶科大厦	200072	329	149	—
3	新疆金风科技股份有限公司	新疆乌鲁木齐经济技术开发区上海路 107 号	830026	358	168	—
4	隆基绿能科技股份有限公司	北京市东城区中海地产广场东塔 12 层	100010	365	172	—
5	明阳新能源投资控股集团有限公司	广东省中山市火炬开发区火炬路 22 号	528437	422	205	—
6	远景能源有限公司	江阴市申港街道申庄路 3 号	214443	428	208	—
7	天合光能股份有限公司	江苏省常州市新北区天合光伏产业园天合路 2 号	213031	—	305	—
8	浙江省机电集团有限公司	杭州市延安路 95 号	310002	—	348	—
9	阳光电源股份有限公司	合肥市高新区习友路 1699 号	230088	—	386	—
10	东方日升新能源股份有限公司	浙江省宁波市宁海县梅林街道塔山工业园区	315609	—	422	—
11	南京高速齿轮制造有限公司	南京市江宁区采文路 9 号	210000	—	459	—
计算机及办公设备						
1	联想控股股份有限公司	北京市海淀区科学院南路 2 号融科资讯中心 B 座 17 层	100190	53	13	—
2	研祥高科技控股集团有限公司	广东省深圳市南山区高新中四道 31 号研祥科技大厦	518057	382	182	—
3	心里程控股集团有限公司	深圳市福田区深南大道 1006 号深圳国际创新中心 A 座 26 楼	518000	430	210	—

续表

名次	公司名称	通讯地址	邮政编码	名次(1)	名次(2)	名次(3)
4	得力集团有限公司	宁海县得力工业园	315600	—	255	—
5	浙江大华技术股份有限公司	浙江省杭州市滨江区滨安路 1199 号	310053	—	323	—
6	苏州佳世达电通有限公司	苏州市高新区珠江路 169 号	215129	—	403	—
通信设备制造						
1	华为投资控股有限公司	广州省深圳市龙岗区坂田华为基地	518129	13	2	—
2	小米公司	北京市海淀区毛纺路 58 号院 3 号楼小米总部	100085	95	36	—
3	中兴通讯股份有限公司	广东省深圳市南山区科技南路 55 号中兴通讯	518057	218	95	—
4	中国铁塔股份有限公司	北京市海淀区东冉北街 9 号院北区 14 号楼 - 1 至 3 层	—	260	117	—
5	歌尔股份有限公司	山东省潍坊市高新区东方路 268 号	261031	351	164	—
6	闻泰通讯股份有限公司	浙江省嘉兴市南湖区亚中路 777 号	314001	363	170	—
7	欧菲光集团股份有限公司	深圳市光明区公明街道松白公路华发路段欧菲光科技园	518106	407	194	—
8	中国信息通信科技集团有限公司	湖北省武汉市江夏区光谷大道高新四路 6 号	430205	413	199	—
9	福建省电子信息（集团）有限责任公司	福建省福州市鼓楼区五一北路 153 号正祥中心 2 号楼 16 层	350005	433	212	—
10	舜宇集团有限公司	浙江省余姚市阳明街道舜宇路 66 - 68 号	315400	—	257	—
11	四川九洲投资控股集团有限公司	四川省绵阳市科创园区九华路 6 号	621000	—	274	—
12	鹏鼎控股（深圳）股份有限公司	宝安区燕罗街道燕川社区松罗路鹏鼎园区	518127	—	303	—
13	上海龙旗科技股份有限公司	上海市徐汇区漕宝路 401 号 1 号楼	200233	—	419	—
14	深圳市宝德投资控股有限公司	深圳市福田区深南大道 1006 号国际创新中心 C 座 10 楼	518000	—	433	—
15	普联技术有限公司	广东省深圳市南山区科技园中区科苑路 5 号南楼	518057	—	438	—
半导体、集成电路及面板制造						
1	中国电子信息产业集团有限公司	北京市海淀区中关村东路甲 66 号	100080	93	34	—
2	北京电子控股有限责任公司	北京市朝阳区三里屯西六街 6 号乾坤大厦 A 座	100027	151	63	—
3	立讯精密工业股份有限公司	广东省东莞市清溪镇青皇村青皇工业区葵青路 17 号	523650	239	108	—
4	江苏长电科技股份有限公司	江苏省江阴市长山路 78 号	214400	—	324	—
5	上海韦尔半导体股份有限公司	上海市浦东新区上科路 88 号豪威科技园 7 层	201210	—	377	—
6	上海华虹（集团）有限公司	上海市浦东新区碧波路 177 号 A 区四楼	201203	—	424	—
汽车及零配件制造						
1	上海汽车集团股份有限公司	上海市威海路 489 号	200041	16	3	—
2	中国第一汽车集团有限公司	吉林省长春市新红旗大街 1 号	130013	20	5	—
3	东风汽车集团有限公司	湖北省武汉市经济技术开发区东风大道特 1 号	430056	27	9	—
4	北京汽车集团有限公司	北京市顺义区双河大街 99 号	101300	38	10	—
5	广州汽车工业集团有限公司	广东省广州市天河区珠江新城兴国路 23 号广汽中心	510623	58	15	—
6	浙江吉利控股集团有限公司	浙江省杭州市滨江区江陵路 1760 号	310051	72	20	—

续表

名次	公司名称	通讯地址	邮政编码	名次（1）	名次（2）	名次（3）
7	潍柴控股集团有限公司	山东省潍坊市高新技术产业开发区福寿东街197号	261061	77	23	—
8	中国重型汽车集团有限公司	山东省济南市高新区华奥路777号	250101	132	52	—
9	比亚迪股份有限公司	深圳市坪山区比亚迪路3009号	518118	147	60	—
10	万向集团公司	浙江省杭州市萧山经济技术开发区建设二路855号	311201	180	78	—
11	长城汽车股份有限公司	河北省保定市朝阳南大街2266号	071000	212	92	—
12	江铃汽车集团有限公司	江西省南昌市红谷滩区金融大街969号	330001	230	102	—
13	陕西汽车控股集团有限公司	陕西省西安市经济技术开发区泾渭工业园陕汽大道一号	710200	236	105	—
14	江苏悦达集团有限公司	江苏省盐城市亭湖区世纪大道东路2号	224000	238	107	—
15	奇瑞控股集团有限公司	安徽省芜湖市经济技术开发区鞍山路8号	241006	258	116	—
16	安徽江淮汽车集团控股有限公司	包河区东流路176号	230022	348	163	—
17	宁波均胜电子股份有限公司	浙江省宁波市高新区清逸路99号	315040	411	197	—
18	郑州宇通企业集团	河南省郑州市管城区宇通路宇通工业园	450061	—	259	—
19	重庆小康控股有限公司	重庆市沙坪坝区井口镇沙坪坝工业园A区	400033	—	280	—
20	万丰奥特控股集团有限公司	新昌县城关镇江滨西路518号万丰广场	312500	—	302	—
21	欣旺达电子股份有限公司	广东省深圳市宝安区石岩街道颐和路2号	518108	—	304	—
22	苏州创元投资发展（集团）有限公司	江苏省苏州市工业园区苏桐路37号	215000	—	356	—
23	广西汽车集团有限公司	广西柳州市柳南区河西路18号五菱大厦	545007	—	373	—
24	长春一汽富维汽车零部件股份有限公司	吉林省长春市汽车产业开发区东风南街1399号	130011	—	381	—
25	宁波华翔电子股份有限公司	上海浦东世纪大道1168号	200122	—	414	—
26	三环集团有限公司	湖北省武汉市东湖新技术东湖新技术开发区佳园路33号	430074	—	418	—
27	赛轮集团股份有限公司	山东省青岛市市北区郑州路43号橡塑新材料大楼	266500	—	431	—
28	福建省汽车工业集团有限公司	福建省福州市闽侯县高新区海西园高新大道7号	350108	—	432	—
29	江阴模塑集团有限公司	江苏省无锡市江阴市周庄镇长青路2号	—	—	442	—
30	厦门金龙汽车集团股份有限公司	福建省厦门市湖里区东港北路31号港务大厦7、11层	361013	—	452	—
31	山东时风（集团）有限责任公司	山东省高唐县鼓楼西路	252800	—	466	—
32	安徽中鼎控股（集团）股份有限公司	安徽省宣城市宁国市宁国经济技术开发区	242300	—	471	—
33	青特集团有限公司	青岛市城阳区正阳东路777号	266109	—	494	—
34	富奥汽车零部件股份有限公司	吉林省长春市高新区学海街701号	130012	—	497	—
摩托车及零配件制造						
1	隆鑫控股有限公司	重庆市九龙坡区石坪桥横街2号附5号	400051	417	202	—
2	宗申产业集团有限公司	重庆市巴南区炒油场宗申工业园	400054	—	355	—
3	雅迪集团控股有限公司	江苏省无锡市锡山区安镇大成工业园东盛路	214100	—	384	—
4	爱玛科技集团股份有限公司	天津市静海经济开发区南区爱玛路5号	301600	—	469	—

续表

名次	公司名称	通讯地址	邮政编码	名次(1)	名次(2)	名次(3)
轨道交通设备及零部件制造						
1	中国中车集团有限公司	北京市海淀区西四环中路 16 号院 5 号楼	100036	98	37	—
航空航天						
1	中国航空工业集团有限公司	北京市朝阳区曙光西里甲 5 号院 19 号楼	100028	42	12	—
2	中国航天科技集团有限公司	北京市海淀区阜成路 16 号航天科技大厦	100048	86	28	—
3	中国航天科工集团有限公司	北京市海淀区阜成路甲 8 号中国航天科工大厦	100048	91	33	—
4	深圳市大疆创新科技有限公司	深圳市南山区高新南四道创维半导体设计大厦西座 14F	510000	—	370	—
兵器制造						
1	中国兵器工业集团有限公司	北京市西城区三里河路 44 号	100821	40	11	—
2	中国兵器装备集团有限公司	北京市海淀区车道沟十号	100089	99	38	—
船舶制造						
1	中国船舶集团有限公司	北京市海淀区昆明湖南路 72 号	100097	73	21	—
2	江苏扬子江船业集团	江苏省无锡市江阴市江阴－靖江工业园区联谊路 1 号	214532	485	238	—
综合制造业						
1	中国五矿集团有限公司	北京市海淀区三里河路 5 号	100044	19	4	—
2	多弗国际控股集团有限公司	浙江省杭州市萧山区平澜路 259 号绿都国金中心 B 座 30 层	311250	124	49	—
3	无锡产业发展集团有限公司	江苏省无锡市梁溪区县前西街 168 号	214031	169	71	—
4	复星国际有限公司	上海市黄浦区复兴路 2 号复星商务大厦	200010	170	72	—
5	广州工业投资控股集团有限公司	广东省广州市荔湾区花地大道南 657 号岭南 V 谷	510380	267	119	—
6	重庆化医控股（集团）公司	重庆市渝北区星光大道 70 号天王星 A1 座	401121	338	157	—
7	重庆机电控股（集团）公司	重庆市两江新区黄山大道中段 60 号	401123	420	204	—
8	重庆市博赛矿业（集团）有限公司	重庆市渝中区邹容路 131 号世界贸易中心 47 楼	400010	—	258	—
9	湖南五江控股集团有限公司	湖南省长沙市天心区刘家冲南路 599 号	410000	—	262	—
10	花园集团有限公司	浙江省金华市东阳市南马镇花园村花园大厦	322121	—	283	—
11	华立集团股份有限公司	浙江省杭州市余杭区五常大道 181 号	310023	—	313	—
12	成都蛟龙投资有限责任公司	四川省成都市双流区蛟龙港管理委员会	610200	—	337	—
13	致达控股集团有限公司	上海市长宁区临华路 33 号 8 号楼	200335	—	406	—
14	安徽淮海实业发展集团有限公司	安徽省淮北市相山区人民中路 278 号	235000	—	439	—
15	河南黄河实业集团股份有限公司	长葛市人民路 200 号	461500	—	480	—
房屋建筑						
1	太平洋建设集团有限公司	新疆乌鲁木齐市高新区第四平路 2288 号	830001	48	—	—
2	上海建工集团股份有限公司	上海市虹口区东大名路 666 号	200084	103	—	—
3	广州市建筑集团有限公司	广东省广州市广卫路 4 号	510030	128	—	—
4	南通三建控股有限公司	江苏省南通市海门区香港路 588 号謇公湖科创园 2 号楼 6 层	226100	138	—	—
5	陕西建工控股集团有限公司	莲湖区北大街 199 号	710003	163	—	—

续表

名次	公司名称	通讯地址	邮政编码	名次（1）	名次（2）	名次（3）
6	北京城建集团有限责任公司	北京市海淀区北太平庄路 18 号	100088	183	—	—
7	北京建工集团有限责任公司	北京市西城区广莲路 1 号建工大厦	100055	208	—	—
8	龙光交通集团有限公司	广东省深圳市宝安区兴化路南侧龙光世纪大厦	518000	221	—	—
9	湖南建工集团有限公司	天心区芙蓉南路一段 788 号	410004	223	—	—
10	江苏南通二建集团有限公司	启东市人民中路 683 号	226200	255	—	—
11	浙江省建设投资集团有限公司	浙江省杭州市文三西路 52 号浙江省建投大厦	310013	266	—	—
12	南通四建集团有限公司	江苏省南通市通州区新世纪大道 999 号祥云楼	226300	272	—	—
13	旭辉控股（集团）有限公司	上海市闵行区申虹路 1088 弄 39 号	201100	291	—	—
14	甘肃省建设投资（控股）集团有限公司	甘肃省兰州市七里河区西津东路 575 号	730050	295	—	—
15	广厦控股集团有限公司	浙江省杭州市莫干山路 231 号 17 楼	310005	303	—	—
16	上海城建（集团）公司	上海市徐汇区宛平南路 1099 号	200032	307	—	—
17	青建集团股份公司	山东省青岛市市南区南海支路 5 号	266071	308	—	—
18	江苏省苏中建设集团股份有限公司	江苏省海安市中坝南路 18 号	226600	323	—	—
19	安徽建工集团控股有限公司	安徽省合肥市黄山路 459 号安建国际大厦 26－29 楼	230031	327	—	—
20	重庆建工投资控股有限责任公司	重庆市两江新区金开大道 1596 号	401122	361	—	—
21	龙信建设集团有限公司	海门区北京东路 1 号	226100	391	—	—
22	江苏南通六建建设集团有限公司	江苏省如皋市城南街道解放路 9 号	226500	398	—	—
23	帝海投资控股集团有限公司	北京市海淀区复兴路 17 号国海广场 C 座 20 层	100036	401	—	—
24	融信（福建）投资集团有限公司	上海市青浦区虹桥世界中心 L1B	201700	404	—	—
25	江西省建工集团有限责任公司	江西省南昌市青山湖区北京东路 956 号	330029	409	—	—
26	通州建总集团有限公司	江苏省南通市高新区新世纪大道 998 号建总大厦	226300	418	—	—
27	河北建工集团有限责任公司	河北省石家庄市友谊北大街 146 号	050051	421	—	—
28	江苏省华建建设股份有限公司	江苏省扬州市文昌中路 468 号	225002	426	—	—
29	浙江中成控股集团有限公司	浙江省绍兴市越城区凤林西路 123 号	312000	432	—	—
30	新疆生产建设兵团建设工程（集团）有限责任公司	新疆乌鲁木齐市新民路 113 号	830000	462	—	—
31	河北建设集团股份有限公司	河北省保定市竞秀区鲁岗路 125 号	071000	487	—	—
土木工程建筑						
1	中国建筑股份有限公司	北京市朝阳区安定路 5 号院 3 号楼中建财富国际中心	100029	4	—	—
2	中国铁路工程集团有限公司	北京市海淀区复兴路 69 号 9 号楼中国中铁大厦	100039	10	—	—
3	中国铁道建筑集团有限公司	北京市海淀区复兴路 40 号	100855	12	—	—
4	中国交通建设集团有限公司	北京市西城区德胜门外大街 85 号	100088	17	—	—
5	中国电力建设集团有限公司	北京市海淀区车公庄西路 22 号海赋国际 A 座	100048	33	—	—
6	中国能源建设集团有限公司	北京市朝阳区西大望路 26 号院 1 号楼	100022	85	—	—
7	中国化学工程集团有限公司	北京市东城区东直门大街 2 号中国化学大厦	100007	185	—	—
8	中天控股集团有限公司	浙江省杭州市城星路 69 号中天国开大厦 19 楼	310020	186	—	—

续表

名次	公司名称	通讯地址	邮政编码	名次（1）	名次（2）	名次（3）
9	云南省交通投资建设集团有限公司	云南省昆明市前兴路37号	650100	207	—	—
10	山西建设投资集团有限公司	山西省示范区新化路8号	030032	259	—	—
11	成都兴城投资集团有限公司	四川省成都市高新区濯锦东路99号	610000	288	—	—
12	广东省建筑工程集团有限公司	广东省广州市荔湾区流花路85号	510013	302	—	—
13	四川华西集团有限公司	成都市解放路二段95号	610081	306	—	—
14	四川公路桥梁建设集团有限公司	高新区九兴大道12号	610041	343	—	—
15	天元建设集团有限公司	山东省临沂市兰山区银雀山路63号	276000	350	—	—
16	广西北部湾投资集团有限公司	广西南宁市中泰路11号北部湾大厦北楼1401室	530029	372	—	—
17	山东科达集团有限公司	山东省东营市东营区府前大街65号	257091	481	—	—
电网						
1	国家电网有限公司	北京市西城区西长安街86号	100031	1	—	1
2	中国南方电网有限责任公司	广州市科学城科翔路11号	510663	30	—	15
3	内蒙古电力（集团）有限责任公司	内蒙古呼和浩特市赛罕区前达门路9号	010040	256	—	102
水务						
1	南昌市政公用投资控股有限责任公司	江西省南昌市青山湖区湖滨东路1399号	330039	367	—	137
2	北京首都创业集团有限公司	北京市东城区朝阳门北大街6号首创大厦15层	100027	375	—	139
3	水发集团有限公司	山东省济南市经十东路33399号	250001	434	—	153
4	广州市水务投资集团有限公司	广州市天河区临江大道501号	510655	—	—	255
5	天津城市基础设施建设投资集团有限公司	天津市和平区大沽北路161号城投大厦	300040	—	—	303
6	无锡市市政公用产业集团有限公司	江苏省无锡市梁溪区解放东路800号	214002	—	—	389
7	安徽国祯集团股份有限公司	高新技术开发区科学大道91号	230088	—	—	431
综合能源供应						
1	云南省能源投资集团有限公司	北京市西城区西便门内大街40号2号楼二层	100053	175	—	70
2	浙江省能源集团有限公司	浙江省杭州市天目山路152号	310007	206	—	84
3	北京控股集团有限公司	北京市朝阳区化工路59号焦奥中心2号楼	100023	219	—	88
4	新奥天然气股份有限公司	河北省廊坊市经济技术开发区华祥路118号新奥科技园B座	065001	247	—	98
5	北京能源集团有限责任公司	北京市朝阳区永安东里16号CBD国际大厦A区	100022	301	—	119
6	四川省能源投资集团有限责任公司	四川省成都市高新区剑南大道中段716号2号楼	610000	339	—	128
7	申能（集团）有限公司	上海市闵行区虹井路159号申能能源中心	201103	441	—	159
8	重庆市能源投资集团有限公司	重庆市渝北区洪湖西路12号	401121	459	—	163
9	广州国资发展控股有限公司	广东省广州市天河区临江大道3号发展中心9楼	510623	499	—	176
10	奥德集团有限公司	山东省临沂市河东区中昇街2345号	276000	—	—	207
11	东华能源股份有限公司	江苏省苏州市张家港保税区出口加工区668号	215634	—	—	213
12	无锡市国联发展（集团）有限公司	江苏省无锡市滨湖区金融一街8号	214131	—	—	251

续表

名次	公司名称	通讯地址	邮政编码	名次（1）	名次（2）	名次（3）
13	广州元亨能源有限公司	广州市越秀区东风东路 850 号锦城大厦 18 楼 1801 室	510600	—	—	345
14	四川华油集团有限责任公司	四川省成都市高新区天府一街 695 号中环岛广场 A 座 1206	610041	—	—	353
15	金帝联合控股集团有限公司	浙江省杭州市萧山区山阴路 586 号	311200	—	—	383
16	河南蓝天集团有限公司	驿城区解放路 68 号	463000	—	—	407
17	佛燃能源集团股份有限公司	广东省佛山市禅城区南海大道中 18 号	528000	—	—	462
铁路运输						
1	中铁集装箱运输有限责任公司	北京市西城区鸭子桥路 24 号中铁商务大厦	100055	446	—	161
公路运输						
1	甘肃省公路航空旅游投资集团有限公司	甘肃省兰州市城关区南昌路 1716 号	730030	160	—	67
2	山东高速集团有限公司	历下区龙奥北路 8 号	250098	165	—	68
3	广西交通投资集团有限公司	广西南宁市民族大道 146 号三祺广场	530022	415	—	150
4	广东省交通集团有限公司	广东省广州市珠江新城珠江东路 32 号利通广场 58－61 层	510623	475	—	170
5	重庆高速公路集团有限公司	重庆市渝北区银杉路 66 号	401121	—	—	246
6	重庆交通运输控股（集团）有限公司	重庆市北部新区高新园青松路 33 号	401121	—	—	290
7	无锡市交通产业集团有限公司	江苏省无锡市运河东路 100 号	214031	—	—	291
8	河北高速公路集团有限公司	河北省石家庄市裕华东路 509 号	050031	—	—	305
9	现代投资股份有限公司	湖南省长沙市天心区芙蓉南路二段 128 号现代广场	410004	—	—	322
10	河南交通投资集团有限公司	郑州市金水东路 26 号	450016	—	—	325
11	湖南省高速公路集团有限公司	湖南省长沙市三一大道 500 号	410000	—	—	329
12	广州地铁集团有限公司	广东省广州市海珠区新港东路 1238 号万胜广场 A 塔	510330	—	—	343
13	河北交通投资集团公司	河北省石家庄市桥西区新石北路 52 号	050091	—	—	346
14	内蒙古公路交通投资发展有限公司	新城区海东路与东二环交汇处兴泰东河湾北区 T4 塔楼	010000	—	—	443
水上运输						
1	中国远洋海运集团有限公司	上海市浦东新区滨江大道 5299 号	200127	69	—	38
港口服务						
1	广西北部湾国际港务集团有限公司	广西南宁市良庆区体强路 12 号北部湾航运中心	530021	243	—	96
2	福建省港口集团有限责任公司	台江区江滨中大道 356 号物流信息大厦 19－22 层	350014	397	—	147
3	厦门港务控股集团有限公司	福建省厦门市湖里区东港北路 31 号港务大厦 25 楼	361013	—	—	187
4	浙江省海港投资运营集团有限公司	浙江省宁波市鄞州区宁东路 269 号宁波环球航运广场	315040	—	—	210
5	天津港（集团）有限公司	天津市滨海新区（塘沽）津港路 99 号	300461	—	—	228
6	上海国际港务（集团）股份有限公司	上海市虹口区东大名路 358 号（国际港务大厦）	200080	—	—	232
7	山东港口日照港集团有限公司	山东省日照市东港区黄海一路 91 号	276826	—	—	267

续表

名次	公司名称	通讯地址	邮政编码	名次（1）	名次（2）	名次（3）
8	河北港口集团有限公司	河北省秦皇岛市海港区海滨路 35 号	066002	—	—	289
9	青岛港（集团）有限公司	山东省青岛市市北区港极路 7 号	266011	—	—	300
10	广州港集团有限公司	广州市越秀区沿江东路 406 号港口中心	510100	—	—	349
11	烟台港集团有限公司	山东省烟台市芝罘区北马路 155 号	264000	—	—	392
12	唐山港集团股份有限公司	河北省唐山市海港经济开发区唐山港大厦	063611	—	—	452
13	重庆港务物流集团有限公司	重庆市江北区海尔路 298 号	400025	—	—	496
航空运输						
1	中国南方航空集团有限公司	广东省广州市白云区齐心路 68 号	510403	234	—	93
2	中国东方航空集团有限公司	上海市闵行区虹翔三路 36 号东航之家	200335	282	—	110
3	中国国际航空股份有限公司	北京天竺空港经济开发区天柱路 30 号	101312	283	—	111
4	四川航空股份有限公司	四川省成都市双流国际机场四川航空大厦	610000	—	—	297
5	上海春秋国际旅行社（集团）有限公司	长宁区空港一路 528 号 2 号楼	200335	—	—	391
航空港及相关服务业						
1	厦门翔业集团有限公司	福建省厦门市思明区仙岳路 396 号翔业大厦 17 楼	361000	—	—	296
2	上海机场（集团）有限公司	上海市虹桥机场迎宾二路 200 号	200335	—	—	408
邮政						
1	中国邮政集团有限公司	北京市西城区金融大街甲 3 号	100808	26	—	12
2	圆通速递股份有限公司	上海市青浦区华新镇新协路 28 号	201705	—	—	189
物流及供应链						
1	厦门建发集团有限公司	福建省厦门市思明区环岛东路 1699 号建发国际大厦 43 楼	361008	47	—	25
2	厦门象屿集团有限公司	福建省厦门市象屿路 99 号国际航运中心 E 栋 11 楼	361006	60	—	33
3	顺丰控股股份有限公司	广东省深圳市南山区科技南一路 68 号深投控创智天地大厦 B 座 1 楼	518000	150	—	60
4	东岭集团股份有限公司	陕西省宝鸡市金台区金台大道 69 号	721004	187	—	74
5	传化集团有限公司	浙江省杭州市萧山区钱江世纪城民和路 945 号传化大厦	311215	199	—	80
6	振烨国际产业控股集团（深圳）有限公司	深圳市南山区北环大道方大广场大厦 1 栋 27 层	518000	261	—	103
7	中国铁路物资集团有限公司	北京市海淀区复兴路 17 号国海广场 C 座	100036	314	—	124
8	河北省物流产业集团有限公司	河北省石家庄市中华北大街 3 号 C 座 922 房间	050000	335	—	127
9	广东省广物控股集团有限公司	广东省广州市天河区珠江新城兴国路 21 号广物中心	510623	385	—	143
10	郑州中瑞实业集团有限公司	河南省郑州市郑东新区商务内环路 2 号中油新澳大厦 4 层	450046	393	—	145
11	中融新大集团有限公司	山东省青岛市崂山区东海东路 58 号极地金岸 6 号楼	266061	463	—	164
12	深圳金雅福控股集团有限公司	广东省深圳市罗湖区深南东路 4003 号世界金融中心 A 座 29 楼	518010	473	—	169
13	深圳市信利康供应链管理有限公司	深圳市南山区兴海大道 3044 号信利康大厦 33 楼	518000	—	—	206

续表

名次	公司名称	通讯地址	邮政编码	名次（1）	名次（2）	名次（3）
14	德邦物流股份有限公司	上海市青浦区徐泾镇明珠路 1018 号	201702	—	—	221
15	广西现代物流集团有限公司	广西南宁市邕宁区龙岗大道 21 号	530200	—	—	231
16	合肥维天运通信息科技股份有限公司	安徽省合肥市创新大道 2700 号	—	—	—	233
17	中通快递股份有限公司	上海市青浦区华新镇华志路 1685 号	201708	—	—	235
18	深圳市富森供应链管理有限公司	广东省深圳市福田区福华三路星河发展中心大厦 6、7 层	518000	—	—	252
19	申通快递有限公司	上海市青浦区重达路 58 号	201706	—	—	258
20	贵州现代物流产业（集团）有限责任公司	贵州省贵阳市云岩区崇义北路 3 号	550001	—	—	273
21	武汉物易云通网络科技有限公司	湖北省武汉市东湖高新区光谷大道金融港 A3 栋 12 层	430000	—	—	310
22	广东宏川集团有限公司	广东省东莞市松山湖科技产业园区松科苑一栋一楼	523808	—	—	312
23	准时达国际供应链管理有限公司	广东省深圳市龙华区东环二路二号 D13 栋	518000	—	—	333
24	安徽华源医药集团股份有限公司	安徽省阜阳市太和县沙河东路 168 号	236600	—	—	335
25	深圳市华富洋供应链有限公司	广东省深圳市南山区侨香路 4080 号侨城坊 8 栋 6 楼	518000	—	—	337
26	浙江中外运有限公司	浙江省宁波市海曙区解放南路 69 号	315010	—	—	354
27	江苏大经供应链股份有限公司	江苏省江阴市澄杨路 268 号	214400	—	—	363
28	吉旗物联科技（天津）有限公司	天津空港经济区空港商务园东区 E6－102	300000	—	—	367
29	上海天地汇供应链科技有限公司	上海市闵行区紫秀路 100 号 2 号楼 3 楼 B 座	201103	—	—	384
30	漳州路桥物资发展有限公司	福建省漳州市龙文区朝阳工业区横二路 1 号	363000	—	—	403
31	深圳市英捷迅实业发展有限公司	广东省深圳市福田区深南大道与泰然九路交界东南本元大厦 4A	518042	—	—	404
32	鑫荣懋集团股份有限公司	深圳市龙岗区平湖华南城发展中心 10 楼	518100	—	—	409
33	玖隆钢铁物流有限公司	江苏省张家港市锦丰镇兴业路 2 号玖隆大厦	215625	—	—	413
34	青海省物产集团有限公司	青海省西宁市朝阳东路 34－2 号	810003	—	—	421
35	深圳市九立供应链股份有限公司	广东省深圳市罗湖区沿河北路 1002 号瑞思 A 座 17 楼	518003	—	—	425
36	江苏省煤炭运销有限公司	南京市建邺区河西大街 66 号	210019	—	—	435
37	深圳市递四方速递有限公司	宝安区福永意库 12 栋递四方总部	518101	—	—	480
电信服务						
1	中国移动通信集团有限公司	北京市西城区金融大街 29 号	100033	14	—	8
2	中国电信集团有限公司	北京市西城区金融街 31 号	100033	39	—	20
3	中国联合网络通信集团有限公司	北京市西城区金融大街 21 号中国联通大厦	100033	78	—	41
信息技术服务						
1	神州数码集团股份有限公司	北京市海淀区上地九街 9 号数码科技广场	100085	241	—	95
2	汇通达网络股份有限公司	玄武区钟灵街 50 号汇通达大厦	210000	396	—	146
3	云账户技术（天津）有限公司	天津市滨海高新区华苑科技园工华道 2 号天百中心 1 号楼 6 层、21 层、22 层	300384	469	—	167

续表

名次	公司名称	通讯地址	邮政编码	名次（1）	名次（2）	名次（3）
4	深圳华强集团有限公司	广东省深圳市深南中路华强路口华强集团 1 号楼	518031	—	—	243
5	广州无线电集团有限公司	广东省广州天河区黄埔大道西平云路 163 号	510656	—	—	287
6	浙江世纪华通集团股份有限公司	浙江省绍兴市上虞区曹娥街道越爱路 66 号	312300	—	—	311
7	江苏满运软件科技有限公司	南京市雨花台区风信路 20 号万博科技园 A 栋 3－6 层	210012	—	—	317
8	广州酷狗计算机科技有限公司	广州市天河区黄埔大道中 315 号自编 1－17	510665	—	—	331
9	软通动力信息技术（集团）股份有限公司	北京市海淀区西北旺东路 10 号院东区 16 号楼	100193	—	—	342
10	广州华多网络科技有限公司	广东省广州市番禺区南村镇万博二路 79 号万博商务区万达商业广场北区 B－1 栋 24 层	511442	—	—	406
11	佳都集团有限公司	广东省广州市天河区新岑四路 2 号 802B	510653	—	—	427
12	新大陆科技集团有限公司	福建省福州市马尾区儒江西路 1 号新大陆科技园	350015	—	—	461
13	上海盛趣科技（集团）有限公司	上海市浦东新区海趣路 58 号 1 号楼	201210	—	—	468
14	好活（昆山）网络科技有限公司	昆山市玉山镇祖冲之南路 1699 号 9 号房综合南楼 1008 室	215300	—	—	495
15	福建网龙计算机网络信息技术有限公司	福建省福州市鼓楼区温泉支路 58 号	350001	—	—	497
互联网服务						
1	京东集团股份有限公司	北京市大兴区亦庄科创 11 街 18 号 A 座 20 层	101111	15	—	9
2	阿里巴巴集团控股有限公司	浙江省杭州市滨江区网商路 699 号 1 号楼	310052	18	—	10
3	腾讯控股有限公司	广东省深圳市南山区海天二路 33 号腾讯滨海大厦	518054	41	—	21
4	美团公司	上海市长宁区蒲松北路 60 号申亚时代广场 ABC 座	200500	195	—	79
5	百度网络技术有限公司	北京市海淀区上地十街 10 号百度大厦	100085	205	—	83
6	网易公司	北京市海淀区西北旺东路 10 号院	100193	284	—	112
7	上海钢联电子商务股份有限公司	上海市宝山区园丰路 68 号	200444	345	—	130
8	通鼎集团有限公司	江苏省苏州市吴江区震泽镇八都经济开发区小平大道 8 号	215233	439	—	157
9	无锡市不锈钢电子交易中心有限公司	新吴区硕放薛典北路 82 号硕放不锈钢物流园 B 栋三楼	214000	—	—	239
10	山西云时代技术有限公司	山西示范区太原学府园区长治路 345 号	030600	—		259
11	携程计算机（上海）有限公司	上海市金钟路 968 号凌空 SOHO16 号楼	200335	—	—	276
12	芒果超媒股份有限公司	湖南省长沙市开福区金鹰影视文化城湖南国际会展中心西附楼一楼	410003	—	—	326
13	分众传媒信息技术股份有限公司	上海市长宁区江苏路 369 号兆丰世茂大厦 28 楼	200050	—	—	355
14	深圳乐信控股有限公司	广东省深圳市南山区粤海街道中国储能大厦第 23－27 层	518054	—	—	361
15	东方明珠新媒体股份有限公司	上海市徐汇区宜山路 757 号	200233	—	—	402
16	欧菲斯集团股份有限公司	重庆渝中区经纬大道 333 号 2 幢 15 层	400021	—	—	491
能源矿产商贸						
1	中国航空油料集团有限公司	海淀区马甸路 2 号航油大厦	100088	156	—	63

续表

名次	公司名称	通讯地址	邮政编码	名次(1)	名次(2)	名次(3)
2	重庆千信集团有限公司	重庆市两江新区星光大道98号土星商务中心B3座17楼	401121	477	—	172
3	杭州东恒石油有限公司	浙江省杭州市拱墅区东新路580号	310004	—	—	201
4	青岛世纪瑞丰集团有限公司	青岛市市南区中山路44-60号百盛国际商务中心37楼	266000	—	—	240
5	武汉联杰能源有限公司	武汉市青山区建设三路1栋1-7层2028号	430000	—	—	265
6	张家港保税区旭江贸易有限公司	江苏省苏州市张家港市锦丰镇永新路1号	215600	—	—	266
7	张家港保税区昌荣贸易有限公司	江苏省苏州市张家港市锦丰镇永新路1号	215600	—	—	313
8	盐城市国有资产投资集团有限公司	江苏省盐城市世纪大道669号	224005	—	—	340
9	熠丰（武汉）能源有限公司	武汉市东湖新技术开发区光谷三路777号A办公楼4层402-176号（武汉自贸片区）	430000	—	—	360
10	张家港保税区日祥贸易有限公司	张家港市锦丰镇永新路1号	215625	—	—	394
11	上海龙宇燃油股份有限公司	上海市浦东新区东方路710号25楼	200122	—	—	422
12	宁波力勤资源科技开发有限公司	浙江省宁波市高新区光华路299弄宁波研发园C区10幢10-11楼	315000	—	—	454
13	天津恒运能源集团股份有限公司	天津市塘沽海洋高新技术开发区金江路45号	300451	—	—	485
化工医药商贸						
1	中国中化集团有限公司	北京市复兴门内大街28号凯晨世贸中心中座F11	100031	49	—	26
2	浙江前程投资股份有限公司	浙江省宁波市鄞州区高新区研发园B区1幢9楼	315048	310	—	122
3	南京新工投资集团有限责任公司	江苏省南京市玄武区唱经楼西街65号	210008	405	—	149
4	瑞康医药集团股份有限公司	山东省烟台市芝罘区机场路326号	264000	—	—	224
5	漳州市九龙江集团有限公司	福建省漳州市芗城区上街1号片子癀综合大楼11楼	363000	—	—	256
6	江阴市金桥化工有限公司	江苏省江阴市澄江中路118号国贸大厦10楼	214431	—	—	280
7	大参林药业集团股份有限公司	广东省广州市荔湾区龙溪大道410号、410-1号	510000	—	—	318
8	常州市化工轻工材料总公司	常州市天宁区桃园路19号	213003	—	—	336
9	日出实业集团有限公司	浙江省宁波市鄞州区县天童南路588号A座42楼	315100	—	—	372
10	安徽天星医药集团有限公司	安徽省合肥市经济技术开发区慈光路118号	230601	—	—	377
11	福州锦泽石化有限公司	福建省福州市长乐区航城街道西洋北路民生小区268-1号	350300	—	—	437
12	福建省福化工贸股份有限公司	福建省福州市鼓楼区省府路1号石化楼	350001	—	—	441
13	张家港银贝贸易有限公司	张家港市杨舍镇吾悦商业广场14幢A1126室	215600	—	—	446
14	江苏百步国际贸易有限公司	江苏省无锡市江阴市青年广场23号2209室	214400	—	—	458
15	张家港恒泰佳居贸易有限公司	张家港市东方新天地10幢B905室	—	—	—	471
16	浙江万丰企业集团公司	浙江省杭州市萧山区北干街道北二路万丰大厦	311200	—	—	487
17	江阴市川江化工有限公司	江阴市璜土镇澄路3808-5号	214433	—	—	498
机电商贸						
1	中国通用技术（集团）控股有限责任公司	北京丰台区西三环中路90号	100055	118	—	51

续表

名次	公司名称	通讯地址	邮政编码	名次(1)	名次(2)	名次(3)
生活消费品商贸						
1	唯品会控股有限公司	广州市海珠区鼎新路 128 号唯品会总部大厦	510220	215	—	86
2	浙江省国际贸易集团有限公司	浙江省杭州市江干区香樟街 39 号	310016	289	—	113
3	新华锦集团	山东省青岛市崂山区松岭路 131 号新华锦发展大厦	266101	—	—	184
4	浙江建华集团有限公司	杭州市拱墅区沈半路 2 号	310015	—	—	242
5	润华集团股份有限公司	山东省济南市槐荫区经十西路 3999 号	250117	—	—	274
6	砂之船商业管理集团有限公司	重庆璧山区璧泉街道白羊路 9 号奥特莱斯办公室	402760	—	—	283
7	浙江凯喜雅国际股份有限公司	体育场路 105 号	310004	—	—	398
8	安克创新科技股份有限公司	湖南长沙高新区中电软件园一期 7 栋 7/8 楼	410205	—	—	411
农产品及食品批发						
1	中粮集团有限公司	北京市朝阳区朝阳门南大街 8 号中粮福临门大厦	100020	35	—	17
2	深圳市中农网有限公司	广东省深圳市福田区福强路文化创意园二期 A301	518017	484	—	173
3	江苏无锡朝阳集团股份有限公司	江苏省无锡市槐古路 2 号	214000	—	—	244
4	浙江省农村发展集团有限公司	浙江省杭州市下城区武林路 437 号农发大厦	310006	—	—	314
5	厦门夏商集团有限公司	福建省厦门市思明区厦禾路 939 号华商大厦 17 楼	361004	—	—	350
6	深圳市深粮控股股份有限公司	广东省深圳市福田区福虹路 9 号世贸广场 A 座 13 楼	518033	—	—	358
7	湖南粮食集团有限责任公司	湖南省长沙市开福区芙蓉北路 1119 号	410000	—	—	359
8	黑龙江省农业投资集团有限公司	黑龙江省哈尔滨市松北区创新三路 800 号第 17 层	150000	—	—	369
9	石羊农业集团股份有限公司	陕西省西安市经开区阜滩三路石羊食品工业园 A20 号楼	710021	—	—	388
10	宁波市绿顺集团股份有限公司	浙江省宁波市鄞州区大戴街 2 号	315040	—	—	467
生产资料商贸						
1	广东鼎龙实业集团有限公司	广东省广州市天河区鼎龙希尔顿花园酒店 19 楼品牌中心	510515	173	—	69
2	厦门路桥工程物资有限公司	福建省厦门市湖里区金山街道槟城道 289 号，厦门国际游艇汇 A1 栋 16 层	361018	352	—	132
3	安徽辉隆投资集团有限公司	安徽省合肥市包河区延安路 1779 号	230051	—	—	292
4	黑龙江倍丰农业生产资料集团有限公司	黑龙江省哈尔滨市松北区新湾路 88 号	150028	—	—	328
5	厦门航空开发股份有限公司	厦门湖里区高崎南五路 222 号航空商务广场 3 号楼 10 层	361006	—	—	365
6	江苏嘉奕和铜业科技发展有限公司	江苏省无锡市江阴市徐霞客镇璜塘工业园环北路 211 号	—	—	—	375
7	广东天禾农资股份有限公司	广东省广州市越秀区东风东路 709 号	510080	—	—	401
8	江阴市凯竹贸易有限公司	江苏省无锡市江阴市滨江西路 2 号 1 幢 525 室	214400	—	—	444

续表

名次	公司名称	通讯地址	邮政编码	名次(1)	名次(2)	名次(3)
9	新疆农资（集团）有限责任公司	新疆乌鲁木齐市中山路2号	830002	—	—	470
10	江苏中电豪信电子科技有限公司	江苏省无锡市江阴市滨江西路2号2幢508室	214400	—	—	476
11	无锡市宝金石油化工有限公司	惠山区洛社镇振石路108号	214185	—	—	488
12	江阴达赛贸易有限公司	江苏省无锡市江阴市滨江西路2号1幢525室	214400	—	—	494
金属品商贸						
1	西安迈科金属国际集团有限公司	陕西省西安市雁塔区锦业路12号迈科中心45层	710000	178	—	72
2	物产中大金属集团有限公司	浙江省杭州市凤起路78号浙金广场	310003	188	—	75
3	上海均和集团有限公司	上海市浦东新区陆家嘴环路166号未来资产大厦35层	200120	190	—	77
4	大汉控股集团有限公司	湖南省长沙市望城经济技术开发区普瑞大道1段1555号金桥国际市场集群2区4栋5楼	410200	366	—	136
5	上海闽路润贸易有限公司	上海市杨浦区国宾路36号万达广场B座11楼	200433	403	—	148
6	张家港保税区立信投资有限公司	张家港市锦丰镇永新路1号	215625	—	—	181
7	华南物资集团有限公司	重庆市江北区红黄路1号1幢15-1	400020	—	—	195
8	江阴长三角钢铁集团有限公司	江阴市澄山路2号	214400	—	—	208
9	张家港市沃丰贸易有限公司	江苏省苏州市张家港市锦丰镇永新路1号	215600	—	—	272
10	张家港市泽厚贸易有限公司	江苏省苏州市张家港市锦丰镇永新路1号	215600	—	—	284
11	天津津路钢铁实业有限公司	天津市滨海新区开发区西区环泰南街89号	300462	—	—	301
12	汇金钢铁（天津）集团有限公司	天津自贸试验区（空港经济区）西四道168号融合广场1-3-301	300000	—	—	376
13	苏州裕景泰控股有限公司	江苏省苏州市张家港市锦丰镇兴业路2号（江苏扬子江国际冶金工业园玖隆物流园1209A室）	215600	—	—	378
14	张家港保税区彬鹏贸易有限公司	江苏省苏州市张家港市锦丰镇永新路1号	215600	—	—	430
15	宝裕发展有限公司	广东省佛山市禅城区季华五路22号季华大厦南附楼4-6层	528000	—	—	453
16	万马联合控股集团有限公司	浙江省杭州市西湖区天目山路181号天际大厦11楼	310030	—	—	477
17	福然德股份有限公司	上海市宝山区潘泾路3759号	201908	—	—	483
综合商贸						
1	厦门国贸控股集团有限公司	福建省厦门市湖里区仙岳路4688号国贸中心A栋2901单元	361004	56	—	31
2	浙江省兴合集团有限责任公司	浙江省杭州市下城区延安路312号	310006	177	—	71
3	东方国际（集团）有限公司	上海市虹桥路1488号	200336	240	—	94
4	中基宁波集团股份有限公司	浙江省宁波市鄞州区天童南路666号中基大厦	315153	269	—	107
5	兰州新区商贸物流投资集团有限公司	甘肃省兰州市兰州新区综合保税区综合服务楼C区	730314	304	—	120
6	远大物产集团有限公司	浙江省宁波市鄞州区惊驾路555号泰富广场A座1416室	315040	344	—	129
7	江苏国泰国际集团股份有限公司	江苏省张家港市杨舍镇国泰大厦31楼	215600	362	—	135
8	四川省商业投资集团有限责任公司	中国四川成都市文武路42号新时代广场A座7楼	610000	437	—	155

续表

名次	公司名称	通讯地址	邮政编码	名次（1）	名次（2）	名次（3）
9	江苏汇鸿国际集团股份有限公司	江苏省南京市秦淮区白下路 91 号汇鸿大厦	210001	—	—	179
10	洛阳国宏投资集团有限公司	河南省洛阳市洛龙区开元大道 218 号洛阳日报社报业集团 5 层、6 层、7 层、8 层	471000	—	—	229
11	重庆对外经贸（集团）有限公司	重庆市两江新区星光大道 80 号	401121	—	—	245
12	广东优友网络科技有限公司	深圳市福田区金田路安联大厦 B 座 3601	518000	—	—	249
13	江苏省苏豪控股集团有限公司	江苏省南京市软件大道 48 号 A 座 519 室	210012	—	—	278
14	青岛西海岸新区海洋控股集团有限公司	山东省青岛市西海岸新区车轮山路 388 号	266400	—	—	295
15	信誉楼百货集团有限公司	河北省沧州市黄骅市文化路信誉楼培训中心	061100	—	—	299
16	维科控股集团股份有限公司	浙江省宁波市海曙区县（市）柳汀街 225 号 2212	315000	—	—	308
17	厦门市嘉晟对外贸易有限公司	福建省厦门市思明区塔埔东路 165 号 1803 单元	361008	—	—	332
18	湖南博深实业集团有限公司	长沙市岳麓区岳麓大道 233 号湖南科技大厦 16 层	410013	—	—	347
19	厦门鑫东森控股有限公司	福建省厦门市思明区观音山南投路 11 号 22 楼	361000	—	—	387
20	孩子王儿童用品股份有限公司	江苏省南京市江宁区麒麟科技创新园智汇路 300 号	211135	—	—	436
21	宁波海田控股集团有限公司	浙江省宁波市江北区文教路 72 弄 16 号海田大厦 1212 室	315000	—	—	438
22	无锡商业大厦大东方股份有限公司	江苏省无锡市中山路 343 号	214001	—	—	451
23	浙江东海长城石化股份有限公司	浙江省宁波市北仑区小港红联外塘路 410 号	315800	—	—	466
24	浙江华瑞集团有限公司	浙江省杭州市萧山区建设一路 66 号华瑞中心 1 号楼 28 楼	311215	—	—	469
25	北方国际集团有限公司	天津市和平区大理道 68 号	300050	—	—	492
连锁超市及百货						
1	永辉超市股份有限公司	福建省福州市鼓楼区湖头街 120 号光荣路 5 号院	350002	233	—	92
2	百联集团有限公司	上海市黄浦区中山南路 315 号百联大厦 13 楼	200010	328	—	126
3	物美科技集团有限公司	北京市北京市海淀区西四环北路 158 号	100142	360	—	134
4	步步高投资集团股份有限公司	湖南省长沙市岳麓区高新区东方红路 657 号步步高大厦	410000	450	—	162
5	山东省商业集团有限公司	山东省济南市经十路 9777 号鲁商国奥城	250014	—	—	182
6	月星集团有限公司	上海市中山北路 3300 号环球港写字楼 A 座 42 楼	200063	—	—	209
7	利群集团股份有限公司	山东省青岛市崂山区海尔路 83 号金鼎大厦	266100	—	—	226
8	淄博商厦股份有限公司	张店区中心路 125 号	255000	—	—	271
9	石家庄北国人百集团有限责任公司	中山东路 188 号	050000	—	—	298
10	杭州联华华商集团有限公司	浙江省杭州市下城区庆春路 86 号	310003	—	—	319
11	江西绿滋肴控股有限公司	江西省南昌市小蓝经济开发区小蓝中大道 518 号	330200	—	—	366
12	广州商贸投资控股集团有限公司	广东省广州市越秀区西湖路 12 号 23 楼	510030	—	—	368
13	湖南佳惠百货有限责任公司	湖南省怀化市佳惠农产品批发大市场（佳惠总部）	418000	—	—	410

续表

名次	公司名称	通讯地址	邮政编码	名次（1）	名次（2）	名次（3）
14	山西美特好连锁超市股份有限公司	山西省太原市尖草坪区和平北路 214 号	030027	—	—	440
15	青岛利客来集团股份有限公司	山东省青岛市李沧区京口路 58 号	266000	—	—	478
汽车摩托车零售						
1	新疆广汇实业投资（集团）有限责任公司	新疆乌鲁木齐市新华北路 165 号广汇中天广场 32 层	830002	125	—	54
2	中升集团控股有限公司	辽宁省大连市沙河区河曲街 20 号	116023	158	—	65
3	上海永达控股（集团）有限公司	上海市黄浦区瑞金南路 299 号	200023	264	—	106
4	恒信汽车集团股份有限公司	湖北省武汉市汉阳区龙阳大道 67 号	430000	297	—	115
5	河北省国和投资集团有限公司	河北省石家庄市北二环东路 68 号	050033	471	—	168
6	庞大汽贸集团股份有限公司	河北省唐山市滦县立交桥南侧庞大汽贸集团	063700	—	—	223
7	江苏万帮金之星车业投资集团有限公司	江苏省常州市武进汽车城 D 区 8 号	213100	—	—	234
8	浙江宝利德股份有限公司	浙江省杭州市西湖区求是路 8 号公元大厦南楼 503	310013	—	—	250
9	山东远通汽车贸易集团有限公司	山东省临沂市兰山区通达路 319 号	276000	—	—	281
10	湖南永通集团有限公司	长沙市开福区三一大道 303 号永通商邸 A 座	410003	—	—	294
11	广微控股有限公司	上海市长宁区哈密路 1500 号Ⅲ-9 幢	200050	—	—	316
12	欧龙汽车贸易集团有限公司	龙湾区温州大道 268 号	325000	—	—	324
13	广东鸿粤汽车销售集团有限公司	广州市白云区白云大道北 958 号鸿粤集团办公楼	510000	—	—	339
14	湖南兰天集团有限公司	湖南省长沙市岳麓大道 3599 号	410000	—	—	344
15	万友汽车投资有限公司	重庆市渝中区华盛路 7 号企业天地 7 号楼 20 层	400043	—	—	356
16	天津捷通达汽车投资集团有限公司	天津市西青经济技术开发区大寺高新技术产业园储源道 018 号	300380	—	—	381
17	浙江恒威投资集团有限公司	浙江省宁波市江北区洪塘工业 B 区江北大道 1236 弄 9 号	315033	—	—	417
18	蓝池集团有限公司	河北省邢台市信都区邢州大道 2332 号	054000	—	—	424
19	山西大昌汽车集团有限公司	山西省太原市小店区平阳南路 88 号	030032	—	—	448
20	安徽亚夏实业股份有限公司	安徽省宁国市宜黄线亚夏汽车大厦	242300	—	—	474
21	重庆百事达汽车有限公司	重庆市渝北区龙溪街道松牌路 521 号	401147	—	—	475
22	宁波轿辰集团股份有限公司	浙江省宁波市鄞州区星海南路 16 号轿辰大厦 19 楼	315040	—	—	479
23	吉林省华阳集团有限公司	吉林省长春市经济技术开发区东南湖大路 1033 号	130000	—	—	482
家电及电子产品零售						
1	苏宁控股集团	玄武区徐庄软件园苏宁大道 1 号	210042	29	—	14
2	国美控股集团有限公司	北京市朝阳区霄云路 26 号鹏润大厦 B 座	100016	75	—	40
3	深圳市爱施德股份有限公司	南山区科发路 11 号南山金融大厦 18 楼	518000	321	—	125
4	南京新华海科技产业集团有限公司	江苏省南京市玄武区珠江路 435 号华海大厦 A 层	210018	—	—	248
医药及医疗器材零售						
1	中国医药集团有限公司	北京市海淀区知春路 20 号中国医药大厦	100195	34	—	16

续表

名次	公司名称	通讯地址	邮政编码	名次（1）	名次（2）	名次（3）
2	重庆医药（集团）股份有限公司	重庆市渝中区大同路1号	400010	435	—	154
3	浙江英特药业有限责任公司	浙江省杭州市滨江区江南大道96号中化大厦	310051	—	—	237
4	广西柳州医药股份有限公司	广西壮族自治区柳州市鱼峰区官塘大道68号	545000	—	—	302
5	鹭燕医药股份有限公司	福建省厦门市湖里区安岭路1004号	361006	—	—	306
6	老百姓大药房连锁股份有限公司	湖南省长沙市开福区青竹湖路808号	410100	—	—	327
7	益丰大药房连锁股份有限公司	湖南省长沙市麓谷高新区金洲大道68号	410000	—	—	338
商业银行						
1	中国工商银行股份有限公司	北京市西城区复兴门内大街55号	100140	6	—	3
2	中国建设银行股份有限公司	北京市西城区金融大街25号	100033	7	—	4
3	中国农业银行股份有限公司	北京东城区建国门内大街69号	100005	8	—	5
4	中国银行股份有限公司	北京市复兴门内大街1号	100818	11	—	7
5	交通银行股份有限公司	上海市银城中路188号	200120	43	—	22
6	招商银行股份有限公司	广东省深圳市福田区深南大道7088号	518040	51	—	28
7	兴业银行股份有限公司	福建省福州市鼓楼区湖东路154号中山大厦	350003	62	—	35
8	上海浦东发展银行股份有限公司	上海市中山东一路12号	200002	65	—	36
9	中国民生银行股份有限公司	北京市西城区复兴门内大街2号	100031	67	—	37
10	华夏银行股份有限公司	北京市东城区建国门内大街22号华夏银行大厦	100005	141	—	58
11	北京银行股份有限公司	北京市西城区金融街大街甲17号	100033	181	—	73
12	上海银行股份有限公司	上海自由贸易试验区银城中路168号	200120	224	—	89
13	南京银行股份有限公司	江苏省南京市中山路288号	210008	300	—	118
14	渤海银行股份有限公司	天津市河东区海河东路218号	300012	309	—	121
15	重庆农村商业银行股份有限公司	重庆市江北区金沙门路36号	400023	392	—	144
16	盛京银行股份有限公司	辽宁省沈阳市沈河区北站路109号	110013	438	—	156
17	恒丰银行股份有限公司	山东省济南市历下区乐源大街8号	250012	440	—	158
18	上海农村商业银行股份有限公司	黄浦区中山东二路70号	200002	467	—	166
19	广州农村商业银行股份有限公司	广东省广州市天河区珠江新城华夏路1号信合大厦20楼	510623	476	—	171
20	深圳前海微众银行股份有限公司	广东省深圳市南山区沙河西路深圳湾科技生态园7栋A座	518057	—	—	185
21	天津银行股份有限公司	天津市河西区友谊路15号	300201	—	—	190
22	长沙银行股份有限公司	长沙市岳麓区滨江路53号楷林国际商务中心B座长沙银行大厦	410004	—	—	198
23	郑州银行股份有限公司	河南省郑州市郑东新区商务外环路22号	450000	—	—	222
24	东莞农村商业银行股份有限公司	广东省东莞市东城区鸿福东路2号	523123	—	—	257
25	江西银行股份有限公司	江西省南昌市红谷滩新区金融大街699号	330038	—	—	260
26	华融湘江银行股份有限公司	湖南省长沙市湘府东路二段208号万境水岸财智中心南栋	410007	—	—	262
27	贵州银行股份有限公司	贵州省贵阳市观山湖区永昌路9号贵州银行大厦	550081	—	—	263
28	吉林银行股份有限公司	长春市东南湖大路1817号	130000	—	—	268

续表

名次	公司名称	通讯地址	邮政编码	名次（1）	名次（2）	名次（3）
29	九江银行股份有限公司	江西省九江市濂溪区长虹大道 619 号	332000	—	—	269
30	青岛银行股份有限公司	山东省青岛市崂山区秦岭路 6 号 3 号楼	266061	—	—	270
31	桂林银行股份有限公司	广西壮族自治区桂林市临桂区公园北路 8 号	541100	—	—	279
32	青岛农村商业银行股份有限公司	山东省青岛市崂山区秦岭路 6 号 1 号楼	266061	—	—	288
33	天津农村商业银行股份有限公司	天津市河西区马场道 59 号国际经济贸易中心 A 座	300203	—	—	315
34	洛阳银行股份有限公司	河南省洛阳市洛阳新区开元大道与通济街交叉口	471023	—	—	323
35	广西北部湾银行股份有限公司	广西壮族自治区南宁市良庆区云英路 8 号	530200	—	—	334
36	重庆银行股份有限公司	重庆市江北区永平门街 6 号	400010	—	—	341
37	张家口银行股份有限公司	河北省张家口市桥东区胜利北路 51 号	075000	—	—	348
38	吉林九台农村商业银行股份有限公司	吉林省长春市高新区蔚山路 2559 号九台农商银行办公室	130000	—	—	374
39	重庆三峡银行股份有限公司	重庆市江北区江北城汇川门路 99 号东方国际广场	400000	—	—	382
40	赣州银行股份有限公司	江西省赣州市章贡区赣江源大道 26 号	341000	—	—	416
41	沧州银行股份有限公司	河北省沧州市运河区双金路 2 号	061001	—	—	445
42	莱商银行股份有限公司	山东省济南市莱芜区龙潭东大街 137 号	271100	—	—	449
43	无锡农村商业银行股份有限公司	江苏省无锡市金融二街 9 号	214125	—	—	455
44	柳州银行股份有限公司	广西壮族自治区柳州市东堤路 12 号	545001	—	—	465
45	江苏张家港农村商业银行股份有限公司	江苏省张家港市人民中路 66 号	215600	—	—	473
46	江苏江阴农村商业银行股份有限公司	江苏省江阴市砂山路 2 号汇丰大厦	214431	—	—	499
保险业						
1	中国人寿保险（集团）公司	北京市西城区金融大街 17 号中国人寿中心	100033	9	—	6
2	中国人民保险集团股份有限公司	北京市西城区西长安街 88 号中国人保大厦	100031	28	—	13
3	中国太平洋保险（集团）股份有限公司	上海市黄浦区中山南路 1 号	200011	50	—	27
4	泰康保险集团股份有限公司	北京市西城区复兴门内大街 156 号泰康人寿大厦	100031	96	—	44
5	中国太平保险集团有限责任公司	香港铜锣湾新宁道 8 号中国太平大厦第一期 22 层	—	97	—	45
6	新华人寿保险股份有限公司	北京市朝阳区建国门外大街甲 12 号新华保险大厦	100022	115	—	50
7	中国再保险（集团）股份有限公司	北京市西城区金融街 11 号中国再保险大厦	—	137	—	57
8	阳光保险集团股份有限公司	北京市朝阳区朝外大街乙 12 号昆泰国际大厦 16 层	100020	194	—	78
9	前海人寿保险股份有限公司	广东省深圳市罗湖区宝安北路 2088 号深业物流大厦	518023	232	—	91
10	中华联合保险集团股份有限公司	北京市丰台区丽泽商务区南区凤凰嘴街 3 号中华保险大厦	100071	369	—	138
11	渤海人寿保险股份有限公司	天津市和平区南京路 219 号天津中心 A 座 30 层	300051	—	—	400

续表

名次	公司名称	通讯地址	邮政编码	名次(1)	名次(2)	名次(3)
证券业						
1	兴华财富集团有限公司	河北省邯郸市武安市财富大厦 3－18 层	056300	383	—	142
2	海通证券股份有限公司	上海市黄浦区广东路 689 号	200001	—	—	178
3	广发证券股份有限公司	广东省广州市天河区珠江新城马场路 26 号广发证券大厦	510627	—	—	212
4	中泰证券股份有限公司	山东省济南市市中区经七路 86 号	250001	—	—	390
5	东方财富信息股份有限公司	上海市徐汇区宛平南路 88 号金座东方财富大厦	200030	—	—	439
6	方正证券股份有限公司	湖南省长沙市天心区湘江中路二段 36 号华远国际中心 37 层	410002	—	—	460
7	东北证券股份有限公司	吉林省长春市生态大街 6666 号	130119	—	—	486
基金、信托及其他金融服务						
1	浙江永安资本管理有限公司	江干区新业路 200 号华峰国际 32 层	310000	—	—	247
2	马上消费金融股份有限公司	重庆市渝北区黄山大道中段 52 号渝兴广场 B2 栋 4－8 楼	401121	—	—	320
3	天弘基金管理有限公司	天津市河西区马场道 59 号天津国际经济贸易中心 A 座 16 层	300203	—	—	434
4	重庆国际信托股份有限公司	重庆市渝中区民权路 107 号重庆信托大厦	400010	—	—	457
多元化金融						
1	中国平安保险（集团）股份有限公司	广东省深圳市福田区益田路 5033 号平安金融中心	519033	5	—	2
2	中国中信集团有限公司	中国北京市朝阳区光华路 10 号中信大厦	100020	36	—	18
3	招商局集团有限公司	香港干诺道中 168－200 号信德中心招商局大厦 40 楼	100010	55	—	30
4	中国光大集团股份公司	北京市西城区太平桥大街 25 号中国光大中心 13 层	100033	61	—	34
5	深圳市投资控股有限公司	广东省深圳市深南中路 4009 号投资大厦 1806 室	518000	110	—	49
6	上海新增鼎资产管理有限公司	上海市浦东新区御北路 385 号 4 幢	—	464	—	165
7	武汉金融控股（集团）有限公司	湖北省武汉市长江日报路 77 号投资大厦	430015	—	—	177
8	中国万向控股有限公司	上海市浦东新区陆家嘴西路 99 号万向大厦	200120	—	—	217
9	青岛西海岸新区融合控股集团有限公司	山东省青岛市黄岛区长江中路 485 号国汇金融中心 A 座 12 楼 1211 室	266500	—	—	253
10	广州金融控股集团有限公司	广东省广州市天河区体育西路 191 号中石化大厦 26F	510620	—	—	264
11	赣州发展投资控股集团有限责任公司	江西省赣州市章贡区兴国路 65 号总部经济区西座 17－21 楼	341000	—	—	393
12	山东鲁信投资控股集团有限公司	山东省济南市历下区龙奥北路 8 号玉兰广场 1 号楼	250000	—	—	397
住宅地产						
1	恒大集团有限公司	深圳市南山区海德三道 1126 号深圳恒大中心	518054	37	—	19
2	碧桂园控股有限公司	广东省佛山市顺德区北郊镇碧桂园大道 1 号碧桂园中心	528312	45	—	23

续表

名次	公司名称	通讯地址	邮政编码	名次(1)	名次(2)	名次(3)
3	绿地控股集团股份有限公司	上海市打浦路700号绿地总部大厦	200023	46	—	24
4	万科企业股份有限公司	广东省深圳市盐田区大梅沙环路33号万科中心	518083	52	—	29
5	中南控股集团有限公司	江苏省南通市海门区上海路899号	226100	70	—	39
6	阳光龙净集团有限公司	福建省福州市台江区望龙二路1号47楼	350005	92	—	43
7	融创中国控股有限公司	天津市南开区宾水西道奥城商业广场C7－10	300381	104	—	47
8	龙湖集团控股有限公司	重庆市渝北区礼贤路12号	401120	127	—	55
9	珠海华发集团有限公司	广东省珠海市香洲区昌盛路155号	519020	203	—	82
10	卓尔控股有限公司	湖北省武汉市江汉区建设大道588号卓尔国际中心47层	430021	213	—	85
11	弘阳集团有限公司	江苏省南京市大桥北路9号弘阳大厦	210031	226	—	90
12	奥园集团有限公司	广东省广州市番禺区万惠一路48号奥园集团大厦	511442	245	—	97
13	重庆市迪马实业股份有限公司	重庆市南岸区南滨路东原1891D馆4楼	400060	249	—	99
14	天津泰达投资控股有限公司	天津经济技术开发区盛达街9号	300457	252	—	100
15	重庆华宇集团有限公司	重庆市渝北区泰山大道东段118号	401121	262	—	104
16	荣盛控股股份有限公司	河北廊坊开发区春明道北侧	065001	263	—	105
17	广州越秀集团股份有限公司	广东省广州市天河区珠江新城珠江西路5号广州国际金融中心64楼	510623	299	—	117
18	上海中梁企业发展有限公司	上海市普陀区丹巴路99号苏宁天御国际广场C2栋	200062	311	—	123
19	绿城房地产集团有限公司	杭州市西湖区杭大路1号黄龙世纪广场A座12楼	310000	349	—	131
20	建业控股有限公司	河南省郑州市郑东新区农业东路建业总部港	450003	353	—	133
21	北京首都开发控股（集团）有限公司	北京市朝阳区小营路25号	100101	376	—	140
22	龙记泰信实业集团有限公司	西安市高新区科技二路76号陕商投资大厦	710065	377	—	141
23	重庆中昂投资集团有限公司	重庆市渝中区上清寺路1号4楼	400015	423	—	151
24	祥生地产集团有限公司	上海市闵行区申虹路1088弄5号楼	310000	427	—	152
25	北京江南投资集团有限公司	朝阳区红坊路8号	100176	492	—	174
26	重庆市中科控股有限公司	重庆市南岸区茶园新区江峡路1号新天泽总部城A5栋2单元	401336	—	—	183
27	厦门中骏集团有限公司	福建省厦门高崎南五路208号中骏集团大厦	361006	—	—	186
28	文一投资控股集团	合肥市瑶海区包公大道18号文一集团	230011	—	—	192
29	苏州金螳螂企业（集团）有限公司	江苏省苏州市姑苏区西环路888号	215004	—	—	200
30	广州市方圆房地产发展有限公司	广州市天河区体育东路28号方圆大厦	510000	—	—	211
31	北京金融街投资（集团）有限公司	北京市西城区金融大街33号通泰大厦B座11层	100033	—	—	214
32	杭州滨江房产集团股份有限公司	浙江省杭州市江干区庆春东路38号	310020	—	—	218
33	大华（集团）有限公司	上海市宝山区华灵路698号	200442	—	—	236
34	福州城市建设投资集团有限公司	福建省福州市台江区台江路15号城投大厦17楼	350009	—	—	238
35	联发集团有限公司	福建省厦门市湖里区湖里大道31号	361006	—	—	241

续表

名次	公司名称	通讯地址	邮政编码	名次(1)	名次(2)	名次(3)
36	厦门海沧投资集团有限公司	厦门市海沧区钟林路 8 号海投大厦	361026	—	—	277
37	广州珠江实业集团有限公司	广州市越秀区环市东路 371－375 号世贸中心大厦南塔 28－30 楼	510095	—	—	351
38	四川邦泰投资有限责任公司	成都市高新区益州大道北段 333 号东方希望中心 22 楼	610041	—	—	362
39	南京大地建设集团有限责任公司	江苏省南京市华侨路 56 号大地建设大厦 27 楼	210029	—	—	373
40	厦门禹洲集团股份有限公司	福建省厦门市思明区湖滨南路 55 号禹洲广场	361003	—	—	386
41	广西云星集团有限公司	广西南宁市青秀区金湖路 59 号地王大厦 34 层	530028	—	—	395
42	绿城物业服务集团有限公司	杭州市西湖区文一西路 767 号西溪国际 B 座	310012	—	—	399
43	保集控股集团有限公司	上海市宝山区富联二路 99 弄保集综合大楼	201906	—	—	405
44	卓正控股集团有限公司	河北省保定市七一东路 2358 号卓正大厦	071000	—	—	412
45	上海大发房地产集团有限公司	上海市闵行区申虹路 1188 弄 2 号	201106	—	—	418
46	厦门经济特区房地产开发集团有限公司	福建省厦门市思明区展鸿路 81 号特房波特曼财富中心 A 座 51－53 层	361000	—	—	419
47	天津住宅建设发展集团有限公司	天津市和平区马场道 66 号	300050	—	—	423
48	安徽文峰置业有限公司	霍山县工业园区	230000	—	—	429
49	福建三木集团股份有限公司	福建省福州市台江区望龙二号 1 号福州国际金融中心 41 层	350003	—	—	432
50	厦门住宅建设集团有限公司	厦门市思明区莲富大厦写字楼 8 楼/20 楼	361006	—	—	456
51	上海临港经济发展（集团）有限公司	上海市浦东新区海港大道 1515 号 T2	201306	—	—	464
52	福建发展集团有限公司	福建省福州市湖前路 58 号	350013	—	—	472
53	中锐控股集团有限公司	上海市长宁区金钟路 767－2 号	200335	—	—	490
商业地产						
1	天津亿联控股集团有限公司	天津市东丽区金钟河大街 3699 号	300240	—	—	180
2	宝龙地产控股有限公司	上海市闵行区新镇路 1399 号宝龙大厦	201101	—	—	188
3	天津现代集团有限公司	天津市和平区赤峰道 136 号	300022	—	—	286
多元化投资						
1	重庆市金科投资控股（集团）有限责任公司	重庆市两江新区龙韵路 1 号 1 幢	400000	107	—	48
2	浙江省交通投资集团有限公司	浙江省杭州市五星路 199 号明珠国际商务中心	310020	120	—	52
3	云南省投资控股集团有限公司	云南省昆明市西山区人民西路 285 号云投商务大厦	650000	130	—	56
4	国家开发投资集团有限公司	北京市西城区阜成门北大街 6 号－6 国际投资大厦 A 座	100034	152	—	61
5	杭州市实业投资集团有限公司	浙江省杭州市西湖区保俶路宝石山下四弄 19 号	310007	154	—	62
6	云南省建设投资控股集团有限公司	云南省昆明市经济技术开发区信息产业基地林溪路 188 号	650501	157	—	64
7	山东省国有资产投资控股有限公司	山东省济南市历下区经十路 9999 号黄金时代广场 5 号楼	250101	253	—	101
8	陕西投资集团有限公司	陕西省西安市碑林区朱雀路中段 1 号金信国际大厦	710061	277	—	108

续表

名次	公司名称	通讯地址	邮政编码	名次(1)	名次(2)	名次(3)
9	广东省广晟控股集团有限公司	广州市天河区珠江新城珠江西路 17 号广晟国际大厦 50 – 58 楼	510623	280	—	109
10	广东省广新控股集团有限公司	广州市海珠区新港东路 1000 号	—	292	—	114
11	杭州市城市建设投资集团有限公司	中国浙江省杭州市西湖区益乐路 25 号嘉文商务大楼	310012	493	—	175
12	湖北省交通投资集团有限公司	湖北省武汉市汉阳区四新大道 26 号湖北国展中心东塔 38 层湖北交投	430050	—	—	193
13	广州市城市建设投资集团有限公司	广州市中山四路 228 号城投大厦	510030	—	—	194
14	青岛城市建设投资（集团）有限责任公司	山东省青岛市崂山区海尔路 166 号永业大厦	266000	—	—	197
15	广东粤海控股集团有限公司	广州市天河路 208 号粤海天河城大厦 45 楼	510620	—	—	202
16	云南省康旅控股集团有限公司	云南省昆明市西山区西园南路 36 中康旅集团	650000	—	—	204
17	卓越置业集团有限公司	深圳市福田区金田路皇岗商务中心 1 号楼 6501	518000	—	—	205
18	源山投资控股有限公司	上海市虹口区曲阳路 910 号 15 楼	200437	—	—	219
19	武汉当代科技产业集团股份有限公司	武汉市江夏区光谷大道 116 号当代中心	430000	—	—	225
20	北京中能昊龙投资控股集团有限公司	北京市丰台区汉威国际广场四区 5 号楼 9 层	—	—	—	230
21	宁波君安控股有限公司	浙江省宁波市高新区菁华路 58 号	315000	—	—	285
22	西安城市基础设施建设投资集团有限公司	西安市高新区科技路 48 号创业广场 B 座 27 层	710075	—	—	293
23	曹妃甸国控投资集团有限公司	中国（河北）自由贸易试验区曹妃甸片区曹妃甸工业区市政服务大厦 B 座 9019 室	063200	—	—	307
24	青岛西海岸发展（集团）有限公司	山东省青岛市黄岛区滨海大道 2567 号	266000	—	—	321
25	厦门恒兴集团有限公司	厦门市思明区鹭江道 100 号财富中心 42F	361001	—	—	352
26	河北省国有资产控股运营有限公司	河北省石家庄市桥西区站前街 10 号	050001	—	—	379
27	广西农村投资集团有限公司	广西南宁市青秀区厢竹大道 30 号	530023	—	—	380
28	广州南方投资集团有限公司	广东省广州市猎德大道 20 号珠江道商业广场	510623	—	—	426
29	广州交通投资集团有限公司	广东省广州市海珠区广州大道南 1800 号交投集团 716 室	510288	—	—	463
30	南宁威宁投资集团有限责任公司	广西南宁市锦春路 15 号威宁大厦 2017 室	530021	—	—	489
31	广州开发区控股集团有限公司	广州经济技术开发区科学大道 60 号开发区控股中心 33 层	510700	—	—	493
人力资源服务						
1	中国国际技术智力合作集团有限公司	北京市朝阳区光华路 7 号汉威大厦西区 25 层	100004	189	—	76
2	北京外企服务集团有限责任公司	朝阳区广渠路 18 号院世东国际 B 座 13 层	100022	217	—	87
3	广州红海人力资源集团股份有限公司	广州市越秀区万福路 137 号三楼	510110	—	—	304
4	上海博尔捷企业集团有限公司	上海市静安区梅园路 77 号上海人才大厦 19 楼	200070	—	—	371
5	广州仕邦投资控股有限公司	广东省广州市天河区天河北路大都会广场 21 楼	510000	—	—	459
6	福建省人力资源服务有限公司	福州市鼓楼区六一北路金三桥大厦 A 座 6 楼	350004	—	—	500
科技研发、规划设计						
1	华东建筑集团股份有限公司	上海市石门二路 258 号	200041	—	—	428
2	长江勘测规划设计研究院	湖北省武汉市江岸区解放大道 1863 号	430010	—	—	481

续表

名次	公司名称	通讯地址	邮政编码	名次（1）	名次（2）	名次（3）
国际经济合作（工程承包）						
1	中国江苏国际经济技术合作集团有限公司	江苏省南京市北京西路 5 号	210008	—	—	309
旅游和餐饮						
1	中国旅游集团有限公司	香港干诺道中 78－83 号中旅集团大厦	—	298	—	116
2	北京首都旅游集团有限责任公司	朝阳区雅宝路 10 号凯威大厦	100020	—	—	196
3	四川众心乐旅游资源开发有限公司	四川省成都市高新区天府二街 269 号	—	—	—	414
4	岭南生态文旅股份有限公司	广东省东莞市东城区东源路 33 号	523125	—	—	484
文化娱乐						
1	华侨城集团有限公司	深圳市南山区华侨城办公楼	518053	159	—	66
2	中原出版传媒投资控股集团有限公司	河南省郑州市金水东路 39 号	450016	—	—	254
3	西安曲江文化产业投资（集团）有限公司	陕西省西安市曲江新区雁翔路 3168 号雁翔广场 1 号楼	710061	—	—	275
4	安徽出版集团有限责任公司	安徽省合肥市政务文化新区翡翠路 1118 号	230071	—	—	282
5	安徽新华发行（集团）控股有限公司	安徽省合肥市北京路 8 号	230001	—	—	330
6	浙江出版联合集团有限公司	浙江省杭州市西湖区天目山路 40 号	310013	—	—	364
7	中南出版传媒集团股份有限公司	湖南省长沙市营盘东路 38 号	410005	—	—	385
8	上海米哈游网络科技股份有限公司	上海市徐汇区苍梧路 519 号光启园四期 1 号楼	200000	—	—	396
9	四川新华出版发行集团有限公司	四川省成都市人民南路一段 86 号 10 楼	610017	—	—	415
10	新华文轩出版传媒股份有限公司	四川省成都市金牛区蓉北商贸大道二段文轩路 6 号	610036	—	—	420
教育服务						
1	北京学而思教育科技有限公司	北京市海淀区丹棱 SOHO15 层	100080	—	—	203
医疗卫生健康服务						
1	九州通医药集团股份有限公司	湖北省武汉市汉阳区龙阳大道特 8 号	430051	201	—	81
2	华东医药股份有限公司	浙江省杭州市莫干山路 866 号	310006	—	—	191
3	爱尔眼科医院集团股份有限公司	湖南省长沙市天心区芙蓉中路二段新世纪大厦	—	—	—	357
综合服务业						
1	中国华润有限公司	香港湾仔港湾道 26 号华润大厦 49 层	518001	23	—	11
2	中国保利集团公司	北京市东城区朝阳门北大街 1 号新保利大厦 28 楼	100010	57	—	32
3	中国机械工业集团有限公司	北京市海淀区丹棱街 3 号	100080	83	—	42
4	雪松控股集团有限公司	广东省广州市黄浦区凯创大道 2511 号雪松中心	810700	102	—	46
5	广西投资集团有限公司	广西南宁市青秀区民族大道 109 号	530028	123	—	53
6	东浩兰生（集团）有限公司	上海市延安中路 837 号	200040	142	—	59
7	中国节能环保集团有限公司	北京市海淀区西直门北大街 42 号节能大厦	100082	442	—	160
8	上海均瑶（集团）有限公司	上海市徐汇区肇嘉浜路 789 号均瑶国际广场 37 楼	200032	—	—	199
9	金鹏控股集团有限公司	安徽省滁州市中都大道 1588 号金鹏控股集团	239000	—	—	215
10	世纪金源投资集团有限公司	北京市海淀区蓝晴路 1 号	100097	—	—	216
11	武汉商贸集团有限公司	湖北省武汉市江汉区唐家墩路 32 号国创大厦 B 座	430015	—	—	220

续表

名次	公司名称	通讯地址	邮政编码	名次（1）	名次（2）	名次（3）
12	湖北省联投控股有限公司	湖北省武汉市武昌区中南路 99 号保利大厦 A 座 17 层	430061	—	—	227
13	上海协通（集团）有限公司	上海市静安区永和路 318 号 18 号楼 505 室	200072	—	—	261
14	宁波滕头集团有限公司	浙江省宁波市奉化区县萧王庙街道滕头村	315500	—	—	370
15	广州岭南国际企业集团有限公司	广东省广州市越秀区流花路 122 号中国大酒店商业大厦 4 层	510015	—	—	433
16	郑州公用事业投资发展集团有限公司	郑州市郑东新区熊儿河路才高街 6 号东方鼎盛中心 A 座 11 – 13 层	450000	—	—	442
17	富润控股集团有限公司	浙江省诸暨市陶朱南路 12 号	311800	—	—	447
18	华茂集团股份有限公司	浙江省宁波市海曙区高桥镇望春工业区龙嘘路 125 号	315175	—	—	450

后 记

一、《中国500强企业发展报告》是由中国企业联合会、中国企业家协会组织编写的全面记载和反映中国500强企业改革和发展的综合性大型年度报告。

二、为贯彻习近平新时代中国特色社会主义思想和《国民经济和社会发展第十四个五年规划和2035年远景目标纲要》精神，引导我国企业特别是大企业深入分析国内外形势变化，积极应对风险挑战，在融入和服务新发展格局中展现更大担当，主动践行高质量发展，加快建设世界一流企业，并为国内外各界提供中国大企业发展的相关数据与研究信息，我会连续第20年参照国际惯例推出了中国企业500强及其与世界企业500强的对比分析报告，连续第17年推出了中国制造业企业500强、中国服务业企业500强及其分析报告，在此基础上连续第11年推出了中国跨国公司100大及其分析报告，连续第3年推出了中国战略性新兴产业领军企业100强及其分析报告，首次推出中国大企业创新100强分析报告。国务院领导多次做出批示，希望中国企业联合会继续把这方面的工作做好。2021中国企业500强、中国制造业企业500强、中国服务业企业500强、中国跨国公司100大、战新产业领军企业100强、中国大企业创新100强的产生得到了各有关企联（企协）、企业家协会和相关企业的大力支持，在此深表感谢！

三、本报告为中国企业联合会、中国企业家协会的研究成果。各章作者为，第一章：刘兴国；第二章：丁春燕；第三章：高蕊、李叶妍；第四章：李建明、邹积凯；第五章：陈劲、陈钰芬、李建明；第六章：苗仲桢、周源、盛如旭；第七章：崔新健、欧阳慧敏、刘梓鑫；第八章至第十五章：张德华、吴晓。全书由郝玉峰统稿，参加编辑工作的有：郝玉峰、刘兴国、高蕊、张德华、吴晓、丁春燕、王艳华、王晓君、滑婷、殷恒晨等。

五、2022 年我会将继续对中国企业500强、中国制造业企业500强、中国服务业企业500强进行分析研究，出版《中国500强企业发展报告》，申报2022 中国企业500强、2022 中国制造业企业500强、2022 中国服务业企业500强的企业，请与我会研究部联系，电话：010 －88512628、68701280、68431613、88413605；传真：010 －68411739。

六、本报告得到了中国企业管理科学基金会、中国节能环保集团、五粮液集团、通鼎集团、埃森哲、金蝶集团、中国可持续发展工商理事会、复旦管理学奖励基金会、中国广告主协会、落基山研究所、福州城市建设投资集团有限公司、麦斯特人力资源有限公司、分众传媒有限公司、北京赛昇计世资讯科技有限公司的大力支持，在此特别致谢！

由于时间仓促，本报告难免出现疏漏和不尽人意之处，恳请经济界、企业界及其他各界人士提出宝贵意见和建议。

在本书即将出版之际，我们还要向一直负责本书出版的企业管理出版社有限公司表示感谢！

编　者

二〇二一年九月

2021
中国企业
500
强
2021中国企业500强
2021中国制造业企业500强
2021中国服务业企业500强
部分企业介绍
500

中国节能环保集团有限公司
CHINA ENERGY CONSERVATION AND ENVIRONMENTAL PROTECTION GROUP
成为世界一流的节能环保健康产业集团
STRIVE FOR GROWING INTO A WORLD-CLASS CONGLOMERATE IN ENERGY CONSERVATION, ENVIRONMENTAL PROTECTION AND HEALTH INDUSTRY
中国节能环保集团有限公司是经国务院批准，由中国节能投资公司和中国新时代控股（集团）公司于2010年联合重组成立的中央企业。
作为一家以节能减排、环境保护为主业的中央企业，中国节能目前已拥有700余家下属企业，7家上市公司，业务分布在国内各省市及境外约110个国家和地区，形成了“3+3+1”的产业格局（专注节能与清洁供能、生态环保、生命健康三大主业，加快发展绿色建筑、绿色新材料、绿色工程服务三大业务，铸强战略支持能力），是我国节能环保领域规模大、专业全、业务覆盖面广、综合实力强的旗舰企业。
经过四十年来的发展，中国节能构建起了包括规划咨询、研发设计、投资开发、装备制造、工程建设、运营管理、投融资服务等在内的节能环保全产业链的独特优势，业务基本覆盖了能源节约和环境保护的各细分市场，具备为一个区域、流域的绿色发展提供节能环保综合解决方案的能力。
进入新时代，中国节能坚决贯彻落实党中央决策部署，深度参与长江大保护、京津冀协同发展、雄安新区建设、长三角一体化发展、黄河流域生态保护和高质量发展、粤港澳大湾区建设、海南国家生态文明试验区建设等重大国家战略任务，积极践行“一带一路”倡议。2018年，中国节能被推动长江经济带发展领导小组办公室确定为长江经济带污染治理主体平台企业。
展望未来，中国节能将不忘初心，牢记满足人民群众日益增长的优美生态环境需要的使命，按照高质量发展要求，加快建设世界一流的节能环保健康产业集团，为保护生态环境、建设美丽中国和清洁美丽世界做出更大的贡献。

让天更蓝 山更绿 水更清
让生活更美好
FOSTER BLUER SKIES,GREENER MOUNTAINS,
CLEARER WATERS AND BETTER LIVES

CHINA
CHINA
PAVILION
中国馆

五粮液
WULIANGYE

1368

精 彩

WULIANGYE
中国 宜宾
净含量:500mL
五粮液
WULIANGYE YIBIN CO.,LTD.
宜宾五粮液股份有限公司 地址:四川省宜宾市岷江西路150号

通鼎集团有限公司董事局主席

沈小平

通鼎集团有限公司（以下简称通鼎集团）是为国家信息通信建设提供线缆及配套产品的排头兵企业。目前，企业立足国家“三张网”（通信网、交通网、能源网）的发展，在5G、大数据、人工智能、工业互联网等新技术、新业态方面创新研究，在国家新基建涉及的多领域谋篇布局，产品涵盖光纤光棒、光电线缆、网络设备、芯片模块、仪器仪表的全产业链优势，在5G宽带无线接入产品和技术、自组网技术，以及信息安全、网络安全、公共安全、大数据运营等领域为运营商、各类专网用户提供优质、持续可靠的支撑服务，产业范围涵盖国内外通信、电力、运输、智慧城市等诸多行业，产品从有线到无线，从无源到有源，从一根缆到一张网，从进入“千家万户”到步入“千行百业”。

通鼎将慈善捐赠、回馈社会作为自己的“乐享之责”，“将慈善作为企业的第二份事业”，常态化开展各类慈善公益活动，推动社会文明进步。通鼎集团董事局主席沈小平先后6次荣获中华慈善奖、3次获评全国十大慈善家、2次获评全国模范退役军人（全国优秀复员退伍军人），被授予全国脱贫攻坚奖、全国优秀企业家、中国经济年度人物。2021年2月25日，获评“全国脱贫攻坚先进个人”。

可持续发展进行时 跨越数字化分水岭

埃森哲中国企业数字转型指数连续四年跟踪衡量企业转型进程，四年来各行业数字化稳步提升。

16%的领军企业明智转型，跨越数字化分水岭，实现可持续发展。

了解埃森哲《2021中国企业数字转型指数》

关于埃森哲

埃森哲公司注册于爱尔兰，是一家全球领先的专业服务公司，在数字化、云计算与网络安全领域拥有全球领先的能力。凭借独特的业内经验与专业技能，以及翘楚全球的卓越技术中心和智能运营中心，我们为客户提供战略和咨询、互动体验、技术和智能运营等全方位服务，业务涵盖40多个行业，以及企业日常运营部门的各个职能。埃森哲是《财富》世界500强企业之一，目前拥有约56.9万名员工，服务于120多个国家的客户。埃森哲秉承“科技融灵智，匠心承未来”的企业使命，致力于通过引领变革创造价值，为埃森哲的客户、员工、股东、合作伙伴与整个社会创造美好未来。

埃森哲在中国市场开展业务30余年，拥有一支约1.8万人的员工队伍，分布于多个城市，包括北京、上海、大连、成都、广州、深圳、杭州、香港和台北等。作为可信赖的数字化转型卓越伙伴，埃森哲正在更创新地参与商业和技术生态圈的建设，帮助中国企业和政府把握数字化力量，通过制定战略、优化流程、集成系统、部署云计算等实现转型，提升全球竞争力，从而立足中国、赢在全球。

如您有相关业务需求，请邮件至accenture.direct.apc@accenture.com。

accenture
埃森哲

1993年	680万	8000万	1086亿元	20万
金蝶创建	超过 680 万家企业及非营利性机构使用金蝶软件及云服务	超过 8000 万用户使用金蝶软件及云服务	2020 年“双11”金蝶管易云商家交易额达 1086 亿元	金蝶云支撑 20 万家门店的零售业务链接千万终端消费者

金蝶国际软件集团有限公司（以下简称金蝶）始创于1993年，是香港联交所主板上市公司（股票代码：0268.HK），总部位于中国深圳。以“致良知、走正道、行王道”为核心价值观，以“全心全意为企业服务，让阳光照进每一个企业”为使命，致力成为“最值得托付的企业服务平台”。

从ERP资源计划力到EBC数字战斗力，金蝶在云服务领域持续探索，屡获国内外知名研究机构认可，并独揽六项“唯一”殊荣：一是唯一跻身Gartner 2020年应用平台软件前五的中国企业级SaaS厂商；二是唯一入选Gartner云ERP全球市场指南（Market Guide）的中国企业级SaaS厂商；三是唯一荣获IDC 2020年度SaaS客户满意度大奖的中国厂商，获ERP SaaS客户满意度排名第一；四是唯一入选IDC 2021亚太区制造ERP SaaS竞争力象限的中国厂商，位居挑战者（Contenders）象限；五是唯一连续4年获得IDC中国企业应用SaaS ERM市场占有率第一厂商；六是唯一连续17年稳居IDC中国成长型企业应用软件市场占有率第一厂商。

金蝶旗下的多款云服务产品获得标杆企业的青睐，包括金蝶云·苍穹（新一代企业级PaaS平台）、金蝶云·星瀚（大型企业SaaS管理云）、金蝶云·星空（高成长型企业SaaS管理云）、金蝶云·星辰（小微企业SaaS管理云）等，已为世界范围内超过680万家企业、政府等组织提供数字化管理解决方案。

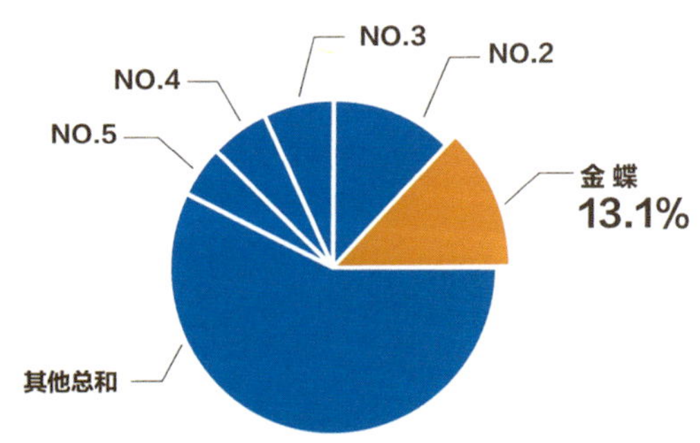

2020 上半年中国企业级 ERM SaaS 应用软件市场占比

* 数据来自 IDC 研究报告《中国年度企业级应用软件 SaaS 市场跟踪报告(2020H1)》

中国兵器工业集团有限公司

CHINA NORTH INDUSTRIES GROUP CORPORATION LIMITED

中国兵器工业集团有限公司（以下简称中国兵器工业集团）是我军机械化、信息化、智能化装备发展的骨干，是全军毁伤打击的核心支撑，是现代化新型陆军体系作战能力科研制造的主体，是“一带一路”建设的主力。

2020年，中国兵器工业集团党组坚决贯彻习近平总书记重要指示批示精神和党中央、国务院、中央军委决策部署，团结带领全集团党员干部职工增强“四个意识”、坚定“四个自信”、做到“两个维护”，坚定自觉在服务党和国家战略大局中找定位、强担当、作贡献，体系化加强党的领导提高党的建设质量，以高质量党建引领和保障高质量发展，经营规模位居军工集团首位，连续17年获得中央企业负责人经营业绩考核A级，连续3年获得中央企业党建工作责任制考核A档，位列世界500强第127位。

北重集团大口径厚壁无缝钢管市场占有率

由中国兵器工业集团北方公司联合承建的巴

中国兵器工业集团定点扶贫的云南红河县哈尼

辽宁盘锦石化基地

中国兵器工业集团面对世所罕见的“多重冲击”，坚定不移履行好强军首责、军工任务保障指数继续位列军工集团第一，尽锐出战加快核心关键技术攻关、兵器科技创新实现新突破，大力推进民品制造业转型升级、战略性新兴产业培育取得新进展，扎实推进国企改革三年行动、困难企业脱困攻坚和重要领域改革取得新成效，推动“一带一路”重点项目建设走深走实、军贸出口稳居军工集团排头兵、国际化经营取得新成果，全力打好“三大攻坚战”、在国务院扶贫开发小组定点扶贫考核中获得“好”的最高等次评价，大力弘扬“把一切献给党”人民兵工精神，把党的先进性始终体现在抗疫斗争最前沿、鲜红党旗飘扬在科研生产经营第一线。在全集团广大党员干部职工的奋力拼搏下，主营业务收入、利润总额、净利润同比大幅增长，高质量发展能力持续提升，实现了“十三五”圆满收官，在大战大考中夺取了常态化新冠肺炎疫情防控和全面实现年度目标任务“双胜利”，发挥了大国重器顶梁柱作用。

北方股份国内市场占有率位居第一的非公路

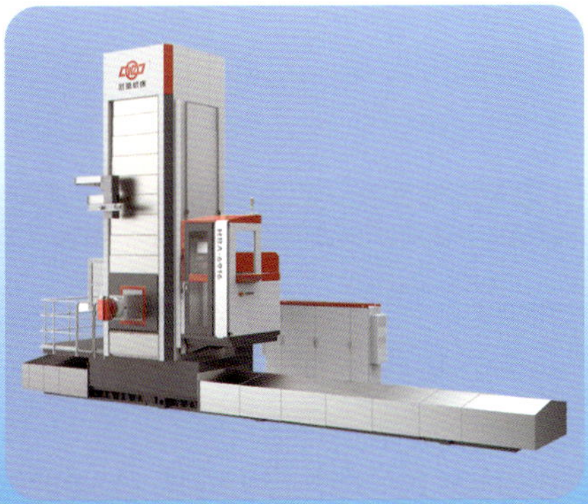

武重集团HBA6916数控落地铣镗床，可

孟加拉燃煤电站项目

敬业集团

JINGYE GROUP

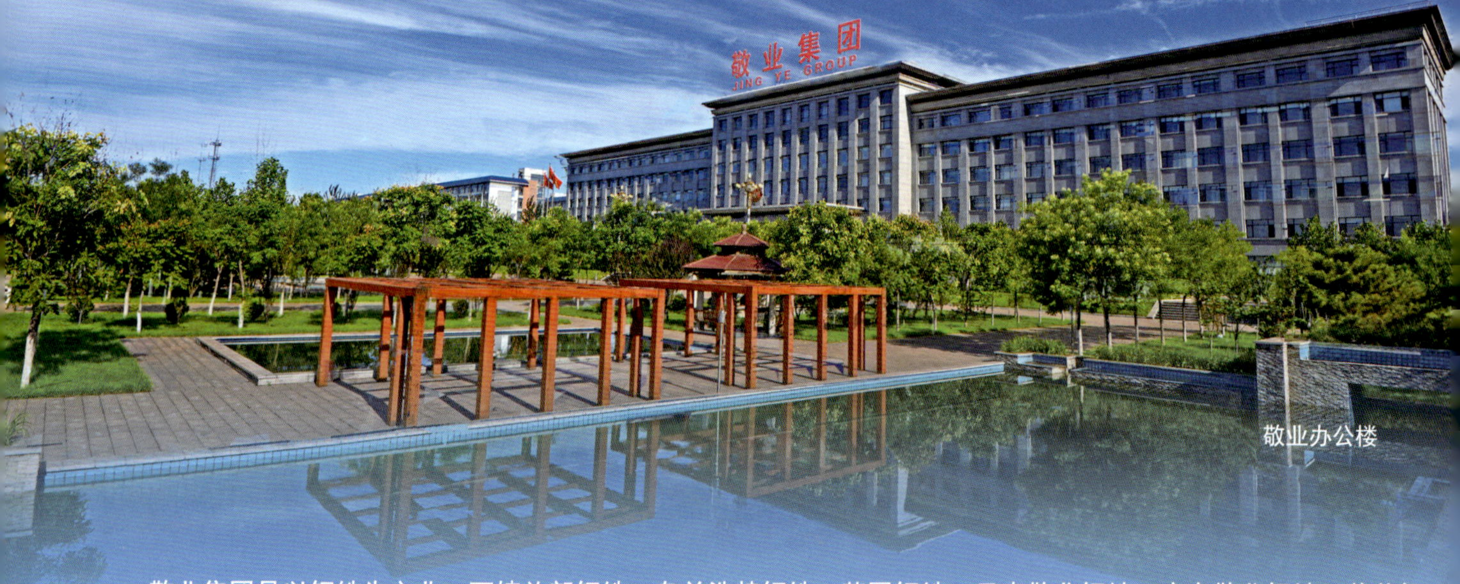

敬业办公楼

敬业集团是以钢铁为主业，下辖总部钢铁、乌兰浩特钢铁、英国钢铁、云南敬业钢铁、广东敬业钢铁，兼营钢材深加工、增材制造3D打印、国际贸易、旅游、酒店的跨国集团，现有员工31000名。2020年集团销售收入2244亿元，实现税金39亿元，世界500强企业名列第375位，中国500强企业名列第166位。

为积极落实习近平总书记“绿水青山就是金山银山”的发展理念，敬业集团跳出钢铁产能密集的京津冀地区，围绕保护生态环境，发展老少边地区经济进行布局。将2014年收购的内蒙古乌兰浩特钢铁厂由50万吨发展至200万吨规模，5年内上缴税金翻了15倍。同时，克服新冠肺炎疫情影响，逆势而行，于2020年分别收购了云南永昌钢铁公司及中国最东南的广东泰都钢铁公司。为加快“走出去”步伐，推进高质量发展，2020年3月，正式收购英国第二大钢铁企业——英国钢铁公司，向世界钢铁业展现了中国钢铁的影响力和竞争力。

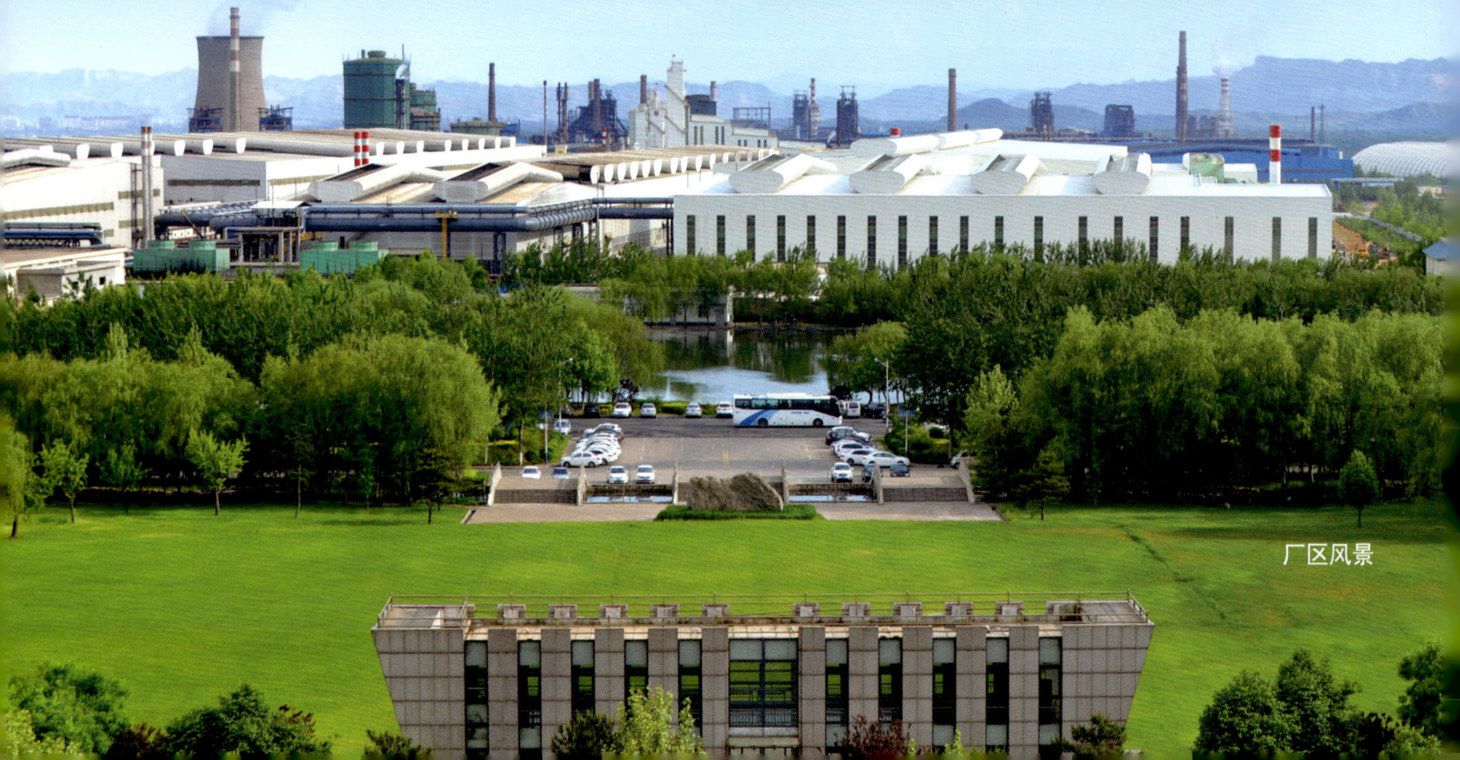

厂区风景

敬业创新中心

转型升级：为进一步提升企业竞争力，敬业集团引进全球行业领先的高精尖技术——增材制造技术和短流程薄带铸轧技术。高端的粉末冶金、3D打印，以及先进的薄带铸轧大大提升了敬业的科技含量；同时，大手笔运作钢材深加工，逐步打造建年产值超千亿元的冷轧、汽车改装、钢筋加工配送、镀锌管、钢结构园区；集团瞄准康养旅游发展趋势，收储10万亩山场，规划“四大景区、八大康养镇”蓝图，并积极运作物流、贸易、金融等非钢经济，拓展全球业务！

社会责任：致富员工、回报社会是敬业的宗旨。如今在敬业上班的员工70%买了小轿车，60%在县城买了房。集团每年免费为员工进行高标准体检；员工得大病除医保部分外可获全额补助；子女上大学每年补助5000元。敬业还出资5000万元成立了敬业公益基金会，每年为平山县200名优秀学子人均发放2万元助学金，在扶贫救灾、修路建校等公益方面投资已超8亿元！

新形势下，敬业集团将以建党百年为契机，深入贯彻落实党的十九届五中全会精神，在双循环新发展格局下抓机会、求发展，做大做强钢材深加工、国际贸易、高科技及旅游康养四个板块，做全球钢材和金属制品供应服务商、全球小矿种及各种能源的贸易商，朝着国际一流的企业目标大步前行，为实现产业报国贡献力量。

螺纹钢产品

热卷板产品

污水养鱼

英钢产品

广药集团成为全球首家以中医药为主业进入世界500强的企业

广药集团世界500强排名第468位

北京时间2021年8月2日，被视为衡量全球大企业发展的权威榜单——2021年《财富》世界500强榜单新鲜出炉，广州医药集团有限公司（以下简称广药集团）2021年首次上榜，排名第468位，成为全球首家以中医药为主业进入世界500强的企业。这是广药集团打造世界一流企业的里程碑式成果，也是广东省建设中医药强省、广州市建设中医药强市的重要成果。

广东省政府、广州市政府向广药集团发来了贺信。省政府在贺信中表示："此次广药集团跻身全球500强行列，是广东中医药强省建设的重大成果，对推动新时代我省中医药产业振兴发展具有积极示范意义！"市政府也在贺信中表示，广药集团迈进世界500强"是我市国有企业改革发展的重大成果"，还提及广药集团已"成长为广州医药健康产业的中流砥柱，在促进广州经济社会发展和保障民生等方面发挥了重要作用"。

此前不久，在英国品牌评估机构Brand Finance发布的2021年度全球最具价值医药品牌榜单中，广药集团的排名也取得新突破，首次进入全球20强，名列第19位。

中药企业首入世界强企行列
"全球最长寿药厂"加速国际化步伐

广药集团进入世界500强，让中医药在世界强企行列实现"零"的突破，在中医药产业发展上具有里程碑式的重大意义。广药集团是全国最大中成药生产基地，拥有12家中华老字号，已有421年历史的"陈李济"是通过吉尼斯世界纪录认证的全球最长寿药厂，193年历史的"王老吉"素有"凉茶始祖"的美誉。华佗再造丸、复方丹参片等心脑血管类中成药，板蓝根、小柴胡颗粒等清热解毒类中成药，滋肾育胎丸、舒筋健腰丸等滋补类中成药的市场份额均排名全国前列。

在广药集团看来，中医药要实现"老树开新花"，需要开辟新的发展路径。为此，广药集团提出"时尚中药"发展理念，推动中医药与其他产业的跨界合作。2020年，广药老字号"潘高寿"与百事旗下燕麦品牌"桂格"跨界合作，联合推出猴头菇燕麦稀和阿胶燕麦稀，掀起了国潮养生热。

以时尚、健康为理念，广药集团还以贵州高维C水果刺梨为原料，开发了刺柠吉系列产品。目前，广药集团正积极研究开发荔枝饮料等新品，振兴广东荔枝品牌，助力中国乡村振兴事业。

广药集团老字号

广药集团生物医药与健康研发销售总部

坚持科技创新
点燃医药健康产业发展引擎

广药集团的发展始于中医药，但并不只有中医药，其化学药、生物药业务均处于全国领先地位，已经连续10年稳居中国制药工业百强第一位。广药集团旗下的广州医药股份有限公司是全国最大的医药商业配送单体企业，广药近年还开拓医、药、养结合的医疗服务产业，形成了大南药、大健康、大商业、大医疗四大业务板块。

目前，广药集团拥有诺奖得主3人、国内双聘院士及国医大师19人、外籍专家顾问7人、博士及博士后近百人的高层次人才队伍，建成国家级科研机构10家。

2021年5月18日，广药集团在广州举办了首届广州粤港澳大湾区生物医药与健康圆桌峰会，汇聚了黄璐琦、徐涛等中国著名院士专家，联合产、学、研、医、协（学）、用，成立了生物医药与健康国际创新成果转化联盟。

目前，广药集团拥有一批全球领先的创新药在研项目，涉及抗肿瘤、抗感染、治疗免疫性疾病、治疗骨关节炎等多个管线，范围涵盖小分子化药、中药、生物药等多个领域。

王老吉、刺柠吉定制罐

致力打造世界一流企业
为世界健康提供广药方案

在全球经济一体化的形势下，加强国际化合作是中国企业发展的必由之路。广药集团通过《财富》论坛、博鳌亚洲论坛等国际会议，进一步深化世界500强企业的战略合作。为了加速国内与国际市场的融通，广药集团在澳门成立了国际总部，助力澳门经济适度多元发展，加快广药集团国际化布局，为健康湾区、健康中国建设提供“广药方案”。

广药集团董事长李楚源认为，中国企业迈向世界除了推动产业创新发展，更需要坚定文化自信。据悉，广药集团正在建设岭南中医药博物馆，计划打造一个集博物馆、种植园、主题游乐园、酒店住宿、健康养生、休闲购物为一体的国家5A级旅游景区，面向海内外弘扬中医药文化。

站在世界500强的新起点，广药集团不仅聚力做大做强做优原有的四大业务板块，还将发展时尚中药（中药+）、健康电商两个成长业务，探索动物保健、健康金融两个培育业务，打造世界一流生物医药与健康企业，为世界健康提供更多广药方案，让“广药白云山，爱心满人间”。

HNEC

河南能源化工集团

河南能源化工集团有限公司（以下简称河南能源）是经河南省委、省政府批准，分别于2008年12月、2013年9月两次战略重组成立的一家特大型能源化工集团。产业主要涉及能源、化工新材料、现代物贸、金融服务、智能制造等。下属55对生产矿井、33家化工企业，主要分布于河南省内15个省辖市和新疆、贵州、内蒙古、陕西、青海等省（区），以及澳大利亚。拥有大有能源、九天化工2家上市公司和濮阳绿宇新材料1家新三板挂牌公司。煤炭产能8000多万吨，品种以无烟高炉喷吹煤、炼焦精煤为主。化工产能近1000万吨，产品主要涉及甲醇、乙二醇、醋酸、二甲醚、化工新材料碳纤维、聚甲醛、BDO（1，4-丁二醇）、PET、PBT等18个种类。位居2020年世界企业500强第486位、中国企业500强第122位、中国石油和化工企业500强第9位，2021年中国煤炭企业50强第10位、煤炭产量千万吨以上企业第9位。

2020年，完成原煤产量7656万吨，实现营业收入1671亿元，实缴税费65亿元。截至2021年7月底，河南能源拥有资产总额2546亿元。2021年1—7月，河南能源完成原煤产量3965万吨，实现营业收入547亿元，利润总额13亿元。当前，河南能源正在河南省委、省政府坚强领导下，着力推动从传统能源向新能源转变、从基础化工向化工新材料转变。

河南能源总部大楼

河南能源抢险救援队

河南能源生产矿井广场

河南能源首个成套自动化工作面设备地面联调成功（车集煤矿）

河南能源中原大化煤化工装置区

三门峡戴卡轮毂自动化生产线

杭州市实业投资集团有限公司

杭州市实业投资集团有限公司(以下简称杭实集团)成立于2001年6月，注册资本60亿元，是杭州市政府直属的国有大型投资集团。历经20载改革发展，杭实集团目前拥有参控股企业51家，职工3万余名，获AAA级信用评级，所投的热联集团、中策橡胶、杭叉股份、杭锅股份、杭华股份等均处于国内或行业领先地位。截至2020年年末，杭实集团合并资产总额643亿元，净资产195亿元。

杭实集团坚持聚焦“产商融结合的国际化投资平台”的战略定位，围绕核心主业，加快培育战略性新兴产业，投资布局了一批细分领域头部企业，并在此基础上着力构建以产业投资为基础、产业链投资为核心、产业链服务为特色的产业投资生态体系。

面向“十四五”新征程，杭实集团将乘着国有资本投资公司改革东风，深化“产业投资+产业服务+资本运作”多引擎驱动，聚焦生命健康、先进制造、数字经济等产业打造多个细分领域产业集群，目标成为具有资本管理、产业赋能和创业创新综合能力的新时代一流国有资本投资公司。

南京钢铁集团

党委书记、董事长 黄一新

因钢铁报国而落成，由钢铁强国而发展。

南京钢铁集团（以下简称南钢），成立于1958年，是国家第二个“五年计划”战略布局的骨干钢铁企业，江苏钢铁工业摇篮，国家高新技术企业、绿色工厂、智能制造示范企业，连续四年保持钢铁行业竞争力极强“A+级”头部企业行列。

南钢入围新华社民族品牌工程，先后荣获“全国文明单位”“亚洲质量奖”“全国质量奖”“全国用户满意企业”“国家知识产权示范企业”“中国最佳诚信企业”“卓越品牌钢铁企业”“全国企业文化建设优秀单位”“改革开放40周年功勋企业”“新中国70周年最具品牌影响力企业”“中国卓越钢铁企业国际影响力品牌”“全国优秀企业家”“南京市市长质量奖”“抗疫英雄钢铁企业”“战疫最美苏商企业”等重要荣誉。

智慧 WISDOM

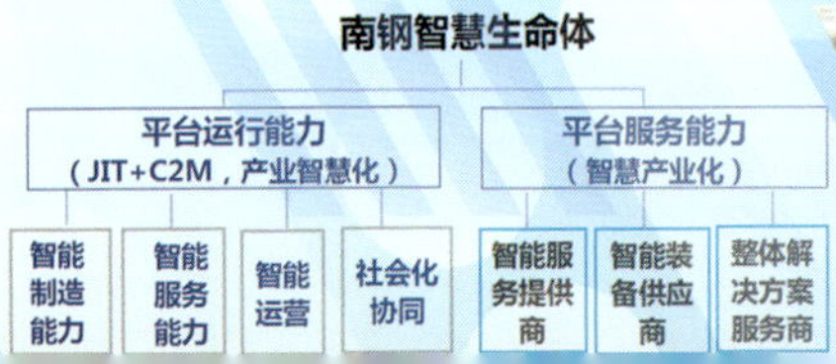

南钢智慧生命体

平台运行能力（JIT+C2M，产业智慧化）

智能制造能力 | 智能服务能力 | 智能运营 | 社会化协同

平台服务能力（智慧产业化）

智能服务提供商 | 智能装备供应商 | 整体解决方案服务商

绿色

GREEN

南钢积极贯彻新发展理念，以高质量党建引领企业高质量发展，持续提升运营、创新、产业链、裂变、组织、全球化六个能级，致力打造创新驱动、数字化转型及新产业裂变三条成长曲线，构建钢铁+新产业“双主业”相互赋能的复合产业链生态系统。在钢铁产业重点打造世界一流的中厚板精品基地和国内一流的特钢精品基地、复合材料基地等；新产业着力拓展产业互联网、智能制造、能源环保、新型材料、产业链延伸等领域。

站在“十四五”开局的新起点，面对数字化时代的到来，南钢正秉承“创建国际一流受尊重的企业智慧生命体”的企业愿景，以“挺钢铁脊梁，铸强国之基”为己任，坚持智联价值，确立“绿色、智慧、人文、高科技”高质量发展的四大特征，向数字化、智能化、生态化转型升级，建设具有全球竞争力的高科技产业集团、世界头部企业，以及绿色智慧发展、产城融合的典范和美好生活的家园，成为钢铁行业转型发展的引领者，做世界级智能化工业脊梁。

南钢船舶海工用钢：

海工船舶全覆盖，止裂钢打破国外技术壁垒， 替代进口。供货“蓝鲸一号 ” “ 蓝鲸二号” “天鲲号”、24000标箱集装箱船、国内首艘大型豪华邮轮、国内首艘自主建造极地探险邮轮，独家中标南通太平洋LPG储罐项目。

南钢镍系钢：

超低温镍系钢广泛应用于LNG、LPG、LEG等大型储运设备，为国家能源安全提供保障。配套研发超低温螺纹钢填补国内空白，替代进口。

南钢耐候桥梁钢：

耐候桥梁钢产品成功应用于国内首座免涂装铁路桥——川藏线雅鲁藏布江藏木特大桥。

南钢轨道交通用钢：

南钢高速铁路弹条用钢国内高铁线路总业绩领先。高铁刹车盘填补国内空白，打破国外对刹车盘用钢市场垄断。

南钢复合板及特用合金：

成功开发双相不锈钢、耐热耐蚀合金、殷瓦合金、超级不锈钢、钛板/卷、特种复合板等，产品成功应用于梅汕大桥、五峰山长江大桥等国家重点工程。桥梁复合

公航旅集团文县天池景区

公航旅集团贵清山景区

甘肃公航旅集团

甘肃省公路航空旅游投资集团有限公司（以下简称甘肃公航旅集团），成立于2011年1月，注册资本1000亿元，负责全省高等级公路、通用航空、文化旅游等事业的投融资建设、管理运营和培育开发。目前，成功布局公路、航空、旅游、金融、保险、贸易、地产、文化传媒等多个业务板块，拥有涉及以上板块的50余家子（分）公司，截至2021年6月末，资产总额6803亿元，约占甘肃省国有企业资产总额的1/4；净资产2410亿元，与成立之初相比，总资产增长了10倍，净资产增长了11倍。国内主体信用为正面展望AAA，境外主体信用等级为BBB+，先后9次荣获甘肃省“省长金融奖”。2020年位列中国企业500强第172位，中国服务业企业500强第70位，全国公路运输类企业第2位。

兰永一级公路——河口黄河特大桥

莲峰互通立交

公航旅金汇通航直升机

公航旅张掖七彩丹霞景区热气球节

成立十年来，甘肃公航旅集团累计融资4850亿元，融资方式填补了甘肃融资品种的多项空白，融资规模屡创甘肃企业融资额度的多个第一。近年来，每年完成固定资产投资约占年度甘肃省列重大项目投资的1/4以上。累计投资建成高速公路近2700公里，占全省已建成高速公路的一半以上；在建高速公路1300公里，拟投资建设高速公路2000多公里。建成张掖、夏河、兰州中川机场二期等民用机场，建成甘肃首个通航机场——张掖丹霞通用机场，并成功举办首届丝绸之路（张掖）国际通航大会；依托丹霞景区开展直升机、动力伞、热气球等低空游览项目；组建通用航空公司，开展航空应急救援、空中医疗救护业务。累计投资近50亿元开发建设了张掖七彩丹霞、焉支山、贵清山、遮阳山、永靖黄河三峡、陇南文县天池等旅游景区。西北目前最大的在建文化旅游综合体——武威雷台文旅综合体PPP项目计划2022年5月建成运营。累计为全省6000多家中小微企业提供融资支持近800亿元，建成中国西北最先进的金融仓储基地。贸易板块累计实现营业收入超4000亿元，贸易收入在甘肃省第三产业限额以上批发零售行业中占比近1/5，为甘肃省第二大贸易公司。

渭武路——建管养一体化（遮阳山收费站）

公航旅·张掖国际露营基地门牌

北大荒集团
BEIDAHUANG GROUP

北大荒农垦集团有限公司地处我国东北部，辖区土地总面积5.54万平方公里，现有耕地4458万亩、是国家级生态示范区。下辖9个分公司、113个农（牧）场有限公司、682家国有及国有控股企业。

黑龙江农垦开发建设始于1947年，作为我国农业先进生产力的代表，在屯垦戍边、发展生产、支援国家建设、保障国家粮食安全方面做出了重大贡献，形成了组织化程度高、规模化特征突出、产业体系健全的独特优势，是国家关键时刻抓得住、用得上的重要力量。中国人的饭碗任何时候都要牢牢端在自己的手上。当前，北大荒农垦集团有限公司正在加快建设现代农业大基地、大企业、大产业，努力形成农业领域的航母。2010年，垦区被农业部命名为“国家级现代化大农业示范区”。目前，垦区粮食生产连续10年稳定在400亿斤以上，实现“十七连丰”，位居中国农业生产企业前列，为保障国家粮食安全做出了重大贡献，让“中国饭碗”装满“中国粮食”。

北大荒农垦集团有限公司发展现代化大农业具有得天独厚的优势。主要农作物耕种收综合机械化水平达99.7%，农业科技贡献率达76.28%，科技成果转化率达82%，居世界领先水平。垦区坚持实施农业产业化经营，打造了米、面、油、肉、乳、薯、种等支柱产业，集团旗下拥有国家级及省级农业产业化龙头企业11家，培育了“北大荒”“完达山”“九三”等一批中国驰名商标，其中2021年“北大荒”品牌价值1439.85亿元，位列第49位，居中国500最具价值品牌排行榜农业板块榜首。

立体化联合作业

北大荒米业

绿色有机稻米

九三集团

筑牢国家粮食安全压舱石

北大荒完达山乳业

CMOC

洛阳钼业

洛阳钼业从事基本金属、稀有金属的采选冶及矿产贸易业务，是国内为数不多的、拥有“A+H”两地上市平台（SH 603993，HK 03993）的矿业类上市集团。公司的主要矿业资产分布于刚果（金）、中国、巴西和澳大利亚，金属贸易业务遍及全世界80多个国家。是全球最大的白钨生产商之一和第二大的钴、铌生产商，亦是全球前七大钼生产商和领先的铜生产商，磷肥产量位居巴西第二位，同时公司基本金属贸易业务位居全球前三。

2020年，洛阳钼业坚持“内生增长”和“外延投资”双轮战略，积极应对全球新冠肺炎疫情防控常态化态势和“双循环”发展格局。旗下全球第三大金属贸易平台埃珂森加速与矿业板块融合，在新冠肺炎疫情期间为生产运营和产品销售提供强大的物流体系支撑，并为洛阳钼业带来矿业上下游更多的市场机遇和协同效应。

2020年度报告显示，洛阳钼业全年实现营业收入1129.81亿元，同比增长65%；实现归属于母公司净利润23.29亿元，同比增长25%；实现经营性净现金流84.92亿元，同比增长398%。当年洛阳钼业的总市值、总资产及营业收入均突破千亿元。

洛钼栾川三道庄钼钨矿区

洛钼刚果（金）10K 扩产项目

洛钼刚果（金）TFM 员工

鼎龙湾国际海洋度假区实景

鼎龙集团
DINGLONG

鼎龙集团始创于20世纪90年代，集团注册于2005年，总部位于广州。集团以文旅产业、地产开发、贸易产业链、矿产业链四大产业为核心，多元产业融合发展，拥有A股上市公司鼎龙文化。2020年，集团总营收突破1300亿元，荣膺中国企业500强、2020中国民营企业500强；2019—2021连续荣膺中国文旅地产10强，入选2020—2021年度广东省重点支持大型骨干企业名录。

鼎龙集团深耕“大文旅+”“大康养+”产业模式，致力打造多个世界级旅游目的地及国际会议中心；集团拥有数万亩土地储备，布局粤港澳大湾区、海南自贸港、北部湾三大经济区，服务超400城业主；集团致力于打造“鼎龙贸易产业链金牌服务商”品牌和全产业链布局平台，覆盖大宗商品交易三大领域；集团拥有丰富的矿产资源储备，旗下企业在全球持有丰富的钛铁砂矿资源。

鼎龙湾国际海洋度假区实景

鼎龙 · 天海湾实景

秉承“投资一方、造福一方”的企业社会责任理念，集团将产业振兴作为乡村振兴主轴。其中，集团位于湛江的国家4A级景区鼎龙湾、大汉三墩景区、天海湾景区等，实现90%就业人员本地本村化，直接带动超5000人就业，实现文旅产业精准扶贫，有效解决乡村留守家庭问题；近年来累计培训1万多名服务业产业工人，成为一批批文旅相关产业的“广东技工”“粤菜师傅”。集团积极探索乡村文化振兴，打造广东首个粤西非遗基地，连续6年举办“粤西非遗文化节”，成为粤西乡村文化振兴示范点，开辟粤西文化产品供应及展销新模式。

鼎龙集团长期致力社会公益，先后荣获“2020—2021福布斯中国慈善榜”“2019—2020年度广东扶贫济困红棉杯金杯”“宋庆龄基金会特别爱心合作伙伴”“扶贫济困十佳杰出贡献单位”“南方公益文化环保奖”等殊荣，2019年成为国家自然资源部海洋公益项目合作伙伴。截至目前，鼎龙集团在公益事业投入累计约5亿元。

鼎龙 · 十里桃江实景

云南省交通投资建设集团有限公司

航空

水运

云南省交通投资建设集团有限公司（以下简称云南交投）是云南省省属国有企业，是云南综合交通体系建设主力军、云南综合交通投融资主平台、云南综合交通全产业链经营实体。

云南交投下设25个二级单位，现有职工1.8万余人，其中专业技术人员4472人、具有高级技术职称者1301人。资产总额超过5422亿元，企业主体信用等级为AAA级。运营管养高速公路5000多千米。

产业涵盖了公路、水运、航空等综合交通的规划设计、投资建设、运营管理、经营开发、物资贸易、交通科技等全产业链领域。

拥有公路施工总承包特级，公路、市政、建筑行业设计甲级等230余项资质，具有援外成套项目总承包企业资格，曾荣获中国土木工程詹天佑奖3项、国家优质工程奖16项、省部级以上科技奖项99项。

“十三五”期间，完成综合交通产业投资4126亿元，共承担高速公路建设项目41个，建成高速公路2460千米，占云南省新增里程的50%，水运投资占全省的80%。

云南交投以“开创美好生活新通道”为使命，秉持“诚信、守法、合作、共赢”的经营理念，勇担国企责任，主动融入和服务“一带一路”“交通强国”“面向南亚东南亚辐射中心”建设，致力于建设现代综合交通运输体系，助力经济社会高质量发展。

读书铺服务区

怒江美丽公路

双胞胎集团董事长——鲍洪星

集团总部大楼

双胞胎

双胞胎集团

双胞胎集团成立于1998年，是一家专业从事生猪养殖、养猪服务、饲料销售、玉米收储、生猪屠宰的全国性大型农牧企业，过去是饲料公司，现在是养猪公司，现有分公司350家、员工1.5万余人、销售收入超865亿元，2020年生猪上市520万头，一举进入行业前五强，到2025年要实现养猪三分天下有其一。

双胞胎集团掌握核心科技，现拥有专业研发人员400多名，硕博人员100多名，成立院士、博士工作站，在荷兰、法国等欧美国家成立研究所，储备了大量的养猪核心技术和饲料核心技术，拥有国家CNAS认证的实验室、国家企业技术中心，两次荣获“国家科技进步”二等奖，并拥有国家专利100多项。

双胞胎集团是中国企业500强，中国民营企业500强，中国制造业企业500强，农业产业化国家重点龙头企业。

双胞胎集团坚持以客户为中心，为客户创造价值，致力于让家人吃上放心肉。集团致力于构建全球最大、最好的养猪服务平台，让养猪更简单；通过从原料、饲料、养猪、屠宰、销售闭环管理，让猪肉更安全，立志将安全、健康、美味的猪肉带给每个家庭、每张餐桌。

现代化生产车间

现代化工厂

现代化猪场

江苏永钢集团有限公司

JIANGSU YONGGANG GROUP CO.,LTD.

党委书记、总裁吴毅（中）在线材车间指导工作

炼钢车间

线材五厂

江苏永钢集团有限公司（以下简称永钢集团），创办于1984年，经过36年的发展，现在是一家以钢铁为主业，新型贸易、绿色建筑、装备制造、新能源等多元产业协调发展的综合性企业集团。现有员工13000余人，年产钢能力900万吨，2020年营业收入1010亿元。

研发生产的建筑用钢、优钢线材、特钢产品国内销往28个省区市，国外销往112个国家和地区，其中32个“一带一路”沿线国家和地区，应用于港珠澳大桥、“迪拜眼”摩天轮、新加坡滨海湾金沙酒店等知名工程。产品涵盖普钢、优钢、特钢，其中普钢产品广泛应用于高路桥、房产、景观建筑等领域；优钢产品广泛应用于机械工程、桥梁工程、生活设施等领域；特钢产品广泛应用于交通（汽车、船舶、航空、航天、轨道交通）和能源（核电、风电、火电、石油开采）等领域。公司的主要生产车间（电炉大棒、精品线材、智能炼钢、智能炼铁）被评为江苏省智能制造示范车间。近3年，永钢集团累计研发新产品233个，其中“超超临界压力容器焊丝钢”和“贝氏体非调质钢”产品填补国内空白，连续5年获评“钢铁行业竞争力特强企业”。

在发展过程中，永钢集团获得了“全国守合同重信用企业”“全国诚信守法乡镇企业”“全国钢铁工业先进集体”“全国模范职工之家”“全国推动绿色发展示范基地”等荣誉。推进绿色、循环、低碳发展，成为第一家同时获得国家工信部“绿色工厂”和“绿色供应链管理示范企业”钢铁企业，被国家节能中心评为“推动绿色发展示范基地”，被国际能源基金会评为“气候领袖企业”。积极履行社会责任，2012年以来累计上交税收达138亿元，解决就业1万余人次，参与脱贫攻坚、民族团结等工作，被授予“中华慈善奖”等荣誉。

转底炉

原料场封闭项目

永钢集团办公楼

LOGAN
龙光

龙光交通集团

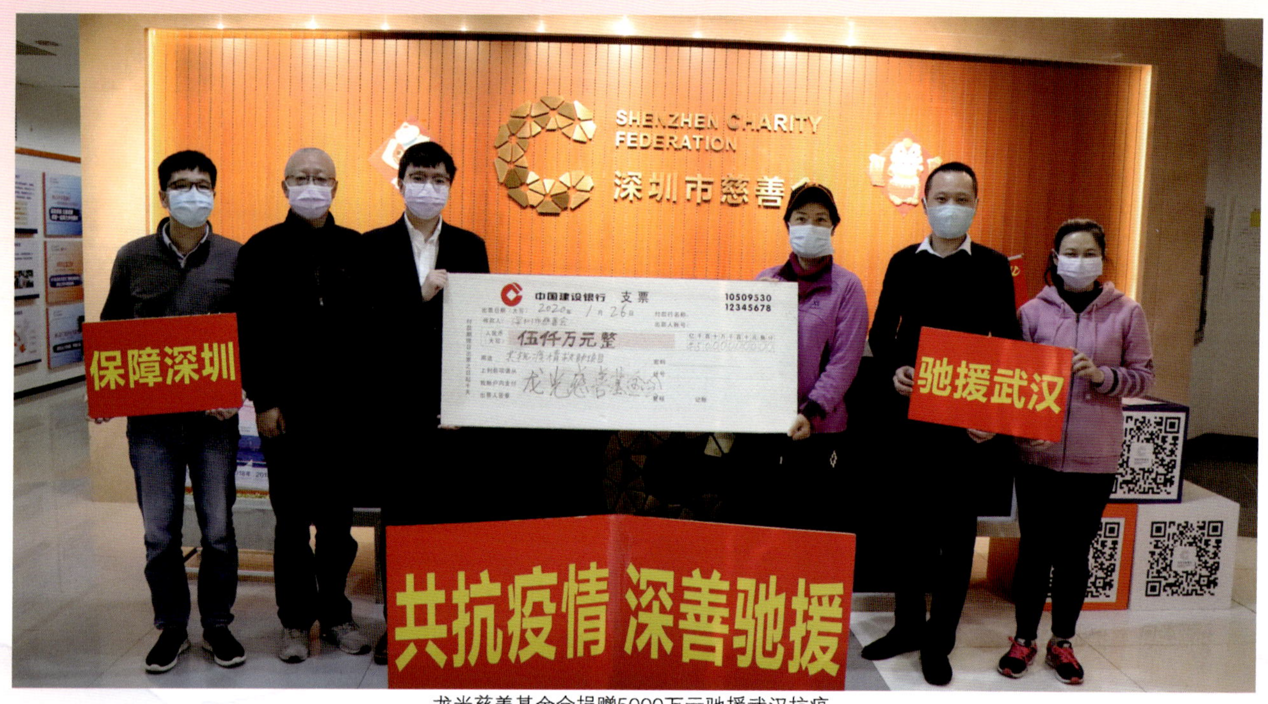

龙光慈善基金会捐赠5000万元驰援武汉抗疫

龙光交通集团（以下简称龙光）创立于1996年，总部位于中国深圳，集团紧跟国家发展战略，秉持“责任筑城 臻心建家”品牌理念，在居住、服务、生活三大领域精选赛道，战略性地投资科技创新、消费升级等相关业务，整合客户、合作单位、战略品牌等内外部资源，持续巩固“城市综合服务商”地位。

旗下地产板块，2020年跃居“中国房企综合实力”第18位，位列《福布斯》“亚太区最佳上市公司50强”，《财富》“中国最佳董事会50强”。龙光的高质量发展获得了资本市场的广泛认可，被中国指数研究院评为最具投资价值的三家内房股之一，2020年被纳入恒生指数大型股。

深圳龙光——玖龙台

广州龙光——天皓园林展示区

深圳龙光——天境

广州龙光——天皓

龙光全国化布局粤港澳大湾区、长三角核心都市圈及西南、中部城市群等中国最具价值的核心都市圈。截至2021年6月30日，龙光土储总面积达8556万平方米，土储优质充裕，布局城市能级高，为长期可持续发展奠定基础。

旗下交通投资板块，投资建设4条高速公路，分别位于广西、四川等地，总里程大约530千米，总投资400亿元，是国内投资高速公路里程最长、金额最高的民营企业之一。

龙光饮水思源，积极履行企业公民责任，在扶贫、教育等板块持续发力，大力开展精准扶贫，助力脱贫攻坚，迄今为止开展公益项目三百余个，公益足迹遍及全国20余座城市，累计捐赠达9亿元，获得“中华慈善突出贡献奖”“抗击疫情社会责任贡献奖”“中国优秀企业公民”“全国慈善会基层慈善爱心企业”“广东扶贫济困红棉杯”金杯等一系列荣誉。

未来，龙光将继续坚持“务实、创新、阳光、高效”的企业精神，为实现“创美好生活，筑长青基业”的企业愿景不懈努力。

管理机制

巩固职业经理人机制，共创价值，强化企业文化和企业竞争力。

ESG

持续提升环境、社会、公司管治（ESG体系），成为卓越的企业公民。

卓越产品

巩固玖系、天系和江南系三大产品线，打造全国知名健康人居品牌。

天然气产业下游
业务覆盖：20余个省、区、市，235个城市燃气项目，119个泛能项目，2321万个家庭用户，17.7万个工商业用户，覆盖人口1.12亿

天然气产业中游
调运1500多辆LNG槽车，运维400余座LNG储罐，6.3万千米城市管道，LNG年配送能力超100亿方

天然气产业上游（与bp签署天然气购销协议）

天然气产业下游

在天然气产业下游，新奥股份分销网络覆盖全国，2020年总销售气量达到305.1亿立方米。在“十四五”规划指引下，新奥股份将充分发挥天然气在“碳达峰、碳中和”目标中能源转型的桥梁作用，积极促进天然气的高效利用，不断提升下游服务，助力清洁能源覆盖人口范围、城镇人口天然气气化率和气化人口总量的提升。

天然气产业中游

在天然气产业中游，新奥股份建设联通资源供应和市场消费的天然气储运体系，开展大规模、网络化、多形态的资源调度与物流运输，通过全国最大的LNG输配网络，将天然气源源不断地输送到千家万户。

新奥舟山LNG接收站

在浙江舟山，新奥股份运营国内首家由民营企业投资建设的接收站项目——新奥舟山LNG接收站，是浙江省天然气供应的重要气源之一，累计向浙江省和周边地区供应天然气约80亿立方米，为浙江省乃至华东地区能源结构调整、应急保供、安全保障发挥了重要作用。

天然气产业上游

在天然气产业上游，新奥股份与多家全球性资源商建立长期战略合作；通过持续深化三大油合作，连接180余座LNG液化工厂，利用多元模式获取非常规气；由新奥自主研发的催化气化、加氢气化煤制天然气技术，已形成工业化生产示范，公司的资源获取能力不断提升。

工程建设

在工程建设业务端，新奥股份围绕客户低碳智能运营的需求，构建以低碳规划为牵引、低碳核心技术为驱动的低碳智能建造能力，为客户提供全周期低碳智能建造服务。

智能产品代表

在气源采购环节，打造“好气网平台”，提供一站式现货交易、提货权交易、定制化招标采购、供应链金融等智能服务，助力企业灵活、便捷地采购LNG资源。

安全高效输配是能源供应的关键，新奥股份打造的“运途云”产品，利用ADAS、北斗等物联终端，实现LNG槽车运单、驾押、线路、在途等全过程的动态监管、异常预警，保障LNG运输过程安全可靠。

在接收站运营过程中，打造接收站多用户智能运营产品，通过窗口智能排期，实时匹配多个使用方的船期、提气和库存计划，最大化释放设施能力。

新奥舟山LNG接收站
一期工程于2018年10月投入运营，年处理能力超过300万吨；二期工程于2021年6月完成，最大处理能力可达每年800万吨；远期处理能力可达每年1000万吨

工程建设
多项甲级设计资质
压力管道和容器制造安装资质
施工总承包一级资质
向国内外客户交付LNG接收站3座、液化工

山东省国有资产投资控股有限公司成立于2005年，是山东省委管理的国有重要骨干企业，2015年改建为山东省唯一一家省级国有资本运营公司。公司以习近平新时代中国特色社会主义思想为指导，践行“资本助力实体经济、运营服务山东战略”企业使命，充分发挥投资运营和资产管理主业优势，不断提高国有资本运营效率效益，积极助力全省经济社会高质量发展。2020年年末，合并资产总额1573亿元。2020年实现营业收入862亿元，利润总额37.64亿元。

坚持“三个面向”，做跨产业投资引领者。面向山东、面向实体、面向新动能，联合成立山东省文化产业投资集团，填补了山东没有文化投资集团的空白；出资成立德华安顾人寿保险公司，填补了山东省内无寿险法人机构总部的空白；支持投资控股的浪潮集团发展壮大，服务器市场占有率保持国内领先、世界第三；资本助力全资企业山东华特控股集团有限公司聚焦主责主业，旗下达因药业的伊可新®获中国驰名商标；控股企业山东省中鲁远洋渔业股份有限公司是全国远洋渔业界海陆设施齐全、产业链完备，有代表性和竞争力的上市企业；旗下德州银行、山东融越金融控股有限公司在助力实体经济发展中成效明显。

浪潮集团有限公司云中心　浪潮集团有限公司产业园　浪潮集团有限公司智能工厂

山东华特控股集团有限公司达因药业厂区

山东达因
海洋生物制药股份有限公司

山东省中鲁远洋渔业股份有限公司入渔索马里

坚持价值提升，提高国有资本运营效率。创新管控模式，坚持党的领导，强化股权管理，“定战略、议大事、管团队、控风险”，对权属企业实施清单式管理。大力推动混合所有制改革，目前公司已混改企业资产占比86%，户数占比84%。积极培育旗下企业上市上板，控股浪潮信息（000977.SZ）、浪潮软件(600756.SH)、浪潮国际(00596.HK)、华特达因(000915.SZ)和中鲁B(200992)5家上市公司，资产证券化率近70%。从2005年成立到2020年年末，资产总额增加了17倍，营业收入增长了12倍，利润总额增长高达90倍，走出了一条独具特色的高质量发展之路。

勇于担当作为，圆满完成“僵尸企业”处置任务。以服务省属企业重组整合、出“僵”治亏、提质增效、聚焦主业为目标，稳步开展特色资产管理业务。通过采取股权混合、业务重组、资产处置、债务重组等方式实现生产要素分解、重组和流动，妥善处置了126户“僵尸企业”，出清了39户困难企业。

未来，山东省国有资产投资控股有限公司将准确把握新发展阶段，深入贯彻新发展理念，主动融入新发展格局，践行国企责任，坚持创新、优化管理、高效经营、科学发展，奋力打造成为“具有全球竞争力、全国代表性的一流国有资本运营公司”。

山东融越金融控股有限公司大楼　　德州银行大楼

集团党委书记、董事局主席　林烨

振烨国际集团党委书记、董事局主席林烨，江西广丰人，现任广东陆军预备役高射炮兵师某团中校副参谋长、中国民营经济国际合作商会副会长、广东省企业家协会副会长、江西省美好家园公益慈善中心副理事长、深圳市企业家协会常务副会长、深圳市商业联合会常务副会长、深圳市产业园区协会常务会长、深圳市文化创意产业行业协会常务副会长、江西省谱牒研究会林氏文化委员会荣誉会长等社会职务；荣获2021年“深圳最美退役军人”、2020中国经济年度人物、第十三届深商风云人物、中国共产党优秀党员、优秀预备役军官、优秀党务工作者、社会主义建设精神文明标兵、年度爱心企业家贡献奖（民政部颁发）、深圳双拥年度人物、2020中国投资十大领军人物、2020中国经济十大影响力企业家、2020抗疫榜样人物奖、2021中国品牌年度人物等荣誉。

在带领集团行稳致远、健康发展的同时，集团董事局主席林烨积极履行企业社会责任，指导集团积极响应国家精准扶贫政策，助力脱贫攻坚贡献力量，发起成立“一行天下”公益慈善基金会，为革命老区、革命传统教育基地捐款捐资，长期参与扶贫济困、拥军优属等活动，捐款捐物累计不超过6000万元，在国防教育、军民共建、公益慈善等方面投入了大量的资金和心血，以强烈的家国情怀和军人本色真情回馈社会，致力于环境友好，谋求可持续发展。

集团简介

振烨国际集团是以实业为主、新兴产业相结合的综合性产业跨国集团，主体信用等级“AA+”。历经16年的发展，员工不超过2万人，目前在北京、上海、深圳、广州建立区域总部，在全国10余个省市设立事业总部，分支机构分布在江西南昌、吉安，浙江杭州、宁波等全国100多个大中城市，并在美国、澳大利亚、加拿大、印度、印度尼西亚、新加坡设有海外事业部。

集团主要涵盖八大产业：大健康、大消费、现代物流商贸、新文化传媒、先进制造、新能源、智慧供应链、电子商务。其中，大健康产业涵盖生命科学、医疗精准干预、康养保健等领域；现代物流商贸产业包括产业园区管理、智慧产业园区运营、共享办公、重大资产重组等。

2020年，集团荣登中国企业500强第354位、中国服务业企业500强第133位、中国民营企业500强第152位、中国服务业民营企业100强第50位、广东企业500强第51位、广东民营企业100强第24位、深圳企业500强第24位。2020年，集团营业收入为812亿元。

集团以党建为引领，将党建写进集团章程，成立了党委，下设8个党支部。2021年，集团党委和党委第六支部获评为先进基层党组织，党委书记林烨获优秀党务工作者表彰，并入选中央党校民营企业党建优秀案例。集团大力弘扬爱国拥军的光荣传统，积极扶持退伍军人和官兵家属就业，2021年，林烨主席获评“深圳最美退役军人”、优秀预备役军官。

振烨国际集团在稳健发展的同时，积极践行企业社会责任，积极响应国家精准扶贫政策，助力脱贫攻坚贡献力量，发起成立“一行天下”公益慈善基金会，当选为江西省美好家园公益慈善中心常务理事单位，集团党委书记、董事局主席林烨当选为江西省美好家园公益慈善中心副理事长，历年来在国防教育、公益慈善等方面捐款捐物不超过6000万元。

目前，集团是中国民营经济国际合作商会副会长单位、广东省企业联合会副会长单位、深圳市商业联合会常务副会长单位、深圳市企业联合会常务副会长单位、深圳市产业园区协会常务会长单位、深圳市文化创意行业协会常务副会长单位、深圳市诚信联盟协会会长单位。集团多年被评为党建先进单位、双拥模范单位等。

展望未来，振烨国际集团正以“唯有拼搏，唯有奋斗”的坚实步伐迈进世界百强企业行列，实现“实业兴邦、产业报国”的企业使命！

特色党建

振烨国际集团自成立以来，坚持贯彻落实习近平新时代中国特色社会主义思想，重视党建为引领，将党建写入企业章程，坚持红色洗礼，传承红色基因，致力于打造中国红色产业集团。2020年8月，集团在北京成立了中共北京振烨国际控股产业发展集团有限公司委员会，设党委书记1名、党委副书记2名、党建顾问2名、党委委员9名。目前拥有党员109人，下设8个支部，党建成为推动集团实现高质量发展的强大红色引擎。

四大总部

北京总部（海淀区振烨大厦）

上海总部（浦东新区越秀大厦）

深圳总部（宝安区振烨大厦）

广州总部（南沙区中惠国际金融中心）

陕西投资集团有限公司（以下简称陕投集团或集团）是陕西省首家国有资本投资运营公司，注册资本100亿元，现有总资产2000多亿元，拥有全资、控股子公司30家，全系统员工2.6万余人。

陕投集团的前身是1991年成立的陕西省电力建设投资开发公司，依靠国家集资办电政策起步，1998年改制为陕西省投资集团（有限）公司，由单一的电力建设专业化公司走向以电力建设为主导、多元发展的综合性投资公司，2011年与陕西省煤田地质集团公司重组为陕西能源集团有限公司，2018年按照国有资本投资运营公司的功能定位和改革要求，更名为陕西投资集团有限公司，逐步形成了能源、金融和战略新兴产业投资有机融合，产、融、投一体化发展的良好格局。

近年来，集团以国有资本投资运营公司改革试点为契机，初步打造了具有自身特色、符合发展实际的“陕投模式”，即坚持“追寻价值、引领发展”的使命与担当，以产融结合为基础，以改革创新为动力，以国有资本投资运营公司为平台，以能源、金融、投资为主业，以创新链、产业链、金融（服务）链协同为抓手，坚持“能投会卖”的投资理念和“阶段性持股”的经营理念，沿着资源资产化、资产资本化、资本证券化的“三化”经营路径，完成资源集聚、资产配置、产业培育、系统赋能、价值创造、资本运作和价值实现的高质量运营过程，为陕西经济建设发挥“引导投资、调整结构、推动发展”的功能和作用。

2020年，集团实现营业收入778亿元、利润总额49亿元、年末总资产1978亿元、净资产658亿元，实现了“十三五”全面翻一番目标，在2020中国企业500强排名中位列268位，两次荣获“全国五一劳动奖状”，在省国资委综合业绩考核中连续16年保持A类排名。

陕西省首个大型煤电一体化外送项目
——赵石畔煤电一期2x100万千瓦发电项目

陕投集团西部证券公司标识

蒲城生态农业光伏电站

陕投集团立芯光电进行COS芯片贴片作业

陕投集团外观大楼

不断超越 更加优秀

Beyond Excellence

越秀集团于1985年在香港成立。经过36年的改革发展，越秀集团已形成以金融、房地产、交通基建、现代农业为核心产业，造纸等传统产业和未来可能进入的战略性新兴产业在内的“4+X”现代产业体系。

越秀地产是全国第一批成立的综合性房地产开发企业之一、中国第一代商品房的缔造者，也是中国第一家拥有香港房地产投资信托基金的内地房企。目前，公司已战略性深度布局中国最具活力的几大经济带，形成了以粤港澳大湾区为核心，以华中、华东、北方、西南四大区域为重要支撑的“1+4”全国化战略布局。越秀金融是越秀集团四大核心板块之一，在境内外拥有两个金控平台、两家上市公司，以及银行、资产管理、租赁、产业基金、期货、担保、小贷等多个金融业务子公司，目前总资产超过3000亿元；越秀交通旗下共17个项目，一直从事投资、经营及管理广东省和其他经济发展高增长省份的高速公路、桥梁，公司总收费里程接近900公里，应占权益收费里程532.4公里。越秀风行食品将继续做大做强乳业、生猪、食品加工、生鲜、商贸、冷链的“3+3”产业布局，打造全产业链的食品流通体系，力争成为粤港澳大湾区第一梯队的农业食品龙头企业。

董事长　张招兴

广州国际金融中心

广州北二环高速公路

越秀金融大厦

辉山乳业加工厂

2020年，越秀集团财务口径总资产约6754亿元，营业收入696亿元，同比增长19%；利润总额153亿元，同比增长29%；全年纳税总额109亿元。2020年，越秀集团统计口径总资产约7300亿元，营业收入774亿元，同比增长19%；利润总额190亿元，同比增长20%；全年利税总额约300亿元。

2020年是我国实现第一个百年目标，全面建成小康社会收官之年，也是越秀集团收官“十三五”、开启“十四五”之年。越秀集团及各板块将坚持以习近平新时代中国特色社会主义思想为指导，围绕“强化管理促发展，优化结构上台阶”工作主题，进一步增强忧患意识和机遇意识，要做好攻坚克难、过紧日子的准备，坚决打赢新冠肺炎疫情防控阻击战，将疫情不利影响降到最低，同时要积极把握风险挑战中蕴含的发展机遇，坚定信心，稳中求进，创新发展，推动越秀集团改革

成都市龙泉山丹景台

成都市东西城市轴线东安新城段

成都市郫都区战旗村新型社区项目

成都兴城投资集团有限公司是成都市重要的国有资本投资运营公司，主营供应链金融、建筑产业、城市开发、医疗健康、文体旅游、乡村振兴，下辖各级全资、控股及参股公司303家、银行网点649家。2020年位居中国企业500强第308位、中国战略性新兴产业领军企业100强第25位、中国净资产增长最快10强企业第8位，连续3年位居成都服务类企业榜首，是中国中西部地区首家加入达沃斯世界经济论坛的国有企业，获评全国企业文化最佳实践企业。2021年上半年，集团资产规模达8821.06亿元，实现营业收入976.75亿元、利润总额59.89亿元，上缴税费52.66亿元。

投身城市空间布局调整和城市功能品质提升，先后打造了成都市东部、南部共56平方千米城市副中心及龙泉山丹景台、双流国际机场等1000多个城市重点项目。建成高品质地产住宅和新型社区超2000万平方米，完成四川省最大易地扶贫搬迁（昭觉县集中安置项目）及第31届世界大学生运动会主干道东西城市轴线（东段）、22个场馆改造和大运村建设。

以“服务市民高质量生活需求”为导向，打造133平方千米成都环城生态公园，建成各级绿道517千米，举办各类国际赛事活动300余场，累计接待游客5000万人次，连续登陆冬季达沃斯世界经济论坛，向全球广泛宣传成都公园城市形象，擦亮“雪山下的公园城市”金字招牌。

积极助力成渝地区双城经济圈建设，与成都东部新区属地政府管委会签订战略协议1700亿元。前瞻性实施龙泉湖智慧科创城、未来数智科创城及6个未来公园社区建设，预计在“十四五”期间实施项目74个，总投资超456亿元，奋力助推成都东部新区成型成势。

成都市天府绿道环城生态公园

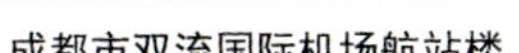
成都市双流国际机场航站楼

成都市盛美利亚酒店

成都市东部新区健康医学中心

探索多元医疗服务模式，正加快建设首期投资100亿元、占地14.34平方千米成都健康医学中心，以及首期投资30亿元，占地211亩华西国际重离子质子肿瘤治疗中心，全力打造全球高水平医疗健康“引领极”和高能级医药研发领域“承载地”。旗下上市公司天津红日药业（300026）拳头产品“血必净”注射液入选新冠肺炎诊疗方案“三药三方”并向全球推广。

全面助力成都“三城三都”建设，高标准策划建设张大千博物馆、摩诃池公园、三国蜀汉城等城市地标，提升打造35.36平方千米成都大熊猫国际旅游度假区。参与全国城乡融合发展试验区建设牵引工程。自创品牌弥远咖啡正着力孵化为成都首只咖啡瞪羚企业。打造青城豪生、盛美利亚等高端酒店集群，成功保障“中日韩三国领导人峰会”，2018年成立蓉城足球俱乐部，代表成都足球重返中国足球职业联赛，在一年半时间里成功实现从成冠至中甲的“四连跳”，2021年将全力冲超。

加快资本证券化步伐，是中国西部地区首家同时发行美、欧元债券的国有企业。2019年，通过资本市场收购天津红日药业（300026）、北京中化岩土集团（002542）两家上市公司控制性股权；2020年，出资165亿元成为成都农商银行最大股东。凭借国内AAA、国际BBB+高信用评级，2017—2020年累计融资超2140亿元。

未来，集团将以奋发有为、争先进位的使命感、责任感，站位新阶段、贯彻新理念、服务新格局，努力为建设践行新发展理念的公园城市示范区、建设带动全国高质量发展重要增长极和新的动力源持续贡献力量。预计到2021年年底，集团资产规模突破9000亿元，营业收入超1850亿元，冲刺世界500强。

四川省昭觉县易地扶贫搬迁集中安置项目

成都市南部新区

第21届世界大学生运动会射击场馆

蓝润集团企业介绍 *

蓝润集团创始于1997年，秉承“实业报国 服务民生”的企业使命，深耕大消费领域，是以食品业为主的大型综合性产业集团，现拥有员工2万余人，业务遍布全球20多个国家和地区。连续多年入选“中国企业500强”“中国民营企业500强”，位列“四川民营企业100强”第四位。2020年，集团产值710亿元。

蓝润集团顺应现代消费升级需求，融入科技化发展进程，旗下食品主业以工匠精神与科技创新，焕发中华美食新生机。在深耕食品主业的同时，稳步运营与管理旗下商业、酒店等优质资产，满足多元化消费场景需求。目前，管理资产规模超千亿元。

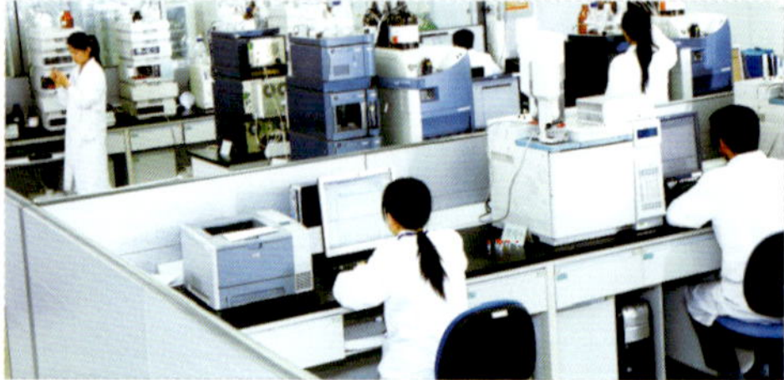

产业布局*

蓝润集团食品主业遵循以食品为主体，养殖和屠宰为支撑的发展战略，依托国内领先的食品研发中心、智能美食工厂与供应链优势，构建起覆盖全国主流美食口味的产品体系，持续为百姓万家提供吃得起、吃得好、吃得健康的预制菜肴。同时，凭借卓越的产品力与服务力，赋能全渠道营销网络，为500多家知名企业提供定制化生产服务，与逾千家全球品牌建立战略合作关系。集团布局产业链上游，在国内近30个地区建设涵盖养殖、屠宰及相关配套的规模化生产基地，构筑“优势互补、高效协同”的全国化产业格局。凭借优质的原材料供给与行业领先的屠宰能力，锻造自主供应链核心竞争力，切实保障食品源头可控、全程可追溯，守护百姓餐桌安全。

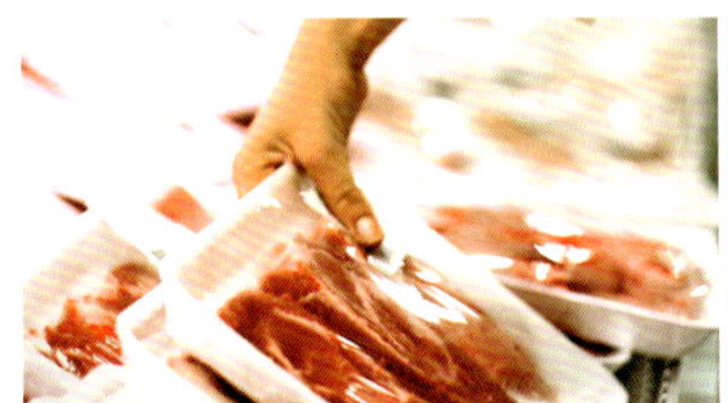

社会责任*

蓝润集团一直将企业社会责任作为发展优先关注的课题，围绕“保就业、促民生、关爱社会”践行企业公民责任。通过产业主导、人才支撑、科技引领、生态环保，积极发挥核心业务优势服务社会，带动逾百万人就业。深度参与乡村振兴战略，努力为地方经济提供有力支撑。积极投身社会公益事业，在“5·12”汶川地震、新冠肺炎疫情期间等重大公共事件救助中积极贡献企业力量。

捐款助力抗疫，共克时艰

带动村民，就业致富

返乡就业人员建设项目工程

甘肃建投

甘肃省建设投资（控股）集团有限公司（以下简称甘肃建投），连续9年位列中国企业500强，连续7年入选“全球最大250家国际承包商”，是甘肃省首批国有资本投资公司试点单位，肩负服务全省发展战略、优化国有资本布局、提升产业竞争力的国企重任。

甘肃建投董事长苏跃华（一排左一）进行海外业务洽谈并签署合作协议

极具历史厚重感的老牌国有企业：甘肃建投成立于1953年。“一五”期间，甘肃建投承建了国家156个重点建设项目中设在甘肃的全部16项工程，是兰化、兰炼等重点工业项目的缔造者。

——建成了包括404厂和8702工程在内的一大批国防、军工、核工业、航天、兵器工业项目，承建了包括“三线”建设在内的众多电力、石化、医药、军工、冶金、机电、轻工、建材工业项目和学校、医院等一大批公用项目。

甘肃建投承建的海外经援项目——津巴布韦国家体育场

甘肃建投承建的中国驻加纳大使馆项目

——从1978年承担中国政府援建多哥“人民联盟之家”工程开始，甘肃建投先后在亚洲、非洲、欧洲、拉丁美洲40余国开展经援项目建设、国际工程承包、经济技术合作、劳务合作、国际贸易、建材生产加工等多元业务，建成了一大批在海外有较大影响的经援工程和国际承包工程。

甘肃建投成都百郦锦城地产开发项目

勇于创新的现代化企业：2020年甘肃建投转型国有资本投资公司，标志着企业向资本投资商的华丽转身，成为全省基础设施领域最大的投资商、建筑行业的引领者、海外业务的开拓者、新业态的探索者，以“投”为引领，以“建”为依托，投建双驱，投融建管退一体化发展，在高质量发展 的道路上不断前行。

——拥有房屋建筑施工总承包特级资质和10多项一级资质，拥有对外经营权、进出口经营权。所属全资控股子（分）公司50余家，各类专业技术人员1.2万人，累计12名专家享受政府特殊津贴。获批国家企业技术中心、国家知识产权优势企业、国家装配式建筑产业基地、全国荒漠化防治(机械治沙工程)试验示范基地、国家高新技术企业。连年获评中国承包商80强企业和中国建筑业竞争力百强企业，先后获得18项“鲁班奖”，两项“詹天佑奖”，牢牢占据甘肃省建筑业领军地位。

甘肃建投自主研发生产组装的西北首台“黄河 1 号”盾构机

甘肃建投投资兴建的 10 万平方米装配式钢结构保障房住宅小区

——适应建筑业转型升级，建成第一批国家级装配式建筑产业基地，国家重点研发计划绿色建筑及建筑工业化重点专项科技示范工程，打造兰州新区、天水、榆中三个绿色科技装配式建筑产业园区。

——聚焦“中国制造2025”，坚持以高新技术为引领，以高端装备制造为支撑，建成兰州、武威、兰州新区、加纳特马四个工业产业园区和全国荒漠化防治（机械治沙工程）试验示范基地，生产起重机械、工程机械、隧道掘进机械、风电设备、沙漠治理设备和专用汽车六大系列产品。

甘肃建投承建的兰州中川机场T2航站楼项目

甘肃建投承建的兰州航天煤化工设计研发中心（“鲁班奖”工程）

甘肃建投投建的全国首批国家装配式建筑产业基地

牧原办公区

muyuan牧原

企业基本情况

牧原集团（以下简称牧原）位于河南省南阳市，始建于1992年，主营业务是生猪养殖及销售，主要产品有商品猪、种猪、仔猪和优质猪肉。历经29年发展，现已形成以生猪养殖为核心，集饲料加工、种猪育种、生猪养殖、屠宰加工等于一体的现代化农业企业，总资产1900亿元，员工14万人，子公司300余家。旗下牧原食品股份有限公司于2014年上市，养猪业务遍及全国24省（区）、102市、215县（区），2020年出栏生猪1812万头。牧原始终秉承“让人们吃上放心猪肉”的美好愿景，科技赋能养猪产业，致力于打造安全、美味、健康、环保的高品质猪肉，让人们享受丰盛人生。

内乡牧原17场

牧原肉食产业综合体

牧原发展

生猪育种 牧原以终端消费者对猪肉的消费需求为育种导向，以食品安全、猪肉品质、瘦肉率、繁殖力为主要育种目标，坚持价值育种。20多年来，牧原始终坚持自主育种，现已摆脱了对进口种猪的依赖，2020年为行业提供种猪64.3万头。

智能化发展 科技引领发展，助推行业升级。牧原采用“全自养、全链条、智能化”的养殖模式，从育种、营养、疫病防控，到养殖场设计、养猪环保、智能化发展等，实现了生猪养殖工业化生产、信息化管理，向智能化养殖迈进。

牧原自主研发了智能巡检、智能饲喂、智能环控、养猪机器人等多种智能化装备，覆盖养猪生产全流程，提升了猪肉品质、养殖环保标准，提高资源利用率和劳动效率。

环境保护 牧原自成立之初就不断探索养猪环保解决方案，结合牧原养猪生产经验，探索出“环保发展五台阶”的生态发展模式——零排放、无隐患、无臭气、减雾霾、碳减排。牧原的环保工艺被生态环境部推行为标杆模式之一，通过极致节水、沼液还田、粪水净化、无供热猪舍、臭气治理等技术，做到节能减排，清洁生产，实现了经济效益、生态效益、社会效益的同步提升。

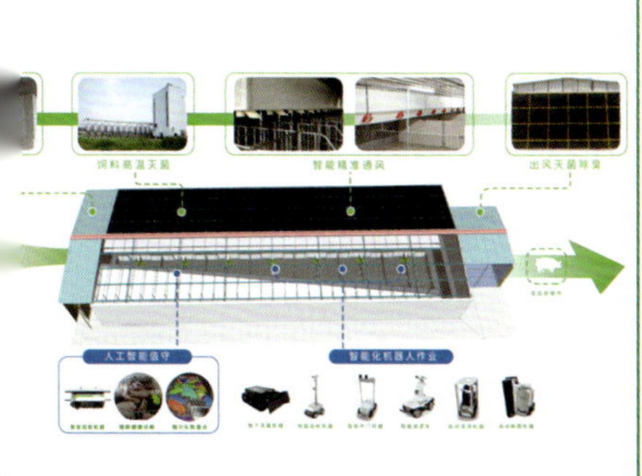
智能猪舍

智能巡检

生猪养殖

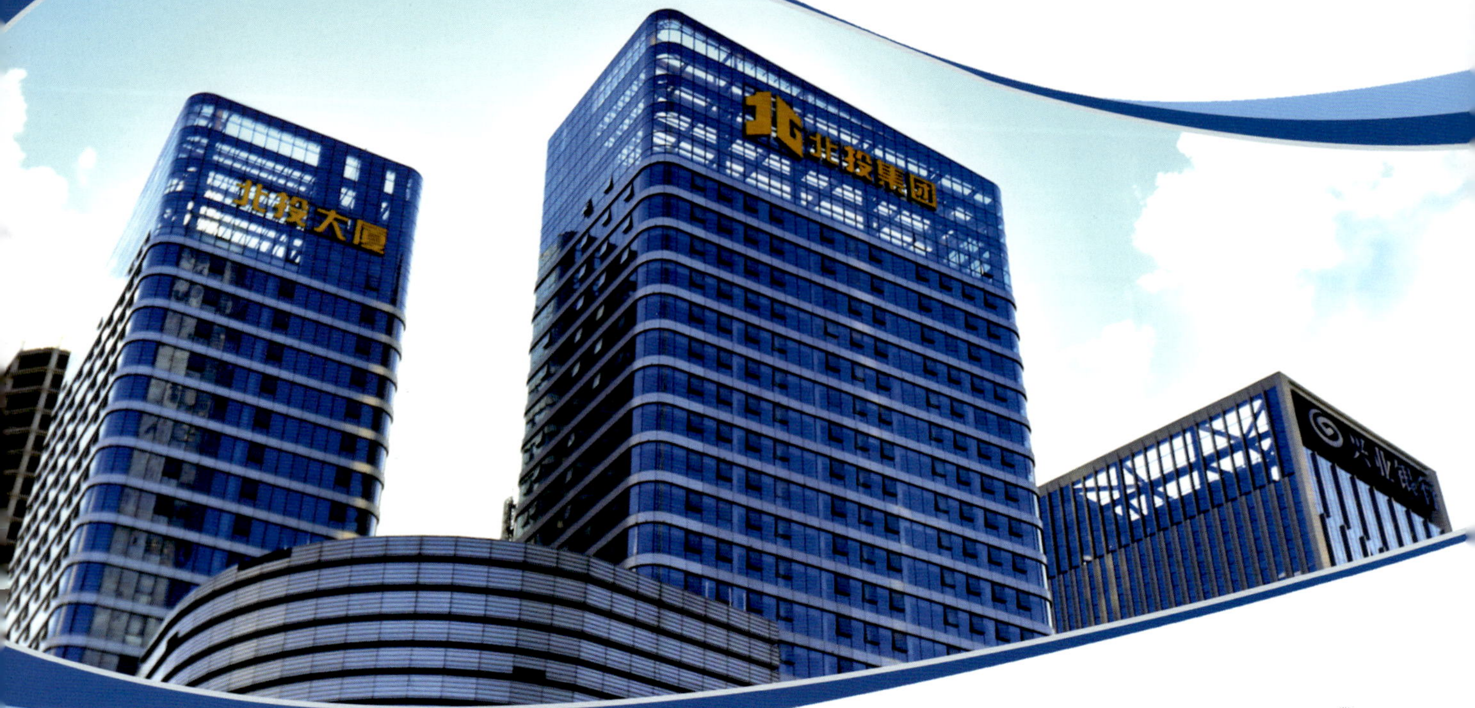

公司简介

COMPANY PROFILE

广西北部湾投资集团有限公司（以下简称北投集团）是广西壮族自治区人民政府直属大型国有独资企业，集设计咨询、技术研发、投资开发、施工建造、运营维护为一体，业务范围几乎涵盖所有基础建设领域，形成了以综合交通、口岸物流、环保水务等基础设施投融资建设为主业主轴，以新兴业务和产业金融为两翼的“一轴两翼”业务发展格局。

北投集团现有全资子企业23家，员工1.8万人，资产总额达2596亿元、净资产877亿元，资产负债率处于行业优秀水平，信用评级为最高等级AAA级，连续在广西国资委业绩考核中获评A级企业，连年获评“广西十佳企业”，是中国500强企业。

北投集团历史悠久、文化醇厚、业绩辉煌，在国内同行业具有较高知名度和社会影响力，是广西基础设施建设的主力军和排头兵，多年来坚持在“强龙头、补链条、聚集群”上下功夫，目前构建形成了四大独特优势，即全产业链优势、人才技术优势、筹融资优势、大型项目运作综合能力优势。

北投集团以服务北部湾经济区升级发展、服务壮美广西、服务国家战略为使命，做北部湾经济区升级发展和广西重大基础设施投资建设的引领者、国资国企改革和全产业链资源整合的推动者、创新驱动发展和产业转型升级的主导者，致力于成为国内一流、国际知名的国有资本投资公司。

北投集团愿与社会各界精诚合作，携手并进，共同创造美好未来！

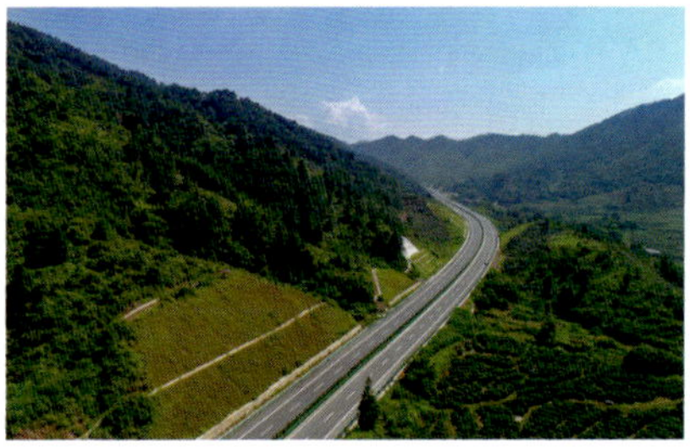
贺州至巴马高速公路（钟山至昭平段）

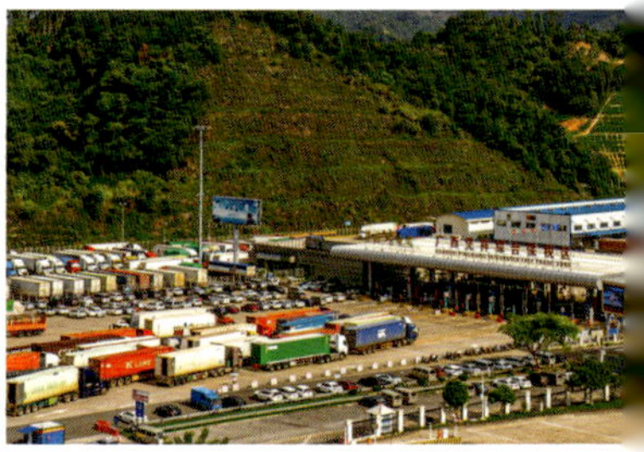
广西凭祥综合保税区

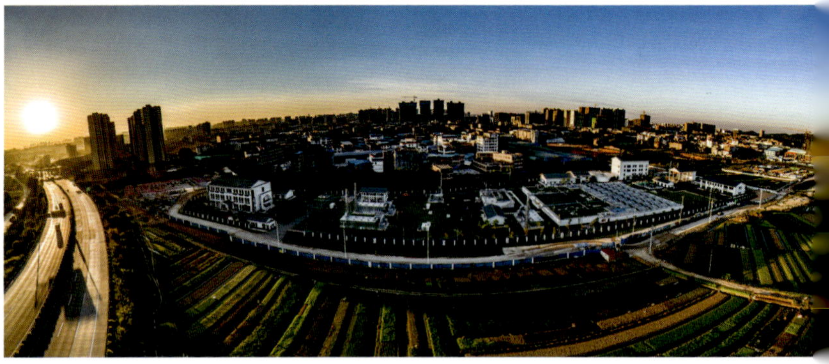
南宁市心圩江污水处理厂

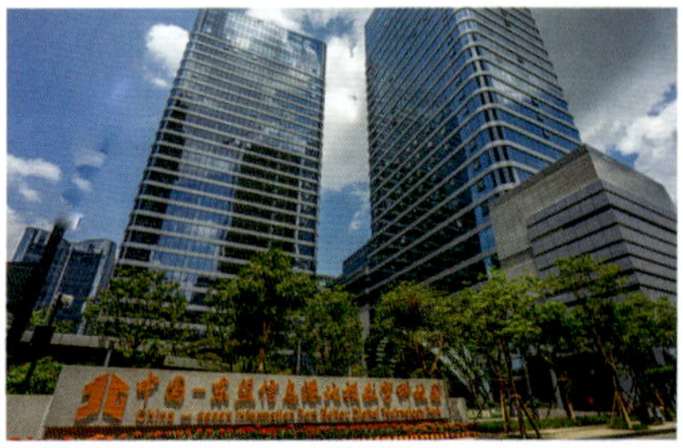
中国—东盟信息港北投数字科技园

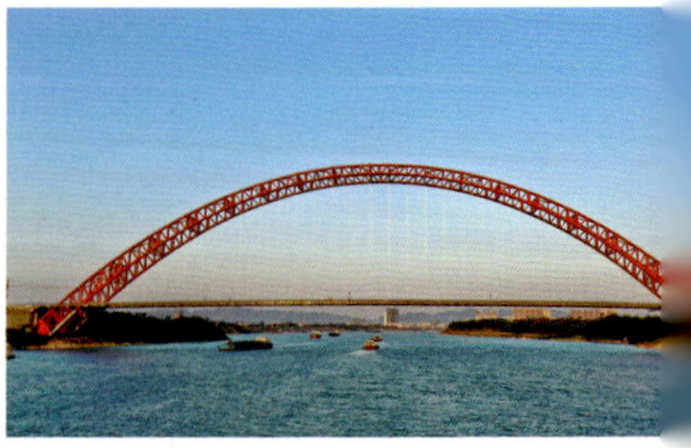
世界著名拱桥——平南三桥

RUKEE龙记泰信

龙记泰信观园项目实景

龙记泰信集团(以下简称龙记泰信)，近年来通过深耕产业链，标准化体系运营，持续提升产品和服务，已经成为一家以房地产开发为核心业务的跨地区、跨行业、专业规范及以产品为核心竞争力的成长型房企。六次荣膺“中国房地产开发企业综合实力百强”，六次荣膺“中国房地产品牌价值百强”称号。2020年，根据中房协、中指院权威测评，成为西北唯一的“双百强”地产企业，同时荣获中国房地产运营效率10强，创新能力10强，住宅开发专业领先10强；龙记泰信品牌价值为60亿元，位列西北第一。

龙记泰信檀府项目实景

龙记泰信业务涵盖房地产投资与开发、项目代建、项目操盘、商业运营，建筑设计、工程建设、园林景观建设、装饰装修，供应链贸易，物业管理、智慧社区运营等诸多领域，业务遍布上海、北京、山东、河南、江苏、陕西、甘肃、浙江、安徽、四川、湖北等28余省区市。目前，龙记泰信累计投资、开发房地产项目100余个，总投资开发面积近2000万平方米，物业管理规模近1000万平方米，服务业主28万人。在建面积超1000万平方米，土地储备超10000余亩。

稻花香集团

稻花香集团董事长，稻花香酒业公司董事长、总经理

蔡开云

稻花香集团（以下简称稻花香）坐落于举世瞩目的长江三峡大坝东侧，水电之都宜昌市东大门——夷陵区龙泉镇，三面环山，一面靠水，气候温和，是天然的酿酒之地。

1982 年，稻花香创始人蔡宏柱以“三个人、三口缸、1500 元贷款”起家，创办青龙大队酱油厂，由此延伸出一条白酒产业的金色链条；1992 年，创立白酒品牌“稻花香”，开启鄂酒发展新纪元。历经近 40 年奋斗，稻花香已发展成以白酒为主业，以物流、配套、文化旅游为辅的“一主三辅”产业集群的大型企业集团。

2018 年，蔡开云接任稻花香集团董事长，开启“二次创业”新征程；2021 年 7 月，交出亮眼的三年期成绩单：

为美好生活酿美酒

以改革增活力，品牌势能持续提升，稻花香蝉联“中国企业500强”“中国民营企业500强”榜单，品牌价值高达925.16亿元，以第一名领跑湖北省民营制造业百强；以创新求发展，“燎原战略”稳步推进，三年来稻花香酒业销售收入、利润平均值同比分别增长5.94%和16.47%；以转型优化结构，核心产品增势强劲，稻花香清样销售额年均增长32.09%，活力型年均增长28.91%；以匠心淬品质，科技赋能品牌实力，稻花香全国首创鱻香型白酒工艺，“鱻香原浆”“山水风”系列产品相继发布，开启白酒品类竞争“鱻”赛道；湖北省重点建设项目、稻花香万吨鱻香型白酒智能化酿造基地项目开工建设，预计两年建成，投产达效后可实现销售收入30亿元、创利税5亿元。

多年来，稻花香始终坚持用匠心酿好酒，以“工匠精神”铸造产品，以“明星品牌”引领品质消费，打造了清样、原浆、活力、山水风、珍品等系列产品，满足政务、商务、个性化定制等不同消费需求，目前公司销售网络已遍及全国28个省（自治区、直辖市）、300多个大中城市。

大道致远，行则必至；乘风破浪，未来可期。“十四五”时期，稻花香集团将以“一主三辅”产业布局和“四新”发展战略为引领，以“高增长、高质量”为战略方针，牢固树立“以消费者为中心”的经营理念，坚定“竞、争、拼、抢”的奋斗意志，增强“以变求变的市场驾驭能力”，聚焦白酒主业，稳步推进项目建设，深入实施“燎原”战略和“131”战略，开展大区域发展、大客户培育、大团购运营、大开发招商“四大计划”，逐鹿全国大市场，打造实力稻花香、活力稻花香、魅力稻花香，助力中国白酒行业振兴，为社会经济发展贡献稻花香力量！

稻花香鱻香型白酒酿造车间

稻花香万吨鱻香型白酒智能化酿造基地鸟瞰图

集团地址：湖北省宜昌市夷陵区龙泉镇

郑州中瑞实业集团有限公司（以下简称中瑞集团）是一家以大宗商品供应链管理为核心的实业集团，旗下业务涉及大宗商品、不动产、产业园区及金融等。2020年，中瑞集团全年实现营收498.17亿元，年末总资产679亿元，净资产182亿元。

中瑞集团旗下瑞茂通供应链管理股份有限公司（SH.600180）是全国首批供应链创新与应用示范企业。公司聚焦大宗商品供应链行业，实践并创新了“互联网平台+核心做市商”运营模式，整合供应链全链条相关企业，实现大数据、云计算、物联网等数字化技术与产业供应链的深度结合，为中小贸易企业、金融机构等市场参与者提供数字供应链解决方案，打造多品类的供应链产业互联网平台和大宗商品数字供应链金融科技服务平台。

中瑞集团旗下和昌集团是一家集传统住宅开发、产业园区开发运营管理、资本金融服务为一体的全国“百强房企”。目前，和昌集团已建立“3+2”产业群，即环渤海、长三角、珠三角，以及郑州、武汉两大核心城市，此外还进驻深圳、天津、南京等18个重点一、二线城市，开发建设住宅60余盘，储备货值2000亿元。

和昌集团——拾里松湖项目

和昌集团——拾里花都项目

瑞茂通煤炭船运现场图

首页 关于我们 业务领域 企业新闻 投资者关系 联系我们

供应链产业互联网平台

更专注，更高效

股票代码：600180

瑞茂通供应链产业互联网平台

党委书记、董事长、总经理 王雪根

南京医药中央物流中心

南京新工投资集团

NANJING NEW INDUSTRY INVESTMENT GROUP CO.,LTD

南京新工投资集团是南京市市属大型国有企业集团，注册资本 41.7 亿元，由南京市原 15 个工业管理局（公司）经过数轮改革，于 2012 年 6 月重组而成，肩负着推进先进制造业和战略性新兴产业发展，对重大产业发展项目融资并进行先导性投资的重任；承担着市属国有工业企业的经营管理、资产保值增值及维护稳定的重要任务。

集团拥有一级全资控股企业 23 家，包括：南京医药（600713）、金陵药业（000919）、南京化纤（600889）三家主板上市公司，工信部首批制造业单项冠军培育企业——南京工艺装备制造有限公司，拥有 200 多年历史、传承“金银细工技艺”国家级非物质文化遗产的中华老字号——江苏宝庆珠宝有限公司等。同时，参股了南钢集团、中电熊猫、冠捷科技、南京汽轮电机集团、南京日立产机等一批知名制造业企业。

“十三五”期间，南京新工投资集团树立新发展理念，坚持投资牵引，完成直接投资 122 亿元，形成总规模近 50 亿元的基金群；坚持创新驱动，参与建设新型研发机构 4 家，拥有高新技术企业 6 家，市级以上技术中心、工程中心 13 家，博士工作站 2 个；坚持改革赋能，启动国有资本投资公司改革试点，推进所属南京工艺装备制造有限公司“科改示范行动”，实施了江苏宝庆等一批企业混合所有制改革，不断增强高质量发展的动力活力。截至 2020 年年末，集团资产总额为 824.63 亿元，所有者权益 359.93 亿元。2020 年完成营业收入 484.83 亿元，实现利润总额 17.90 亿元。在册职工 17919 人。

征程万里风正劲，重任千钧再奋蹄。未来，南京新工投资集团将以习近平新时代中国特色社会主义思想为引领，紧抓产业发展这一核心任务，把握“核心企业 + 科创载体 + 基金化投资”的发展路径，形成以新医药与生命健康、高端装备制造、新材料为核心，黄金珠宝、未来新兴产业、生产性服务业为特色的“3+3”产业布局，着力推进国有资本和国有企业做强做优做大，努力打造符合高质量要求、具备国际化视野、拥有核心竞争力的国有资本投资公司。

新工泰融生物试剂产业集聚区

金陵药业——速力菲生产线

二机齿轮——Y4830CNC 数控内齿珩轮强力珩齿机

南京先正电子公司标准化作业线

工艺装备——花键副

化纤股份——越科 PET

工艺装备——滚珠丝杆副

公司党委书记、董事长 王振钦

水发集团

水发集团于2009年由山东省政府批准组建，是省属一级国有独资企业，业务涵盖水利开发、现代农业、环境保护、清洁能源四大板块，拥有3家主板上市公司、近3万名员工，业务遍及全国和“一带一路”部分国家，2020年资产总额1418亿元，营业收入452亿元，利润总额12.6亿元。集团白手起家持续跨越式发展，“十三五”期间营业收入、利润总额、资产总额复合增长率分别达到81%、74%、45%。集团先后荣获“山东省优秀企业”“山东省五一劳动奖状”“山东省社会责任企业”等称号，集团党委书记、董事长王振钦先后荣获“山东省担当作为好干部”“全省改革尖兵”等称号，并被山东省委记一等功。

集团坚持把企业发展融入国家战略之中，聚焦“生态、环保、民生”领域，打造了水务、农业、环保三大省级平台和清洁能源产业集群，四大业务板块综合实力均位居山东省内第一、国内前列，拥有水库设计库容31亿方，城乡供水规模700万方/日，在国内流转土地超过600万亩，建设一批国家级农业园区，建成省内最大的危废处置、

山东沂南力诺太阳能，位于山东省临沂市沂南县，装机容量49兆瓦，年发电量6500万千瓦·时。属于农光互补的集约型、立体型的综合产业，开展中草药种植的同时发展光伏应用项目，有效提高了光伏电站的土地利用率和综合收益。

水发航天现代农业产业园是集有机果蔬生产、加工、休闲采摘、科普观光、田园体验于一体的水发田园综合体。作为农民工返乡创业基地，打造乡村振兴齐鲁样板，是山东省设施农业的亮点，同时也入选为山东省新旧动能转换重点项目。

鲁西南大数据中心项目2020年入选省新旧动能转换重点项目，能够带动菏泽市及周边鲁西南地区大数据、云计算等新一代产城融合闭环示范区。

汽车拆解和再生资源利用项目，清洁能源装机规模718万千瓦。

集团创造性提出首位度引领战略，从规模、科技、品牌、人才四个方面协同发力，着力打造细分市场单项冠军，目前15个细分产业位居国内前十，其中7个国内前三、4个单项冠军。坚持把深化改革作为关键举措，混改企业户数占比83.8%、资产占比87.4%，重组整合权属企业94户，清理退出非主业企业13户，全面实行经理层任期制契约化管理，探索建立以“多元持股、自主运营、终端反馈、总部赋能”为核心的星团式管理体系，被国内知名专家评价为“破解了许多国企改革的难点”。加快提升科技创新能力，研发投入持续倍增，高新技术企业达到50家，省级研发平台23个，院士工作5个，授权专利1495项，组建了山东环保产业研究院、山东农业产业研究院、山东智慧水利研究院等高层次新型研发机构。大力实施人才强企战略，2020年引进省部级专家3人、产业领军人才4人、专家型人才124人、博士37人。

水发集团在新疆流转土地近500万亩，开展了棉花及甜菜等农作物的大规模种植。2020年棉花产销量占全国的1/6，预计2021年占全国的1/5。

黄水东调工程是省委、省政府为统筹解决潍坊、青岛、烟台、威海四市供水紧张局面，保障胶东地区供水安全，促进当地经济社会发展，维护社会稳定而决策实施的一项重大民生水利工程，该项目被列入山东省重点项目名单

山东金岭集团有限公司董事长　赵曰岭

山东金岭集团有限公司总裁　赵栋

金岭集团

JINLING GROUP

一、企业基本情况

山东金岭集团有限公司（以下简称金岭集团）是一家以化工新材料、热电能源、地产开发、餐饮服务为主导产业的大型企业，是中国企业500强、中国制造业企业500强、中国化工企业500强、山东省企业100强、山东省海洋产业民营企业10强，荣获“国家级高新技术企业”“国家火炬计划盐化工特色产业基地”“中国优秀企业”“中国AAA级信用企业”“山东省质量竞争力百强企业”“首届东营市功勋企业”等多项荣誉称号。

二、企业转型升级、高质量发展情况

多年以来，金岭集团立足渤海湾丰富的原盐资源优势，不断推动科技创新，优化产品结构，拉长产业链条，发展循环经济，促进转型升级，实现了企业的持续、快速、健康发展。现已形成年产烧碱140万吨、甲烷氯化物80万吨、苯胺40万吨、环氧丙烷30万吨、双氧水30万吨、有机硅及配套产品20万吨的生产规模、热电装机容量达45万千瓦，成为全国最大的烧碱、苯胺、甲烷氯化物生产基地之一。

为加快推进转型升级，提高发展质量，金岭集团成立山东省氯甲烷材料工程技术研究中心，研发转化了一批高科技项目；并引进消化国内外最先进的高新技术，抢占行业技术制高点；积极实施技术创新，不断淘汰落后产能和工艺技术，获得200多项专利；投巨资与用友网络合作开发NC-ERP项目，全面实施财务业务一体化、客户和供应商协同化、生产与管理对接数字化的现代化信息管理，建立电子采购平台、优化业务流程，实现了整个集团公司人财物的统一管理。

在今后的发展中，金岭集团将抢抓经济发展新常态带来的机遇，立足海洋产业领域，集中产业优势，促进产业结构调整和优化升级，坚持科学发展、创新发展、绿色发展，树立新理念，构建新格局，创造新作为，推动企业持续快速高质量发展。

热电生产装置

山东省氯甲烷材料工程技术研究中心

新材料公司鸟瞰

富强新材料生产区

DCS控制中心

金岭化工生产装置区

广州农商银行综合实力位居全国农村商业银行前列，业务规模、盈利能力、资产质量行业领先，2020 年全年总资产 10278.7 亿元，各项存、贷款余额分别为 7784.2 亿元、5689.3 亿元，实现净利润 52.77 亿元，是广东省排名第一的农村商业银行。

广州农商银行立足本地市场与客户需求，构建覆盖移动银行及短信、微信、网络、电话银行的全渠道、全天候服务网络，组织搭建直销银行、电子商城（金米集市）等互联网平台，为客户提供全产品、全周期、全渠道的一站式、立体化、综合性金融服务。

站在“两个一百年”历史交汇点，广州农商银行深入贯彻新发展理念，坚持以高质量党建引领高质量发展，推动完成“十四五”发展战略规划的编制工作，重点布局乡村金融、产业金融、消费金融、财富金融四大特色业务，坚定不移支持实体经济、服务本土本源，向着“成为国内一流商业银行”的战略愿景不断前行。

四川九洲投资控股集团有限公司

九洲集团总部

四川九洲投资控股集团有限公司（以下简称九洲集团），始建于1958年，是国家“一五”期间156项重点工程之一，现已发展为以电子信息产业为主体的高科技集团。2020年，九洲集团营收规模突破300亿元，九洲品牌价值评估396亿元，现有资产310亿元，员工16500余人。

经过60余年的发展，九洲集团形成了以军工电子为核心，智慧多媒体与照明、软件与智能应用、卫星导航为支柱，投融资为重点的“131”产业架构；是国家唯一保留核心科研生产能力的地方军工骨干企业，是国内规模最大的数字电视设备制造商，是行业一流的光通信器件、通信终端关键器件、专业音响知名提供商；旗下8家企业列入国家专精特新“小巨人”企业。九洲集团建立了以绵阳为中心，成都、深圳、北京、重庆等为支撑的科技创新体系；建有空管、北斗导航等多个领域国家级创新平台，拥有国家级企业技术中心和博士后科研工作站。两次荣获中共中央、国务院、中央军委联合颁发的“重大贡献奖”；被中共中央授予为“全国先进基层党组织”；连续六届荣膺“全国文明单位”；连续20年荣列中国电子信息行业百强，连续14年荣列中国制造业企业500强。

国家空管监视与通信系统工程技术研究中心

基于北斗的多模式智能信息技术研究与应用国家地方联合工程实验室

九洲集团成都分中心

九洲集团深圳分中心

回音必集团成立于2000年8月，其前身是1993年创立于诸暨市的浙江亚东制药，总部位于杭州市，下辖安庆回音必制药、齐齐制药、安徽制药、江西东亚制药、抚州制药、东抚制药、亚东制药、华冲科技、浙江天冉中药饮片、浙江医药、芜湖医药、杭州天冉医药、芜湖医药零售连锁、安庆回音必药物研究院、杭州回音必电子商务、诸暨回音必包装等企业。2020年，回音必集团的营业收入为130.65亿元。

公司成立以来，以高标准布局医药生产，不断完善提升产业结构。1999年1月，公司是浙江首家、全国第三家整厂动态通过药品生产国际标准GMP认证。现拥有大容量注射剂、小容量注射剂、化学药制剂、化学原料药、中成药、中药饮片、医药包装七大生产基地，共有药品生产线26条、生产药品剂型13个，拥有生产品种164个，231个批准文号，17个独家品规剂型，国家中药保护品种3个，国家医保目录品种77个，国家基药目录品种40个。

2020年年初，在抗击新冠肺炎疫情的斗争中，公司生产的5%碳酸氢钠注射液、1%葡萄糖酸钙氯化钠注射液成为卫健委新冠肺炎治疗方案中维持人体水电解质平衡的重要药物，被列为《新型冠状病毒肺炎防控首批药品储备清单》，集团立即召回员工，做出了春节不放假，加班加点生产抗疫药物确保全国临床一线的急救用药需要。公司先后受到《人民日报》、新华社、中央电视台和江西、安徽、浙江电视台等国家媒体的关注报道，央视《新闻联播》多次报道了回音必加班生产抗疫药品的新闻，被工信部确定为国家第二批新冠肺炎疫情防控重点保障企业。

公司为中国医药工业企业百强，中国医药流通企业百强，浙江省医药商业企业销售、利税前10强。1998年王大冲董事长被人民日报社、民政部授予“全国优秀转业退伍军人”称号，2014年荣获全国总工会、国家安全生产监督管理总局授予的“安康企业家”称号，2017年被评为“浙江省优秀企业家”。回音必集团将继续秉承“但愿无病人，不可无爱心”的企业宗旨，用心做药，以爱回音，为人民的健康事业作出不懈努力。

回音必浙江医药

回音必齐齐制药

回音必股份制药

智能化包装生产全自动物流线

回音必抚州制药

武汉商贸集团有限公司

Wuhan Commerce & Trade Group Co., Ltd.

武汉商贸集团有限公司（以下简称集团）是武汉市委、
政府于2020年9月整合重组武汉商贸国有控股集团有限公
、武汉国有资产经营有限公司及市属相关商贸物流资产及股
，组建成立的大型商贸企业集团。注册资本41.38亿元，是武
市国资委独资企业。

武汉国有资产经营有限公司首创国有企业改革的“武汉模
”，管理并培育了武商集团、中百集团等11家上市公司，连续
年入选中国企业500强、中国服务业企业500强和武汉市百强企
。武汉商贸国有控股集团有限公司连续13年进入中国物流企业
强，是中部地区首批国家5A级物流企业、湖北省及武汉市重点
流企业，在湖北省及武汉市物流企业中排名第一。

整合重组后的集团定位为武汉现代商贸产业创新型投资运
公司，资产总额近900亿元，主体信用评价3A级，商业经营网
达1500余个，营业面积约320万平方米，仓储面积86万平方
，高低温冷库容量60万吨，食用油罐15.5万吨，拥有专属长江
线和趸船式码头。

站在新起点，集团将以武汉建设国家商贸物流中心、国际
费中心城市为立足点，以商贸物流优质资源整合为着力点，以
联网新零售业态升级为主攻方向，按照聚焦主业、专业协同、
休运作、提档升级的改革思路，积极打造主业突出、业态创
、线上线下融合发展的中国一流商贸流通企业。

2020年10月，集团举行揭牌仪式

武商集团梦时代广场

中百集团生鲜物流园

武汉万吨华中冷链港

天津市新宇彩板有限公司

天津市新宇彩板有限公司（以下简称新宇）地处优美的渤海之滨，坐落于交通便捷的西青经济开发区南河工业园内。公司成立于2002年，经过20年砥砺发展，已成功跻身中国制造业企业500强，并得到用户的广泛认可。

公司配备多条国际先进水平生产线，酸洗机组、单机架机组、酸五连轧机组、黑退机组、热镀锌机组、热镀铝锌机组、镀锌铝镁机组和彩色涂层机组，主要生产聚酯彩涂板、高耐候彩涂板、氟碳彩涂板、硅改彩涂板、畜牧板、抗静电板、隔热板、自清洁板、书写板、印花板、网纹板、变色龙板等彩板产品，以及镀锌铝镁板、55%镀铝锌板、镀锌板、黑退板、冷轧板、酸洗板等产品，年综合产能达300万吨，彩涂板单一产能200万吨，产品不仅深受国内市场欢迎，而且远销海外市场。

新宇引进、培养高端技术人才，加大科研经费的投入，组建了以高级工程师为主导的技术团队，拥有自主专利超过200项，被授予“天津市专利试点企业”“高新技术企业”等称号，形成了以科技带动生产力的良好局面。

新宇坚持“以质量求效益”的发展道路，严格按照ISO 9001标准组织生产，2018年被天津市质量工作领导小组评为“天津市名牌产品”，连续两年跻身中国制造业企业500强之列，荣获2020年度全国文明单位、2020年中国涂镀板材10强、2020年中国民营建材企业10强，并凭借卓越的产品质量和优质服务建立立足中国、布局全球的营销网络体系。

多年来，新宇始终把社会责任作为企业发展的基石，积极承担社会责任，弘扬扶危济困的传统美德，竭力投身扶贫事业和公益慈善活动。自2013年以来，新宇通过慈善协会、捐资助学、消费扶贫等方式捐资金额达1000余万元。

不忘初心，坚守使命。未来的新宇，将恪守品质承诺，以创新引领发展，不断构筑新宇精神、新宇价值、新宇力量。

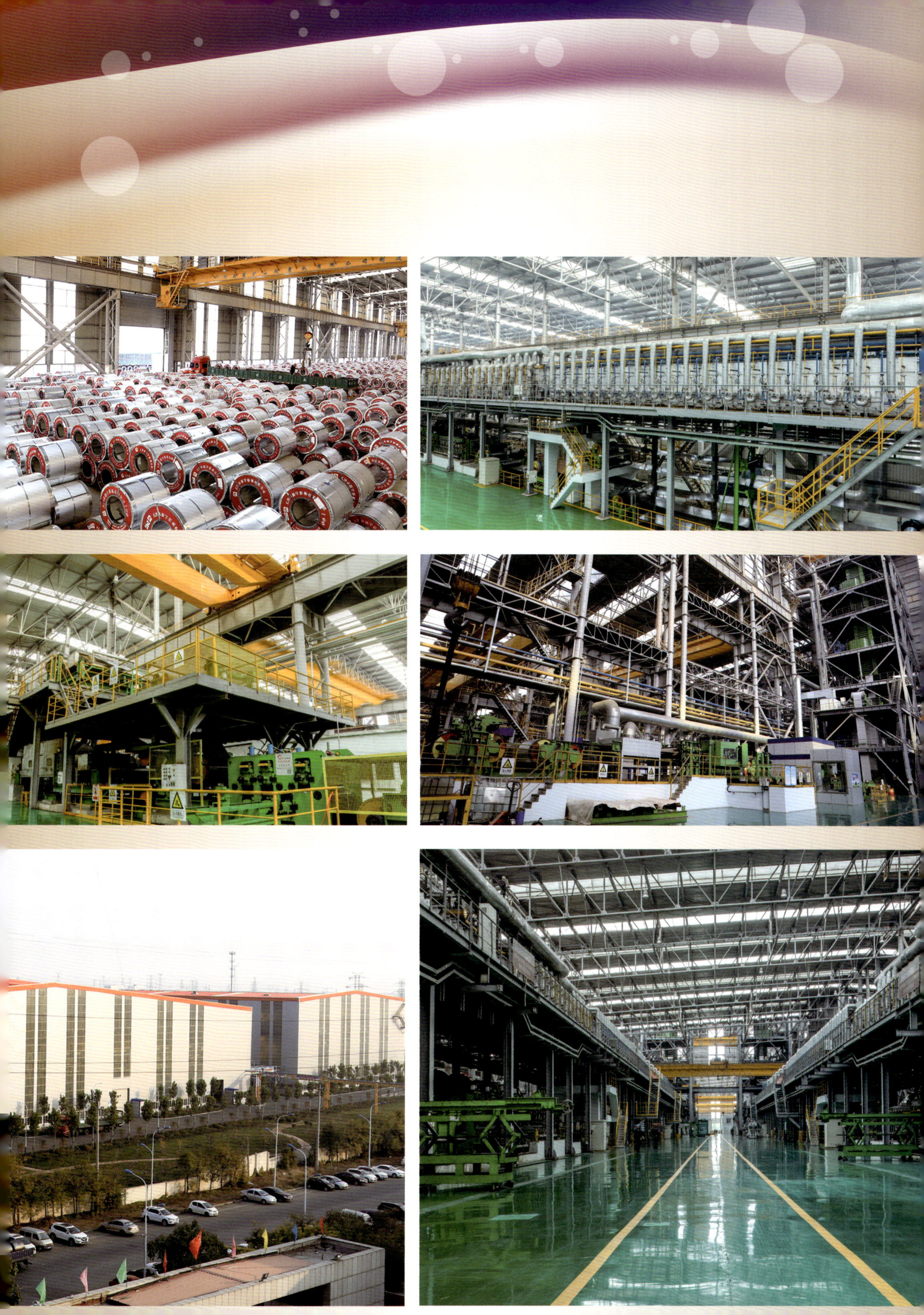

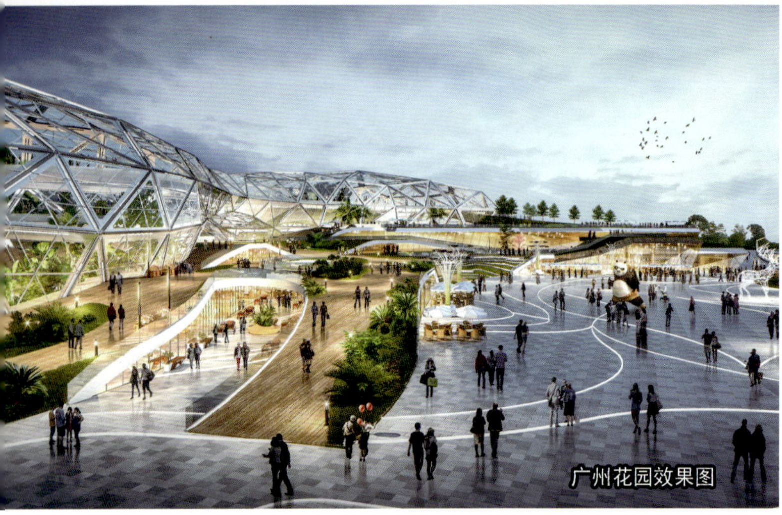

广州花园效果图

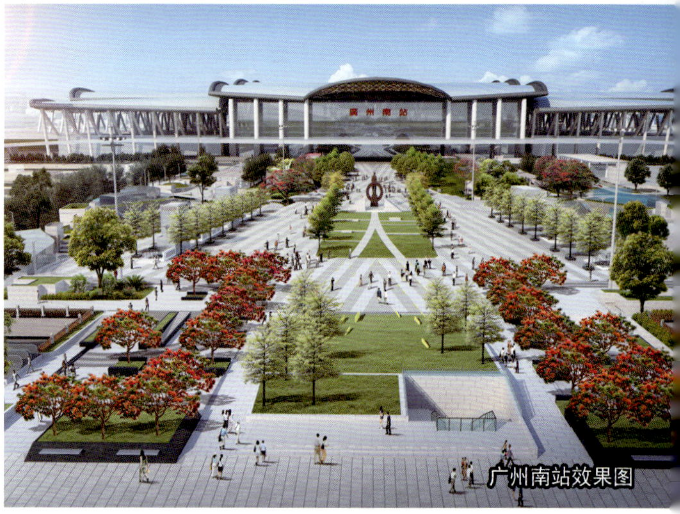

广州南站效果图

广州城投

GUANGZHOU

CITY CONSTRUCTION INVESTMENT GROUP

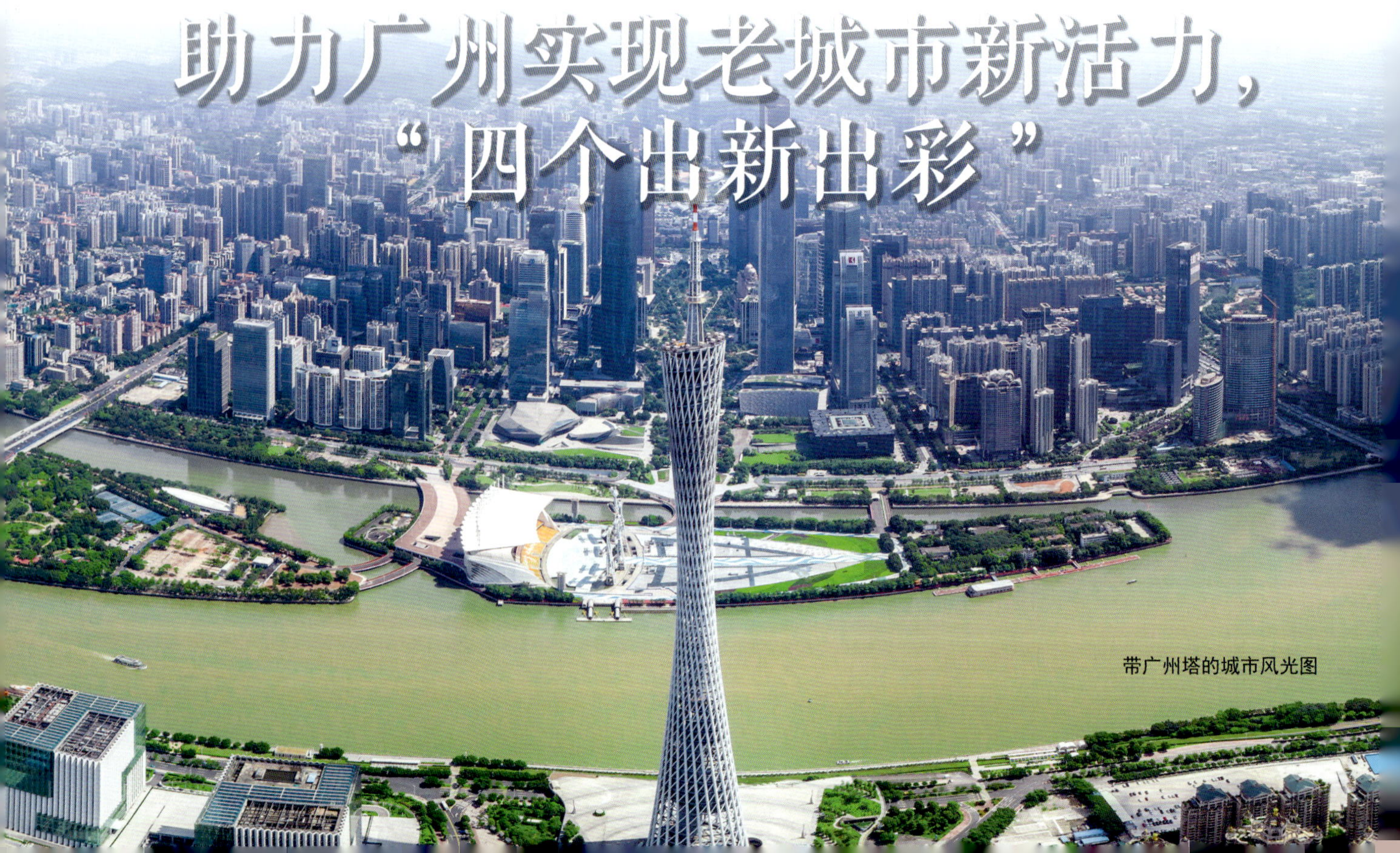

带广州塔的城市风光图

花城广场党群服务中心

花果山 4K5G 超高清视频小镇

广州市城市建设投资集团有限公司（以下简称广州城投）成立于 2008 年，目前拥有 33 家直属企业，是专业从事城市基础设施投融资、建设、运营管理的国有大型企业集团，具有片区开发一体化建设和品质化运营的全产业链综合能力，注册资本 175.24 亿元，银行信用评级 AAA 级。至 2021 年 6 月底，资产总额 2510.85 亿元，净资产约 1164.05 亿元，负债率 53.64%。拥有 2 家新三板公司（广州塔旅游文化公司，证券代码：870972；建广环境科技公司，证券代码：871515）。

广州城投发挥投融资主体、重大项目建设主体和品质化运营主体作用，聚焦建设、金融、资产经营、智慧城市四大业务板块，在城市道路、特定区域开发、文化旅游、地下空间和全市综合管廊等方面，累计建设融投资达 2000 亿元，出色完成 1300 多个城市基础设施建设项目，为提升城市形象、强化城市功能、改善城市环境和第十六届亚运会的成功举办做出了重要贡献。

“十四五”期间，广州城投以“落实政府战略、服务民生需求、赋能城市发展”为根本使命，发挥国有资本投资公司功能，以国内一流智慧城市综合运营服务商为战略定位，聚焦重大基础设施建设和重大产业发展，完善城市投资建设运营全产业链布局，强化科技的引领作用和资本的助推作用，形成以智慧基建为核心，置业开发和文化旅游为重点，金融投资为支撑的“1+3”多元协同的现代产业体系。

海心桥 程贺彬 摄

集团中北路写字楼项目

集团建设运营的光谷·芯中心

联投集团
UNITED INVESTMENT GROUP

湖北省联投控股有限公司成立于2013年9月，由湖北省国资委全资设立，所属核心运营主体湖北省联合发展投资集团有公司（以下简称联投集团）于2008年9月诞生于武汉城市圈“两型”社会综合配套试验区获批的历史时刻，由湖北省和武汉城圈9市国资委为主要出资人，6家省内央企为股东。集团注册资本43.3亿元，旨在推动实施武汉城市圈重大基础设施、重大政性工程，培育“两型”产业集群。

经过10余年发展，联投集团全面贯彻落实湖北省“一主引领、两翼驱动、全域协同”区域发展布局，聚焦武汉城市圈、鄂一体化和光谷科创大走廊核心区域，助力长江中游城市群、襄十随神、宜荆荆恩城市群发展。以服务“重要产业、重点域、重大民生”为使命，着力做强“科技园区、数字产业、城市更新”三大核心主业，创新一二三级联动、各业务协同发模式。目前，集团资产规模2219亿元，旗下4家企业主体信用创AAA，集团员工总数逾10000名。

联投集团所属湖北省数字产业发展集团，打造省数字产业投资建设运作平台

2020年，联投物业作为中国物业服务百强企业，发布“UI”科技智慧社区服务体系

中能昊龙集团（以下简称中能昊龙）是以北京中能昊龙投资控股集团有限公司为核心，由多家控股、参股、合作企业组成的多元化经营的集团公司。历经20余年发展，中能昊龙集团已经由房地产开发等传统业务转型成为专注于民生、科技、康养产业的投资运营商和整合服务商，并以冀康控股为发展主体壮大成为以现代生态农业为核心，以生物科技、智慧新能源、大农批、冷链物流、休闲文旅五大业务板块为支柱的综合性集团公司。目前，中能昊龙具有30项资质，80件专利，35件商标，现有成员企业120家，从业人员8600人。

中能昊龙项目经营地域以北京为中心，延伸至全国，主要分布在京津冀、长三角等城市。中能昊龙主要与政府合作，在政府确定的目标和机制下，利用中能昊龙在研究、融资、产业招商、新零售等方面的优势，实现产城融合，造福当地人民。

隆化牛肉加工产业园

第一、第二、第三产业联动 以单品种植，带动多品育种研发

冀康现代农业产业园

中能昊龙产业构成

第四代现代农业产业综合体

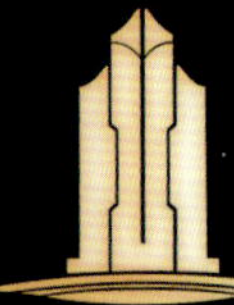

福州城市建设投资集团有限公司

FUZHOU URBAN CONSTRUCTION INVESTMENT

福州城市建设投资集团有限公司（以下简称福州城投集团）成立于2013年6月，所属二级企业有福州市城乡建总集团有限公司、福州市建设发展集团有限公司、福州聚春园集团有限公司、福建省二建建设集团有限公司、福州市城乡规划设计院有限公司、福州城投乡村发展有限公司、福州市产业投资集团有限公司，各级子企业共81家。

福州城投集团是福州首家AAA信用评级的市属大型国企，市国资委所属一级国企，注册资本20.685亿元，资产总额1907亿元。已形成以城市开发建设和运营为主线，民生工程、地产开发、建筑施工、工程咨询全过程以及食品、酒管板块五个重要业务，乡村振兴、产业园投资运营、“智慧+”平台、供应链贸易以及新兴城市服务五个新兴板块共同组成的“五重五新”发展体系，为推进福州高质量跨越发展、建设成为国际化城市提供有力支撑。

福州城投集团紧抓“三个福州”建设，凝心聚力做好市委、市政府下达的各项民生工程，几年来，累计建设275个房建项目、158个公建项目和2329个市政项目；建设了三江口大桥、三环路、鹤林高架桥改造等多个优秀市政项目；承建了牛岗山公园、最美晋安河、福州城区亮化和夜景灯光等一系列工程；开发建设了福州学校、福州三中滨海校区、福州市妇幼保健院一期、孟超肝胆医院等一批项目；建成了翰林壹号、建总领筑、美林湾小区等精品项目，在增进民生福祉上持续发力，为全方位推动高质量发展超越注入新动力、新活力，切实肩负起国企民生担当。

福州城投集团紧紧围绕“3820”战略工程思想精髓，主动融入福州“六个城”“五大国际品牌”“九大专项行动”和“十六个重大项目”的建设热潮中，生成了一批具有示范带动作用和集聚辐射功能的产业项目，区域延伸至连江、长乐、闽侯、永泰、罗源、福清等周边县区，内容拓展至物流、海洋、数字、绿色、乡村、园区等多个领域。

福州市妇幼保健院一期

南江滨东大道及沿线绿化工程

福州市三江口大桥及其接线工程

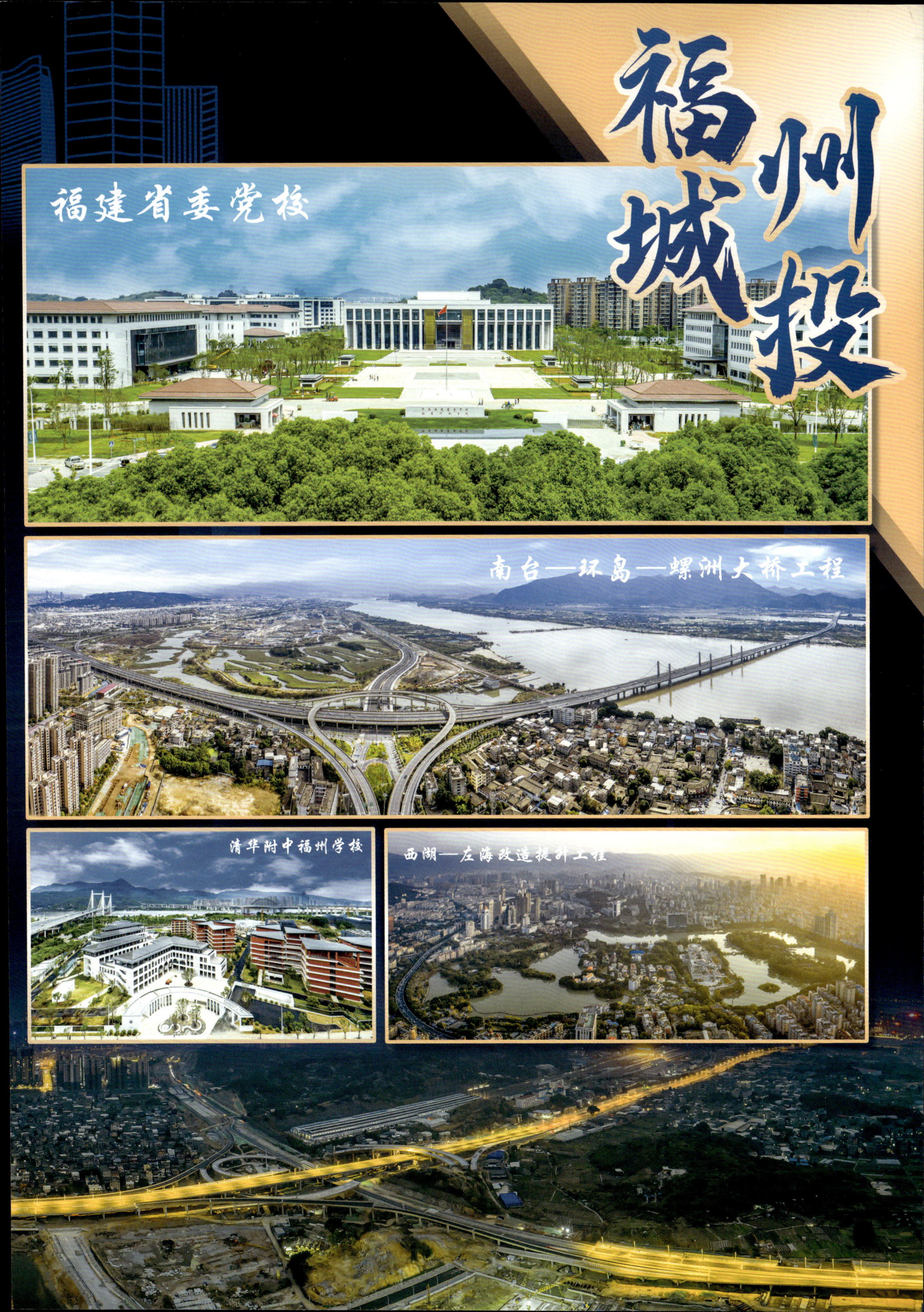

福州城投

福建省委党校

南台—环岛—螺洲大桥工程

清华附中福州学校

西湖—左海改造提升工程

公司前台

浙江永安资本管理有限公司（以下简称永安资本）为永安期货股份有限公司（以下简称永安期货）的全资子公司，永安期货是国内规模最大、业务范围最宽、研究实力最强的期货公司之一，经营范围涵盖商品期货经纪、金融期货经纪、期货投资咨询、资产管理、基金销售等，致力于成为国内领先、国际知名的衍生品投资银行。永安资本成立于2013年5月，是我国首批获批的期货公司风险管理子公司，目前注册资本为13亿元。永安资本在证监会、期货业协会制定的框架下，开展了基差贸易、仓单服务、合作套保、场外衍生品和做市商业务，经营品种涵盖期货上市品种及其产业链相关品种。2020年实现营业收入231亿元，场外衍生品名义金额773亿元，总资产突破58亿元，净资产突破18亿元。

永安资本设有上海永安瑞萌商贸有限公司、浙江永安国油能源有限公司、永安（新加坡）国际贸易有限公司、香港永安商贸有限公司四家全资子公司，参股浙江玉皇山南投资管理有限公司等公司，与英国OSTC集团设立合资公司OSTC YONGAN TRADING CO.,LIMITED。

永安资本秉持“共同进步、和谐发展、勇争第一”的价值观，以服务实体产业客户为宗旨，依托对品种基本面的研究，通过期现结合及场外衍生品等途径为9000余家实体企业提供风险管理产品与服务，实现“人不进场而风险管理需求进场”。自2014年《证券时报》组织评选以来，连续七年荣膺“中国最佳期货风险管理子公司”。

今后，永安资本将继续深耕实体产业，加强仓储、物流等供应链能力，发展供应链金融服务，打造中国的、世界级的大宗商品投行。

公司工作场景

公司荣誉墙

公司宣传栏与休闲走廊

公司仓库

子公司永安瑞萌公司前台

TEC 优友网科

创始人、CEO 李杜

广东优友网络科技有限公司（以下简称优友网科）成立于2015年10月。优友网科深耕3C产业的供应链服务多年，已成为国内领先的3C产业供应链智慧服务平台，并多次获得“中国服务业500强”“广东企业500强”“广东民营企业100强”“广东服务业100强”“广东创新企业100强”“深圳行业领袖百强企业”等荣誉。

优友网科拥有高效严谨的决策机制、拼搏进取的企业文化、年轻而优秀的员工团队、致力于推动供应链服务的数字化和平台化。优友网科凭借辐射全国的仓储物流服务能力，成为3C产业供需之间的连接器和润滑剂，利用互联网、物联网、区块链、大数据等技术，构建了数字时代3C产业供应链的服务中枢。

优友网科已布局了以供应链服务为核心，兼具智慧分销、新零售、信息技术服务和金融服务等五大业务板块。立足中国，展望全球，优友网科以中国大陆为中心，中国香港为门户，将业务扩展至新加坡、迪拜、美国等国家，发展出涵盖全球重要节点的综合服务体系。

未来，优友网科将致力于超级供应链中台建设，帮助更多的中小企业，从产品、资金、渠道、科技为其赋能，把优友网科的沉淀和能力逐步输出给我们的合作伙伴，帮助他们实现商业价值和梦想。优友网科也将加大对社会的回馈，为建设美好中国贡献我们的绵薄之力。

广西北部湾银行股份有限公司
GUANGXI BEIBU GULF BANK CO., LTD.

广西北部湾银行股份有限公司（以下简称广西北部湾银行）是顺应国家实施北部湾经济区开放开发战略，2008年10月在原南宁市商业银行基础上改制设立的省级城商行。在自治区党委、政府的领导下，做强实力、赶超跨越，取得了长足进步，成长为一家具有良好公司治理的现代商业银行。特别是2019年以来，谋划“336新发展战略”，形成新经营理念，完善组织架构，改革人力资源，优化绩效考核，提升金融科技，建设流程银行，优化资产负债管理，健全全面风险管理体系，全行迈入高质量发展的新阶段，市场份额争先进位，监管指标持续向好，资产质量显著优于同业平均水平。在全区12个设区市及46个县域设立分支机构，发起设立3家村镇银行，营业网点超230家，员工总数近4000人，与世界30多个主要国家和地区217家银行建立代理行关系，形成“网点向基层下沉、业务覆盖全广西、同业合作辐射全国、境内外代理延伸全球”的综合服务格局。

作为广西壮族自治区省级金融骨干国企，广西北部湾银行努力打造“支持地方经济发展的省级主力金融平台、金融创新平台、地方金融人才培养平台”，累计引金入桂4380亿元，为自治区内企业和客户提供表内外融资逾1.5万亿元，朝着“地方金融的领头羊、国内一流的精品银行、加快上市步伐”稳步迈进。截至2021年8月末，资产总额近3400亿元，各项贷款突破1900亿元，各项存款突破2300亿元。资产规模在全国城商行排名由2017年的92位升至41位，在英国银行家“2021年全球银行1000强”中排名比上年提升53位至370位，连续9年荣获“中国服务业500强”，连续12年荣获“广西企业100强”“广西服务业50强”，公司治理监管评级获城商行最高评级B级，银保监监管评级领先区内同业，是广西壮族自治区内第一家主体长期信用等级获评AAA的城商行，品牌价值、社会影响力和同业地位显著提升。

参与承办第12届中国—东盟金融合作与发展领袖论坛，促进面向东盟的金融开放合作

举办“北行心向党 启航新征程”情景党课，继承革命基因，赓续共产党人精神血脉

第一时间学习贯彻习近平总书记在庆祝中国共产党成立100周年大会上的重要讲话精神，奋力走好新时代“赶考”路

广西北部湾银行进驻中国—东盟金融城，成为中国(广西)自由贸易试验区南宁片区首家总部银行，开启服务广西经济发展新征程

发起青岛国际海洋产业资本配置行动

投资建设青岛达索融合创新中心

融合控股
RONGHE HOLDING

青岛西海岸新区融合控股集团有限公司（以下简称融合控股集团）成立于2018年11月26日，是青岛西海岸新区落实党的十九大精神、深化国资国企改革设立的国有资本投资运营集团，注册资本50亿元，总资产1538.7亿元，是中国服务业企业500强、全国AAA级诚信企业、山东省品牌创新企业、青岛100强企业。融合控股集团始终坚持党建引领、创新驱动、高质量发展，深入践行经略海洋、融合创新等发展战略，优化国有资本战略投资布局，构建了“融”“投”“运”“管”“研”五位一体运营机制，打造了一支定位明确、功能科学、结构完善、坚强有力的“国企航母编队”，实现资产规模、经营效益裂变式、倍增式增长。截至2020年年底，总资产从成立之初的660亿元增长到1288亿元，营业收入从65亿元增长到244亿元，分别增长95.2%、275.4%。

融合控股集团立足“争创国内一流资本运营集团”目标，坚持市场逻辑、开放思维，以改革优存量，以市场布增量，逐步形成现代海洋、智能制造、数字经济、生命健康等战略性新兴产业格局，推动资源资产化、资产资本化、资本证券化。集团发挥国有资本市场化运作平台优势，致力与世界500强、央企、地方国企、行业龙头

半导体高端封测项目实现当年签约、当年开工、当年封顶

投资建设青岛西站

控股青岛西海岸保税物流中心，打造北方跨境电商产业生态园区

投资国内无人售货系统领军企业——易触科技

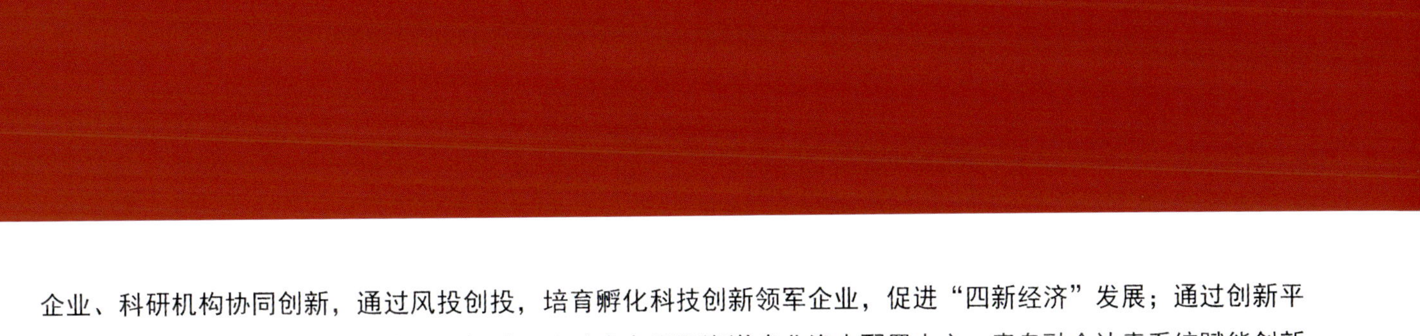

企业、科研机构协同创新，通过风投创投，培育孵化科技创新领军企业，促进“四新经济”发展；通过创新平台建设，发起国际海洋产业资本配置行动，启动青岛国际海洋产业资本配置中心、青岛融合达索系统赋能创新中心、海洋工程开发中心；通过“科技创新+资本运作+产业投资+金融服务+园区运营”，聚力打造集成电路、生命健康产业、科技产业、海工装备四大基地，发展壮大集成电路产业集群、人工智能产业集群、海洋生物与生命健康产业集群，促进产业链、资金链、人才链、技术链“四链合一”。承担山东自贸试验区青岛片区投资建设任务，担当中日（青岛）地方发展合作示范区建设运营主体，青岛桥头堡国际商务区、青岛经济技术开发区转型发展区、古镇口融合创新示范区、交通商务区等区域开发建设主体；中央美院青岛校区、中国海洋大学新校区、青岛大学附属医院分院等项目投资建设主体、教育医疗产业市场化运营主体，助力青岛建设开放、现代、活力、时尚的国际大都市和科技引领城，打造世界工业互联网之都、全球海洋中心城市、全球创投风投中心。

投资建设中央美院青岛校区

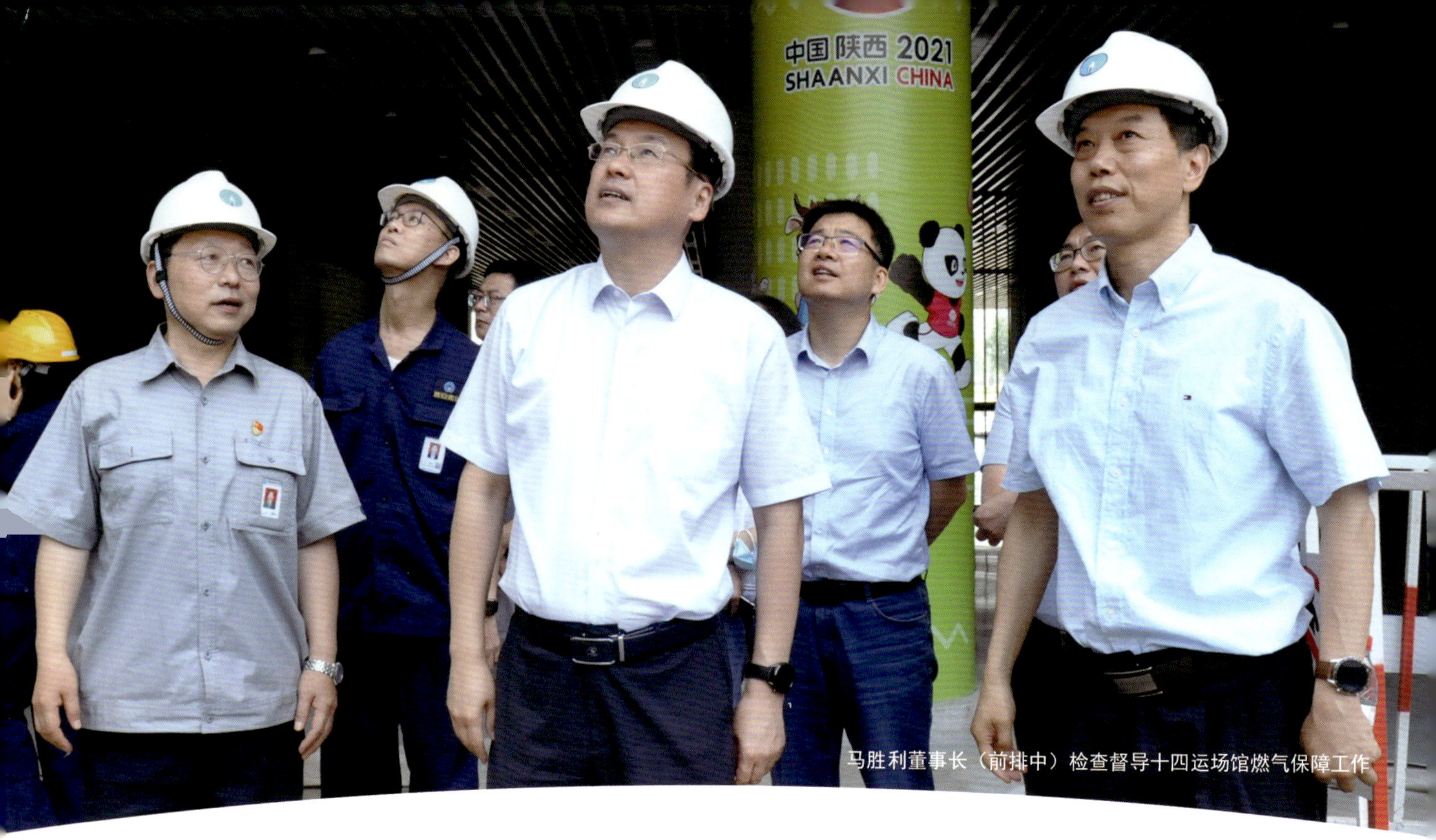

马胜利董事长（前排中）检查督导十四运场馆燃气保障工作

西安城投集团（以下简称城投集团）成立于2000年7月，是经西安市人民政府批准设立的专业从事基础设施投资、建设、运营的国有独资企业，以打造“创新驱动的城市美好生活服务商与城市综合发展商”及“国内一流的国有资本投资运营公司”为战略定位，下辖全资子公司20家，控股子公司6家，从业人员4.3万人。2020年年底总资产达2300亿元，具有国内“AAA”及国际“BBB+”的资信评级。

20多年来，城投集团充分发挥西安市基础设施投融资、建设主力军作用，累计为西安市基础设施建设投融资超过1500亿元，融资租赁业务资产规模达到百亿，业绩位居西北前列。城投集团充分履行城市公共服务职责，年公交客运量超过13亿人次，年供应天然气超过23亿立方米，年供热面积超过1.3亿平方米，位于行业领先地位。服务智慧城市，上线西安市民卡平台，实现智慧交通、公共缴费、医疗健康、小额支付、社会保障等多领域一卡通用，运营

西安城投集团承担的十四运公园广场及立交桥下空间改造提升项目

西安城投集团体育中心外围提升改善道路PPP项目
一标段北辰大道-凤城五路立交

西安城投集团司属市公交集团纯电动公交车

西安城投集团司属西安秦华燃气集团储气及供气设施

“i西安”APP实现便民服务400余项。城投集团始终坚持“党建引领”，叫响了“雷锋车队”“贴心蓝火苗”“暖身暖心暖万家”等一批特色党建品牌，打造了廉政教育、思想政治教育、脱贫攻坚（乡村振兴）教育、党性教育四大基地，2021年荣获“全国脱贫攻坚先进集体”荣誉称号。

近年来，城投集团加快高质量转型发展，积极布局战略新兴产业，形成了城市开发建设、综合交通服务、清洁能源、环境保护、产业金融、智慧城市六大业务板块协同发展的格局。城投集团经营业绩持续提升，营业收入连续三年保持12%以上的增长率，2020年营业收入突破160亿元，从政府融资平台转型为综合型现代化企业集团。站在新的起点上，城投集团将以“服务幸福美好西安、建设活力生态城市、传承世界古都文化”为使命，为市民提供精品服务，为城市发展创造高端价值，奋力书写企业高质量跨越式发展新篇章。

西安城投集团司属市热力集团雁东供热站

董事长熊颖在第一届全国人力资源服务业发展大会上发表演讲

在发展道路上，红海人力集团一直坚持紧随党的战略方针，以“为民生，促就业”为使命，不断创新我们为企业和员工创造价值的模式。集团党组织是广州市越秀区第二个成立党委、纪委的“两新”党组织，是广东省“两新”党组织联系单位。集团党委先后荣获广州市非公党建示范点、广州市非公组织“先进党组织”、广州市‘党建强’和‘发展强’共同体示范单位等荣誉。2021 年，为庆祝中国共产党成立 100 周年，红海人力集团组织全体党员骨干观看建党 100 周年庆祝大会直播，共同见证党的百年华诞伟大时刻。同时组织 140 多名党员和入党积极分子来到“红色故都”江西瑞金，在叶坪旧址群和沙洲坝红井旧址群开展“传承红色基因 加强作风建设”主题党日活动，铭记光辉历史，弘扬革命精神。

除了秉承为民生促就业的使命，集团还建立了爱心基金，在 2021 年河南郑州发生洪灾时，集团及旗下郑州鸿易人力资源有限公司向河南省慈善总会捐款 100 万元人民币，款项将用于采购紧急救灾物资、困难群众安置及应对后续可能的气候灾害等，助力政府及社会各界抗洪救灾，帮助受灾同胞渡过难关。在 2020 年防控新冠肺炎疫情时，集团共捐资捐物 500 多万元。集团熊颖董事长秉承着企业家的“达则兼济天下”的精神与红海“敬天爱人”的理念，为湖南醴陵教育捐款 100 万元，且每年为教育基金注资 50 万元。与广东商学院、武警二支队等多家院校、军事基地建立大学生就业实习基地、军民共建基地，积极承担社会责任。

红海人力集团将始终秉承“诚信连接，成就你我，红海与您携手共创美好明天”的经营理念，与客户携手进入色彩缤纷的人力资源世界，共建人力资源生态数字经济，实现共赢。

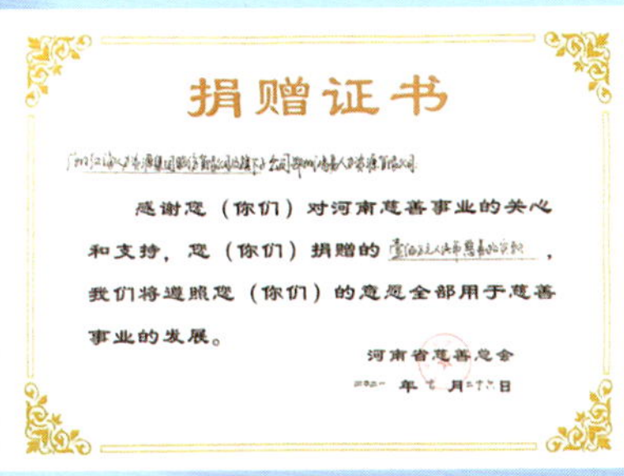
捐赠证书

感谢您（你们）对河南慈善事业的关心和支持，您（你们）捐赠的[illegible]，我们将遵照您（你们）的意愿全部用于慈善事业的发展。

河南省慈善总会

[illegible]年[illegible]月[illegible]日

红海人力集团捐款 100 万元用于支援河南防汛救灾

红海人力集团隆重庆祝中国共产党成立 100 周年

红海人力集团参加第一届全国人力资源服务行业发展大会

中国江苏国际经济技术合作集团有限公司

CHINA JIANGSU INTERNATIONAL ECONOMIC AND TECHNICAL COOPERATION GROUP, LTD

党委书记、董事长 宋勤波

中国江苏国际经济技术合作集团有限公司（以下简称中江国际集团）于1980年经国务院批准成立。作为全国首批获得对外经营权的8家国有外经贸企业之一，集团拥有对外承包工程和劳务合作经营权、进出口贸易经营权和国内房屋建筑工程施工总承包特级、市政公用工程总承包一级及多项专业工程承包一级资质，已连续27年被美国《工程新闻记录》评定为“全球250家最大国际承包商”，荣获“中国服务业企业500强企业”“中国建筑业竞争力200强企业”“全国优秀施工企业”，被江苏省名牌战略推进委员会授予“江苏服务业名牌”。

中阿（联酋）产能合作示范园

苏丹GNPOC石油公司总部大楼

中国医药城（泰州）会展交易中心二期

侨福花园

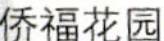

埃塞俄比亚联合银行

中江国际集团秉持“竞争、卓越、诚信、共赢”之精神，围绕国内国际双循环新发展格局，服务于国家“一带一路”倡议和“新型城镇化”建设，聚力国际工程承包及海外相关资源的合作开发、国内工程建设、投资、开发和服务及国际贸易，业务涉足全球100多个国家和地区。近10年在海外承接工程和劳务项目2000多个，合同总额60多亿美元，外派劳务10万余人。2016年以来，坚决落实国家和省委省政府重大决策部署，主动融入江苏“一带一路”交汇点建设，打响“一带一路”上的“江苏建造”品牌。牵头实施的全国首家“一带一路”产能合作园区——中阿（联酋）产能合作示范园，采用“一站式服务中心”等运作模式，深入推进园区招商、建设和运营。成立江苏省城乡建设投资有限公司和江苏省公共工程建设中心有限公司，在全省棚改建设中倾情服务民生工程，开创了非盈利性工程项目集中建设的“江苏模式”。集团始终把履行社会责任放在重要位置，积极参与“万企联万村、共走振兴路”等行动，全力助推乡村振兴。

“至诚服务国家战略，匠心构筑美好世界”，中江国际，使命必达。

华泰证券广场

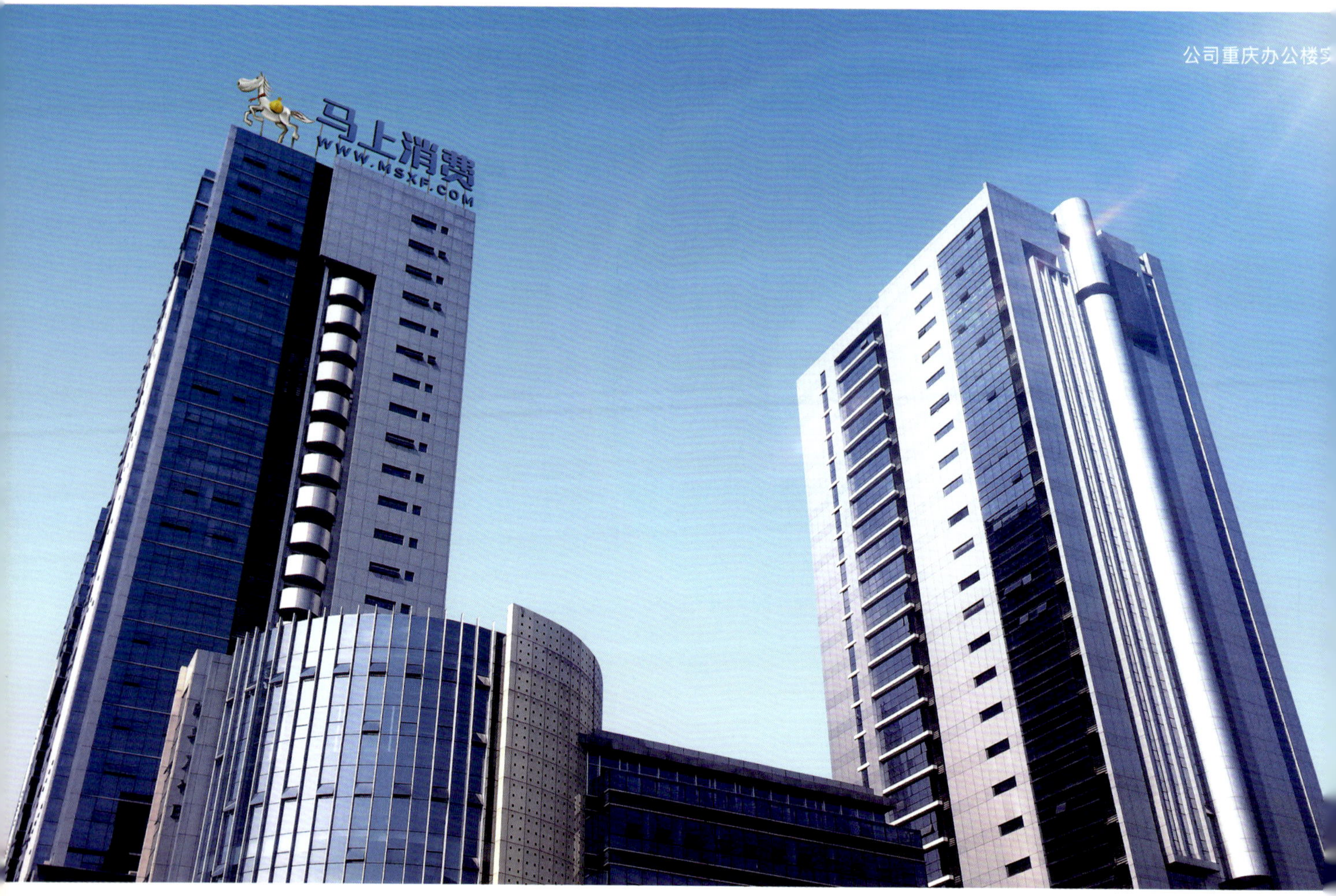

公司重庆办公楼实

“十四五”开局之年，坚持以创新驱动发展，以科技自立自强为战略支撑是加快现代化建设的核心力量。金融是实体经济的血脉，现代化经济体系建设需要着力打造现代金融体系。

马上消费金融股份有限公司（以下简称马上消费）作为一家持有消费金融牌照的科技驱动型金融机构，以成为全球最被信赖的金融服务商为愿景，始终践行“以用户为中心”理念，将人工智能、大数据、云计算、区块链等数字化技术与金融业务深度融合，不断提升金融服务能力，拓宽金融客户覆盖面，为人民群众、合作伙伴提供更加优质、便捷的金融与技术服务，以推动金融在新发展阶段更好服务实体经济。

持续打造高质量发展创新基因，马上消费聚焦数字轻资产模式运营，构建了以“科技自主研发”为引领的核心竞争力，不断提升技术创新能力，优化产品策略，加大研发经费投入，打通了实践中面临的诸多“堵点”。同时，高度重视科技成果转化，推出了开放平台战略，将科技成果推广至200多家银行等机构，充分发挥“科技+产业”合力，迸发出创新活力，为行业数字化、智能化、绿色化转型提供有益贡献。

以高质量创新引领高质量发展，融入社会责任实践。马上消费通过绿色低碳技术研发与应用及数字金融实践，助推碳中和+乡村振兴战略落实。在碳中和方面，以创新加码碳中和，且制定了“碳达峰·碳中和路线图2.0”，从绿色化运营、构建低碳文化等多维度展现节能减排举措。截至目前，其通过全线上业务、金融云、电子合同、智能客服等累计碳减排超54万吨。在乡村振兴方面，发布乡村振兴路线图2.0，涵盖数字普惠金融、知识帮扶、科技助力、消费帮扶、金融知识普及“5大行动”和建设1个金融服务乡村振兴开放平台，多方位、多元化高质量落实乡村振兴战略，为乡村振兴汇聚起磅礴力量。

截至目前，马上消费累计注册用户量已超1.38亿，累计交易额突破7000亿元，总纳税额达36亿元，申请专利数已经超过330项，自主研发核心技术系统900余套。

职场工作环境

公司董事长 赵国庆

盐城国投集团
Yancheng State-Owned Assets Group

党委书记、董事长：戴同彬

盐城国投集团在市委、市政府的正确领导下，自2012年以来坚定不移走产业转型道路，利用资本的力量全速推动产业布局，形成以能源资源、高新科技为核心驱动力，以城市与工业地产和现代服务业为重要推动力的“2+2”四轮驱动产业格局，全面启动上市工作，三年内实现2~3家上市企业、市值超百亿元。截至2020年12月底，集团总资产565亿元；2020年实现开票收入131.1亿元，利税4.8亿元。集团连续6年被市委、市政府表彰为综合先进单位，跻身中国服务业企业500强、长三角服务业企业100强、江苏服务业企业50强。

盐城国投国能大丰H5#海上风电场（总投资37亿元）

国投环境大丰6万吨工业盐综合处理项目

盐城国贸中心（中国钢结构金奖）

盐城国投中科新能源科技公司（国家高新技术企业）

响水灌东盐场16兆瓦集中式光伏电站项目

“十四五”期间，盐城国投集团全面贯彻落实中央、省市关于国企高质量发展的各项要求，朝着市属国企“效益最好、管理最优”方向奋力前行。到2025年，集团综合营销收入力争实现500亿元，利税超30亿元，打造3个细分行业隐形冠军，控参股5个上市公司，打造具有一流竞争力、持续创新力和强大生命力的国有能源资源与高新科技产业集团。

滨海电子信息智慧园

沿海天然气输送工程

分众电梯电视媒体（图一）

分众电梯电视媒体（图二）

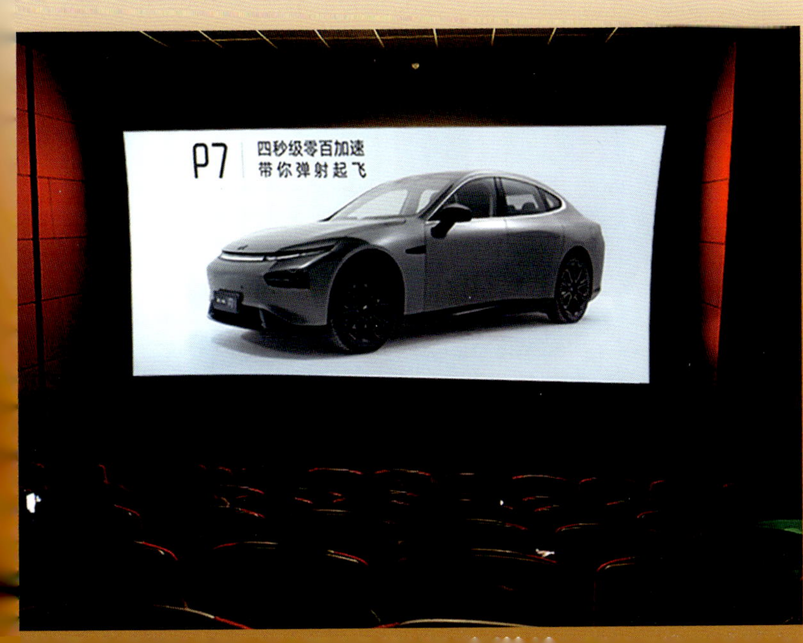

分众电梯海报媒体

内蒙古公路交通投资发展有限公司

内蒙古公路交通投资发展有限公司（以下简称公投公司）于2017年2月经内蒙古自治区人民政府批准成立，注册资本900亿元，为国有大型特许经营企业，政府授权投资机构，主要负责所辖高速公路运营管理，承担自治区人民政府赋予的重大交通项目建设任务，是自治区交通运输事业发展、重大交通项目建设的投融资主体，以及公路交通建设的主力军。经自治区国资委批准的公司主业为，公路交通基础设施投融资、建设、运营、养护及公路规划设计咨询、工程施工、技术服务；公路路域资源及附属设施资源综合开发经营，公路交通相关产业开发经营；大宗商品贸易供应链管理服务。目前，运营收费公路38条，总里程6037公里。

公司成立4年多来，在习近平新时代中国特色社会主义思想指引下，认真贯彻落实自治区党委、政府决策部署，围绕全区交通运输发展大局，按照“一题两域”总体布局（以公路产业发展为主题，拓展公路域内外产业，促进公司高质量发展），积极投身自治区高速公路建设，累计实施高速公路建设规模1660多公里，总投资620多亿元，扎兰屯至阿荣旗、奈曼旗至白家湾子、大板至经棚、苏尼特右旗至化德等一批高速公路项目建成通车；不断提升公路运营管理服务水平，培育发展公路域内外产业，努力提高企业经营效益，公司资产总额由1100多亿元增加到2100多亿元，资产负债率保持同行业较低水平，中诚信国际信用评级评定公司主体信用等级AA+，公司发展上了一个大台阶。

公司将坚持以习近平新时代中国特色社会主义思想为指导，紧紧围绕自治区党委、政府和国资委、交通运输厅部署要求，弘扬“担当作为、创优争先”的企业精神，大力践行“让行者感到幸福”的企业使命，深化“一题两域”战略布局，聚焦主责主业，不断提高公司综合实力、经济效益和服务水平，打造高质量发展、国内领先、具有行业影响力的公路交通投融资企业，为内蒙古自治区公路交通事业发展贡献力量。

公司董事长戴贵（右三）一行赴G5516苏尼特右旗至化德段高速公路锡盟段施工现场调研

G18荣乌高速准格尔黄河特大桥

G1013海张高速桑根达来立交桥

公投公司G5516苏尼特右旗至化德段高速公路项目抓住施工黄金期，全力推进项目建设

公投公司所属准格尔旗暖水物流园区施工现场

青海省物产集团有限公司

QINGHAI MATERIALS INDUSTRY GROUP CO.,LTD.

做精做强三大板块 做优做大三大园区

朝阳物流园区（局部）

青藏高原全球商品保税直销中心及陆港口岸服务中心

青海省物产集团有限公司（以下简称青海物产）是1995年经青海省政府批准，由青海省物资管理局成建制转体为青海省物资产业集团总公司后，于2017年12月完成公司制改制的国有独资公司。所属二级子公司11户、三级子公司15户，占地面积近3000亩，拥有两条共计4.3千米铁路专用线，100多万平方米经营办公场所。青海物产围绕“三大板块”业务，统筹推进“三大园区”产业布局，企业发展规模逐年扩大，产业聚集效应持续增强。连续多年入围“中国服务业企业500强”和“青海企业50强”，2020年分别位列第413名和第11名。

青海物产“三大板块”主要由现代物流、内外贸易、工业生产组成，现代物流主要包括仓储物流、商贸物流、货运物流、冷链物流、保税物流、金融物流、信息物流、应急物流；内外贸易主要包括生产货物经销贸易、商品货物购销贸易、进出口货物国际贸易；工业生产主要包括铝及铝加工产业链、混装炸药产业链。

青海物产“三大园区”主要由青海朝阳物流园、青海北川工业物流园、青海曹家堡保税物流园组成。搭建的“物产智运网络货运信息平台”为更多企业“互联网+高效物流”提供支撑，提升了青海现代物流水平和行业竞争力。

朝阳物流园：位于西宁市城北区朝阳东路，占地面积360多亩，拥有2.5千米铁路专用线。主要由朝阳物流交易中心、青藏物流商务中心、物产家美广场、城市快消品仓储分拨中心、机电市场、钢材市场、木材

北川工业物流园区

北川工业物流园区百万吨仓储物流基地

曹家堡保税物流中心

保税物流园国际商务区

市场，以及民爆器材、剧毒危化品等商贸物流业态组成。其中，智能冷链物流库总建筑面积近12000平方米。该园区正转型升级为青海省大型现代生活物流园区。

北川工业物流园：位于西宁市宁张公路13千米处，占地1150多亩，拥有1.8千米铁路专用线。主要业态包括多式联运、司机之家、无车承运、甩挂运输、危险品储运、应急物流，以及电解铝、特种铝合金棒材生产等。园区依托现代生产型服务业基地，正大力推进现代制造业与现代服务业联动发展，努力打造百亿产值的北川多式联运物流园区。

曹家堡保税物流园：位于海东市河湟新区，青海曹家堡机场西侧3千米处，毗邻京藏高速、民小公路。占地面积520多亩，总建筑面积60余万平方米。主要由曹家堡保税物流中心（B型）、保税物流国际商务区、陆港口岸服务中心、青藏高原全球商品保税直销中心、昆仑国际会议中心等组成。曹家堡保税物流中心于2016年10月28日封关运营，是连接中亚、南亚、西亚及欧洲地区经济带的重要国际物流平台，是青海省融入“一带一路”倡议，全方位、多层次、宽领域提升青海开放型经济发展，打造现代物流国际化水平的重要支撑平台。

北川工业物流园区百万吨仓储物流基地（局部）

北川工业物流园区集装箱装卸

广东仕邦投资控股有限公司

仕邦集团成立于2003年，是粤港澳大湾区人力资源行业龙头企业。集团总部位于中国广州，拥有73家分支机构，人力资源服务覆盖300多个城市，现每月服务员工人数达30万人，累计为超过1500家企业客户提供劳动力管理解决方案。2020年仕邦集团营收97亿元，纳税贡献5.1亿元，旗下仕邦人力入选广东企业五百强（第287名）、广东服务企业百强（第88名），并与华为、腾讯等知名企业首批入选广东省重点商标保护名录。

仕邦集团对科技与管理的投入奠定了集团在行业的领先地位，作为中国人力资源行业中首家引进世界著名咨询与专业服务机构的企业，仕邦集团先后与IBM、德勤、怡安、韦莱韬悦、尼尔森、美世、麦肯锡等多家机构合作。此外，集团设有独立的产品技术团队，已经获得人力资源流程化管理平台等32项软件著作权、5项技术专利与3项高新技术产品认证。其中，专利“SPF-CORE”和“SPF-PAL”系统平台的成功投入应用成为企业核心优势之一。技术团队自主研发的“优秀青年”平台中的三项专利技术已进入实质审查阶段，是在核心自主知识产权、科技成果转化能力上的又一大突破。目前，集团旗下有一家公司获得“国家高新技术企业”认证，一家公司获得“广州市科技创新小巨人企业”认证。

佛燃能源集团股份有限公司（以下简称佛燃能源，股票代码002911）总部位于中国重要的制造业基地、粤港澳大湾区节点城市广东省佛山市，目前拥有全资、控股子公司23家。公司获得了2017年度“广东省政府质量奖”、2020年度“广东省先进集体”、第十八届中国土木工程“詹天佑奖”等荣誉。

佛燃能源的主营业务为天然气输送和销售、燃气工程设计与施工、天然气贸易、储气调峰，以及分布式能源、光伏、氢能等综合能源服务，拥有国内13个区域的管道燃气特许经营权，已建成并投入使用的城市燃气管道4000余千米，服务120余万居民用户和5000家工商业用户。

佛燃能源勇担“汇聚清洁能源，共创美好明天”的使命，愿与社会各界携手努力，通过发展氢能、光伏等绿色能源，共同为实现“碳达峰”“碳中和”目标贡献智慧和力量。

汇聚清洁能源，共创美好明天

佛燃能源的天然气场站

制氢加氢加气一体化站投产

佛燃能源自主采购的首船国际LNG

广州开发区控股集团有限公司
Guangzhou Development District Holding Group Limited

开发区控股党委书记、董事长 严亦斌

广州开发区控股集团有限公司（原广州凯得控股有限公司，以下简称开发区控股）成立于1998年，是广州开发区管委会为拓展资本运营和资产经营、优化产业结构、加速经济发展而设立的有限责任公司。现有控股企业14家，参股企业超110家，是粤开证券（830899.NQ）、穗恒运A（000531.SZ）和利德曼（300289.SZ）的控股股东。截至2020年年底，开发区控股注册资本为103亿元，总资产超1000亿元。为中国银行间市场交易商协会会员，获国内最高“AAA”信用评级，具有穆迪“Baa1”、惠誉“BBB+”国际信用评级，是中国服务业企业500强、广州金融业协会副会长单位、广州市新三板企业协会秘书长单位、中国技术创业协会副理事长单位、广州产业园区商会常务副会长单位。

开发区控股集团大楼

科技金融服务

证券业务 • 股权投资 • 投资基金 • 融资担保 • 知识产权交易

• 保险业务 • 小额贷款 • 融资租赁 • 股权交易 • 金融资产交易

科技战略投资

LG 8.5代LCD项目
LG 8.5代OLED项目
百济神州
诺诚健华
利德曼生物医药
盈盛智创
光机电研究院
信通院

科技价值园区

粤港澳大湾区（广州）科技金融中心
粤港澳大湾区生物安全创新港
中新广州知识城生物安全产业基地
商业广场ABC组团
创新基地
加速器
总部经济区（金融创新服务区）
创新大厦、创意大厦
知识城国际创新驱动中心

“金融服务+科技投资+园区运营”独特商业模式

“科技金融 一站赋能”金融服务集团揭牌

开发区控股在科技金融服务方面，拥有证券、保险、投资基金（种子、VC、PE和并购等基金）、融资担保、小额贷款、融资租赁及股权交易、知识产权交易、金融资产交易等多层次现代金融服务体系。在科技项目投资方面，充分利用广州开发区作为广州实体经济主战场、科技创新主引擎、对外开放示范窗口的优势，投资参股一批世界顶尖重大产业项目，包括与LG Display合作共同投资超800亿元打造广州“全球显示之都”，携手百济神州、诺诚健华共建国际生物医药产业战略高地等深度布局新能源汽车产业链，投资小鹏汽车、奥动新能源、重塑科技等行业龙头企业。在科技价值园区方面，旗下建设运营的园区物业约400万平米（含在建），包括创新大厦、创意大厦、加速器、总部经济区、知识城国际创新驱动中心等华南地区乃至全国规模最大的产业园区集群，入驻企业600多家，大部分为IAB、NEM等高新技术企业。

“十四五”时期，开发区控股将聚焦“一条主线，三大板块，四类平台，五化发展”，即以开发区控股集团高质量发展为主线，重点布局科技金融服务、科技战略投资、科技园区运营三大业务板块，搭建集团协作平台、资本运作平台、创新集聚平台、综合金融平台“四类平台”，有效发挥集团整体优势，牢牢把握集团化运作、专业化运营、市场化导向、资本化开拓、品牌化提升“五化发展”。力争到“十四五”规划末期，资产证券化水平大幅提高，控股上市公司市值达1000亿元；培育一批上市公司，控股5家上市公司，战略参股5家上市公司；发展质量全面提升，进入中国服务业300强。

粤港澳大湾区科技金融中心